EL
EMBARAZO
SEMANA A SEMANA

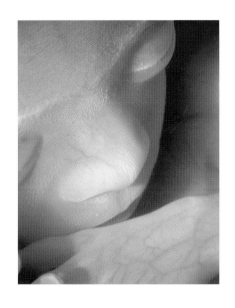

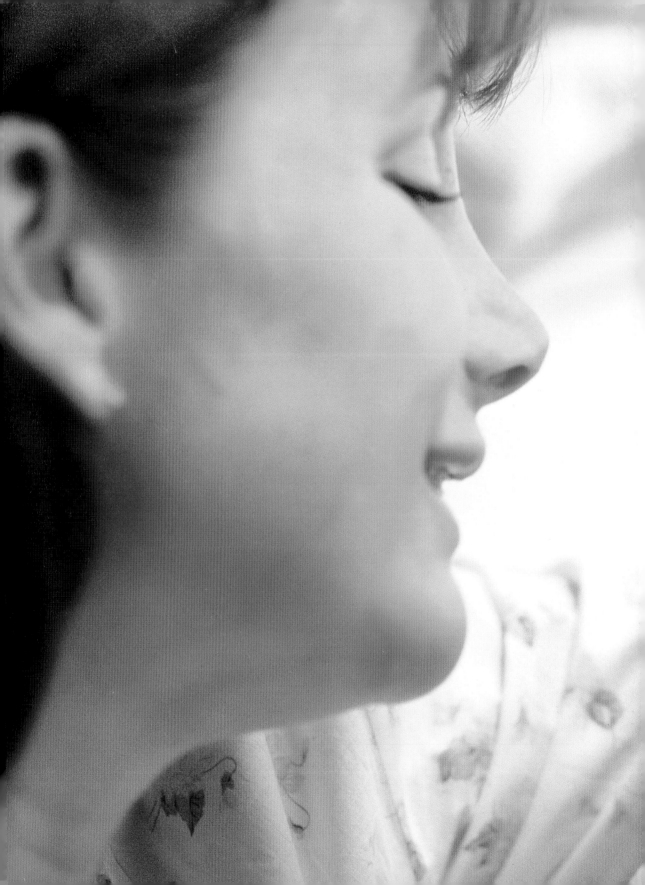

EL EMBARAZO
SEMANA A SEMANA

DESDE LA
CONCEPCIÓN
AL
NACIMIENTO

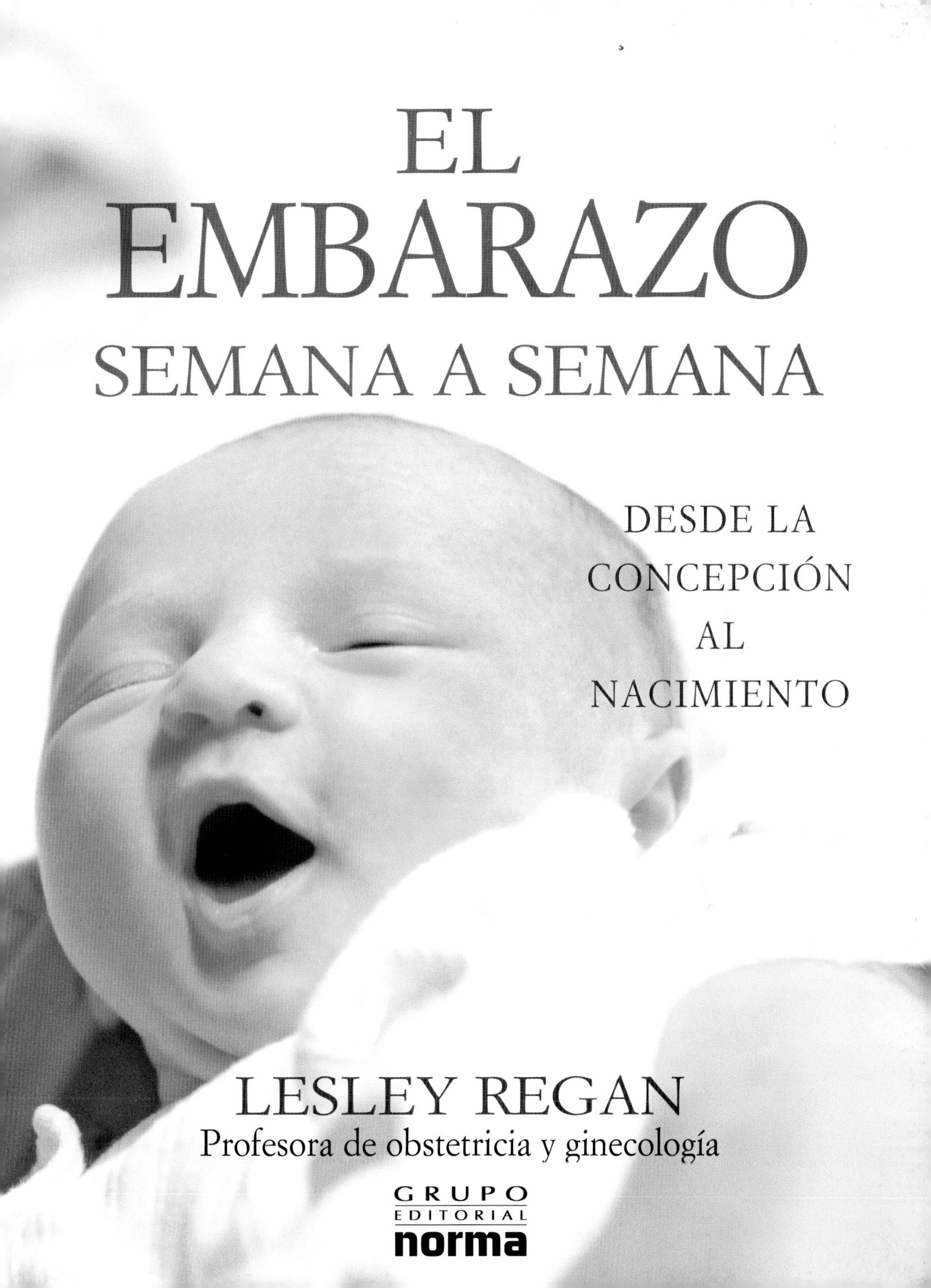

LESLEY REGAN
Profesora de obstetricia y ginecología

GRUPO
EDITORIAL
norma

LONDON, NEW YORK, MUNICH,
MELBOURNE, DELHI

Editoras de proyecto Esther Ripley, Angela Baynham
Editor de arte Nicola Rodway
Diseñadores Briony Chappell, Alison Gardner
Diseñadores DTP Karen Constanti, Jackie Plant
Investigadores de fotografía Sarah Duncan,
Anna Bedewell
Ilustrador Philip Wilson
Control de producción Shwe Zin Win
Dirección de edición Liz Coghill
Dirección de edición de arte Glenda Fisher,
Emma Forge
Directora de arte Carole Ash
Gerente de publicaciones Anna Davidson
Directora de publicaciones Corinne Roberts

Se han hecho todos los esfuerzos necesarios para que la información
que aparece en este libro sea la más completa y acertada. Sin
embargo, ni la editorial ni las autoras se comprometen a dar consejo
profesional ni a ofrecer sus servicios al lector individual. Las ideas,
procedimientos y sugerencias que contiene este libro no pretenden
ser un sustituto de la consulta médica. Todos los asuntos
concernientes a su salud y a la de su bebé requieren de supervisión
médica. Ni la editorial ni las autoras son responsables de cualquier
pérdida o daño que se alegue es producto de la información o las
sugerencias contenidas en este libro.

Primera publicación en el Reino Unido en 2005 por
Dorling Kindersley Limited,
80 Strand, London WC2R 0RL
Una compañía Penguin
www.dk.com
Título original en inglés *Your Pregnancy Week by Week*
Copyright © 2005 Dorling Kindersley
Copyright del texto © 2005 Profesora Lesley Regan
Copyright © 2007 para América Latina por
Grupo Editorial Norma S.A
Apartado Aéreo 53550, Bogotá, Colombia
www.norma.com.

Edición de la versión en español,
Natalia García Calvo y Adriana Martínez-Villalba
Armada electrónica,
Nohora E. Betancourt y Andrea Rincón
Dirección de arte, Jorge Alberto Osorio Villa

Agradecemos a todas las persona de Editorial Norma
que nos apoyaron en este proceso
Impreso en Singapur por Star Standard
ISBN 978-958-04-8973-3

Regan, Lesley
  Embarazo semana a semana / Lesley Regan. -- Bogotá:
Grupo Editorial Norma, 2005.
  448 p. ; 24 cm.
  Título original: Your Pregnancy Week by Week.
  ISBN 978-958-30-8973-3
  1. Embarazo 2. Concepción 3. Cuidado prenatal 4. Maternidad
I Tít.
618.2 cd 19 ed
AJF2640
CEP-Banco de la República Biblioteca Luis Ángel Arango

CONTENIDO

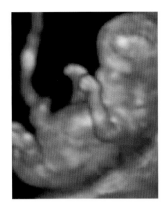
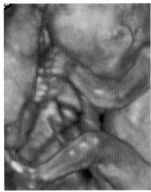
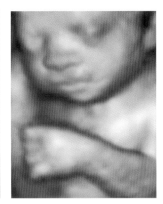

LA VIDA DESPUÉS DEL PARTO

PROBLEMAS Y COMPLICACIONES

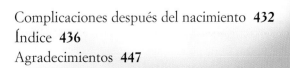

INTRODUCCIÓN

"El embarazo es una de las aventuras más importantes en las que te embarcarás..."

En el mercado, existen muchos libros sobre el embarazo así que ¿por qué escribir otro más? Por una sencilla razón: las mujeres a las que atiendo me repiten continuamente que desearían respuestas más detalladas a sus preguntas sobre el embarazo y el parto y, además, que querrían un libro que les proporcionase una información clara y comprensible. Comprendo y me uno a estas peticiones porque recuerdo que cuando yo estaba esperando a mis gemelas me sentía estupefacta e intimidada por libros que parecían sugerir que había enfoques positivos y negativos con respecto al embarazo y el parto. No deseo entrar en polémica con las múltiples y diversas filosofías sobre el parto, pero me supone un problema que lo que consigan sea que las mujeres embarazadas sientan que de algún modo han fallado si no siguen el consejo al pie de la letra o si su embarazo no cumple un patrón establecido.

Así que nuestro lema es muy sencillo: la clave está en el conocimiento. Mi objetivo es ofrecerte un nivel de información sobre el cuidado prenatal que no siempre se puede obtener y mantenerte plenamente al corriente de los extraordinarios pasos en el desarrollo de tu bebé y las sorprendentes trasformaciones que experimentará tu cuerpo. Creo que la única forma de estar segura de las determinaciones y las decisiones que deberás tomar en el embarazo es comprender con claridad todo lo que te puede ocurrir. También creo que ésta es la mejor forma de lograr el resultado más feliz: una madre sana y un bebé precioso.

Lesley Ryan

SOBRE ESTE LIBRO

El embarazo es una de las aventuras más importantes en las que te embarcarás. Para ayudarte a comprender lo mejor posible este azaroso y emocionante período de tu vida, este libro se ha ordenado cronológicamente, comenzando desde el momento de la concepción, atravesando cada semana del embarazo, y terminando en el día del parto, además de proporcionarte toda la información que necesitas para dar a luz y después cuidarte a ti y a tu bebé. Este orden cronológico significa que a medida que tu aventura por el embarazo prosiga, podrás acceder sin problemas a esa parte determinada del libro. También espero que encuentres las respuestas a casi todas, si no a todas, las preguntas rápida y fácilmente, pero sobre todo deseo ofrecerte una información clara, comprensible y actualizada que te ayude a comprender la jerga médica y las experiencias que probablemente vivirás en los próximos meses.

El capítulo titulado *La aventura del embarazo* está dividido en los tres trimestres del embarazo. Como todas las personas parecen tener su propia idea sobre el número exacto de semanas que comprende cada trimestre, he dejado que algunas coincidan. Lo único importante es que cada una se corresponda con una fase relevante y esencialmente distinta del desarrollo de tu bebé. Al comienzo de cada trimestre se realiza una visión de conjunto de los hitos principales que se producen, para pasar luego a dividirlo en tres guías más detalladas "semana a semana". Cada una de éstas abarca lo que suele suceder en el embarazo, incluyendo una descripción del desarrollo de tu bebé, cómo cambia tu cuerpo, cómo puedes sentirte física y emocionalmente y una sección sobre el cuidado prenatal que puedes recibir, así como algunos aspectos relacionados con esta etapa en concreto.

"El primer trimestre es el período crítico en el que se forman todos los órganos, músculos y huesos de tu bebé."

Para mantener una terminología sencilla, definiré el tiempo del embarazo y del bebé como el número de semanas transcurrido desde la última regla.

En este libro, he definido el primer trimestre de embarazo como el período comprendido entre la semana 0 y la 13 por la práctica razón de que la semana 13 suele ser el momento establecido para acudir a una consulta obstétrica formal. En términos generales, el primer trimestre es el período crítico en el que se forman todos los órganos, músculos y huesos de tu bebé. Durante las primeras ocho semanas nos referimos al bebé como embrión, un término que proviene de la palabra griega "recién nacido" como reconocimiento del hecho de que ésta es la etapa de la formación de órganos u organogénesis. Entre la octava y la novena semana de embarazo el embrión se convierte en un feto, que significa "el joven", ya que la formación de los órganos se ha completado. El segundo trimestre está dedicado a la consolidación de todas las estructuras básicas que se han desarrollado. Así, durante este período el feto crece rápidamente y comienza a mostrar expresiones faciales, a tragar, a escuchar sonidos y puede notarse cómo da patadas en el útero de la madre. Hasta hace relativamente poco tiempo, un feto nacido antes de la semana 28 rara vez sobrevivía, pero por suerte los avances en la medicina prenatal han permitido que algunos bebés nacidos en las

EJE CRONOLÓGICO

Los tres trimestres están divididos en epígrafes de 4-6 semanas donde se ofrece información detallada sobre la etapa exacta de tu embarazo.

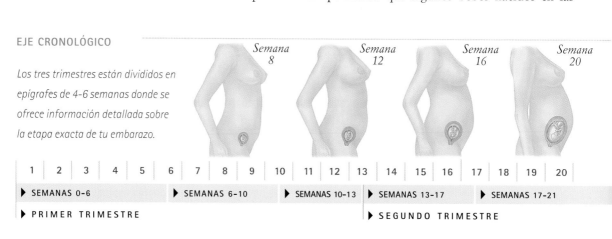

| Semana 8 | Semana 12 | Semana 16 | Semana 20 |

| 1 | 2 | 3 | 4 | 5 | 6 | 7 | 8 | 9 | 10 | 11 | 12 | 13 | 14 | 15 | 16 | 17 | 18 | 19 | 20 |

▶ SEMANAS 0–6   ▶ SEMANAS 6–10   ▶ SEMANAS 10–13   ▶ SEMANAS 13–17   ▶ SEMANAS 17–21

▶ PRIMER TRIMESTRE   ▶ SEGUNDO TRIMESTRE

semanas 25 y 26 tengan bastantes posibilidades de sobrevivir, razón por la que he decidido finalizar aquí el segundo trimestre. En el tercer trimestre el bebé sufre una importante fase final de crecimiento y maduración en su preparación al nacimiento. Durante estas últimas semanas tu bebé duplicará su peso y se desarrollará hasta madurar lo suficiente como para soportar su viaje hacia el mundo y la vida después de nacer.

Aunque la gran mayoría de los embarazos transcurren con una ausencia relativa de problemas, no todo embarazo es un camino de rosas. En el capítulo *Problemas y Complicaciones*, los problemas menos comunes del embarazo, se explican en detalle.

Todos los partos son distintos, así que el capítulo *El Parto y el Nacimiento* está diseñado para prepararte para todas las eventualidades. La mayoría de las lectoras tan sólo necesitarán un resumen sobre cómo progresa un parto normal y cuáles son las diferentes opciones para aplacar el dolor, pero aquéllas que precisen un tratamiento más especializado encontrarán información detallada y consejos sobre aspectos como el parto por cesárea y el parto prematuro. Mi objetivo es que aunque te encuentres en situaciones inesperadas, estés tranquila porque la mayor parte de los casos tiene un final feliz.

El capítulo *La vida después del parto* aborda todos los altibajos que se producen tras el nacimiento de tu bebé. Éste siempre es un período emocional, pues el regocijo por tu nuevo bebé se entremezcla con la ansiedad creada por problemas de poca importancia y tu capacidad para hacer frente a esta nueva situación. Una vez más, espero que mi consejo resulte de ayuda a ti y a tu bebé a lo largo de estas importantes primeras semanas juntos.

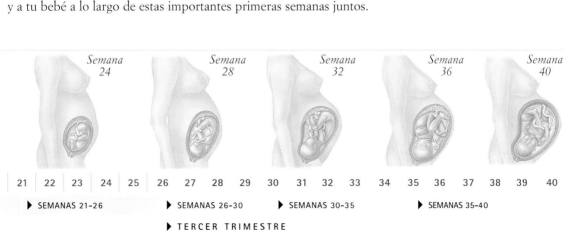

| *Semana 24* | *Semana 28* | *Semana 32* | *Semana 36* | *Semana 40* |

| 21 | 22 | 23 | 24 | 25 | 26 | 27 | 28 | 29 | 30 | 31 | 32 | 33 | 34 | 35 | 36 | 37 | 38 | 39 | 40 |

▶ SEMANAS 21-26   ▶ SEMANAS 26-30   ▶ SEMANAS 30-35   ▶ SEMANAS 35-40

▶ TERCER TRIMESTRE

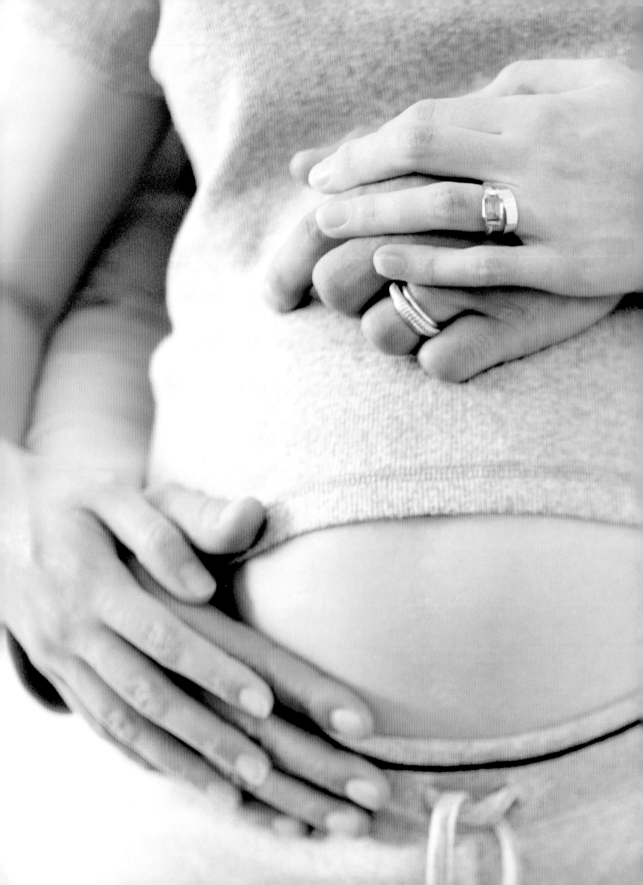

LA
AVENTURA
DEL
EMBARAZO

EL COMIENZO

Si estás embarazada o has decidido tener un hijo pronto, éste será el comienzo de una de las experiencias más emocionantes y quizá abrumadoras de la vida. Esta sección te ayudará a sentar las bases para disfrutar del embarazo pues te permitirá comprender mejor la concepción y responderá a preguntas sobre lo que se considera seguro en el embarazo, cuál es la mejor alimentación, cómo mantenerte en forma durante las próximas semanas y cómo negociar tus derechos y beneficios como madre.

CONTENIDOS

LA CONCEPCIÓN DE UN BEBÉ

LA SEGURIDAD EN EL EMBARAZO

LA DIETA Y EL EJERCICIO

EL TRABAJO Y LOS DERECHOS POR MATERNIDAD

EL ORIGEN DE LA VIDA

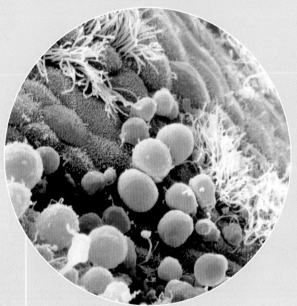

DENTRO DEL ÚTERO
EL REVESTIMIENTO ESTÁ
PERFECTAMENTE PREPARADO
PARA QUE COMIENCE UNA NUEVA
VIDA. LOS GRÁNULOS DE MOCO
(EN AMARILLO)
PROPORCIONARÁN LOS
NUTRIENTES PARA EL ÓVULO
RECIÉN FERTILIZADO.

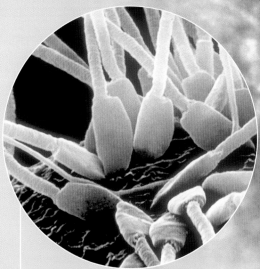

**LA MADURACIÓN DEL
ESPERMA** A MEDIDA QUE EL
ESPERMA PASA POR EL EPIDÍDIMO (UN
CONDUCTO ENROLLADO SITUADO
DETRÁS DE LOS TESTÍCULOS) MADURA
HASTA ESTAR PREPARADO PARA LA
EYACULACIÓN.

EL FINAL DEL VIAJE TRAS SU LARGO
VIAJE A TRAVÉS DE LA TROMPA DE FALOPIO,
UNA MULTITUD DE ESPERMATOZOIDES
SUPERVIVIENTES SE ADHIEREN A LA
ATRAYENTE SUPERFICIE DEL ÓVULO.

"Un óvulo maduro desciende por la trompa de Falopio... las condiciones para la fertilización son perfectas."

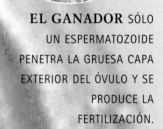

EL GANADOR SÓLO UN ESPERMATOZOIDE PENETRA LA GRUESA CAPA EXTERIOR DEL ÓVULO Y SE PRODUCE LA FERTILIZACIÓN.

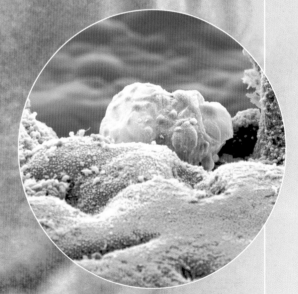

SEIS DÍAS DESPUÉS LA MINÚSCULA MASA DE CÉLULAS, AHORA DENOMINADA BLASTOCITO, SE ADHIERE A LA PARED DEL ÚTERO: COMIENZA EL EMBARAZO.

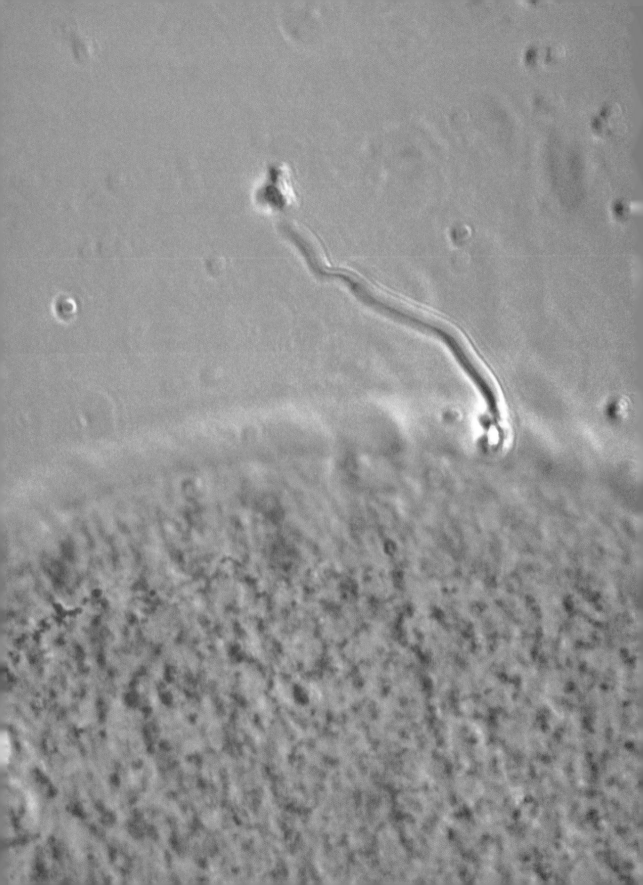

LA CONCEPCIÓN DE UN BEBÉ

Si analizas la compleja secuencia de sucesos hormonales que son necesarios para quedar embarazada, así como las barreras que los espermatozoides deben vencer para fertilizar un óvulo, comprenderás que la expresión "el milagro de la concepción" no es una exageración.

La serie de sucesos que se produce durante tu ciclo menstrual necesita organizarse cuidadosamente para que se produzca un embarazo.

Tan pronto como tu período finaliza, una hormona llamada hormona folículo estimulante (FSH) es segregada e introducida en el torrente sanguíneo por la glándula pituitaria, una glándula que se encuentra en el cerebro. Esta hormona afecta a los ovarios, que están situados al final de las trompas de Falopio y que contienen varios miles de óvulos. Todos estos óvulos están expuestos a la FSH, aunque se desconoce por qué sólo unos pocos son escogidos para desarrollarse. En promedio, una mujer liberará sólo 400 o menos óvulos maduros durante el período reproductivo de su vida.

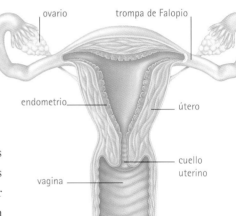

APARATO REPRODUCTOR FEMENINO *Los ovarios almacenan y liberan óvulos que descienden por la trompa de Falopio hasta el útero. El estrecho cuello uterino conecta el útero con la vagina.*

LA OVULACIÓN

Cada ovario libera un óvulo en ciclos menstruales alternos, de modo que la ovulación se produce sólo en un ovario cada vez. Los óvulos seleccionados para madurar lo hacen en un folículo lleno de un material líquido que comienza a crecer bajo el efecto de la FSH. Cada mes aproximadamente 20 óvulos comienzan este proceso, pero normalmente sólo un folículo "dominante" llega a madurar por completo y ovula; los demás se secan y los óvulos que contienen mueren. El óvulo crece hacia un lado del folículo rodeado de unas células especiales llamadas células de la granulosa, que lo alimentan y que además producen estrógenos, una hormona que estimula el crecimiento del endometrio así como del tejido mamario, razón por la que el dolor de pecho es un síntoma premenstrual habitual.

◀ *Sólo un espermatozoide penetra la capa exterior de un óvulo comparativamente enorme*

La concepción es algo parecido a un rompecabezas: sólo ha de faltar una pieza para que sea imposible que éste llegue a completarse.

A medida que aumenta el nivel de estrógeno en la sangre, éste envía un mensaje al hipotálamo indicándole que el folículo ya está maduro y listo para ovular. Como respuesta, el hipotálamo informa a la glándula pituitaria para que secrete una pequeña descarga de hormona luteinizante (LH) que provoca la liberación del óvulo unas 36 horas después. Así, el óvulo brota del folículo, que ha crecido hasta alcanzar aproximadamente el tamaño de una moneda. Esto se denomina ovulación y suele suceder alrededor del decimocuarto día del ciclo menstrual.

El óvulo maduro ha desarrollado diversos rasgos importantes. Por ejemplo, contiene cromosomas en la fase adecuada para continuar su desarrollo y es capaz de aceptar un único espermatozoide. El óvulo es transportado a la trompa de Falopio por unas delicadas proyecciones en forma de tentáculos llamadas fimbrias, que se asemejan a las frondas de una anémona marina. Minúsculas hebras parecidas al cabello llamadas cilias cubren la trompa de Falopio y ayudan a que el nuevo óvulo liberado descienda por la trompa y llegue al útero.

Mientras tanto, las células restantes del folículo roto forman una masa en el ovario llamada cuerpo lúteo que comienza a producir la hormona progesterona. Al igual que los estrógenos, la progesterona produce un efecto en el útero, en los senos, así como en el hipotálamo y la glándula pituitaria en el cerebro. En el útero, la progesterona hace que las células se muestren receptivas a un embarazo al producir los nutrientes necesarios para permitir el desarrollo de un embrión y al aumentar el grosor del revestimiento del útero.

Si tras la ovulación el óvulo no es fertilizado, la producción de la hormona luteinizante comienza a reducirse y el cuerpo lúteo se desvanece. Cuando los niveles tanto de estrógeno como de progesterona caen por debajo del umbral

LA CARRERA HACIA EL ÓVULO

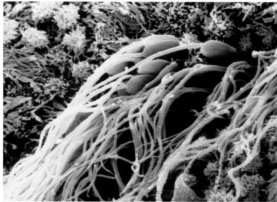

La ovulación se produce a mitad del ciclo menstrual cuando el óvulo maduro brota del folículo.

Cohortes de espermatozoides atraviesan en tropel la estrecha abertura del cuello uterino y entran en el útero.

necesario para mantener el revestimiento del útero en estado receptivo para la implantación del óvulo, el revestimiento lleno de sangre empieza a desintegrarse y comienza el período. En un ciclo normal, esto suele suceder alrededor del decimocuarto día tras la ovulación.

LA FUNCIÓN DE TU PAREJA EN LA CONCEPCIÓN

Ésta podría parecer la parte más sencilla de la proposición, pero la probabilidad estadística de que el esperma de tu pareja se encuentre con tu óvulo es pasmosa. Por término medio, un hombre eyacula alrededor de 5ml (una cucharita de café) de semen que contienen entre 100 y 300 millones de espermatozoides, de los que menos de 100.000 logran atravesar el cuello uterino, apenas 200 sobreviven y llegan a las trompas de Falopio, y sólo uno puede fertilizar el óvulo.

Los niños no nacen con toda una dotación de espermatozoides, sino que su producción comienza alrededor de la pubertad, momento desde el cual los espermatozoides se producen en los testículos regularmente a un ritmo de 1.500 por segundo. Cada espermatozoide tiene una vida de unos 72 días. Los testículos depositan el esperma en el epidídimo y durante las siguientes dos o tres semanas pueden moverse por sí mismos y fertilizar un óvulo. Desde aquí el esperma pasa al conducto deferente. Durante el orgasmo del hombre estos conductos se contraen y trasportan los espermatozoides desde el escroto, a través de las vesículas seminales y la glándula de la próstata (de la que recogen el fluido seminal) hasta introducirlo en la uretra, el conducto que se encuentra entre la vejiga y el pene. Durante la eyaculación, la apertura de la vejiga se cierra y los espermatozoides son transportados velozmente al interior del pene, listos para su trayecto hasta la vagina.

Un espermatozoide pasa por el frondoso revestimiento de la trompa de Falopio en su camino hacia el ovario.

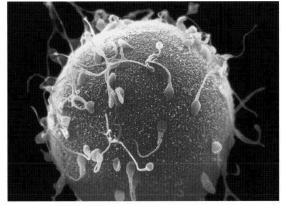

Misión cumplida: los espermatozoides supervivientes se arremolinan alrededor del óvulo maduro.

Resulta sorprendente pensar que, incluso antes de saber que estás embarazada, el diseño del cuerpo de tu bebé ya está siendo programado.

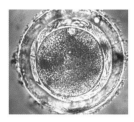

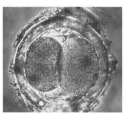

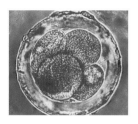

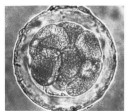

PRIMERAS DIVISIONES *Tras la fertilización, el zigoto se divide rápidamente y en 36 horas estará compuesto por 12 células diferentes.*

La llegada a la vagina no es el final de la carrera de los espermatozoides. Para ellos, el entorno es bastante hostil, pues las secreciones vaginales son bastante ácidas con el fin de evitar que las bacterias y otros organismos lleguen al útero y a las trompas de Falopio y causen infecciones perjudiciales. Sin embargo, una vez en la vagina, el semen se coagula rápidamente, ayudando a mantener los espermatozoides en el lugar adecuado.

Entre 5 y 10 minutos después de la eyaculación algunos espermatozoides se han introducido en el útero y se dirigen hacia las trompas de Falopio, un trayecto durante el cual los espermatozoides alcanzan plena capacidad de fertilización, de modo que cuando se acercan al óvulo son capaces de deshacerse de su cápsula (acrosoma) y fusionarse con él. Durante las siguientes 72 horas, otros espermatozoides que se encuentran en el cuello uterino continúan introduciéndose en el útero. Ya en las trompas de Falopio, los espermatozoides restantes (para entonces reducidos a unos 200) nadan en dirección ascendente ayudados por las contracciones musculares del útero y las trompas, al mismo tiempo que el óvulo está siendo impulsado en dirección descendente hacia la cavidad uterina.

LA FERTILIZACIÓN

El proceso durante el cual el espermatozoide se introduce en el ovario, se funde con él y el óvulo comienza a dividirse se completa en unas 24 horas y suele ocurrir mientras el óvulo sigue descendiendo por la trompa de Falopio.

Sólo la cohorte de espermatozoides más fuerte llega al óvulo, pero parece que el "ganador" de la carrera lo es completamente por azar. Varios espermatozoides rodean la superficie del óvulo, lo que los estimula a perder sus cápsulas, dejando al descubierto las enzimas que se abren camino a través de la membrana exterior. Sin embargo, sólo un espermatozoide penetra en el oocito y se produce la fertilización. La cola del espermatozoide, queda en el exterior y después se desintegra. La célula resultante recién formada se denomina zigoto y en ese momento forma un grueso muro alrededor de sí misma para evitar la penetración de otro espermatozoide. ¡Tu embarazo ha comenzado!

El zigoto comienza a dividirse en más células llamadas blastómeros, que al tercer día suman un total aproximado de una docena. Esta minúscula masa precisará unas 60 horas para adentrarse en el útero, para cuando ya estará formada por entre 50-60 células y se denominará blastocito.

Ya existen dos tipos distintos de células: una capa externa de células, o trofoblasto, que originará la placenta, y una masa interna de células que producirá el feto. Dos o tres días más tarde (alrededor de una semana después de la fertilización) el blastocito se implanta en el revestimiento del útero. Ya se ha subdividido en aproximadamente 100 células y comienza a producir la hormona gonadotropina coriónica humana (HCG) que envía una señal al cuerpo lúteo para que continúe la producción de progesterona. Si no se lograra, el revestimiento del útero comenzaría a descomponerse y daría lugar al sangrado menstrual.

En la segunda semana tras la concepción, el trofoblasto continúa invadiendo el revestimiento uterino y la masa interna de células se convierte en un embrión. Es sólo un punto, pero ya ha comenzado a dividirse en tres capas celulares diferentes denominadas capas germinales, cada una de las cuales se convertirá en una parte distinta del cuerpo del bebé.

CÓMO SE CONCIBEN LOS GEMELOS

Los gemelos y los trillizos se conciben de dos formas diferentes:

▸ Cuando dos o más óvulos se liberan y son fertilizados, con el resultado de gemelos no idénticos.

▸ Cuando un óvulo es fertilizado y después se divide en dos zigotos diferentes, resultando en dos embriones distintos que comparten estructuras genéticas idénticas y que, por lo tanto, serán gemelos idénticos.

En ambos tipos de gemelos, cada bebé se desarrolla en su propio saco amniótico, pero como los gemelos no idénticos son concebidos de dos óvulos distintos, cada uno tiene su propia placenta. Los gemelos idénticos comparten una placenta, pero cada uno tiene un cordón umbilical.

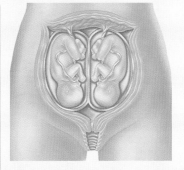

LOS GEMELOS IDÉNTICOS *comparten una placenta*

  un óvulo fertilizado se divide

El número de embarazos gemelares se ha duplicado en esta generación. En la actualidad los gemelos suponen alrededor del dos por ciento de los embarazos, en parte debido a los avances médicos recientes y los tratamientos de fertilidad. Las mujeres mayores de 35

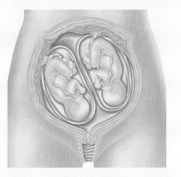

LOS GEMELOS NO IDÉNTICOS *tienen dos placentas*

  dos óvulos distintos son fertilizados

años tienen más probabilidad de concebir gemelos no idénticos porque son más propensas a liberar más de un óvulo en cada ciclo. Ésta incidencia tiene un componente familiar; aunque no hay factores que aumenten el riesgo de concebir gemelos idénticos.

LOS GENES Y LA HERENCIA

LOS GENES CONTROLAN EL CRECIMIENTO Y LA REPARACIÓN DE NUESTRO CUERPO, Y ADEMÁS SON EL CÓDIGO POR EL CUAL TRANSMITIMOS NUESTRAS CARACTERÍSTICAS FÍSICAS Y MENTALES A NUESTROS HIJOS. EN LA CONCEPCIÓN, TU HIJO HEREDA UN CONJUNTO ÚNICO DE GENES QUE LO DIFERENCIARÁN.

Los genes del individuo son unidades sencillas de información heredadas de los padres y ocupan una posición específica en el cromosoma. Los genes contienen muchos segmentos pequeños de ADN (la impronta genética) que proporcionan los códigos de rasgos específicos como el grupo sanguíneo y dictan la función específica de las células. En algunos casos, la presencia o ausencia de un gen puede predisponer a una persona a padecer una enfermedad o a estar protegido frente a ella. Los genes son también dominantes o recesivos. En un par compuesto por un gen dominante y uno recesivo, el gen dominante prevalecerá, y esto tendrá un efecto en rasgos heredados, como el color de los ojos, y en el desarrollo de algunas enfermedades genéticas (véase p.144).

Cuando se concibe un bebé, tanto el óvulo de la madre como el espermatozoide del padre aportan al embrión un grupo único de 23 cromosomas, sumando una dotación final de 46. Cada óvulo y espermatozoide contiene una combinación distinta de genes, razón por la que, excepto en los gemelos idénticos (véase p.21), cada bebé hereda una selección única. Sin embargo, debido a que todas las células provienen de este único óvulo fertilizado, el mismo material genético se duplica en cada célula del cuerpo de un bebé.

¿NIÑO O NIÑA?

Cuando un espermatozoide fertiliza un óvulo, el embrión resultante tiene 23 pares de cromosomas, pero el sexo de tu bebé viene determinado sólo por un par: los cromosomas 45 y 46 (conocidos como el par 23) son los cromosomas sexuales.

▶ **Los cromosomas sexuales** se clasifican en cromosomas X (femeninos) e Y (masculinos). Todo ovario contiene un único cromosoma X, mientras que el espermatozoide tiene uno X o uno Y en igual cantidad. Ésta es la razón por la que el espermatozoide es el que determina el sexo de un bebé.

▶ **Cuando un espermatozoide que transporta un cromosoma X** fertiliza un óvulo, forma un par de cromosomas XX y el resultado es una niña.

▶ **Cuando un espermatozoide que transporta un cromosoma Y** fertiliza un óvulo, se forma un par XY: un niño.

▶ **Los métodos que dicen inclinar** la balanza a favor de un niño o una niña se basan en el hecho de que los espermatozoides Y nadan un poco más rápido que los espermatozoides X, pero estos últimos sobreviven más tiempo. A pesar de estos métodos, la proporción de niños y niñas permanece normal.

¿OJOS MARRONES O AZULES?

UNO DE LOS EJEMPLOS MÁS FÁCILES DE COMPRENDER SOBRE LOS RASGOS HEREDADOS QUE IMPLICAN LOS GENES DOMINANTES Y RECESIVOS ES EL COLOR DE OJOS. COMO EL GEN DE OJOS MARRONES ES DOMINANTE Y EL DE OJOS AZULES ES RECESIVO, EL PRIMERO SIEMPRE PREVALECERÁ.

Tanto tú como tu pareja tienen un par de genes para el color de los ojos, lo que ofrece cuatro posibles combinaciones de genes en tus hijos. Para averiguar la posibilidad de que tu bebé tenga los ojos azules o marrones, es necesario saber cuáles son los genes de color de ojos que ustedes han heredado de sus padres. Aunque ambos tengan los ojos de color marrón, puede que cada uno tenga un padre o una madre con ojos azules y que, por lo tanto, aporten un gen recesivo de ojos azules. Si estos genes recesivos se combinan, tu bebé tendrá ojos azules. Si ambos tienen los ojos azules y ninguno tiene genes dominantes de color marrón, tu hijo no podrá tener los ojos marrones. (El gen de los ojos marrones abarca también los de color avellana, y el gen de los ojos azules incluye los de color gris y verde claro.)

Padres con ojos marrones En este ejemplo, el gen dominante de ojos marrones oculta el gen recesivo de ojos azules, así que todos los hijos tendrán los ojos marrones.

 PADRES MARR/AZ + MARR/MARR

HIJO

MARR+MARR *el hijo tendrá los ojos marrones*

MARR+MARR *el hijo tendrá los ojos marrones*

AZ+MARR *el hijo tendrá los ojos marrones*

AZ+MARR *el hijo tendrá los ojos marrones*

Un padre con ojos marrones y el otro con ojos azules El gen dominante prevalecerá o dos genes recesivos se combinarán para producir ojos azules.

 PADRES MARR/AZ + AZ/AZ

HIJO

MARR+AZ *el hijo tendrá los ojos marrones*

MARR+AZ *el hijo tendrá los ojos marrones*

AZ+AZ *el hijo tendrá los ojos azules*

AZ+AZ *el hijo tendrá los ojos azules*

Padres con ojos marrones En este ejemplo, ambos padres tienen un gen recesivo de ojos azules, de modo que hay una probabilidad entre cuatro de tener un hijo con los ojos azules.

 PADRES MARR/AZ + MARR/AZ

HIJO

MARR+MARR *el hijo tendrá los ojos marrones*

MARR+AZ *el hijo tendrá los ojos marrones*

AZ+MARR *el hijo tendrá los ojos marrones*

AZ+AZ *el hijo tendrá los ojos azules*

Padres con ojos azules Ambos padres con ojos azules tienen dos copias del gen recesivo de ojos azules, de modo que no pueden tener un hijo con los ojos marrones.

 **PADRES** AZ/AZ + AZ/AZ

HIJO

AZ+AZ *el hijo tendrá los ojos azules*

AZ+AZ *el hijo tendrá los ojos azules*

AZ+AZ *el hijo tendrá los ojos azules*

AZ+AZ *el hijo tendrá los ojos azules*

LA PRUEBA DE EMBARAZO EN CASA *Casi todas estas pruebas son confiables y fáciles de usar.*

LA CONFIRMACIÓN DE TU EMBARAZO

EN CUANTO COMIENCES A SOSPECHAR QUE PODRÍAS ESTAR EMBARAZADA, PODRÁS SABERLO CON SEGURIDAD PUES HOY EN DÍA EL ANÁLISIS ES RÁPIDO Y SENCILLO Y TE DARÁ UNA RESPUESTA CONFIABLE TAN PRONTO HAYAS TENIDO UN RETRASO.

La mayoría de las mujeres optan por un test de orina, que mide el aumento de los niveles de la hormona gonadotropina coriónica humana (HCG), producida por el blastocito alrededor de una semana después de la concepción. Puedes optar por emplear en casa un test de embarazo que puedes adquirir en la farmacia. Es fácil de utilizar y ofrece tres grandes ventajas: la velocidad, la privacidad y la comodidad. La prueba se presenta en un envase de plástico y su apariencia es como la del aplicador de un tampón. Antes de emplearlo, comprueba la fecha de caducidad y lee cuidadosamente las instrucciones. La mayoría de los tests te advierten que debes realizar la prueba varios días después del primer retraso, aunque algunos pueden dar un resultado positivo antes, si bien el resultado también puede ser negativo si has realizado el análisis demasiado pronto y la cantidad de HCG en tu orina es demasiado pequeña.

EL USO DE UN TEST DE EMBARAZO

La concentración de HCG siempre es mayor en la primera orina de la mañana, aunque los tests más modernos son lo suficientemente sensibles como para ser utilizados en las últimas horas del día. Cuando el HCG de tu orina entra en contacto con la banda absorbente se produce un cambio de color. Al comienzo, en la ventana de resultado puede aparecer una línea azul o un círculo rosa, lo que confirmará que el test está en marcha y, si estás embarazada, en cuestión de minutos le seguirá una segunda línea azul o un círculo rosa. Los tests suelen incluir otra banda absorbente, pues es conveniente confirmar un resultado positivo dudoso con un análisis complementario una semana después. Por desgracia, algunos resultados positivos se convierten después en negativos porque el embrión no ha logrado implantarse con éxito, a lo que en breve seguirá el período menstrual.

OTRAS FORMAS DE ANÁLISIS

En alguna circunstancia especial, quizá te sugieran realizar un análisis de sangre para detectar y cuantificar el nivel exacto de HCG en tu cuerpo. Por ejemplo, si has sido sometida a un tratamiento de fertilidad tal vez quieras saber si ha sido exitoso antes de la fecha en que esperas el período. La medición regular exacta HCG también es necesaria ante la sospecha de un embarazo ectópico (un embarazo que se produce fuera del útero, normalmente en la trompa de Falopio. Véase p.81).

Otro método de diagnosticar un embarazo es mediante una ecografía. Las ecografías no suelen realizarse en embarazos demasiado incipientes, pero pueden ser útiles si no estás segura de las fechas, si has sufrido algún aborto o si presentas síntomas o signos que sugieran que puedes tener un embarazo ectópico. Aunque sólo pueda verse muy poco en la ecografía hasta 10 días después del retraso, en ese momento normalmente puede verse el saco gestacional en el útero con un minúsculo polo fetal.

Un médico experimentado puede diagnosticar un embarazo por el matiz azulado de la piel vaginal y el cuello uterino, por el hecho de que el útero y el cuello estén más blandos de lo normal, y en la sexta semana, porque el útero es ligeramente mayor, cambios que se deben a un aumento del aporte sanguíneo a todos los órganos pélvicos. En la actualidad las exploraciones internas no se realizan de forma rutinaria, aunque con mucha frecuencia los embarazos insospechados se diagnostican de esta manera.

TU RESPUESTA EMOCIONAL

He mantenido muchas conversaciones con mujeres que acababan de descubrir que estaban embarazadas y sus reacciones oscilaron entre la euforia y un pánico ligero. La siguiente es una selección de los sentimientos expresados con más frecuencia

▶ No puedo creerlo.

▶ Es maravilloso.

▶ Socorro, nunca pensé que pudiera suceder tan rápido.

▶ ¿En qué me he metido?

▶ ¿Puedo permitirme mantener un bebé?

▶ No debería haber tomado esa copa de vino después del trabajo.

▶ ¿Conservaré mi trabajo?

▶ ¿Por qué no dejé de fumar el mes pasado, tal y como había planeado?

▶ ¿Dónde voy a tener a mi hijo?

▶ ¿Mi bebé será normal?

No todas son reacciones positivas, lo cual es completamente normal, así que no te sientas culpable por ningún pensamiento negativo que puedas estar teniendo. Aunque hayas planificado tu embarazo, puede que te sientas desmoralizada a medida que comiences a asimilar las consecuencias. Además de la reacción, el coctel de hormonas del embarazo que recorre tu torrente sanguíneo es suficiente como para que cualquiera se vuelva emocionalmente impredecible. No hay duda de que estar embarazada y traer un bebé al mundo será uno de los períodos más azarosos e impredecibles de tu vida, y habrá momentos en los que su inmensa magnitud te hará sentir abrumada.

Sin embargo, disfrutarás mucho más del embarazo si te sientes segura y con la situación bajo control, y la única forma de lograrlo es averiguando todo lo que puedas sobre él... así que espero que este libro te ayude.

LA SEGURIDAD EN EL EMBARAZO

Todas las estadísticas preocupantes sobre los embarazos y las terribles historias que se escuchan en los medios de comunicación pasan a un primer plano en cuanto quedas embarazada. Este capítulo muestra algunas de las preocupaciones más habituales y espero que te ayude a diferenciar las precauciones sensatas de los mitos e historias alarmistas.

Por supuesto que es imposible eliminar el riesgo de la vida, y el embarazo no es una excepción, así que si te sientes abrumada por la preocupación, debes comenzar por poner las cosas en perspectiva. Aproximadamente 4 de cada 100 bebés nacen con alguna anomalía (congénita), la mayor parte debido a razones genéticas (véase p.144-5 y p.415-8) y sólo una pequeña proporción por factores como las drogas, las infecciones o los riesgos medioambientales, así que si te preocupa haber estado expuesta a cualquiera de estas situaciones que pueden haberle ocasionado algún problema a tu bebé, recuerda que es más probable que te atropelle un autobús a que tu hijo se vea afectado por tales peligros durante el embarazo.

"... es imposible eliminar el riesgo de la vida, y el embarazo no es una excepción."

UN ACONTECIMIENTO INESPERADO

Si descubres de forma inesperada que estás embarazada o que no estabas tan preparada para ello como pensabas, quizá sientas una mezcla de angustia e incredulidad, además de cierta ansiedad por las condiciones iniciales en las que se desarrolló tu embarazo durante los días y semanas en los que desconocías por completo lo que estaba sucediendo.

Mi primer consejo es que dejes de preocuparte y que, en lugar de lamentarte pensando en lo que planeabas o en lo que podrías haber hecho para preparar mejor tu embarazo, comiences a concentrarte en adoptar un estilo de vida más saludable. Promete que seguirás una dieta balanceada (véase p.43-9), que reducirás al máximo el consumo de alcohol y cafeína y que, si eres fumadora, dejarás el cigarrillo hoy mismo.

Si aún te encuentras en el primer trimestre de embarazo, comienza a tomar un complemento de ácido fólico cuanto antes (véase p.51), pues te ayudará a proteger al bebé de defectos en el tubo neural como la espina bífida (véase p.146 y p.418). Aunque es recomendable tomarlo desde el momento en el que empiezas a intentar quedar embarazada, es igualmente válido comenzar ahora.

Al tratarse de un embarazo inesperado, otra posible fuente de preocupación es que el bebé haya estado expuesto a todo tipo de factores perjudiciales durante el tiempo en que no sabías que estabas embarazada. Por ejemplo, quizá te inquiete haber bebido demasiado en una fiesta o haber tomado medicinas. Sin embargo, los medicamentos que más suelen recetarse son los antibióticos y por suerte muy pocos de ellos afectan al embrión en formación (véase p.35). También es probable que estuvieras bajo algún tratamiento anticonceptivo y ahora te preguntes si éste puede tener efectos perjudiciales. Más adelante describiré estas inquietudes, pero déjame comenzar con un dato tranquilizador: en realidad la mayoría de los embriones destinados a prosperar en el embarazo y a convertirse en un bebé sano son muy resistentes.

SI TU MÉTODO ANTICONCEPTIVO FALLÓ...

Si concebiste al bebé a pesar de haber utilizado un método anticonceptivo, probablemente te preguntes si éste puede causar problemas, pero lo cierto es que en la mayoría de los casos no hay nada de qué preocuparse.

▶ **Si tomabas anticonceptivos hormonales,** como la píldora combinada o la minipíldora, simplemente deja de tomarlos pues ya no van a ser de utilidad. La píldora combinada contiene estrógenos, que inhiben la ovulación, y progesterona, que hace que el moco cervical sea menos penetrable a los espermatozoides y que las células del revestimiento del útero sean menos receptivas a la implantación del embrión. Los anticonceptivos a base de progesterona, como la minipíldora, y las inyecciones trimestrales como la depoprovera, tienen efectos similares. No hay evidencias de que las hormonas de los medicamentos actuales causen problemas en el embrión o en el feto.

▶ **Los métodos anticonceptivos de barrera** que contienen espermicidas no son perjudiciales para el embrión, de manera que no debes preocuparte por ellos.

▶ **Si usaste un anticonceptivo postcoital,** como la píldora del día después, y a pesar de ello quedaste embarazada, tal vez te sientas angustiada porque el método falló, pero en este caso el bebé tampoco sufrirá ningún daño.

▶ **Cuando se produce un embarazo teniendo un dispositivo intrauterino (DIU)** existe un riesgo mayor de aborto por la presencia de un cuerpo extraño en el útero, la respuesta inflamatoria que ésta causa y el creciente riesgo de que una infección ascienda por los filamentos de la vagina. Si los filamentos o el dispositivo pueden verse en un examen vaginal, es mejor retirar el DIU. Esto no aumenta el riesgo de aborto, pero sí reduce el riesgo de perder al niño en una etapa más avanzada del embarazo.

Sin embargo, si no pueden verse ni los filamentos ni el DIU, es mejor dejarlo en su lugar. Es improbable que cause problemas en un embarazo que llega a término, ya que el bebé crece dentro del saco amniótico. El DIU permanece fuera del saco y suele ser retirado junto con la placenta.

▶ **Si te has sometido a la esterilización** (ligadura de trompas) y descubres que estás embarazada, debes consultarlo de inmediato con tu médico, pues las funciones mecánicos de tus trompas ya han sido afectadas por el procedimiento y correrás el riesgo de tener un embarazo ectópico (véase p.81 y p.422).

El tabaco

Si ahora que estás embarazada continúas fumando, debes ser consciente de los problemas que esto puede causarle a tu bebé. Durante los primeros tres meses, el tabaco puede reducir la capacidad de la placenta para ocupar la pared del útero y crecer; si sigues fumando en etapas posteriores del embarazo, reducirás el aporte de oxígeno y nutrientes que le llegan al bebé, aumentando así el riesgo de un parto prematuro, un desprendimiento prematuro de la placenta (véase p.427) y un retraso en el crecimiento del feto (véase p.428). Deja el cigarrillo cuanto antes. También debes saber que si estás expuesta regularmente al humo del tabaco, te conviertes en una fumadora pasiva, lo que implica riesgos similares para la salud del bebé. Si tu pareja fuma, anímalo para que deje este hábito y evita los lugares saturados de humo, como los bares.

El alcohol

Cualquier mujer embarazada que consuma regularmente una cantidad considerable de alcohol tiene un riesgo mayor de sufrir complicaciones en el embarazo. Durante los primeros meses, un alto consumo de alcohol puede causar un patrón de anomalías en el bebé, conocido como Síndrome Alcohólico Fetal (véase p.434) que incluye problemas como retraso en el desarrollo después del nacimiento, daños en el sistema nervioso y un escaso crecimiento durante la infancia. El consumo regular de altas cantidades de alcohol a lo largo del embarazo también puede tener efectos tóxicos en el feto, así que lo más sensato es reducirlo al máximo, en especial durante los primeros meses, que son cruciales para el desarrollo del bebé. Cuando el embarazo ya haya avanzado, el consumo ocasional puede considerarse relativamente seguro.

Si antes de saber que estabas embarazada bebiste un poco más de la cuenta en un par de ocasiones no te alarmes; simplemente, asegúrate de dejar de beber lo más pronto posible.

Drogas

Sustancias como la cocaína, la heroína y el éxtasis pueden constituir un serio problema para el desarrollo del feto, pues todas ellas atraviesan la placenta y entran en el torrente sanguíneo del bebé, aumentando el riesgo de aborto (véase p.430), de desprendimiento prematuro de la placenta y de parto prematuro, a la vez que suelen reducir el crecimiento del bebé (véase p.428). Tras el parto, el bebé puede experimentar un fuerte síndrome de abstinencia y daños cerebrales, además, inevitablemente deberá permanecer en el hospital varias semanas bajo una estricta observación. Así que si quieres tener un embarazo sin problemas y un bebé sano, evita las drogas.

"...en realidad, la mayoría de los embriones destinados a prosperar en el embarazo y a convertirse en un bebé sano son muy resistentes".

LOS PELIGROS AMBIENTALES

LOS PELIGROS QUE PUEDE PROVOCAR EL AMBIENTE SON MUY PREOCUPANTES AL COMIENZO DEL EMBARAZO. SIN EMBARGO, GRAN PARTE DE LO QUE ESCUCHARÁS AL RESPECTO SUELE SER SIMPLEMENTE ANECDÓTICO. POR ELLO, EN ESTA SECCIÓN HE INCLUIDO VARIOS DATOS BASADOS EN EVIDENCIAS MÉDICAS, SOBRE ALGUNAS DE LAS PREOCUPACIONES MÁS HABITUALES.

Aunque muchos factores ambientales son acusados de ocasionar abortos y anomalías en el feto, la mayoría de estas afirmaciones carecen de evidencias contundentes. A continuación ofrezco un breve resumen de los que causan más preocupación.

EL CONTACTO CON PRODUCTOS QUÍMICOS

En la rutina diaria es casi imposible evitar el contacto con productos químicos; lo que sí puede hacerse es disminuir tu exposición a ellos.

▶ **En casa** Evita inhalar vapores de gasolina, de pegamento, de productos de limpieza, así como de las pinturas con compuestos volátiles y los aerosoles domésticos. Lee las etiquetas de todos los productos químicos y, si tienes dudas acerca de su seguridad, no los utilices. Si estás redecorando tu casa y necesitas retirar la pintura vieja, mantén las habitaciones bien ventiladas o deja que otra persona haga el trabajo.

▶ **En el trabajo** En las industrias se utiliza una enorme cantidad de disolventes que pueden provocar

DECORACIÓN SEGURA *Utiliza pinturas inoloras y buena ventilación..*

problemas en las mujeres embarazadas que han estado constantemente expuestas a ellos durante su trabajo. Los disolventes orgánicos de las pinturas, los pesticidas, los pegamentos, las lacas y los productos de limpieza pueden atravesar la placenta.

Las mujeres que corren mayor riesgo son aquéllas que trabajan en fábricas, tintorerías, farmacias, laboratorios, talleres, funerarias y carpinterías.

Sin embargo, un estudio reciente llegó a la conclusión de que estos riegos podrían evitarse si los empleadores contaran con locales bien ventilados y las mujeres embarazadas se preocuparan por llevar ropa protectora y evitar los lugares saturados de humo.

Si tu pareja utiliza en su trabajo cualquiera de los productos que acabamos de nombrar y/o cloruro de vinilo (presente en el yeso), evita tocar su ropa. Esta advertencia también es válida para las ropas contaminadas por pesticidas.

LOS RAYOS X

Se sabe que una alta dosis de radiaciones ionizantes causa problemas en el feto, y es por esto que a los médicos les preocupa el uso de los rayos X durante el embarazo. Sin embargo, es importante aclarar que los aparatos de radiología actuales emiten mucha menos radiación que antes y se limitan de manera mucho más precisa a la parte del cuerpo que se quiere examinar.

Sólo en caso de que hayas sido sometida a ocho o más sesiones de radiografías pélvicas o abdominales antes de la octava semana de gestación, correrás el riego de que se produzcan anomalías en el feto, y aún así, el riesgo es sólo del 0,1 por ciento. Una sola sesión de rayos X en el pecho o el abdomen no causará ningún daño, así que si te tomaste una radiografía sin saber que estabas embarazada, puedes estar tranquila pues ésta no afectará al bebé.

Por otro lado, algunos problemas del embarazo deben analizarse con rayos X, pero es muy poco probable que estos exámenes causen algún daño.

Si trabajas en un hospital, deberás llevar un delantal plomado siempre que entres en contacto con los rayos X. Durante el embarazo, las radiógrafas suelen quedar a cargo de otras tareas de su departamento, aunque el riesgo que puede correr su bebé es insignificante debido a las estrictas medidas de seguridad que se aplican actualmente.

LA PANTALLA DEL COMPUTADOR

Aunque a causa del trabajo tengas que pasar varias horas al días frente a la pantalla del computador o de otro aparato similar, tu bebé no corre ningún riesgo, porque al igual que los equipos que producen las radiaciones ultravioleta e infrarroja, como las impresoras láser y las fotocopiadoras, no existen evidencias que indiquen que estos aparatos no deban utilizarse durante el

embarazo. Tampoco hay datos que respalden la afirmación de que los abortos y los problemas en el embarazo sean más habituales en mujeres que viven cerca de subestaciones eléctricas, campos electromagnéticos, emisoras de radio o postes telefónicos.

LA SEGURIDAD DE LAS ECOGRAFÍAS

Una de las preguntas que mis pacientes me formulan con mayor frecuencia es si deberían preocuparse por las ecografías, en especial cuando sufren problemas al comienzo del embarazo que requieran varias sesiones. Por suerte, existen algunos estudios que permiten afirmar que las ecografías no causan problemas a la madre ni al bebé.

De acuerdo con un estudio reciente realizado en Suecia no existe ninguna relación entre la repetición de las ecografías durante el embarazo y la leucemia infantil. Otros estudios de gran magnitud, en los que se realizó un seguimiento de aquellos bebés a los que se les habían tomado ecografías en repetidas ocasiones durante el embarazo tampoco encontraron anomalías severas en su desarrollo.

De otro lado, a muchas mujeres les preocupa que las ecografías transvaginales utilizadas al comienzo del embarazo puedan provocar algún sangrado o agravar un embarazo con riesgo de aborto, pero éste no es el caso, y evitar una ecografía transvaginal puede significar obviar una información vital sobre tu embarazo.

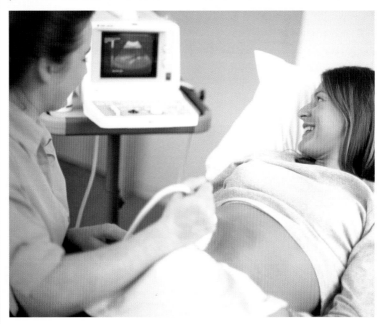

ECOGRAFÍAS *Aunque necesites realizarte varias sesiones de ecografía, éstas no afectarán a tu bebé.*

LAS ENFERMEDADES DURANTE EL EMBARAZO

GOZAR DE BUENA SALUD NO ES ALGO QUE PUEDAS TENER COMPLETAMENTE BAJO CONTROL, ASÍ QUE DURANTE ESTOS MESES DEBERÁS SER MÁS PRECAVIDA DE LO NORMAL, PARA EVITAR CONTRAER INFECCIONES.

Evidentemente del dicho al hecho hay mucho trecho, pues 1 de cada 20 mujeres contrae una infección durante el embarazo. Aunque esta cifra puede parecer alarmante, la mayor parte de estas infecciones son completamente inofensivas y sólo un pequeño número de ellas pueden causar daños al feto o al recién nacido.

Como la mayor parte de las infecciones virales se contraen de otra persona, la única forma de evitarlas por completo sería convertirse en un ermitaño, y ésta no es una solución práctica. Los niños pequeños son uno de los blancos más habituales de las infecciones, por lo tanto, es conveniente evitar el contacto con ellos cuando presenten una erupción o una fiebre inexplicada.

EVITAR LAS INFECCIONES

Es imposible eliminar por completo el contacto con las infecciones, en especial si ya tienes hijos.

INFECCIONES INFANTILES

Las dos infecciones virales más graves para las mujeres embarazadas –la varicela (véase p.411) y la rubeola (véase p.411) – son habituales en la infancia. La varicela aumenta el riesgo de aborto durante las primeras ocho semanas de embarazo y, si se contrae de la semana 8 a la 20, existe un 50 por ciento de probabilidades de padecer el síndrome de varicela congénita, el cual ocasiona anomalías que afectan las extremidades, los ojos, la piel y el cerebro del bebé, así como problemas de crecimiento en las últimas etapas del embarazo. Si contraes la rubeola por primera vez al comienzo del embarazo, corres peligro de sufrir un aborto, y si el embarazo sigue su curso, la infección puede tener graves efectos en el feto, entre ellos la sordera, la ceguera, los problemas coronarios y el retraso mental. Por suerte, en la actualidad esto es poco frecuente pues casi todas las mujeres en edad de procrear o bien ya han padecido la infección antes de quedar embarazadas, o han sido vacunadas contra ella. Aunque la inyección contra la rubeola es una vacuna viva y a pesar de que sea mejor administrarla antes de quedar en embarazo, he tenido algunas pacientes que han quedado embarazadas casi inmediatamente después de haber sido vacunadas. Por suerte, de acuerdo con los registros que algunos países llevan sobre las mujeres que han concebido poco tiempo después de haber sido vacunadas contra la rubeola, los casos en que se presentan anomalías en los bebés son casi inexistentes. De manera similar, gracias a los programas de vacunación, tampoco es probable que las paperas, el sarampión y la polio lleguen a ser un problema para las mujeres embarazadas.

RESFRIADOS, GRIPE Y VIRUS INTESTINALES

Es cierto que contagiarse de los catarros, resfriados y gripes de los compañeros de trabajo es molesto, pero resulta muy poco probable que tu bebé se vea afectado por ellos, a no ser que padezcas una fiebre muy elevada, pues ésta puede ser una causa de aborto al comienzo del embarazo. En muchas regiones, las personas están expuestas a epidemias de gripe todos los años e indudablemente ellas son responsables de un gran número de muertes tanto fetales como de adultos. Si desarrollas un estado febril por un resfriado o una gripe, el médico te aconsejará medicamentos que ayuden a paliar la fiebre rápidamente. Otros procedimientos simples, como lavarse con una esponja mojada en agua tibia o usar el ventilador también son efectivos.

Si tienes un riesgo mayor de contagiarte de gripe –por ejemplo, si eres diabética o sufres de una afección cardiaca–, consulta con tu médico si debes vacunarte contra la gripe anualmente.

Por otra parte, los malestares estomacales y la gastroenteritis pueden curarse mediante el descanso y grandes cantidad de agua, y es muy poco probable que causen problemas en el embarazo.

LA TOXOPLASMOSIS Y LA BRUCELOSIS

Si tienes mascotas, debes seguir un cuidado higiénico especial, sobre todo durante el primer trimestre, ya que puedes contraer toxoplasmosis, una infección parasitaria que se encuentra en las heces de los animales infectados, principalmente de los gatos. Se calcula que cerca del 80 por ciento de la población ya ha sido infectada alguna vez con la infección, pero muchas personas no son conscientes de ello pues los síntomas suelen ser leves, parecidos a los de una gripe. Como resultado, la mayoría de las mujeres ya han desarrollado la inmunidad con anterioridad, lo que a la vez protege al feto. Sin embargo, si contraes la infección por primera vez durante el embarazo, existe una alta probabilidad de sufrir un aborto o de que el niño nazca con retraso mental o ceguera.

La mayoría de las personas contraen la toxoplasmosis al inhalar los huevos de las heces de los gatos, al ingerir verduras sin lavar o carne infectada mal cocida (véase p.50). Aunque es muy probable que ya seas inmune a este parásito (en especial si

RUBEOLA *En la sangre pueden verse las partículas del virus como pintas de color rosado.*

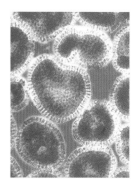

GRIPE *El contorno rosa del virus se adhiere a las células anfitrionas.*

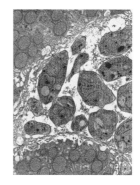

TOXOPLASMOSIS *El parásito de color verde invade el tejido del hígado*

tienes un gato), siempre que toques un gato debes lavarte las manos; también es importante que desparasites a tu mascota con regularidad y evites tocar su cajón de arena. También debes ponerte guantes cuando realices trabajos de jardinería.

Si trabajas en una granja o en una clínica veterinaria, debes tomar precauciones para reducir el riesgo de contraer brucelosis, una infección bacteriana que puede causar aborto. Evita cualquier trabajo relacionado con el parto o el ordeño de animales que hayan parido recientemente y lávate las manos con frecuencia.

OTROS PROBLEMAS MÉDICOS

Si antes del embarazo ya sufrías de algún problema médico (véase p.408-410), como afecciones cardiacas o diabetes, de ahora en adelante deberás tener un cuidado especial y consultar a tu médico tan pronto sepas que estás esperando un bebé (lo ideal sería hacerlo antes de quedar embarazada). Bajo ninguna circunstancia decidas por ti misma continuar tomando medicamentos que te hayan recetado antes.

Si antes de saber que estabas esperando un bebé tuviste alguna intervención quirúrgica, probablemente te preocupe que la anestesia o la operación puedan afectar al feto. En las primeras semanas el peligro de aborto es bastante elevado, en especial en los casos de laparoscopia o de procedimientos similares que impliquen la introducción de instrumentos en la cavidad uterina o el abdomen. Una apendectomía de urgencia también eleva las probabilidades de aborto. Sin embargo, he atendido a muchas pacientes que han descubierto que están embarazadas tras haber sido sometidas a una intervención quirúrgica y no han tenido efectos perjudiciales, así que, si tu embarazo ha superado la operación, no te preocupes, pues el bebé no debe haber sufrido ningún daño por la anestesia.

TERAPIAS COMPLEMENTARIAS

Muchas de mis pacientes me preguntan qué pienso sobre el uso de terapias complementarias para contrarrestar algunos efectos secundarios del embarazo. En realidad, no estoy ni en contra ni a favor de dichas terapias; el problema es que muchas de ellas no han sido estudiadas de manera rigurosa, y por lo tanto, sus beneficios no se apoyan en datos científicos sólidos. Esto no significa que no sean efectivas, simplemente no es posible tener una idea clara de su potencialidad y sus limitaciones. También es importante subrayar que el hecho de que un remedio a base de hierbas sea descrito como "natural" en la etiqueta, no quiere decir que siempre sea seguro. El arsénico por ejemplo, es una sustancia natural, pero también puede ser fatal. Si decides utilizar una terapia complementaria, asegúrate de acudir a un médico calificado (véase p.436 para una lista de consejos útiles) e infórmale a tu médico o a tu partera sobre el tratamiento.

LOS MEDICAMENTOS DURANTE EL EMBARAZO

La lista de medicamentos que pueden causarles problemas a una mujer embarazada y su bebé es extensa y alarmante, pero por suerte tanto los médicos como las pacientes suelen comprender este hecho perfectamente. La información que aparece a continuación puede servir de guía para tratar un problema menor, pero ten siempre presente que debes limitar el uso de medicamentos.

ANTIEMÉTICOS Si tus nauseas son severas y necesitas tomar un antiemético, el médico te aconsejará cuál de éstos es el más seguro.

ANTIHISTAMÍNICOS Algunos de los más recetados y vendidos sin receta están contraindicados durante el embarazo. Si eres alérgica al polen u otro tipo de sustancia, consulta a tu médico antes de consumirlos.

ANALGÉSICOS Probablemente la mejor opción durante el embarazo sea el paracetamol. Evita la aspirina (a no ser que el médico te la recete), el ibuprofeno y la ergotamina (indicado para la migraña).

ANTIBIÓTICOS Si debes tomar antibióticos para tratar una infección, elige alguno perteneciente a la familia de la penicilina. Si eres alérgica a la penicilina, la eritromicina también es una opción segura. Debes evitar los siguientes antibióticos:

▶ **La tetraciclina** puede causar decoloración y malformaciones en los dientes y los huesos del bebé.

▶ **El cloranfenicol** sólo suele utilizarse para la fiebre tifoidea pues puede ocasionar reacciones anormales en la sangre del bebé. El cloranfenicol presente en los colirios no representa ninguna amenaza para el embarazo.

▶ **La estreptomicina** debe evitarse ya que puede causar pérdida de la audición en el feto.

▶ **Las sulfonamidas** comprenden una amplia gama de antibióticos que pueden causar ictericia en los recién nacidos y reacciones alérgicas en la madre.

LAXANTES El estreñimiento puede aliviarse añadiendo fibra a la dieta y bebiendo gran cantidad de agua (véase p.187), pero si tienes que recurrir a un laxante, elige los formadores de masa y evita los productos que contienen sena, ya que pueden irritar el intestino y provocar contracciones uterinas.

ANTIÁCIDOS La mayoría de los antiácidos son efectivos y pueden utilizarse para calmar el ardor estomacal y la indigestión (véase p.187), pero si estás usando un suplemento de hierro (véase p.48), tómalos por separado.

DIURÉTICOS Es de esperar que en el embarazo se produzca cierta retención de líquidos; sin embargo no debes tomar diuréticos ni hierbas "naturales" para contrarrestarla. Las piernas, los pies o los dedos hinchados pueden ser un síntoma de preeclampsia (véase p.425).

MEDICAMENTOS PARA EL RESFRIADO Y LA GRIPE Lee atentamente las etiquetas que acompañan a los medicamentos para el resfriado y la gripe ya que la mayoría contienen ingredientes como antihistamínicos y cafeína.

ESTEROIDES Las cremas que contienen esteroides para tratar los eccemas y otras afecciones de la piel deben utilizarse con moderación durante el embarazo, aunque es poco probable que causen problemas. Los inhaladores de esteroides para el asma (véase p.409) son igualmente inofensivos, así que si tomas esteroides orales para dolencias como la enfermedad de Crohn (véase p.409), no los suspendas, pero consúltalo con tu médico. Los esteroides anabólicos (empleados en el fisioculturismo) nunca deberán ingerirse durante el embarazo ya que pueden tener un efecto de masculinización en el feto femenino.

VIAJAR SIN PROBLEMAS

DURANTE EL EMBARAZO ÉSTE ES UN ASUNTO PRIORITARIO DENTRO DE LA LISTA DE PREOCUPACIONES DE LA MAYORÍA DE LAS MUJERES. SIN EMBARGO, NO HAY NINGÚN DATO QUE PERMITA PENSAR QUE LOS VIAJES AUMENTEN EL RIESGO DE QUE TÚ O TU BEBÉ TENGAN COMPLICACIONES.

Independientemente de cuándo y cómo viajes, es conveniente planificar los viajes, pues los trayectos prolongados en auto pueden ser agotadores, así que lo mejor es que hagas paradas regulares para estirar las piernas y respirar aire fresco.

Conducir no supone ningún problema siempre y cuando te sientas segura y cómoda al volante, así que no hagas caso a las historias alarmantes según las cuales el cinturón de seguridad oprime el útero y maltrata al bebé pues te aseguro que, si tuvieras la mala suerte de sufrir un accidente, estarás mucho más protegida si llevas puesto el cinturón de seguridad que si no lo usas. Si te toca permanecer de pie durante un trayecto largo en autobús o en el metro, pide que te cedan un asiento, pues puedes sentirte tan cansada y mareada como al final del embarazo.

LOS VIAJES EN AVIÓN

Pienso que en un embarazo normal no hay por qué evitar los viajes en avión. Quizá hayas escuchado que en los vuelos de larga distancia la disminución de la presión dentro de la cabina puede afectar el embarazo, pero esta afirmación carece de fundamento científico. El bebé está rodeado de una gruesa pared muscular uterina y de una gran cantidad de liquido amniótico que lo protegen de los daños físicos. Además, los cambios en tu sistema circulatorio y respiratorio harán que el bebé reciba suficiente oxígeno y los nutrientes necesarios, aunque el aporte de oxígeno en el exterior sea un poco menor de lo habitual.

Sin embargo, si ya has sufrido algún aborto, debes tener en cuenta algunas consideraciones sobre los viajes en general y sobre los vuelos en avión en particular. Aunque estoy bastante segura de que viajar en avión no será responsable de que abortes, es mejor que no te expongas a esta situación si sientes temor. La mayoría de las líneas aéreas no admiten en sus viajes a mujeres embarazadas a partir de la semana 34 de gestación; sin embargo, esto

AL COMPRAR FRUTAS *Incluso las frutas más atractivas del mercado deben lavarse o pelarse*

no se debe a que la reducción en el nivel del oxígeno de la madre pueda inducir el parto, sino a que al 10 por ciento de las mujeres se les adelanta el parto y las aerolíneas prefieren evitar la posibilidad de que esta situación se presente en la mitad de un viaje. (Para obtener más información sobre los viajes en el tercer trimestre, véase p.251).

VIAJES AL EXTRANJERO

Si planeas viajar al extranjero, consulta (véase p.437) si existe alguna posibilidad de contraer infecciones endémicas en el país o países que vas a visitar.

De ser posible, evita viajar a aquellos países donde la malaria no ha sido erradicada porque la fiebre elevada que acompaña a esta infección aumenta el riesgo de aborto. Durante el embarazo se incrementan las probabilidades de contraer malaria y ésta suele ser más grave e impredecible de lo normal porque el embarazo altera la respuesta inmunológica de tu cuerpo.

De todas formas, si tienes que viajar a una zona de malaria, asegúrate de iniciar un tratamiento contra esta enfermedad y de seguir tomándolo durante el tiempo que sea necesario después del viaje .

▶ **La cloroquina** no afecta al bebé, y tampoco el proguanil, si tomas un suplemento de folato al tiempo.

▶ **La mefloquina y maloprima** no son recomendables durante las 12 primeras semanas del embarazo, pero si ya has tomado estas sustancias, no te preocupes. Es mucho más probable que sufras problemas a causa de la malaria que a causa de los medicamentos.

LA VACUNACIÓN EN LOS VIAJES

En caso de que sea necesario vacunarte deberás verificar cuál vacuna es la más indicada para tu destino y si alguna de ellas está contraindicada durante el embarazo, pues este estado altera las reacciones de tu sistema inmunológico y hace que los efectos de la vacunación sean más difíciles de predecir. Como regla general se deben evitar las vacunas preparadas con virus vivos; las que no sean elaboradas con estos virus pueden administrarse sin problema. Mientras que las vacunas contra el cólera, la polio, la rabia y el tétano se consideran seguras para las mujeres

IMMUNIZACIÓN *Tu doctor te recomendará las vacunas que son seguras.*

embarazadas, no se tiene la misma certeza respecto a las de la fiebre amarilla y la tifoidea.

Si necesitas obtener información actualizada sobre los medicamentos y la vacunación contra la malaria, entra en contacto con alguna institución de salud especializada en enfermedades tropicales (véase p.437).

CONSEJOS HIGIÉNICOS PARA TU ESTADÍA EN EL EXTRANJERO

▶ Sé meticulosa con el lavado de manos antes de comer.

▶ Bebe mucha agua, preferiblemente embotellada.

▶ Evita los alimentos no pasteurizados y los mariscos.

▶ Resiste la tentación de comprar comida en puestos de mercados (ya que es probable que hayan sido reutilizados o recalentados).

▶ Pela las frutas y evita la sandía, porque suelen agujerearla y sumergirla en agua para agrandar su tamaño y hacerla más jugosa.

▶ No pongas hielo en las bebidas.

LA DIETA Y EL EJERCICIO

Probablemente hayas comenzado a mejorar tu dieta y tu estado físico a partir del momento en que decidiste quedar en embarazo, pero si éste no es tu caso debes comenzar ahora mismo, pues tanto tú como tu bebé se beneficiarán de ello. A continuación incluyo casi toda la información que necesitas al respecto; encontrarás datos específicos sobre la dieta y el ejercicio para cada etapa del embarazo en los capítulos dedicados a cada trimestre.

Desde el momento de la concepción, tu cuerpo es la única fuente de nutrientes del bebé; desde entonces y hasta el nacimiento todo lo que comas se descompondrá en moléculas que pasarán desde tu torrente sanguíneo al del bebé a través de la placenta. Hasta el día del nacimiento, respirarás y comerás por tu bebé, por lo tanto es importante que pongas lo mejor de tu parte. Ésta es una responsabilidad enorme y sé que las dudas acerca de lo que debes comer durante el embarazo pueden causar una gran ansiedad. Sin llegar a obsesionarte con las cantidades y las porciones, debes saber qué comer para satisfacer todas las necesidades básicas y qué alimentos evitar. En este capítulo encontrarás la mayor parte de las respuestas al respecto.

Durante el embarazo también surgen muchas preguntas acerca del estado físico. Ya sea que tengas un régimen establecido de ejercicio o que no te sientas capaz de seguir una rutina física con constancia quizá te preguntes qué clase de actividad física debes realizar y con qué intensidad. Al igual que con la dieta, también suelen aparecer toda clase de mitos relacionados con el estado físico: "no te acalores, es malo para el bebé"; "no saltes, puedes perderlo"; "no hagas abdominales porque perjudicarás su desarrollo". Ideas como éstas, basadas en anécdotas y asociaciones erróneas, solían pasar de generación en generación sin que se cuestionara su veracidad. Por suerte, en las últimas décadas nuestro conocimiento y nuestra forma de concebir el ejercicio durante el primer trimestre del embarazo han evolucionado considerablemente, de manera que mientras que en la época de tu madre la idea de jugar un partido de tenis al comienzo del embarazo resultaba escandalosa, en la actualidad los médicos le aconsejan a la mayoría de las mujeres embarazadas realizar un ejercicio moderado durante los nueve meses.

"...Al igual que con la dieta, aparecen toda clase de mitos relacionados con el estado físico."

UNA ALIMENTACIÓN SANA

RECIBIRÁS MONTONES DE CONSEJOS BIENINTENCIONADOS QUE NO HAS PEDIDO, MUCHOS DE ELLOS CONTRADICTORIOS Y CONFUSOS. LO ÚNICO CIERTO ES QUE ÉSTE ES UN MOMENTO DE TU VIDA EN EL QUE REALMENTE DEBES COMER CON SENSATEZ Y DE FORMA SALUDABLE.

Lo primero que debes comprender es que el viejo dicho "comer por dos" es una fuente segura de problemas. Muchos amigos y familiares te animarán para que comas una segunda ración, pero estar embarazada no te da luz verde para comer de más. En realidad, durante el primer trimestre no necesitas tomar más de 2.000 calorías al día (lo mismo que una mujer que no está embarazada) pues tan pronto como el organismo reconozca que estás esperando un bebé, tu metabolismo cambiará para aprovechar al máximo el alimento que tomas.

Las calorías que comas de más no contribuirán al crecimiento del bebé, simplemente se almacenarán en forma de grasa de la que te costará librarte una vez que haya nacido tu hijo. En el último trimestre quizá necesites incrementar la cantidad de calorías, pero el aumento no ha de ser mayor a 200 o 300 calorías por día, lo que equivale a un banano y un vaso de leche.

La obsesión del mundo occidental por la imagen corporal hace que a muchas mujeres les cueste aceptar que en los próximos meses engordarán unos 14 kg, pero ahora que estás embarazada debes desechar las dietas exageradas y comenzar a comer de manera adecuada y saludable.

En el África, varios estudios practicados a mujeres con malnutrición durante el embarazo y la lactancia mostraron que los bebés nacidos en estas circunstancias tenían un cociente intelectual significativamente menor de lo normal. Esta evidencia debe ser suficiente para convencer a cualquiera de que durante el embarazo no hay lugar para dietas vanidosas. No obstante, puede tranquilizarte el saber que si comes con sensatez y practicas ejercicio con regularidad, podrás recuperar tu silueta poco tiempo después de que haya nacido el bebé.

> "Ahora que estás embarazada, debes desechar las dietas exageradas y comenzar a comer de manera adecuada y saludable."

TU PESO INICIAL IDEAL

Lo ideal es que cuando estés intentando concebir tu peso sea normal porque si es un poco inferior o superior, tu fertilidad podría verse afectada. Además, ahora que estás embarazada tienes buenas razones para solucionar los problemas de peso.

Futuras madres con poco peso

Las mujeres con poco peso suelen tardar en quedar embarazadas porque si el índice de masa corporal de una mujer (véase la tabla de la derecha) cae por debajo de 17, su período menstrual se vuelve irregular e incluso puede llegar a desaparecer. Durante el embarazo, una mujer cuyo peso se encuentre por debajo de lo normal corre el riesgo de sufrir de anemia (véase p.423), de tener un parto prematuro y de que su niño nazca con poco peso o "pequeño para su edad gestacional" (véase p.428)

Futuras madres con sobrepeso

Si presentas un sobrepeso significativo también podrías tardar en quedar embarazada y durante el embarazo tendrás un riesgo más alto de experimentar complicaciones como el aborto, la hipertensión, la preeclampsia (véase problemas de tensión sanguínea, p. 425) y la diabetes gestacional (véase p. 426). A medida que tu embarazo progresa, te irás sintiendo más incómoda y cansada, lo que te pondrá en gran desventaja, pues necesitas estar lo más descansada y tener el mejor estado físico posible de manera que tu cuerpo esté preparado para responder a la alta exigencia física a la que será sometido durante el parto y el nacimiento del bebé. Si te sientes cansada desde el principio, cada vez que pienses en el parto la idea de dar a luz te resultará angustiante en lugar de dejarte entusiasmada.

Estos problemas prenatales, sumados al hecho de que tu bebé tiene mayores probabilidades de ser más grande de lo normal, pueden aumentar el peligro de sufrir complicaciones en el parto, que puede ir desde la necesidad de una cesárea o el uso de fórceps, hasta una serie de problemas post-parto como la hemorragia (pérdida abundante de sangre), la infección de las heridas o la trombosis (coágulo de sangre) en las venas más importantes de las piernas (véase tromboembolismo venoso, p. 423). Cuanto mayor sea tu sobrepeso, más altos serán estos riesgos.

Si comienzas a cuidar tu dieta desde ahora le proporcionarás a tu bebé todos los nutrientes que necesitas y te será más fácil recuperar la forma al final del embarazo. Las siguientes recomendaciones te ayudarán, pero tu dietista debe darte una dieta baja en grasa, con la que puedas controlar tus calorías durante el embarazo.

TU ÍNDICE DE MASA CORPORAL

La mejor forma de saber si tienes sobrepeso o si te encuentras por debajo del peso normal al comienzo del embarazo es calcular tu índice de masa corporal (IMC).

▶ **El IMC se calcula con una ecuación sencilla:** divide tu peso en kilogramos entre tu estatura en metros elevada al cuadrado.

▶ **La mayoría de los médicos consideran que un IMC normal se encuentra entre 20 y 25.** Si está entre 25 y 28 se habla de sobrepeso. En el extremo más bajo de la escala sólo se considera que una mujer tiene un peso significativamente menor al adecuado cuando su IMC se encuentra por debajo de 20.

▶ **El cálculo para una mujer** de 1,7 m de estatura y 65 kg de peso sería: 1,7 x 1,7 = 2,89

65 kg divididos entre 2,89 = 22,5

El IMC de esta mujer sería de 22,5 y se encontraría en la franja normal.

TU AUMENTO DE PESO EN 40 SEMANAS

AUNQUE CADA EMBARAZO ES DIFERENTE, LOS SIGUIENTES PARÁMETROS SOBRE LA CANTIDAD Y

EL PROMEDIO DE PESO QUE UNA MUJER SUELE AUMENTAR EN UN EMBARAZO NORMAL TE

AYUDARÁN A COMPROBAR SI ESTÁS ENGORDANDO MUY RÁPIDO O DEMASIADO DESPACIO.

Si tu estatura y tu peso se encuentran dentro del promedio, deberás prever un aumento de cerca de 10-15 kg durante las 40 semanas que demora un embarazo normal. Como podrás observar en el gráfico, habrá momentos en los que engordarás más rápido que en otros; así, durante el primer trimestre tu peso cambiará muy poco, mientras que el mayor aumento se producirá a partir del segundo trimestre. Por supuesto, este gráfico tan sólo es una guía y es de esperar que se presenten variaciones tanto de una mujer a otra como dependiendo del tipo de embarazo ya que si, por ejemplo, esperas gemelos, tu peso aumentará alrededor de 16-18 kg.

¿DE QUÉ SE COMPONE EL PESO?

El aumento total de peso está compuesto por dos elementos:

▸ **el peso de tu bebé**, la placenta y el líquido amniótico.

▸ **tu propio aumento de peso** que incluye el incremento del peso del útero y de los senos, un volumen mayor de sangre, un aumento de las reservas de grasa y una cantidad variable de retención de líquido.

EL EXCESO DE GRASA

Buena parte de este aumento de peso es una respuesta natural a las necesidades propias del embarazo. Sin embargo la grasa que una mujer embarazada deposita en su cuerpo depende del tipo y la cantidad de grasas y carbohidratos que ingiera. Es de prever un aumento de 3 kg de grasa corporal, de los cuales el 90 por ciento ocurrirá durante las 30 primeras semanas; la mayor parte de ella se eliminará durante la lactancia, pero si a lo largo del embarazo acumulas grasa en exceso, no podrás librarte de ella tan fácilmente.

AUMENTO PROMEDIO DE PESO

Bebé	3-4 kg
Placenta	0,7 kg
Líquido amniótico	1 kg
Grasa de la madre	2,5 kg
Aumento de sangre y líquidos	1,5 kg
Retención de líquido	2,5 kg
Senos	0,5 kg
Útero	1 kg
TOTAL	**12,7–13,7 kg**

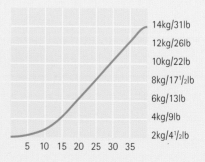

14kg/31lb
12kg/26lb
10kg/22lb
8kg/17¹/₂lb
6kg/13lb
4kg/9lb
2kg/4¹/₂lb

5 10 15 20 25 30 35

AUMENTO DE PESO EN 40 SEMANAS *En un embarazo normal se produce poco aumento de peso durante el primer trimestre. La mayoría de las mujeres suben cerca de 0,7 a 1 kg a la semana en los dos últimos trimestres.*

LA DIETA PERFECTA DEL EMBARAZO

LO PRIMERO QUE DEBEMOS ACLARAR ES QUE EXISTEN DOS TIPOS DE DIETA PARA EL EMBARAZO: LA DIETA TEÓRICA Y LA DIETA PRÁCTICA, QUE REFLEJA TU VIDA DIARIA Y CÓMO TE SIENTES FÍSICAMENTE A MEDIDA QUE TRANSCURREN LOS NUEVE MESES. ESTA SECCIÓN ESTÁ DEDICADA AL SEGUNDO TIPO.

Una dieta sana es aquélla que presenta un equilibrio adecuado de carbohidratos, proteínas, grasas, vitaminas y minerales. En esta sección enumero los alimentos que constituyen las mejores fuentes de estos elementos esenciales y explico por qué son importantes para la formación física del bebé y la salud de la madre. Sin embargo, sé que habrá momentos de discrepancia entre la dieta ideal y lo que en realidad comes, sobre todo en los primeros meses, cuando las náuseas pueden convertir una comida bien planificada en algo imposible. A veces se hace sentir a las mujeres embarazadas culpables y obsesionadas por lo que comen. Actualmente muchos alimentos son considerados como inadecuados o incluso peligrosos. También es común que se les haga creer a las mujeres que perjudicarán la salud y la inteligencia de su bebé si comen demasiado chocolate o si un día todo lo que consiguen comer es un panecillo, un sándwich y unas cuantas cebolletas en vinagre. Lejos de querer alimentar estos sentimientos, mi intención consiste en enfatizar que si procuras seguir una dieta lo más variada posible, estarás haciendo todo lo que tú y tu bebé necesitan.

LAS PROTEÍNAS

La necesidad de consumir proteínas aumentará en un 15-20 por ciento desde las primeras semanas de embarazo, ya que éstas son el componente básico tanto de los músculos, huesos, tejidos conectivos y órganos internos de tu cuerpo, como de los de tu bebé. Las proteínas están compuestas por 20 aminoácidos diferentes, 12 de los cuales se producen dentro del propio organismo y, por lo tanto, se denominan aminoácidos no esenciales. Los otros ocho aminoácidos se denominan aminoácidos esenciales porque sólo pueden obtenerse a partir de los alimentos. Se encuentran en cantidades adecuadas en la carne, el pollo, el pescado, los huevos y los productos lácteos; también están presentes en los frutos secos, los cereales y las legumbres, la soya y el tofu. Si eres vegetariana o presentas intolerancia a la lactosa, deberás consumir muchas proteínas de este tipo.

No todos los alimentos ricos en proteínas aportan el mismo valor nutricional, pues algunos presentan un mayor contenido de grasa y otros contienen vitaminas y minerales adicionales. Así, mientras que la carne roja puede ser una fuente de aminoácidos esenciales, contiene mucha más grasa que

"... a veces se hace sentir a las mujeres embarazadas culpables y obsesionadas por lo que comen."

el pollo; por su parte, el pescado es bajo en grasa y rico en vitaminas, y los pescados azules, como las sardinas, contienen ácidos grasos insaturados que son especialmente benéficos para el desarrollo del cerebro de tu hijo. Diariamente necesitas entre 2 y 3 raciones de alimentos ricos en proteínas, teniendo en cuenta que una ración típica equivale a 85 gr de carne roja o de pollo, 150 gr de pescado, 30-60 gr de queso curado o 125 gr de legumbres, trigo o cereales.

LOS CARBOHIDRATOS

Existen dos tipos de carbohidratos: los simples y los complejos. En términos generales, los carbohidratos simples, como los de los pasteles, el chocolate, las galletas y las bebidas gaseosas dulces son ricos en azúcar (sacarosa) y tienen poco valor nutricional; aportan una dosis alta de energía porque el torrente sanguíneo los absorbe rápidamente, pero sólo ofrecen beneficios de corto plazo. La única excepción es la fructosa, que se encuentra en las frutas. Por tratarse de una buena fuente de vitaminas, minerales y fibra, debes asegurarte de tomar unas cinco porciones de fruta al día. Los carbohidratos complejos se encuentran en alimentos con almidón como la pasta, el pan y el arroz integral, las papas y las legumbres. Son el pilar de una dieta sana, pues su energía se libera lenta y uniformemente debido a que la fécula debe descomponerse en carbohidratos simples antes de que el torrente sanguíneo pueda absorberlos. Son indispensables porque retienen vitaminas y minerales valiosos y también aportan un alto contenido de fibra que te ayuda a prevenir el estreñimiento. Procura incluir entre 4 y 6 dosis de cualquiera de estos alimentos al día: 1 rebanada de pan integral, 60-125 gr de pasta integral, arroz integral o papa; 60 gr de cereales.

ALIMENTOS RECOMENDADOS DURANTE EL EMBARAZO: LA CANTIDAD DIARIA ADECUADA

3-4 raciones de verdura, como el brócoli y la ensalada

4-6 raciones de carbohidratos, como el pan integral

2-3 porciones de proteínas, como el pescado y el pollo

LAS GRASAS

Aunque durante el embarazo debes limitar el consumo de grasas, no las elimines por completo ya que ayudan a la formación de las paredes celulares del organismo y proporcionan vitaminas esenciales para el crecimiento del bebé. En términos generales, las grasas se dividen en grasas saturadas, de origen animal y menos saludables, y grasas insaturadas, que se encuentran en los aceites vegetales y el pescado; éstas últimas son más sanas y son importantes para el desarrollo del sistema nervioso del bebé. Por regla general los alimentos fritos, las carnes grasas, los productos cárnicos como las salchichas y la repostería están llenos de grasas saturadas, así que si los ingieres en grandes cantidades acumularás kilos de más y fomentarás la creación de depósitos de grasa en los revestimientos de los vasos sanguíneos. Elimina la grasa de la carne, ten cuidado con la mantequilla y cuando compres productos lácteos y quesos curados opta por las variedades bajas en grasa y semidescremadas. Siempre que sea posible, elige alimentos ricos en grasas insaturadas.

LOS PRODUCTOS LÁCTEOS

Los productos lácteos te proporcionan una combinación balanceada de proteínas, grasas, calcio y vitaminas A, B y D. La leche es un gran complemento en el embarazo, así que si te gustan las bebidas a base de leche, puedes tomarlas en buenas cantidades; elige aquéllas que sean semidescremadas, pues contienen la misma cantidad de calcio y vitaminas que la leche entera. Los productos lácteos bajos en grasa son preferibles a las variedades enteras. Procura tomar entre 2 y 4 raciones de productos lácteos al día. Una porción equivale, por ejemplo, a 30-60 gr de queso curado o 200 ml de leche semidescremada.

"...algunos tipos de yogur y queso fresco que supuestamente carecen de grasa están llenos de azúcar y, por lo tanto, tienen muchas calorías".

2-4 raciones de productos lácteos bajos en grasa, como la leche

1-2 raciones de alimentos ricos en hierro, como los huevos

5 porciones de fruta, que proporcionan fibra y vitaminas

VITAMINAS Y MINERALES ESENCIALES

Tu salud y la de tu bebé dependen de un consumo regular de vitaminas y minerales, la mayor parte de los cuales deben obtenerse de los alimentos que consumes. La siguiente tabla es una guía de sus mejores fuentes. Durante su cocción, las vitaminas y los minerales tienden a descomponerse, así que elige alimentos lo más frescos posible.

	PRINCIPALES FUENTES	BENEFICIOS
VITAMINA A	Frutas y verduras de color naranja, como el melocotón, el melón, el mango, el albaricoque, la zanahoria y los pimientos; las verduras de hoja verde, la yema de huevo y el pescado azul, como el arenque.	Tiene propiedades antioxidantes; es importante para la salud de los ojos, el pelo, la piel y los huesos; ayuda a combatir las infecciones; consumida en exceso puede ser tóxica.
VITAMINA B	El pollo, el cerdo, la carne de res y de cordero; el bacalao; los productos lácteos; los huevos; la levadura de cerveza; verduras de hoja verde como las coles de Bruselas y la col; los frutos secos, en especial las nueces de pacana, los cacahuetes y las nueces del nogal; los cereales enriquecidos; el pan y la pasta integrales; la naranja; el mango; el banano; el aguacate; los higos y las semillas de ajonjolí.	Ayuda a producir energía y a liberar las proteínas de los alimentos; mantiene sanos la piel, el pelo y las uñas; es esencial para el sistema nervioso; contribuye a generar anticuerpos para combatir las infecciones y a producir hemoglobina, que transporta el oxígeno a la sangre (si no comes carne o productos lácteos puede ser necesario que tomes un complemento de vitamina B12).
ÁCIDO FÓLICO	Las verduras de hoja verde como el brócoli, las espinacas y las judías verdes; los cereales enriquecidos, las legumbres (como arvejas y garbanzos) y el extracto de levadura.	Ayuda a prevenir los defectos en el tubo neural del feto; contribuye a la formación de los glóbulos rojos y a la descomposición de las proteínas en el organismo.
VITAMINA C	El kiwi, los cítricos, los pimientos, las grosellas, las papas (sobre todo su piel) y los tomates.	Ayuda al crecimiento y la reparación de los tejidos (piel, dientes y huesos); contribuye a la absorción del hierro y tiene propiedades antioxidantes.

ÁCIDO FÓLICO *Al comienzo del embarazo, consume alimentos ricos en ácido fólico.*

FETO *El ácido fólico previene los defectos en el tubo neural durante las primeras etapas.*

EL ALIMENTO ES LA MEJOR FUENTE *Las vitaminas y los minerales se absorben de manera más efectiva. Además, el riesgo de sobredosificación es bajo, pues cualquier exceso se elimina de forma natural.*

	PRINCIPALES FUENTES	BENEFICIOS
VITAMINA D	Los huevos; los pescados azules, como el arenque, el salmón y las sardinas; la mantequilla y la margarina; el queso; el aceite de hígado de bacalao; también la exposición a la luz natural.	Mejora la absorción del calcio y aumenta los depósitos de minerales en los huesos. Si se ingiere en exceso puede ser tóxica (no la tomes en suplementos).
VITAMINA E	Los huevos; los frutos secos, como las avellanas, los piñones y las almendras; las semillas de girasol; las verduras de hoja verde como el brócoli y las espinacas; el aguacate y los aceites vegetales.	Mantiene sanos la piel, los nervios, los músculos, los glóbulos rojos y el corazón; es un antioxidante importante, pues protege de los radicales libres que afectan los tejidos del cuerpo.
HIERRO	Las carnes rojas; los huevos; los albaricoques, las uvas y las ciruelas pasas; las sardinas enlatadas, el cangrejo y el atún en aceite; los cereales enriquecidos; las semillas de ajonjolí.	Es esencial para la producción de hemoglobina en los glóbulos rojos de la madre y del feto; fortalece los músculos.
CALCIO	Los productos lácteos; los huevos; los pescados pequeños, los productos de soya; casi todos los frutos secos; los cereales enriquecidos y las verduras en especial el brócoli.	Es esencial para huesos, dientes y músculos sanos; también interviene en la conducción de los impulsos nerviosos.
ZINC	La carne de res; los mariscos; los frutos secos; las cebollas; el maíz; el banano y los productos integrales.	Es necesaria para el crecimiento y la obtención de energía; ayuda en la curación de heridas y mejora el sistema inmunológico.

CALCIO *Durante el embarazo debes aumentar el consumo de alimentos ricos en calcio.*

ESQUELETO FETAL *El calcio forma los huesos y los dientes del feto y conserva la salud de los tuyos.*

LAS VITAMINAS

Las vitaminas son esenciales para que tanto tú como el bebé gocen de buena salud. En total existen cinco vitaminas, A, B, C, D y E, y todas deben obtenerse de los alimentos excepto la vitamina D, pues para producirla basta tomar unos 40 minutos de luz al día (no tiene que ser necesariamente solar). Las vitaminas A, C y E son antioxidantes, y cumplen una función importante ya que protegen al cuerpo de los efectos perjudiciales de los radicales libres –sustancias químicos resultantes de los productos de desecho del oxígeno que respiramos–. Los antioxidantes ayudan a conservar la salud de las células.

El organismo no almacena algunas vitaminas, como la B y la C, así que deberás hacer un esfuerzo adicional para asegurarte de tomar una cantidad adecuada en el embarazo. Es más, algunas vitaminas, como la C, se descomponen rápidamente al exponerse al aire y el calor, por lo tanto, en muchos casos es preferible tomar la fruta cruda que cocida. Igualmente, las verduras congeladas contienen más vitaminas que las enlatadas, ya que estas últimas pierden la mayoría de sus vitaminas al ser procesadas.

LOS MINERALES

También necesitarás incluir en tu dieta suficientes cantidades de minerales y oligoelementos; los más importantes de éstos son el hierro, el calcio y el zinc. Estas sustancias químicas realizan una contribución importante al funcionamiento del organismo, pero, al igual que sucede con las vitaminas, el cuerpo no es capaz de sintetizarlas, razón por la que deben ser obtenidas a partir de los alimentos. El bebé tratará de obtener la mayor cantidad posible de minerales que haya en tus reservas corporales, así que no te dejes vencer por el cansancio y el malestar; no permitas que las necesidades del bebé agoten tus fuerzas.

El hierro es esencial para la formación de hemoglobina, que transporta el oxígeno y ayuda a mantener sanos los músculos. Como el cuerpo lo elimina rápidamente, necesitarás tomar alimentos ricos en hierro (véase tabla, p.47) a diario. Aunque las necesidades varían de mujer a mujer, puede afirmarse que el volumen de sangre de la madre se duplica durante el embarazo, por lo que habrás de tomar una dosis de hierro mayor de la habitual para protegerte de la anemia (véase p.423).

El hierro de origen animal se absorbe mejor que el de las frutas y las verduras, aunque algunas de éstas, como los albaricoques y las ciruelas pasas tienen la ventaja de ser una fuente de fibra, lo que evita el estreñimiento. Antes se recomendaba que las mujeres embarazadas tomaran grandes cantidades de hígado por su alto contenido de hierro, pero se ha descubierto que por tener niveles elevados de

"El bebé tratará de obtener la mayor cantidad posible de minerales que haya en tus reservas corporales, así que no te dejes vencer por el cansancio y el malestar; no permitas que las necesidades del bebé agoten tus fuerzas."

vitamina A puede causar defectos congénitos en el bebé, así que evita todos los productos elaborados a partir del hígado, como algunas salchichas y el paté.

Es importante tener en cuenta que el hierro se absorbe mejor cuando se combina con bebidas ácidas que contienen vitamina C, como el zumo de naranja. Por otra parte, tanto la leche como los antiácidos reducen la fijación del hierro, por ello es mejor tomar la leche entre comidas; si necesitas tomar antiácidos para la digestión aumenta el consumo de alimentos ricos en hierro.

A no ser que al comienzo del embarazo ya sufras de anemia o que experimentes una falta de hierro durante el mismo y los análisis de sangre indiquen que tu conteo de glóbulos rojos es bajo, no será necesario que tomes ningún suplemento de hierro.

El zinc es un mineral que estimula el crecimiento y también juega un papel importante en el sistema inmunológico, la curación de las heridas y la digestión. Recuerda que el hierro dificulta su absorción, en especial si se consume en suplementos, por lo tanto, si necesitas tomarlo, no lo hagas al mismo tiempo que ingieres alimentos ricos en hierro (véase tabla, p.47).

El calcio es importante para los huesos y los dientes; el bebé tomará de ti el calcio que necesita desde una etapa temprana del embarazo ya que sus huesos comienzan a formarse entre la cuarta y la sexta semana. Lo ideal es mantener un consumo de calcio elevado desde antes del embarazo y a lo largo de éste. El viejo dicho: "con cada embarazo se pierde un diente" tiene su origen en el hecho de que los niveles bajos de calcio se reflejan posteriormente en una mala salud dental. Aunque creas que estás tomando suficiente calcio, consúltalo con tu dentista. Todos los productos lácteos son una buena fuente de calcio, así como los frutos secos y las verduras de hoja abundante, en especial el brócoli (véase tabla, p.47). En la actualidad existe una gran variedad de cereales y zumos enriquecidos con calcio, así que podrías considerar la posibilidad de tomarlos durante el embarazo.

La sal se encuentra en grandes cantidades en muchos alimentos precocidos ya que realza el sabor y actúa como conservante. Puedes añadir un poco de sal a tus comidas, pero recuerda que consumida en exceso puede ser dañina porque favorece la retención de líquidos, lo que a su vez puede causar hipertensión.

VEGETARIANAS

Si eres vegetariana, vegetariana estricta o alérgica a la lactosa, debes consultar con tu médico la mejor forma de obtener las cantidades adecuadas de hierro, calcio y vitamina B12, ya que puedes tener deficiencia de alguno o de todos ellos. La vitamina B12 sólo se encuentra de forma natural en los productos de origen animal, auque también está presente en el extracto de levadura y en los cereales enriquecidos.

▶ **En una dieta vegetariana** debes combinar diferentes plantas proteínicas para obtener un aporte adecuado de aminoácidos esenciales. Puedes mezclar por ejemplo un puñado de frutos secos o una ración de guisantes con una de arroz o de maíz. Para asegurarte de ingerir suficiente hierro, aumenta la cantidad de fríjoles blancos, cereales y frutas secas como albaricoques o uvas y ciruelas pasas.

▶ **Si eres vegetariana,** debes incluir más productos lácteos y huevos en la dieta, con el fin de mantener un nivel adecuado de proteínas, vitamina B12, calcio y hierro.

CÓMO EVITAR LA INTOXICACIÓN ALIMENTARIA

CUANDO LA PREPARACIÓN DE ALIMENTOS IMPLICA UN POCO MÁS DE TRABAJO, ES FÁCIL OLVIDARSE DE LA HIGIENE. DURANTE EL EMBARAZO ERES MÁS VULNERABLE A LAS INFECCIONES, POR ELLO DEBES TENER MÁS CUIDADO CON LO QUE COMES Y CÓMO LO PREPARAS

Gran parte de las siguientes recomendaciones pueden parecer demasiado cautelosas, por eso quisiera aclarar que si sigues las reglas básicas de higiene, no habrá muchas probabilidades de que contraigas alguna infección a causa de una bacteria dañina.

Sin embargo, se sabe que algunos alimentos contienen bacterias que pueden ser perjudiciales para la madre y en ocasiones también para el bebé. Un episodio grave de intoxicación alimenticia podría provocar un aborto en el primer trimestre, por lo tanto, vale la pena tener un cuidado especial.

LA SALMONELLA

Esta bacteria se encuentra principalmente en los huevos y en el pollo. La infección por salmonella produce síntomas como vómito, náuseas, diarrea y fiebre, los cuales suelen manifestarse entre 12 y 48 horas después de haber ingerido el alimento contaminado. Tu bebé no se verá afectado, pues las bacterias no atraviesan la placenta, pero si sospechas que puedes tener la infección, consulta al doctor tan pronto como puedas.

Las bacterias de la salmonella mueren con el calor. Procura cocinar muy bien el pollo y evita los alimentos que contengan huevos poco cocidos o crudos como la mayonesa, el helado, el cheesecake y el mousse de chocolate; cuando prepares huevos asegúrate de que tanto la clara como la yema estén sólidas.

INFECCIÓN POR LISTERIA

Aunque la infección por listeria no es frecuente, sus efectos pueden ser fatales para el bebé (véase p.412). Ocasionalmente puede encontrarse en los patés, los quesos blandos no pasteurizados como el brie y el camembert, en los quesos azules y en otros alimentos refrigerados cuyo almacenamiento no se haya realizado de manera adecuada. Es preferible evitar estos alimentos durante el embarazo y limitarse a los quesos duros elaborados con leche pasteurizada. También puedes comer el requesón y la mozzarela. Bebe sólo leche pasteurizada pero si tienes dudas, hiérvela antes de tomarla y evita la leche y los productos lácteos de cabra u oveja no pasteurizados.

E.COLI

Ésta es otra bacteria relativamente rara que puede ser muy peligrosa, ya que en algunos casos causa insuficiencia renal y, en última instancia, la muerte. Se encuentra principalmente en las carnes cocidas y en los patés que han estado guardados a una temperatura inadecuada, así que una vez más, te aconsejo que evites los patés y que te asegures de comprar la carne en lugares higiénicos. Revisa siempre la fecha de caducidad de los alimentos y si tienes dudas tíralo a la basura.

TOXOPLASMOSIS Ésta es una infección relativamente común; en la madre sólo produce síntomas similares a los de la gripe, pero puede ser muy peligrosa para el feto (véase p.412). La toxoplasmosis es causada por un parásito presente en las heces de los animales, en especial de los gatos, y en la carne cruda o poco hecha. Durante todo el embarazo, asegúrate de cocinar muy bien la carne y lávate las manos después de prepararla. También debes lavar con cuidado todas las verduras y las frutas (véase la página siguiente).

¿DEBO TOMAR ALGÚN SUPLEMENTO VITAMÍNICO?

El único complemento vitamínico que debes tomar a diario durante el embarazo es el ácido fólico, una vitamina B de especial importancia durante el primer trimestre porque reduce el riesgo de que el feto desarrolle defectos en el tubo neural, como la espina bífida (véase p.146 y p.418). También se sabe que puede reducir el riesgo de sufrir otros tipos de anomalías congénitas y defectos de nacimiento.

Tan pronto sepas que estás embarazada, comienza a tomar pastillas de 400 microgramos de ácido fólico (disponibles en la farmacia); si estás planeando quedar embarazada empieza a usarlas con tres o más meses de anticipación. Una dieta normal, rica en ácido fólico (véase tabla, p.46) te proporcionará 200 microgramos más; de esta manera el consumo diario ascenderá a 600 microgramos. No obstante, si en un embarazo previo tu bebé presentó problemas de defectos en el tubo neural o si tienes epilepsia, deberás tomar una dosis de 5mg al día mientras estás intentando concebir y continuar con la misma cantidad durante las 12 primeras semanas de embarazo. Esta dosis sólo puede adquirirse bajo receta médica.

El calcio y el hierro sólo debes tomarlos en suplementos en caso de que tu médico te lo recomiende, pero bajo ninguna circunstancia te apresures a comprar otras vitaminas y complementos minerales "por si acaso", ya que si sigues una dieta sana obtendrás todo lo que necesitas. A excepción del ácido fólico, tu cuerpo absorbe mejor las vitaminas y los minerales de los alimentos. Además, al tomar complementos corres el riesgo de tomar dosis demasiado altas de algunas vitaminas que en esta proporción pueden ser perjudiciales para el feto.

> "Si sigues una dieta sana obtendrás todo lo que necesitas."

HIGIENE BÁSICA DE LOS ALIMENTOS

▶ **Lávate las manos** antes y después de manipular los alimentos y sé especialmente cuidadosa con la carne cruda y el pollo.

▶ **Asegúrate de guardar la comida cruda**, en un lugar separado de la comida ya preparada para evitar cualquier contaminación.

▶ **Separa una tabla de cortar** y un par de cuchillos para usarlos exclusivamente con la carne cruda.

▶ **Lava muy bien las frutas** antes de comerlas pues la mayor parte de ellas son tratadas con pesticidas y óxido de etileno;

éste último se ha demostrado que puede tener un efecto abortivo.

▶ **Lava con cuidado todas las verduras;** pela y corta los extremos de las zanahorias para eliminar todos los restos de tierra.

▶ **Ten cuidado con la descongelación de alimentos.** Dale la vuelta a la comida varias veces en el microondas para descongelarla.

▶ **Al recalentar** cualquier comida en el microondas, asegúrate de que esté caliente por todas partes y no recalientes un plato congelado más de una vez.

TÉS HERBALES *Este tipo de hierbas no contienen cafeína, y muchas mujeres prefieren su sabor al de otras bebidas.*

LAS BEBIDAS RECOMENDADAS

Una mujer embarazada debe beber diariamente ocho vasos grandes de agua, el equivalente a 1l, pero si no soportas la idea de beber tanta agua, trata de reemplazarla por infusiones. Los zumos de fruta y la leche también son buenos, aunque no tanto como el agua. Cuanto más hidratada estés, menos cansada te sentirás porque la deshidratación causa fatiga muscular, lo que a su vez provoca una sensación general de cansancio; también serás menos propensa a sufrir de estreñimiento. Imagina que tus riñones son cascadas: cuanta más agua corra por ellos, mejor.

La cafeína del té, el café y las bebidas refrescantes se encuentran en la lista de sustancias que deben evitarse en el embarazo. Aunque no hay datos contundentes que demuestren la relación entre el consumo moderado de cafeína y los problemas durante el embarazo, en un estudio realizado recientemente en Italia se encontró que tomar más de seis tazas de café al día implicaba un mayor índice de aborto. El problema de la cafeína es que actúa como diurético y por lo tanto elimina el líquido que tanto necesitas. Además, interfiere en la absorción del hierro, el calcio y la vitamina C anulando así los efectos beneficiosos de tus hábitos alimenticios saludables. El chocolate también contiene cafeína y, por más que te repitas que también es rico en magnesio, "el alimento del cerebro", contiene demasiado azúcar y grasas. Es por ello que sólo debes comerlo en pequeñas cantidades.

¿CUÁNTO ALCOHOL?

Muchas personas beben alcohol de forma regular, aunque sólo sea en pequeñas cantidades; por ello, una de las preguntas que más me formulan es si se puede beber durante el embarazo y en qué cantidad. Aunque no existen datos definitivos que muestren que unas pocas copas de vino de vez en cuando aumenten el riesgo de aborto o de causar daños al feto, es preferible limitar el consumo de alcohol lo máximo posible durante los tres primeros meses.

No hay duda de que beber alcohol en grandes dosis durante este período puede causar anomalías fetales. Las madres alcohólicas ponen a sus hijos en riesgo de contraer el síndrome alcohólico fetal (véase p.434), que tiene efectos muy graves; los principales son la restricción del crecimiento intrauterino (véase p.428) y la imposibilidad de desarrollarse normalmente después de nacer. Cuando el niño ya es un poco mayor, pueden surgir otros problemas neurológicos y de comportamiento. Este síndrome es más común de lo que se cree y sirve para mostrar que el alcohol y el embarazo (en especial durante el primer trimestre) son incompatibles. No es de extrañar que muchas mujeres no soporten ni el sabor ni el olor del alcohol, pues éste es uno de los mecanismos que tiene la naturaleza para situarnos en la dirección correcta durante los primeros meses de embarazo.

EL EJERCICIO DURANTE EL EMBARAZO

EXISTEN RAZONES CONCRETAS POR LAS QUE RESULTA CONVENIENTE ESTAR EN FORMA DURANTE EL EMBARAZO. DESDE EL PUNTO DE VISTA FÍSICO, LOS PRÓXIMOS NUEVE MESES SERÁN UN PERÍODO DE PRUEBA, ASÍ QUE SI MEJORAS TU ESTADO FÍSICO DESDE AHORA PODRÁS SOPORTAR MUCHO MEJOR EL EMBARAZO Y EL PARTO.

Antes solía pensarse que durante el ejercicio se reducía el flujo sanguíneo que llega al útero y se ponía en peligro al bebé, pero muchos estudios han demostrado que ni siquiera el ejercicio más intenso representa una amenaza para el bebé, menos aun durante la primera mitad del embarazo, ya que al hacer ejercicio la placenta recibe suficiente flujo sanguíneo uterino; además, la circulación uterina también es capaz de aumentar el oxígeno que extrae de la sangre de la madre para compensar el gasto físico que implica el ejercicio.

Las atletas profesionales que realizan pruebas de resistencia de alto nivel durante el embarazo tienden a subir poco de peso y al nacer, sus bebés son pequeños para su edad. Por eso se les recomienda reducir la intensidad de su entrenamiento al final del embarazo. Los estudios que monitorizan el ritmo cardíaco del feto muestran que suele haber un corto período de tiempo tras el ejercicio en el que el ritmo cardíaco y la temperatura fetal aumentan, pero esto en ningún caso supone una amenaza para el bebé. La conclusión es que durante el embarazo puedes realizar ejercicio hasta el 70 por ciento de tu capacidad (véase el recuadro) sin afectar el crecimiento del bebé.

He conocido muchas mujeres a las que les preocupa practicar ejercicio al comienzo del embarazo porque piensan que puede precipitar un aborto. En el pasado se creía que el ejercicio intenso podría impedir la implantación del embrión, pero lo cierto es que un embarazo con amenaza de aborto no llegará a término aunque la madre guarde mucho reposo. Igualmente, un embarazo sano que está destinado a concluir con éxito, lo hará. Recuerda que es muy poco probable que el ejercicio cause problemas en las etapas tempranas del embarazo; y si aún tienes dudas, simplemente piensa en el hecho de que, en todo el mundo, la mayor parte de las mujeres embarazadas están expuestas en su rutina diaria a actividades físicas mucho más exigentes que

UN RITMO CARDÍACO SALUDABLE

▸ **Para calcular el ritmo cardíaco** más saludable al realizar ejercicio debes restar tu edad a 220 y después calcular el 70 por ciento de la cifra obtenida, lo que te dará las pulsaciones por minuto que deberías tener durante el ejercicio.

▸ **Por ejemplo, si tienes 30 años,** calcularás el 70 por ciento de 190 (220-30), lo que dará como resultado un ritmo cardíaco de 133 pulsaciones por minuto.

▸ **Para saber tu ritmo cardíaco durante el ejercicio,** tómate el pulso durante 20 segundos y multiplícalo por tres. También puedes comprar un monitor de ritmo cardíaco en las grandes tiendas deportivas.

"En todo el mundo, la mayor parte de las mujeres embarazadas están expuestas en su rutina diaria a actividades físicas más exigentes que el ejercicio practicado por las mujeres occidentales."

las del ejercicio practicado por las mujeres occidentales. Es más, la explosión demográfica continúa presentándose en países en los que muchas mujeres realizan duros trabajos físicos desde el comienzo del embarazo.

LOS BENEFICIOS DEL EJERCICIO

Cualquier tipo de actividad aeróbica como la natación, el ciclismo o caminar a paso ligero hacen que el corazón lata más fuerte, lo cual aumenta la resistencia, es decir, permite que el músculo del corazón sea capaz de bombear sangre a todo el cuerpo con más eficacia a la vez que realiza menos esfuerzo mientras haces ejercicio. Esto es especialmente importante al final del embarazo, cuando tendrás que subir escaleras soportando mucho más peso en la zona de la cintura, y también durante el parto.

Las actividades anaeróbicas, como el Pilates, el yoga, los ejercicios isométricos y el levantamiento de pesas se orientan principalmente a desarrollar la resistencia, están diseñados para trabajar los músculos y mejorar la flexibilidad. Si antes del embarazo ya ibas al gimnasio, es probable que realices una combinación de ejercicios aeróbicos y anaeróbicos. La regla de oro es que si ya tenías una rutina de ejercicios antes del embarazo continúes con ella durante los tres primeros meses siempre y cuando no surjan complicaciones como el dolor o el sangrado. En lugar de hacerlo esporádicamente, debes realizar ejercicio de manera regular y asegurarte de calentar y enfriar tus músculos de forma gradual; recuerda que debes detenerte si experimentas algún tipo de dolor o molestia. El agotamiento es el mecanismo que tiene el cuerpo de decirte que debes reducir la marcha.

¿QUÉ CLASE DE EJERCICIO?

Si la sola idea de hacer ejercicio te resulta desagradable pero sientes que por primera vez estás dispuesta a intentarlo, procura no ser demasiado ambiciosa. Si eliges actividades que a) disfrutes, b) dos meses después no te parezcan monótonas y c) puedas incluir en tu agenda semanal, estarás avanzando por el camino correcto. Sé realista, así tendrás muchas más probabilidades de éxito. Obviamente, en esta etapa no es aconsejable ningún deporte intenso o agotador. Considera las actividades que aparecen a continuación, pues todas ellas son adecuadas a lo largo del embarazo. Bien sea que practiques ejercicio regularmente o no, deberías pensar en incluir alguna de ellas en tu rutina.

El yoga es excelente para la flexibilidad y el bienestar general (véase la página siguiente). Verás que el yoga es un ejercicio excelente, especialmente en las últimas etapas del embarazo,cuando la cercanía del parto parezca abrumarte

EL YOGA EN EL EMBARAZO

MUCHAS DE MIS PACIENTES ELOGIAN LAS VIRTUDES DEL YOGA POR SU AMPLIA HABILIDAD PARA MEJORAR LA FUERZA Y LA FLEXIBILIDAD. ANTES DE COMENZAR, ASEGÚRATE DE QUE LA CLASE O EL LIBRO DE YOGA QUE ELIJAS SEA ADECUADO PARA MUJERES EMBARAZADAS.

Uno de los principales componentes de todos los ejercicios prenatales es la relajación, pues el aprendizaje de una serie de posturas cómodas y de ejercicios de respiración te permitirá recuperar el equilibrio cuando te sientas abrumada por el embarazo. La relajación te dará estrategias para superar los momentos más difíciles del parto.

Los elementos clave de cualquier tipo de ejercicio de relajación son:

▶ Busca un momento y un lugar donde nada te moleste y encuentra una

POSTURA DE MARIPOSA *Junta los pies, apóyalos contra la pared y deja caer las rodillas a los lados sin forzarlas, hasta donde te resulte cómodo.*

postura en la que puedas permanecer cómodamente durante 5-10 minutos.
▶ Cierra los ojos, mantén la cabeza derecha y el cuello relajado y deja caer tu mandíbula inferior.
▶ Respira regular y suavemente.

▶ Aparta de tu mente cualquier pensamiento preocupante y olvida la lista de cosas por hacer.
▶ Antes de reanudar tus actividades, respira profundo, gira sobre tu costado y levántate lentamente.

RESPIRAR JUNTOS

Una idea central a muchas filosofías sobre el nacimiento es que diferentes tipos de respiración pueden ayudar a soportar el dolor del parto (véase p.248-9).

La respiración en pareja es un ejercicio de yoga orientado a propiciar la armonía entre tú, tu pareja y el bebé. Siéntense en una postura en la que ambos puedan posar las manos cómodamente sobre el bebé y el útero. A medida que respiran juntos profundo y despacio, concéntrense en los músculos del útero, con cuidado de no tensar los músculos del resto del cuerpo.

NO DEJES DE CAMINAR

Puedes salir a dar un
paseo vigoroso todos los
días del embarazo,
aunque al final quizá
debas reducir la distancia

y necesites relajarte. Además, el yoga ofrece un beneficio adicional al enseñarte a controlar la respiración, una técnica muy útil para el día del parto.

La natación es un deporte perfecto, pues te ayuda a desarrollar tres habilidades a la vez: la resistencia, la flexibilidad y el tono muscular. Al igual que a la mayoría de las mujeres, es probable que nadar te resulte muy relajante, en especial durante las últimas etapas del embarazo porque el agua sostiene todo el peso adicional que has aumentando en estos meses. Además, con los ejercicios en el agua no corres el riesgo de sobreejercitar ninguna parte del cuerpo. Lo que más trabajo te costará será subir las escaleras de la piscina y volver a suelo firme.

Caminar es una actividad que puedes incorporar fácilmente a tu rutina diaria. Una buena forma de comenzar es prolongar unos 10 minutos más tu trayecto de ida o vuelta al trabajo; igualmente, al salir de compras, evita dirigirte directo hacia el auto.

Montar en bicicleta es provechoso ya que al no tener que soportar todo el peso que has aumentado, las articulaciones de tus piernas no sufrirán. Es un deporte que mejora la resistencia y tonifica la parte inferior del cuerpo.

ADAPTAR TU RÉGIMEN DE EJERCICIO

Durante el primer trimestre podrás realizar abdominales sin problemas, sobre todo si ya solías practicarlos; sin embargo, no debes exceder el número que hacías habitualmente. Si no estás acostumbrada a este ejercicio, intenta levantar suavemente la cabeza y los hombros:

• Acuéstate boca arriba con las piernas flexionadas, los pies sobre el suelo, manteniendo entre ellos la misma distancia que entre los hombros.

• Lleva los brazos hasta las rodillas mientras elevas la cabeza y los hombros unos 15 cm. Repite este ejercicio 10 veces. Si tus músculos abdominales están tonificados te ayudarán a soportar el vientre, y esto aliviará la presión de los músculos de la espalda y de la columna vertebral. El consejo más común es que dejes de hacer abdominales en el cuarto mes de embarazo.

Al quedar embarazada aumentan los niveles de relaxina de tu cuerpo. La función de esta hormona consiste en relajar los ligamentos, especialmente los de la zona pélvica, como preparación para el parto. Como consecuencia, los ligamentos se debilitan, y se vuelven más vulnerables a sufrir daños cuando se fuerzan. A diferencia de los músculos, los ligamentos no recuperan su forma tras el parto si se fuerzan demasiado. No olvides esto si realizas algún ejercicio que implique levantar pesos. Pasado el primer trimestre, deberás reducir los pesos que levantas para proteger la pelvis y la zona lumbar y para evitar forzar el área abdominal. Este consejo es válido para cualquier tipo de peso que levantes, ya sean las bolsas del mercado o los niños. Por supuesto, habrá ocasiones en las que será inevitable realizar este tipo de esfuerzo, así que asegúrate de adoptar una postura adecuada al hacerlo (véase p.193).

A MEDIDA QUE AVANZA EL EMBARAZO

Algunos deportes como el squash, el esquí y la equitación no son muy apropiados después del sexto mes de embarazo; esto se debe en gran medida a las lesiones que pueden ocasionar los impactos. Sin embargo, si sueles practicar alguno de estos deportes y no tienes antecedentes de aborto, no hay razón por la que no debas seguir realizándolos durante el primer trimestre.

Otros deportes como el tenis y el golf pueden practicarse durante todo el embarazo siempre y cuando no sientas ninguna molestia; es probable que tengas que dejarlos cuando tu barriga empiece a incomodarte, pero ninguno de ellos representa un riesgo para el bebé.

Si mantienes un estado físico relativamente bueno tendrás una mayor capacidad para resistir el esfuerzo físico que tendrás que realizar en el parto así como para recuperar la figura que tenías antes del embarazo. Pero en lugar de apresurarte a ir al gimnasio y hacer ejercicio hasta que te duela todo el cuerpo, comprométete a mantenerte activa y a conservarte en forma durante los próximos meses. Recuerda que aunque la moderación y la regularidad son la clave para alcanzar el estado físico, también es indispensable que lo disfrutes.

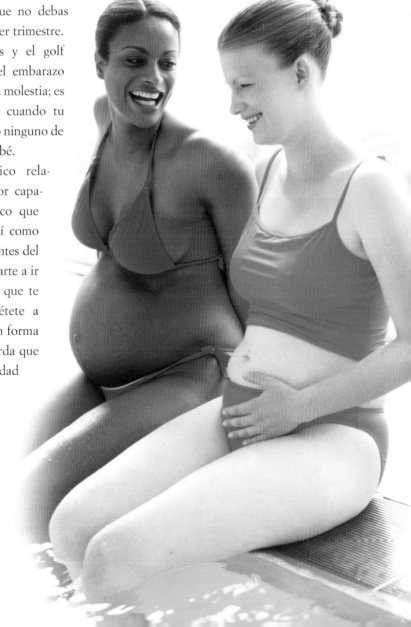

NADAR *Ya sea que realices ejercicios acuáticos o que nades para relajarte, tu capacidad para flotar soportará todo el peso adicional y evitará que tus ligamentos y músculos sufran daños*

EL TRABAJO Y LOS DERECHOS POR MATERNIDAD

Antes de comunicarle a tu jefe y a tus compañeros de trabajo que estás embarazada, deberás considerar cuidadosamente tus derechos de maternidad. Este es el momento adecuado para averiguar los beneficios de los que puedes disponer, para planificar tu trabajo y empezar a pensar en los cambios que puede sufrir tu vida profesional una vez haya nacido tu hijo.

Es completamente compresible que a muchas mujeres les preocupe que puedan ser tratadas de una manera diferente en su trabajo cuando anuncien su embarazo. Algunos empleadores piensan que desde ese momento tu compromiso con el trabajo decrecerá y que, no serás capaz de concentrarte en tus obligaciones laborales. Como resultado, puede que sientas una gran preocupación por tu estabilidad laboral y por tu futuro profesional.

Sin embargo, puedes descansar tranquila pues es ilegal despedir a una mujer mientras está embarazada o asignarle un cargo menor al regresar de su licencia de maternidad. No obstante, todas hemos escuchado historias de mujeres que vuelven al trabajo y se sienten tan apartadas y devaluadas que sufren una presión considerable para abandonar su trabajo. Por suerte, estos casos son cada vez menos frecuentes ya que la posición legal de las mujeres embarazadas y las madres empleadas ha mejorado de manera significativa en muchos países.

HACER PLANES

Si quieres volver a trabajar después de tener a tu hijo, estudia varias posibilidades sobre lo que quieres hacer y explícale estos planes a tu jefe o a tus colegas. Estás en pleno derecho de decir en un primer momento que deseas volver a trabajar tras la licencia de maternidad y cambiar de idea después. De todas maneras, procura no vacilar entre las dos opciones, pues esto puede minar la confianza que tu jefe ha depositado en ti.

Considera cuánto tiempo desearías tomarte de licencia (siempre puedes cambiar las fechas exactas) y qué te gustaría que ocurriera con tu trabajo mientras no estás. En el lugar donde trabajas quizá exista un procedimiento establecido de

TUS DERECHOS Y BENEFICIOS

LOS DERECHOS DE LOS PADRES HAN MEJORADO EN LOS ÚLTIMOS AÑOS Y CAMBIAN

CONTINUAMENTE. SIN EMBARGO, TU JEFE PODRÍA OFRECERTE UN ACUERDO MEJOR, ASÍ QUE

AVERIGUA LAS OPCIONES DE QUE DISPONES.

PREPARÁNDOSE
Puedes trabajar hasta el último momento de tu embarazo si así lo deseas.

DESCANSO POR MATERNIDAD

La duración del período de descanso por maternidad según la Organización Internacional del Trabajo, OIT, es mínimo de 12 semanas ininterrumpidas, aunque se recomiendan 14.

En la actualidad 119 países del mundo cumplen la disposición mínima de las 12 semanas y sólo 31 países conceden licencias de menos de 12 semanas.

Dicho período puede disfrutarse en régimen de jornada completa o a tiempo parcial.

DISTRIBUCIÓN DEL PERÍODO DE DESCANSO

Se distribuye a opción de la interesada, siempre que 6 semanas sean inmediatamente posteriores al parto. Durante estas 6 semanas, la madre no podrá disfrutar del permiso por maternidad a tiempo parcial, ya que se consideran de descanso obligatorio.

Es importante que empieces a planear tu partida del trabajo con tiempo delegándole tus proyectos más importantes a otros en caso de que el parto se adelante.

Para planear tu licencia de maternidad, lo primero es informarte con el departamento de Recursos Humanos sobre las políticas de la empresa y las prestaciones y tiempos legales contemplados por la licencia.

Dependiendo del cargo que ocupes en tu trabajo, busca personas que puedan encargarse de tus proyectos más importantes durante tu licencia.

El pago de las prestaciones en efectivo en virtud de los sistemas de seguridad social varía también en los diferentes países. Según el Convenio sobre la protección de la maternidad que busca proteger a las madres trabajadores antes y después del parto, las prestaciones en efectivo no deberán ser inferiores a dos tercios de los ingresos asegurados anteriores al parto, sin perjuicio del pleno goce de las prestaciones médicas.

El requisito más importante para ejercer el derecho de la licencia de maternidad consiste en haber cumplido un período mínimo de trabajo al servicio de un mismo empleador. La duración de ese período mínimo varía también entre los 3 meses y el año dependiendo del país.

PROTECCIÓN DEL EMPLEO

Para la OIT, es un elemento esencial de la protección de la maternidad, la garantía legal de que las mujeres embarazadas y las madres jóvenes no pierdan su empleo por causa de embarazo, licencia de maternidad o múltiples partos.

En muchos países está prohibido por la ley aplicar medidas discriminatorias contra las mujeres embarazadas o las que sufren de alguna afección relacionada con el nacimiento de un hijo.

Un promedio de 29 países en el mundo han establecido leyes que prohiben absolutamente el despido de mujeres por cualquier motivo que se presente durante su licencia de maternidad.

PROTECCIÓN EN EL LUGAR DE TRABAJO

El embarazo, el parto y el alumbramiento, son para la OIT tres fases de la vida de la mujer que suponen peligros particulares para su salud, por lo cual es necesario brindarles una protección especial en el lugar de trabajo.

Es conveniente que las mujeres embarazadas eviten el trabajo nocturno, las horas extras y el trabajo cuyas condiciones sean peligrosas para la madre o el hijo.

LICENCIA DE PATERNIDAD

Aunque se trata de una medida relativamente nueva en muchos países, cada día es más común que se les otorgue a los padres una licencia de paternidad.

La duración de esta licencia varía de acuerdo al país, pero en la mayoría de los casos oscila entre una y dos semanas calendario.

La OIT, en su Convenio sobre Trabajadores con Responsabilidades Familiares, promueve que haya un equilibrio entre los y las trabajadoras con responsabilidades hacia los hijos a su cargo.

PRESTACIÓN ECONÓMICA

▶ Por lo general, la prestación económica por maternidad, consiste en un subsidio equivalente al 100% de la base reguladora que corre por cuenta del empleador durante el período de la licencia.

Algunas empresas tienen políticas más generosas por lo cual vale la pena que consultes con el departamento de recursos humanos o que revises las condiciones de tu contrato de trabajo para informarte correctamente sobre tus derechos y beneficios.

HACIENDO PLANES *Explorar las opciones para tu vida laboral futura te hará sentirte más segura y hará que tus compañeros confíen en ti.*

cobertura por maternidad, pero en caso contrario, puedes ayudarles sugiriendo la mejor forma de lograr esta cobertura. ¿Deberán contratar a otra persona? ¿Algún compañero puede cambiar de puesto durante una temporada? No te infravalores sugiriendo que una persona puede hacer tu trabajo acudiendo unas pocas horas dos días por semana mientras tú no estás porque, en primer lugar, suscitará la pregunta de qué diablos haces entonces durante los restantes cinco días y, en segundo lugar, porque a tu vuelta no querrás encontrarte una bandeja de entrada a rebosar o una lista de cosas que no se han hecho.

LA REDUCCIÓN DE JORNADA Y LA MEDIA JORNADA

Quizá ya hayas empezado a pensar si, tras nacer tu bebé, querrás trabajar la jornada completa, a media jornada o en horario flexible. Hasta los nueve meses del niño, la madre o el padre disponen de una pausa de una hora por lactancia sin reducción de salario. Si la pausa se efectúa a mitad de la jornada laboral se puede disfrutar de una hora o de dos medias horas. Por el contrario si se elige entrar a trabajar más tarde o salir antes, sólo se tiene derecho a media hora. También la madre o el padre o la persona que tenga a su cargo el niño, puede reducir desde la mitad a un tercio su jornada de trabajo habitual con la consiguiente disminución de su sueldo en igual proporción. Es posible que en tu trabajo ya se haya establecido un precedente para el trabajo a media jornada o la reducción de jornada, pero aunque la opción que tú prefieres no haya sido considerada antes, no quiere decir que no se pueda llevar a cabo. Presenta todos los argumentos a favor de tu sugerencia y asegúrate de tener una solución para cada problema que pueda surgir. Quizá te conviertas en pionera para otras mujeres de tu empresa.

CUANDO EL TRABAJO SE CONVIERTE EN UNA AMENAZA

Aunque a muchas mujeres les preocupa que su trabajo pueda ser perjudicial para el bebé, hay muy pocas evidencias que permitan establecer un vínculo entre ocupaciones determinadas y los riesgos para el feto. Las pocas labores agotadoras que pueden ser dañinas son aquéllas que implican trabajar muchas horas seguidas, los turnos largos, las tareas que requieren levantarse muchas veces o pasar mucho tiempo de pie y los trabajos que exponen a las mujeres a ciertos productos químicos o factores medioambientales perjudiciales (véase p.30-1).

• Si tu trabajo requiere que permanezcas mucho tiempo de pie, busca alguna manera de reducir las horas que debes estar parada durante la segunda mitad del embarazo; esto no quiere decir que pasar mucho tiempo de pie pueda afectar a tu bebé, pero sí suele empeorar algunos problemas habituales en el embarazo como el cansancio, el dolor de espalda, las várices y las piernas o tobillos hinchados.

• Si tu trabajo implica cargar cosas pesadas, lo primero que debes hacer es asegurarte de que siempre te levantes correctamente, doblando las rodillas y manteniendo la espalda derecha (véase p.193). Después del segundo trimestre, procura reducir el peso que levantas y la frecuencia con que lo haces, pero si esto no es posible, estás en tu derecho de pedir un cambio a una función menos ardua hasta que salgas a tu licencia de maternidad.

• Trabajar durante muchas horas o por turnos no es peligroso ni para ti ni para el bebé, pero ambos tipos de actividad suelen ser tremendamente agotadores, lo que puede afectarlos a ambos. Necesitas conservar tu energía, en especial en el tercer trimestre, así que si no existe otra alternativa, considera la posibilidad de dejar de trabajar un poco antes.

• Algunos trabajos como los de dentista, médica o las labores en determinadas industrias implican la exposición a productos químicos, rayos X u otras sustancias tóxicas. Si trabajas en alguno de estos sectores, tu médico deberá determinar si tu trabajo constituye un riesgo para el bebé. Actualmente, en muchos países la ley establece que las personas que pertenecen al personal médico, como las radiólogas, cambien de funciones durante el embarazo.

LA VUELTA AL TRABAJO

▶ **¿Debo avisar de mi vuelta al trabajo tras la licencia?**

No, tu jefe deberá suponer que disfrutarás por completo de la licencia por maternidad a la que tienes derecho (incluyendo el permiso de lactancia).

▶ **¿Qué ocurre si necesito más tiempo sin trabajar?**

Por ley no puedes tomarte más tiempo sin trabajar una vez que ha finalizado la licencia por maternidad. No obstante, puedes pedir a tus jefes llegar a un acuerdo para disfrutar de un período más largo. Quizá puedas utilizar para ello algunos días de vacaciones que hayas acumulado durante tu licencia, el permiso de lactancia o una licencia por enfermedad.

▶ **He decidido no volver a trabajar. ¿Qué debo hacer?**

La renuncia es la forma habitual, y deberás comunicarlo según lo estipulado en tu contrato. Si no tienes contrato laboral, deberás notificarlo con una semana de antelación.

▶ **¿En qué fecha debo solicitar los beneficios y la licencia por maternidad?** Aproximadamente tres meses antes del parto, debes informar a tu jefe sobre la fecha prevista del mismo y la fecha en la que prevés comenzar a disfrutar de tu licencia de maternidad. Cuando el bebé nazca, debes entregarle a tu jefe un impreso de la incapacidad que te fue otorgada por tu médico de cabecera. A partir de ese momento recibirás los beneficios y empezará a contar el tiempo legal de tu licencia de maternidad.

Tu pareja deberá hacer lo mismo para beneficiarse de su licencia de paternidad.

SEMANAS 0-13
EL PRIMER TRIMESTRE

Durante el primer trimestre tu bebé pasará de ser un conjunto de células a ser un feto reconocible de unos 80 mm de longitud cuyos órganos principales, músculos y huesos ya estarán formados. Hasta que la placenta madure lo suficiente como para hacerse cargo de él, tu embarazo estará regido por hormonas que contribuyen a producir los primeros síntomas como las náuseas y el cansancio. Aunque en el primer trimestre tu aspecto quizá no sea el de una embarazada, lo más probable es que tú sí te sientas así.

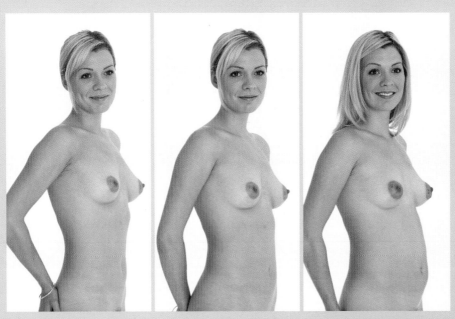

| 1 | 2 | 3 | 4 | 5 | 6 | 7 | 8 | 9 | 10 | 11 | 12 | 13 | **SEMANAS** |

CONTENIDOS

TU BEBÉ
EN EL PRIMER TRIMESTRE

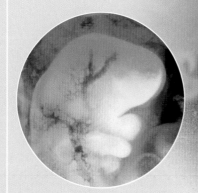

SEMANA 3-4 EL CEREBRO
SE DESARROLLA A PARTIR DE
VESÍCULAS SEPARADAS QUE
EN POCOS DÍAS SE UNIRÁN.

SEMANA 5 EN EL EMBRIÓN YA PUEDEN
VERSE LOS PRIMEROS TRAZOS DE UN PERFIL
CON UNA REGIÓN NASAL PROMINENTE Y
UNA CAVIDAD INCIPIENTE PARA LA BOCA.

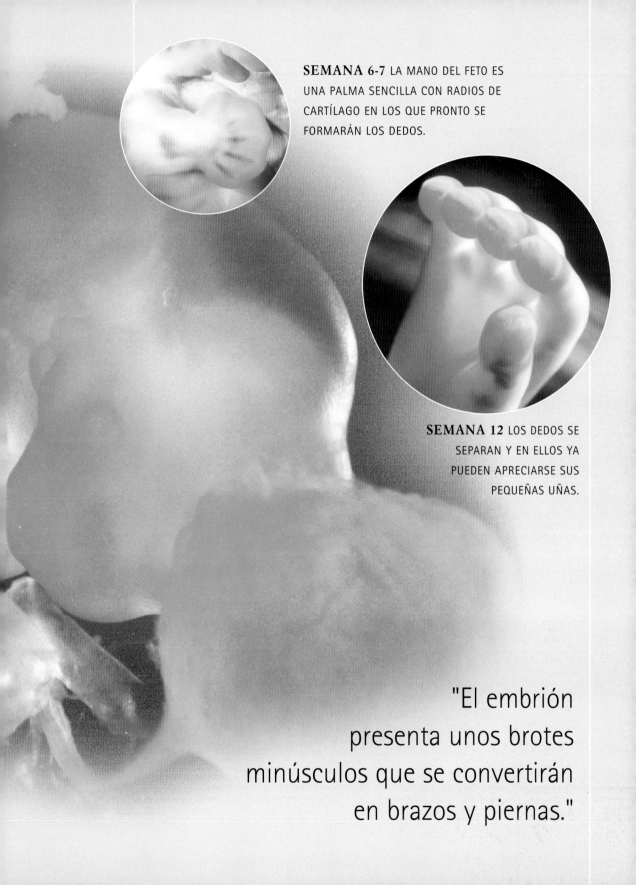

SEMANA 6-7 LA MANO DEL FETO ES UNA PALMA SENCILLA CON RADIOS DE CARTÍLAGO EN LOS QUE PRONTO SE FORMARÁN LOS DEDOS.

SEMANA 12 LOS DEDOS SE SEPARAN Y EN ELLOS YA PUEDEN APRECIARSE SUS PEQUEÑAS UÑAS.

"El embrión presenta unos brotes minúsculos que se convertirán en brazos y piernas."

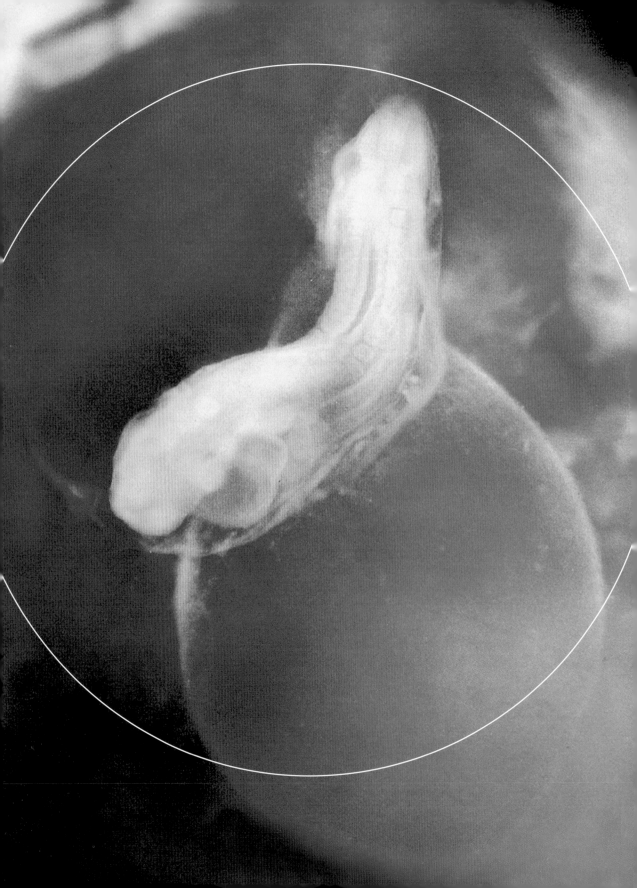

SEMANAS 0-6

EL DESARROLLO DEL BEBÉ

SÓLO TRES SEMANAS DESPUÉS DE TU ÚLTIMO PERÍODO, EL ÓVULO RECIÉN FERTILIZADO COMIENZA A DIVIDIRSE REPETIDAMENTE HASTA FORMAR UN GRUPO DE CÉLULAS LLAMADO BLASTOCITO QUE DESCIENDE HASTA EL ÚTERO Y SE ADHIERE A SU REVESTIMIENTO.

En esta etapa temprana en la que tú ni siquiera sabes aún que estás embarazada, se establece la mayor parte de los cimientos de tu embarazo. Este pequeño blastocito produce mensajeros químicos que envían señales al organismo para evitar que comience el período menstrual y para que se prepare con vistas a la aventura que va a comenzar. Aproximadamente en el momento de la implantación, el grupo de células que se convertirá en tu bebé se especializa y de algún modo adquiere la capacidad de saber qué parte del cuerpo se le ha asignado.

Se desarrollan tres capas distintas de células y cada una formará las diferentes partes del cuerpo del bebé. La capa exterior o ectodermo formará la piel, el pelo, las uñas, los pezones y el esmalte dental junto con los cristalinos de los ojos, el sistema nervioso y el cerebro. La capa media o mesodermo se convertirá en el esqueleto y los músculos, el corazón, los vasos sanguíneos y los órganos reproductores. La capa más interna o endodermo dará lugar a los sistemas respiratorio y digestivo incluyendo el hígado, el páncreas, el estómago y los intestinos, además del tracto urinario y la vejiga.

Al comienzo de la quinta semana, el grupo de células se reconoce como embrión y por medio de una ecografía puede distinguirse como una minúscula protuberancia de tejido. Aunque es sólo un poco más grande que la cabeza de un alfiler, los componentes básicos de los órganos vitales del bebé ya están en su sitio. Además comienza a formarse el corazón y la sangre empieza a circular. En esta etapa, es sólo una sencilla estructura de forma tubular.

La posición de la médula espinal ya está decidida y aparece como una fila de células oscuras en la espalda del embrión que se unen y se repliegan a lo largo convirtiéndose en el tubo neural. En la parte superior de la fila aparecen dos grandes lóbulos de tejido, que se convertirán en el cerebro. El sistema digestivo ya está en su lugar, aunque deberán transcurrir meses hasta que pueda funcionar, y un conducto se extiende desde la boca hasta la cola del embrión para formar el estómago, el hígado, el páncreas y los intestinos. Todos estos órganos y tejidos están recubiertos por una fina capa de piel traslúcida.

◀ *Un minúsculo embrión de cuatro semanas descansa en su saco vitelino.*

SEMANAS

PRIMER TRIMESTRE ▶ 1
▶ 2
▶ 3
▶ 4
▶ 5
▶ 6

Tamaño real x 10

7
8
9
10
11
12
13
SEGUNDO TRIMESTRE 14
15
16
17
18
19
20
21
22
23
24
25
26
TERCER TRIMESTRE 27
28
29
30
31
32
33
34
35
36
37
38
39
40

tamaño real x 10

Con cuatro semanas, el embrión mide alrededor de 2mm, apenas el tamaño de este guión –, pero aproximadamente al final de la sexta semana su tamaño se duplicará hasta llegar a 4mm.

¿QUÉ ASPECTO TIENE EL EMBRIÓN?

Ésta es una pregunta que formulan muchas mujeres. Alrededor de la sexta semana el grupo de células ha cambiado radicalmente y se parece a un renacuajo o más bien a una gamba de aspecto singular. Al final de la gran cabeza se pueden ver unos pliegues con aspecto de branquias que más tarde se convertirán en la cara y la mandíbula. El rudimentario corazón del embrión sobresale de la parte central del cuerpo, y mediante una ecografía transvaginal, alrededor de la sexta semana, se puede apreciar su latido, que es más bien un aleteo, pero si la ecografía que se realiza es abdominal no siempre puede verse. A cada lado del embrión comienzan a salir unas pequeñas protuberancias con forma de brote que se convertirán en las piernas y los brazos, y pronto en los extremos de estas prominencias se desarrollarán unos nódulos que se convertirán en las manos y los pies.

EL SISTEMA DE SUJECIÓN

Tan pronto como el blastocito comienza a implantarse en la pared uterina, empieza a formarse el sistema de sujeción del embrión. En esta etapa temprana, todas las necesidades son cubiertas por el saco vitelino que continuará suministrando el sustento hasta que la placenta se haya desarrollado del todo. El embrión flota en una burbuja repleta de líquido llamada bolsa amniótica, que está recubierta por una membrana protectora exterior denominada corion. La capa exterior del corion se convertirá en una placenta inicial, y empezarán a brotar unas pequeñas proyecciones de tejido denominadas vellosidades coriónicas que constituyen el futuro acceso a la circulación sanguínea de la madre.

EMBRIÓN EN LA SEXTA SEMANA

En la sexta semana ya se advierte el nacimiento de la nariz

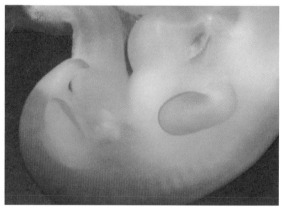

Dos grupos de protuberancias se convertirán en brazos y piernas

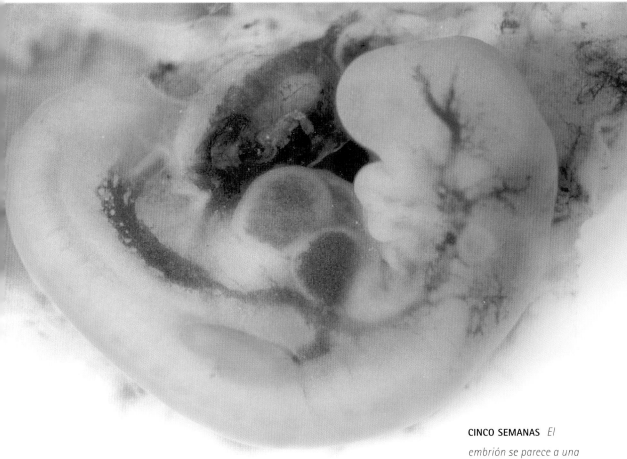

CINCO SEMANAS *El embrión se parece a una gamba de aspecto singular que flota en una burbuja rellena de líquido llamada bolsa amniótica*

LOS CAMBIOS DE TU CUERPO

EN LAS PRIMERAS SEIS SEMANAS DE EMBARAZO TU ASPECTO NO SERÁ EL DE UNA EMBARAZADA Y QUIZÁ NO TE SIENTAS COMO TAL, PERO TU CUERPO YA ESTÁ EXPERIMENTANDO CAMBIOS IMPORTANTES COMO RESPUESTA A UNA ENORME OLEADA DE HORMONAS QUE COMENZÓ DESPUÉS DE LA CONCEPCIÓN.

Aunque no esperes tu período sino hasta dentro de una semana aproximadamente y lo más probable es que ignores que estás embarazada, en tu interior ya se están produciendo varios cambios como la producción de un torrente de hormonas. En particular, los niveles de estrógeno son mayores de lo normal para ayudar a reforzar el revestimiento uterino y proporcionar un entorno rico para el minúsculo embrión que se implantará. Por su parte, las hormonas gonadotropina coriónica humana (HCG) y progesterona ayudan a mantener la nidación del embrión; la segunda asegura además que el moco cervical se espese y forma un tapón protector que escuda al útero frente a las infecciones vaginales durante el embarazo.

El tamaño general del útero aumenta. Cuando no estás embarazada, el útero tiene el tamaño aproximado de una ciruela grande, pero durante el embarazo su tamaño normal crece entre 500 y 1.000 veces. Al final de la sexta semana de embarazo su tamaño será el de una manzana y, aunque tú no notes ningún cambio, al examinarte un médico podría advertir la diferencia. Sin embargo, hasta el final de este trimestre no será posible notar el útero a través de la pared abdominal, cuando se eleva por encima del borde pélvico y se introduce en la cavidad abdominal.

UN ESTÍMULO PARA EL METABOLISMO

No es de extrañar que estos desarrollos al comienzo del embarazo vengan acompañados de cambios significativos en el modo en que funciona tu organismo, porque prácticamente cada órgano de tu cuerpo necesita adaptarse para soportar las crecientes demandas que le exigirá el embarazo. El ciclo metabólico aumenta hasta un 10 o un 25 por ciento durante el embarazo para permitir que todos los tejidos de todos los órganos, cuyo tamaño y nivel de actividad está aumentando, reciban suficiente oxígeno. Para ello, la cantidad de sangre que el corazón bombea cada minuto (gasto cardiaco) debe aumentar un 40 por ciento antes de la semana 20, un ajuste que se produce al comienzo del primer trimestre. Este aumento del flujo sanguíneo hacia casi todos los órganos del cuerpo ya está en marcha. El torrente sanguíneo que llega al útero se ha duplicado y este aporte mayor de sangre hacia la vagina, el cuello uterino y la vulva toma en estos tejidos una tonalidad entre azul y morada característica del embarazo. Este cambio de color solía servir como diagnóstico del embarazo antes de que existieran las pruebas de embarazo más sensibles. El flujo sanguíneo que llega al útero, los riñones, la piel y los senos seguirá aumentando hasta el final del embarazo.

"Algunas mujeres son tan sensibles a los cambios en su cuerpo que saben que están embarazadas antes de la fecha en que deberían tener el período..."

Para asegurar que todas las partes del cuerpo reciben sangre, el volumen total de la misma debe aumentar de unos 5 litros antes del embarazo a unos 7 u 8 litros al final del mismo. Este proceso se produce gradualmente a lo largo de la gestación, pero el volumen de plasma, que es el componente líquido de la sangre, comienza a aumentar en las primeras seis semanas para rellenar los nuevos vasos sanguíneos de la placenta y de otros órganos cuyo tamaño aumenta. El volumen de glóbulos rojos también debe crecer para evitar que la sangre se diluya demasiado y asegurar que tiene una capacidad suficiente para transportar oxígeno, aunque este aumento es más lento y no será perceptible hasta el comienzo del segundo trimestre.

TU POSIBLE ESTADO FÍSICO

ALGUNAS MUJERES SON TAN SENSIBLES A LOS CAMBIOS EN SU CUERPO QUE SABEN QUE ESTÁN EMBARAZADAS ANTES DE LA FECHA EN QUE DEBERÍAN TENER EL PERÍODO O BASTANTE ANTES DE TENER UN RETRASO O DE SOMETERSE A UNA PRUEBA DE EMBARAZO.

Esta sensación ha sido descrita como un sentimiento extraño y bastante abrumador de calma y plenitud, si bien para otras es una sensación de dolor y hormigueo en los senos mucho más pronunciada que los síntomas que se tienen antes de que comience el período. Pronto advertirás más cambios en tus senos, pues su peso y su tamaño serán bastante mayores. Además, seguirás sintiendo un hormigueo en los pezones y quizá adviertas un cambio de color en la areola que los rodea, así como la aparición de venas visibles en la superficie de los senos. Estos cambios se deben a los elevados niveles de estrógeno que se necesitan para proporcionar un entorno nutritivo para el embrión.

Quizá notes que tu vejiga se ha descontrolado y que necesitas orinar con más frecuencia tanto de día como de noche, un síntoma que suele continuar hasta el final del primer trimestre. Existe una doble razón para que esto suceda: en primer lugar, el flujo sanguíneo que llega a los riñones aumenta alrededor del 30 por ciento, por lo que se filtra más sangre y se produce más orina; en segundo lugar, el útero, que ha crecido, presiona la vejiga, con lo que se reduce la cantidad de orina que ésta puede almacenar y por tanto se ve obligada a vaciarse antes.

El cansancio y la tendencia a sentirte demasiado emotiva y llorosa son habituales y unos síntomas completamente normales, mero reflejo del hecho de que tu organismo se está enfrentando a una oleada de hormonas.

LA SENSIBILIZACIÓN DEL SENTIDO DEL OLFATO

Muchas mujeres me comentan que el primer síntoma que les sugiere que algo ha cambiado en su cuerpo y que están embarazadas es la sensibilización del sentido del olfato. No es sólo que los olores parecen más fuertes, sino que son diferentes. Igualmente puede que notes un extraño sabor metálico en la boca, tengas antojo de determinados alimentos y te veas incapaz de tomar otros. No puedo ofrecer una explicación científica para estos síntomas; sólo puedo pensar en la hipótesis de que es una manera en que el organismo intenta proteger al pequeño embrión de alimentos, bebidas y otras sustancias de nuestro entorno que puedan ser ligeramente sospechosas, ya que este cambio suele relacionarse con la aversión al alcohol, el cigarrillo, el café, el té y los alimentos fritos.

"Para muchas mujeres el primer síntoma que les sugiere que algo ha cambiado en su cuerpo y que están embarazadas es la sensibilización del sentido del olfato."

NINGÚN SÍNTOMA INICIAL

Aunque algunas mujeres saben que están embarazadas incluso antes de la fecha en que deberían tener el período, muchas otras no experimentan ningún síntoma inicial de embarazo. Es más, si sus períodos son muy irregulares, quizá no sepan que están embarazadas durante semanas o incluso meses. Cuando el embrión se asienta más en el revestimiento del útero entre el octavo y el décimo día tras la ovulación, a veces se produce un pequeño sangrado que puede inducir a la mujer a pensar que está teniendo un ligero período y que, por lo tanto, no está embarazada. Lo mismo sucede con las mujeres que, por razones que no terminamos de comprender, continúan teniendo pequeños períodos durante el embarazo. Sé que a muchas mujeres les preocupa no experimentar síntomas de embarazo claramente reconocibles durante las primeras semanas y que por ello piensan que su embarazo es débil o que corre algún riesgo, pero no es así. No hay unos sentimientos mejores o peores en esta etapa del embarazo, y ningún síntoma, o la falta de los mismos, tiene relación alguna con tu capacidad para gestar un bebé sano hasta el final. Los signos y síntomas del embarazo son muy personales, al igual que no hay dos mujeres que tengan un parto idéntico.

EL EMBARAZO TRAS UN TRATAMIENTO DE FIV

Si estás siendo sometida a un tratamiento de fecundación in vitro (FIV), el ciclo del tratamiento comienza estimulando tus ovarios con hormonas para que así produzcan muchos óvulos. Alrededor del día 13, estos óvulos son

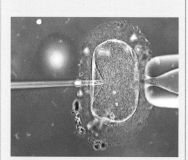

FECUNDACIÓN *La Inyección Intracitoplasmática de Espermatozoides (ICSI) es la inyección de un único espermatozoide en un óvulo.*

recogidos e inseminados con espermatozoides en el laboratorio. Si durante las siguientes 48 horas la fecundación es exitosa, alrededor del decimosexto día se transferirán dos embriones a tu útero.

Un análisis de sangre en el día 27 comprobará un posible aumento de la gonadotropina coriónica humana (HCG), la primera señal de que el tratamiento de FIV puede haber sido un éxito. Sin embargo, es posible que el resultado sea positivo y que, pocos días después, los niveles de gonadotropina coriónica humana (HCG) se hayan reducido debido a que la implantación del embrión ha fracasado.

La primera ecografía suele realizarse unas 5 o 6 semanas después del comienzo del tratamiento. Si todo marcha bien, se verá un pequeño saco gestacional en la cavidad uterina, pero si no hay ningún saco, existe el riesgo de que hayas tenido un embarazo ectópico (véase p.81 y p.422). En ocasiones la ecografía muestra varios sacos, lo que podría sugerir un embarazo de gemelos o trillizos, pero es frecuente que los sacos sobrantes desaparezcan. Los embarazos múltiples tienen mayor riesgo de terminar en aborto, de sufrir anomalías congénitas y de ser prematuros.

Una ecografía en la semana 6 o 7 debería mostrar un polo fetal y movimiento cardíaco fetal. ¡Tu embarazo está en marcha!

TU RESPUESTA EMOCIONAL

AL COMIENZO DEL EMBARAZO SIN DUDA TUS SENTIMIENTOS ESTÁN DICTADOS EN GRAN MEDIDA POR TUS CIRCUNSTANCIAS PERSONALES, PERO SI, COMO MUCHAS MUJERES, TE ESTÁS SINTIENDO EMOCIONALMENTE IMPREDECIBLE, CASI CON TODA SEGURIDAD LAS HORMONAS DE EMBARAZO TIENEN ALGO QUE VER.

Como señalé en el capítulo sobre la concepción, la combinación de pánico y entusiasmo que puedes sentir entre un momento y el siguiente puede no ser simplemente una reacción ante el nuevo futuro que está a punto de revelarse. La mayoría de los libros sobre el embarazo explican que la debilidad de las emociones y las ganas de llorar se asientan poco a poco y pasan a ser menos problemáticas, pero yo comparto cada vez más la opinión de que continúan por el hecho de estar relacionadas con las hormonas. Simplemente nos acostumbramos a ellas y, como criaturas prácticas que somos, aprendemos a ignorarlas o nos adaptamos.

EMOCIONES FUERTES

Algunas mujeres están deseosas de comunicar su emocionante noticia y otras prefieren guardar su secreto para sí mismas durante un tiempo

Si tu embarazo ha sido planificado o difícil de lograr, los primeros días quizá te sientas permanentemente eufórica y deseosa de comunicar la emocionante noticia. Sin embargo, para muchas mujeres descubrir que están embarazadas es algo privado que durante las primeras semanas sólo quieren compartir con su pareja o con sus familiares y amigos más cercanos. Otras, sobre todo las que en el pasado han sufrido algún aborto, no quieren tentar a la suerte pregonando a los cuatro vientos que están embarazas por si algo sale mal, y prefieren esperar hasta que el embarazo haya entrado en el segundo trimestre para anunciar la noticia.

Decidir cuándo quieres comunicar a los demás que estás embarazada es un aspecto muy personal y no hay una forma más o menos adecuada de hacerlo. Como todos sabemos, las dinámicas familiares son muy complejas y sólo tú sabrás cómo comunicar la noticia a tu pareja, tu madre, tu hermana, tus cuñados o tus amigos. Lo único que puedo decirte para tranquilizarte es que, por lo general, la mayoría de tus familiares y tus amigos estarán encantados con la noticia y con el hecho de que quieras compartirla con ellos. De hecho, por mi experiencia el único problema significativo que vas a encontrar es una avalancha de consejos y ofrecimientos de ayuda bienintencionados.

Muchas mujeres al comienzo de su embarazo me cuentan que les preocupa el hecho de poder disgustar a amigos o familiares que tienen problemas de fertilidad, que han perdido un hijo o que han sufrido alguna complicación en un embarazo anterior. Creo que es casi imposible proteger a todos tus conocidos de sus emociones más vivas y sus recuerdos tristes y, en cualquier caso, tarde o temprano deberán asumir la situación. Por lo general, creo que es mejor mostrarse abierta sobre la noticia del embarazo pues pienso que te verás gratamente sorprendida por la calidad de la respuesta que vas a recibir.

CÓMO SE SENTIRÁ TU PAREJA

Al margen de la decisión sobre cuándo y cómo vas a comunicar tu embarazo, si formas parte de una pareja tu compañero será probablemente la primera persona con la que compartirás la noticia. Debes recordar que en ese momento no sólo las mujeres se topan con un cúmulo de emociones en conflicto, pues muchos hombres sienten algo muy parecido. Aunque la mayoría de ellos se mostrarán encantados ante la idea de convertirse en padres, creo que existe una diferencia fundamental en el modo en que la mujer y el hombre se sienten acerca del embarazo en las primeras semanas. Para empezar, los hombres no tienen nada tangible con que relacionarse en este tiempo. Hasta que el bebé pueda verse en la ecografía o pueda sentirse cómo se mueve en tu interior, para tu pareja puede ser difícil sentirse tan implicado como tú querrías que lo estuviera.

Creo que es importante contar a tu pareja cómo te sientes, aunque es demasiado fácil convertir el embarazo en tu único tema de conversación. Procura no sentirte decepcionada o resentida si ves que él no se muestra tan fascinado por tus primeros síntomas y prefiere sentarse a leer una novela de intriga en lugar de ese libro sobre el embarazo tan irresistible para ti.

TU PAREJA *Convertirse en padre puede ser la mejor noticia posible o algo que requiera un tiempo para ser asimilado.*

Al igual que tú, puede que necesite algún tiempo para asimilar la noticia y cómo ésta va a afectar a su vida. Recuerda que puede sentirse muy inquieto por la responsabilidad que se cierne. Aunque en los próximos meses no se producirán muchos cambios dignos de destacar, él será plenamente consciente de que está entrando en otra fase de la vida. Las conversaciones tranquilas y relajadas en las que pueda hablar abiertamente sobre sus sentimientos les ayudarán a evitar cualquier malentendido que pueda surgir (por cualquiera de las partes).

Como durante el embarazo gran parte del foco de atención es la futura madre, las opiniones de tu pareja pueden ser pasadas

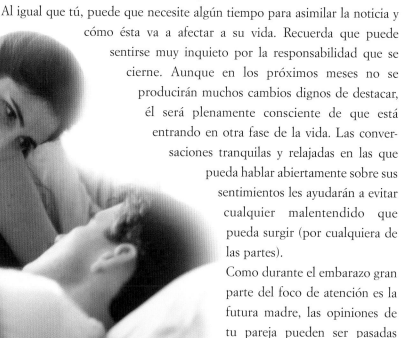

por alto completamente. Por ejemplo, en la actualidad se presupone de forma general que el padre debería estar, y querrá estar, presente en el parto; sin embargo, para muchos hombres no hay nada más lejos de la realidad. Igualmente se suele animar a los hombres a asistir a las clases de preparación al parto, y es algo fabuloso si él así lo quiere y se siente encantado de acudir contigo, pero presionarlo para hacer las cosas de una determinada manera o hacerle sentir que te está fallando si no adopta el papel de futuro padre ideal posiblemente sea la fuente de muchos futuros conflictos. No obstante, no te preocupes porque, créeme, la mayoría cambia de opinión.

TENER UN BEBÉ SOLA

Es inevitable que gran parte de este libro esté dirigido a mujeres con pareja y suponer por regla general que su pareja es un hombre, pero soy consciente de que la sociedad es mucho más compleja que todo esto. Muchas lectoras se habrán embarcado solas en el embarazo y no es mi intención hacerlas sentirse excluidas. Si has optado por ser madre soltera, es probable que hayas considerado seriamente la manera como te vas a enfrentar a los próximos nueve meses y a tu vida con un bebé; y si vas a ser madre soltera porque las circunstancias te han obligado a serlo, quizá te sientas abrumada por las perspectivas, así como por consideraciones prácticas y financieras. El único consejo general que te puedo ofrecer es que comiences a crear ahora mismo una red de apoyo. Pide a un familiar o una amiga que comparta contigo tu embarazo y que esté a tu lado en los momentos clave como la primera ecografía y el parto. Si no fuera posible, busca en las clases de preparación al parto otras madres solteras y grupos de apoyo a las familias monoparentales. Tener buenos amigos que compartan experiencias similares puede hacer que todo sea diferente.

> ## ¿QUÉ PIENSA ÉL?
>
> Los pensamientos que pasan por la cabeza de tu pareja pueden ser los siguientes:
>
> ▸ ¿Nuestra relación seguirá siendo la misma?
>
> ▸ ¿Podré seguir saliendo con mis amigos / viendo el fútbol / jugando al tenis?
>
> ▸ ¿Qué ocurrirá si alguno de nosotros deja de trabajar?
>
> ▸ ¿Hasta qué punto quiero estar involucrado en el embarazo?
>
> ▸ ¿Ella es más frágil ahora que antes del embarazo?
>
> ▸ ¿Qué ocurrirá si algo sale mal?
>
> ▸ ¿Quiero estar presente en el parto y qué se espera que haga?
>
> ▸ ¿Dedicará al bebé toda la atención?
>
> ▸ ¿Seré un buen padre?

"Hasta que el bebé pueda verse en la ecografía o puedas notar cómo se mueve en tu interior, para tu pareja puede ser difícil sentirse tan implicado como tú querrías que lo estuviera."

EL CUIDADO PRENATAL

TAN PRONTO COMO SEPAS QUE ESTÁS EMBARAZADA, PIDE UNA CONSULTA CON TU MÉDICO DE CABECERA. ES BUENA IDEA QUE CONOZCAS A TU MÉDICO DESDE EL COMIENZO DEL EMBARAZO, EN ESPECIAL SI, COMO MUCHAS MUJERES SANAS, NO SUELES VERLO MUY A MENUDO.

Lo primero que tu médico hará será preguntarte la fecha de tu última regla para calcular la fecha probable del parto (FPP). En promedio, un embarazo dura entre 37 y 40 semanas desde el primer día de la última regla, de manera que el médico sumará 40 semanas a dicha fecha utilizando un gráfico o una rueda de cálculo. Evitarás mucha confusión y una posible angustia si cuentas en semanas en lugar de meses para calcular la etapa que ha alcanzado tu embarazo. De esta manera la precisión de la FPP dependerá de si tienes un ciclo regular de 28 días. Si tu ciclo es más corto, más largo o irregular, el médico procurará ajustar la FPP en función del mismo y seguramente te aconsejará no fiarte de esta fecha hasta que te hayan practicado la primera ecografía, donde se verá el tiempo de embarazo y tu FPP podrá calcularse con bastante precisión.

Tu medico también te realizará algunas pruebas como un análisis de orina para detectar la presencia de azúcar o proteínas y medirá tu tensión arterial. Al final del primer trimestre y al comienzo del segundo se realizarán otros análisis más detallados en las consultas médicas prenatales.

"Aunque vayas a dar a luz en casa, asegúrate de que tienes la oportunidad de acudir a un hospital o a una consulta privada."

LA ORGANIZACIÓN DE LAS CONSULTAS MÉDICAS

Esta consulta con tu médico de cabecera también te ofrecerá la oportunidad de estudiar las opciones asistenciales durante el embarazo. Si ya has tenido un hijo o tienes una opinión firme sobre el parto, quizá sepas exactamente la clase de cuidado prenatal que quieres y dónde deseas recibirlo. Sin embargo, si éste es tu primer bebé, probablemente agradecerás una explicación detallada sobre las opciones disponibles así como consejo sobre la opción más adecuada para tus necesidades individuales. Por esta razón, al final de este apartado he incluido una amplia sección sobre cuidados prenatales y opciones para el parto (véase p.84-91).

Tu primera visita prenatal formal tendrá lugar alrededor del final del primer trimestre y puede producirse en la maternidad del hospital que elijas o alternativamente en una clínica privada. Aunque vayas a dar a luz en casa, asegúrate de que tienes la oportunidad de acudir a un hospital o a una consulta privada. Podrás hablar sobre tu embarazo con matronas y médicos que podrán ofrecerte su valioso consejo sobre el mejor modo de lograr tu objetivo. Suele

TU FECHA PROBABLE DE PARTO

Busca en la tabla el mes y el primer día de tu último período menstrual (impreso en negrita).
Directamente debajo se encuentra la fecha en que debería nacer tu hijo: tu fecha probable de parto.

Enero	1	2	3	4	5	6	7	8	9	10	11	12	13	14	15	16	17	18	19	20	21	22	23	24	25	26	27	28	29	30	31
Oct/Nov	8	9	10	11	12	13	14	15	16	17	18	19	20	21	22	23	24	25	26	27	28	29	30	31	1	2	3	4	5	6	7
Febrero	1	2	3	4	5	6	7	8	9	10	11	12	13	14	15	16	17	18	19	20	21	22	23	24	25	26	27	28			
Nov/Dic	8	9	10	11	12	13	14	15	16	17	18	19	20	21	22	23	24	25	26	27	28	29	30	1	2	3	4	5			
Marzo	1	2	3	4	5	6	7	8	9	10	11	12	13	14	15	16	17	18	19	20	21	22	23	24	25	26	27	28	29	30	31
Dic/Ene	6	7	8	9	10	11	12	13	14	15	16	17	18	19	20	21	22	23	24	25	26	27	28	29	30	31	1	2	3	4	5
Abril	1	2	3	4	5	6	7	8	9	10	11	12	13	14	15	16	17	18	19	20	21	22	23	24	25	26	27	28	29	30	
Ene/Feb	6	7	8	9	10	11	12	13	14	15	16	17	18	19	20	21	22	23	24	25	26	27	28	29	30	31	1	2	3	4	
Mayo	1	2	3	4	5	6	7	8	9	10	11	12	13	14	15	16	17	18	19	20	21	22	23	24	25	26	27	28	29	30	31
Feb/Mar	5	6	7	8	9	10	11	12	13	14	15	16	17	18	19	20	21	22	23	24	25	26	27	28	1	2	3	4	5	6	7
Junio	1	2	3	4	5	6	7	8	9	10	11	12	13	14	15	16	17	18	19	20	21	22	23	24	25	26	27	28	29	30	
Mar/Abr	8	9	10	11	12	13	14	15	16	17	18	19	20	21	22	23	24	25	26	27	28	29	30	31	1	2	3	4	5	6	
Julio	1	2	3	4	5	6	7	8	9	10	11	12	13	14	15	16	17	18	19	20	21	22	23	24	25	26	27	28	29	30	31
Abr/May	7	8	9	10	11	12	13	14	15	16	17	18	19	20	21	22	23	24	25	26	27	28	29	30	1	2	3	4	5	6	7
Agosto	1	2	3	4	5	6	7	8	9	10	11	12	13	14	15	16	17	18	19	20	21	22	23	24	25	26	27	28	29	30	31
May/Jun	8	9	10	11	12	13	14	15	16	17	18	19	20	21	22	23	24	25	26	27	28	29	30	31	1	2	3	4	5	6	7
Septiembre	1	2	3	4	5	6	7	8	9	10	11	12	13	14	15	16	17	18	19	20	21	22	23	24	25	26	27	28	29	30	
Jun/Jul	8	9	10	11	12	13	14	15	16	17	18	19	20	21	22	23	24	25	26	27	28	29	30	1	2	3	4	5	6	7	
Octubre	1	2	3	4	5	6	7	8	9	10	11	12	13	14	15	16	17	18	19	20	21	22	23	24	25	26	27	28	29	30	31
Jul/Ago	8	9	10	11	12	13	14	15	16	17	18	19	20	21	22	23	24	25	26	27	28	29	30	31	1	2	3	4	5	6	7
Noviembre	1	2	3	4	5	6	7	8	9	10	11	12	13	14	15	16	17	18	19	20	21	22	23	24	25	26	27	28	29	30	
Ago/Sep	8	9	10	11	12	13	14	15	16	17	18	19	20	21	22	23	24	25	26	27	28	29	30	31	1	2	3	4	5	6	
Dciciembre	1	2	3	4	5	6	7	8	9	10	11	12	13	14	15	16	17	18	19	20	21	22	23	24	25	26	27	28	29	30	31
Sep/Oct	7	8	9	10	11	12	13	14	15	16	17	18	19	20	21	22	23	24	25	26	27	28	29	30	1	2	3	4	5	6	7

suponerse (erróneamente) que todos los obstetras y matronas del hospital se oponen a los partos en casa, pero, por el contrario, todos ellos quieren que tanto la madre como el bebé estén seguros.

A no ser que tengas un problema específico que necesite atención urgente, probablemente te darán una cita para después de varias semanas. De hecho, la mayoría de las mujeres no visitan el hospital hasta la semana 12 o 13 de gestación, con la excepción de las mujeres que han tenido la mala suerte de sufrir problemas en embarazos anteriores como un aborto o una complicación al final del mismo. Si éste es tu caso, tu médico probablemente concertará de inmediato una consulta prenatal y posiblemente una ecografía temprana. Si presentas una condición médica preexistente como la diabetes, tus cuidados prenatales en el hospital probablemente comenzarán antes.

Muchas mujeres con las que hablo en la clínica prenatal me cuentan lo decepcionadas que se sentían al ver que nadie parecía preocuparse por su embarazo hasta que acudían a la consulta formal. También se mostraban perplejas porque no había nadie con quien hablar acerca de qué hacer o a dónde acudir para averiguar más información sobre el embarazo. Como me dijo una madre primeriza: "Agradezco mucho ser una mujer embarazada normal y no tener problemas médicos, pero todo esto es nuevo para mí. Es un período muy especial y me siento perdida".

Ésta es una de las razones por las que es muy importante para una mujer embarazada poder acceder a toda la información posible para tranquilizarse y entender qué va a ocurrir. En un mundo ideal con recursos médicos ilimitados sería posible ofrecer a las mujeres un acceso instantáneo a los cuidados prenatales que eligieran en el momento en que reciben un resultado positivo en la prueba de embarazo, pero en el mundo real la mejor solución que puedo ofrecer es un libro informativo.

PREOCUPACIONES MÁS FRECUENTES

QUIZÁ YA TENGAS ALGUNAS PREGUNTAS SOBRE LAS PRIMERAS ETAPAS DEL EMBARAZO Y SOBRE TU SALUD EN GENERAL QUE SIN DUDA MERECE LA PENA EXAMINAR CON TU MÉDICO EN LA PRIMERA CONSULTA

A continuación incluyo algunas de las preguntas más habituales que surgen al comienzo del embarazo, pero si entre ellas no se encuentra tu problema particular, encontrarás más ejemplos en las dos secciones siguientes del primer trimestre: semanas 6-10 y semanas 10-13. No dudes en formular otras preguntas a tu médico. Además, es importante que estés lo más tranquila posible para que puedas disfrutar al máximo las próximas semanas.

PROBLEMAS EN EMBARAZOS ANTERIORES

Si has tenido problemas en embarazos anteriores como un aborto o un embarazo ectópico (véase p.81 y p.422), o complicaciones al final del embarazo como preeclampsia (véase p.425), tu médico de cabecera probablemente concierte una ecografía temprana y/o una cita con el obstetra. Para aquellas mujeres que han sufrido abortos, una ecografía suele despejar todo temor de que la historia se repita. No obstante, recuerda que todo lo que necesitas ver en esta etapa es un saco sano en la cavidad uterina. Aunque un ecógrafo moderno puede detectar un mínimo latido fetal en la semana 5 o 6, cada embarazo es

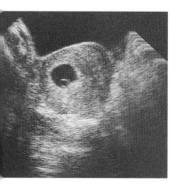

POLO FETAL *El minúsculo embrión puede verse como una pequeña mancha blanca en el saco gestacional que flota en el oscuro círculo del saco amniótico*

único y, aunque pueda verse un saco gestacional en el útero, no es infrecuente la ausencia de un polo fetal (una pequeña mancha rectangular dentro del saco) o de un latido en esta etapa tan temprana. La explicación más probable es que el embrión se haya implantado unos días después de lo que habías calculado o esperado, por lo que se necesitan más días para poder apreciar estos puntos de referencia de tu embarazo. Esto es lo que podría ocurrir si tu ciclo menstrual es irregular o si no estás segura de la fecha de la concepción.

Las ecografías tempranas también son muy útiles para mujeres que han tenido previamente un embarazo ectópico, en el que el embrión crece fuera del útero, casi siempre en la trompa de Falopio, aunque también se encuentran embarazos ectópicos en un ovario o en la cavidad abdominal. Una ecografía determina si existe un saco gestacional temprano en el lugar correcto dentro del útero. Si no hay muestras de ello, probablemente seas sometida a una serie de análisis de sangre para determinar los niveles de HCG en la sangre. Si han aumentado y aún no hay rastro de un saco intrauterino en la ecografía, quizá se te realice una laparoscopia o debas seguir un tratamiento farmacológico para detener el embarazo ectópico y evitar

saco embrionario con embrión
trompa de Falopio
útero
ovario
cuello del útero

EMBARAZO ECTÓPICO *El saco y el embrión se han formado en la trompa de Falopio, donde no tienen espacio para crecer.*

FUTURAS MADRES MAYORES

▶ **Si tienes más de 35 años** de edad y éste es tu primer embarazo, quizá hayas oído a alguien describirte como "primípara añosa", el término médico para denominar a una madre primeriza de edad avanzada, a pesar del hecho de que quizá tú no te sientas mayor de 21 años. Mi consejo es que no te preocupes demasiado por esto porque, aunque la medicina te considera una primeriza un poco mayor, cada vez más y más mujeres están teniendo sin problemas su primer hijo con más de 35 años.

No obstante, al margen de que sea tu primer o cuarto embarazo, existen unos riesgos vinculados al aumento de la edad.

▶ **Las anomalías genéticas** son más frecuentes a medida que la edad de la madre es mayor porque sus óvulos están más envejecidos y son más propensos a transportar un gen o un cromosoma defectuoso. Un ejemplo es la incidencia de niños nacidos con la anomalía fetal más frecuente, el síndrome de Down (véase p.147), que aumenta significativamente a partir de los 35 años. Por esta razón, a las mujeres que superan esta edad se les suelen practicar pruebas prenatales para diagnosticar posibles anomalías genéticas y físicas fetales (véase p.134-43). Cuanto antes comiences

los cuidados prenatales, más oportunidades tendrás de recibir el mejor asesoramiento y de probar los tests más seguros y útiles.

▶ **Algunas complicaciones del embarazo** como la hipertensión arterial, la preeclampsia, la diabetes gestacional y los partos prematuros también son más frecuentes en las madres de más edad. No obstante, la mayoría de ellas pueden identificarse o predecirse para minimizar las consecuencias, por lo que los problemas graves son infrecuentes. No hay razón por la que tu embarazo no deba ser un éxito.

LAS INFECCIONES URINARIAS

Aunque es normal que en las primeras semanas de gestación las mujeres embarazadas orinen con frecuencia, no se debe pasar por alto la posibilidad de que se esté sufriendo una infección urinaria. Si sientes un hormigueo al orinar, ganas intensas, dolor abdominal o molestias, o si notas sangre en la orina, podrías tener una infección urinaria que requerirá tratamiento inmediato con antibióticos.

Las infecciones urinarias son muy frecuentes en el embarazo porque la hormona progesterona hace que el tracto urinario esté más relajado, lo que facilita que las bacterias se introduzcan en la uretra y lleguen a la vejiga, donde causan una inflamación o cistitis. Como la vejiga también está relajada, la infección puede extenderse rápidamente por los uréteres e infectar los riñones, una condición conocida como pielonefritis cuyos síntomas suelen desarrollarse rápidamente e incluyen fiebre alta, dolor en la vejiga y los riñones y fuertes molestias en la zona lumbar que pueden irradiarse a la ingle. Un tratamiento con antibióticos curará la infección rápidamente, pero si no se trata podría causar pielonefritis crónica o daños en los riñones.

UNA CONDICIÓN MÉDICA PREEXISTENTE

Si ya tienes un problema médico general, aunque no sea grave, deberías comunicárselo a tu médico tan pronto como sepas que estás embarazada, ya que te ayudará a decidir el mejor tipo de cuidado que necesitas, y si estás bajo alguna medicación, te indicará si la dosis debe cambiarse. Bajo ningún concepto debes tomar las medicinas recetadas sin haber sido asesorada antes.

Al final de este libro encontrarás información sobre condiciones médicas preexistentes como la diabetes, la hipertensión arterial, una enfermedad de tiroides, una enfermedad renal, una afección cardiaca, epilepsia o colitis ulcerosa, que necesitan un cuidado especializado durante el embarazo (véase p.408-10). Si padeces alguna de ellas (u otra enfermedad no incluida en esta lista) tu médico de cabecera te remitirá a una unidad especializada en tu condición. Se te realizará un reconocimiento lo antes posible, en especial si estás tomando medicación que deba cambiarse, y a lo largo de tu embarazo los obstetras te realizarán un seguimiento y, posiblemente, también lo haga un médico especializado en tu enfermedad. Tu parte del trato será cuidar tu salud y seguir su consejo rigurosamente.

"Puedo garantizarte que cuando hayan pasado los tres primeros meses, lo más seguro es que sientas un vigor renovado."

LA DIETA Y EL EJERCICIO

SOY PLENAMENTE CONSCIENTE DE QUE DOS PROBLEMAS HABITUALES EN EL PRIMER TRIMESTRE PUEDEN SUPONER UN REVÉS PARA TUS BIENINTENCIONADOS PLANES DE LLEVAR LA DIETA MÁS SALUDABLE POSIBLE Y DE MANTENERTE EN FORMA Y ÁGIL DURANTE EL EMBARAZO: LAS NÁUSEAS Y EL CANSANCIO.

UN MAL TRAGO

Durante el primer trimestre, lo que comas es especialmente importante porque durante estas semanas se forman los órganos vitales de tu bebé. Por ejemplo, en este período temprano se forman el corazón, el hígado, el cerebro y el sistema nervioso. Sin embargo, sé por experiencia propia que las náuseas y los mareos propios de los primeros meses de embarazo pueden hacer que sea imposible seguir la dieta ideal.

Si te sientes decaída por náuseas matinales, recuerda que a la mayoría de las mujeres les sucede lo mismo y que la mayoría de los embarazos progresan sin complicaciones. Siempre y cuando comprendas que debes intentar comer y que incluso en un día en que sufras muchas náuseas debes procurar incluir algunos de los alimentos más nutritivos, tú y tu bebé estarán bien.

▶ Come poca cantidad y con frecuencia, pues el estómago digiere mejor las comidas escasas y los aperitivos que tres comidas fuertes al día. Puedes picar un trozo de pan o algunas galletas por la mañana, al mediodía come al menos un poco de sándwich y deja el resto para la tarde.

▶ Toma tentempiés sanos como fruta, frutos secos o trozos de queso, ya que el nivel de azúcar de tu sangre se reduce muchísimo.

▶ Cuando acabe el día, toma algún alimento que te guste.

▶ Por poca que sea la cantidad de alimentos sólidos que logres comer, no te olvides de beber líquido.

¿DEMASIADO CANSADA PARA HACER EJERCICIO?

Si ahora que estás embarazada prefieres saltarte tu ejercicio diario, está bien, pero recuerda que es muy improbable que el ejercicio pueda causar problemas al comienzo del embarazo, y mantener tu programa de ejercicios te ayudará a seguir en forma y saludable.

Es buena idea apuntarte a clases para mujeres embarazadas, en las que lo importante es practicar la flexibilidad y se realizan ejercicios que te ayudan a prepararte para el parto.

Además, conocerás otras mujeres que bien podrían convertirse en tu red de contactos post-parto.

Sin embargo, puede que te sientas

COMIDAS LIGERAS *Toma cantidades pequeñas de los alimentos que te gusten.*

tan mareada y/o agotada que, aunque realices ejercicio regularmente, simplemente no soportes la idea de ponerte a sudar. De nuevo, te pido que no seas demasiado dura contigo misma. Hay días en los que tu cuerpo te dice basta y que una hora de descanso será más beneficiosa que una hora de tenis.

Puedo garantizarte que una vez transcurridos los tres primeros meses, lo más seguro es que sientas un vigor renovado.

EL CUIDADO PRENATAL Y LAS OPCIONES DE PARTO

El lugar donde decidas recibir los cuidados prenatales depende del tipo de parto que desees y del lugar donde vivas, o los medios disponibles. Elegir la clase de cuidado adecuado contribuirá mucho a hacer del embarazo una época agradable de tu vida.

UNA MENTE ABIERTA

Cuando yo estaba embarazada y buscaba un libro que me ayudase a comprender la situación especial en que me encontraba, me sorprendió cuán polarizadas estaban las opiniones frente al aspecto particular del lugar donde debería tener a mi bebé. Se dividían principalmente en dos grupos: los escritos por obstetras que parecían creer que el único lugar donde se puede tener un hijo es la unidad especializada de un hospital, y los escritos por partidarios vehementes del parto natural y los partos en casa, que sugieren que las unidades hospitalarias están diseñadas para que durante el parto las mujeres se sientan perdidas y vulnerables, sin control de su propio cuerpo. Al igual que muchas lectoras, tuve el sentimiento de que habría fracasado como madre, habría perdido algo o me habrían engañado si se requería alguna intervención médica, y llegué a la conclusión de que ningún tipo de libro era realista ni servía de ayuda porque no me hacía sentir más tranquila ni segura sobre esta aventura potencialmente impredecible en la que me acababa de embarcar. Decidí que se necesitaba otro tipo de libro y que debería sentarme a escribirlo.

UN BUEN ASESORAMIENTO *Los profesionales cuidarán de tu salud durante el embarazo y te ofrecerán información*

ANTES DE TOMAR UNA DECISIÓN

El objetivo principal de la atención prenatal es preservar tu salud durante el embarazo y ayudarte a engendrar un bebé sano, lo que implica detectar lo antes posible cualquier condición que pueda afectar a alguno de los dos de forma adversa. Durante la atención prenatal recibirás información y educación sobre temas de salud que te prepararán para el parto y la maternidad, donde quiera que recibas esta atención.

TIPOS DE ATENCIÓN PRENATAL

CUIDADOS HOSPITALARIOS

Si ya presentabas problemas médicos o habías sufrido problemas obstétricos con anterioridad, probablemente tu cuidado prenatal y el parto se lleven a cabo en el hospital.

Tu médico de cabecera te concertará las consultas para ser enviada al especialista lo antes posible y que el resto de los controles y contactos de tu embarazo se realicen en el hospital. Sin embargo, aunque seas una embarazada de bajo riesgo, quizá prefieras recibir la atención prenatal en una clínica privada, en especial si la consulta de tu médico no tiene un programa de cuidados compartidos.

CUIDADOS COMPARTIDOS

Ésta es la forma más habitual de atención prenatal para las mujeres que han decidido dar a luz en el hospital.Tu médico de cabecera te remitirá al ginecólogo especialista cuando, después de las pruebas pertinentes, confirme tu embarazo en la consulta, más o menos hacia el final del primer trimestre.

Después, el ginecólogo y la matrona serán quienes llevarán a cabo los controles prenatales en el centro de salud, y si no surge ninguna complicación, sólo deberás acudir al hospital para hacerte algunas pruebas entre dos y tres veces en las últimas semanas del embarazo.

Las matronas proporcionan un cuidado continuado durante todo el embarazo, pero generalmente no asisten al hospital en el momento del parto.

ESQUEMA EN DOMINÓ / EQUIPO DE PARTERAS

Este tipo de esquema se ha venido popularizando entre mujeres con embarazos de bajo riesgo, porque permiten que la futura madre establezca una relación de confianza con su partera.

El esquema en dominó varía de un lugar a otro y no se encuentra disponible en todas partes. En esencia, esto significa que se te asignará una partera desde el principio que hace parte del equipo de matronas de tu hospital. Ella compartirá tu cuidado prenatal con tu médico de cabecera y realizará la mayoría de los chequeos en tu propia casa. Tendrás el tiempo suficiente para discutir con ella tus planes para el trabajo de parto y el nacimiento.

Cuando empiece tu trabajo de parto, te acompañará un tiempo en tu casa y te indicará cuándo debes acudir al hospital para el nacimiento.

En caso de que tu partera se encuentre ocupada el día del parto, conviene que conozcas a las demás matronas del equipo. Si todo sale bien, podrás regresar a tu casa luego de seis horas. La misma partera continuará visitándote en tu casa por los 10 días siguientes al parto.

MATRONAS INDEPENDIENTES

Una manera de asegurar la continuidad en la atención, es pagar a una partera independiente para que lleve a cabo todos tus controles prenatales y que te acompañe durante el trabajo de parto y el alumbramiento. Esta es una opción que se está popularizando entre las mujeres que quieren dar a luz en su casa.

CENTRO DE SALUD

Los centros de salud cuentan con médicos practicantes y parteras que te pueden ofrecer cuidados continuos a través de tu embarazo, el trabajo de parto y el alumbramiento. Este tipo de atención es más común en las zonas rurales y pueden ser anexas a un hospital o independientes.

Están pensados para lidiar con embarazos sin complicaciones o de bajo riesgo y partos que no requieran de alta tecnología de soporte, en un ambiente informal.

UN CAMBIO DE PERSPECTIVA

EL ASPECTO DE LA ELECCIÓN DEL PARTO HA SIDO UN ASUNTO POLÉMICO DURANTE MUCHOS AÑOS, GRAN PARTE DEL MISMO PROVOCADO POR LA INSATISFACCIÓN QUE MUCHAS MUJERES EMBARAZADAS COMENZABAN A SENTIR CON LOS MODELOS TRADICIONALES DE ATENCIÓN DE LOS HOSPITALES.

Lo que en la actualidad se percibe como un enfoque "médico" del parto se desarrolló a lo largo de los últimos 50 años como un subproducto de los avances en el modo en que podía tratarse el parto. Como resultado, muchas mujeres comenzaron a protestar al sentirse tratadas como parte de una maquinaria de producción de bebés. En el Reino Unido estos sentimientos generalizados crearon una comisión gubernamental que en 1992 publicó un informe bajo el título "Cambiar el nacimiento". Éste recomendaba muchos cambios en la forma de proporcionar los servicios de maternidad:

▶ Ya no podía justificarse en aras de la seguridad que las mujeres dieran a luz en el hospital.

▶ Muchas mujeres deseaban disfrutar de un cuidado contínuo durante el embarazo y el parto, y probablemente las parteras podrían ser reubicadas para proporcionarlo.
▶ Se hicieron necesarias más opciones en el tipo de cuidados.

▶ A pesar de la creciente demanda, los recursos para el parto en casa o en una unidad pequeña de maternidad apenas estaban disponibles.

▶ Algunas intervenciones durante el parto como la monitorización continua del feto, la epidural y la episiotomía eran innecesarias o no había datos que las corroboraran.

▶ El ambiente hospitalario hacía que algunas mujeres sintieran que habían perdido el control de su cuerpo, así como decepcionadas por la experiencia del parto.

▶ Las consultas de los médicos de cabecera y las clínicas de atención prenatal deberían reemplazar el cuidado prenatal hospitalario.

▶ En el hospital las mujeres deberían tener la oportunidad de poder elegir el personal que cuide de ellas.

▶ La relación entre la mujer y su cuidador tenía una importancia fundamental y debía ser reconocida. Este informe despertó la conciencia pública sobre estos aspectos con el resultado de que las unidades hospitalarias de maternidad se han convertido en lugares más agradables, más cómodos y menos clínicos donde dar a luz. Aunque la cantidad de partos en casa no ha aumentado radicalmente, sí se ha producido un cambio significativo en el modo en que las unidades hospitalarias proporcionan cuidados a las mujeres en el momento del parto. Ahora el énfasis se centra en la flexibilidad en el cuidado personalizado por parte de la matrona y en la reducción al mínimo de las intervenciones médicas, siempre que sea posible.

Sin embargo, se necesitan unos recursos financieros y educativos considerables para poner en práctica otras resoluciones clave, entre ellas la necesidad de contar con muchas más matronas experimentadas. Creo que en la mayoría de los casos los obstetras deberían cumplir funciones meramente de asesoramiento para la partera y sólo convertirse en los principales proveedores de cuidados cuando una mujer corra el riesgo de sufrir complicaciones médicas y ginecológicas. La clave para esto es encontrar modos mejores de identificar a las mujeres que corren más riesgo y que requieran intervención médica.

Aunque sientas que aún es demasiado pronto para saber si prefieres dar a luz en un hospital o en casa, la elección de los cuidados prenatales es un aspecto mucho más apremiante porque tu primera consulta tendrá lugar al final del primer trimestre.

La oferta existente en términos de tipos de cuidado prenatal varía de un lugar a otro: algunas mujeres tienen varias opciones mientras que para otras la oferta es limitada. Tu médico de cabecera podrá decirte cuáles opciones están disponibles y qué servicios te proporcionarán tu centro de salud y los hospitales más cercanos. Asegúrate de comprender bien los detalles para que puedas recapacitar sobre las opciones, y antes de tomar una decisión, investiga otras fuentes de información, como tus amigas y vecinas, mediante folletos informativos que encuentres en el centro de salud o poniéndote en contacto con los servicios de salud de tu municipio. Internet también es una fuente inagotable de información, pero recuerda que gran parte no está avalada por expertos profesionales. Por último, no olvides que siempre puedes cambiar de opinión en el último momento.

NACER EN AMÉRICA LATINA

Según cifras de la Organización Panamericana de la Salud (PAHO), en América Latina el 86% de los partos son atendidos por institituciones públicas o privadas.

Esto sin embargo, no ha producido una reducción correspondiente en las cifras de mortalidad materna y perinatal ya que muchas veces la atención institucional es de difícil acceso o de baja calidad para las mujeres de los estratos socioeconómicos más bajos.

Es una generalidad, el hecho de que las mujeres de hoy en día están mejor informadas con respecto al parto lo cual les brinda la oportunidad de tener más opciones para elegir el tipo de atención prenatal que desean, así como el lugar del parto.

En promedio, sólo en un 15% de los partos de la región se practica la cesárea, lo cual implica cuidado posnatal especial y atención médica especializada. La mayoría de los embarazos de la región son de bajo riesgo y optan por el parto vaginal, y en esos casos tener el bebé en casa puede ser una opción.

LA ELECCIÓN DEL LUGAR DEL PARTO

La elección del lugar donde vas a dar a luz a tu bebé probablemente se reduzca a una de las siguientes opciones: en un hospital o en tu propia casa. En cualquier caso, los dos aspectos más importantes que se deben tener en cuenta al tomar esta decisión son tus preferencias personales y la seguridad tanto para ti como para tu bebé. Algunas veces surge un problema en el embarazo o una complicación que hace que estos factores sean incompatibles, pero normalmente puede llegarse a un compromiso, siempre y cuando el tiempo se dedique a discutir los aspectos prácticos y no a que cada parte se ciña a sus presuposiciones.

En el hospital

Si es tu primer embarazo, si tienes problemas de salud o si has sufrido complicaciones en un embarazo anterior, tu médico de cabecera te recomendará dar a luz en el hospital. Quizá en tu zona haya más de un hospital y si puedes elegir a cuál acudir, procura averiguar los servicios que ofrecen y las opciones de cuidados prenatales de cada uno. Por ejemplo, si quieres que tu partera asista tu parto es probable que ella esté asignada a un hospital, algo que influirá en tu decisión.

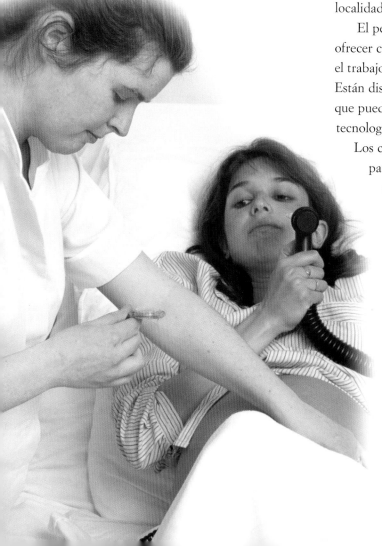

En algunos lugares de Europa se ha limitado el número de salas de parto, cuyo diseño además ahora es menos clínico. De hecho, se parecen más a tu propia casa que a las salas de parto convencionales. La mayoría de ellas tienen una iluminación suave, música, sillas confortables y colchonetas, sillas de parto e incluso algunas unidades ofrecen el parto en el agua.

En un centro de salud

Los centros de salud son más comunes en las zonas rurales y pueden hacer parte de un hospital o pueden existir independientemente en la localidad.

El personal de los centros de salud puede ofrecer cuidados continuos a través del embarazo, el trabajo de parto y el alumbramiento. Están diseñados para atender embarazos normales que puedan llegar a feliz término sin alta tecnología y en medio de un ambiente informal. Los centros de salud ofrecen la mejor opción para aquellas mujeres que se encuentran en un ambiente informal, al reunir tanto lo formal de la medicina, como lo informal del conocimiento de las parteras. Ofrecen una atención continuada y en caso de presentarse alguna complicación se puede acceder fácilmente al consejo de un experto.

En casa

Si estás pensando en dar a luz en tu casa, lo primero que debes

Si éste es tu primer bebé, tu médico te recomendará un parto en el hospital.

hacer es hablar con tu médico de cabecera y tu partera. Si es tu primer bebé, a la mayoría les preocupará la seguridad de un parto en casa. Sin embargo, al margen de lo bien que transcurra tu embarazo, nadie puede predecir qué es lo que en realidad va a suceder durante el parto. Se mostrarán igualmente preocupados si tienes problemas de salud o si has tenido complicaciones en embarazos anteriores.

Puede que seas una candidata potencial para un parto en casa si has tenido uno o más embarazos previos sin complicaciones y que finalizaron con una expulsión vaginal limpia. No obstante, aún en ese caso no se puede asegurar que dos embarazos sigan el mismo patrón, así que prepárate a cambiar de planes si este embarazo se presenta diferente.

Estás en tu derecho de tener a tu bebé en casa, pero será tu responsabilidad nombrar a las personas que te cuidarán, así que averigua si tu propio médico de cabecera está preparado para cuidarte tras el parto. Si no puede ayudarte, quizá otro médico de cabecera de la zona pueda. Las autoridades sanitarias locales te darán los nombres de los médicos de cabecera interesados en los embarazos y partos y puedes pedir ser remitida a uno de ellos.

Como alternativa, puedes contactar al supervisor local de parteras del hospital más cercano que hará que una comunidad de parteras te visite para concretar los planes para un parto en casa y posiblemente para ponerte en contacto con uno de los equipos de parteras preparadas para acudir a tu casa y ayudarte a dar a luz.

MÁS INFORMACIÓN

Antes de tomar una decisión final sobre el lugar del parto, pregunta a otros padres, matronas y

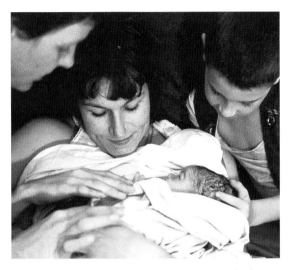

EL PARTO EN CASA *Si ya has tenido un parto previo sin problemas, quizá estés pensando en tener a tu bebé en casa rodeada del calor de tu familia*

médicos sobre la reputación de los hospitales a los que puedes acudir. Después, concierta una cita para visitar una o dos unidades locales para que puedas verlas por ti misma y averiguar si en ese lugar te sentirás cómoda y relajada. Recuerda que el hecho de sentirse cómoda en el parto no se ciñe a aspectos meramente físicos como los servicios y la decoración de las habitaciones, sino que también se relaciona con la amabilidad del personal y su actitud hacia el parto. Sé que muchas mujeres se sienten nerviosas por el hecho de ir a un hospital porque los asocian con enfermedades o con recuerdos tristes y desagradables. Sin embargo, el ambiente de las salas de parto y las clínicas prenatales es complemente diferente al de otras unidades del hospital. Las pacientes están sanas, de hecho incluso quizá estén radiantes, y todo el personal implicado participa para que tu embarazo tenga un final feliz.

PREGUNTAS QUE SE PUEDEN FORMULAR EN UNA VISITA A LA UNIDAD DE MATERNIDAD

Las siguientes preguntas deberían ayudarte a decidir el tipo de cuidado y de parto que prefieres.

ASPECTOS GENERALES

▶ ¿Tiene intereses particulares u ofrece servicios especializados?

▶ ¿Cuál es la política del hospital respecto a los diferentes tipos de cuidados prenatales y en el parto? ¿Existe la opción de ser examinado por un médico mujer si así se prefiere? Este aspecto suele depender del personal y de la lista de espera.

▶ ¿Hay un servicio de anestesia de 24 horas?

▶ ¿Existe una unidad especial para neonatos?

▶ ¿Existe un sistema de cita previa?

▶ ¿Dónde puedo acudir a las clases de preparación al parto?

▶ ¿Cuál es su opinión sobre los planes de nacimiento?

ASPECTOS SOBRE EL PARTO

▶ ¿Las parteras se muestran flexibles ante peticiones especiales y los diferentes tipos de parto, por ejemplo, animando a las mujeres a dar a luz en la postura que les resulta más cómoda ya sea acostada, de pie o en cuclillas?

▶ ¿Cuánto duran los turnos de las parteras? Un sistema de turnos cada 12 horas te ofrece más posibilidades de ser atendida por la misma partera durante todo el proceso. ¿Cuál es la política del hospital con respecto a la inducción, la ruptura de membranas, el alivio del dolor y la monitorización electrónica durante el parto?

▶ ¿Se permite entrar a la sala de partos a la pareja, amigos o familiares? ¿Hay un número limitado?

▶ ¿Hay un servicio de epidural disponible las 24 horas?

▶ ¿Ofrece la opción de parto en el agua?

▶ ¿Cuál es el índice de uso de fórceps, ventosa o cesárea? Recuerda que un hospital especializado practicará un número mayor de estas intervenciones que un hospital

general porque estarán al cargo de mujeres más propensas a sufrir complicaciones en el parto.

▶ ¿Existe una política sobre la episiotomía y la reparación de desgarros vaginales? Algunas unidades han instruido a sus parteras para realizar una sutura, pero otras lo confían al médico de turno.

TRAS EL PARTO

▶ ¿Hay disponibilidad de habitaciones individuales? De ser así, ¿cuántas? ¿Tienen aseos individuales? ¿Están reservadas para las mujeres que han tenido partos difíciles? ¿Cuál es el tamaño de las habitaciones generales y cuántas camas hay por habitación?

▶ ¿Cuál suele ser el tiempo de estancia tras el parto? (Probablemente sea más largo con el primer hijo que con los nacimientos siguientes).

▶ ¿El bebé permanece siempre con la madre o en una sala de nidos separada?

▶ ¿Dispone de asesores especializados en lactancia materna? Esto puede ser tremendamente útil si se pretende alimentar con leche materna.

▶ ¿Cuáles son las horas de visita?

▶ ¿Tiene dietas especializadas como la vegetariana?

▶ ¿Necesitas llevar artículos como toallas y pañales?

EL QUIÉN ES QUIÉN DE LA MATERNIDAD

Durante tu embarazo, el parto y el postparto conocerás a una serie de profesionales de la salud. A continuación muestro una breve descripción de la función que desempeña cada uno.

Tu médico de cabecera suele concertar tu adscripción a la unidad de maternidad y el equipo de matronas del centro de salud, y con toda probabilidad desempeñará una importante función en el resto de tu embarazo. Muchos médicos de cabecera tienen clínicas prenatales y participan en cuidados prenatales compartidos con las clínicas del hospital. Algunos pueden estar en tu parto, ya sea en el hospital o en casa. Todos los médicos de cabecera contribuyen al cuidado postparto

Las matronas o parteras son enfermeras que han cursado una formación especializada en los partos y son piezas fundamentales en nuestro sistema de salud maternal ya sea en el hospital o en el centro de salud. Están cualificadas para responsabilizarse de ti y de tu bebé antes, durante y después de un parto normal, y si surgen complicaciones buscarán el asesoramiento de un obstetra. Algunas matronas que trabajan en el hospital se han especializado en el cuidado de mujeres embarazadas con problemas específicos como la diabetes, la hipertensión, infecciones u otras complicaciones médicas propias del embarazo.

Las matronas independientes son trabajadoras autónomas y te cobrarán por sus servicios. Ofrecen cuidados continuados y atención especializada, y se encargarán de tu cuidado antes, durante y después del parto ya sea en el hospital o en casa. Sea cual sea el tipo de cuidado de una matrona que recibas, verás que ella (a veces él) es una fuente de información, consejo y tranquilidad inestimable.

Los obstetras son médicos especializados en el cuidado de las mujeres embarazadas. En tu primera visita al hospital serás asignada a un obstetra cuyo nombre aparecerá en tu documentación médica prenatal. El obstetra dirige un equipo de obstetras residentes y suele estar vinculado a un equipo de matronas. Si tu embarazo marcha correctamente, quizá sólo lo veas ocasionalmente, pero si tu situación es más complicada, lo verás más a menudo.

Los pediatras son médicos especializados en el cuidado de los bebés y los niños. Cada unidad de maternidad trabaja mano a mano con pediatras con el fin de asegurar que los bebés nacen sanos y reciben la atención médica que precisan. El pediatra estará presente en el parto de gemelos y de partos múltiples, en la mayoría de los partos con instrumental (como los fórceps) y en las cesáreas. Cada bebé es examinado por un pediatra o una matrona especializada antes de poder ir a casa.

Los neonatólogos son pediatras especializados en el cuidado de recién nacidos con problemas. Dirigen la unidad de cuidados especiales de neonatos (UCEN) y la unidad de cuidados intensivos de neonatos (UCIN). Si tu bebé nace de forma prematura o con un problema, un neonatólogo se encargará de su cuidado.

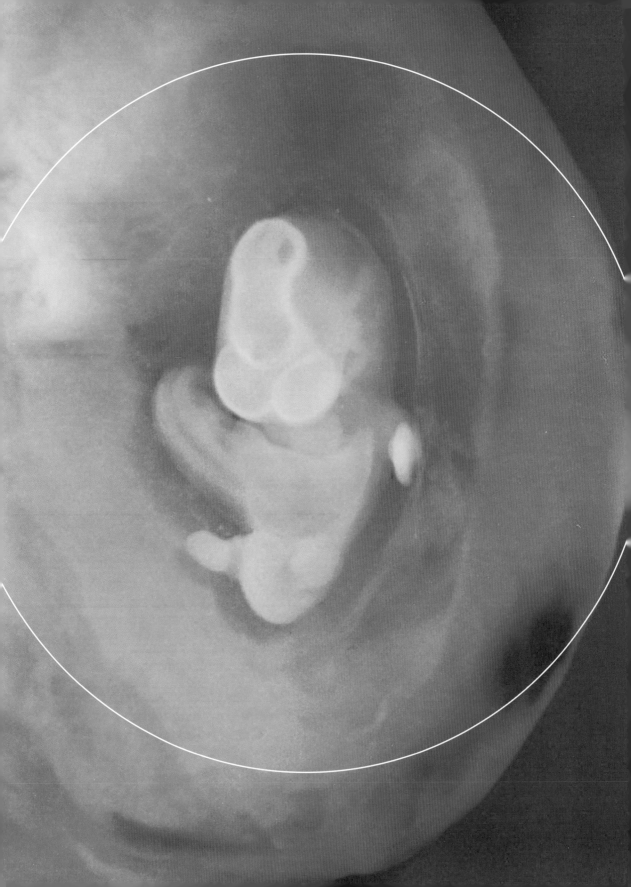

SEMANAS 6-10
EL DESARROLLO DEL BEBÉ

A LO LARGO DE LAS PRÓXIMAS CUATRO SEMANAS TU BEBÉ CUADRUPLICARÁ SU TAMAÑO Y EXPERIMENTARÁ CAMBIOS DRÁSTICOS EN SU ASPECTO. ALREDEDOR DE LA SEMANA 10 EL EMBRIÓN SE HABRÁ CONVERTIDO EN UN FETO.

Por medio de una ecografía ya pueden reconocerse algunos rasgos faciales, el cuerpo se está enderezando y las extremidades se desarrollan. La cabeza continúa creciendo con más rapidez que cualquier otra parte del cuerpo para dar cabida al desarrollo del cerebro. La parte trasera de la cabeza crece a más velocidad que la parte delantera, razón por la que el embrión está hecho un ovillo y parece inclinar su cabeza hacia el corazón prominente. Sin embargo, el cuerpo ha comenzado a perder su forma de coma, empieza a aparecer el cuello, la espalda se endereza y la cola desaparece.

Ahora la cabeza tiene una gran frente y, como los huesos faciales originales se desarrollan y se unen entre sí, pueden reconocerse los ojos, la nariz, las orejas y una boca. Los primitivos ojos y orejas, que en la sexta semana eran sólo meras protuberancias en la cabeza, se están desarrollando rápidamente y al final de la octava semana los ojos tendrán mayor tamaño y ya contendrán algún pigmento. En la décima semana ya serán fácilmente reconocibles, aunque permanecerán ocultos tras los párpados cerrados y no funcionarán hasta el final del segundo trimestre. A cada lado de la cabeza unas depresiones que se convertirán en los canales auditivos se profundizan y comenzará la formación del oído interno. En la octava semana se formará el oído medio, y en la décima semana la parte externa de la oreja habrá comenzado a crecer en la parte inferior de la cabeza fetal. Los orificios nasales y el labio superior ya pueden apreciarse y en la boca se encuentra una minúscula lengua que ya tiene papilas gustativas. Las protuberancias correspondientes a los dientes ya se encuentran en su lugar.

LAS FUTURAS EXTREMIDADES

A medida que las extremidades de tu bebé toman forma se producen más cambios milagrosos. Los pliegues de piel que forman las protuberancias de las extremidades se condensan y forman cartílagos, que más adelante se transformarán en huesos duros. Estas protuberancias cartilaginosas de los miembros crecen rápidamente y pronto se podrán distinguir las muñecas y manos en forma de palma. Los brazos se alargan y en la octava semana aparecen los hombros y los codos. Las manos palmeadas ahora desarrollan dedos separados y en la semana 10 aparecen las yemas

Tamaño real x 2

SEMANAS

PRIMER TRIMESTRE
- 1
- 2
- 3
- 4
- 5
- ▶ 6
- ▶ 7
- ▶ 8
- ▶ 9
- ▶ 10
- 11
- 12
- 13

SEGUNDO TRIMESTRE
- 14
- 15
- 16
- 17
- 18
- 19
- 20
- 21
- 22
- 23
- 24
- 25
- 26

TERCER TRIMESTRE
- 27
- 28
- 29
- 30
- 31
- 32
- 33
- 34
- 35
- 36
- 37
- 38
- 39
- 40

◄ *Un embrión de seis semanas nidado en el útero*

Tamaño real x 2

Al final de la sexta semana el embrión mide 4mm y pesa menos de 1gr. En la semana 10, el feto medirá 30 mm desde la cabeza a las nalgas y pesará entre 3 y 5 gr.

al final de los deditos. Las protuberancias de las extremidades inferiores comienzan a atravesar el mismo proceso, pero más lentamente. La mayoría de los músculos están en su sitio y en una ecografía pueden apreciarse pequeños movimientos bruscos.

DENTRO DEL CUERPO

Dentro del cuerpo, el tubo neural central ahora se divide en el cerebro y la médula espinal. Las células nerviosas se multiplican rápidamente ayudadas por células de apoyo llamadas células gliales y emigran por unos conductos hasta el cerebro, donde se conectan entre sí y entran en actividad. Éste es el comienzo de la red neural que más adelante transmitirá menajes del cerebro al cuerpo. El feto también ha desarrollado algunas percepciones sensoriales básicas y puede responder al tacto, aunque aún es pronto para que tú puedas sentir sus movimientos.

En la semana 10, el corazón embrionario se ha dividido en cuatro compartimentos definitivos. Las dos aurículas reciben sangre de la circulación fetal mientras que los ventrículos bombean la sangre a los pulmones y el resto del organismo del bebé. El corazón late a 180 pulsaciones por minuto, el doble de velocidad que tu propio corazón.

Aunque el sistema digestivo se está desarrollando con rapidez, deberá pasar algún tiempo hasta que pueda funcionar correctamente. El estómago, el hígado y el bazo ya se encuentran en su sitio y los intestinos crecen tan rápido que forman unos bucles y durante un tiempo algunos de ellos hacen que la pared abdominal esté abombada.

Al final del período embrionario, el nuevo feto tiene todos sus órganos principales y sistemas orgánicos, aunque el cerebro y la médula espinal

FETO A LAS 10 SEMANAS

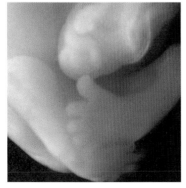

Los intestinos aún sobresalen en la pared abdominal

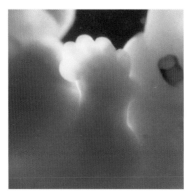

Los hombros, los codos y los brazos se desarrollan

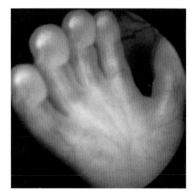

Las manos palmeadas ahora desarrollan los dedos

LA BOLSA AMNIÓTICA

El feto continúa flotando en la bolsa amniótica, que está rodeada por una membrana interior llamada amnios y una membrana externa llamada corion, separadas por un espacio (la cavidad extracelómica) que contiene el saco vitelino.

Las pequeñas prolongaciones de tejido denominadas vellosidades coriónicas que brotan del corion se concentran en un área circular de la pared uterina y pronto se convertirán en la placenta. Las vellosidades forman unos vasos sanguíneos y unas cavidades en el revestimiento del útero estableciendo su futuro acceso a la circulación de la madre.

En otro lugar, la vellosidad coriónica desaparece y el corion liso (conocido como corion leve) se forma para fundirse en el segundo trimestre con la pared uterina, cuando el feto en desarrollo ha ensanchado la cavidad del útero. En este momento se forma el cordón umbilical y la sangre circula por él, aunque el feto continúa recibiendo la mayor parte de sus nutrientes del saco vitelino.

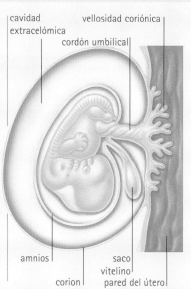

continuarán desarrollándose a lo largo del embarazo. Durante este período crítico de desarrollo estructural, el feto es muy susceptible a los efectos dañinos de una serie de sustancias, virus y factores ambientales (véase p.30). Es muy infrecuente que después de esta etapa surjan anomalías congénitas.

LOS CAMBIOS EN TU CUERPO

DURANTE LAS PRÓXIMAS SEMANAS, TU ÚTERO CRECERÁ SIGNIFICATIVAMENTE HASTA ALCANZAR EL TAMAÑO DE MEDIA NARANJA, Y EN LA DÉCIMA SEMANA TENDRÁ EL TAMAÑO DE UN POMELO PEQUEÑO. SIN EMBARGO, AÚN NO PUEDE APRECIARSE A TRAVÉS DE TU PARED ABDOMINAL.

Este crecimiento del útero sólo puede lograrse por el aumento del flujo sanguíneo que llega a él. En un estado de ausencia de embarazo, el útero recibe alrededor del dos por ciento de la cantidad total de sangre bombeada a través del corazón por minuto (el gasto cardíaco). En una fase muy temprana del embarazo, este porcentaje aumenta drásticamente y al final de este trimestre el 25 por ciento de tu gasto cardíaco se dirigirá al útero con el fin de satisfacer las demandas de la placenta y el bebé. Este aumento del gasto cardíaco se debe principalmente al volumen de sangre bombeada con cada latido (volumen sistólico) porque el ritmo cardíaco (el número de veces que el corazón late por minuto) sólo aumenta ligeramente durante el embarazo. La gruesa pared muscular del corazón se relaja por las hormonas del embarazo, lo que permite que el corazón aumente el volumen de sangre que contiene cada vez que se llena (diástole) sin tener que aumentar la fuerza con la que bombea la sangre durante las contracciones (sístole). Para asegurar que la presión arterial no aumente demasiado como resultado del aumento del gasto cardíaco y el volumen de sangre, los vasos sanguíneos también desarrollan una mayor capacidad para albergar un mayor volumen de sangre, una vez más debido al aumento de las hormonas del embarazo, en especial la progesterona. Ésta es la razón por la que la presión sanguínea sistólica sólo disminuye ligeramente durante el embarazo, pero la presión sanguínea diastólica es especialmente reducida.

EFECTOS VISIBLES

Como resultado de estos drásticos cambios en el sistema circulatorio, comenzarás a advertir diferencias en el funcionamiento de tu cuerpo. Ya habrás notado que orinas con más frecuencia porque tus riñones trabajan mucho más con el fin de filtrar la sangre con más eficacia. Si tus senos aún no habían empezado a cambiar, sin duda ahora estarán más grandes, pesados y adoloridos porque los conductos galactóforos ya están comenzando a inflamarse como preparación a la lactancia, y la areola que los rodea está comenzando a agrandarse y oscurecerse. Las glándulas sebáceas de la areola (llamadas montículos de Montgomery), que tienen aspecto de pequeños granos alrededor de los pezones, también crecen y comienzan a segregar un líquido para lubricarlos. Éste es uno de los síntomas más fiables de un primer embarazo, aunque como no desaparecen por completo hasta después del embarazo, no se puede depender de ellos como diagnóstico de embarazos subsiguientes. Un aro exterior de tejido más claro llamado areola secundaria comienza a aparecer en los senos, junto con venas visibles como resultado del aumento del flujo sanguíneo.

CAMBIOS EN LA PIEL

Una de las primeras señales que quizá adviertas es que tu piel tiene más manchas o que está más seca de lo normal debido al aumento de los niveles de progesterona. Muchas mujeres también desarrollan en sus piernas y el esternón unas líneas rojas con forma de araña llamadas arañas vasculares, que son pequeños vasos sanguíneos de la piel que se han extendido debido al aumento en la producción de estrógenos. Suelen desaparecer después del embarazo y no

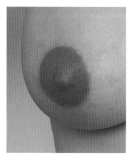

OSCURECIMIENTO DE LA AREOLA *El área que rodea los pezones se agranda y oscurece.*

ARAÑAS VASCULARES *Estas minúsculas líneas se deben al aumento de estrógenos.*

deben ser motivo de alarma. El flujo sanguíneo que llega a tu piel ha aumentado y como las venas ahora están mucho más dilatadas, puedes eliminar mejor el calor de tu piel. Al margen de lo molesta que te pueda resultar tu repentina intolerancia a las temperaturas moderadamente cálidas, esta adaptación es esencial porque necesitas poder deshacerte del incremento de temperatura que generas por el aumento del ciclo metabólico y el flujo sanguíneo.

La piel de tu área genital comenzará a oscurecerse y probablemente notes que tu flujo vaginal aumenta. Esto se produce por la secreción de una sustancia acuosa que se mezcla con las células que se desprenden de las paredes vaginales. Normalmente este flujo tiene consistencia mucosa y un color claro o lechoso. Si el flujo se torna amarillento, despide un olor desagradable o te produce picor o dolor, consulta a tu médico de cabecera (véase p.215).

TU POSIBLE ESTADO FÍSICO

ALGUNAS MUJERES PASAN EL PRIMER TRIMESTRE SIN PROBLEMAS Y SIN SENTIR NI CANSANCIO NI MAREOS; DE HECHO, ALGUNAS DE ELLAS NI SIQUIERA SE DAN CUENTA DE QUE ESTÁN EMBARAZADAS. SIN EMBARGO, PARA LA MAYORÍA LOS PRIMEROS TRES MESES SUELEN ESTAR DOMINADOS POR MOLESTOS SÍNTOMAS COMO NÁUSEAS, VÓMITOS Y AGOTAMIENTO.

Nadie puede predecir cómo te sentirás durante estas primeras semanas de embarazo. Tampoco existe un momento establecido en el que estos síntomas habituales deban comenzar o terminar. Algunas mujeres se sienten realmente agotadas desde el momento de realizar la prueba de embarazo hasta el segundo trimestre, mientras que otras sólo sienten molestias un breve período de tiempo. Igualmente, las náuseas pueden durar poco tiempo y después desaparecer o bien persistir durante muchas semanas.

NÁUSEAS MATINALES

Las náuseas matinales son sin duda el efecto secundario más conocido y comentado del comienzo del embarazo, pues hasta el 70 u 80 por ciento de las mujeres embarazadas lo experimentan en un grado u otro. Siempre he considerado que la descripción de este problema es muy deficiente, pues en realidad muchas mujeres no se sienten mal físicamente, pero sienten muchas náuseas. Es más, esta sensación rara vez se limita a las mañanas, ya que puede continuar a lo largo del día o ser sólo un problema vespertino. No obstante, quiero enfatizar que también es normal no sentir ninguna náusea, y si eres una de esas

"En realidad muchas mujeres no se sienten mal físicamente, pero sienten muchas náuseas."

mujeres afortunadas, has nacido con estrella. Te prometo que no tienes por qué pasar por el sufrimiento de vomitar con la puntualidad de un reloj cada día para que tu embarazo llegue a término.

Nadie ha dado aún una respuesta definitiva. Como la mayoría de los problemas médicos sin explicación, las náuseas son probablemente el resultado de una combinación de factores. Una causa que se ha sugerido es el elevado nivel de la hormona gonadotropina coriónica humana (HCG), que está presente durante el primer trimestre y que disminuye alrededor de la semana 13. Esto explicaría por qué las náuseas suelen cesar entre la semana 12 y 15 de embarazo, aunque algunas mujeres siguen padeciéndolas mucho más tiempo.

Otra teoría es la que relaciona las náuseas con unos niveles bajos de azúcar en la sangre, pues esto suele ocurrir a primera hora de la mañana cuando se ha estado muchas horas sin comer, o al final del día cuando te sientes cansada y necesitas descanso y alimento.

Otra explicación posible es que el flujo de progesterona en el embarazo relaja la musculatura lisa del tracto digestivo y disminuye la velocidad del tránsito de los alimentos. Como resultado, el alimento que tomas y los ácidos digestivos que se producen para procesarlo permanecen durante más tiempo en tu estómago. Por ello te sientes mareada y en ocasiones también puede que vomites.

Sea cual sea la causa, sé por experiencia personal lo angustiosas y molestas, por no decir también incómodas, que las náuseas pueden ser mientras duran. Además, a esto hay que añadir tu posible preocupación por no poder retener los alimentos o líquidos que tomas, poniendo quizá a tu bebé en riesgo, pero puedo

> "... hay una gama muy amplia de alimentos que a las mujeres se les antojan o hacia los que desarrollan una fuerte aversión al comienzo del embarazo."

CÓMO ALIVIAR LAS NÁUSEAS MATINALES

No existe una cura mágica, sólo una serie de remedios que puedes probar combinándolos de diversas maneras para averiguar cuál te ofrece mejores resultados. Suelo preguntar a mis pacientes sobre los remedios que les han ayudado a superar las náuseas y he incluido algunas de sus recomendaciones.

▸ **Toma comidas escasas y fácilmente digeribles** a intervalos regulares, en lugar de tomar una o dos comidas fuertes durante el día. Las tostadas, las tortas de arroz y las galletas saladas son unos aperitivos adecuados si no toleras ninguna otra cosa, pero reduce los aperitivos cuando vuelvas a tomar comidas regulares o pronto verás que has ganado unos kilos que no querías.

▸ **Aléjate de las comidas grasas** porque pueden ser especialmente problemáticas.

▸ **Las comidas blandas** como los cereales con leche desnatada suelen tolerarse muy bien y además tiene la ventaja de estar

asegurarte que éste no es el caso. Por pequeña que sea la cantidad de comida o bebida que tomes, tu bebé seleccionará lo mejor para desarrollarse normalmente. Puede que tú te sientas muy mal, pero tu bebé estará bien.

NÁUSEAS SEVERAS

En ocasiones las mujeres vomitan con tanta regularidad y durante tanto tiempo (con esto me refiero a semanas, no a días) que terminan por deshidratarse y debilitarse al no poder retener líquidos ni alimentos de ningún tipo. Por suerte, esta condición, denominada hiperemesis gravídica, sólo sucede en alrededor de 1 de cada 200-500 embarazos. No obstante, si sufres este problema, probablemente deberán hospitalizarte durante un tiempo para ser sometida a una reposición de fluidos, glucosa y minerales por vía intravenosa y así ayudar a que te rehidrates y dejes de sentirte tan débil y enferma. Si precisas hospitalización, probablemente debas tomar medicación para los vómitos (denominada antieméticos) ya sea en cápsulas o por vía intravenosa. Esta medicación no supone ningún peligro para el embarazo y no tendrá ningún efecto dañino en tu bebé. Los médicos se muestran extremadamente prudentes con respecto a lo que recetan a las mujeres embarazadas para combatir las náuseas. Los medicamentos antieméticos que se emplean hoy en día son tremendamente seguros, así que tómalos si te los recetan, pues te ayudarán a superar un período difícil.

TÉ DE MENTA *El sabor refrescante del té de menta parece combatir ese desagradable sabor de boca metálico*

enriquecidas con hierro y vitaminas. Son un buen sustituto de una comida cuando no puedes comer nada más.

▶ **Si te sientes especialmente mareada** cuando te levantas por la mañana, puedes picar una galleta antes de levantarte de la cama.

▶ **Algunas mujeres creen ciegamente en las muñequeras de acupuntura**. Su efecto se produce al presionar el punto de acupuntura conocido como P6.

▶ **Prueba a tomar pequeñas cantidades de jengibre** té o cápsulas de jengibre, jengibre cristalizado, raíz de jengibre o galletas de jengibre.

▶ **Los tés de hierbas** también son recomendados por mis pacientes, sobre todo el té de menta, cuyo sabor refrescante parece combatir ese desagradable sabor de boca metálico que suele aparecer cuando te sientes mareada. Cepillarte los dientes regularmente durante el día puede ser un alivio.

UNA SIESTECITA *Nadie sabe por qué las mujeres se sienten excesivamente cansadas en las primeras semanas de embarazo, pero mientras te sientas así, duerme una siesta siempre que tengas la oportunidad*

LA AVERSIÓN Y LOS ANTOJOS

Estos síntomas muchas veces van de la mano con las náuseas matinales, aunque también pueden producirse por sí mismos. Igualmente se desconoce por qué suceden, ni por qué hay una gama tan amplia de alimentos que a las mujeres se les antojan o hacia los que desarrollan una fuerte aversión al comienzo del embarazo. Recuerdo lo perpleja que me sentí cuando de repente fui incapaz de tomar mi habitual taza de café, cuando el jugo de naranja me resultaba tan pesado que era incapaz de beberlo y cuando un sorbo de un vaso de vino por la noche me hacía sentirme realmente mal. El olor de la carne asada de cualquier tipo me resultaba repelente y aunque el queso me ha encantado desde que era pequeña, no podía ver el más mínimo pedazo sin sentirme tremendamente mareada. Me preocupaba que el único sustento que podía ofrecer a mis bebés era jugo de pomelo con agua gaseosa y algún sándwich untado de extracto de levadura con una manzana o un espárrago.

Tengo la impresión de que el café y el alcohol son una de las primeras cosas que las mujeres eliminan de su dieta como resultado de las náuseas matinales o la aversión a los alimentos que se produce al comienzo del embarazo. Los antojos de comida salada como el extracto de levadura, o de encurtidos como las cebolletas o los pepinillos en vinagre a horas intempestivas del día o de la noche también son habituales. Quizá es la forma que tiene nuestro cuerpo de decirnos que necesitamos sal, aunque realmente no se sabe. También todos hemos oído hablar de mujeres embarazadas que desarrollan la pica: el deseo de comer sustancias no comestibles como tiza, carbón o hierba, o de oler sustancias como las bolas de naftalina. Carezco de experiencia práctica en estos casos, pero puedo asegurarte que ninguno ha causado ningún daño a un embarazo. Sólo unos pocos alimentos, como el hígado y los quesos no pasteurizados, son potencialmente peligrosos; encontrarás más información sobre ellos en el apartado dedicado a la dieta (véase p.50).

EL CANSANCIO

Sospecho que la frase consagrada "El cansancio es la condición femenina" se acuñó en primera instancia para describir a una mujer al comienzo de su embarazo. Las sensaciones de agotamiento de los primeros meses pueden ser bastante angustiosas. Recuerdo una ocasión en que terminé una jornada normal en el trabajo, llegué a casa y sólo fui capaz de introducir la llave en la cerradura antes de desplomarme a los pies de las escaleras. No sucedía nada malo, simplemente no pude superar el agotamiento y subir las escaleras. Hasta ahora nadie ha sido capaz de dar una explicación científica sólida para este cansancio, aunque las teorías abundan. Algunos médicos creen que es causado por los efectos soporíferos que produce el aumento de progesterona, mientras que otros la atribuyen a los tremendos cambios fisiológicos que están teniendo lugar. La velocidad a la que crece el pequeño embrión es otra explicación, aunque puede ser difícil comprender cómo un bebé lo suficientemente pequeño como para caber en la palma de una mano cerrada puede causar un cambio tan drástico en los niveles de energía.

Como todo síntoma en el embarazo, el cansancio cesa, pero he querido dedicarle una mención especial porque puede provocar preocupación en la pareja o en otros miembros de la familia, porque ven cómo una mujer que suele estar llena de energía cae rendida y queda hecha pedazos, y puesto que el cansancio suele relacionarse con la enfermedad, se sienten preocupados. No obstante, puedes estar tranquila porque tras un par de meses de descanso y siestas adicionales el cansancio desaparece, así que haz lo que tu cuerpo te pide que hagas.

> "Las sensaciones de agotamiento que muchas mujeres sienten en los primeros meses pueden ser bastante angustiosas."

TU RESPUESTA EMOCIONAL

SI SUFRES FUERTES CAMBIOS DE HUMOR, SIN DUDA SON RESULTADO DE LOS GRANDES CAMBIOS HORMONALES QUE SE PRODUCEN AL COMIENZO DEL EMBARAZO. PUEDES ESTAR HABLANDO ANIMADAMENTE SOBRE EL FUTURO Y, MINUTOS MÁS TARDE, ENCONTRARTE LLORANDO COMO UNA MAGDALENA POR UN ASUNTO TRIVIAL.

Quizá también te sorprendas echando pestes sobre un comentario inofensivo de tu pareja y acusándolo de no entender cómo te sientes, y como quizá ni siquiera tú misma sepas cómo te sientes o el porqué de esta debilidad emocional, podrás reconocer lo difícil que esto es para él. Lo único que puedes hacer es contarle lo confusa que estás y tranquilizarlo (y a ti también) diciéndole que este cambio de carácter no es permanente. Aunque tus cambios de humor pueden ser muy grandes y pueden hacer que te sientas desamparada y fuera de control, recuerda que son temporales y tan sólo uno de los muchos efectos secundarios de un embarazo completamente normal.

Quizá también estés nerviosa por el futuro, el parto y tu capacidad para ser una buena madre, pues al margen de lo bien que estés adaptándote a los importantes cambios que este bebé aportará a tu vida, cuando estás cansada y mareada pensar en ellos te puede hacer sentir desmoralizada.

PREOCUPACIONES MÁS FRECUENTES

EN ESTA ETAPA DEL EMBARAZO LA PREOCUPACIÓN MÁS HABITUAL ES LA DE SUFRIR UN ABORTO, PUES LA MAYORÍA SE PRODUCEN EN LAS PRIMERAS SEMANAS. SIN EMBARGO, NO TODO SÍNTOMA PREOCUPANTE SIGNIFICA QUE EL ABORTO SEA INEVITABLE; ADEMÁS, CADA SEMANA QUE PASA TU EMBARAZO ES MÁS SEGURO.

Hasta una de cada tres mujeres sufre algún tipo de sangrado durante el primer trimestre que puede oscilar entre color marrón, rojo vivo y grandes coágulos. En la mayoría de los casos se normaliza y no significa que vaya a haber ningún problema serio, ya que casi todas las mujeres al final tienen bebés sanos. Sin embargo, comprendo lo alarmante que puede ser una pérdida de sangre.

Como medida de seguridad, puedes hacerte una ecografía al comienzo del embarazo en la que se puede identificar el saco embrionario en la cavidad uterina y el polo fetal y el saco vitelino en desarrollo, lo que será muy tranquilizador. Algunas mujeres temen que una ecografía pueda aumentar las pérdidas (no lo hará) o confirmar sus temores de que el embarazo se ha perdido; y estos sentimientos son comprensibles, pero siempre es mejor saber qué está ocurriendo tan pronto como sea posible.

Nunca olvidaré lo angustiada que me sentí cuando sufrí un fuerte sangrado en la octava semana de mi embarazo. Estaba tranquilamente sentada en una reunión con un gran número de médicos colegas cuando de repente, y sin previo aviso, me di cuenta de que mi asiento estaba caliente y mojado y que estaba

LA DISMINUCIÓN DEL RIESGO DE ABORTO

▶ **El aborto es la complicación más habitual** del embarazo y, por definición, puede suceder en cualquier momento de la gestación hasta la semana 24 (véase p.430). Sin embargo, la gran mayoría de los abortos ocurren muy pronto, incluso antes pueda verse en una ecografía.

▶ **En la sexta semana después del último período menstrual** el riesgo de aborto ha disminuido aproximadamente en un 15 %. En esta etapa es posible ver mediante una ecografía el saco vitelino en el útero y el polo fetal en su interior.

▶ **En la octava semana el riesgo es mucho menor** y si en una ecografía puede apreciarse el latido fetal, el riesgo habrá disminuido al tres por ciento. Mirándolo de forma positiva, esto significa que el 97 por ciento de las mujeres embarazadas con latido fetal en la octava semana pueden esperar que su embarazo continúe.

▶ **Tras la semana 12** el riesgo de aborto no es mayor de un uno por ciento; por lo tanto, a medida que el embarazo progresa el riesgo de aborto se reduce drásticamente y al final de este trimestre será muy improbable que experimentes este doloroso suceso.

"Las pérdidas de sangre en el embarazo son algo que merece la pena investigar, pero que sean grandes no significa necesariamente que el embarazo haya terminado."

sangrando. No sentí ningún dolor ni ninguna advertencia; simplemente ocurrió. Supuse inmediatamente que estaba teniendo un aborto y, tras abandonar la reunión lo más discretamente posible para una mujer con toda la ropa manchada de sangre, me fui a casa y lloré. Estuve a punto de cancelar la ecografía que debía hacerme al día siguiente, pero mi marido me convenció de ir y averiguar cuál era la situación exactamente. Por suerte, la ecografía mostraba dos pequeños embriones bastante ajenos al sangrado del día anterior.

DOLOR ABDOMINAL

Al comienzo del embarazo, la mayoría de las mujeres embarazadas experimentan molestias y dolores abdominales que siempre son motivo de preocupación, pero debes intentar recordar que simplemente reflejan los enormes cambios que se están produciendo en tus órganos pélvicos, en especial el útero, que está creciendo. Todo este crecimiento se produce al final de los mismos ligamentos y músculos que estaban unidos a tu útero cuando no estabas embarazada.

No obstante, si los dolores abdominales son constantes o muy fuertes, debes decírselo a tu médico inmediatamente porque pueden ser la señal de un embarazo ectópico que necesitará ser estudiado o tratado de urgencia. La mayoría de los embarazos ectópicos se manifiestan en esta etapa del embarazo, así que si sufres fuertes dolores abdominales tu médico te remitirá para que te practiquen una ecografía con el fin de ver si el saco gestacional está en la cavidad uterina. Si no se ve ningún saco en el útero, deberás someterte a más pruebas de investigación que podrían terminar por una laparoscopia con anestesia general.

MAREOS

Los mareos o la sensación de desmayo e indisposición son también síntomas bastante frecuentes al comienzo del embarazo. La mayoría de las veces estos síntomas son inofensivos, pero si persisten pueden convertirse en un asunto preocupante. Una de las explicaciones más probables de que sientas que te vas a desmayar o que te mareas mientras estás sentada es que tus niveles de azúcar en la sangre están bajos, algo muy frecuente en el primer trimestre cuando a muchas mujeres les cuesta mucho trabajo comer como es debido. Puedes solucionarlo asegurándote de llevar siempre contigo una pequeña cantidad de aperitivos a base de hidratos de carbono y tomándolos regularmente.

Si cuando te levantas rápidamente o has estado de pie durante mucho tiempo sientes que te vas a desmayar, o te mareas, es porque en ese momento no está llegando sangre suficiente al cerebro.

ASPECTOS QUE CONSIDERAR

EN ESTA ETAPA DEL EMBARAZO APENAS SURGE NINGUNA PREOCUPACIÓN URGENTE, ES SÓLO UN PERÍODO DE ADAPTACIÓN A LA IDEA DE LLEVAR UNA NUEVA VIDA Y UNAS POCAS ESTRATEGIAS QUE TE AYUDARÁN A SENTAR UNA BUENA BASE CON VISTAS A LOS PRÓXIMOS MESES.

LA VISITA AL DENTISTA

Existen buenas razones por las que debes acudir al dentista regularmente durante las próximas 40 semanas. En el embarazo tus encías se debilitan debido a las hormonas del embarazo y son más propensas a sangrar e infectarse. Mediante un buen cepillado de dientes, el uso de seda dental y una limpieza de placa en el dentista limitarás el riesgo de sufrir caries dental y enfermedades de las encías durante el embarazo.

Tu dentista evitará realizar cualquier radiografía de un diente o de la mandíbula cuando estés embarazada, pero si tu problema dental es serio y te causa dolor, no te preocupes, pues tu boca está bastante alejada (en términos de rayos X) de tu pequeño embrión, además de que existen muchos dispositivos que aseguran que los rayos no se propagarán a ningún otro lugar. Las anestesias locales también son completamente seguras, así que no tienes que prolongar los asuntos dentales sin aliviar el dolor.

UN SOSTÉN MATERNAL

Tus senos habrán comenzado a aumentar de tamaño, y para muchas mujeres será muy incómodo e incluso doloroso. Por ello es el momento de comprar un par de buenos sostenes de lactancia porque el seno caído puede ser fuente de molestias físicas y dolor de espalda, por no mencionar angustia por tu apariencia. Recuerdo que yo pensaba que no tenía sentido comprar sostenes nuevos todavía porque suponía de forma errónea que en un mes aproximadamente se quedarían pequeños y tendría que comprar más, pero lo cierto es que los senos sólo crecen durante los tres primeros meses de embarazo y después no cambian mucho hasta el parto, momento en que empezarás a amamantar y necesitarás un tipo de sujeción completamente diferente.

"... querrás a este bebé con la misma intensidad con la que quieres a tus otros hijos."

La mejor manera de asegurarte de que compras el tipo adecuado es encontrar una tienda con vendedores especializados. Un sostén de lactancia realiza una buena sujeción de todo el contorno incluyendo las axilas y la región dorsal. Los sostenes con aro no son una buena opción porque los aros se clavan en los senos y pueden causar daños en el desarrollo posterior de los conductos galactóforos.

Las mujeres con implantes estéticos en los senos pueden sentirse especialmente adoloridas ahora que su propio tejido mamario está creciendo. Además, la piel que está por encima de los senos también puede estar tirante y producir molestias. Quizá te preguntes si podrás dar de mamar, pero esto dependerá en gran medida del número de incisiones realizadas para colocar tus implantes. Si los cortes se realizaron alrededor de la areola de los pezones, los conductos galactóforos y los nervios esenciales para amamantar pueden haber quedado dañados, pero si las incisiones se realizaron bajo los senos, hay muchas probabilidades de que no quedaran afectados.

SOSTÉN MATERNAL *Nunca es demasiado pronto para comprarte un buen sostén porque el tamaño de tus senos aumentará al principio y no cambiará mucho durante el embarazo*

CÓMO COMUNICÁRSELO AL RESTO DE LA FAMILIA

Si tienes más hijos, quizá te inquiete cómo este nuevo embarazo los afectará y cómo van a reaccionar ante su nuevo hermano. No hay duda de que mientras que los hijos mayores se emocionarán al saber que va a llegar un nuevo bebé a la familia, los más pequeños no se mostrarán tan encantados. Creo que en esta etapa tan temprana es mejor esperar un poco antes de contarles a tus hijos.

Sin embargo, si has tenido problemas en el embarazo y has tenido que ser hospitalizada para solucionarlos, quizá se muestren muy disgustados por tu repentina desaparición y "enfermedad". En su mundo, se supone que las mamás deben estar disponibles en todo momento, que son figuras sólidas, de modo que su desaparición no anticipada puede ser para ellos un elemento de alteración. Si te encuentras en esta situación, te aconsejo que les expliques que no has estado bien y que seas lo más sincera posible. Los detalles que compartas con ellos dependerán de su capacidad para comprender, pero digas lo que les digas deja claro que te vas a curar muy pronto.

¿CÓMO PODRÉ QUERER A OTRO NIÑO?

A algunas mujeres les preocupa no llegar a querer a su nuevo bebé tanto como a los hijos que ya tienen y no pueden imaginar cómo esta nueva adición se adaptará al grupo familiar, pero puedo asegurarte que estos pensamientos te parecerán ridículos dentro de un año, cuando mires atrás y no seas capaz de imaginar cómo era tu vida antes de este nacimiento, y querrás a este bebé con la misma intensidad con la que quieres a tus otros hijos.

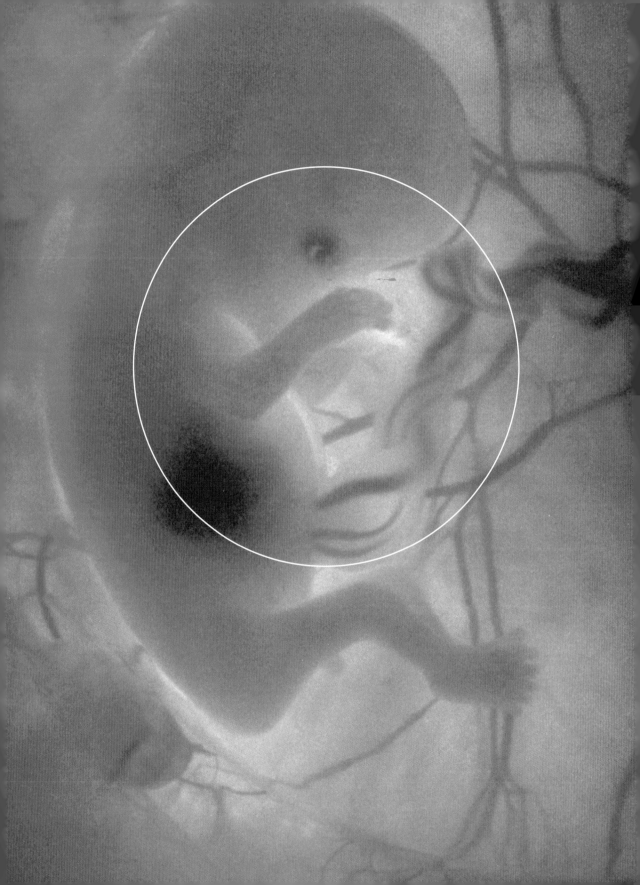

SEMANAS 10-13

EL DESARROLLO DEL BEBÉ

HA COMENZADO LA ETAPA FETAL Y TODOS LOS ÓRGANOS VITALES DE TU BEBÉ SE ENCUENTRAN EN SU SITIO, DE MANERA QUE DESDE AHORA EN ADELANTE SU DESARROLLO ESTARÁ ÚNICAMENTE RELACIONADO CON EL CRECIMIENTO Y EL DESARROLLO DE ESTOS IMPORTANTES SISTEMAS ORGÁNICOS.

Durante las próximas semanas el feto crecerá de forma rápida y constante a un ritmo de unos 10mm por semana y su peso se multiplicará por cinco. Si en esta etapa se realiza una ecografía, te sorprenderá lo fácil que resulta reconocer distintas partes del cuerpo del bebé.

La cabeza del feto es todavía relativamente grande, pues representa aproximadamente un tercio de su estatura desde la corona de la cabeza hasta sus nalgas, pero el crecimiento del resto del cuerpo está comenzando a ganar el mismo ritmo. La cabeza ahora se sostiene sobre un cuello reconocible y los rasgos de la cara están mejor definidos porque los huesos faciales ya están completamente formados. La frente aún está alta, pero la línea de la mandíbula es obvia y la nariz es más pronunciada; además 32 protuberancias de dientes se encuentran ya en su lugar. Los ojos se han desarrollado del todo, y aunque aún están bastante separados ya se encuentran más cerca de la parte frontal de la cara. Los párpados aún se están desarrollando y permanecen firmemente cerrados. Los oídos externos se hacen más claramente visibles a medida que se agrandan y adoptan su forma adulta; además ya han cambiado de lugar desde la base del cráneo hasta una posición superior a los lados de la cabeza fetal. Los oídos interno y medio ya están completamente formados. La piel del feto es aún fina, transparente y permeable al líquido amniótico, y una capa de fino vello cubre la mayor parte del cuerpo.

LOS MIEMBROS DE TU BEBÉ

La postura del cuerpo fetal está mucho más derecha que hace unas pocas semanas. Sus miembros crecen con rapidez y ya pueden verse claramente los hombros, los codos, las muñecas y los dedos. Los miembros inferiores también se están desarrollando, pero su crecimiento se producirá a un ritmo más lento durante un tiempo. Los dedos de las manos y los pies se están separando y ya pueden apreciarse unas minúsculas uñas. Alrededor de la semana 12 crecen centros de osificación a partir de los cartílagos de los huesos del feto, un proceso denominado osificación por el cual a medida que el calcio se deposita en estos

◀ *En la décima semana el feto ya tiene una forma humana reconocible*

SEMANAS

PRIMER TRIMESTRE ▸ 1
▸ 2
▸ 3
▸ 4
▸ 5
▸ 6
▸ 7
▸ 8
▸ 9
▶ **10**
▶ **11**
Tamaño real ▶ **12**
▶ **13**
SEGUNDO TRIMESTRE ▸ 14
▸ 15
▸ 16
▸ 17
▸ 18
▸ 19
▸ 20
▸ 21
▸ 22
▸ 23
▸ 24
▸ 25
▸ 26
TERCER TRIMESTRE ▸ 27
▸ 28
▸ 29
▸ 30
▸ 31
▸ 32
▸ 33
▸ 34
▸ 35
▸ 36
▸ 37
▸ 38
▸ 39
▸ 40

"El feto ya se mueve enérgicamente dentro del saco amniótico, realizando pequeños movimientos bruscos..."

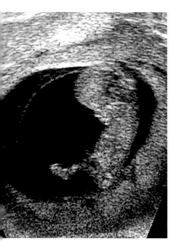

EL FETO EN LA SEMANA 10

Una ecografía 2D muestra al feto flotando en el círculo negro del saco amniótico. La débil línea blanca es la membrana externa del saco, llamada corion, que aún permanece separada de la pared uterina

centros, el esqueleto se calcifica y endurece paulatinamente. El feto ya se mueve enérgicamente dentro del saco amniótico y en lugar de simplemente flotar realiza pequeños movimientos bruscos con su cuerpo y sus miembros superiores, aunque tú aún no eres consciente de ellos. Los músculos de la pared torácica están comenzando a desarrollarse y practican movimientos respiratorios, hipo ocasional o movimientos de trago que pueden verse en una ecografía, y lo que es aún más emocionante: tu bebé está comenzando a responder de forma refleja a los estímulos externos. Por ejemplo, si presionas tu abdomen, el bebé intentará revolverse para defenderse del dedo intruso, y si una mano o pie roza su boca, los labios y el entrecejo se fruncen, el primer signo del futuro reflejo de succión. De forma similar, si se tocan sus párpados puede verse un primitivo reflejo de parpadeo. Sin embargo, éstos son sólo movimientos reflejo y se cree de forma generalizada que el feto no tiene capacidad para sentir dolor hasta alrededor de la semana 24 de gestación.

EN EL INTERIOR DEL CUERPO DE TU BEBÉ

Dentro del cuerpo de tu bebé los ovarios o testículos ya se han formado por completo y los órganos genitales externos están desarrollándose, pasando de ser una pequeña inflamación entre las piernas fetales a convertirse en un pene o un clítoris reconocible. En teoría, en esta etapa tan temprana un ecógrafo experimentado podría ser capaz de determinar el sexo de tu bebé, pero si ahora confías en el diagnóstico podrías llevarte una sorpresa cuando nazca. Su corazón ahora es completamente funcional y bombea sangre a todas las partes del cuerpo fetal a un ritmo más lento que hace unas semanas y que seguirá disminuyendo a medida que el feto madure. Es posible escuchar el latido de su corazón colocando un ecógrafo sobre la parte inferior de tu abdomen. Durante las primeras semanas de embarazo las células sanguíneas del embrión eran producidas en el saco vitelino, pero en las semanas 12 y 13 el saco desaparece rápidamente y esta función esencial es asumida por el hígado fetal.

El pecho y el abdomen se enderezan gradualmente y los intestinos, que hace unas pocas semanas estaban enroscados alrededor del cordón umbilical dentro de la cavidad amniótica, ahora se encuentran detrás de una pared abdominal cerrada. El estómago fetal ahora está unido a la boca y los intestinos, el feto ahora comienza a tragar pequeñas cantidades de líquido amniótico que más adelante, cuando los riñones fetales comiencen a funcionar, se excretarán en forma de orina.

El volumen de líquido amniótico en la semana 12 es de unos 30ml, y éste tiene muchas funciones protectoras, siendo no menos importante la de proporcionar un entorno acuático esterilizado a una temperatura constante en el que el bebé se mueve libremente. Más adelante, los productos de desecho excretados en la orina fetal serán absorbidos por el líquido amniótico y devueltos a la sangre maternal atravesando las membranas placentarias.

Tamaño real

En la semana 10 el feto mide 30mm y pesa entre 3 y 5gr. En la semana 13 medirá 80mm y pesará 25gr.

EL FETO EN LA SEMANA 13 *Los brazos del feto se han desarrollado rápidamente y los codos, las muñecas, las manos y los dedos ya pueden verse claramente en esta ecografía 3-D. El feto responde por reflejo cuando su mano roza su cara*

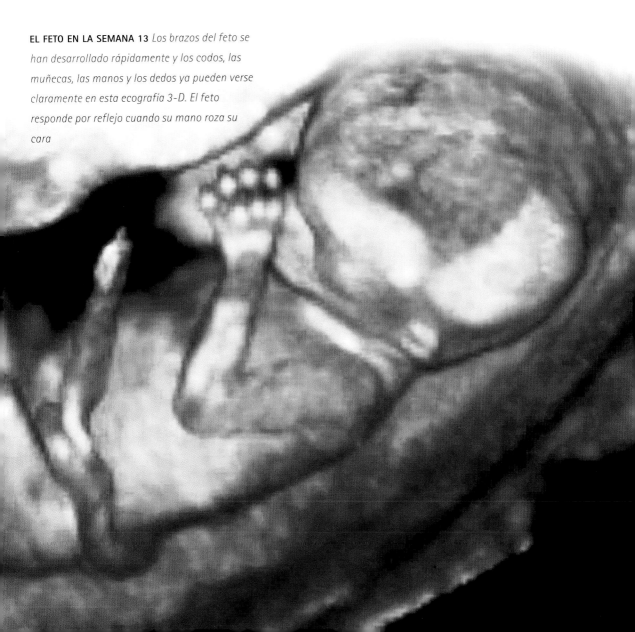

LA PLACENTA

LA PLACENTA, ES UNA COMPLEJA ESTRUCTURA DE INGENIERÍA BIOLÓGICA QUE SATISFACE TODAS LAS NECESIDADES DEL BEBÉ POR MEDIO DE TU RIEGO SANGUÍNEO, ADEMÁS DE ACTUAR COMO BARRERA FRENTE A LAS INFECCIONES Y LAS SUSTANCIAS DAÑINAS.

La placenta se ha desarrollado rápidamente y alrededor de la semana 12 o 13 su estructura se completa, aunque su tamaño seguirá aumentando durante el resto del embarazo. Al final del primer trimestre está perfectamente consolidada y durante el resto del embarazo desempeña una serie de funciones esenciales. Básicamente, la placenta es un sofisticado sistema de filtración que permite que el bebé respire, coma y excrete. También actúa como barrera protectora que protege a tu hijo. Además es responsable de la producción de cantidades cada vez mayores de hormonas que ayudan a salvaguardar el embarazo y preparan a tu cuerpo para el parto y la lactancia.

Todas estas actividades placentarias consumen gran cantidad de energía, y el ciclo metabólico de la placenta es similar al de un hígado o un riñón adulto. Es más, el funcionamiento correcto de la placenta depende de un buen riego sanguíneo maternal hacia las arterias espirales de la pared uterina. Ésta es la razón por la que fumar y padecer trastornos como la hipertensión y la preeclampsia (véase p.425), que reducen el flujo sanguíneo a la placenta, tienen un efecto devastador en su función y en el crecimiento del feto.

EL CORDÓN UMBILICAL

El cordón umbilical ya está totalmente formado y consiste en tres vasos sanguíneos: una única vena grande que trasporta sangre rica en oxígeno y nutrientes desde el útero hasta el feto por medio de la placenta, y dos arterias pequeñas que transportan productos de desecho y la sangre pobre en oxígeno desde el feto hasta la madre para su recarga. Los tres vasos están enrollados como un muelle para asegurar que el bebé pueda moverse fácilmente en el saco amniótico y están cubiertos por una gruesa membrana protectora.

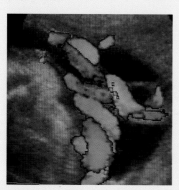

Una ecografía Doppler del cordón umbilical muestra cómo fluye la sangre

UNA RED DE ÁRBOLES

Comprenderás mejor lo que es la placenta si imaginas una red de árboles compuesta de unos 200 troncos divididos en ramas grandes, medianas y pequeñas que están cubiertas por una extensa red de vellosidad coriónica, la mayor parte de la cual flota en un lago de sangre maternal llamado espacio intervelloso. Algunas de las ramas más largas crecen hasta el decidual basal, pero otras llegan aún más lejos penetrando las capas más profundas de la pared uterina para acceder a los vasos sanguíneos maternales.

EL SISTEMA DE SUBSISTENCIA DE LA VIDA

La extensa red de vellosidades coriónicas está bañada de sangre materna dentro del espacio intervelloso. Aunque los nutrientes y los productos de desecho pueden atravesar libremente el corion, éste también actúa como barrera que protege al feto de infecciones y venenos ambientales.

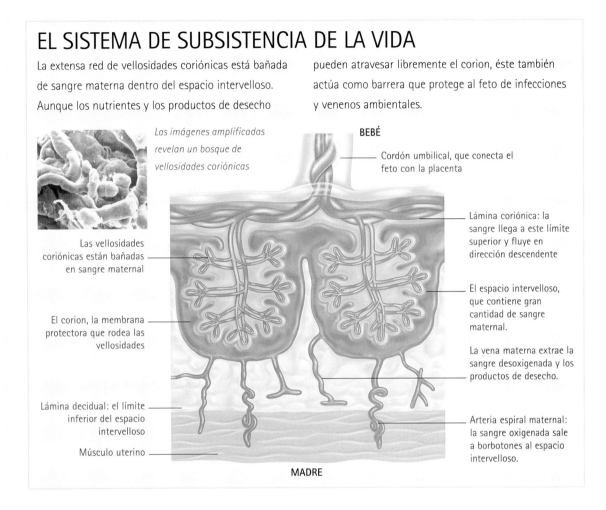

Las imágenes amplificadas revelan un bosque de vellosidades coriónicas

BEBÉ

Cordón umbilical, que conecta el feto con la placenta

Las vellosidades coriónicas están bañadas en sangre maternal

El corion, la membrana protectora que rodea las vellosidades

Lámina decidual: el límite inferior del espacio intervelloso

Músculo uterino

Lámina coriónica: la sangre llega a este límite superior y fluye en dirección descendente

El espacio intervelloso, que contiene gran cantidad de sangre maternal.

La vena materna extrae la sangre desoxigenada y los productos de desecho.

Arteria espiral maternal: la sangre oxigenada sale a borbotones al espacio intervelloso.

MADRE

TRANSFERENCIA DE OXÍGENO Y NUTRIENTES

Con cada latido de tu corazón, la sangre de las arterias que se encuentran en el límite inferior del espacio intervelloso sale a borbotones al espacio intervelloso. Esta sangre llega al límite superior y entonces fluye en dirección descendente bañando las vellosidades coriónicas, antes de escurrirse por las venas de la lámina decidual. La gran cantidad de vasos sanguíneos de las vellosidades coriónicas y el flujo relativamente lento de tu sangre por el espacio intervelloso ofrece una gran oportunidad para que el oxígeno y los nutrientes pasen a la circulación fetal. Al mismo tiempo, el dióxido de carbono y otros productos de desecho del feto son transferidos al espacio intervelloso y eliminados con tu sangre.

CIRCULACIONES INDEPENDIENTES

Las circulaciones materna y fetal están completamente separadas y nunca se mezclan. Las separa una fina membrana, que protege al feto de las infecciones y algunas sustancias dañinas como los pesticidas y el alcohol entre otras sustancias. Es más, cualquier sangrado que se produzca en el embarazo siempre surge de la sangre maternal, no de la circulación fetal, que permanece protegida aunque la placenta sufra algún daño.

LOS CAMBIOS EN TU CUERPO

AL FINAL DE ESTE TRIMESTRE TU CINTURA PROBABLEMENTE SE HABRÁ ENSANCHADO LIGERAMENTE Y HABRÁS GANADO ALGO DE PESO. TAMBIÉN TU VIENTRE COMENZARÁ A CRECER, AUNQUE ES MÁS PROBABLE QUE ESTO SE DEBA MÁS A UNOS INTESTINOS OBSTRUIDOS Y LENTOS QUE AL CRECIMIENTO DE TU BEBÉ.

"En la semana 12 tu útero será del tamaño de un pomelo grande... en la semana 14 tendrá el tamaño de un melón pequeño"

En la décima semana el tamaño de tu útero será equivalente a una naranja grande, en la semana 12 habrá alcanzado el tamaño de un pomelo grande y en la semana 14 tendrá el tamaño de un melón pequeño. En algún momento entre la semana 11 y la 14, dependiendo de tu peso corporal y del tamaño de tu pelvis, tu médico podrá sentir el útero agrandado a través de la pared abdominal justo por encima del hueso púbico, aunque si lo que esperas son gemelos o trillizos, el útero se situará antes por encima del borde pélvico. De hecho, antes de que existieran las ecografías, ésta era una de las señales de embarazo múltiple.

Tus senos habrán continuado desarrollándose bajo la influencia de la progesterona y de otras hormonas, cuya producción se ha mantenido constante durante este primer trimestre. A algunas mujeres que tenían senos pequeños les puede sorprender tener que comprar sostenes de tres o cuatro tallas más grandes en las primeras doce semanas de embarazo, pero si éste es tu caso, no te asustes, pues probablemente verás que tus senos dejan de crecer bastante pronto y que sólo crecerán un poco más en el último mes o poco antes del parto. Si tus senos ya eran abundantes antes de quedar embarazada, quizá te resulte más cómodo dormir con sostén, y si te duelen, prueba a aplicarte una crema calmante de masaje como la crema de manzanilla o caléndula en los senos y los pezones.

EL AUMENTO DE TU APORTE DE OXÍGENO

Muchas mujeres notan que en ocasiones al final del primer trimestre se quedan sin respiración, un síntoma que a veces persiste durante todo el embarazo. Los grandes cambios que se han producido en tu corazón y tus vasos sanguíneos significan que casi todos los órganos de tu cuerpo están trabajando mucho más y demandando un aumento drástico en el aporte de oxígeno. En el embarazo, tu necesidad de oxigenación aumenta en un 15-20 por ciento, del cual una mitad es destinada al útero, la placenta y el bebé y la otra mitad va dirigida a alimentar el trabajo del corazón y los riñones, aunque una parte se destina a los músculos respiratorios, los senos y la piel.

Para obtener esta cantidad adicional, tus pulmones necesitan hacer una adaptación especial para inspirar una cantidad mayor de oxígeno y espirar una cantidad mayor de dióxido de carbono con cada respiración. Esto se denomina volumen tidal, que en el embarazo aumenta en un 40 por ciento. Cuando realizas ejercicio o un esfuerzo, tu volumen tidal y tu consumo de oxígeno aumentan bastante por encima de sus niveles en ausencia de embarazo. Aunque los mecanismos exactos por los que esto se logra aún carecen de explicación, sabemos que la progesterona realiza una importante contribución, pues permite que tus pulmones hiperventilen o respiren en exceso, razón por la que tú experimentas sensaciones de ahogo.

TU POSIBLE ESTADO FÍSICO

AL FINAL DEL PRIMER TRIMESTRE PROBABLEMENTE ESTÉS RECUPERANDO TU RITMO Y TE SIENTAS MÁS COMO TÚ ERES. SIN EMBARGO, CADA EMBARAZO ES DIFERENTE Y NO HAY REGLAS ESTRICTAS QUE IMPONGAN LA FORMA EN QUE DEBERÍAS SENTIRTE.

En muchas mujeres, las náuseas y los vómitos que con tanta frecuencia imperan durante las primeras 10 semanas de embarazo comienzan a desaparecer, aunque para las menos afortunadas aún persistirán más tiempo. Nadie puede predecir con exactitud cómo será un embarazo. Sin embargo, a medida que las náuseas mejoran empezarás a comer con normalidad de nuevo, un cambio que agradecerás si has estado preocupada por los pocos nutrientes que tú y tu bebé estaban recibiendo.

Tu útero ha crecido considerablemente y como los ligamentos que lo unen a los lados de tu pelvis se han estirado, es bastante normal notar extrañas punzadas o dolor muscular. Por supuesto, si este dolor es insistente o se agrava, deberás acudir a la consulta de tu médico lo antes posible. Ahora que el útero está ascendiendo hacia la cavidad abdominal debería producirse menos presión en tu vejiga, lo que te dejará descansar de tanta visita al cuarto de baño.

Quizá todavía sufras algunos momentos de mucho cansancio, pero en general el agotamiento total tan característico de las primeras 10 semanas de embarazo comenzará a cesar y te sentirás con más energía. Sin duda, aún habrá días en que te sientas tremendamente mal, pero cada vez será menos frecuente y después de un mal día te sorprenderá la rapidez con la que logras reponerte. De hecho, en esta etapa del embarazo algunas mujeres se sienten físicamente vigorizadas, pero sea cual sea tu caso, tómate este período de transición a tu propio ritmo y procura enfrentarte a la vida de día en día.

"... después de un mal día te sorprenderá la rapidez con la que logras reponerte."

TU RESPUESTA EMOCIONAL

SI HAS ESTADO ALTERADA POR CAMBIOS DE HUMOR, AHORA QUE YA HAS TENIDO TIEMPO PARA REALIZAR ALGUNOS AJUSTES FÍSICOS Y MENTALES AL HECHO DE ESTAR EMBARAZADA ÉSTOS COMENZARÁN A DESAPARECER. AUNQUE AÚN HABRÁ MOMENTOS EN LOS QUE TE SENTIRÁS NERVIOSA O SUSCEPTIBLE.

El simple hecho de llegar al final del primer trimestre elimina una importante fuente de preocupación porque desde ahora en adelante es muy improbable que sufras un aborto o una pérdida. La realidad es que la gran mayoría de abortos se producen antes de la décima semana de gestación, y tras la semana 12 el riesgo de perder un embarazo no es mayor de un uno por ciento.

Muchas mujeres me dicen que éste fue el momento del embarazo en el que sus parejas comenzaron a asimilar la idea de convertirse en padres y de que en un futuro no muy lejano habría un bebé en casa. Y aunque su reacción no sea exactamente la que tú esperabas, es un alivio que alguien más comience a darse cuenta de lo que significa estar embarazada. Hasta ahora, probablemente hubo días en los que te resultaba difícil creerte que estabas esperando un bebé, pero desde ahora en tus pensamientos no habrá lugar a dudas, en especial después de haber acudido a la consulta del ginecólogo y haber visto a tu pequeño bebé en una ecografía por primera vez (véase p.124). Como muchas otras cosas importantes de la vida, enfrentarse a la certidumbre es mucho más sencillo que enfrentarse a la incertidumbre.

Algunas mujeres son capaces de relacionarse con su bebé desde una etapa muy temprana del embarazo, mientras que a otras les resulta prácticamente imposible hacerlo hasta mucho después, en especial cuando se trata del primer embarazo. Quisiera aclarar que no hay nada de extraño en el hecho de hablar con tu bebé y, en general, incluir a esta nueva persona en tu vida diaria si eso te hace sentir bien. Tampoco es extraño no ser capaz de imaginar que el pequeño feto que está creciendo dentro de ti vaya a convertirse en un verdadero ser humano. Lo que hagas y cómo te sientas no es de ninguna forma un indicativo de lo buena o mala madre que vayas a ser; simplemente, es otra muestra de lo diferentes que somos los seres humanos.

"... éste puede ser el momento en el que tu pareja comience a asimilar la idea de convertirse en padre."

CÓMO COMUNICAR LA NOTICIA

Ahora que ya estás más segura de tu embarazo y sin duda convencida de que todo el que te rodea debe de haber empezado a notar que la forma de tu cuerpo está cambiando, probablemente decidas anunciar que estás embarazada. Compartir esta noticia con amigos y familiares suele ser motivo de celebración, aunque inevitablemente habrá al menos una persona para quien el asunto de un embarazo se haga difícil. Sólo tú puedes saber a quién decírselo y cómo manejar la situación, pero merece la pena recordar que siempre habrá alguien que se sienta apartado o disgustado por tus noticias.

Éste es un aspecto por el que debemos referirnos al apartado sobre los derechos por maternidad (véase p.58-63) porque es un asunto en el que tendrás que comenzar a pensar tarde o temprano, ya que deberás conocer bien tus derechos laborales antes de comunicar la noticia a tu jefe o jefe de personal.

UNA NOTICIA EMOCIONANTE *La mayoría de las mujeres comienzan a sentirse más seguras de su embarazo a medida que se acerca el final del primer trimestre y ya se sienten preparadas para comunicar la noticia*

EL CUIDADO PRENATAL

TU PRIMERA CONSULTA PRENATAL TENDRÁ LUGAR PROBABLEMENTE DURANTE LAS PRÓXIMAS SEMANAS. EL PROPÓSITO DE ESTA VISITA ES IDENTIFICAR LOS PROBLEMAS POTENCIALES Y CREAR UN HISTORIAL MÉDICO PERSONAL PRENATAL EN EL QUE APAREZCA DETALLADO TODO TU HISTORIAL MÉDICO ANTERIOR Y ACTUAL.

Deberás reservar un par de horas en las que se te hará un gran número de preguntas específicas sobre tu salud en general y tu historial médico y ginecológico previo con las que se elaborará tu historial médico. Esta visita ofrece una oportunidad para hablar sobre los cuidados prenatales con las matronas y médicos y concertar citas para realizar todas las prueba que desees (véase p.134-43). La mayoría de los profesionales del cuidado prenatal sugieren que la madre lleve consigo la documentación médica durante todo el embarazo para tenerla a mano donde y cuando sea necesario recibir asistencia de un médico o una partera. Para la mayoría de las mujeres embarazadas, estos documentos serán la constatación de que su embarazo tiene pocos riesgos de sufrir complicaciones y de que pueden estar tranquilas, pues tendrán un embarazo libre de riesgos.

Durante la consulta, es muy importante que estudies con los profesionales de tu unidad de maternidad cada aspecto de tu historial médico y tus circunstancias sociales, así que procura responder a estas preguntas de la forma más abierta y completa posible.

LOS EMBARAZOS ANTERIORES

Tu historial obstétrico (si lo tienes) es importante porque el resultado de embarazos anteriores y cualquier problema que pudieras haber tenido ayudará a los profesionales a decidir si tu actual embarazo debe catalogarse como embarazo de bajo o de alto riesgo, lo que ayudará a determinar el tipo de cuidado prenatal que recibirás. Por cada embarazo anterior se te preguntará el tiempo de gestación en semanas y el momento del parto, el peso del bebé, si el parto fue espontáneo o inducido, el método de parto y si se produjo alguna complicación prenatal durante el parto o después del mismo. Si tu embarazo anterior fue complicado y fuiste atendida en otro hospital, tu partera y tu médico pueden solicitar al hospital implicado un resumen detallado de tu historial.

Algunas mujeres se sienten muy sensibilizadas por haber interrumpido un embarazo anterior y preferirían que esta información no apareciera en los

PREGUNTAS SOBRE TU CONSULTA PRENATAL

La lista que aparece a continuación debería dar una idea de la clase de información que los profesionales de la unidad de maternidad deberían saber.

▶ **¿Cuál fue la fecha de tu último período?** Tu fecha probable de parto (FPP) se calculará en función de esta fecha (véase p.79), así que procura averiguarla antes de la consulta.

▶ **¿Has tenido problemas para quedar embarazada y, si así fue, cómo se logró este embarazo?** Los tratamientos de fecundidad asistida como la FIV aumentan la probabilidad de tener un embarazo múltiple, que precisará cuidados especiales.

▶ **¿Has tenido algún problema en este embarazo hasta la fecha?** Esto incluye aspectos importantes como pérdidas de sangre, dolor abdominal y problemas menos relevantes como el flujo vaginal. Tu matrona se encargará de que se te realicen las pruebas y los tratamientos pertinentes.

▶ **¿Fumas o consumes drogas?** Si aún no has conseguido dejarlos, ésta es una buena oportunidad para pedir ayuda.

▶ **¿Tienes alguna enfermedad?** Si tienes una enfermedad como diabetes, asma, hipertensión, trombosis (coágulos de sangre), o una enfermedad renal o cardiaca, puede que durante tu embarazo necesites ver a un especialista ya que puede que deba cambiarse la dosis de medicación que tomes.

▶ **¿Estás tomando algún medicamento?** Asegúrate de indicar todas las medicinas y preparados que estés tomando, ya hayan sido recetados o no, o si son remedios complementarios.

▶ **¿Tienes alguna alergia?** Es importante anotar cualquier alergia como la fiebre del heno, el asma y cualquier respuesta alérgica que puedas tener a medicamentos, alimentos, esparadrapos o yodo.

▶ **¿Alguna vez has padecido alguna enfermedad psiquiátrica?** Es importante que indiques cualquier problema que puedas haber tenido en el pasado para que los profesionales puedan ayudar a reducir al máximo los problemas en un futuro. Por ejemplo, es fácil que la depresión postparto vuelva a producirse, pero podrá tratarse de forma efectiva si se diagnostica rápidamente, y la mejor forma de

documentos que tienen en su poder, que, en teoría, podrían ser leídos por cualquier otra persona. También puedes tener la misma sensación si para lograr este embarazo te has sometido a un tratamiento de fertilidad asistida. Comprendo estos sentimientos, pero es necesario que abordes cada detalle de tu historial en esta consulta con el fin de asegurar que se pueda identificar y prevenir cualquier complicación. No obstante, puedes pedir que esta información no figure en tu documentación y la matrona aceptará gustosamente tu petición.

TU PRIMER EXAMEN FÍSICO

Lo exhaustivo que sea el examen físico que se te realice en tu consulta prenatal diferirá entre los hospitales y las consultas locales. Cuando yo era médico residente de obstetricia, un médico realizaba de forma rutinaria un examen físico completo junto con una exploración pélvica y vaginal, así como una

hacerlo es identificando a aquellas mujeres en riesgo antes de que ésta se manifieste.

▶ **¿Has sido sometida a alguna operación abdominal o pélvica?** Las intervenciones quirúrgicas anteriores pueden determinar la forma en que vas a dar a luz a tu hijo. Si has sufrido, por ejemplo, una operación para eliminar un fibroma del útero, se puede optar por una cesárea. Por otro lado, un parto vaginal puede ser mejor opción si se tienen lesiones o incluso una cicatriz como resultado de una operación gastrointestinal o de vejiga. Informa siempre sobre tus operaciones pasadas.

▶ **¿Has recibido alguna transfusión de sangre?** Una transfusión de sangre puede alertar a tus médicos ante la posibilidad de que hayas desarrollado anticuerpos atípicos en la sangre o una infección que se transmita por sangre como la hepatitis o el VIH. Éstas son complicaciones muy improbables porque el servicio de transfusiones se considera muy seguro. Sin embargo, puede no ser tu caso.

▶ **¿Tienes antecedentes de infecciones, en especial una enfermedad de transmisión sexual?** Se te realizará un análisis para comprobar tu inmunidad a la rubeola y una posible infección como la sífilis. Si vives en una zona de riesgo quizá también se te realice un análisis de hepatitis B, hepatitis C y de la infección por VIH. Te recomiendo fervientemente que aportes toda la información sobre tus posibles exposiciones a infecciones y

que te sometas a todo análisis que se te sugiera. Las consecuencias de estos análisis se analizarán más adelante en este apartado. En el caso de las mujeres embarazadas, la ignorancia no es una justificación porque este conocimiento les dará a ti y a tu hijo una oportunidad para reducir el daño que una infección puede causar.

▶ **¿Tienes antecedentes familiares de gemelos, diabetes, hipertensión, trombosis, tuberculosis, anomalías congénitas o trastornos sanguíneos?** Que en tu familia haya uno o más casos como éstos no significa necesariamente que vayas a sufrirlos durante tu embarazo, pero sí advierte a tus médicos que deben vigilar los signos que indiquen un problema potencial.

citología cervical, en el momento en que la enfermera tomaba los datos para hacer el registro. Hoy en día los exámenes físicos tienden a ser mucho menos molestos en parte porque las mujeres embarazadas por lo general están en forma y sanas, pero también porque somos conscientes de que los profesionales del cuidado prenatal no son médicos generales, y los problemas médicos específicos se abordan mejor si se acude a un especialista. Algunas clínicas realizan de forma habitual un examen cardiológico y pulmonar, pero no suelen aportar mucha información si quien lo lleva a cabo no es un médico especialista.

Si nunca has tenido un problema médico y éste es tu primer embarazo, el examen físico probablemente se limitará a la medición de tu altura, peso y tensión arterial, así como al análisis de tus manos, piernas y abdomen.

LA CONSULTA *Ser franca acerca de otro embarazo anterior y tu historial médico ayudará a tus médicos a determinar tu cuidado prenatal*

La altura

Si mides menos de 1,50m, a tu partera le puede preocupar que tu pelvis sea también más pequeña que la media y que esto pueda dar lugar a problemas en el momento del parto. Por la misma razón, en tu documentación también se anota tu número de calzado. Sin embargo, en realidad tu altura y tu talla de pie no son medidas fiables de la capacidad de tu pelvis y tu capacidad para dar a luz no puede ser juzgada con fiabilidad hasta que te encuentres de parto. Por eso pienso que preocuparse por la altura en este punto del embarazo no sirve de nada. He visto muchas mujeres bajas que dan a luz bebés grandes y he visto también cómo bebés pequeños tenían problemas para salir de la pelvis grande de una mujer alta.

El peso

Indicar el peso en el historial médico es muy importante porque es más probable que tengas problemas en el embarazo y en el parto si presentas un exceso o un defecto de peso significativo (véase p.41). En todas las consultas que realices, ya sea con el ginecólogo o con la partera, se medirá tu peso, pues se cree que ganar demasiado o poco peso en el embarazo podría indicar que los bebés pueden tener complicaciones. Si comienzas tu embarazo con un sobrepeso importante, tienes diabetes o diabetes gestacional, tus médicos controlarán tu peso y probablemente te sugieran que sigas una dieta alimentaria con control de calorías.

POR QUÉ PUEDES NECESITAR UN CUIDADO ESPECIAL

Indicadores de que necesitas cuidados prenatales especializados:

▶ Parto prematuro (antes de la semana 37)

▶ Abortos recurrentes

▶ Hijo con anomalías congénitas

▶ Preeclampsia o hipertensión en un embarazo anterior

▶ Diabetes o diabetes gestacional

▶ Trombosis previa (coágulo de sangre)

▶ Parto anterior de un bebé con un peso mayor de 4kg o menor de 2,5 kg

▶ Embarazo de gemelos idénticos

Indicadores de que necesitas ayuda en el parto:

▶ Cesárea anterior

▶ Un parto anterior prolongado y parto instrumental (fórceps o ventosa)

▶ Inducción fallida al parto anterior

▶ Parto previo de un bebé con un peso mayor de 4kg o menor de 2,5 kg

▶ Sangrado excesivo tras un parto (hemorragia postparto)

▶ Problemas con una anestesia

▶ Problemas urinarios o intestinales

▶ Embarazo de gemelos

"... en realidad tu altura y tu talla de pie no son medidas fiables de la capacidad de tu pelvis..."

Las piernas y las manos

La apariencia de tus piernas y manos puede ser otra medición de base útil por ello algunas matronas y médicos mantienen un control regular de los mismos durante el embarazo. El color y el estado de las uñas es un factor útil a la hora de valorar la situación general de tu salud porque pueden reflejar tu dieta y si padeces anemia. Es normal que las mujeres embarazadas presenten arañas vasculares (pequeñas venas rotas con aspecto de araña) y un enrojecimiento de las palmas de las manos y las plantas de los pies, pero la aparición repentina de montones de venas rotas o zonas dolorosas sugiere que se necesitará realizar análisis, incluyendo pruebas de coagulación de la sangre.

La otra señal que se buscará es la inflamación de tus dedos, pies, tobillos y pantorrillas, que puede indicar problemas de retención de líquidos. Al final del embarazo, es normal que se produzca cierta inflamación de estas zonas, en especial al término de un día ajetreado, pero una inflamación repentina o progresiva debe examinarse seriamente porque puede sugerir que tengas riesgo de desarrollar preeclampsia (véase p.425).

El abdomen

Tu matrona o tu médico examinará el tamaño de tu útero y, si tienes cicatrices, el lugar exacto donde se encuentran. Proporciónales todos los detalles que puedas sobre operaciones abdominales o pélvicas previas ya que pueden influir

"Tu presión arterial será revisada en todas las consultas."

en las decisiones que se tomen sobre la mejor forma de dar a luz a tu hijo. Por ejemplo, una operación de apendicitis pudo haber sido una intervención sencilla que te dejó una pequeña cicatriz en el lado derecho, pero si tu apéndice se perforó y desarrollaste una peritonitis, quizá se te practicó una operación abdominal seria de urgencia con el resultado de una cicatriz que se extiende por todo tu abdomen y densas adherencias en tu cavidad abdominal. Por razones similares, que la cicatriz sea lisa, fruncida o tensa con respecto a los tejidos subyacentes también es una información válida, al igual que los detalles sobre cualquier complicación postoperatoria como la infección de una herida.

Más adelante en el embarazo, la aparición de unas marcas de estiramiento o estrías en el abdomen es perfectamente normal. Sin embargo, si adviertes marcas de estiramiento amoratadas puede ser indicio de que estás bajo medicación con esteroides o de que tienes un problema hormonal.

Exámenes vaginales y pélvicos

Los exámenes vaginales rutinarios que se realizan en las consultas prenatales ya no se consideran necesarios, pero si tienes una pérdida o has sangrado, tu partera podría examinar tu cuello uterino, tomar una muestra para identificar cualquier infección y, a veces, hacer una citología cervical que se analizará.

Ahora ya se reconoce que intentar juzgar la capacidad de tu pelvis en esta etapa del embarazo en realidad no contribuye demasiado a la planificación de tu cuidado prenatal. Sin embargo, hay situaciones en las que puede ser adecuado que se te realice un examen, por ejemplo, si has sido previamente sometida a una cesárea porque no lograste seguir adelante con el parto debido a que la espina isquiática de tu pelvis es demasiado prominente o porque tu arco púbico es demasiado estrecho para dejar que el bebé pase por él.

Los senos

El examen de los senos debería realizarse de forma rutinaria en todas las consultas. Por suerte, el cáncer de mama no es habitual en mujeres menores de 40 años, aunque cuando aparece en una mujer más joven el tumor suele ser estrógeno dependiente, lo que significa que el embarazo puede acelerar mucho tanto el crecimiento local como la dispersión de las células anómalas. Puede que las matronas y los obstetras no sean los mejores profesionales para identificar cada bulto sospechoso que aparece en el pecho, pero probablemente sea mejor que identifiquen alguno a no identificar nada, ya que el diagnóstico precoz y el tratamiento en estas mujeres puede mejorar en gran medida el futuro pronóstico.

ANÁLISIS DE ORINA

En la primera consulta y en todas las consultas prenatales siguientes se te pedirá que entregues una muestra de orina que se analizará en el mismo momento con unas tiras reactivas especialmente diseñadas para identificar el azúcar, las proteínas y los cuerpos cetónicos (productos químicos producidos cuando la grasa se metaboliza) presentes en tu orina. Normalmente, nuestros riñones filtran todo el azúcar y las proteínas de nuestra orina. Sin embargo, durante el embarazo el aumento del riego sanguíneo implica una sobrecarga para los riñones de una mujer y como resultado su orina contiene una pequeña cantidad de azúcar o proteína que es necesario analizar con más detenimiento. Los cuerpos cetónicos suelen encontrarse en la orina de las personas diabéticas, pero en las mujeres embarazadas sanas pueden encontrarse también si su metabolismo está alterado.

Glucosuria: azúcar en la orina

Aunque hasta la mitad de las embarazadas tienen azúcar en la orina en alguna ocasión durante el segundo o el tercer trimestre, tener el azúcar en la orina en la primera consulta o niveles persistentes en visitas prenatales posteriores son fuente de preocupación porque sugieren que puedes estar desarrollando diabetes

EL CONTROL DE LA PRESIÓN ARTERIAL

Medir y hacer un seguimiento de la sangre en esta primera consulta es importante porque esta medición se utilizará como punto de referencia con el que se compararán las lecturas posteriores durante el embarazo. Tu presión arterial se medirá en toda consulta prenatal al margen del lugar donde ésta se produzca.

▶ **Una lectura de unos 120/70mm Hg** es normal para casi todas las mujeres. La primera cifra (120) indica la presión sanguínea sistólica, que es la presión en los vasos sanguíneos principales cuando tu corazón bombea la sangre. La segunda cifra

(70) es la presión sanguínea diastólica, la presión de las arterias cuando el corazón está en reposo. Tanto la lectura sistólica como la diastólica son importantes, pero si tienes una presión sanguínea diastólica de 90 o mayor, quizá necesites un reconocimiento por parte de un equipo especializado.

▶ **Un aumento persistente de 20** en cualquiera de los dos puntos de referencia suele ser motivo de preocupación porque sugiere que tienes riesgo de sufrir complicaciones como preeclampsia (véase p.425). Por supuesto, las presiones arteriales

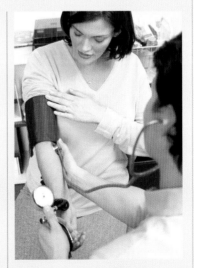

varían mucho entre mujeres embarazadas, así que estas cifras deben considerarse generalizadamente.

ANÁLISIS DE ORINA *Se utiliza una tira reactiva para detectar el azúcar en la orina. Su punta, tratada químicamente, cambia de color en función de la cantidad de glucosa presente*

gestacional, una condición que afecta aproximadamente al cinco por ciento de las mujeres embarazadas (véase p.426). Si se te diagnostica glucosuria en la primera visita, el primer consejo que recibirás será limitar la ingesta de dulces. Si en tu siguiente visita tu orina contiene azúcar, probablemente deberás someterte a un análisis de tolerancia a la glucosa para determinar si la causa es una diabetes gestacional o si simplemente has comido demasiados alimentos ricos en azúcar justo antes de realizar el análisis de orina.

Proteinuria: proteínas en la orina

Existen varias causas importantes de proteinuria en el embarazo, por lo que tu médico o tu matrona querrán realizarte un reconocimiento exhaustivo en el momento en que ésta sea detectada. Si se demuestra que tienes proteínas en la orina, deberás recoger una muestra limpia de la porción media de la micción, para lo que dispondrás de una toallita limpiadora para eliminar todo organismo de tu vulva y un recipiente esterilizado. Tras limpiar la vulva deberás desechar la primera porción de la orina y recoger la porción media en el recipiente para enviarla a analizar al laboratorio.

La causa más frecuente de proteinuria es una infección en los riñones o en el tracto urinario. En el embarazo eres más propensa a esas infecciones porque los conductos que conectan tus riñones con tu vejiga y ésta con la uretra se relajan bajo el efecto de las hormonas del embarazo, lo que facilita a los organismos infecciosos acceder a tu vejiga y tus riñones. Y lo que es aún más importante, el síntoma habitual de una infección de orina (dolor o molestia al orinar, denominada cistitis) suele pasar desapercibido en el embarazo, lo que significa que puedes contraer una severa infección en los riñones (pielonefritis) sin apenas darte cuenta. Se trata de un problema bastante grave porque las infecciones suelen hacer que el útero esté irritable, y si no se trata puede provocar un aborto o un parto prematuro. Es más, infecciones de orina repetidas pueden causar una pielonefritis crónica permanente en los riñones. Si se diagnostica una infección, se te recetará un tratamiento antibiótico apropiado y una vez terminado, aproximadamente una semana después, se realizará otro análisis para asegurar que la infección ha desaparecido. La mayoría de las clínicas prenatales recomiendan que se realice una prueba de orina rutinaria como parte de la consulta habitual.

Algo más infrecuente es que las proteínas en la orina sean señal de que padeces una enfermedad renal subyacente, en cuyo caso probablemente se te asignará al cuidado de un médico nefrólogo. Sin embargo, a veces una enfermedad renal subyacente se identifica por primera vez durante un análisis de orina rutinario en el embarazo. Con el embarazo más avanzado, la proteinuria es una de las señales más importantes de preeclampsia (véase p.425), pero si en esta etapa tan temprana tienes proteínas en la orina que no sean consecuencia de una infección o de antecedentes de problemas renales, tu matrona y médico estarán alerta por el hecho de que tu embarazo será de alto riesgo y de que más adelante podrías desarrollar preeclampsia u otras complicaciones.

TU PRIMERA ECOGRAFÍA

La mayoría de las maternidades, ahora ofrecen a las mujeres una ecografía que se realiza alrededor de la semana 12 (véase la página siguiente) para medir el tamaño del bebé. También entre las semanas 11 y 16 se realizará una ecografía para la medición de la traslucencia nucal (véase p.136) y detectar precozmente el síndrome de Down.

Si estás embarazada de gemelos, una ecografía en la semana 12 o antes identificará el tipo de gemelos que tendrás (véase p.125), un detalle que es importante determinar de forma precoz porque tendrá consecuencias en tu cuidado prenatal ya que los gemelos idénticos tienen más riesgo de sufrir anomalías congénitas y complicaciones como crecimiento intrauterino retardado (CIR) y por lo tanto precisarán cuidados especializados. De hecho, el 70 por ciento tiene problemas severos y sólo el 30 por ciento no sufre complicaciones. Si estás embarazada de gemelos no idénticos los cuidados prenatales normales suelen ser lo único que se necesita, aunque es probable que des a luz antes debido al tamaño y el peso extra de los bebés dentro de tu útero.

Todas las mujeres pueden realizarse una ecografía en las semanas 18-20, la que se suele conocer con un nombre tan alarmante como el de ecografía de las anomalías fetales (véase p.173-6). En esta etapa se puede obtener una imagen clara del desarrollo de los órganos y de los sistemas corporales del bebé, y la mayor parte de las anomalías estructurales se detectan en esta ecografía.

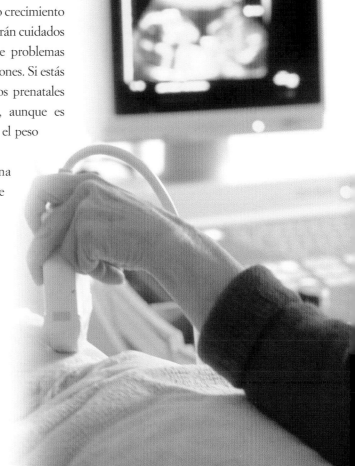

ECOGRAFÍAS *Una ecografía temprana es un punto de referencia para determinar la etapa exacta de tu embarazo*

LA EDAD GESTACIONAL EN UNA ECOGRAFÍA

LA ECOGRAFÍA QUE SE REALIZA EN LA SEMANA 12 MIDE EL TAMAÑO DEL FETO PARA QUE SE

PUEDA ORGANIZAR EL CUIDADO PRENATAL EN FUNCIÓN DE LA EDAD GESTACIONAL DE TU BEBÉ.

CUANTO ANTES SE REALICE LA ECOGRAFÍA, MÁS PRECISO SERÁ EL CÁLCULO DE LA EDAD.

CÓMO SE UTILIZAN *

▶ **5-8 semanas** La ecografía que calcula la viabilidad del embarazo muestra el saco en el útero. Tras 6 semanas el polo fetal y el latido cardiaco pueden detectarse.

▶ **11-14 semanas** Ecografía de la traslucencia nucal para detectar el síndrome de Down.

▶ **12-14 semanas** La ecografía confirma el crecimiento, el latido y la formación del cerebro.

▶ **20 semanas** Busca anomalías cardiacas, renales, en la vejiga, en la columna vertebral, el cerebro y las extremidades; comprueba el crecimiento de cabeza, cuerpo y miembros; comprueba la posición de la placenta.

▶ **30 semanas en adelante** Las ecografías muestran problemas placentarios, retraso del crecimiento intrauterino y el volumen de líquido amniótico.

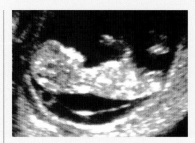

ECOGRAFÍA EN LA SEMANA 10 *Los brazos y manos fetales se están desarrollando.*

▶ **Las ecografías de ultrasonidos,** funcionan emitiendo ondas de sonido de alta frecuencia que son enviadas a través del cuerpo de una mujer embarazada por medio de un transductor. Los tejidos sólidos del feto reflejan estas ondas de sonido, que vuelven en forma de imagen a una pantalla de ordenador. No se produce ninguna radiación, sólo ondas de sonido.

▶ **Durante la hora previa a la ecografía abdominal** deberás beber una gran cantidad de agua y evitar vaciar tu vejiga. Puede ser algo incómodo, pero hay una buena razón para ello. Cuando tu vejiga está llena, las ondas de ultrasonidos se reflejan por medio de esta ventana llena de agua que se encuentra inmediatamente sobre el útero, produciendo imágenes mucho más claras.

Después de acostarte en la camilla, se te aplicará un gel lubricante sobre la parte inferior del abdomen para asegurar el contacto óptimo con el transductor. El ecografista, mueve el transductor suavemente hacia delante y hacia atrás para producir imágenes de ultrasonido en una pantalla de ordenador.

▶ **Para realizar una ecografía transvaginal** se introduce en la vagina una sonda tubular. No suele ser necesario que tu vejiga esté llena porque la sonda se acerca a tu útero lo suficiente como para producir imágenes claras. A muchas mujeres les preocupa que una ecografía transvaginal pueda ser dolorosa o pueda perjudicar al embarazo, pero eso no es cierto. Si después sufres un sangrado vaginal, no está causado por la sonda vaginal.

▶ **Los parámetros de medición** tomados en la ecografía de la semana 12 son la longitud céfalo-nalgas (LCN), y el diámetro biparietal

(DBP), del bebé. El tamaño de los miembros no puede calcularse con exactitud mientras el bebé permanezca sentado en una postura curvada, así que la longitud del fémur (LF) no se empleará para calcular el tamaño fetal hasta la mitad del segundo trimestre.

El latido cardíaco de tu bebé también se monitorizará, una imagen extraordinaria ya que late con rapidez y mucha fuerza. Si tus cálculos de la fecha no coinciden con las medidas puede deberse a que no la has calculado correctamente o que hay un problema en el embarazo, así que deberás volver a realizarte otra ecografía más adelante para asegurar que todo progresa adecuadamente.

▶ **Los embarazos gemelares** suelen diagnosticarse en la ecografía de la semana 12, aunque podrían detectarse incluso en la semana 6 ya que suele verse claramente si hay dos sacos gestacionales en el útero. En la semana 12 el ecografista podrá detectar si vas a tener gemelos idénticos (monocoriónicos) o no idénticos (dicoriónicos) examinando el grosor de las membranas que separan los dos sacos amnióticos en el útero. Si las cavidades están separadas sólo por dos finas capas de amnios (la capa interna del saco), los gemelos serán idénticos, pero si hay una membrana más gruesa compuesta por dos capas de amnios y dos capas de corion (la capa externa del saco) que separa los gemelos, éstos no serán idénticos.

LA ECOGRAFÍA DE LA SEMANA 12

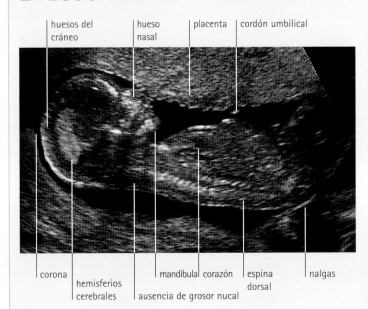

huesos del cráneo | hueso nasal | placenta | cordón umbilical

corona | hemisferios cerebrales | mandíbula | ausencia de grosor nucal | corazón | espina dorsal | nalgas

INTERPRETACIÓN DE UNA ECOGRAFÍA *Los tejidos densos como los huesos aparecen en color blanco, mientras que las áreas repletas de líquido aparecen en negro. En la semana 12, este feto tiene unos huesos del cráneo bien formados y una espina dorsal claramente definida. El corazón puede verse como una pequeña zona densa en la mitad del pecho que late en la pantalla.*

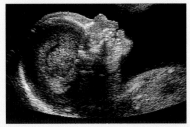

DE PERFIL *Los hemisferios cerebrales pueden verse claramente y el marcado perfil muestra que el hueso nasal ya se ha formado.*

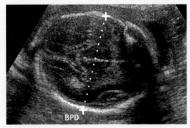

DIÁMETRO BIPARIETAL *Ésta es una de las mediciones de referencia trazada en un gráfico para controlar el crecimiento fetal.*

ANÁLISIS DE SANGRE *En la consulta prenatal es frecuente que se te extraigan muestras de sangre para realizar varios análisis*

ANÁLISIS DE SANGRE

En tu consulta se te realizará una serie de análisis de sangre, algunos como prueba rutinaria para todas las mujeres embarazadas y otros adicionales que dependerán de tu historial médico y ginecológico.

Tu grupo sanguíneo

Éste pertenecerá a uno de los cuatro tipos que podemos encontrar en los humanos: A, B, AB u O. El más habitual es el tipo O, seguido de los tipos A y B, mientras que el más infrecuente es el AB. En cada una de estas combinaciones, el individuo o bien tiene un factor Rhesus positivo o negativo, siendo el tipo más común el Rhesus positivo. El factor Rhesus es especialmente importante en el embarazo porque una madre con un factor Rh negativo que da a luz un bebé con Rh positivo puede aportar anticuerpos perjudiciales a la sangre del bebé (véase p.128 y p.424).

Es muy importante determinar tu grupo sanguíneo en un estadio temprano del embarazo, pues este período es uno de los pocos momentos de tu vida en el que tienes un riesgo mayor de sufrir un sangrado catastrófico que precise una transfusión de sangre, de manera que es vital conocer tu grupo sanguíneo, que deberá figurar en tu historial médico y estar disponible a cualquier hora del día o la noche. Hasta hace muy poco tiempo la principal causa de mortalidad maternal en el mundo occidental eran las hemorragias o pérdidas de sangre. Por supuesto, la mayoría de las mujeres no experimentan ningún sangrado en el embarazo y no tienen necesidad de una transfusión de sangre, pero en el caso de las pocas que sí lo necesitan, el conocimiento de su grupo sanguíneo puede ahorrar un tiempo precioso al personal de laboratorio que está intentando encontrar una muestra de sangre almacenada compatible con el grupo de la mujer embarazada. Ésta es la razón por la que siempre que seas ingresada en una maternidad aquejada de un problema que podría precisar una transfusión de sangre, se te extraerá una muestra de la tuya.

El nivel de hemoglobina y el hemograma

El nivel de hemoglobina de tu sangre es la medición del pigmento que predomina en los glóbulos rojos cuya función es el transporte de oxígeno. El nivel normal para las mujeres se encuentra entre 10,5 y 15,0 gramos por litro de sangre. Si el nivel se encuentra por debajo, significa que eres anémica, por lo que se indicará que tomes alimentos con un alto contenido de hierro (véase p.47) y quizá también se te recete un complemento de hierro. La anemia (véase p.423) puede hacer que te sientas muy cansada e incluso puede ser origen de problemas como un sangrado excesivo en el momento del parto.

El hemograma también analiza el número de glóbulos rojos, glóbulos blancos y plaquetas para proporcionar más información sobre tu estado de salud general.

La inmunidad a la rubeola

Toda mujer embarazada debe ser analizada para comprobar si es inmune a la rubeola. Ya hemos visto el daño que puede causar al feto una primera infección con rubeola al comienzo del embarazo (véase p.32 y p.411). Si en la consulta se averigua que no eres inmune, se te darán indicaciones acerca de la mejor forma de evitar la exposición a la infección durante el embarazo y, una vez que el niño haya nacido, serás vacunada. Igualmente, a algunas mujeres se les realizarán análisis de la toxoplasmosis (véase p.412), análisis por una exposición reciente a la varicela (véase p.411) y a otras infecciones menos habituales como la hepatitis (véase p.129 y p.117) y el Virus de Inmunodeficiencia Humana (VIH véase p.130 y p.414).

Enfermedades de transmisión sexual

Las mujeres embarazadas suelen ser sometidas a un análisis de infección por sífilis (véase p.413) y puestas bajo tratamiento con penicilina en el caso de estar infectadas. Debido a que en la actualidad la sífilis es bastante infrecuente, algunos médicos han sugerido que estos análisis deberían realizarse de forma discontinua para destinar los recursos a la investigación de otras infecciones. Sin embargo, es importante recordar que una infección por sífilis no detectada durante el embarazo puede ser la causa de graves problemas congénitos y de desarrollo en el bebé. Además, como el tratamiento contra la sífilis es tan rápido y sencillo, creo que deberíamos continuar con su análisis durante el embarazo. Por desgracia, la incidencia de la sífilis está aumentando en Europa del Este, Rusia y África, así que si has vivido en alguno de esos países y ahora estás recibiendo atención prenatal, es muy importante que se te realice un análisis para evitarles daños a ti y a tu bebé.

Las infecciones por clamidia y gonorrea (véase p.413), otras dos enfermedades de transmisión sexual, suelen causar más problemas relacionados con la infertilidad. Sin embargo, la infección por clamidia también es causante de graves infecciones oculares en los recién nacidos, así que si crees que te encuentras en el grupo de riesgo, indícaselo a tu partera y médico.

LOS EMBARAZOS RHESUS NEGATIVOS

▶ **Si tu grupo sanguíneo es Rhesus negativo** podrían surgir problemas en el embarazo si tu bebé hereda el factor Rh positivo de tu pareja. Si esto sucediera, existe el riesgo de que tu sistema inmunológico produzca anticuerpos para destruir los glóbulos rojos de tu bebé, pudiendo causar anemia y sufrimiento del feto en el útero, anemia (véase p.433) e ictericia (véase p.434) tras el parto.

▶ **El factor Rhesus no suele ser un problema** en un primer embarazo, pero si quedas expuesta a la sangre de tu bebé durante el parto, puedes producir anticuerpos que podrían causar problemas en un embarazo posterior.

▶ **Si has producido anticuerpos** se te realizarán análisis de sangre cada cuatro semanas y tu bebé será minuciosamente controlado.

▶ **Aunque no hayas producido anticuerpos,** las unidades de maternidad ahora ofrecen de forma rutinaria dos inyecciones preventivas de anticuerpos anti-D que destruyen cualquier célula fetal Rh positiva y evita la producción de anticuerpos destructivos en la madre. Las inyecciones son administradas en las semanas 28 y 34 del primer embarazo, a no ser que el padre también tenga factor Rh negativo, en cuyo caso no existiría el riesgo de que la sangre del bebé fuera incompatible.

▶ **A todas las madres con factor Rh negativo** que han dado a luz a un bebé con factor Rh positivo se les administra una inyección de anticuerpos anti-D a lo largo de las 72 horas posteriores al parto. Un análisis de sangre determinará el nivel de células fetales en su circulación.

▶ **Las mujeres con factor Rh negativo** con amniocentesis (véase p.140-3), biopsia de corion (véase p.140), versión cefálica externa (véase p.271) o que durante el embarazo experimentan sangrado vaginal o trauma abdominal, reciben una inyección de anticuerpos anti-D en un plazo de 72 horas. Aquellas que sufren un aborto y requieren una evacuación quirúrgica del útero, que se someten a la interrupción del embarazo o que tienen un embarazo ectópico también reciben tratamiento con anticuerpos anti-D.

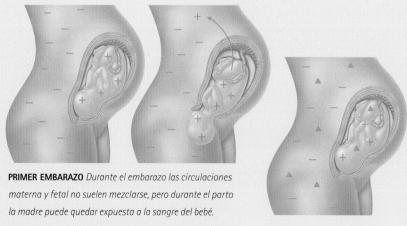

CLAVE
— sangre de la madre
+ sangre del bebé
▲ anticuerpos

PRIMER EMBARAZO *Durante el embarazo las circulaciones materna y fetal no suelen mezclarse, pero durante el parto la madre puede quedar expuesta a la sangre del bebé.*

EMBARAZO POSTERIOR *Si la madre ha producido anticuerpos contra los glóbulos rojos del bebé, en un futuro embarazo podrían surgir problemas.*

Anemia drepanocítica y talasemia

Si eres de origen africano, se realizará un análisis especial de electroforesis de tu hemoglobina para determinar si tienes anemia drepanocítica o talasemia. La hemoglobina se produce de diferentes formas en función de tus antecedentes genéticos. Estas hemoglobinas diferentes son el resultado de la diversidad evolutiva y, de forma general, algunas variedades de hemoglobina te protegen de enfermedades que podrían ser mortales. Por ejemplo, en países donde la malaria es muy común, poseer en la sangre una pequeña dosis de hemoglobina drepanocítica (el rasgo, pero no la enfermedad manifestada) significa que se tiene más posibilidad de superar la infección porque tus glóbulos rojos son más frágiles y como resultado los parásitos de la malaria tienen menos posibilidad de sobrevivir.

Si tienes anemia drepanocítica es importante determinar pronto el estado de tu pareja en cuanto a esta enfermedad, ya que existe la posibilidad de que tu hijo herede una dosis doble de este rasgo y desarrolle la enfermedad (véase p.417 y p.424). Igualmente, si transportas el rasgo Alfa-talasemia o Beta-talasemia, tu pareja también deberá realizarse un análisis, pues un bebé con talasemia avanzada (véase p.424) sufre una anemia muy grave y sobrecarga de hierro, lo que a su vez causa fallo multiorgánico

Hepatitis B y C

Estas infecciones víricas causan la enfermedad del hígado, pero no es frecuente que las mujeres contraigan esta infección por primera vez en el embarazo. Ambos tipos son bastante frecuentes si consumes drogas por vía intravenosa, llevas una vida sexual promiscua o has estado expuesta a sangre infectada. Durante el embarazo el virus de la hepatitis B no atraviesa la placenta, pero si transportas el virus tu bebé podría infectarse durante el parto. Este virus tampoco se transmite por medio de la leche materna, pero a veces los bebés contraen la infección por la sangre si los pezones de la madre tienen grietas o sangran. La mitad de los niños infectados de hepatitis B desarrollarán cirrosis o cáncer de hígado en el futuro, razón por la que es tan importante saber si tu análisis de la hepatitis B es positivo durante el embarazo. De serlo, tu bebé podrá estar protegido con un tratamiento con inmunoglobulina IgG tras el parto y ser después inmunizado con la vacuna de la hepatitis B.

La infección de hepatitis C es una importante causa de enfermedades de hígado en todo el mundo, pero rara vez se transmite al bebé durante el embarazo o el parto. Sin embargo, el riesgo aumenta en gran medida si eres portadora del VIH (véase p.130 y p.414). No se suele realizar el análisis de la hepatitis C de forma rutinaria, pero quizá se te realice si vives en una zona de riesgo.

"... es vital conocer tu grupo sanguíneo, que deberá figurar en tu historial médico y estar disponible a cualquier hora del día o la noche."

EL VIRUS DE LA INMUNODEFICIENCIA HUMANA (VIH)

MI OPINIÓN ES QUE SE DEBERÍA REALIZAR UN ANÁLISIS DEL VIH A TODA MUJER EMBARAZADA. SI EL RESULTADO ES POSITIVO, RECIBIRÁS EL MEJOR ASESORAMIENTO PARA TI Y PARA TU BEBÉ, Y SI EL RESULTADO ES NEGATIVO, LA TRANQUILIDAD SERÁ INMENSA.

El VIH es un retrovirus capaz de incorporarse al código genético, en especial de los glóbulos blancos, que son los responsables de luchar contra las infecciones. La infección de VIH (véase p.414) se ha convertido en una epidemia a escala mundial y hasta hace poco tiempo ser VIH positivo implicaba invariablemente el desarrollo del Síndrome de Inmuno Deficiencia Adquirida (sida). Sin embargo, hoy en día las personas con VIH positivo pueden recibir tratamientos antirretrovirales que les pueden proteger de la aparición del sida.

EL VIH EN EL EMBARAZO

El hecho de que las mujeres embarazadas sepan si son portadoras del VIH puede mejorar sus posibilidades de supervivencia gracias a los nuevos medicamentos disponibles, además de reducir significativamente el riesgo de que sus bebés nazcan con la infección. El parto por cesárea y abstenerse de amamantar también reducen el riesgo. Estas medidas, junto con el tratamiento antirretroviral maternal en la época perinatal reducen la posibilidad de que el niño nazca con la infección del VIH de un 20 por ciento a menos del 2 por ciento.

LA OPOSICIÓN AL ANÁLISIS

Hace algunos años intenté instaurar el análisis rutinario del VIH en la clínica prenatal del St Mary's Hospital de Londres, pero nos encontramos con una oposición considerable por parte de las pacientes, matronas y médicos a quienes les preocupaba que las consecuencias de que se averiguara la condición de VIH positivo fueran devastadoras, de modo que no se incluyó como parte del análisis prenatal.

UN CAMBIO DE ACTITUD

Debió ocurrir una serie de acontecimientos para que esta actitud cambiara. El primero fue la publicación de estudios europeos que mostraban que las medidas antes descritas podían reducir la transmisión del VIH de madre a hijo. Después llegó la introducción de la medicación antirretroviral suministrada sola o combinada, que parecía ofrecer más posibilidades de detener la progresión de VIH a sida. Lo penoso en nuestro hospital es que no fue hasta que dos bebés de seis meses fueron ingresados con una infección mortal provocada por el sida cuando los análisis prenatales de esta enfermedad comenzaron a considerarse seriamente por todas las partes implicadas.

Las madres de estos dos bebés no habían sido sometidas al análisis del VIH durante el embarazo en su hospital y tras haber sido testigos del sufrimiento de sus hijos dieron su apoyo a la introducción sistemática del análisis.

UNA ACTITUD POSITIVA

Durante los meses siguientes la realización del análisis del VIH en nuestra clínica prenatal pasó del 30 por ciento al 95 por ciento.

Gran parte del mérito de este cambio debe atribuirse a dos parteras especializadas que introdujeron este servicio, pues su actitud positiva y de apoyo fue fundamental en el cambio de la actitud de las pacientes y de sus colegas médicos y demás parteras.

Los resultados de tu análisis de sangre

Los resultados de tu análisis de sangre estarán disponibles en un plazo de dos semanas y se archivarán en tu historial. En algunos casos, la mujer embarazada recibe estos análisis para guardarlos durante el resto de la gestación. La fecha exacta de tu próxima visita dependerá del tipo de atención prenatal que hayas elegido; si la recibes en el hospital, cambiará en función de cada centro. En mi unidad solemos recibir a las mujeres alrededor de la semana 17, después de que su análisis de sangre serológico está disponible, para comunicarle los resultados y asegurar que se toman las medidas necesarias. La mujer embarazada llevará a mano la documentación, aunque se realizará una copia de todo resultado anormal importante y se archivará en el hospital en una carpeta dedicada a las pocas mujeres con embarazos de alto riesgo.

PREOCUPACIONES MÁS FRECUENTES

QUIZÁ HASTA ESTE MOMENTO NO TENGAS MUCHAS INQUIETUDES PORQUE EL RIESGO DE ABORTO ESTÁ DISMINUYENDO, HAS SOBREVIVIDO A LAS MOLESTIAS DEL PRINCIPIO Y TU EMBARAZO AÚN NO HA AVANZADO LO SUFICIENTE.

Aunque el riesgo de aborto ahora ya se ha disminuido considerablemente, todo sangrado al comienzo del embarazo siempre aumenta el temor de que se produzca un aborto, en especial si ya has sufrido alguno en el pasado o has tenido problemas en este embarazo. Si experimentas algún sangrado vaginal, consulta a tu médico y realízate una ecografía lo antes posible, aunque resulta tranquilizador que en la mayoría de los casos no ocurre nada malo y el sangrado es insignificante. Si éste es tu caso, sería conveniente que tu médico te realice un examen interno y te examine minuciosamente el cuello del útero, pues al comienzo del embarazo el torrente de hormonas puede hacer que su superficie esté frágil y sea propensa a sangrar, en especial si desarrollas una infección como los hongos. Si el estado de tu cuello uterino fuera motivo de preocupación, probablemente tu médico te realizará una citología.

VÁRICES

Aunque las várices tienden a ser más frecuentes al final del embarazo (véase p.235), algunas mujeres, en especial las que ya las tuvieron en un embarazo anterior, presentarán síntomas de picor y molestias mucho antes. Si te ocurre a ti, comienza a usar unas buenas medias de compresión cada día, pues la atención temprana a las várices en el embarazo puede reducir mucho los problemas que suelen surgir más adelante.

"Al comienzo del embarazo el torrente de hormonas puede hacer que la superficie de tu cuello uterino esté frágil y sea propensa a sangrar."

TU VIDA SEXUAL

A algunas mujeres el embarazo les aporta una mayor satisfacción sexual, pues el marcado aumento de la secreción vaginal y el aumento del riego sanguíneo hacia todos los órganos sexuales puede hacer que el sexo sea más placentero que antes. Para muchas parejas, se suma la excitación de poder tener relaciones sin protección, además de la maravillosa cercanía que se crea por el hecho de que tú y tu pareja han creado una vida juntos. Para muchos, ésta es una emoción muy poderosa que potencia su vida sexual.

Sin embargo, en el caso de muchas mujeres el sexo es el perjudicado. A pesar de todas las imágenes *sexy* de mujeres famosas embarazadas que se nos muestran en periódicos y revistas, el hecho es que muchas futuras mamás no se consideran sexualmente atractivas durante el embarazo, un sentimiento que puede surgir en el tercer mes, cuando su cuerpo empieza a cambiar. Estar embarazada puede cambiar tu propia percepción y la percepción que tu pareja tiene de ti como pareja sexual, y además hay razones físicas y emocionales por las que tu vida sexual puede cambiar o reducirse durante el embarazo. Durante los tres primeros meses una mujer puede experimentar una reducción de la libido porque se siente mareada o cansada, además sus senos le dolerán al tacto, podría tener alguna pérdida, estar preocupada por el riesgo de aborto o quizá simplemente no quiere tener relaciones sexuales. Más adelante, el ardor de estómago, la indigestión, el cansancio, su gran tamaño y la incapacidad para estar cómoda harán que mantenga relaciones con menos asiduidad y que lo encuentre menos placentero. Aunque la pérdida de la libido ocurre con mucha frecuencia, puede suponer un cambio muy fuerte para ambos miembros de la pareja.

Si te sientes preocupada por estos aspectos, es fundamental que hables con tu pareja, pues necesitarán confirmarse el uno al otro que sus sentimientos mutuos no han cambiado sólo porque uno o ambos no tengan mucho interés en hacer el amor.

LA ROPA Y EL PELO

Lo más probable es que tu ropa comience a quedarte ajustada en la cintura, pero conviene resistirse a la tentación de comprar un ropero completamente nuevo tan pronto. Si es tu primer embarazo, podrás salir del paso con algunas camisetas amplias que tengas y quizá con uno o dos pares de pantalones o faldas de cintura elástica.

"A pesar de todas las imágenes 'sexy' de mujeres famosas embarazadas que se nos muestran en periódicos y revistas, el hecho es que muchas futuras mamás no se consideran sexualmente atractivas..."

LAS CLASES DE PREPARACIÓN AL PARTO

▶ **No comenzarás las clases de preparación al parto** hasta el sexto o séptimo mes, pero puedes apuntarte unos meses antes para saber qué puedes encontrar en tu barrio.

En una buena clase de preparación al parto se debería explicar la fisiología del embarazo, describir las mejores técnicas de respiración para el parto y proporcionar ejercicios que te fortalecerán con vistas a ese día. Tu monitora te informará sobre el parto con detalle y sinceridad, y te aportará una descripción completa y sincera de las opciones para aliviar el dolor. Además ofrecerá consejo sobre el cuidado básico del bebé durante los días y semanas siguientes al parto. En ocasiones las clases ofrecen grupos de seguimiento tras el parto.

▶ **Todas las clases de preparación al parto fomentan la asistencia de los padres,** aunque tu pareja no debe sentirse presionado para asistir a cada sesión. Muchos cursos organizan una clase para los padres con el fin de que puedan hablar sobre sus sentimientos y aprender cómo pueden prestar la mejor ayuda durante el parto.

▶ **En los centros de salud se organizan cursos de preparación al parto,** que pueden ser muy útiles cuando vayas a dar a luz. Tendrás la oportunidad de formular preguntas a las matronas y el personal de obstetricia, lo que te ayudará a familiarizarte con el funcionamiento de las salas de parto. Así, cuando acudas al hospital para tener a tu hijo te sentirás incluso más relajada con lo que te rodea.

▶ **La elección de un curso privado** dependerá de tu gusto y personalidad y del tipo de parto que desees. Hay muchos cursos disponibles (véase p.436-8).

▶ **Aunque no sea tu primer hijo,** es conveniente acudir a las clases de preparación al parto, pues quizá te cueste recordar los detalles del parto o las técnicas correctas de respiración.

▶ **Uno de los beneficios indirectos de las clases de preparación al parto** es la oportunidad de conocer a mujeres que tendrán a sus bebés aproximadamente en la misma época que tú y que viven en tu barrio. Muchas de ellas opinan que en estas clases se hacen amistades.

También puedes ponerte durante unos días los pantalones de tu pareja. Si ya has estado embarazada antes, puede que pienses que debes ponerte ropa holgada antes de lo que lo hiciste en tu primer embarazo, pues una vez que los músculos de la pared abdominal se han estirado por el embarazo, nunca estarán tan firmes como antes.

Las visitas a la peluquería son una buena forma de elevar la moral, pero a muchas mujeres les preocupa que los productos químicos de los tintes para el cabello puedan ser peligrosos. No existen datos que confirmen esto; la mayoría de los tintes permanentes y no permanentes contienen productos químicos que se han utilizado durante muchos años y es muy improbable que lleguen a ser tóxicos aplicados en las dosis que se utilizan para teñir el pelo cada pocos meses. Sin embargo, si estás preocupada puedes ponerte mechas, que sólo tiñen mechones de pelo, en lugar de exponer todo el cuero cabelludo al tinte. Si te tiñes el pelo tú misma, ponte guantes y hazlo en un lugar bien ventilado.

PRUEBAS PRENATALES

El *screening* y las pruebas de diagnóstico para descubrir posibles anomalías fetales comprenden una de las partes más complejas del cuidado prenatal. Es comprensible que te sientas reticente a realizarlas si tu embarazo no ha presentado problemas hasta este momento, pero te recomiendo leer la siguiente sección, pues en ella encotrarás información que te ayudará a abrirte paso por las opciones disponibles y te permitirá basar tus elecciones en los datos más actualizados. Éstos te darán seguridad en cualquier decisión que debas tomar.

Todos los *screening* son opcionales y tú y tu pareja serán quienes decidan si quieren practicárselos o no. No hay una respuesta correcta o incorrecta, pues cada pareja tendrá que elegir lo que más le conviene. La gran mayoría de los bebés nacen sanos, sin embargo, cuando surgen problemas, éstos tienden a presentarse durante el desarrollo fetal, bien sea debido a una condición genética hereditaria, a un problema adquirido durante el embarazo, como consecuencia de una infección o un medicamento, o por alguna razón desconocida. Si al realizar el *screening* se detecta alguna anomalía, tendrán la oportunidad de prepararse emocionalmente y considerar las implicaciones prácticas que puede tener el cuidado de un niño con una discapacidad. (Para obtener más información sobre anomalías congénitas, véase p.144-7).

¿DEBO HACERME ALGUNA PRUEBA?

Ninguna mujer está completamente exenta de dar a luz un niño con una anomalía, pero existe una serie de factores que aumentan el riesgo, y deben tomarse en consideración. Tienes un riesgo mayor si:

• has tenido un embarazo previo afectado por una anomalía.

• tú o tu pareja tienen antecedentes familiares de trastornos o anomalías genéticas.

• tienes más de 35 años de edad.

• consumes o has consumido drogas que puedan afectar al feto.

¿QUÉ PRUEBAS EXISTEN?

Existen dos tipos principales de pruebas, los *screenings* y las pruebas de diagnóstico. El primer examen que suele ofrecerse es el *screening*, el cual logra identificar casi todos los casos en los que existe el riesgo de que el bebé tenga alguna anomalía. Sin embargo, esta técnica no diagnostica ningún problema específico, simplemente determina un cálculo del riesgo, a partir del que la paciente deberá decidir si quiere realizarse más pruebas. Los *screenings* incluyen una serie de análisis serológicos (de sangre) y de ecografías (véase p.124 y p.174), entre ellas, una ecografía especial denominada ecografía con traslucencia nucal. En este tipo de pruebas siempre debes considerar el índice de detección y el índice de falsos positivos (véase la tabla al pie de la página). Los falsos positivos se producen cuando se descubre que un examen que en un primer momento resulta positivo en realidad es negativo.

Cuando el *screening* es positivo, los médicos suelen recomendar una prueba invasiva para confirmar el diagnóstico, de manera que si el índice de falsos positivos es elevado, muchas mujeres con embarazos que en realidad no tienen ningún problema estarán expuestas a pruebas que no necesitan.

Las pruebas de diagnóstico pueden identificar claramente si el feto tiene una anomalía o no. Por ejemplo, las únicas pruebas definitivas para el síndrome de Down (véase p.147) deben obtenerse a partir de una muestra de la vellosidad coriónica, la amniocentesis o la cordocentesis. Sin embargo, todos los exámenes diagnósticos son procedimientos invasivos que no se practican con mucha frecuencia ya que requieren la extracción de una muestra del líquido amniótico, la placenta o la sangre fetal del interior del útero, y por consiguiente conllevan un pequeño riesgo de aborto.

El hecho de que decidas o no someterte a una de estas pruebas dependerá de tu percepción de las anomalías y de lo que harías si supieras con certeza que tu bebé está afectado por una de ellas.

¿CUÁL ES LA PRECISIÓN?

El principal problema práctico del *screening* prenatal reside en la dificultad de alcanzar un alto índice de detección de los bebés afectados y al mismo tiempo mantener un bajo índice de falsos positivos. En el pasado, el único elemento que existía para identificar los casos de mayor riesgo era la edad de la madre. Atendiendo a este factor, la mayoría de las unidades de maternidad recomiendan sistemáticamente la amniocentesis a todas las mujeres mayores de 35 años. El problema consiste en que al usar la edad de la madre como único criterio para decidir si debe realizarse una prueba invasiva, como una biopsia de corión o una amniocintesis, sólo se identificará el 30 por ciento de los bebés

COMPARACIÓN DE VARIOS TIPOS DE *SCREENING*

Los índices de detección de anomalías como el síndrome de Down han aumentado de un 30 por ciento a un 85 por ciento, gracias al desarrollo de nuevas pruebas. El avance más reciente en la técnica de *screening*, el test integrado, reduce el índice de falsos positivos al 1 por ciento, lo que a su vez permite disminuir el número de pruebas invasivas.

Método de *screening*	Etapa del emba- razo (semana)	Índice de falsos positivos	Índice de detección	Número de bebés afectados despúes de un resultado positivo de la prueba
Edad de la madre		5%	30%	1:130
Test doble (p.137)	14–22	5%	59%	1:66
Test triple (p.137)	14–22	5%	69%	1:56
Test cuádruple (p.137)	14–22	5%	76%	1:50
Ecografía con TN (p.137)	11–14	5%	80%	1:47
Ecografía de la TN y análisis serológico	11–14	5%	85%	1:45
Test integrado (p.138)	10-13/15–22	1%	85%	1:9

MOMENTO ADECUADO PARA CADA PRUEBA

FECHA	PRUEBA
Semanas 11-14	Ecografía con translucencia nucal (*screening*)
Semanas 16-18	Test doble, test triple o test serológico de Bart (*screening*)
Semanas 19-20	Ecografía de anomalías fetales (véase p.174) (diagnóstico)
Semanas 11-14	Ecografía con traslucencia nucal y análisis serológico combinados (OSCAR) (*screening*)
Semanas 11-14 y 15-22	Test integrado (*screening*)
Semanas 11-14	Biopsia de corión (diagnóstico)
Semanas 14-16	Amniocentesis (diagnóstico)
Semanas 20-40	Cordocentesis (diagnóstico)

afectados por el síndrome de Down. Cuando además de tener en cuenta la edad de la madre se practica un *screening* serológico, el índice de detección alcanza el 65 por ciento. Aun así, esto sólo comprende dos tercios de los bebés afectados. Por otra parte, al realizar una ecografía con traslucencia del pliegue nucal en las semanas 11-14, el índice de detección alcanza el 80 por ciento, y si a ésta se suma un análisis de sangre que mida los niveles de b-HCG libre y de la proteína A plasmática asociada al embarazo (PAPP-A) el índice de detección llega al 85 por ciento.

El avance más reciente en la técnica del *screening* es el test integrado (véase p.138) cuyo índice de detección es del 85 por ciento mientras que las probabilidades de un falso positivo apenas son de un 1 por ciento.

ECOGRAFÍA CON TRANSLUCENCIA DEL PLIEGUE NUCAL

Esta prueba de *screening* fue desarrollada en el King's College Hospital de Londres en la década de los noventa para detectar el síndrome de Down en la etapa más temprana posible. La ecografía se basa en la medición de la densidad del fluido que se encuentra bajo la piel de la nuca del feto (véase cuadro en la página siguiente) y debe realizase a todas las mujeres embarazadas entre la semana 11 y 14. Cada vez se reconocen más indicios físicos del síndrome de Down. Por ejemplo, el profesor Kypros Nicolaides del King's College Hospital de Londres descubrió recientemente que los bebés afectados con este síndrome carecen de hueso nasal y también ha planteado que al examinar el perfil del bebé durante la ecografía con traslucencia nucal, el índice de detección puede aumentar a más del 90 por ciento y el índice de falsos positivos puede reducirse a menos del 1 por ciento.

PRUEBA DE *SCREENING* SEROLÓGICO

Las pruebas de *screening* serológico analizan dos, tres o más sustancias de la sangre para predecir si el bebé tiene algún riesgo de padecer síndrome de Down, de sufrir otras anomalías cromosómicas (genéticas) determinadas o un defecto de abertura del tubo neural como la espina bífida (véase p.146 y p.418). Las pruebas de *screening* serológico establecen probabilidades o cálculos de riesgo y por lo tanto no proporcionan una respuesta concreta. Cuando te sometas a una prueba serológica es importante que recuerdes lo siguiente:

• Una prueba de *screening* serológico anormal (*screening* positivo) no significa que tu bebé tenga una anomalía, pero sí determina que tiene un mayor riesgo, y por consiguiente los médicos te preguntarán si deseas realizarte más pruebas.

La realización de la prueba

Los análisis serológicos se realizan alrededor de las semanas 15 y 16 en una unidad de maternidad o en el consultorio del médico. La prueba más conocida suele denominarse test doble o prueba de la alfafetoproteína, que mide dos sustancias de la sangre, la alfafetoproteína y los niveles de b-HCG libre. En los bebés con síndrome de Down, el nivel de AFP tiende a ser menor y el de HCG mayor. El test doble detecta dos de cada tres casos de síndrome de Down y cuatro de cada cinco casos de defectos en el tubo neural. A este cálculo el test triple añade el de otra hormona, el estriol, y el test cuádruple o test de Bart (llamado así porque fue desarrollado en el Hospital St Bartholomew de Londres) incluye el análisis de otras dos sustancias llamadas inhibina A y proteína A plasmática asociada al embarazo (PAPP-A). La muestra de sangre se envía a un laboratorio

LA TRASLUCENCIA NUCAL

Esta ecografía se lleva a cabo entre las semanas 11 y 14 y en ella se mide el tamaño del feto y la densidad del fluido que se encuentra bajo la piel de su nuca (la traslucencia nucal).

Este *screening* sólo ofrece una indicación del riesgo, y no puede dar un resultado concluyente para determinar el síndrome de Down.

▶ **Si la medición del fluido se encuentra por debajo de 3mm** es muy poco probable que tu bebé tenga algún problema.

▶ **Si la medición se encuentra entre 4 y 7mm** existe la probabilidad de que tu bebé tenga síndrome de Down, pues cuanto mayor sea el resultado, mayor será el riesgo. Esta medición se encuentra en el límite.

▶ **Si la medición del pliegue nucal es elevada o se encuentra en el límite,** el médico te explicará las implicaciones de este resultado y

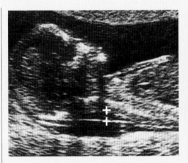

BAJO RIESGO *La densidad de fluido en la parte posterior de la nuca indica poco riesgo de síndrome de Down.*

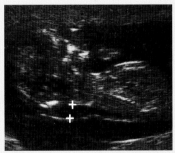

ALTO RIESGO *Un fluido más denso significa que el feto tiene un mayor riesgo de padecer síndrome de Down.*

tendrás la opción de someterte a una prueba prenatal invasiva como una biopsia de corion o una amniocentesis. Sólo el 5% de las mujeres embarazadas llegan a encontrarse en esta situación.

▶ **Si después de que la medición del pliegue nucal** sea elevada o se encuentre en el límite decides no someterte a una prueba invasiva, recomiendo que te realices una

ecografía detallada en la semana 20, porque los bebés con una traslucencia nucal más gruesa tienen más probabilidades de padecer una anomalía cardiaca, intestinal o un problema en otro órgano. Si al realizar la ecografía se identifica alguno de estos casos, el médico te remitirá a un especialista para que recibas la ayuda y la orientación.

"No hay respuestas correctas o incorrectas a estos dilemas. Por ello debes analizar abierta y sinceramente lo que harías en caso de recibir un resultado anormal."

especializado donde se analizan diferentes sustancias. Los resultados se introducen en un programa informático junto con tu edad y la edad gestacional exacta de tu bebé y suelen estar listas cinco días después. La mayoría de las ecografías dan como resultado un bajo riesgo, pero si los exámenes arrojan un alto riesgo, es muy importante que recibas la noticia lo antes posible para que dispongas del tiempo necesario para programar otras pruebas, en caso de que quieras realizártelas.

El cálculo del riesgo

El computador calcula entonces el riesgo y da resultados como "1 de 45" o "1 de 450", lo que en términos sencillos significa que 1 de cada 45 o 450 embarazos tendrá probabilidades de estar afectado por la anomalía.

Parece sencillo, pero lo cierto es que es bastante complicado. Algunas parejas pensarán que un riesgo de 1 por cada 45 es preocupante, mientras que otras interpretarán que 1 de cada 45 es un riesgo aceptable. Por otro lado, la mayor parte de las parejas y sus médicos se sentirán aliviados al recibir un resultado del *screening* serológico de 1 por cada 450; pero ante la idea de que su bebé tenga una probabilidad pequeña pero definitiva de padecer una anomalía otros se apresurarán a realizarse más pruebas. Esto es inevitable, pues las cifras no pueden tener en cuenta ni las experiencias previas ni las opiniones personales sobre el hecho de tener un bebé afectado por una anomalía. No hay respuestas correctas o incorrectas a estos dilemas.

SCREENING INTEGRADO

El avance más reciente en la técnica del *screening* prenatal es el test integrado; actualmente sólo un pequeño número de unidades especializadas cuentan con este servicio. La prueba está compuesta por una combinación de análisis y tiene una gran capacidad para detectar el síndrome de Down, el síndrome de Edward (véase p.415) y defectos en el tubo neural como la espina bífida. Además su índice de falsos positivos es mucho menor en comparación con otras pruebas de *screening.* El test integrado se realiza en dos fases:

• **Fase 1** Conviene realizarla durante el primer trimestre, en la semana 12, aunque también puede practicarse después de las semanas 10-13. La fecha de esta primera fase del test dependerá del día de tu período menstrual o de los resultados de la ecografía (en caso de que ya te hayas realizado una). En esta fase se lleva a cabo una ecografía detallada para confirmar la edad gestacional exacta del embarazo y para medir la traslucencia nucal. Al mismo tiempo se toma una muestra de sangre para medir los niveles de proteína A plasmática asociada al embarazo (PAPP-A). En ese momento se definirá la fecha de la siguiente toma de sangre.

• **Fase 2** Es aconsejable realizarla durante el segundo trimestre, cuando ya se hayan cumplido las semanas 15-16, aunque también puede practicarse hasta la semana 22. Tu médico de cabecera o tu ginecólogo extraerá una segunda muestra de sangre que será enviada a un laboratorio donde se analizarán y medirán cuatro etapas serológicas: alfafetoproteína AFP, estriol uE2 no conjugado, gonadotropina coriónica humana b libre (b-HGC libre) e inhibina A (inhibina).

El cálculo del riesgo

Las mediciones de estos cinco análisis de sangre y el resultado de la traslucencia nucal se introducen en el computador junto con la edad de la madre para calcular el riesgo de tener un hijo con síndrome de Down o con un defecto en el tubo neural. Los resultados del test integrado suelen estar listos en 3-5 días después de tomar la segunda muestra de sangre. El resultado del test integrado depende del análisis de ambas muestras de sangre. El riesgo de síndrome de Down puede calcularse a partir de la información obtenida en la primera fase, pero esta medición no es tan confiable como los resultados combinados del test integrado de dos fases.

NUEVOS AVANCES

OSCAR son las siglas de *One Stop Clinics for Assessment of Risk*, un nuevo tipo de prueba diseñada para mujeres con 12 semanas de embarazo.

La primera parte del test consiste en una ecografía de traslucencia del pliegue nucal y un análisis de sangre para detectar los niveles de b-HCG libre y de proteína A plasmática asociada al embarazo (PAPP-A). Los resultados están listos en una hora, tras la cual se cruzan con los datos de la edad de la madre y su historial de embarazos afectados para proporcionar una evaluación inmediata del riesgo.

Los resultados del test

Si el cálculo obtenido en el test integrado es de 1 entre 150 o mayor (lo que significa que existe 1 probabilidad entre un número igual o menor a 150), el resultado del test integrado se considera positivo para el síndrome de Down y se deja a consideración de la madre la posibilidad de realizar un test de diagnóstico, como la amniocentesis. Aproximadamente 1 de cada 100 mujeres sometidas a un *screening* obtendrá un resultado positivo y tras la amniocentesis 1 de cada 10 de ellas tendrá un bebé con síndrome de Down, lo que significa que se realizarán 10 procedimientos invasivos para identificar a un bebé afectado con el síndrome. Estas cifras muestran un importante avance si se comparan con los casos en los que sólo se realiza el *screening* serológico doble, pues en estos últimos es necesario efectuar más de 60 pruebas invasivas para detectar un caso de síndrome de Down (véase tabla en p.135).

Detección del tubo neural

Para determinar si existe un mayor riesgo de que el feto presente un defecto de apertura del tubo neural como la espina bífida se utiliza el nivel de AFP. Una mujer con un nivel alto de AFP (2,5 veces por encima de lo normal) es descrita como positiva; en ese caso puede someterse a más pruebas, como una ecografía detallada. La mayoría de los bebés con anencefalia (véase p.418) y un 86 por ciento de los bebés con espina bífida abierta pueden detectarse de esta manera. Aproximadamente 1 de cada 100 embarazos analizados arrojará un resultado positivo para defectos en el tubo neural, y sólo el 0,05% de ellos presentará efectivamente una anomalía.

Factores que pueden afectar el resultado

• Los niveles de sangre de algunos indicadores tienden a ser menores en mujeres con sobrepeso y en aquéllas con diabetes insulinodependiente.

• Los niveles de algunos indicadores pueden ser más elevados tanto en las mujeres con poco peso como en las de origen afro-caribeño.

• Los niveles pueden ser diferentes en mujeres que han seguido un tratamiento de fertilización in vitro.

• Todos los indicadores sanguíneos se elevan en los embarazos gemelares.

• Si se presenta un sangrado vaginal justo antes del segundo análisis de sangre los niveles de AFP pueden elevarse, al igual que la prueba de amniocentesis.

Si previamente has tenido un embarazo afectado con anomalías fetales el resultado siempre dará positivo, y es por eso que suele recomendarse una amniocentesis incluso si el resultado del test integrado es menor a 1 entre cada 150.

BIOPSIA DE CORION

Este test de diagnóstico prenatal suele realizarse entre las semanas 11 y 13 (aunque también puede realizarse más adelante) y consiste en la obtención de una pequeña muestra de tejido (una biopsia) de la placenta (véase ilustración). Como el bebé y la placenta se desarrollan a partir de las mismas células, los cromosomas de las células placentarias son iguales a las del bebé. La mayoría de las mujeres que se someten a una biopsia de corion lo hacen para descartar el síndrome de Down, pero este examen también se realiza cuando se sospecha que existe un trastorno en un gen específico como la anemia drepanocítica o talasemia mayor (véase p.417). Mediante una biopsia de corion, el tejido puede analizarse antes de la semana 12.

Desventajas de la biopsia de corion

• El riesgo de aborto tras una biopsia de corion parece ser ligeramente mayor al de la amniocentesis, y afecta aproximadamente al 1 por ciento de las mujeres que se someten a ella. Este aumento del riesgo puede deberse a que el test se realiza en una etapa temprana del embarazo, y aunque es probable que el aborto se hubiera presentado aun si no se hubiera practicado la biopsia, ésta no deja de ser un motivo de preocupación.

• Algunos datos indican que cuando se realiza una biopsia de corion en una etapa muy temprana del embarazo puede presentarse una anomalía en el crecimiento de los miembros del bebé.

• En ocasiones, los tejidos placentarios contienen células mosaico, es decir células anómalas que sugieren que el bebé tiene un problema cromosómico aunque en realidad no exista ninguna anomalía significativa. En estos casos, lo más probable es que te recomienden someterte a una amniocentesis.

AMNIOCENTESIS

La amniocentesis es la prueba invasiva más frecuente y consiste en la obtención de una muestra del líquido amniótico que rodea al bebé. La prueba suele realizarse entre las semanas 14-16 de embarazo, aunque puede efectuarse hasta la semana 26. Te recomendarán una amniocentesis si:

• tienes más de 35 años.

• tienes antecedentes familiares de síndrome de Down u otra anomalía cromosómica.

• obtuviste un resultado anormal en la ecografía de la translucencia nucal o un resultado de alto riesgo en el *screening* serológico.

LA BIOPSIA DE CORION

Si te sometes a una biopsia de corion, lo primero que te harán será una ecografía para identificar el lugar exacto en el que se encuentra la placenta. El análisis requiere la extracción de una pequeña muestra de la placenta.

▶ Se aplica una anestesia local en la pared abdominal para dormir la zona antes de insertar una fina aguja de doble luz en el lugar correcto del útero para acceder a las vellosidades coriónicas, las prolongaciones de la placenta.

▶ Al final de la aguja se acopla una jeringuilla que contiene un medio de cultivo especial y las células placentarias se absorben con ella.

▶ De esta manera se obtiene tejido vivo de la placenta, lo que significa que cuando llega al laboratorio de citogenética, el cultivo y el análisis son mucho más rápidos que con la muestra de células de la piel del feto que se cultivan en la amniocentesis.

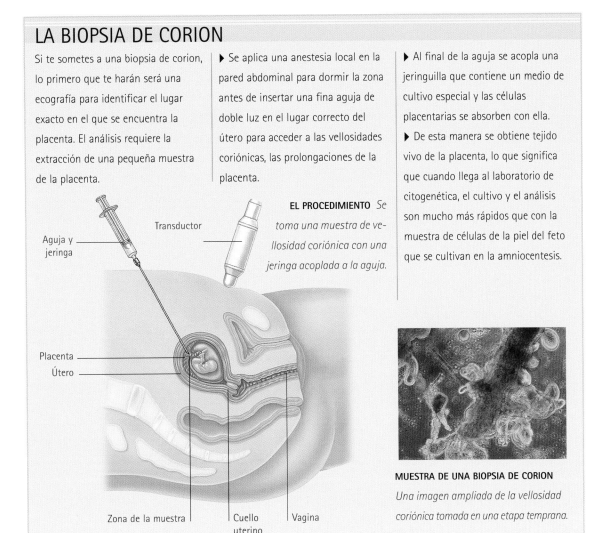

Aguja y jeringa

Transductor

Placenta

Útero

Zona de la muestra

Cuello uterino

Vagina

EL PROCEDIMIENTO *Se toma una muestra de vellosidad coriónica con una jeringa acoplada a la aguja.*

MUESTRA DE UNA BIOPSIA DE CORION
Una imagen ampliada de la vellosidad coriónica tomada en una etapa temprana.

Cuando la muestra de la amniocentesis llega al laboratorio de citogenética, el líquido se centrifuga para luego disponer las células de la piel de bebé sobre una placa. Estas células han pasado de la superficie de la piel al líquido amniótico de una forma muy similar a como las células de nuestra piel son arrastradas por el agua cuando nos bañamos. A partir de la muestra se realiza un cultivo de las células de la piel fetal, que demora entre tres y cuatro semanas. Después, se someten a un proceso de divisiones sucesivas (llamado metafase) para realizar el análisis cromosómico. A veces las células no se dividen o sólo lo hacen muy lentamente, y esto puede retrasar el resultado.

En ocasiones, los tejidos placentarios contienen células mosaico (células anómalas que no representan efectivamente la configuración cromosómica del bebé). De ser así, probablemente te realicen una segunda amniocentesis más adelante para confirmar los resultados de la primera. La anmiocentesis sólo suele realizarse a partir de las semanas 14-16 pues antes de ello el número de células de la piel fetal puede ser insuficiente para hacer un cultivo y obtener un resultado preciso. Además, la extracción de líquido en una etapa demasiado temprana también puede causar problemas en el desarrollo de los pulmones del bebé.

Pros y contras de la amniocentesis

Un aspecto positivo de la amniocentesis es que casi nunca se obtiene un resultado incorrecto y el riesgo de aborto es bajo. Aunque suele decirse que la probabilidad es del 1 por ciento, en las unidades que la practican con frecuencia el riesgo es mucho menor, del orden de 1 entre 300, o 0,3 por ciento. El riesgo de aborto es mayor dos semanas después de realizada la amniocentesis. Es importante aclarar que sólo se someten a esta prueba los embarazos con problemas potenciales, así que las complicaciones pueden no estar relacionadas directamente con el procedimiento y podrían haberse producido aun si no se hubiera realizado la amniosintesis.

LA AMNIOCENTESIS

Este procedimiento dura cerca de 20 minutos y se realiza mediante la guía del aparato de ecografía con el fin de encontrar el mejor lugar para insertar la aguja, es decir, aquél en el que la aguja pueda atravesar la pared uterina y llegar al líquido amniótico sin tocar a la placenta ni al bebé.

▶ El médico puede aplicarte un poco de anestesia local para evitar cualquier molestia, pero la aguja es tan fina que el procedimiento te parecerá menos molesto que la extracción de una muestra de sangre del brazo.

▶ Una vez situada en el lugar correcto, la jeringa se acopla a la vaina exterior de la aguja y se absorbe la muestra de líquido amniótico, que mide entre 10 y 20 ml (el equivalente a 4 cucharitas de café).

▶ A continuación se extrae la aguja y se realiza una ecografía minuciosa del

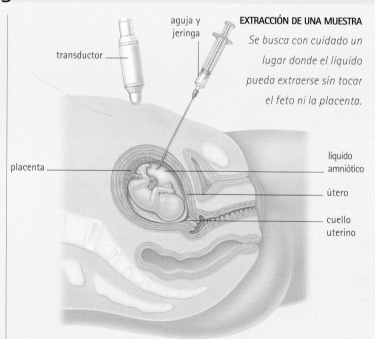

transductor

aguja y jeringa

EXTRACCIÓN DE UNA MUESTRA

Se busca con cuidado un lugar donde el líquido pueda extraerse sin tocar el feto ni la placenta.

placenta

líquido amniótico

útero

cuello uterino

bebé para asegurarse de que se encuentra bien.

▶ Después de la amniocintesis debes descansar y evitar las actividades intensas durante 24 horas. Tras la prueba algunas mujeres sienten un ligero dolor durante una o dos horas; puede llegar a presentarse un leve sangrado o la pérdida de un poco de líquido amniótico.

NUEVOS AVANCES EN EL ANÁLISIS CROMOSÓMICO

Si la idea de tener que esperar tres semanas por los resultados te produce mucha ansiedad puedes recurrir a una nueva técnica, disponible en algunos centros especializados, llamada amnio PCR. Mediante la reacción en cadena de la polimerasa (PCR), el ADN de las células de la piel del feto se multiplica en una alta proporción, de manera que el diagnóstico puede obtenerse en un par de días.

La técnica de hibridación in situ por fluorescencia, o FISH, es otro método reciente de análisis de muestras y su uso es cada vez está más extendido. En él se procede a identificar partes de ADN de un cromosoma específico con un pigmento fluorescente. Después, se introducen estos fragmentos de ADN en las células que se están analizando, y gracias a su brillo (fluorescencia) pueden analizarse fácilmente con el microscopio. La bondad de esta técnica radica en que las células examinadas no han de ser alimentadas para que empiecen a dividirse, para saber si poseen el número correcto de cromosomas.

CORDOCENTESIS

En este procedimiento se toma una muestra de sangre fetal del cordón umbilical. Es por ello que se realiza tras la semana 18, pues sólo entonces los vasos sanguíneos del cordón umbilical son lo suficientemente grandes para que puedan verse con claridad. Apoyándose en una ecografía, se inserta una aguja en la pared abdominal de la madre a través del útero hasta llegar a un vaso sanguíneo del cordón que se encuentra cerca del lugar de unión con la placenta. La cordocentesis supone un riesgo de aborto del 1 al 2 por ciento y sólo puede ser practicada por el personal experto en una unidad especializada.

La cordocentesis es el modo más rápido de diagnosticar una anomalía cromosómica porque la sangre fetal se analiza directamente. Como método menos habitual, la cordocentesis también puede utilizarse para medir la hemoglobina del feto en un embarazo afectado por incompatibilidad del factor Rhesus (véase p.128 y p.424). Las transfusiones de sangre fetal también se realizan mediante una cordocentesis.

En ocasiones es necesario tomar una muestra de sangre del cordón umbilical para confirmar la posibilidad de que el feto se haya infectado de rubeola o toxoplasmosis al final del embarazo.

FETOSCOPIA

En este procedimiento se inserta un telescopio delgado, provisto de luz, por el cuello uterino hasta el útero. Generalmente se usa para observar los miembros, los órganos genitales, la espina dorsal, la piel del bebé, así como el color del líquido amniótico. Por medio de la fetoscopia y de muestras de tejido pueden diagnosticarse algunos trastornos poco comunes del hígado y la piel. Es una intervención de alto riesgo que puede causar un aborto tardío o un parto prematuro, por lo que sólo se realiza en circunstancias excepcionales.

ANOMALÍAS CONGÉNITAS

Congénito significa "nacido con", un término que incluye todos los desórdenes genéticos y cualquier anomalía física o estructural que pueda presentar el bebé. Este apartado te ayudará a entender cómo y por qué se producen muchas irregularidades congénitas, lo que a su vez te permitirá comprender mejor las pruebas prenatales ya descritas. Aunque algunas sólo se hacen evidentes después del parto, un número cada vez mayor de anomalías puede diagnosticarse en la etapa prenatal.

Las anomalías genéticas son causadas por irregularidades en el material genético; pueden ser heredadas o producirse por una mutación, es decir, cuando un gen normal sufre un cambio que altera su funcionamiento. Algunos desórdenes genéticos en el feto se deben a la presencia de uno o varios genes anómalos, mientras que otros surgen porque el número, la forma o la disposición de uno de los cromosomas es anormal. En muchos casos, el problema es desencadenado por una compleja interacción entre los genes y los factores ambientales, proceso que la ciencia aún no ha logrado comprender en su totalidad. La espina bífida y la fisura del labio o del paladar son dos ejemplos de ello. Sólo unas pocas anomalías, en especial el síndrome de Down y la espina bífida, son objeto de pruebas rutinarias durante el embarazo.

ANOMALÍAS CROMOSÓMICAS

Normalmente, tu bebé ha de tener 23 pares de cromosomas (un "juego" de ellos lo aporta tu óvulo; el otro proviene del espermatozoide de tu pareja). Antes, durante y después de la fertilización, los pares de cromosomas sufren una compleja serie de divisiones y reagrupaciones. Si uno de los cromosomas es anómalo, habrá un número mayor o menor de lo normal en el óvulo fertilizado. Esto puede hacer que el desarrollo del embrión o el feto sea anormal. En muchos casos, resulta en un aborto natural; sin embargo, cuando el embarazo llega a término, el bebé nace con una anomalía.

Aproximadamente 6 de cada 1.000 bebés nacen con una anomalía cromosómica y esta proporción aumenta a 6 de cada 100 en los niños que nacen muertos.

Las trisomías se producen cuando hay tres copias de un cromosoma. La mayoría de las trisomías se deben a una división anormal de las células (meiosis) en el óvulo que se produce antes de la fertilización. Las trisomías más habituales son el síndrome de Down o trisomía del par 21 (véase p. 147); el síndrome de Patau o trisomía del par 13 (véase p. 415); y el síndrome de Edward o trisomía del par 18 (véase p. 415).

Las monosomías surgen cuando falta un cromosoma. El tipo más habitual de monosomía es el síndrome de Turner (véase p.416), que consiste en la pérdida de un cromosoma X en las niñas.

La triploidía se produce cuando un embrión tiene dos pares del cromosomas 23 en lugar de 1 (véase p.415).

El cromosoma sexual extra se produce en desórdenes como el síndrome de Klinefelter (véase p.416) en el que los varones tienen un cromosoma X de más.

Las translocaciones (véase p.415) ocurren cuando un número correcto de cromosomas forma agrupaciones anómalas. Son el resultado de la pérdida, el aumento o el intercambio de material genético durante su transferencia entre dos cromosomas.

ENFERMEDADES POR GENES DOMINANTES

En estas enfermedades hereditarias, basta con que haya un gen anómalo para que se desarrolle la enfermedad. Hombres y mujeres se ven afectados por igual y ambos tienen un 50 por ciento de probabilidades de pasar el gen y la enfermedad a sus hijos; aquellas personas que no resulten afectadas no pueden pasar el gen o la enfermedad a la siguiente generación. Las enfermedades dominantes rara vez son fatales en edades tempranas pues los individuos morirían antes de pasar los genes a su descendencia.

En las enfermedades por genes dominantes siempre existen antecedentes familiares; sin embargo éstos pueden ser difíciles de determinar sin la ayuda de un genetista debido a que no se expresan con la misma intensidad en todas las personas. Con la ayuda de un especialista, por ejemplo, los bebés de padres con hipercolesterolemia familiar (véase p.416) pueden ser analizados tras el parto para saber si tienen niveles elevados de colesterol en sangre.

INCIDENCIA Y CAUSAS

▸ Las principales anomalías congénitas se producen en el 4% de los recién nacidos.

▸ Las anomalías congénitas secundarias se producen en el 6 % de los recién nacidos.

▸ Cerca del 40% de los problemas congénitos son heredados.

▸ Alrededor del 10% se adquieren debido a un daño producido por una infección durante el desarrollo (5%), por la exposición a drogas (2%), a ciertos productos químicos, o a los rayos X, mientras que otros son el resultado de anomalías metabólicas.

▸ Aproximadamente el 50% de los desórdenes congénitos carecen de explicación, aunque se cree que tengan origen genético o sean el resultado de la interacción de factores ambientales y genéticos.

ENFERMEDADES POR GENES RECESIVOS

Para que estas enfermedades se desarrollen es necesario que haya dos copias del gen anómalo (uno de cada padre). El gen recesivo suele permanecer oculto por un gen dominante normal; por lo tanto, es posible que no se conozcan antecedentes familiares de individuos afectados. Sin embargo, cuando ambos padres son portadores, todos sus hijos y sus hijas tienen un 25 por ciento de probabilidades de heredar dos genes recesivos y desarrollar la enfermedad, y 50 por ciento de posibilidades de convertirse en portadores asintomáticos de la misma.

"Las anomalías congénitas más comunes se deben a desórdenes en el número de cromosomas, que puede ser mayor o menor de lo normal."

Muchos desórdenes causados por genes recesivos pueden diagnosticarse durante la etapa prenatal.

ENFERMEDADES GENÉTICAS LIGADAS AL SEXO

Otras enfermedades como la hemofilia, la distrofia muscular de Duchenne (véase p.417) y el síndrome X frágil (véase p.418) son causadas por un gen recesivo ubicado en el cromosoma X (sexo femenino). La enfermedad sólo afecta a los varones porque las mujeres tienen un segundo cromosoma X que impide que el gen recesivo se manifieste. Sin embargo, ellas son portadoras de la enfermedad, lo que significa que sus hijos tienen una probabilidad del 50 por ciento de heredar el gen anómalo. Es posible que una hija no herede el gen o que se convierta en portadora asintomática gracias a que el segundo cromosoma X evitará que desarrolle la enfermedad. Un hijo varón tiene un 50 por ciento de probabilidad de desarrollar la enfermedad porque el cromosoma Y que ha heredado de su padre no podrá evitar que se manifieste la enfermedad.

DEFECTOS EN EL TUBO NEURAL

Los defectos en el tubo neural (véase p.418) son una de las anomalías congénitas severas más frecuentes. Se calcula que aproximadamente 1 de cada 400 niños se ve afectado por uno de estos defectos. Aunque no se ha identificado con exactitud el gen o los genes responsables, estos desórdenes suelen ser recurrentes en una misma familia, aunque la incidencia varía de un lugar a otro y está muy relacionada con la dieta. Los niños nacidos con defectos en el tubo neural como la espina bífida suelen sufrir discapacidades serias y requieren procedimientos quirúrgicos y hospitalizaciones frecuentes. Por lo general, la discapacidad consiste en debilidad o parálisis de las piernas e incontinencia urinaria o fecal.

ORIENTACIÓN GENÉTICA

Cuando una pareja que sabe que tiene antecedentes de enfermedades genéticas o que ya ha tenido un niño con un desorden heredado está pensando en tener un hijo, es altamente recomendable que reciba una orientación especializada. Tal vez deban someterse a pruebas de diagnóstico prenatal como la biopsia de corión, una amniocentesis o una ecografía especializada durante el embarazo. Es más, dependiendo de la enfermedad, a veces es posible realizar el diagnóstico genético de preimplantación (DGP); en esta técnica, los óvulos se fertilizan in vitro y una de las células de los embriones se analiza para asegurarse de que no presenta el desorden genético antes de ser implantado en el útero de la madre.

DIAGNÓSTICO PRENATAL

Es aconsejable que consultes a un genetista y/o te practiques un diagnóstico prenatal si tienes o has tenido:

▶ Un hijo con un defecto de nacimiento, una anomalía genética o un desorden genético.

▶ Antecedentes familiares de cualquiera de los anteriores.

▶ Un hijo con dificultades especiales no diagnosticadas.

▶ Un resultado anormal en un *screening* serológico prenatal.

▶ Una ecografía en la que se sospeche que el feto puede tener alguna anomalía.

▶ Tú sufras de un problema médico que predisponga al bebé a tener anomalías congénitas.

▶ Exposición a elementos ambientales (teratogen) durante el embarazo.

▶ Un padre o madre portadores de algún desorden genético.

EL SÍNDROME DE DOWN

AUNQUE EL SÍNDROME DE DOWN (TRISOMÍA 21) ES LA ANOMALÍA CROMOSÓMICA MÁS FRECUENTE EN LOS BEBÉS QUE NACEN CON VIDA, EN LOS ÚLTIMOS AÑOS LAS CIFRAS HAN DESCENDIDO DE 1 DE CADA 600 NACIMIENTOS A 1 DE CADA 1.000.

En el 95 por ciento de los casos de síndrome de Down no existen antecedentes familiares. En el 3 por ciento de los casos el cromosoma extra del par 21 está adherido a otro cromosoma (translocación) y se hereda de uno de los padres, que normalmente no manifiestan la anomalía. El 2 por ciento de los casos restantes corresponde al mosaicismo, que significa que algunas células del cuerpo contienen un tercer cromosoma 21, mientras que otras tienen los dos habituales.

El riesgo de que un bebé presente el síndrome de Down se incrementa en gran medida al aumentar la edad de la madre (véase la tabla), pero como las mujeres mayores de 35 años suelen ser sometidas a exámenes de *screening* de manera rutinaria, la mayor parte de los bebés con síndrome de Down nacen de mujeres menores de 35 años.

Aunque cerca del 50 por ciento de los bebés con síndrome de Down no llega a nacer, 9 de cada 10 bebés que nacen vivos superan el primer año de vida. Sin embargo, estos bebés tienen un alto riesgo de padecer anomalías cardiacas, intestinales y problemas de audición y vista; además, suelen presentar hipotonía muscular. Los rasgos físicos del síndrome incluyen ojos rasgados, un surco palmar único en manos y pies y protusión lingual. En ocasiones, el puente de la nariz es aplanado o está ausente, lo que muchas veces significa que el niño se congestiona con frecuencia y que es más propenso a los resfriados y a las infecciones de las vías respiratorias.

Todos los niños con síndrome de Down presentan problemas de aprendizaje, aunque el grado de éstos sea variable y resulte difícil de predecir antes del nacimiento. Los recientes avances en el modo de educar a los niños con este síndrome permite que muchos lleven una vida relativamente independiente al llegar a la edad adulta. La esperanza de vida promedio es de unos 60 años, aunque en la infancia es frecuente que padezcan leucemia y durante la edad adulta pueden sufrir de la tiroides y de un tipo de enfermedad de Alzheimer.

RIESGO DE SÍNDROME DE DOWN

Edad de la madre en FEP	Menos de 25	25	26	27	28	29	30	31	32
Riesgo del síndrome de Down	1:1500	1:1350	1:1300	1:1300	1:1100	1:1000	1:900	1:800	1:680
Edad de la madre en FEP	33	34	35	36	37	38	39	40	41
	1:570	1:470	1:380	1:310	1:240	1:190	1:150	1:110	1:85
Edad de la madre en FEP	42	43	44	45	46	47	48	49	50
	1:65	1:50	1:35	1:30	1:20	1:15	1:11	1:8	1:6

FEP= fecha esperada de parto

SEMANAS 13-26

EL SEGUNDO TRIMESTRE

Durante el segundo trimestre tu bebé crecerá de forma constante y las estructuras básicas y sistemas que ya se habían asentado en el primer trimestre se desarrollarán y consolidarán aún más. El tamaño general del feto se triplicará o cuadriplicará y su peso aumentará hasta 30 veces. Aunque durante las siguientes semanas tu aspecto evidenciará más claramente que estás embarazada, ésta suele ser una época de buena salud y una sensación general de bienestar.

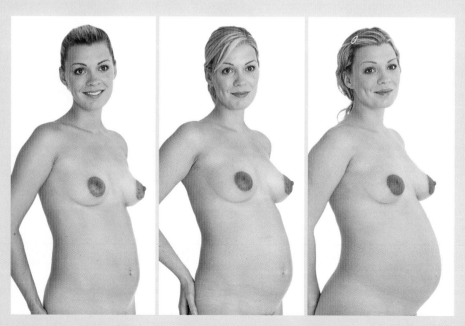

| 13 | 14 | 15 | 16 | 17 | 18 | 19 | 20 | 21 | 22 | 23 | 24 | 25 | 26 | SEMANAS |

CONTENIDOS

TU BEBÉ
EN EL SEGUNDO TRIMESTRE

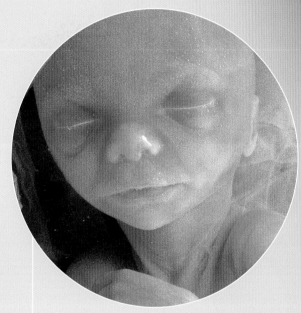

SEMANA 14 LOS OJOS
YA SE ENCUENTRAN EN
LA PARTE FRONTAL DE LA
CARA, CON LOS
PÁRPADOS CERRADOS.

"Durante el segundo trimestre tu bebé ya está completamente formado y crece con rapidez; pronto podrás sentir cómo se mueve dentro del útero."

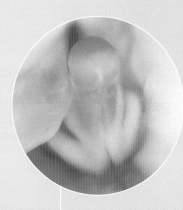

SEMANA 16 LA DIFERENCIA ENTRE LOS GENITALES
MASCULINOS Y FEMENINOS ES CADA VEZ MÁS
EVIDENTE. ESTE FETO MASCULINO YA TIENE UN
ESCROTO COMPACTO Y UN PENE RUDIMENTARIO.

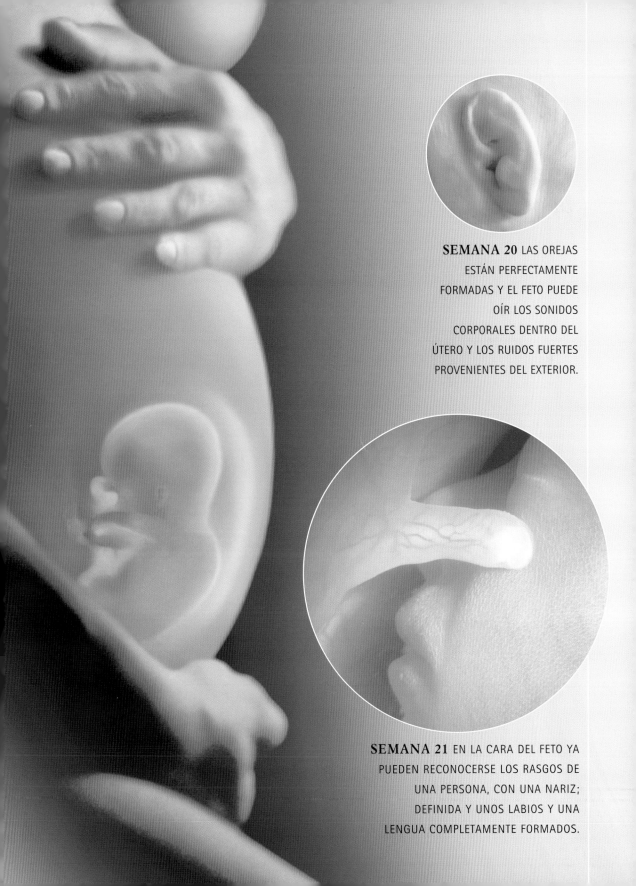

SEMANA 20 LAS OREJAS ESTÁN PERFECTAMENTE FORMADAS Y EL FETO PUEDE OÍR LOS SONIDOS CORPORALES DENTRO DEL ÚTERO Y LOS RUIDOS FUERTES PROVENIENTES DEL EXTERIOR.

SEMANA 21 EN LA CARA DEL FETO YA PUEDEN RECONOCERSE LOS RASGOS DE UNA PERSONA, CON UNA NARIZ; DEFINIDA Y UNOS LABIOS Y UNA LENGUA COMPLETAMENTE FORMADOS.

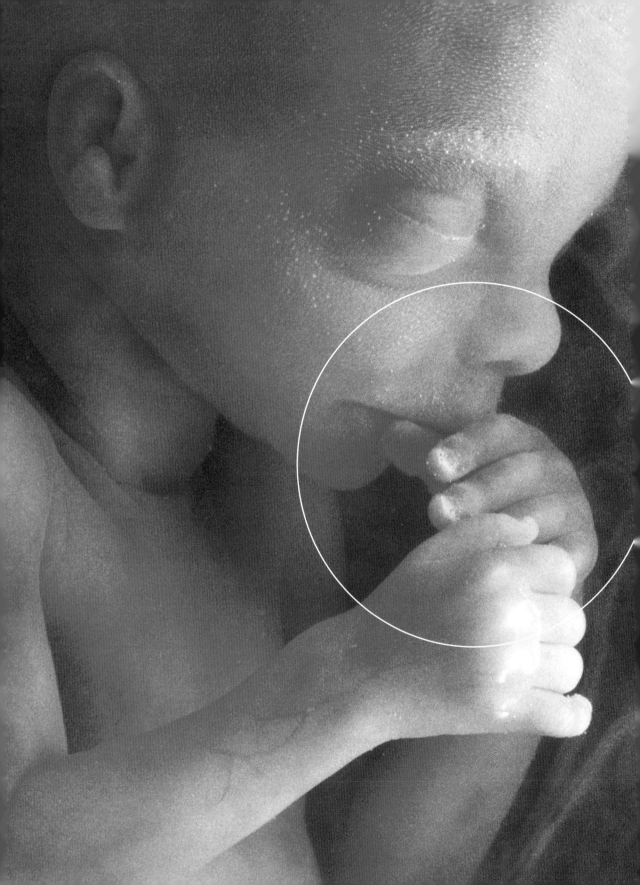

SEMANAS 13-17

EL DESARROLLO DEL BEBÉ

TU BEBÉ TIENE CADA VEZ MÁS DEFINIDOS LOS RASGOS CARACTERÍSTICOS DE UNA PERSONA, Y AUNQUE LA CABEZA AÚN ES RELATIVAMENTE GRANDE, LA LONGITUD DE SU CUERPO AUMENTA CON VELOCIDAD. EL ÍNDICE DE DESARROLLO DE LAS PIERNAS ES SIMILAR AL DE LOS BRAZOS Y PRONTO LOS SUPERARÁN EN LONGITUD.

Ya pueden apreciarse las uñas de las manos, y las de los pies empezarán a crecer en pocas semanas. El tronco se ha enderezado, pero el cuerpo aún es delgado y sólo está cubierto por una fina capa de piel transparente a través de la cual pueden verse claramente los vasos sanguíneos y los huesos. Muy pronto comenzará a formarse una capa protectora de grasa, color marrón, que le ayudará al feto a conservar el calor.

Los huesos faciales ya están completos y los rasgos de la cara son más delicados y fáciles de reconocer. La nariz es más pronunciada y las orejas comienzan a sobresalir a ambos lados de la cabeza. Los pequeños huesos del oído se han endurecido, lo que le permite al feto oír por primera vez. Los ojos miran hacia el frente, aunque aún están muy separados, y la retina, que se encuentra en la parte trasera del ojo, ha comenzado a ser sensible a la luz. Aunque los párpados ya están completamente formados, permanecerán cerrados durante casi todo el segundo trimestre. Sin embargo, tu bebé ya ha comenzado a percibir la luz que atraviesa tu pared abdominal. El reciente desarrollo de los músculos de la cara significa que tu bebé ya puede producir expresiones faciales, aunque todavía no las controla. Si te realizan una ecografía durante esta etapa, probablemente puedas ver a tu bebé fruncir el ceño, o tal vez llegues incluso a descubrirlo mientras te mira de reojo. Las cejas y las pestañas ya comienzan a crecer y el suave pelo de la cabeza se fortalece y ya tiene algo de pigmento. En su boca empiezan a aparecer las papilas gustativas.

MOVIMIENTOS COMPLEJOS

Probablemente el avance más importante en el desarrollo de tu bebé durante esta etapa consista en que todas las conexiones entre el cerebro, los nervios y los músculos ya se han formado. Los nervios que unen los músculos con el cerebro comienzan a desarrollarse y aparece una capa grasa de una sustancia, llamada mielina, que ayuda a trasportar los mensajes provenientes del cerebro. Los miembros ya se mueven gracias a las articulaciones, porque los músculos que controlan este movimiento pueden contraerse y relajarse. Los brazos son

SEMANAS	
PRIMER TRIMESTRE	1
	2
	3
	4
	5
	6
	7
	8
	9
	10
	11
	12
SEGUNDO TRIMESTRE	▶13
	▶14
	▶15
	▶16
	▶17
	18
	19
	20
	21
	22
	23
	24
	25
	26
TERCER TRIMESTRE	27
	28
	29
	30
	31
	32
	33
	34
	35
	36
	37
	38
	39
	40

Tamaño real

◀ *En la semana 14, los párpados están cerrados, pero los ojos ya son sensibles a la luz.*

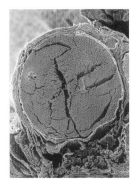

FIBRAS NEVIOSAS *Ahora que las fibras nerviosas están recubiertas por una capa grasa de mielina, las señales pasan rápidamente desde el cerebro fetal a los músculos y miembros.*

VELLOSIDADES CORIÓNICAS *Las vellosidades (en color verde) de la placenta, con una forma similar a la de una hoja, permiten el intercambio de gases y nutrientes con la sangre de la madre.*

suficientemente largos para que las manos se unan por encima de la cabeza del feto; al entrelazarse, éstas aferran todo lo que encuentran, por ejemplo el cordón umbilical. Los dedos se doblan y los brazos y piernas se flexionan y se extienden. El feto puede cerrar el puño y chuparse el pulgar.

A pesar de toda esta actividad, la mayoría de las madres primerizas no son conscientes de estos movimientos fetales porque el líquido amniótico actúa como un colchón y el bebé aún no tiene el tamaño necesario para estimular directamente las terminaciones nerviosas de la pared del útero. Algunas madres que ya han tenido hijos y saben qué movimientos deben esperar, afirman que pueden sentir "las pataditas", la sensación de que se forman ondas en su abdomen, pero los movimientos fetales propiamente dichos no suelen reconocerse hasta la semana 18 o 20.

LA PLACENTA

La placenta continúa creciendo y produciendo las hormonas (véase p.158-9) necesarias para garantizar que el desarrollo del bebé sigue su curso y que el útero y los senos de la madre continúan creciendo. Aparte de proporcionar todo el oxígeno y los nutrientes que tu bebé necesita hasta el momento del parto, la placenta ya ha formado una barrera que ayudará a evitar que se produzcan infecciones durante el resto del embarazo, además de debilitar el efecto de cualquier sustancia médica, así como de la nicotina y el alcohol que consuma la madre. Al final de la semana 16, la placenta habrá crecido hasta tener un grosor de 1cm y una longitud de 7-8 cm.

EL LÍQUIDO AMNIÓTICO

Durante esta etapa, el líquido amniótico, aquél que llena el saco que contiene al feto, desempeña una importante función, pues contribuye al desarrollo del tono muscular del feto, a la vez que le permite que se mueva libremente y lo protege de los golpes y las sacudidas. Durante el primer trimestre, el líquido amniótico era absorbido por la piel fetal, pero en las primeras semanas del segundo trimestre los riñones del feto comienzan a funcionar; de ahora en adelante, tu bebé tragará líquido amniótico y lo expulsará de nuevo a la cavidad amniótica. Para el desarrollo de los pulmones es fundamental que exista una cantidad adecuada de líquido amniótico, pues aunque tu bebé continuará recibiendo oxígeno y nutrientes de la placenta hasta su nacimiento, los pulmones deben poder flotar en una cantidad suficiente de líquido amniótico para expandirse y desarrollarse sin problemas, de manera que empiecen a prepararse para respirar en el mundo exterior. En este momento la cantidad de líquido amniótico es de 180 y 200ml, lo que equivale al contenido promedio de un vaso de papel. Durante este período, el feto comienza a despojarse de algunas de las células de su propia piel, que flotan en el líquido amniótico; esto es muy importante, ya que en caso de que decidas practicarte una amniocentesis (véase p.140-2), estas células podrán utilizarse para determinar el estado cromosómico de tu bebé. Sólo a partir de ahora se encontrarán en un númcro suficiente para convertirse en una fuente confiable de información sobre el estado de los genes de tu bebé y es por esta razón que no se recomienda practicar la amniocentesis antes de la semana 15 o 16 de gestación.

17 SEMANAS *En una ecografía tridimensional puede verse cómo se mueve y flota el feto; sin embargo, estos movimientos quedan amortiguados por el líquido amniótico y es probable que la madre aún no pueda sentirlos.*

Tamaño real

En la semana 13, el feto mide unos 8cm y pesa cerca de 25gr. Al comienzo de la semana 17 su tamaño alcanza los 13 cm y su peso promedio es de unos 150gr.

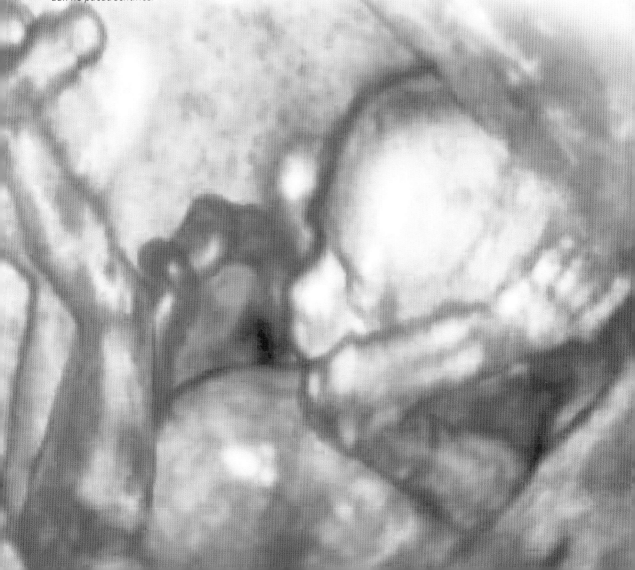

LOS CAMBIOS EN TU CUERPO

PROBABLEMENTE HABRÁS NOTADO QUE TU CINTURA ESTÁ UN POCO MÁS ANCHA Y TU ESTÓMAGO TIENE UNA FORMA MÁS REDONDEADA, PERO EL MOMENTO EXACTO EN EL QUE LOS DEMÁS EMPIECEN A RECONOCERTE CLARAMENTE COMO UNA MUJER EMBARAZADA DEPENDE DE LA FIGURA QUE TENÍAS ANTES DEL EMBARAZO.

"... tus compañeros de trabajo y aquellos amigos que no sabían que estabas embarazada comienzan a mirar tu abdomen con curiosidad".

Lo más probable es que durante las próximas semanas seas consciente de que tu embarazo comienza a ser evidente para los demás; quizá notes que tus compañeros de trabajo y aquellos amigos que no sabían que estabas esperando bebé comienzan a mirar tu abdomen con curiosidad. Al comienzo del segundo trimestre tu útero ha alcanzado el tamaño de un melón pequeño y por consiguiente puede apreciarse cómo sobresale en tu cavidad abdominal.

LA PIGMENTACIÓN DE LA PIEL

En el embarazo es muy habitual que aumente la pigmentación de tu piel. El estrógeno adicional que produce tu cuerpo estimula ciertas células de la piel llamadas melanocitos para que produzcan un pigmento que oscurece la piel. Es probable que el primer cambio notable de color sea el de la areola que rodea tus pezones, pues además de oscurecerse, su tamaño también aumenta. Por su parte, los lunares, las marcas de nacimiento y las pecas suelen agrandarse y hacerse más oscuras; y en caso de que tengas alguna cicatriz, notarás que su tejido presenta estos mismos cambios. En la mayoría de las mujeres aparece una línea oscura, o "línea nigra" de pigmentación, que recorre el centro del abdomen en sentido vertical. En algunas mujeres, ésta puede ser muy notable desde comienzos del segundo trimestre, mientras que en otras sólo aparece un poco más adelante. Todos estos cambios en el color son completamente normales y suelen desaparecer una vez nace el bebé.

AUMENTO DEL TORRENTE SANGUÍNEO

Ninguno de los desarrollos que tienen lugar en esta etapa sería posible sin un aumento del torrente sanguíneo y si no se presentaran importantes adaptaciones en el funcionamiento del corazón y los vasos sanguíneos. El agua que contiene tu sangre ya aumentó al comienzo del embarazo, pero ahora la cantidad de glóbulos rojos empieza a ser notablemente mayor. El gasto cardiaco (la cantidad de sangre por minuto que circula a través de tu corazón) continúa aumentando, el volumen sistólico (el volumen de sangre tu corazón que bombea con cada latido) y el ritmo cardiaco también se incrementarán, pero gracias a la acción de la progesterona tus vasos sanguíneos soportarán estos cambios al dilatarse y relajarse.

Al comienzo del segundo trimestre, el 25 por ciento de tu sangre se dirige directamente al útero para atender las necesidades del bebé y de la placenta; esto representa un aumento enorme en comparación con el dos por ciento de sangre que solía llegar a tu útero antes del embarazo.

El flujo sanguíneo que corre a tus riñones se incrementará hasta la semana 16, y sólo a partir de entonces sus niveles empezarán a decaer. La capacidad de filtración de tus riñones, que empezó a crecer durante el primer trimestre, ahora es un 60 por ciento mayor que antes de que quedaras embarazada y se mantendrá en este nivel hasta las últimas cuatro semanas, momento en el cual empezará a disminuir. Por lo pronto, unos minúsculos conductos, responsables de reabsorber todas las sustancias que pasan por tus riñones comenzarán a trabajar horas extra. Por ello, no es extraño que tu orina contenga pequeñas cantidades de azúcar y proteínas.

LOS CAMBIOS EN TU ESTADO FÍSICO

AHORA QUE TU EMBARAZO YA HA ENTRADO AL SEGUNDO TRIMESTRE, ESTARÁS MUCHO MÁS SEGURA DE QUE ESTE BEBÉ ES UNA REALIDAD. DESDE UN PUNTO DE VISTA FÍSICO, LO MÁS PROBABLE ES QUE SIENTAS MENOS NÁUSEAS Y QUE RECUPERES PARTE DE TU VITALIDAD HABITUAL.

Probablemente ya hayas empezado a contarle a los demás que estás embarazada y notarás que con frecuencia te conviertes en el foco de atención; recibes expresiones de afecto, todo el mundo te felicita y te da consejos sobre lo que debes hacer y lo que debes evitar durante el embarazo, incluso personas que apenas conoces, y aunque casi siempre son bienintencionadas, algunas de estas recomendaciones pueden ser confusas e incluso inoportunas. No dejes que ellas influencien tu estado de ánimo al punto de hacerte emocionar o angustiar sin razón; así que atiende a tu criterio, así sabrás a quien escuchar. Trata de no tomar al pie de la letra los consejos que no has pedido y las historias aleccionadoras.

IRRITACIONES DE POCA IMPORTANCIA

Existen algunos problemas de poca importancia que puedes notar en las primeras semanas del segundo trimestre. Quizás te sientas congestionada aunque no estés resfriada, puedes llegar a sangrar por la nariz, tener los oídos tapados o las encías sangrantes. No hay razón para preocuparse por estos síntomas, pero ten en cuenta que es probable que persistan durante el resto del embarazo, debido a que son el resultado del aumento del torrente sanguíneo hacia las membranas mucosas de tu nariz, boca, oídos y senos. Así que conviene

"Trata de no tomar al pie de la letra los consejos que no has pedido".

LAS PRICIPALES HORMONAS DEL EMBARAZO

Desde el primer día de embarazo, el funcionamiento de tu organismo y la mayor parte de los cambios drásticos que empiezas a experimentar se encuentran regidos por hormonas producidas por tu cuerpo; adicionalmente, a medida que avanza el embarazo, aumenta la intervención de las hormonas del bebé y la placenta.

HORMONA	SU FUNCIÓN	DÓNDE SE PRODUCE
Gonadotropina coriónica humana (HCG)	Se encarga de secretar el estrógeno y la progesterona a través del cuerpo lúteo, en el ovario, hasta que la placenta adopta esta función.	En la placenta en grandes proporciones, alcanzando su máximo nivel entre las semanas 10-12.
Estrógeno	Estimula el flujo sanguíneo hacia los órganos, a la vez que fomenta el crecimiento y el desarrollo del útero y los senos. Suaviza las fibras de colágeno del tejido conectivo para permitir que los ligamentos se vuelvan más flexibles.	Más del 90 por ciento pertenece a un tipo llamado estriol, y es producido por la placenta; el feto también interviene en este proceso.
Progesterona	Relaja los vasos sanguíneos para que puedan adaptarse al aumento del torrente sanguíneo; tiene un efecto relajante en los tractos digestivo y urinario. Relaja los músculos y ayuda a que los ligamentos y tendones empiecen a ceder, para acomodarse al constante crecimiento del útero. Evita las contracciones hasta el comienzo del parto y prepara los senos para la lactancia.	Hasta las semanas 6-8, el cuerpo lúteo se encarga de su producción; al final del primer trimestre, pasa a ser producida por la placenta.
Lactógeno Placentario Humano (HPL)	Similar a la hormona del crecimiento, el HPL representa el 10 por ciento de la producción de proteínas de la placenta. Desvía las reservas de glucosa de la madre hacia el feto y también tiene efectos en la producción y consumo de insulina de la madre para ayudar a transferir nutrientes al feto. Interviene en el desarrollo de los senos y en la secreción de leche tras el parto.	Es producida por la placenta desde la quinta semana. Sus niveles aumentan a lo largo de todo el embarazo.

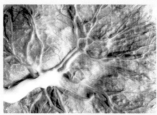

FÁBRICAS DE HORMONAS *Al comienzo del embarazo el lugar central de la producción hormonal es el ovario materno (izquierda); a partir de la semana 12 la placenta y el feto pasan a cumplir esta función.*

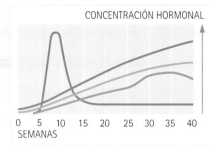

CONCENTRACIÓN HORMONAL

0 5 10 15 20 25 30 35 40
SEMANAS

HORMONA CLAVE

— Gonadotropina coriónica humana
— Estrógeno
— Progesterona
— Lactógeno Placentario Humano

HORMONAS CLAVE *El gráfico ilustra el embate de la hormona HCG al comienzo del embarazo y el aumento continuo de los niveles de estrógeno, progesterona y HPL.*

HORMONA	SU FUNCIÓN	DÓNDE SE PRODUCE
Prolactina	Estimula la producción de leche. Sus niveles aumentan a medida que avanza el embarazo, pero su efecto permanece bloqueado.	Es producida en el lóbulo anterior de la glándula pituitaria.
Relaxina	Es una sustancia similar a la insulina que se encuentra en la sangre y ayuda a distender los ligamentos pélvicos para el parto; contribuye a la maduración del cuello cervical.	Los ovarios producen la relaxina.
Oxitocina	Hace que los músculos del útero se contraigan. Sus niveles aumentan en la primera fase del parto y reciben una mayor estimulación con el ensanchamiento del canal de parto. La oxitocina ayuda a que el útero se contraiga tras el nacimiento; es estimulada por la succión del pezón que realiza el bebé.	Es producida por el lóbulo posterior de la glándula pituitaria. Es común el uso de medicamentos con oxitocina para inducir el parto.
Cortisol y adrenocorticotrofina (ACTH)	Su producción aumenta al final del primer trimestre y sus efectos contribuyen a la formación de las estrías y el aumento de los niveles de azúcar en sangre. El cortisol desempeña una importante función en la maduración de los pulmones del feto.	Son segregados por las glándulas adrenales de la madre cerca de la parte superior de los riñones; la placenta también la produce.
Andrógenos (testosterona y hormona similares)	Componente vital para la producción de estrógeno durante el embarazo; también es necesaria para el desarrollo de los genitales externos masculinos.	Producidos en gran medida por las glándulas adrenales del feto. Los testículos fetales también la producen.

EFECTOS HORMONALES *La expansión del útero es posible gracias al aumento del torrente sanguíneo estimulado por el estrógeno y el efecto de distensión de la progesterona en los ligamentos y músculos. Tras el parto, la prolactina y la oxitocina estimulan la producción de leche.*

pensar en formas de aliviar estos síntomas, aunque es difícil que te libres de todos ellos hasta que nazca el bebé.

Tanto en el trabajo como en casa evita pasar mucho tiempo en lugares cálidos o secos, especialmente aquéllos donde haya calefacción central o aire acondicionado, pues ambos sistemas secan el ambiente. Puedes aliviar esta situación si pones recipientes de agua en los radiadores de tu casa u oficina; también es útil colocar una toalla mojada cerca del radiador, pues tienen un efecto similar. Si sangras con mucha frecuencia por la nariz y esto te resulta molesto, consúltalo con tu médico, quien te remitirá a un especialista.

Quizá sientas que te has vuelto más olvidadiza, un síntoma que con cierto humor suele denominarse " amnesia materna". Pienso que esto simplemente refleja el hecho de que las mujeres están tan preocupadas y emocionadas con el embarazo que las demás cosas les parecen menos importantes y por eso no siempre logran recordarlas. Si notas que se te olvidan las cosas o no puedes ocuparte de varias tareas al mismo tiempo como solías hacer antes, recuerda que esta distracción disminuye al final del embarazo y sin duda volverás a tu estado normal tras el nacimiento de tu bebé.

EL CUIDADO PRENATAL

AUNQUE ES MUY PROBABLE QUE TE ENCUENTRES EN BUEN ESTADO FÍSICO A LO LARGO DEL EMBARAZO, ES CONVENIENTE VISITAR AL MÉDICO CADA CUATRO O SEIS SEMANAS DURANTE EL SEGUNDO TRIMESTRE.

El calendario exacto de tus visitas al médico depende de la fecha de tu primera consulta y de los resultados de tus análisis de sangre y orina; puede cambiar en caso de que se presente algún problema particular que precise un seguimiento especial, pero el procedimiento de los controles rutinarios generalmente es el mismo.

• Te realizarán un análisis de orina para analizar el nivel de proteínas y de glucosa. No es extraño que estas sustancias aparezcan en pequeñas cantidades en la orina en ocasiones aisladas, pero si alguna de ellas se presenta en varias tomas, se recomienda adelantar la prueba de tolerancia a la glucosa (véase p.212).

• Medirán tu tensión arterial para asegurarse de que no tienes riesgo de padecer ciertos problemas habituales en el embarazo.

• Seguramente el médico examinará tus manos y tus pies para comprobar que no estén hinchados o presenten algún edema.

• Examinarán tu abdomen y medirán la distancia entre el fondo uterino (la parte superior de tu útero con forma redondeada) y tu sínfisis púbica (hueso púbico), para verificar que el útero está creciendo a un ritmo constante de aproximadamente 1cm por semana. Esta medición se conoce como altura entre la sínfisis y el fondo uterino: en la semana 14 medirá unos 14 cm y en la semana 16 medirá unos 16 cm. Por supuesto, las mediciones varían dependiendo de la altura y la complexión de la mujer, del número de bebés que esté esperando y de la cantidad de líquido amniótico. Si estás embarazada de gemelos o más niños, la medida será mucho mayor.

• El médico también escuchará el latido del corazón del bebé al colocar sobre tu útero un monitor especial llamado ecógrafo, el cual utiliza ondas de ultrasonido Doppler (que no representan ningún peligro para el embarazo) para grabar el ritmo cardiaco del bebé, que en este momento será de unos 140 latidos por minuto, aproximadamente el doble que el tuyo.

• En la actualidad casi ningún médico pesa a la mujer embarazada en cada visita, pero quizá tu doctor quiera llevar un control si has comenzado el embarazo con sobrepeso o si sufres de diabetes (véase p.108).

TUS CONSULTAS PRENATALES

Puede que tus consultas prenatales no coincidan exactamente con este calendario, pero lo más probable es que sigan este mismo patrón general.

Semanas 11–14	Primera consulta; ecografía de la edad gestacional; ecografía con traslucencia del pliegue nucal.	**Semana 32**	Chequeo de rutina.
Semana 16	*Screening* serológico	**Semana 34**	Análisis de sangre para detectar anemia; estudio del plan de nacimiento, la administración de inyecciones de vitamina K para el recién nacido y la alimentación infantil; inyección anti-D en caso de ser necesario.
Semanas 16–20	Revisión del historial y los resultados de los análisis de sangre.		
Semana 20	Ecografía detallada del feto.		
Semana 24	Consulta general.	**Semanas 34–41**	Visitas semanales al médico.
Semana 28	Análisis de sangre para detectar anemia; examen de tolerancia a la glucosa, orientación sobre la planificación del parto, inyección anti-D en caso de que el grupo sanguíneo sea Rhesus negativo.	**Semana 41**	Estudio de la conveniencia de inducir el parto.
		Semana 41 y 3 días	Visita a la unidad de maternidad del hospital, CTG (seguimiento del ritmo cardíaco del bebé). Ecografía para evaluar el volumen de líquido amniótico y el estado del feto.
Semana 30	Chequeo de rutina.		

HISTORIAL MÉDICO Y ANÁLISIS DE SANGRE

Es conveniente que en algún momento entre la primera consulta y la ecografía de la semana 20 el médico te entregue una historia médica, de manera que puedas tener un registro de la información sobre tu estado de su salud antes y durante el embarazo, así como de los exámenes que te han realizado. Será de gran utilidad en caso de que necesites consultar a otro médico, a la vez que te permitirá revisar los progresos de tu embarazo cuando quieras.

ASPECTOS QUE DEBES CONSIDERAR

QUIZÁ EN ESTA ETAPA DEL EMBARAZO TU PRIMERA PREOCUPACIÓN SEA ENCONTRAR LA ROPA ADECUADA PARA IR AL TRABAJO. TAMBIÉN ES POSIBLE QUE QUIERAS SABER CÓMO EVITAR ALGUNOS DE LOS EFECTOS SECUNDARIOS DEL EMBARAZO, COMO LOS QUE PUEDEN APARECER EN LA PIEL.

LAS ESTRÍAS

La gran mayoría de las mujeres desarrollan algunas estrías durante el embarazo; éstas son causadas porque el colágeno que se encuentra bajo la piel se rompe al estirarse para permitir que tu cuerpo crezca. Las estrías pueden aparecer al comienzo del embarazo y por lo general, en los senos; luego pueden extenderse hasta el abdomen, las caderas y los muslos. La cantidad y el tamaño de las estrías varían mucho de una mujer a otra y dependen en gran medida de factores genéticos y de la edad. Al pasar los años, la piel pierde elasticidad, y por lo tanto se vuelve más propensa a las estrías. No obstante, varios datos permiten pensar que puedes limitar su aparición si antes del embarazo te encuentras en forma y tienes una buena tonificación; durante el embarazo debes tratar de que tu aumento de peso sea gradual.

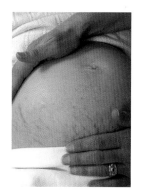

ESTRÍAS *Si eres propensa a las estrías no hay nada que puedas hacer para evitarlas. No obstante, su aspecto amoratado desaparecerá con el tiempo y se notarán mucho menos.*

La mayoría de las mujeres desarrollan estrías profundas, no te alarmes pues su aspecto rosáceo y la rasquiña se desvanecerán con el tiempo; aunque no desaparecerán por completo, adquirirán un color plateado que las hará menos visibles. En el mercado existen muchas cremas antiestrías, pero por más de que sus fabricantes quieran hacernos creer en su efectividad, me temo que ningún producto que apliques sobre tu piel puede cambiar de manera significativa lo que está ocurriendo en las capas inferiores de colágeno que hay bajo la superficie. De todas maneras, realizar masajes con cremas en la piel la mantendrá suave y resulta muy agradable; para ello puedes utilizar cualquier crema hidratante.

QUÉ DEBO PONERME

Comprobarás que mucha de tu ropa preferida ya no te sirve, pero intenta evitar la tentación de salir a comprarte todo un ropero nuevo. Es preferible esperar y comprar ropa para el último trimestre, cuando ya haya muy pocas prendas de tu armario que te puedas poner. También deberás tener en cuenta el cambio de estación entre ahora y los últimos meses de gestación, así que revisa cuidadosamente tu ropa, guarda todo lo que definitivamente no puedas usar o con lo que no te sientas cómoda y céntrate en lo que aún puedes ponerte durante las próximas semanas.

Es aburrido tener una cantidad tan limitada de ropa, así que es un buen momento para probarte algunas de las camisetas, suéteres y pantalones de tu pareja para ver si te sirven. Tomar prestada ropa de tus amigas también es una buena forma de salir del paso durante este período de transición. Así podrás ahorrar dinero para más adelante, cuando estés desesperada por algunas cosas nuevas que ponerte.

EFECTOS COSMÉTICOS

Si crees que tener las piernas, los brazos y el vientre morenos es vital para sentirte bien, ten en cuenta que, en general, durante el embarazo te pondrás más morena porque la cantidad de pigmento de la piel aumenta. Es conveniente que evites permanecer largos períodos al sol para minimizar el riesgo de quemarte y evitar el envejecimiento prematuro de la piel. Las cámaras de bronceado tampoco son aconsejables por esta misma razón. También puedes utilizar cremas autobronceadoras, que no suponen ningún peligro.

Si quieres librarte de vellos indeseados, es preferible recurrir a la cera o al afeitado para evitar el contacto con productos químicos. Procura no aplicarte cera sobre ningún lunar muy pigmentado o sobre las varices y recuerda que el láser no es aconsejable.

Quienes tienen tatuajes o piercings quizá tengan dudas ahora que están embarazadas. Los pendientes en el ombligo resultarán incómodos cuando tu abdomen empiece a crecer y probablemente no permanezca en el mismo lugar, así que lo mejor es que te lo quites lo antes posible. Pueden dejarse los aros de los pezones, pero deberán retirarse durante la lactancia. Los tatuajes de cualquier zona del cuerpo que se expanda pueden cambiar e incluso volverse irreconocibles. No debes hacerte piercings o tatuajes durante el embarazo pues corres el riesgo de contraer infecciones como las hepatitis B y C (véase p.129) y el VIH (véase p.414).

ROPA AJUSTADA *Descarta cualquier prenda que ya no te sirva y considera la posibilidad de tomar prestada ropa de una talla mayor*

LA DIETA Y EL EJERCICIO

DURANTE EL SEGUNDO TRIMESTRE PROBABLEMENTE NOTARÁS QUE RECUPERAS EL APETITO Y QUE PUEDES RETOMAR TUS HÁBITOS ALIMENTICIOS. QUIZÁ TAMBIÉN SIENTAS QUE TIENES MÁS ENERGÍA Y QUE ESTÁS PREPARADA PARA HACER EJERCICIOS.

UNA BUENA ALIMENTACIÓN

Aprovecha al máximo este trimestre para comer bien porque durante el próximo puede que tu apetito y tu digestión vuelvan a presentar molestias ya que a medida que tu bebé siga creciendo empezará a oprimir tu sistema digestivo. Más que voluntad, a muchas mujeres les falta tiempo para llevar una dieta ideal durante el embarazo. Una solución es dejar de preocuparse por preparar comidas balanceadas y concentrarse en tomar tentempiés regularmente de una amplia gama de alimentos saludables. Puedes obtener todo lo que tú y tu bebé necesitan si te aseguras de recurrir a los siguientes alimentos:

▸ pan integral y pan de pita relleno de alimentos como queso rallado, jamón magro, huevos bien cocidos, sardinas, salmón, atún, frijoles cocidos, extracto de levadura, ensalada y tomates.

▸ verduras frescas troceadas como zanahorias, pimientos, pepino y apio.

▸ frutas frescas lavadas y listas para comer.

▸ jugos de fruta, leche semidescremada, agua mineral, infusiones, té o café descafeinado.

▸ cereales integrales no edulcorados y copos de avena para el desayuno.

▸ yogur descremado y queso fresco.

▸ frutas deshidratadas: higos, albaricoques, ciruelas y uvas pasas.

▸ frutos secos y semillas (de girasol y de ajonjolí).

▸ galletas integrales de sal.

▸ barritas de cereales.

Lleva en tu bolso galletas de sal, frutas frescas y deshidratadas, frutos secos y una botella pequeña de agua mineral o jugo de fruta.

UNA POSTURA CORRECTA

Ahora que la forma de tu cuerpo está cambiando con rapidez, la postura se convierte en un aspecto cada vez más importante. Intenta permanecer erguida, como si tu cabeza estuviera sujeta con un hilo, que te alinea desde la cabeza, pasa por la pelvis y el perineo hasta llegar a los pies.

POSTURA INCORRECTA

POSTURA CORRECTA

POSTURA INCORRECTA: hombros hacia adelante — cuello tensado — músculos abdominales débiles — espalda arqueada — pelvis inclinada hacia delante

POSTURA CORRECTA: hombros hacia atrás y hacia abajo — barbilla hacia abajo — pecho elevado — pelvis hacia dentro — músculos abdominales tensos

PROBLEMAS EN EL EMBARAZO

Un temor frecuente entre las mujeres embarazadas es que una dieta deficiente pueda originar ciertas complicaciones. Las enfermedades que se ven afectadas por la dieta son la preeclampsia (véase p.425), la diabetes gestacional (véase p.426) y el crecimiento intrauterino retardado, C.I.R., (véase p.428). Sin embargo, debo destacar que muchas mujeres que sufren complicaciones llevan dietas perfectamente saludables, o similares a las de aquéllas que no experimentan estas dificultades. Las mujeres suelen culparse a sí mismas, y a sus dietas en particular, de ser las responsables de otros problemas como un parto prematuro o la hipertensión, pero en realidad éstos no están relacionadas con la dieta.

UN EJERCICIO SEGURO

A medida que avanza el segundo trimestre, los deportes de alto impacto como el *footing*, el esquí y la equitación serán cada vez menos recomendables. El *footing* no es peligroso para el bebé, pero presiona las articulaciones, los tendones y los ligamentos, y por lo tanto puede causar un daño persistente. Cuando practicas esquí o equitación, tu vientre, altera tu centro de equilibrio, y puedes caerte con más facilidad. El ciclismo, la natación o caminar son algunos son de los deportes más adecuados.

EJERCICIOS DEL SUELO PÉLVICO

Ésta es una serie de ejercicios que deberás realizar regularmente, y me resulta difícil explicar lo importantes que son. Tu suelo pélvico se parece a una hamaca de músculos que soportan la vejiga, el útero y los intestinos; rodean la uretra, la vagina y el recto. La pérdida del tono de estos músculos y/o el daño producido por un parto vaginal prolongado pueden provocar incontinencia por estrés (pequeñas pérdidas de orina cuando toses, ríes o estornudas), síntoma que suele continuar tras el parto y que puede intensificarse más adelante, en especial después de la menopausia, debido a que la falta de estrógeno empeora el problema.

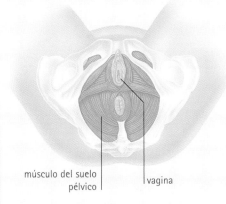

TU SUELO PÉLVICO *Durante el embarazo los músculos de tu suelo pélvico se debilitan y se relajan, a la vez de estirarse por la presión del útero, que aumenta de tamaño.*

músculo del suelo pélvico | vagina

Practica los ejercicios de suelo pélvico a lo largo del embarazo y después de él. Una buena manera de acordarte de realizarlos es establecer un momento determinado de tu rutina, por ejemplo cuando te lavas los dientes o cuando esperas el autobús; después lo harás de forma automática.

▶ **Tensa y destensa los músculos** que rodean tu uretra, vagina y ano. Debes sentir que los músculos del suelo pélvico se elevan. Conserva esta posición durante unos segundos y luego relájalos lentamente. Repítelo hasta 10 veces, manteniendo la tensión durante 10 segundos.

▶ **Ahora tensa y relaja los músculos con más rapidez,** manteniendo la tensión un 1 segundo más. Repítelo 10 veces.

▶ **Ahora tensa y relaja** cada grupo de músculos que rodean tu uretra, vagina y ano por turnos, desde el frente hacia atrás y viceversa.

▶ **Al orinar,** detén el flujo de orina y después relájate otra vez hasta que tu vejiga se vacíe. Puedes realizar este ejercicio con regularidad.

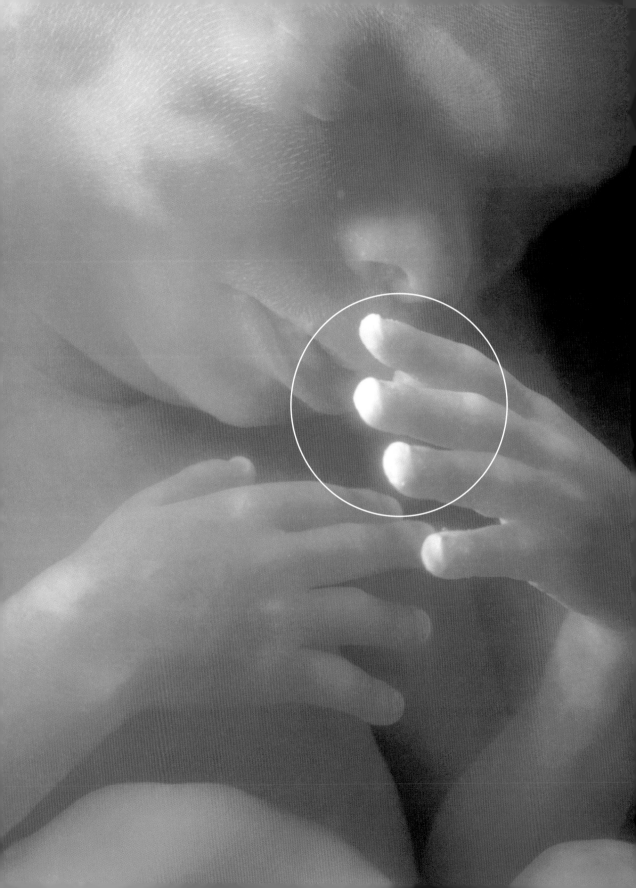

SEMANAS 17–21

EL DESARROLLO DEL BEBÉ

EL CRECIMIENTO DEL TRONCO Y LOS MIEMBROS DEL BEBÉ CONTINÚA CON RAPIDEZ DURANTE ESTA ÉPOCA Y, COMO RESULTADO, SU CABEZA AHORA ESTÁ MÁS PROPORCIONADA AL RESTO DEL CUERPO. AL FINAL DE LA SEMANA 20 LA CABEZA REPRESENTARÁ MENOS DE UN TERCIO DE LA LONGITUD TOTAL DEL FETO.

En especial las piernas del bebé han experimentado un sorprendente crecimiento y ahora son más largas que los brazos. De ahora en adelante, el ritmo de crecimiento del tronco y los miembros comenzará a disminuir, aunque el feto seguirá ganado peso de manera continua hasta el momento del parto. Esta relativa ralentización del tamaño físico es un hito importante porque señala el hecho de que el bebé ahora se está desarrollando de diferentes formas. Los pulmones, el tracto digestivo y los sistemas nervioso e inmunológico están comenzando a madurar, preparándose para la vida en el mundo exterior.

Los órganos sexuales de tu bebé ya están bien desarrollados y las diferencias entre los órganos genitales externos masculinos y femeninos son cada vez más obvias. En el interior del cuerpo de un feto hembra, los ovarios contienen tres millones de óvulos con los que nacerá; el útero está completamente formado y la vagina está comenzando a ahuecarse. Los testículos de un feto masculino aún no han descendido de la cavidad abdominal hasta el escroto, pero mediante una ecografía se puede ver entre las piernas de un niño una protuberancia escrotal sólida junto a un pene rudimentario. En la ecografía de la semana 20 se debería poder determinar el sexo del bebé, siempre y cuando se encuentre en una postura adecuada. En la pared torácica de niños y niñas se desarrolla el tejido mamario (glándulas mamarias) y ya pueden verse los pezones en la superficie de la piel.

Aunque los párpados del bebé por lo general están cerrados, sus globos oculares pueden moverse de lado a lado, y en el fondo del ojo la retina ya es sensible a la luz porque ya se han establecido las conexiones al cerebro. Las papilas gustativas están tan desarrolladas que puede distinguir entre los sabores dulce y amargo (aunque no pueda saborearlos en el útero) y muchos de sus dientes "de leche" se han desarrollado dentro de las encías. La boca se abre y cierra con regularidad y en una ecografía puede verse cómo tu bebé te saca la lengua. Aunque sus pensamientos aún no son conscientes, oye los sonidos con toda claridad como por ejemplo los

◄ En la semana 19, los rasgos faciales ya están, notablemente refinados.

TAMAÑO REAL

PRIMER TRIMESTRE
1
2
3
4
5
6
7
8
9
10
11
12
13

SEGUNDO TRIMESTRE
14
15
16
▶17
▶18
▶19
▶20
▶21

Tamaño real

22
23
24
25
26

TERCER TRIMESTRE
27
28
29
30
31
32
33
34
35
36
37
38
39
40

"Puede que el feto se mueva enérgicamente si se le expone a sonidos fuertes".

latidos de tu corazón, la sangre corriendo por los vasos sanguíneos de la parte inferior de tu cuerpo y tus intestinos agitándose. Suele decirse que la razón por la que los bebés recién nacidos dejan de llorar cuando se les pone sobre el hombro izquierdo de su madre es que reconocen el tranquilizador sonido de su corazón.

El feto también puede escuchar los sonidos provenientes del exterior de tu cuerpo y quizá salte o se mueva enérgicamente si se le expone a sonidos fuertes. Los patrones de latido del corazón del bebé, ahora perfectamente audibles si se pone un monitor electrónico o un ecógrafo en el lugar correcto sobre tu pared abdominal, también cambian como respuesta a un sonido externo elevado. Su piel también es sensible al tacto y si se ejerce una presión firme sobre tu estómago, el bebé se moverá para alejarse del estímulo intruso.

NUEVAS REDES NERVIOSAS

Todos estos sofisticados desarrollos en los sentidos de tu bebé se deben al hecho de que su sistema nervioso se desarrolla con rapidez y madura de forma permanente. Continuamente se forman nuevas redes nerviosas que adquieren capas grasas aislantes de mielina que les permiten transmitir mensajes al cerebro, y desde él, a gran velocidad. Una capa fibrosa comienza a crecer alrededor de los grupos de nervios de la médula espinal para ayudar a protegerlos de daños mecánicos. Estos ajustes del sistema nervioso ayudan a que el bebé se vuelva mucho más activo. Aunque tú aún no puedas sentir todos sus movimientos, tu bebé está moviéndose constantemente,

FETO EN LA SEMANA 19

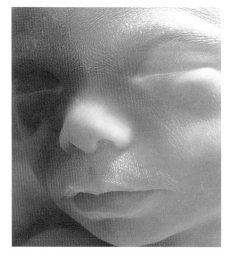

Una fina capa de vello aterciopelado se forma en las cejas y el labio superior.

Tu bebé ya oye los sonidos con toda claridad, tu corazón y tus intestinos agitándose.

retorciéndose, girándose, estirándose, agarrándose y dando volteretas. Este aumento de la actividad muscular permite que sus movimientos sean cada vez más refinados e intencionados, lo que mejora su destreza motora y la coordinación, y ayuda a que se desarrollen huesos más fuertes.

LA PIEL Y EL PELO

En esta etapa del embarazo el feto comienza a tener un aspecto un poco más redondeado y menos arrugado porque comienzan a formarse finas capas de grasa corporal. Parte de esta grasa es una grasa marrón aislante que comienza a depositarse en bolsas en la nuca, detrás del esternón, alrededor de los riñones y en las ingles. Los bebés prematuros o que nacen con poco peso tienen muy poca grasa, razón por la que tienen dificultad para mantener su temperatura corporal y se enfrían con mucha rapidez.

Aún hay muy poca grasa bajo la piel, por ello los vasos sanguíneos, en especial los que rodean la cabeza, pueden verse con mucha claridad, y la piel sigue teniendo un color rojizo y es transparente. Sin embargo, todo el cuerpo del bebé está cubierto de una fina capa de un vello llamado lanugo, que aparece en primer lugar alrededor de las cejas y del labio superior alrededor de la semana 14. Se cree que el lanugo es uno de los mecanismos que ayudan al feto a mantener el calor hasta que tiene suficiente grasa almacenada. Por ello quizá los bebés que nacen antes de la semana 36 suelen estar aún cubiertos de lanugo, mientras que los que nacen a término ya han perdido el vello durante sus últimas semanas en el útero. Esta fina capa de vello también ayuda a asegurar que el bebé permanezca cubierto por la gruesa capa cerosa blanca llamada vernix caseosa, que las glándulas sebáceas de la piel comienzan a segregar durante este segundo trimestre. El vernix protege la piel del bebé.

SISTEMAS DE MANUTENCIÓN

La placenta sigue siendo el sistema de manutención de la vida fetal y ahora está funcionalmente desarrollada por completo. Sin embargo, aún continuará creciendo, triplicando su tamaño al final de un embarazo normal. Hasta ahora pesaba más que el feto, pero desde este momento el peso fetal superará al de la placenta.

En la ecografía de la semana 20 es frecuente encontrar la placenta en un lugar bastante bajo del útero, pero en esta etapa no es razón de preocupación. Aunque la placenta está firmemente unida a la pared uterina, durante el embarazo el útero que la rodea crecerá considerablemente tanto hacia arriba como hacia abajo. Alrededor de la semana 32 el segmento inferior del útero comienza a formarse como preparación al parto, con la consecuencia de que la mayoría de las placentas ya no

tamaño real

En la semana 19 el feto mide alrededor de 15cm desde la cabeza hasta las nalgas y su peso medio será de unos 225gr. Al final de la semana 21 su estatura será de unos 17cm y su peso rondará los 350gr.

están en el lugar donde se las veía en las ecografías. Por supuesto, la placenta no cambia de posición; es el útero el que crece a su alrededor a un ritmo diferente y en momentos distintos del embarazo. De hecho, el útero sigue creciendo hasta aproximadamente la semana 37 y, al final, menos del uno por ciento de las mujeres tienen una placenta baja (véase p.240 y p.427).

La cantidad de líquido amniótico que rodea al feto sigue aumentando y al final de la semana 20 habrá unos 320ml. Se trata de un cambio drástico en comparación con los 30ml que había en el útero en la semana 12. La temperatura del líquido se mantiene cuidadosamente a 37,5°C, un poco mayor que la temperatura de la madre, otro método por el que el feto logra mantenerse caliente.

LOS CAMBIOS EN TU CUERPO

EL PESO DE ALGUNAS MUJERES AUMENTA PAULATINAMENTE, MIENTRAS QUE OTRAS NOTAN UN ACUSADO INCREMENTO EN UNA SEMANA Y NINGÚN AUMENTO APARENTE DURANTE LA SIGUIENTE. POR TÉRMINO MEDIO, DURANTE ESTE PERÍODO GANARÁS ENTRE 0,5 Y 1KG POR SEMANA.

En la semana 18, cuando la matrona o el médico palpa suavemente tu abdomen, puede notar el fondo uterino a medio camino entre tu hueso púbico y el ombligo y ya en la semana 21 probablemente se encontrará en tu ombligo o por debajo de él. La altura de fondo uterino (la distancia entre la parte superior del útero y el hueso púbico) será de 21cm. Aunque esta medida no es tan segura como una ecografía, es una forma rápida de determinar si tu bebé crece satisfactoriamente.

"...tu presión sanguínea no ha subido por las nubes porque la mayor parte de los vasos sanguíneos de tu organismo se han dilatado y están más flexibles..."

LA SENSACIÓN DE CALOR

El volumen de sangre de la circulación sigue creciendo de forma continua y en la semana 21 será de casi 5 litros, un aumento necesario para proveer a todos los órganos de tu cuerpo que ahora están trabajando mucho más de lo normal. El útero recibe la mayor cantidad de este riego sanguíneo, lo que es fundamental para regar la placenta y proporcionar oxígeno y nutrientes suficientes para tu bebé. Habrá medio litro de sangre adicional que continuará llegando a tus riñones cada minuto durante el resto del embarazo. También una proporción de tu flujo sanguíneo mayor de lo normal llegará a tu piel y membranas mucosas, cuyos vasos sanguíneos se habrán dilatado para recibirla. Ésta es una de las razones por las que las mujeres embarazadas tienen congestión nasal, sienten más el calor, sudan más y se sienten mareadas durante el embarazo.

MAYOR VOLUMEN DE SANGRE

Para hacer llegar esta mayor cantidad de sangre a tus órganos, tu gasto cardíaco debe continuar aumentando gradualmente y en la semana 20 tu corazón bombeará unos 7 litros de sangre por minuto. Sin embargo, tu ritmo cardíaco (el número de veces que tu corazón late por minuto) no puede incrementarse demasiado porque comenzarías a sentir palpitaciones. El mayor volumen de sangre y la fortalecida actividad de bombeo de tu corazón lógicamente provocarían un aumento drástico de la presión arterial, pero en los vasos sanguíneos se producen cambios importantes que evitan que surjan estos problemas.

Una de las razones principales por las que tu presión sanguínea no ha subido por las nubes es porque la mayor parte de los vasos sanguíneos de tu organismo se han dilatado y están más flexibles (conocido por el término médico de reducción de la resistencia periférica). Contienen más sangre de la que solían contener gracias a la acción de la progesterona y otras hormonas, un aumento del volumen y la dilatación de los vasos sanguíneos que puede originar síntomas físicos desagradables como várices (véase p.235) y hemorroides (véase p.217). Esta reducción en la resistencia periférica asegura que en la mayoría de los casos la presión sanguínea se altere muy poco durante las primeras 30 semanas de embarazo, a no ser que surjan complicaciones como la hipertensión inducida por el embarazo (véase p.425).

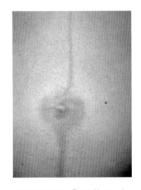

LINEA NIGRA *Esta línea de pigmentación en el abdomen suele ser más apreciable en mujeres de piel oscura o cetrina.*

LOS CAMBIOS EN LA PIEL

Debido a la dilatación de los vasos sanguíneos de tu piel y a los elevados niveles de estrógenos de tu cuerpo, notarás unas pequeñas marcas rojas llamadas arañas vasculares en tu cara, cuello, hombros y pecho.

La pigmentación de la piel que rodea los pezones, los órganos genitales y la línea nigra que recorre tu barriga se notará aún más. Esta línea señala el punto en el que se unen los músculos abdominales derechos e izquierdos. Desde ahora estos haces musculares comenzarán a separarse para permitir que tu útero crezca, pero la razón por la que esto va acompañado por una pigmentación más fuerte de la superficie de tu piel abdominal sigue siendo un misterio.

Algunas mujeres padecen cloasma, también llamado paño del embarazo, en la cara. En las mujeres con la piel blanca el cloasma aparece en forma de manchas oscuras marronáceas situadas principalmente en el puente de la nariz y a veces alrededor de la boca. En las pieles oscuras, las manchas tienen un color más claro que el tono normal de la piel. Como todos estos cambios de pigmentación se deben a las hormonas del embarazo, suelen desaparecer o desvanecerse rápidamente después del nacimiento del niño.

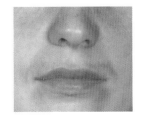

CLOASMA *Esta pigmentación oscura suele aparecer simétricamente en las mejillas y otras partes de la cara.*

TU POSIBLE ESTADO FÍSICO

A ESTAS ALTURAS QUIZÁ REDESCUBRAS LA ENERGÍA QUE TENÍAS ANTES DE ESTAR EMBARAZADA. DE HECHO, MUCHAS MUJERES PIENSAN QUE, AUNQUE AHORA SU ASPECTO ES EL DE UNA EMBARAZADA, NO SE SIENTEN FÍSICAMENTE MUY DIFERENTES DE COMO SE SENTÍAN ANTES DEL EMBARAZO.

Recuperarás tu apetito, que de hecho hasta puede ser mayor, y comprobarás que puedes volver a disfrutar de las comidas normales. Aprovecha al máximo esta época del embarazo y asegúrate de llevar una dieta nutritiva y bien equilibrada (véase p.43-9), pues no pasará mucho tiempo hasta que tu apetito vuelva a verse alterado por todos los problemas gastrointestinales que aparecen al final del embarazo a medida que el bebé crece dentro de tu cavidad intestinal y tu sistema digestivo se ralentiza.

Puede que recuperes tu libido, un hecho que para muchas parejas es la confirmación de que el embarazo no ha cambiado permanentemente su relación física. De hecho, para algunas su vida sexual se vuelve especialmente placentera durante este trimestre, a lo que contribuyen ciertos factores. Físicamente te sientes mejor, algo importante porque las náuseas y el cansancio son verdaderos enemigos de la pasión, y por otro lado tus niveles hormonales son menos variables. Además tanto tú como tu pareja se sienten más relajados en este trimestre, pues han tenido tiempo suficiente para hacerse a la idea de que estás embarazada.

La primera vez que sientes los movimientos de tu bebé es una experiencia física casi inseparable de la respuesta emocional que le sigue. Si es tu primer bebé, quizá confundas las primeras sensaciones de burbujeo con gases, pero después de un tiempo te darás cuenta de que no están relacionadas con tu digestión pues son completamente diferentes. Nadie puede predecir la fecha exacta en la que notarás a tu bebé moviéndose, pero es probable que ocurra ahora o muy pronto.

TUS EMOCIONES

En estos momentos ya habrás contado a la mayoría de las personas con las que mantienes un contacto regular que estás esperando un bebé, pero aunque te hayas guardado la noticia para ti misma, los cambios de tu cuerpo actuarán como pistas que indicarán a los demás que estás embarazada. Ya

PRIMEROS BURBUJEOS

Puede que pase un tiempo hasta que estés segura de que sientes a tu bebé moverse.

sea en casa o en el trabajo, verás que todos a tu alrededor quieren que les hables de tu embarazo. Como muchas mujeres, probablemente disfrutes de esta nueva cercanía con personas relativamente extrañas y agradecerás la oportunidad de compartir tu emoción por el embarazo. En la vida hay muy pocas ocasiones en las que nos embarcamos en una conversación personal profunda con un completo extraño e incluso le dejamos que nos toque el abdomen o nos rodee con su brazo de forma paternal. Esto me sucedía continuamente cuando estaba embarazada y confieso que, tras una sensación inicial de sorpresa, esta generosa muestra de calidez y buena voluntad me confirmaba que estaba en un período muy especial y que todos a mi alrededor compartían este hecho. No obstante, comprendo que algunas mujeres consideren este interés externo por su embarazo como una invasión no deseada de su privacidad. Si perteneces a este último grupo, deberás encontrar formas de evitar resentirte y enfadarte, porque no hay duda de que la sociedad tiende a considerar a las mujeres embarazadas como un tipo de propiedad pública.

Sobre todo, éste es uno de los períodos más agradables del embarazo, en el que quizá te sientas más serena y calmada de lo habitual. Procura disfrutar de la relativa paz del segundo trimestre porque el tercero quizá llegue con altibajos emocionales, por no mencionar las molestias físicas.

"...probablemente disfrutes esta nueva cercanía con personas relativamente extrañas y agradecerás la oportunidad de compartir tu emoción por el embarazo".

EL CUIDADO PRENATAL

DURANTE EL SEGUNDO TRIMESTRE VISITARÁS AL OBSTETRA CADA CUATRO SEMANAS PARA REALIZARTE ANÁLISIS DE ORINA, MEDIRTE LA PRESIÓN ARTERIAL Y LA ALTURA DE TU FONDO UTERINO. ADEMÁS SE ESCUCHARÁ EL LATIDO DEL CORAZÓN DEL BEBÉ MEDIANTE UN ECÓGRAFO O UN ESTETOSCOPIO DE PINARD.

LA ECOGRAFÍA DE LA SEMANA 20

La mayoría de las unidades de maternidad ofrecen a las mujeres una ecografía alrededor de la semana 20 (véase p.174-5), aunque la fecha exacta varía de una unidad a otra, para completar las pruebas prenatales adicionales como los análisis serológicos de sangre. Sin embargo, suele realizarse entre las semanas 18 y 22 y se suele denominar ecografía de anomalías fetales porque es en esta etapa del embarazo cuando los órganos y los sistemas orgánicos principales del bebé están lo suficientemente desarrollados como para que sea posible detectar la mayor parte de las anomalías estructurales potenciales. La gran mayoría de las ecografías demostrarán que tu bebé parece estar desarrollándose con normalidad y, lejos de ser motivo de preocupación, les

LA ECOGRAFÍA DE LA SEMANA 20

ALREDEDOR DE LA SEMANA 20 TU BEBÉ SE HABRÁ DESARROLLADO LO SUFICIENTE COMO PARA QUE PUEDAN VERSE LOS ÓRGANOS PRINCIPALES Y LOS SISTEMAS ORGÁNICOS EN UNA ECOGRAFÍA, Y ASÍ PODER COMPROBAR QUE TODO PROGRESA ADECUADAMENTE.

Más abajo aparece un resumen de lo que habitualmente se comprueba en esta ecografía, aunque no tiene por qué suceder necesariamente en este orden, ya que tu bebé se moverá constantemente y puede que no siempre se encuentre en la postura adecuada, así que las mediciones y observaciones se realizarán cuando la oportunidad lo permita. El ecografista sólo marcará las casillas de la lista de control una vez haya visto todo con claridad, así que si la postura del bebé lo impide, quizá debas pasear unos instantes para intentar hacer nuevas mediciones o incluso volver una semana después para volver a intentarlo.

▶ **El latido fetal** suele ser lo primero que se comprueba. También se buscarán las cuatro cavidades del corazón. Si se hiciera necesaria una ecografía cardiaca especializada, se realizaría entre las semanas 22 y 24.

▶ **En la cavidad abdominal,** se estudiarán la forma y el tamaño del estómago, intestinos, hígado, riñones y vejiga y se comprobará que los intestinos están completamente detrás de la pared abdominal. El diafragma, que es el plano muscular que separa el pecho de la cavidad abdominal debería estar ya formado y los pulmones del bebé deberían estar en desarrollo. Aunque no es frecuente encontrar anomalías en estos órganos, en las páginas 415-21 encontrarás información sobre los problemas que pueden surgir.

▶ **La cabeza y la espina dorsal de tu bebé** se examinarán, empezando por los huesos del cráneo para comprobar que están completos. La espina dorsal ya se ha enderezado, lo que significa que el ecografista puede mover el transductor arriba y abajo comprobando cada hueso o vértebra y asegurándose de que no hay señales de espina bífida (véase p.418).

▶ **El cerebro** contiene dos ventrículos, cavidades rellenas de líquido situadas a la derecha e izquierda de la línea

LA MEDICIÓN DE TU BEBÉ

Las mediciones se realizan durante la ecografía para ayudar a determinar si tu bebé tiene una estatura correcta para su edad y quedan registradas como abreviaturas en tu historial, con medidas en milímetros, que se cotejan con los valores normales en un gráfico. Esto proporciona un cálculo del tamaño del bebé en términos de un número de semanas de entre 40.

DBP	Diámetro biparietal (distancia entre los huesos laerales de la cabeza del bebé)	45mm = 19+/40
PC	Perímetro craneal	171mm = 19+/40
PA	Perímetro abdominal	140mm = 19+/40
LF	Longitud femoral (longitud del fémur)	29mm = 19+/40

Estas mediciones sugieren que este feto tiene un tamaño de aproximadamente unas 19 semanas de gestación. Suponiendo que la ecografía se realizara entre las semanas 19 y 20, el bebé tiene un tamaño adecuado para su edad.

DETALLE DE UNA ECOGRAFÍA EN LA SEMANA 20

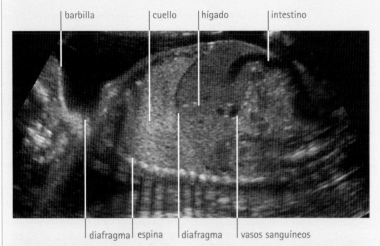

barbilla | cuello | hígado | intestino

diafragma | espina | diafragma | vasos sanguíneos

CÓMO COMPRENDER LA ECOGRAFÍA DE TU BEBÉ *Esta imagen muestra la barbilla y el cuello (en el extremo izquierdo) y el pulmón puede verse como una zona pálida encima del diafragma, el músculo transversal con forma redondeada que separa el pecho del abdomen. El hígado aparece como una gran sombra por debajo del diafragma, puntuado por dos vasos sanguíneos que pueden verse como dos círculos negros. La mancha oscura en forma de M (en el extremo derecho) son los intestinos del feto.*

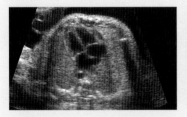

CORAZÓN FETAL *Las cuatro cavidades del corazón pueden apreciarse con claridad.*

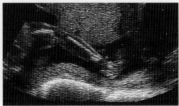

PIERNA Y PIE *La longitud del fémur es un buen indicador del crecimiento.*

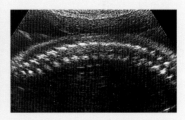

ESPINA DORSAL *Se cuenta y estudia cada vértebra de la espina dorsal.*

central y que están alineados con un sistema especial de vasos sanguíneos llamado plexo coroideo. Rara vez los ventrículos crecen (véase anomalías cardiacas, p.420) o el plexo tiene quistes (véase p.419). En el caso improbable de que se identifiquen estos problemas, se te realizarán más ecografías.

▶ **La posición de la placenta** se encontrará sobre el muro anterior o posterior, o bien en el fondo (arriba) del útero. Es bastante habitual que en esta etapa la placenta se encuentre en una posición baja, pero quizá se te realice otra ecografía alrededor de la semana 32 para comprobar que se ha reubicado más arriba.

Se observará el cordón umbilical y quizá se aprecie el lugar donde está unido a la placenta. Casi siempre es en el centro, pero si se encontrara en un extremo de la misma puede ser motivo de preocupación.

▶ **El volumen de líquido amniótico** se evaluará para asegurar que no hay ni demasiado, una condición conocida como polihidramnios (véase p.426), ni demasiado poco (oligohidramnios, véase p.426). En cualquier caso, se te realizarán más pruebas, que incluyen una ecografía.

▶ **El sexo de tu bebé** puede determinarse si la ecografía muestra un pene entre las piernas. No obstante, no siempre es posible llegar a la conclusión de que el bebé es niña porque el pene puede estar escondido. Por esta razón, algunos hospitales prefieren no revelar esta información.

COMPRENDER TU ECOGRAFÍA *Tu médico te ayudará a interpretar exactamente lo que ves.*

dará a ti y a tu pareja mucha tranquilidad, por no mencionar la sensación de ver al bebé con gran detalle. Para muchas parejas éste es el momento mágico en el que se dan cuenta de que su embarazo va a dar como resultado un ser humano. La mayoría de las unidades de maternidad te darán una fotografía impresa de la ecografía para tu álbum familiar; a mis dos hijas gemelas aún les encanta ver su ecografía de la semana 20.

LA CONFIRMACIÓN DE LOS RESULTADOS

Para algunas mujeres la ecografía puede causarles uno o más motivos de preocupación, pues muchas anomalías están acompañadas por signos físicos descritos como marcadores de un desorden o un síndrome. Por ejemplo, alrededor del 70 por ciento de los bebés con síndrome de Down tienen anomalías estructurales en su corazón o sus intestinos, un surco palmar único en las manos y ojos rasgados con pliegues epicánticos que muchas veces pueden verse en una ecografía. Cuando una ecografía detecta un signo físico que pudiera sugerir un síndrome de Down, yo casi siempre aconsejo a los padres que se sometan a una prueba de amniocentesis (véase p.140-3). Así, cuando reciben un diagnóstico certero pueden recibir un buen asesoramiento y consejo sobre el siguiente paso que deben dar.

Aunque la ecografía de la semana 20 proporciona una información vital, debo aclarar que una ecografía normal no garantiza que un bebé no sufra una anomalía. Por ejemplo, alrededor del 30 por ciento de los bebés con síndrome de Down no muestran marcadores estructurales obvios.

PREOCUPACIONES MÁS FRECUENTES

LA MAYORÍA DE LAS QUEJAS DEL SEGUNDO TRIMESTRE SON DE POCA IMPORTANCIA, Y MUCHAS DE ELLAS SE DEBEN A QUE LOS VASOS SANGUÍNEOS SE DILATAN PARA SOPORTAR EL VOLUMEN ADICIONAL DE SANGRE QUE CIRCULA POR TU ORGANISMO.

Sentirse mareada o a punto de desmayarse es un síntoma muy frecuente durante el segundo y tercer trimestre de embarazo, aunque rara vez supone un problema serio. Los vasos sanguíneos de tu cuerpo ahora contienen un volumen de sangre mucho mayor. Cuando te levantas rápidamente, puedes sentirte momentáneamente mareada porque toda la sangre adicional de las venas de tus piernas necesita un poco más de tiempo para redistribuirse hacia tu cabeza y otros órganos. Los dolores de cabeza también son una queja habitual y la mayoría de las veces se deben a la tensión y a la ansiedad o al hecho de sufrir congestión nasal. De todos modos, si sufres dolores de cabeza de forma repetida deberás buscar consejo porque son una primera señal de que podrías estar desarrollando hipertensión arterial (véase problemas de tensión sanguínea, p.425).

ERUPCIONES CUTÁNEAS

Las mujeres embarazadas también son muy susceptibles a sufrir una gran variedad de erupciones cutáneas normalmente debido a los cambios hormonales masivos que se producen en su cuerpo.

No es extraño que aparezcan manchas secas de piel descamada y con mucho picor sobre todo en piernas, brazos y abdomen, pero aplicar una sencilla crema emoliente (hidratante) suele ayudar, aunque en ocasiones se necesitará un antihistamínico o incluso una crema con una dosis baja de esteroides para aliviar la irritación. Los vasos sanguíneos dilatados de tu piel pueden hacer que parezca más rosácea o incluso manchada, pudiendo confundirse con un sarpullido.

Como tu piel necesita librarse del calor adicional de los vasos sanguíneos dilatados, es normal sudar más y, como resultado, desarrollar un sarpullido en las axilas, los senos y en las ingles, donde el sudor se acumula y no puede evaporarse rápidamente. Podrás reducir el problema poniéndote ropa amplia, preferentemente de algodón, y evitar la ropa ajustada de fibras sintéticas, así como mediante una buena higiene y el uso de jabones y desodorantes sin fragancia. Puede que el sarpullido producido por el sudor se infecte con hongos u otros organismos micóticos (como por ejemplo aftas, véase p.216), que no son graves, pero que pueden hacerte sentir picor e incomodidad y para los que podrías precisar una crema antimicótica tópica que ayude a curar la infección.

APLICACIÓN DE CREMA

Aplicarse crema hidratante ayudará a evitar el picor y la descamación de la piel.

ASPECTOS QUE DEBES CONSIDERAR

LO MÁS PROBABLE ES QUE LA ROPA QUE NECESITES PONERTE AHORA SEA BASTANTE DIFERENTE DE LO QUE IMAGINABAS QUE TE PONDRÍAS EN ESTA ETAPA. SIÉNTETE ORGULLOSA DE TI MISMA SI LOGRASTE RESISTIR LA TENTACIÓN DE COMPRAR ROPA NUEVA A LA PRIMERA SEÑAL DE VIENTRE ABULTADO.

"... muchas mujeres sienten la necesidad de irse de vacaciones o salir un fin de semana".

Ahora es el momento de reconsiderar qué ropa debes ponerte para estar cómoda en el trabajo y en casa. Imagínate que es como hacer la maleta para irte de vacaciones y que la cantidad de equipaje está restringida. Hay bastantes lugares donde comprar ropa para embarazo, como los grandes almacenes, cadenas de ropa, tiendas especializadas y la compra por catálogo, pero la clave está en una elección cuidadosa.

Combinar prendas separadas suele ser la mejor solución porque te ofrece una gran flexibilidad y puedes adaptarlas a los repetidos cambios en tu tamaño con relativa facilidad. La diferencia principal entre la ropa especial para el embarazo y las chaquetas o camisas normales es que el frente es más largo que la espalda para que, una vez que tu abdomen se abulte, ambos tengan la misma longitud. No obstante, la espalda de algunas chaquetas tienen un sistema de expansión para adaptarse a los cambios de tu figura, así que si necesitas llevar trajes o chaquetas al trabajo, podrás hacerlo comprándote una buena chaqueta y cambiando la falda o el pantalón.

Cuando se trata de ponerse falda o pantalón, la prioridad es encontrar ropa con una cintura cómoda y elástica. A corto plazo, comprar mallas un par de tallas más grandes de lo normal suele ser una solución cómoda, pero pronto te darás cuenta de que no es un remedio a largo plazo porque la cintura elástica comenzará a apretarte a medida que transcurren las semanas. Las faldas y los pantalones para embarazo tienen un botón y una cinta elástica con ojales que te permiten expandir la cintura y hacer que sea más cómoda a medida que avanzan las etapas de tu embarazo. Quizá también quieras comprarte un pantalón con cordón o un vestido sin cintura que podrás utilizar durante un buen tiempo.

Las medias largas para embarazadas proporcionan mejor sujeción que las convencionales y aunque probablemente tengas que comprar diferentes tallas a lo largo del embarazo, seguirán siendo una buena inversión. Recuerdo lo cómoda que me sentía cuando las llevaba y lo consciente que era de mis piernas cansadas y adoloridas cuando no lo hacía. Evita las medias a la altura de la rodilla porque pueden bloquear la circulación en la parte superior de la pantorrilla y fomentar la formación de várices.

Si la natación forma parte de tu rutina de ejercicio, cómprate un bañador que puedas ponerte durante todo el embarazo. Te sentirás mucho más cómoda con un bañador diseñado para la maternidad que además podrás comprar casi al mismo precio que uno normal.

Un embarazo de 40 semanas abarca varias estaciones, así que deberás comprar la mayoría de la ropa para la estación en la que la forma de tu cuerpo sufra más cambios. Si en el primer y segundo trimestre transcurren en los meses de verano, quizá tengas algunas prendas amplias en tu ropero que puedas utilizar hasta que tu figura requiera una tarde de compras formal. Si tu tercer trimestre transcurre en los meses de invierno, resiste la tentación de comprar un abrigo caro de una talla mayor porque probablemente querrás ponértelo el invierno siguiente, cuando tu bebé ya haya nacido. Mientras tanto, puedes pedirlo o comprar uno sin botones delanteros que podrás utilizar indefinidamente.

UN CAMBIO DE ESCENARIO

Durante el segundo trimestre muchas mujeres sienten la necesidad de irse de vacaciones o salir un fin de semana, una clase de descanso "aprovechando la ocasión". Ahora que hay disponibilidad de vuelos baratos hacia todos los rincones del mundo, me encuentro continuamente con la cuestión de los viajes en el embarazo y la seguridad. Encontrarás casi todas las respuestas en el apartado "Viajar sin problemas", que incluye un análisis exhaustivo sobre los viajes en el embarazo, la inmunización necesaria y las precauciones que deberías tomar (véase p.36-7).

TOMARSE UN DESCANSO

Esta etapa del embarazo puede ser un buen momento para viajar siempre y cuando no tengas problemas de salud.

En lo que respecta a los consejos específicos para esta etapa del embarazo, si has sufrido complicaciones previas piensa detenidamente en viajar al extranjero en esta época, pues lo último que necesitas es encontrarte lejos de casa si ocurriera algún imprevisto. Enfrentarse a un problema inesperado ya es bastante angustioso sin tener que defenderse en una lengua extranjera. No obstante, si no tienes antecedentes de problemas y tu médico te ha asegurado que puedes viajar, será muy improbable que te topes con algún problema relacionado con el embarazo durante tus vacaciones.

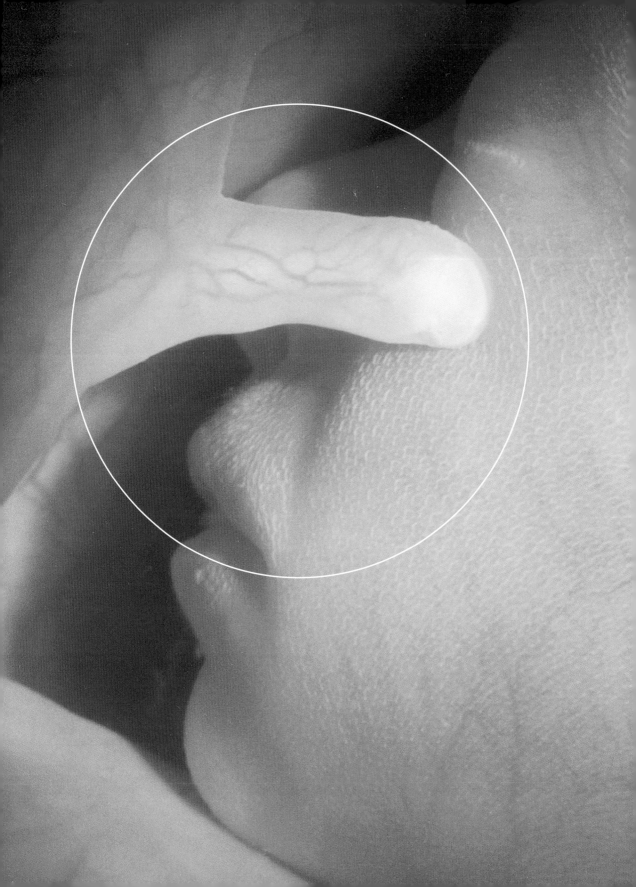

SEMANAS 21-26

EL DESARROLLO DEL BEBÉ

TU BEBÉ CONTINÚA AUMENTANDO DE ESTATURA Y GANANDO PESO DE FORMA INCESANTE. SUS RASGOS FACIALES YA ESTÁN MUY BIEN DESARROLLADOS Y LAS CEJAS, LAS PESTAÑAS Y EL PELO DE LA CABEZA PUEDEN DISTINGUIRSE CLARAMENTE.

La piel aún tiene un color rosa y está arrugada, aunque ya no tiene un aspecto completamente transparente porque se está depositando algo de grasa subcutánea. La capa de piel epidérmica ahora transporta una configuración superficial en las yemas de los dedos, las palmas de las manos, los dedos de los pies y las plantas de los pies determinada genéticamente, que da lugar a un conjunto de huellas dactilares único de este ser humano. La dermis subyacente desarrolla pequeñas proyecciones que contienen vasos sanguíneos y nervios. La superficie de la piel permanece cubierta por una fina capa de lanugo y una gruesa capa de vernix caseosa. Esta capa cerosa protectora permanecerá hasta poco antes del nacimiento. Por ello los bebés prematuros suelen estar aún cubiertos por una gruesa capa de vernix, mientras que los bebés nacidos tarde o postmaturos han perdido todo el vernix y, como resultado, su piel está seca y descamada.

EL INTERIOR DEL ORGANISMO

Los sistemas nervioso y óseo continúan madurando, lo que significa que en lugar de sólo revolverse o flotar, sus movimientos se vuelven más intencionados y complejos, incluyendo patadas y volteretas. El feto se chupa el dedo pulgar y comienza a tener hipo. Además agarra firmemente casi todo objeto que encuentra con las manos y, lo que es más sorprendente, esta sujeción es capaz de soportar todo el peso del cuerpo del bebé.

Su cerebro se está desarrollando y su actividad puede monitorizarse electrónicamente en un electroencefalograma (EEG). En la semana 24, los patrones de ondas cerebrales son similares a las de un niño recién nacido. Las células del cerebro programadas para controlar el pensamiento consciente están comenzando a madurar, y las investigaciones sugieren que desde ahora el feto empieza a desarrollar una memoria primitiva. Sin duda, tu bebé ya puede responder a los sonidos de tu cuerpo y también a los sonidos exteriores fuertes y a tus movimientos físicos. Se cree que un bebé puede distinguir las voces de su madre y de su padre y que es capaz de

◄ Fetoscopia de un feto de 21 semanas en el útero.

SEMANAS

PRIMER TRIMESTRE 1
2
3
4
5
6
7
8
9
10
11
12
13
SEGUNDO TRIMESTRE 14
15
16
17
18
19
20

Tamaño real

▶21
▶22
▶23
▶24
▶25
▶26

TERCER TRIMESTRE 27
28
29
30
31
32
33
34
35
36
37
38
39
40

tamaño real

En la semana 21 el feto mide alrededor de 17cm y pesa unos 350gr. Al final del segundo trimestre, habrá crecido hasta alcanzar 25cm desde la cabeza hasta las nalgas y pesará casi 1kg.

reconocerlos tras el nacimiento. Los estudios han demostrado que los bebés son capaces de reconocer una obra de música determinada que han escuchado "repetidamente" en el útero.

Al final de este período los párpados se abrirán. Aunque la mayoría de los bebés tienen los ojos azules al nacer, el color definitivo no se sabrá hasta que hayan transcurrido bastantes semanas desde el nacimiento.

También se desarrolla un ciclo de sueño-despertar, aunque por desgracia éste no está siempre sincronizado con tu ritmo diario, con lo que quizá te preocupe la falta de movimientos durante el día hasta que te despiertas por la noche por el trajín de tu hijo.

El ritmo cardiaco fetal se ha ralentizado considerablemente de 180 a 140-150 latidos por minuto al final del segundo trimestre. Desde ahora en adelante, la monitorización del ritmo cardiaco en un cardiotocógrafo (CTG) se convierte en uno de los métodos más útiles para evaluar el bienestar de tu bebé.

El feto abre y cierra la boca regularmente porque traga grandes cantidades de líquido amniótico. Este líquido es digerido y los productos de desecho del proceso metabólico del organismo fetal atraviesan la placenta por medio del cordón umbilical para ser depositados en la sangre de la madre. El resto, que en efecto es excedente de agua, es excretado en la bolsa de líquido amniótico en forma de orina. En la semana 26 el volumen de líquido amniótico ha aumentado a unos 500ml que son cambiados o sustituidos cada tres horas.

Los pulmones fetales aún están relativamente inmaduros y deberán pasar varias semanas antes de que puedan respirar de forma autónoma. No obstante, tu bebé está comenzando a realizar movimientos respiratorios que practicará hasta el momento del parto. Los pulmones están llenos de líquido amniótico, que ayuda al feto a desarrollar más bolsas de aire (alvéolos) que necesitan estar rellenas de líquido amniótico para multi-plicarse adecuadamente y más tarde expandirse. Alrededor de las bolsas se forma una red de minúsculos vasos sanguíneos que serán esenciales para la transferencia de oxígeno al resto del cuerpo del bebé tras el nacimiento. Si la bolsa de líquido se rompe antes del final del segundo trimestre, el desarrollo pulmonar del bebé se verá comprometido.

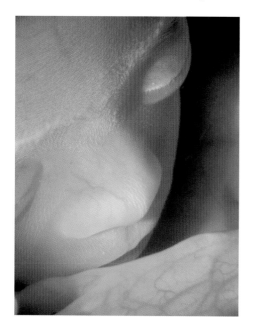

EL TACTO *Las manos se mueven hacia la cara y tocan y agarran todo lo que encuentran.*

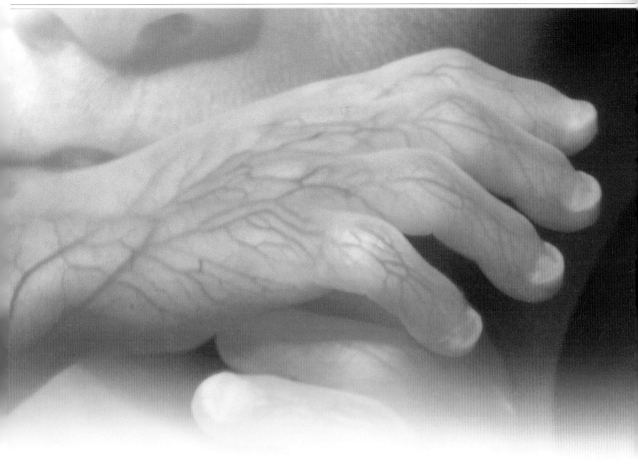

UN BEBÉ VIABLE

Aunque los pulmones aún están relativamente inmaduros, el feto ha llegado a una etapa de viabilidad potencial, lo que significa que podría sobrevivir fuera del útero, aunque con ayuda de expertos médicos neonatales y un ventilador que le ayude a respirar. La definición legal de viabilidad fetal se sitúa en 24 semanas y todo bebé nacido después de esta semana queda registrado como nacimiento porque los bebés nacidos antes de esta fecha tienen poca probabilidad de sobrevivir y serán clasificados como abortos (véase p.430) o como mortinato si mostraba algún signo de vida al nacer (véase p.431). Después de la semana 24, las posibilidades de supervivencia comienzan a aumentar aunque hasta aproximadamente la semana 30 aún existe una alta probabilidad de que el bebé sufra alguna discapacidad física o mental (véase p.339). No obstante, tras la semana 26 cada día que pasa viene acompañado por una mejora en la madurez pulmonar y un riesgo menor de sufrir otros problemas. Las primeras semanas del tercer trimestre de embarazo son cruciales en términos de supervivencia fetal.

PIEL Y UÑAS *Se ha formado una capa de grasa subyacente, pero aún pueden verse los vasos sanguíneos. Las uñas han crecido, así como una configuración superficial única en las yemas de los dedos.*

LOS CAMBIOS EN TU CUERPO

DURANTE LAS PRÓXIMAS SEMANAS LA MAYORÍA DE LAS MUJERES ENGORDAN CADA SEMANA APROXIMADAMENTE MEDIO KILO, AUNQUE VARÍA ENTRE LAS MUJERES Y ENTRE LAS SEMANAS. LO IDEAL SERÍA QUE DURANTE EL SEGUNDO TRIMESTRE GANARAS ENTRE 6 Y 6,5KG.

"...probablemente notes que tu piel tiene una tonalidad particularmente sonrosada y saludable, y que tu pelo se fortalece y brilla más".

Si crees que durante esta parte del segundo trimestre estás ganando más peso del recomendable recuerda que sólo alrededor de un kilogramo de este peso será de tu bebé. El resto se reparte entre el crecimiento del útero y el pecho, el aumento del riego sanguíneo y del líquido que ahora contiene el cuerpo, pero también entre tus reservas de grasa materna (véase p.42), por lo que después del nacimiento te costará mucho librarte de los kilos ganados ahora. Si tu aumento de peso continúa siendo excesivo a medida que te adentras en el tercer trimestre, correrás más riesgo de padecer diabetes gestacional (véase p.426) y preeclampsia (véase p.425), por no mencionar la innecesaria sensación de cansancio y un dolor de espalda más molesto de lo habitual. Así que intenta llevar una dieta sensata y equilibrada y restringe la ingesta de azúcar e hidratos de carbono. Además, si necesitas controlar tu peso, la reducción gradual de la ingesta de calorías no perjudicará al crecimiento de tu bebé. Hay otras mujeres que engordan muy poco en el embarazo, pero mientras su dieta contenga todos los nutrientes necesarios, no habrá nada de qué preocuparse.

LA EXPANSIÓN DEL ÚTERO

Tu útero seguirá creciendo y entre las semanas 21 y 26 se situará por encima de tu ombligo, un crecimiento que se logra por el aumento del tamaño de los músculos del útero que siguen unidos a los mismos ligamentos de sujeción. No resulta sorprendente que muchas mujeres noten un dolor punzante a los lados de su abdomen a medida que el útero se expande y estira estos ligamentos al límite. La altura del fondo uterino mide aproximadamente 22cm en la semana 22, 24cm en la semana 24 y 26cm en la semana 26.

Para adaptarse al crecimiento del útero y del bebé, se producen otros cambios. Así, a medida que tu útero asciende hacia la cavidad abdominal, tu caja torácica también asciende hasta 5cm y las costillas inferiores se expanden a los lados. Esto suele causar molestias o dolor alrededor de la caja torácica y puede hacer que falte la respiración. El estómago y otros órganos digestivos se comprimen y la progesterona continúa relajando los músculos intestinales, produciendo como resultado el habitual ardor de estómago, la indigestión y el estreñimiento en esta etapa del embarazo (*véase* p.187).

EN LA FLOR DEL EMBARAZO

Entre las semanas 21 y 26 continúa el aumento del gasto cardiaco de forma lenta pero continua, junto con el del volumen de sangre que hay en tu circulación, pero el volumen sistólico y el ritmo cardiaco se estabilizan y no aumentan más. Para hacer frente a estos cambios cardiovasculares, tu resistencia periférica debe reducirse aún más y así asegurar que tu presión sanguínea no se altere significativamente.

El lado positivo de toda esta cantidad extra de flujo sanguíneo y de la enorme cantidad de hormonas del embarazo es que probablemente notes que tu piel tiene una tonalidad particularmente sonrosada y saludable, y que tu pelo se fortalece y brilla más. Esto se debe a que las mujeres pierden menos pelo durante el embarazo y el aumento de su ciclo metabólico significa que el pelo también crece más rápido de lo habitual. Después del parto, empezarás a perder pelo en cantidades mayores que antes, pero en gran medida simplemente estarás perdiendo el cabello que habrías perdido normalmente durante los nueve meses.

EL CAMBIO EN EL CENTRO DE GRAVEDAD

En este momento del embarazo tu postura ya habrá cambiado, pues el útero y el bebé, que son más grandes, sobresalen hacia fuera desde el centro del cuerpo, lo que significa que una mujer embarazada está obligada a encontrar la forma de recuperar su centro de gravedad, que se ha visto alterado. Además de esta carga mecánica, los ligamentos de la pelvis están más débiles por las hormonas del embarazo que se encuentran en el flujo de sangre incrementado que llega al útero. Éste es un cambio esencial porque la pelvis necesita relajarse lo suficiente para poder adaptarse al peso de un bebé de 3kg. Sin embargo, esto significa que tu pelvis ya no sirve como el cinturón estable que fue y que tu cuerpo embarazado debe encontrar una forma de compensar estos cambios en su estabilidad. La forma más fácil de hacer frente a este cambio mecánico es inclinarse hacia atrás, arquear la espalda y asegurarte de que caminas con las piernas más separadas de lo normal, pero este cambio suele estar acompañado de dolor de espalda porque los ligamentos de tu abdomen, tu espalda y tu pelvis están forzados.

Tu barriga crece rápido y comienza a afectar al modo en que te mueves, te sientas o te acuestas. Estos cambios y efectos son especialmente acusados si esperas gemelos. Encontrarás prácticos consejos sobre la adopción de una buena postura y la forma de evitar el dolor de espalda al final de este apartado (*véase* p.193), así como consejos más específicos sobre el dolor de espalda al final de este trimestre (*véase* p.218 y p.243-4).

BUENA SALUD *A lo largo del segundo trimestre de embarazo, muchas mujeres parecen rebosar buena salud.*

TU POSIBLE ESTADO FÍSICO

INCLUSO LAS MADRES PRIMERIZAS YA NOTARÁN LOS MOVIMIENTOS DE SU BEBÉ CADA DÍA Y NO TENDRÁN DUDA DE QUE ESTAS SENSACIONES SON OBRA DE UN BEBÉ INQUIETO EN DESARROLLO. CREO QUE ES UNO DE LOS MOMENTOS MÁS EMOCIONANTES DEL EMBARAZO PARA LAS MUJERES.

Los movimientos de tu hijo también serán muy tranquilizadores porque podrás controlar tú misma el bienestar de tu bebé en lugar de tener que fiarte únicamente de la información que recibes del médico, la matrona o la última ecografía. Recuerdo con gran lucidez mi propia sorpresa y alegría incontenible cuando durante una cena se produjo un fuerte movimiento en mi barriga que hizo que el plato que tenía delante se desplazara sobre la mesa.

UN CONSEJO NO DESEADO

El embarazo de cada mujer es diferente, y al margen de cómo sea el tuyo, es más que probable que tu bebé tenga exactamente el tamaño correcto. Sin embargo, puede ser difícil recordar este consejo cuando todo el mundo parece poder opinar sobre si tu vientre es demasiado grande o pequeño para su tiempo. Las frases dichas de paso como "madre mía, has engordado mucho" o "te estás poniendo tan grande como un armario" pueden ser muy ofensivas en especial si ya eres consciente de los kilos de más que has ganado. En el otro extremo, las frases como "¿estás segura de que comes bien?" y "estás delgada, ¿va todo bien?" pueden ser bienintencionadas, pero sin duda te alarmarán en un momento de mucha vulnerabilidad. Si este análisis constante del tamaño de tu embarazo te empieza a molestar, te sugiero que expliques con toda la calma y el cuidado posibles que lo encuentras abrumador y que preferirías que tanto tu familia, como tus amigos y compañeros de trabajo dejaran de hacerlo.

Otro problema que puede surgir al estar tan obsesionada con el tema del embarazo es que puedes encontrarte inesperadamente incitando a las demás a abrirse y recordar todo tipo de detalle sobre sus propios embarazos que bien podrían dejarse sin mencionar. Algunas de sus anécdotas te animarán y servirán (sobre todo si tienes un problema específico que te preocupa), pero otras pueden ser aterradoras. Creo que mucha gente que ha tenido hijos tiende a olvidar lo preocupantes que son las historias truculentas para quienes están embarazadas en ese momento. Una vez más, mi consejo es ser sincera y explicar, suave pero firmemente, que preferirías no volver a escuchar ninguna historia sobre un parto prematuro o un parto atroz, pues en lugar de ofenderse la

"... mucha gente que ha tenido hijos tiende a olvidar lo preocupantes que son las historias truculentas..."

LOS PROBLEMAS DIGESTIVOS

EN ESTA ETAPA DEL EMBARAZO LOS PROBLEMAS DIGESTIVOS SE VUELVEN MÁS HABITUALES Y PUEDE QUE YA HAYAS EMPEZADO A NOTAR SÍNTOMAS LEVES O SEVEROS DE ARDOR DE ESTÓMAGO E INDIGESTIÓN, O INCLUSO EPISODIOS DE ESTREÑIMIENTO.

LA INDIGESTIÓN

A medida que tu útero crece y comienza a comprimir tus órganos abdominales, se reduce la capacidad de tu estómago y todo tu sistema digestivo se ralentiza. Los alimentos permanecen en tu estómago y tus intestinos durante más tiempo, volviéndote propensa a la indigestión, que es una sensación de pesadez en el fondo del estómago. También puedes tener un dolor sordo o punzante alrededor del abdomen acompañado por dolor de espalda.

ARDOR DE ESTÓMAGO

También puedes tener ardor de estómago, pues la válvula que se encuentra entre el esófago y el estómago se relaja y ya no es tan eficiente a la hora de evitar la regurgitación de los alimentos mezclados con los jugos gástricos ácidos. Esto produce irritación en el revestimiento del esófago y causa una sensación de ardor detrás de la parte frontal de tu caja torácica.

Siempre y cuando los síntomas desaparezcan en un par de horas, no hay motivo de alarma, pues hay formas de minimizar los problemas digestivos:

▶ **Come poca cantidad y con frecuencia** evitando los alimentos grasos, con muchas especias o picantes.

▶ **Bebe un vaso de leche** o come un yogur natural después de las comidas y antes de acostarte, pues aliviará el ardor de estómago al neutralizar el ácido del estómago.

▶ **Siéntate derecha** cuando comas para reducir la compresión del estómago.

▶ **Evita acostarte** durante al menos una hora después de comer y mantén la cabeza bien elevada sobre varias almohadas para reducir el problema.

▶ **Si los síntomas** son severos, pide a tu médico que te recete un antiácido.

EL ESTREÑIMIENTO

Tu lenta digestión también puede causar estreñimiento, haciendo que te sientas pesada e irritable. Prueba algunos de los siguientes remedios:

▶ **Incluye más fibra en tu dieta** comiendo más fruta fresca y verdura, así como pan integral y cereales.

▶ **Bebe más líquido** asegurándote de tomar al menos 2 litros de agua al día.

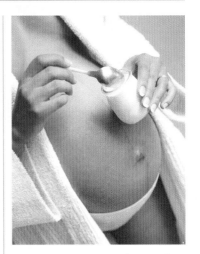

ALIVIO DEL ARDOR DE ESTÓMAGO *El yogur natural puede ayudar.*

▶ **Realiza ejercicio regularmente.** Un paseo de 20 minutos al día ayuda a aliviar el estreñimiento.

▶ **Los laxantes** formadores de masa como Fybogel o Lactulosa son eficaces porque contienen compuestos complejos difíciles de digerir. Éstos absorben agua, con lo que ayudan a producir una masa de heces que puede transitar sin esfuerzo o molestias.

▶ **Los laxantes** a base de sena no se recomiendan en el embarazo porque irritan los intestinos y pueden provocar contracciones uterinas.

mayoría de las personas lo comprenderán y algunas incluso se darán cuenta (y lo más probable es que se arrepientan) de que te han puesto nerviosa innecesariamente.

EL CUIDADO PRENATAL

CONTINUARÁS ACUDIENDO A LA CONSULTA DEL MÉDICO CADA CUATRO SEMANAS EN EL HOSPITAL Y EN ESTE MOMENTO YA SABRÁS QUÉ ESPERAR EN CUANTO A LAS DIFERENTES PRUEBAS. PARA LA MAYORÍA DE LAS MUJERES, ESTE PERÍODO DE CUIDADO PRENATAL ES UNA ÉPOCA DE TRANQUILIDAD Y GOZO.

Aunque creo que es importante realizar todas las investigaciones necesarias que puedan formar parte de la atención prenatal, quisiera puntualizar que en esta etapa del embarazo es muy extraño encontrar alguna complicación.

Es poco probable que te sometan a otra ecografía rutinaria durante este período a no ser que en la ecografía de la semana 20 se detectaran problemas que precisaran más investigación. Por ejemplo, si la ecografía mostrara algo anómalo en el desarrollo de los órganos del bebé, como por ejemplo una obstrucción intestinal o problemas en los riñones o el tracto urinario, deberás realizarte más ecografías entre las semanas 21 y 26 posiblemente en un centro especializado. Si se confirmara la anomalía, deberías realizarte una amniocentesis tardía (*véase* p.140-3) o un análisis de sangre fetal (*véase*

LA PREDICCIÓN DE UN PARTO PREMATURO

Hoy en día la mayoría de los niños nacidos de forma prematura sobreviven y se desarrollan con normalidad, pero los nacidos muy prematuros (antes de la semana 30) aún tienen un riesgo significativo de quedar discapacitados si sobreviven (véase p.339), así que cualquier prueba que pueda ayudar a predecir qué bebés tienen este riesgo deberá considerarse seriamente.

Alrededor del dos por ciento de las mujeres tienen un cuello uterino muy corto y se cree que como resultado la mitad de ellas puede dar a luz de forma muy prematura. Algunas unidades ahora realizan ecografías transvaginales en las semanas 23 y 24 para poder identificarlas y ofrecerles tratamientos preventivos. Se comprobará la longitud de tu cuello uterino mediante una ecografía transvaginal, y si fuera más corto de la media, se llevará un control exhaustivo de tu embarazo.

Algunos investigadores creen que realizar un punto de sutura en el cuello uterino para alargarlo y cerrarlo puede ayudar, aunque no es un procedimiento exento de riesgo. Algunos hospitales ofrecen un tratamiento con progesterona para evitar las contracciones y/o un tratamiento a base de esteroides para reducir el riesgo de que surjan complicaciones respiratorias si el feto naciera de forma prematura.

cordocentesis, p.143) para saber si el bebé está afectado por un problema cromosómico o genético. Los resultados de la amniocentesis suelen tardar tres semanas porque es necesario hacer un cultivo con las células de piel fetal antes de examinarlas en busca de anomalías cromosómicas. Para los preocupados padres, esta espera puede ser eterna, pero las nuevas técnicas de biología molecular de algunos centros especializados pueden acelerar mucho el tiempo que se tarda en determinar la composición genética del bebé (*véase* p.143). Los resultados de un análisis de sangre fetal también se obtienen con más rapidez porque los glóbulos blancos se analizan de forma inmediata.

Si ya has tenido un bebé con anomalías cardiacas o tienes antecedentes familiares de problemas cardiacos, las ecografías cardiacas especializadas pueden realizarse entre las semanas 22 y 24 porque en esta etapa las cuatro cavidades del corazón fetal y todas sus conducciones pueden verse con mucha más claridad, lo que mejora la precisión de la ecografía y el asesoramiento que se te ofrecerá.

El otro tipo de ecografía que te propondrán es una ecografía Doppler del riego sanguíneo (véase p.257), que examina la forma en que la sangre circula por los vasos del útero, la placenta y el cordón umbilical. Las investigaciones sugieren que la reducción del riego sanguíneo por las arterias uterinas en esta etapa del embarazo puede identificar a las mujeres con alto riesgo de desarrollar hipertensión (véase problemas de tensión sanguínea, p.425) o problemas con el crecimiento del bebé (véase p.214 y crecimiento intrauterino retardado, p.428). La ecografía Doppler del flujo sanguíneo también puede utilizarse para observar el riego sanguíneo en muchas de las arterias y venas del bebé, que son un buen indicador de su bienestar.

FLUJO SANGUÍNEO *Una ecografía Doppler muestra cómo fluye la sangre por los vasos fetales principales. En el centro a la izquierda aparece el corazón como una gran estructura roja, y los vasos sanguíneos coloreados en amarillo, en el extremo derecho, llegan al cordón umbilical.*

PREOCUPACIONES MÁS FRECUENTES

LAS PREOCUPACIONES EN EL EMBARAZO SUELEN SER UNA MEZCLA DE CULPA CONSTANTE Y ANSIEDAD SOBRE COSAS QUE HAS ESCUCHADO O POR LA MANERA COMO PROGRESA TU EMBARAZO. ESPERO QUE ESTE CONSEJO TE AYUDE A TRANQUILIZARTE FRENTE A ALGUNOS ASPECTOS, PERO RECUERDA QUE TAMBIÉN PUEDES HABLAR CON TU MÉDICO O TU MATRONA.

En esta etapa del embarazo es bastante habitual sentirse mareada al cambiar de postura de forma repentina, debido a los grandes cambios en la distribución de un mayor volumen sanguíneo por el organismo. Una proporción significativa se dirige hacia el útero para alimentar la placenta y el bebé, y grandes cantidades de sangre se almacenan en las venas de la pelvis y las piernas debido a la reducción de la resistencia periférica. Cuando te incorporas rápidamente la sangre de las venas de la pelvis y las piernas tarda unos minutos en redistribuirse. De forma similar, si has permanecido de pie largos períodos, la cantidad de sangre acumulada en tus piernas puede hacer que ésta escasee en tu cerebro, en especial si hace calor y tus vasos sanguíneos se dilatan incluso más rápido para refrescarte.

PATRONES DE MOVIMIENTO

Comenzarás a reconocer los patrones de movimiento de tu bebé y estarás pendiente de cualquier cambio.

Hay ciertas medidas que puedes tomar para reducir estos momentos de mareo, pues pueden ser bastante aterradores y desagradables.

• No te levantes demasiado rápido cuando estás sentada o acostada. Deja que el flujo sanguíneo se adapte gradualmente.

• Intenta evitar pasar demasiado calor, en especial cuando el clima es caluroso. Uno de los momentos más frecuentes en los que te puedes sentir mareada es al salir de tomar un baño caliente demasiado rápido ya que tu circulación es completamente incapaz de soportar los cambios necesarios.

• Procura comer con regularidad y elige alimentos como los hidratos de carbono complejos (*véase* p.44), pues liberan la energía de forma gradual evitando que tus niveles de azúcar en sangre aumenten y después caigan demasiado rápido.

• Si te sientes mareada, siéntate y pon la cabeza entre las rodillas o échate y sitúa los pies a un nivel más elevado que la cabeza, o al menos más elevado que tu pelvis.

Aunque sufras mareos regularmente, tu bebé no estará en peligro porque el flujo sanguíneo que llega al útero y a la placenta se mantiene a tu costa. Sin embargo, cuando te acuestas completamente sobre la espalda el peso del útero puede presionar los vasos sanguíneos de la zona pélvica, privando a la placenta (y por lo tanto a tu hijo) de oxígeno, así que evita esta postura.

El principal peligro de los mareos es que de repente comiences a ver estrellas mientras conduces por la autopista o al subirte a un autobús. Por esta razón, haz descansos regulares en los viajes. Si debes permanecer de pie períodos prolongados, asegúrate de cambiar el peso de una pierna a otra, y mejor aún, pasea si puedes.

EL CONTROL DE LOS MOVIMIENTOS FETALES

Muchas mujeres se preguntan cuántos movimientos deberían sentir cada día o noche, una ansiedad que puede empeorar cuando el médico o la matrona les pregunta en cada consulta "¿el bebé se mueve bastante?". Si éste es tu primer bebé, obviamente te resultará difícil saberlo, así que me siento en deuda con las mujeres embarazadas angustiadas que me indicaron esto hace muchos años cuando yo comenzaba mi período de médico residente.

El aspecto del movimiento fetal en el embarazo es importante por la sencilla razón de que es una de las mejores formas por las que tú, los médicos y las matronas evalúan el bienestar del bebé. No obstante, no pretendo ofrecerte reglas estrictas sobre cuántos movimientos deberías notar durante el día o la noche en ningún momento de tu embarazo porque cada embarazo es diferente y cada bebé desarrolla su propio patrón de movimientos, que puede cambiar a medida que la gestación avanza. Por lo general algunos bebés son más activos que otros y todos los bebés atraviesan períodos del día en los que están más tranquilos o están ocupados en actividades más enérgicas. Con el curso de las semanas conocerás el patrón de actividad de tu propio bebé, probablemente notando que responde con una patada cuando adoptas una postura determinada o que se queda tranquilo en determinados momentos del día. Así que en lugar de procurar notar 5, 10, 20 o 50 movimientos cada 12 o 24 horas, deberías estar atenta a cambios más drásticos en los patrones de movimiento de tu bebé, y si ocurriera alguno, consultarlo con la matrona o el médico de urgencias. En especial busca atención inmediata si durante un período de 24 horas no lo has notado moverse.

> "Con el curso de las semanas conocerás el patrón de actividad de tu propio bebé..."

DOLOR ABDOMINAL

El dolor abdominal siempre es motivo de preocupación, y para las mujeres embarazadas siempre provoca pensamientos de que el bebé podría estar en peligro. Durante el segundo trimestre la explicación más probable para los dolores agudos en la zona abdominal inferior es que los ligamentos que sujetan el útero, que está creciendo, están bajo una tensión tremenda. No obstante, si sufres dolor abdominal de forma regular o notas dolor cuando tocas cualquier zona del abdomen, informa a tus médicos inmediatamente para que puedan estudiarlo cuanto antes, pues existen algunas causas posibles y aunque no son habituales pueden tener consecuencias serias. La más grave es dolor en el útero mismo, que puede ser la primera señal de que has sufrido alguna pérdida de sangre detrás de la placenta por un desprendimiento de placenta (*véase* p.427) o que tienes riesgo de sufrir un parto prematuro (*véase* p.340).

Un fibroma uterino (*véase* p.422) es una masa benigna de músculo situada en la pared uterina que puede empezar a causar problemas en el segundo trimestre debido a que los elevados niveles de estrógeno y progesterona harán que el fibroma crezca junto con el resto del útero. A veces este rápido crecimiento significa que el centro comienza a degenerar, lo que provoca un dolor intenso en el útero y el abdomen localizado en un punto concreto. El dolor de la degeneración del fibroma es muy molesto, pero suele desaparecer con reposo y analgésicos que no harán daño al bebé. Ocasionalmente los fibromas de gran tamaño que se sitúan en la parte inferior del útero o junto al cuello uterino causarán problemas al acercarse el momento del parto si la cabeza del bebé no tiene sitio suficiente para descender hacia la pelvis.

Las náuseas, los vómitos y/o la diarrea acompañados de dolor abdominal no son algo normal en el embarazo y casi siempre se deben a una intoxicación alimentaria o una gastroenteritis viral. Suelen ceder por sí mismos y, aunque son muy desagradables, se solucionan rápidamente sin perjudicar a tu bebé. No es necesario tomar medicación que no sea beber muchos líquidos para reemplazar los que se han perdido. Rara vez los síntomas se deben a una infección por listeria (véase p.50 y p.412), que es una posible causa de aborto tardío y muerte intrauterina y que debe tratarse con antibióticos a base de penicilina.

La apendicitis es otra causa infrecuente, pero importante, de dolor abdominal persistente en el segundo trimestre de embarazo. Sin embargo, puede ser muy difícil hacer un diagnóstico en una mujer embarazada pues el apéndice ya no está en su lugar habitual en el extremo inferior derecho del abdomen porque el útero la ha desplazado con su crecimiento.

Las infecciones urinarias son otra causa importante y frecuente de dolor abdominal en el segundo trimestre. Suele notarse en la zona inferior del abdomen, por encima del hueso púbico. Recuerda que quizá no notes los primeros síntomas de una infección urinaria como la cistitis hasta que los organismos hayan ascendido desde el tracto urinario dilatado hasta los riñones y se origine una pielonefritis. A la mitad y al final de embarazo las infecciones urinarias pueden producir la irritabilidad del útero y contracciones prematuras, por no mencionar daños a largo plazo en tus riñones si no se tratan. Por esta razón, si en el embarazo notas dolor abdominal, se te realizará un análisis de orina y probablemente comenzarás a tomar antibióticos mientras esperas los resultados, ya que estos medicamentos no perjudicarán al bebé. Si tienes una infección urinaria, es esencial que finalices el tratamiento aunque los síntomas desaparezcan rápidamente, y que vuelvas a analizar una muestra de orina para asegurarte de que la infección ha desaparecido. Las infecciones urinarias que no se tratan adecuadamente reaparecerán y, lo que es peor, quizá se vuelvan resistentes a los tratamientos antibióticos más habituales.

PREVENCIÓN DEL DOLOR DE ESPALDA

EL DOLOR DE ESPALDA ES TAN HABITUAL EN EL EMBARAZO QUE ES RARO ENCONTRAR UNA MUJER QUE NO LO SUFRA. PROBABLEMENTE EMPIECES A NOTARLO AL FINAL DE ESTE TRIMESTRE, ASÍ QUE AQUÍ TIENES ALGUNOS CONSEJOS QUE TE AYUDARÁN A REDUCIR SU INTENSIDAD.

▶ **Cuando estés de pie** adopta una buena postura: permanece erguida y con los hombros hacia atrás (la espalda siempre debe estar derecha). Recuerda que si te inclinas sobre tu barriga hinchada tu espalda se arqueará, agravando el dolor de la zona lumbar. Procura no permanecer de pie durante períodos largos.

▶ **Compra un buen par de zapatos planos o con poco tacón,** con soporte para los puentes de los pies y con suelas fuertes. Llevar zapatos de tacón desde ahora te hará sentirte más inestable y aumentará la tensión de tu espalda.

▶ **Siéntate bien:** esto es especialmente importante si pasas períodos muy prolongados sentada frente a un escritorio. Asegúrate de que ambos omoplatos y la zona lumbar de tu espalda están sobre el respaldo y que el asiento sujeta tus muslos. La silla deberá tener la altura correcta para que puedas posar los pies en el suelo y la pantalla del ordenador se situará al nivel de los ojos.

▶ **Cuando conduzcas** comprueba que el asiento sostiene tu zona lumbar y que puedes llegar a los mandos de control de manos y pies con facilidad. El cinturón de seguridad puede ser incómodo, pero debes utilizarlo.

▶ **Al descansar,** eleva los pies y las piernas para aliviar la presión de tu espalda y pelvis. Más adelante deberás utilizar un colchón más firme para sujetar tu espalda. También verás que dormir sobre el costado te ayudará a reducir la tensión de los ligamentos.

▶ **Al levantarte de la cama,** en primer lugar gira hacia un costado manteniendo la espalda recta y pasa las piernas por encima del lateral de la cama. En esta postura, podrás levantarte valiéndote de la fuerza de tus brazos sin forzar la espalda.

▶ **Realizar regularmente unos suaves ejercicios de espalda** ayudará a estirar los músculos y ligamentos y a que tu flexibilidad aumente. Los ejercicios de inclinación pélvica son especialmente útiles, al igual que los ejercicios que te ayudan a fortalecer los músculos (*véase* p.219).

▶ **Procura no ganar demasiado peso,** pues cada kilo de más supone más tensión para la espalda.

CÓMO SOSTENER GRANDES PESOS

En el embarazo debes evitar levantar grandes pesos, pero si tienes niños pequeños en ocasiones esto puede ser imposible. Cuando necesites llevar a tu hijo en brazos utiliza este método: agáchate y sujétalo fuerte contra ti. Mantén la espalda derecha y utiliza los músculos de las piernas para impulsarte hacia arriba. Utiliza la misma técnica para elevar cualquier peso.

LA SALUD DENTAL

Es muy frecuente que las encías estén sensibles y que sangren con el cepillado o al utilizar seda dental, pues se vuelven más blandas y esponjosas debido al aumento del riego sanguíneo y a las hormonas del embarazo. Para ayudar a fortalecerlas y evitar que las bacterias infecten la piel dañada, lávate los dientes con más frecuencia. Las últimas investigaciones han sugerido que una enfermedad en las encías en las mujeres embarazadas puede favorecer el desarrollo de problemas como un aborto tardío o un parto prematuro. Aunque los mecanismos aún no se han comprendido del todo, es posible que un foco constante de inflamación o una infección en la boca causen complicaciones en otras zonas de un cuerpo embarazado.

ASPECTOS QUE CONSIDERAR

ESPERO QUE YA TE HAYAS APUNTADO A UNA CLASE DE PREPARACIÓN AL PARTO PORQUE LAS MEJORES SUELEN COPARSE CON MUCHA ANTELACIÓN. SI AÚN NO TIENES CUPO, CONVIÉRTELO EN UNA PRIORIDAD.

Cuanto más informada y preparada estés para el parto, más relajada y confiada te sentirás. Además, verás que la oportunidad para compartir preocupaciones, sentimientos y experiencias con otros futuros padres es fuente de tranquilidad y alivio. Aunque éste no sea tu primer hijo, apúntate a un curso para recordar, pues te sorprenderá lo rápido que se olvidan los detalles del parto y las técnicas de respiración. Además, se produce una evolución constante en la forma en que un hospital asiste los partos y los tipos de tratamientos para el dolor que puede ofrecer, así que aunque hayas tenido a tu primer bebé en el mismo hospital, pueden haberse producido cambios que desconozcas.

LOS PADRES Y LA FAMILIA POLÍTICA

Si eres una de esas personas afortunadas que disfruta de una relación armoniosa con su familia, te sorprenderá ver que las cosas no son tan sencillas como lo eran antes de quedar embarazada. Hoy en día existen tantas permutaciones posibles

"Tu madre te dará toda clase de consejos sobre el embarazo y la crianza de un niño, pero probablemente te parecerá que se ha quedado anticuada".

en una unidad familiar que no podría hablar de todas ellas, pero creo que merece la pena pensar en el hecho de que aunque el embarazo invariablemente aporta alegría a una familia, también puede provocar un conflicto de emociones que repercutan en las generaciones mayores y las más jóvenes.

Puede que tu madre te dé toda clase de consejos sobre el embarazo y la crianza de un niño, pero probablemente te parecerá que se ha quedado anticuada si consideras que han pasado muchos años y que tú quieres llevar tu embarazo y criar a tu hijo de forma diferente. Igualmente, tu suegra tendrá su propia opinión, que no siempre será la misma que la de tu propia madre. Ambas irrumpirán con preguntas con segundas intenciones como "¿por qué trabajas tanto?" o "¿piensas dejar de trabajar después de que nazca el bebé?". Si esto te empieza a molestar, pide ayuda a tu pareja, pues un frente unido y demostrando claramente que están tomando juntos las decisiones sobre aspectos como el cuidado del bebé y el trabajo pueden ayudar a silenciar las críticas de la familia.

LA NUEVA INCORPORACIÓN

Un niño mayor querrá preguntar exactamente cómo va a llegar su nuevo hermano o hermana al mundo.

CÓMO HABLAR DEL BEBÉ A TUS OTROS HIJOS

Si ya tienes un hijo o más, otro aspecto delicado al que deberás enfrentarte en breve, si es que no lo has hecho aún, es cuándo comunicarles que pronto tendrán un hermano o una hermana. Por supuesto que el momento dependerá en gran medida de la edad del niño. Un niño de dos años de edad puede no haber advertido los cambios de tu cuerpo y sin duda no lo habrá relacionado con el hecho de que en tu interior está creciendo un bebé. Sin embargo, los niños mayores comprenderán los cambios de tu aspecto, por lo que será preferible que seas tú quien les dé la noticia a que la escuchen por accidente de otra persona.

Si no se lo has dicho todavía, piensa unos instantes sobre por qué no lo has hecho. Sospecho que la razón es que temes que tus hijos crean que van a perder parte de tu cariño y atención por la llegada de esta nueva persona a la familia. Es una preocupación lógica para un niño pequeño que aún no sabe que los padres tienen un amor infinito cuando se trata de sus hijos, así que deberás repetirles esto varias veces.

El otro aspecto que debes recordar sobre los niños pequeños es que su perspectiva temporal es corta y no pueden comprender que tu embarazo durará otros seis meses hasta que puedan ver el producto final. Los niños absorben la mayor parte de la información que reciben, pero a veces optan por procesarla a su propio ritmo, normalmente más tarde. Así que cuando intentes tener una conversación delicada sobre el futuro bebé, no te preocupes si tu hijo parece no mostrar ningún interés en el tema y te interrumpe de repente pidiéndote una galleta. De igual forma, tampoco te sorprendas si al día o la semana siguiente retoma el tema del futuro bebé sin previo aviso. Simplemente recupera el hilo de la conversación y sigue tranquilizándolo.

LAS AMIGAS *La relación puede cambiar, pero no tienes por qué perder el contacto con las amigas que no están embarazadas.*

TUS AMIGAS

Durante el segundo trimestre de gestación, la relación con tus amigas que no tienen hijos o no pretenden tenerlos en un futuro cercano puede verse perjudicada. Ahora que tu atención se centra en las visitas a la maternidad, en las veces que tu bebé da patadas y a qué clases de preparación al parto acudir, a tus amigas les puede parecer que tus nuevos temas de conversación están un poco limitados y quizá se pregunten qué ocurrió con la que eras antes y si esta persona volverá a resurgir.

La realidad es que estás pasando a una fase diferente de la vida y este cambio en tu relación se hará incluso más perceptible después de que haya nacido el bebé. Sin embargo, no hay razón por la que una relación cercana no pueda ser igualmente importante para ti sólo porque tu estilo de vida ha tomado una nueva dirección. Si valoras tus amistades, hay muchas buenas razones para conservarlas.

En lo que a las salidas nocturnas se refiere, pasar el tiempo en un bar atestado de personas y lleno de humo puede no ser una opción apetecible en el embarazo, pero puedes sacar el mejor partido a las comidas fuera de casa o a reuniones en casa de las amigas mientras aún tengas libertad para hacerlo. Tranquilízalas diciendo que seguirás saliendo por la noche tras el parto aunque termines un poco antes, ya sea porque necesites descansar o porque la niñera quiera irse a casa. Tener un bebé no significa que no quieras ver a tus amigas, o que te hayas convertido en una persona aburrida.

¿QUÉ HAY EN UN NOMBRE?

Antes del embarazo probablemente habías pensado que la única posible dificultad a la hora de elegir un nombre sería reducir una larga lista a unas pocas opciones, pero ahora que estás embarazada, te sorprenderá averiguar que todo esto es un poco más complejo de lo que habías imaginado.

Parte del problema es que te puede resultar difícil dirigirte a tu bebé en esta etapa. Algunas futuras madres comienzan a hablar alegremente con sus bebés cuando sólo miden unos pocos milímetros, pero créeme, no hay por qué sentirse mal si te cuesta un poco más de tiempo establecer esta relación. Conocer el sexo del bebé lo antes posible ayuda a algunos padres a pensar en su futuro bebé como en una persona real, lo que puede servirles para elegir un nombre; otros sin embargo piensan que esto resta emoción al parto. Para los últimos, elegir dos pares de nombres para su hijo o hija puede ser una de las partes mágicas del embarazo.

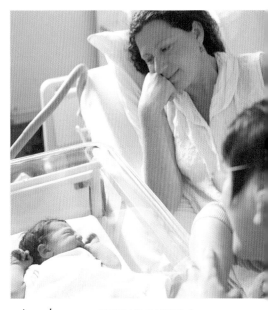

ELEGIR UN NOMBRE *A veces el nombre perfecto no surge hasta que ves a tu hijo cara a cara.*

El problema siguiente es que pronto notarás que te sientes presionada por las sugerencias de tu familia y amigos. Algunas mujeres lo solucionan inventando un nombre completamente absurdo que deja mudos a todos sus parientes, y otras optan por un enfoque más vago y no comprometido. Sin embargo, también es normal que los padres hagan su elección durante el parto o días o semanas después, cuando el requisito legal de registrar el nombre del bebé los obliga a hacerlo. Sólo hay dos resultados que puedo garantizarte: lo primero es que mirarás a tu hijo a medida que crece y no lo imaginarás llamándose de otra manera que no sea el nombre que le pusiste, y en segundo lugar que cuando crezca te dirá continuamente cuánto le gustaría que hubieras elegido otro nombre para él.

El dilema del apellido

Si estás casada o tu relación es estable, el aspecto del apellido que llevará tu hijo en primer lugar puede ser motivo de discusión. Aunque se supone que el niño llevará primero el apellido de su padre, no hay ninguna razón legal por la que esto deba ser así; además tú puedes tener sólidas razones por las que tu apellido deba ir antes. Una opción es hacer de los dos apellidos uno compuesto.

Mi opinión personal es que hoy en día la vida ya es lo suficientemente compleja para un niño pequeño sin añadir especulaciones innecesarias por parte de terceras partes sobre la identidad de los padres.

EL TERCER TRIMESTRE

Si naciera en este momento, tu bebé ya sería capaz de sobrevivir con ayuda médica, pero las semanas que le quedan en el útero son de vital importancia. Todo su desarrollo se centra ahora en la maduración de los pulmones, el sistema digestivo y el cerebro. A medida que tu abdomen aumenta de manera desmesurada para permitir que el útero y el bebé crezcan, tu pensamiento se centra cada vez más en el parto.

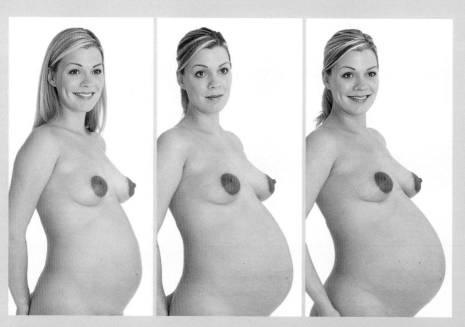

| 26 | 27 | 28 | 29 | 30 | 31 | 32 | 33 | 34 | 35 | 36 | 37 | 38 | 39 | 40 | SEMANAS |

CONTENIDOS

TU BEBÉ
EN EL TERCER TRIMESTRE

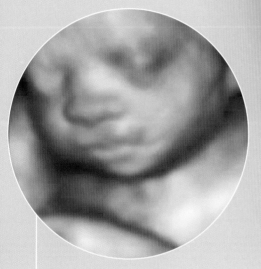

SEMANA 27 EL BEBÉ COMIENZA A DESARROLLAR UN PATRÓN DE DESCANSO Y SUEÑO ENTRE PERÍODOS DE ACTIVIDAD.

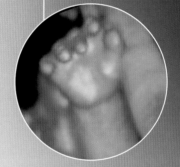

SEMANA 28 PUEDEN VERSE LOS SURCOS EN UNA MANO REGORDETA CON UÑAS PERFECTAMENTE FORMADA.

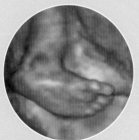

SEMANA 29 LOS MOVIMIENTOS SON VIGOROSOS E INTENCIONADOS E INCLUYEN PATADAS FUERTES, PUÑOS Y CAMBIOS BRUSCOS DE POSTURA.

"... desde ahora hasta el parto todos los sistemas orgánicos del bebé maduran, preparándose para la vida fuera del útero".

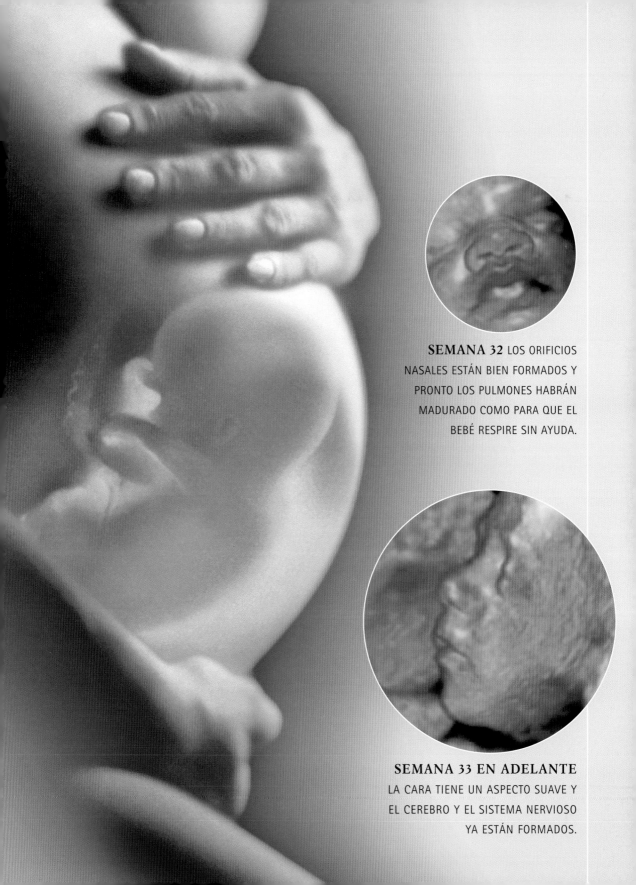

SEMANA 32 LOS ORIFICIOS
NASALES ESTÁN BIEN FORMADOS Y
PRONTO LOS PULMONES HABRÁN
MADURADO COMO PARA QUE EL
BEBÉ RESPIRE SIN AYUDA.

SEMANA 33 EN ADELANTE
LA CARA TIENE UN ASPECTO SUAVE Y
EL CEREBRO Y EL SISTEMA NERVIOSO
YA ESTÁN FORMADOS.

SEMANAS 26–30
EL DESARROLLO DEL BEBÉ

DURANTE LAS PRÓXIMAS SEMANAS LA ESTATURA DEL BEBÉ SEGUIRÁ AUMENTANDO MIENTRAS EL PESO DE SU CUERPO SE INCREMENTA CONSIDERABLEMENTE PORQUE SE ESTÁ DEPOSITANDO GRASA BLANCA BAJO LA PIEL. EL BEBÉ TIENE AHORA UN ASPECTO MÁS RELLENO, PUES EL ABDOMEN Y LOS MIEMBROS ENGORDAN Y LA PIEL COMIENZA A PERDER SU ASPECTO ARRUGADO.

La grasa subcutánea ayuda al bebé a regular su propia temperatura, un desarrollo esencial para la vida tras el nacimiento, aunque esta capacidad sólo se adquiere parcialmente en el útero. A medida que la grasa se asienta, el lanugo comienza a escasear y pronto quedarán sólo unos pocos restos en la espalda y los hombros, aunque la capa de vernix blanco permanecerá hasta aproximadamente la semana 36. El pelo de la cabeza crecerá y el de las cejas y las pestañas se espesará. En las manos y los pies pueden verse surcos, y también aparecerán con toda claridad unas pequeñas uñas en las manos y los pies. Los testículos de los niños comienzan a descender hacia el escroto.

Ahora que los párpados están abiertos, el bebé empezará a pestañear y comenzará a percibir mejor las diferencias de luz, un nuevo sentido que le permite responder mejor a los estímulos externos; de hecho, muchas madres notan que su bebé ha desarrollado un patrón diferente de descanso-actividad. En esta etapa el bebé también es capaz de ver con nitidez, aunque la distancia se limita a unos 15-20cm hasta después del nacimiento.

PREPARÁNDOSE PARA RESPIRAR

Desde ahora hasta el final del embarazo el desarrollo de los pulmones es de vital importancia. Alrededor de la semana 29 la mayoría de las vías de aire más pequeñas (bronquiolos) ya están en su lugar, y la cantidad de alvéolos (pequeñas bolsas de aire que se encuentran al final de los bronquiolos) aumenta. La formación de los alvéolos continúa durante el resto del embarazo y tras el parto.

El siguiente paso en la maduración de los pulmones es la producción de un lípido llamado surfactante por parte de las células que revisten los pulmones y que cubren las bolsas de aire con una capa muy fina. El surfactante reduce la tensión superficial en el interior de las bolsas alveolares, de un modo bastante parecido a como los líquidos lavavajillas disuelven la grasa de los platos. Este proceso es muy importante porque cuando el bebé toma la primera bocanada

SEMANAS

PRIMER TRIMESTRE
▸ 1
▸ 2
▸ 3
▸ 4
▸ 5
▸ 6
▸ 7
▸ 8
▸ 9
▸ 10
▸ 11
▸ 12
▸ 13

SEGUNDO TRIMESTRE
▸ 14
▸ 15
▸ 16
▸ 17
▸ 18
▸ 19
▸ 20
▸ 21
▸ 22
▸ 23
▸ 24
▸ 25

TERCER TRIMESTRE
▸ **26**
▸ **27**
▸ **28**
▸ **29**
▸ **30**
▸ 31

tamaño no real

▸ 32
▸ 33
▸ 34
▸ 35
▸ 36
▸ 37
▸ 38
▸ 39
▸ 40

◂ *En la semana 27 los párpados y las pestañas son más densas y el feto puede pestañear.*

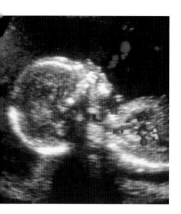

PRÁCTICA DE LA RESPIRACIÓN *El flujo de líquido amniótico dentro y fuera de la boca del bebé a medida que practica los movimientos de respiración puede observarse en forma de manchas rojas en esta ecografía Doppler en color.*

de aire real, las bolsas de aire necesitan tener toda la elasticidad posible para poder expandirse con éxito. Cuando se exhala la primera respiración, las bolsas de aire deberán no fallar y estar preparadas para la siguiente bocanada de aire. Un bebé nacido antes de la semana 35 aún no puede producir suficientes cantidades de surfactante lo que, junto con el desarrollo inadecuado de los bronquiolos y los alvéolos, significa que los pulmones del recién nacido son demasiado rígidos como para soportar el flujo constante de aire entrando y saliendo de ellos. Si tuvieras la mala suerte de tener un parto prematuro, probablemente antes de que naciera el bebé recibirías una inyección de esteroides para estimular la producción de surfactante por los pulmones (véase p.342). Los neonatólogos también pueden decidir si es necesario introducir surfactante artificial en los pulmones del bebé después de su nacimiento para aumentar su elasticidad.

Por supuesto que el bebé no respira aire por ahora, pues la placenta todavía satisface todas sus necesidades de oxígeno. Sin embargo, mientras prosigue el desarrollo de sus pulmones empezará a realizar movimientos respiratorios rítmicos como preparación para el nacimiento. Estos movimientos de la pared torácica pueden verse en una ecografía y explicar el "hipo" que sientes a veces.

LA ACTIVIDAD DE TU BEBÉ

Entre las semanas 26 y 30 notarás perfectamente la actividad fetal. Aunque el espacio dentro de la cavidad uterina está cada vez más limitado, aún queda sitio suficiente para dar volteretas y cambiar de postura por completo. El líquido amniótico ya no se produce al mismo ritmo que hace unas semanas, así que los movimientos ya no están tan acolchados y por eso pueden notarse más que antes. También es muy normal notar grandes oscilaciones en la forma de tu abdomen cuando el bebé cambia de posición. A algunas mujeres les preocupa sufrir daños o que su bebé sufra algún percance, pero nada de esto sucederá, pues aún hay bastante líquido amniótico para proteger al bebé y la gruesa pared muscular de tu útero es más que suficiente para evitar daños en tus órganos internos. Antes de abandonar el tema de los movimientos, quisiera recordarte que no existe un número correcto de patadas que debas experimentar cada día (*véase* p.190-1), aunque deberías informar a tu médico inmediatamente sobre cualquier cambio repentino en el patrón habitual de movimiento de tu bebé sólo por si acaso tuviera problemas.

No existe una postura correcta que el bebé deba adoptar en este momento, pero muchos de ellos aún tienen la cabeza en la parte superior, por lo que lo habitual es que la madre siente la cabeza dando golpes contra sus costillas, una sensación bastante desagradable y que a veces puede causar un fuerte dolor, aunque al igual que cualquier otro problema en el embarazo, no durará siempre, pues la mayoría de los bebés se dan la vuelta para su aventura hacia el mundo exterior.

tamaño no real

Al comienzo del tercer trimestre un feto promedio mide 25 cm, de la cabeza a las nalgas, y pesa un poco menos de 1kg. Para la semana 30, su tamaño es de unos 28 cm y pesa cerca de 1-1,5kg.

LA MADURACIÓN DE LOS SISTEMAS

El sistema nervioso de tu bebé continúa haciéndose más intrincado y complejo y los movimientos constantes de los músculos ayudan a que los movimientos y reflejos estén coordinados de forma más precisa. Tu bebé practicará el reflejo de succión con su dedo pulgar u otros dedos siempre que se presente la oportunidad.

La médula ósea ahora se ha convertido en el principal productor de glóbulos rojos del bebé, lo que le ayudará a ser más independiente tras el parto porque estas células transportarán oxígeno por la circulación sanguínea. Además ya cuenta con una sencilla respuesta inmunológica a las infecciones.

A medida que se acerca a la semana 30, su capacidad para sobrevivir en el mundo exterior ya ha mejorado drásticamente y, como resultado, la gran mayoría de bebés que nacen a esta edad de la gestación lo soportarán casi sin problemas con un poco de ayuda especializada de los neonatólogos. Desde ahora, cada día que transcurre en el útero reduce el tiempo que tu bebé necesitaría pasar en la unidad de neonatos, pero aunque su tamaño físico no va a cambiar demasiado, su madurez funcional aún debe mejorar considerablemente.

En la semana 30, la placenta pesará alrededor de 450gr, un aumento tremendo si se compara con los 170gr que pesaba en la semana 20. Cada minuto recibe alrededor de 500ml de sangre de tu circulación.

EL CEREBRO DE TU BEBÉ

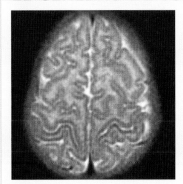

El tamaño del cerebro aumenta y ahora comienza a duplicarse para ajustarse al cráneo. Un corte anatómico por medio de la parte superior (cortex) del cerebro fetal muestra una especie de nuez. La capa protectora de mielina, que comenzó a formarse hace muchas semanas alrededor de los nervios de la médula espinal, ahora se extiende hacia las fibras nerviosas que entran y salen del cerebro. Como resultado, los impulsos nerviosos ahora pueden viajar mucho más rápido desde el cerebro hacia el resto del cuerpo asegurando que, además de unos movimientos más intrincados, el bebé ya es capaz de aprender nuevas destrezas.

LOS CAMBIOS EN TU CUERPO

TU ÚTERO CONTINUARÁ EXPANDIÉNDOSE A UN RITMO CONSTANTE; ASÍ, EN LA SEMANA 26 SE ENCONTRARÁ POR ENCIMA DE TU OMBLIGO Y DURANTE LAS PRÓXIMAS SEMANAS NOTARÁS QUE TU ABDOMEN CRECE TANTO HACIA ARRIBA COMO HACIA LOS LADOS.

DENTRO DE TU ABDOMEN

Tu útero crece tanto hacia arriba como hacia fuera, reduciendo así el espacio disponible para tu estómago y tus intestinos.

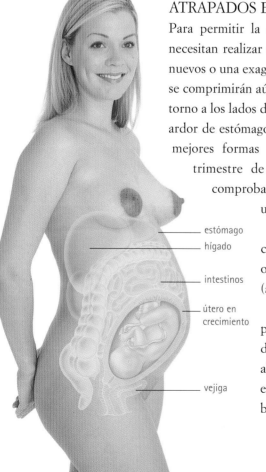

estómago

hígado

intestinos

útero en crecimiento

vejiga

En la semana 30 la altura del fondo uterino mide aproximadamente 30cm desde tu hueso púbico. Digo aproximadamente porque la variación entre personas es grande y es importante no preocuparse si tu altura del fondo es unos centímetros más baja o más alta que las medidas que aparecen en los libros. El médico medirá tu útero en cada visita y si existe alguna discrepancia seria sobre el tamaño, se te realizará una serie de ecografías del crecimiento (véase p.214) junto con algunas pruebas para asegurar que el desarrollo de tu bebé es correcto (véase p.156-9).

ATRAPADOS EN EL INTERIOR

Para permitir la acomodación de esta masa creciente, tus otros órganos necesitan realizar algunos reajustes por lo que quizá notes algunos síntomas nuevos o una exageración de los que ya padecías. Los intestinos y el estómago se comprimirán aún más porque ya no pueden colocarse de forma cómoda en torno a los lados del útero, un desplazamiento hacia arriba que suele producir ardor de estómago y/o indigestión (vuelve a la página 187 para averiguar las mejores formas de tratarlos). Igualmente, aunque durante el segundo trimestre de gestación goces de un buen apetito, probablemente comprobarás que ya no logras comer una gran cantidad de comida de una sola vez.

Tu vejiga tampoco está habituada a esta presión extra en la cavidad abdominal y ya no puede albergar las cantidades de orina de antes, lo que causa su propia serie de irritaciones (*véase* p.215).

También puedes notar dolor o molestias en las costillas porque la caja torácica se ve desplazada hacia afuera con el fin de dejar espacio para el mayor contenido de tu cavidad abdominal, aunque algunas mujeres tienen suerte y pasan el embarazo sin ningún dolor en esta zona. Éste empeorará si el bebé da unas patadas especialmente fuertes o pasa mucho

LA FALTA DE RESPIRACIÓN

Durante el tercer trimestre notarás un cambio total en tu ritmo respiratorio debido a varias razones:

▶ Los elevados niveles de progesterona aumentan tu temperatura corporal y ritmo de respiración.

▶ A medida que tus costillas se ensanchan hacia fuera tu diafragma debe estirarse más, un proceso en el que pierde flexibilidad. Este movimiento reducido del diafragma te obliga a respirar con más intensidad.

▶ Por último, el crecimiento del útero impulsa el contenido abdominal hacia arriba contra el diafragma, dejando menos espacio a los pulmones para expandirse cuando intentas respirar profundamente.

Con todas estas presiones opuestas no es de extrañar que las mujeres embarazadas suelan experimentar episodios de falta de respiración o mareo hacia el final del embarazo. En la página 190 encontrarás consejos prácticos sobre las formas de reducir algunos de estos síntomas.

tiempo en la postura de nalgas (véase p.269) porque la cabeza fetal topará contra tu diafragma y caja torácica. Puede que estés especialmente incómoda al sentarte ya que todo se comprime aún más. Si en tu trabajo debes permanecer sentada frente a una mesa, sería conveniente realizar algunos ajustes en tu rutina. Procura además levantarte y caminar con frecuencia y cuando te sientas especialmente incómoda cambia tu postura hasta que encuentres una mejor. Debes realizar un esfuerzo por mantener una buena postura.

UN FUERTE AUMENTO DE LA CIRCULACIÓN

Desde la semana 26 tu sistema circulatorio se embarca en otro aumento repentino, pues el volumen total de sangre ahora es de 5 litros, un aumento del 25 por ciento sobre la cantidad normal, aunque el volumen máximo de sangre no se alcanzará hasta la semana 35. Este aumento del volumen de sangre significa que tu gasto cardíaco (la cantidad de sangre bombeada por el corazón en cada latido) seguirá aumentando durante las próximas semanas. Sin embargo, los vasos sanguíneos de tu cuerpo ya no se relajarán más porque todos están ahora al máximo de su capacidad. De hecho, de ahora en adelante tu resistencia periférica deberá aumentar ligeramente y tu presión arterial comenzará a crecer, aunque será un cambio pequeño y muy gradual.

Los tejidos de tu cuerpo también se hacen más gruesos porque hay tanto fluido que éste debe ser alojado en algún lugar, por lo que es muy frecuente que tus dedos y piernas se hinchen ligeramente. No obstante, si notas que tu cara, tus dedos o tus piernas de repente se hinchan mucho más, puede ser una primera señal de preeclampsia (véase p.425), por lo que deberás ser examinada con urgencia, aunque ésta no se suele desarrollar sino hasta transcurrida la

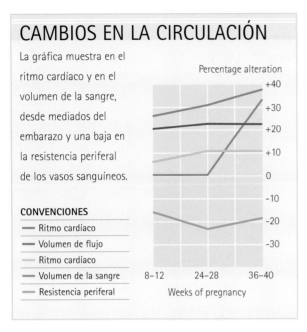

CAMBIOS EN LA CIRCULACIÓN

La gráfica muestra en el ritmo cardíaco y en el volumen de la sangre, desde mediados del embarazo y una baja en la resistencia periferal de los vasos sanguíneos.

Percentage alteration

CONVENCIONES
— Ritmo cardíaco
— Volumen de flujo
— Ritmo cardíaco
— Volumen de la sangre
— Resistencia periferal

8-12   24-28   36-40

Weeks of pregnancy

semana 30 y en una pequeña proporción de mujeres. Rara vez se presenta antes, pero cuando lo hace es probable que sea grave.

Los cambios de tu sistema circulatorio significan que el flujo sanguíneo que se dirige a tu piel y membranas mucosas aumenta y como respuesta los vasos sanguíneos periféricos se dilatan, razón por la que en el tercer trimestre las mujeres embarazadas dicen que "sienten calor" y sudan más fácil o profusamente. Muchas mujeres también observan que las palmas de sus manos y las plantas de sus pies están coloradas y parecen arder, lo que recibe el nombre de eritema palmar. Todos estos cambios en la piel son completamente normales y desaparecerán después del parto. Son sólo el reflejo de que necesitas librarte del calor excesivo generado por el aumento en tu metabolismo y el del bebé. Si los vasos sanguíneos de tu piel no se dilataran, no serías capaz de mantener la temperatura corporal o la del bebé a un nivel constante y literalmente te sobrecalentarías como un automóvil al que se le rompe el radiador.

LOS SENOS Y EL CALOSTRO

En esta etapa sentirás tus senos aun más repletos debido a la acción combinada y continua de las hormonas responsables de su crecimiento en el embarazo. Las venas de la superficie de las mamas se hacen más prominentes y visibles en este último trimestre, y los pezones y la areola continúan oscureciéndose.

Bajo la influencia de las hormonas del embarazo, la estructura interna de tus senos ha estado cambiando y desarrollándose para la lactancia (véase p.396). Mientras la placenta permanece en el útero, los elevados niveles de estrógeno y progesterona bloquean la acción de las hormonas que provocan la secreción de leche, pero quizá notes que desde ahora produces un líquido claro que sale del pezón en momentos inexplicables como cuando estás en el baño o cuando mantienes relaciones sexuales. Este líquido, que se denomina calostro, es el líquido que tu bebé succionará durante los primeros días de vida antes de que aparezca la leche. El calostro contiene azúcar, proteínas y anticuerpos, es decir, todas las necesidades nutricionales de tu bebé, y sin duda la razón por la que ya ha comenzado a producirse es para proveer alimento a los bebés que deciden llegar a este mundo antes de lo previsto. No obstante, no te preocupes si no segregas calostro en todo el embarazo, pues te aseguro que está ahí y que simplemente eres una de las mujeres afortunadas que no han empezado a perderlo.

TU POSIBLE ESTADO FÍSICO

PROBABLEMENTE EN ESTE MOMENTO DISFRUTAS DE TU GRAN TAMAÑO, AUNQUE ALGUNAS VECES QUIZÁ TE SIENTAS COMPROMETIDA POR ÉL. NO TE OLVIDES DE CAMINAR ERGUIDA Y MANTENER LA ESPALDA DERECHA, PORQUE UNA MALA POSTURA PRESIONARÁ LA ZONA LUMBAR DURANTE ESTOS ÚLTIMOS TRES MESES.

Creo que es conveniente hacer algunas sugerencias sobre la manera como puedes paliar el predecible cansancio y la pérdida de energía que pueden haber comenzado ya. Muchas mujeres embarazadas me dicen que al margen de lo mucho que descansen, aún se sienten cansadas y faltas de energía. El consejo habitual es pasar un tiempo con los pies elevados, aunque esto se torna difícil cuando trabajas o/y si tienes más hijos, por no mencionar las demás cosas de tu vida diaria. Así que el mensaje es que hay que pensar de manera realista, no idealista, e intentar encontrar maneras de minimizar tus compromisos en el trabajo y en casa.

Delegar suele ser la respuesta, y sospecho que te sorprenderá gratamente ver lo receptivos que se mostrarán tus colegas y tu familia si les das la oportunidad de ayudarte. Así que en lugar de hacerte la supermujer, busca a alguien en el trabajo que asista a las reuniones por ti y pide a tu pareja que acuda por la tarde a la escuela de padres, o discúlpate por no acudir. Sé también práctica con las tareas de casa: ¿de verdad es necesario hacerlas, o pueden esperar a otro día cuando te sientas con más energía? Si la respuesta es afirmativa, como ocurrirá con la compra o con la limpieza del hogar, busca la manera de contratar a otra persona que lo haga, y si no fuera posible, pide a tu pareja, un familiar o un amigo que te ayude.

Como cualquier madre de más de un hijo te diría, cuando tu embarazo está muy avanzado puedes encontrarte con verdaderos problemas relativos a tu primer hijo u otros hijos. Si tu hijo de dos años tiene una rabieta y no quiere bañarse, retírate, tómate unos minutos de descanso y pregúntate si el baño es realmente necesario. Si la respuesta es negativa, entonces no lo bañes, y si es afirmativa, confórmate con lavarle la cara y las partes más sucias de su cuerpo con una esponja. No olvides que las tensiones por las tareas domésticas no te ayudarán y que deberás asegurarte de mantener tu energía física y emocional.

"Si tu hijo de dos años tiene una rabieta y no quiere bañarse, retírate, tómate unos minutos de descanso y pregúntate si el baño es realmente necesario".

TU RESPUESTA EMOCIONAL

YA ESTÁS DEFINITIVAMENTE EN LA RECTA FINAL, BIEN PASADA LA MITAD DE ESTE EMBARAZO, UN VERDADERO PERÍODO DE TRANSICIÓN EN TÉRMINOS EMOCIONALES PORQUE EL NACIMIENTO DE TU BEBÉ, QUE SOLÍA SER UN PENSAMIENTO BASTANTE ABSTRACTO, DE REPENTE SE CONVIERTE EN REALIDAD.

En este momento tu bebé tiene muchas probabilidades de sobrevivir, así que quizá empieces a impacientarte y desear que pasen los próximos meses. Sin embargo, al mismo tiempo también podrías tener sentimientos contradictorios de pánico al pensar en tener un bebé del que cuidar en un futuro cercano. Si es tu primer hijo, es probable que te preguntes si estás cualificada para quedarte al cargo de un niño recién nacido. Después de todo, en la actualidad muchas mujeres nunca han cambiado un pañal, por no hablar de tener un niño en brazos, antes de coger al suyo en la sala de partos. Si no es tu primer bebé, estarás comprensiblemente preocupada por cómo se van a adaptar tus otros hijos al reto de que otra personita requiera tu tiempo y tu atención, o por cómo este nuevo bebé se adaptará a tu ya agitada vida.

Como la posibilidad del nacimiento ya es factible, sin duda empezarás a pensar en cómo te vas a enfrentar al parto. Si es tu primer parto, sabrás que estás a punto de adentrarte en terreno desconocido, así que si estás leyendo este libro etapa por etapa, te sugeriría que éste fuera el momento para dar un salto y pasar a los capítulos dedicados al alivio del dolor, el parto, el nacimiento y la vida tras el nacimiento, con el fin de habituarte a los aspectos prácticos y emocionales del parto y del posparto. Como con la mayoría de los demás acontecimientos importantes de nuestras vidas, cuanto más informada estés, más capaz serás de enfrentarte al reto de forma positiva y segura. Y si aún no lo has hecho, comienza ahora las clases de preparación al parto.

UNA IMAGEN POSITIVA DE TU CUERPO

Si eres una mujer sana y que se mantiene en forma, los efectos secundarios del embarazo pueden convertirse en un choque emocional. Quizá cada vez estés más frustrada por tu aumento de tamaño, que te impedirá llevar tu vida como lo hacías antes, aunque por otro lado quizá disfrutes cada minuto de tu recién estrenada voluptuosidad. Algunas mujeres que suelen ser esbeltas y estar preocupadas por su peso me dicen que de repente se sienten liberadas y enormemente orgullosas de su barriga grande y redonda, ya que consideran su cuerpo como una confirmación de su sexualidad, ¡especialmente porque podría ser la primera vez que tienen un

"Algunas mujeres que suelen ser esbeltas y estar preocupadas por su peso me dicen que de repente se sienten liberadas y enormemente orgullosas de su barriga grande y redonda".

escote generoso! Igualmente, las mujeres que han estado preocupadas por su tamaño, por una vez pueden reconciliarse con su gran talla y disfrutar de ella de forma positiva. Lo cierto es que el modo en que nos sentimos con nuestros pesados cuerpos embarazados tiene mucha relación con el modo en que nos sentimos durante las últimas etapas del embarazo y la forma en que nuestras parejas reaccionan ante nuestras barrigas y senos hinchados (por no mencionar el peso adicional general). Algunas mujeres sienten una profunda vinculación hacia su vientre en crecimiento y un poco de tristeza ante la perspectiva de perderlo, mientras que otras están deseando que llegue el día en que desaparezca.

LA IMPLICACIÓN DE TU PAREJA

Algunos hombres se muestran muy implicados en el embarazo de su pareja desde el comienzo, pero muchos otros no muestran demasiado interés en los detalles del embarazo, el parto y la vida que le seguirá hasta el último momento. Si éste es el caso de tu pareja, quizá pienses que no está tan implicado en tu embarazo como lo habrías deseado. De hecho, algunos hombres se muestran reticentes a demostrar sentirse implicados de alguna manera, pero esto no quiere decir que no te apoyen, sino simplemente que los hombres y las mujeres tienden a estar en ondas diferentes durante este período único.

Las mujeres tienden a meterse de lleno en su embarazo porque forma parte de ellas tanto física como psicológicamente. Por ello no es de extrañar que los hombres no puedan hacer lo mismo ya que, por definición, no están físicamente vinculados a él, así que muchos suelen seguir adelante con su vida como si nada hubiese cambiado, aunque reconozcan que la vida les cambiará mucho cuando el bebé llegue.

Si son padres primerizos, el embarazo les proporcionará la oportunidad de comenzar a cambiar su relación: de la pareja que ahora son, a la familia que pronto serán. Sin embargo, creo que es importante recordar que si intentas amoldar a tu pareja a tu ideal de cómo debería ser durante tu embarazo, lo más probable es que no salga bien, pues él deberá adaptarse a su propia manera y a su propio tiempo, aunque con un poco de ayuda de tu parte. Sin duda estará tan contento como tú de que todo salga bien durante el parto y después, así que lo mejor que puedes hacer es asegurarte de que está lo suficientemente informado como para ofrecerte ayuda práctica y emocional durante los mismos. Después podrá mirar atrás a aquel momento y sentir que estuvo implicado en el parto de su hijo tal y como quería.

UNA IMAGEN POSITIVA DE TU CUERPO

Cómo te sientes con respecto a tu cuerpo embarazado suele ser el reflejo de tu salud y bienestar generales en esta etapa.

EL CUIDADO PRENATAL

SIEMPRE Y CUANDO NO SURJAN COMPLICACIONES EN EL EMBARAZO, PROBABLEMENTE SEGUIRÁS REALIZÁNDOTE RECONOCIMIENTOS MENSUALES HASTA LA SEMANA 32, LO QUE SIGNIFICA QUE SÓLO VERÁS A TU MÉDICO UNA VEZ DURANTE LAS PRÓXIMAS SEMANAS..

Los reconocimientos prenatales varían, pero lo habitual es realizarse uno rutinario en la semana 28, en el que se efectuará un hemograma y un análisis de anticuerpos y se analizará la orina y la presión arterial. Además, tu médico te examinará las manos y las piernas, estudiará cualquier inflamación y te realizará un análisis de sangre para asegurar que no estás desarrollando preeclampsia.

Quizá ya notes una suaves contracciones de práctica denominadas contracciones de Braxton Hicks (véase p.237-8), que bajan hasta el útero y hacen que se endurezca momentáneamente. No obstante, si notas una actividad uterina prolongada o dolorosa, en especial si va acompañada por dolor de la zona lumbar, comunícaselo a tu médico inmediatamente.

EL ANÁLISIS DE TOLERANCIA A LA GLUCOSA

La diabetes gestacional (véase p.426) es una complicación habitual en el embarazo, en gran medida causada por la presión que supone el embarazo para los riñones y el sistema metabólico de una mujer. En los casos severos, los síntomas son similares a los de una diabetes e incluyen una sed extrema, la necesidad de orinar con frecuencia y cansancio. Sin embargo, muchas mujeres embarazadas que desarrollan diabetes gestacional no presentan síntomas, razón por la que este análisis se efectúa de manera sistemática a todas las mujeres. Se realiza mediante una prueba de tolerancia a la glucosa entre las semanas 26 y 30, aunque si tienes antecedentes de diabetes gestacional se te podría realizar antes. El procedimiento es muy sencillo:

▶ Se te pedirá que recojas una muestra de orina a primera hora de la mañana y en ayunas.

▶ Aún en ayunas, se te tomará una muestra de sangre en la unidad de maternidad y se te pedirá que bebas una solución de glucosa (dulce).

▶ A intervalos de media hora, se realizarán otros análisis de sangre y orina que proporcionarán una valoración de cómo estás metabolizando el azúcar.

Los resultados de esta prueba suelen estar disponibles en cinco días.

Si se averigua que tienes diabetes gestacional deberás seguir una dieta baja en azúcar e hidratos de carbono durante el resto del embarazo, pero si este sistema no controla el problema de forma eficaz, deberás seguir un tratamiento para reducir los elevados niveles de azúcar en la sangre o posiblemente recibir inyecciones de insulina.

Aunque sólo un pequeño porcentaje de mujeres sigue teniendo este problema tras el parto, tener diabetes gestacional aumenta en un 50 por ciento el riesgo de padecer más adelante diabetes de tipo 2.

ANÁLISIS DE SANGRE EN LA SEMANA 28

Entre las semanas 26 y 30 se estudiará tu hemoglobina (hemograma) para asegurar que no padeces anemia (véase p.423). Si tu hemoglobina es inferior a 11g, probablemente debas tomar un complemento de hierro, pues es importante que el hemograma se recupere ahora ya que la hemoglobina se reducirá aún más al final del embarazo debido al aumento de sangre en el riego sanguíneo. Sin embargo, los trastornos gastrointestinales, los problemas de estreñimiento y en ocasiones la diarrea son efectos secundarios frecuentes causados por el hierro, así que si tienes problemas cambia de marca, ya que los preparados líquidos disponibles en la farmacia pueden ser menos agresivos con tu sistema digestivo. Sobre todo, toma alimentos ricos en hierro, en especial los que contengan mucha fibra como los albaricoques secos y las uvas pasas.

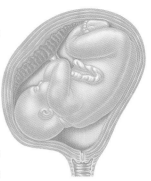

SITUACIÓN OBLICUA *El bebé está acostado en un ángulo a través del útero.*

El *screening* de anticuerpos utiliza una parte de la misma muestra de sangre para volver a analizar el grupo sanguíneo y asegurar que no has desarrollado ningún anticuerpo contra los glóbulos rojos. Esto es especialmente importante si eres Rhesus negativo (*véase* p.128 y p.424). No obstante, el momento de mayor riesgo se produce en el parto cuando una madre Rhesus negativo puede ser sensibilizada frente a la sangre de su bebé Rhesus positivo, por lo que las mujeres ahora reciben una inyección anti-D entre las semanas 28 y 34.

LA POSICIÓN DE TU BEBÉ

Aparte de medir la altura del fondo uterino y escuchar el latido fetal, tu médico palpará tu abdomen para poder determinar la posición en que se encuentra el bebé. Desde ahora, tu historial médico prenatal incluirá un registro de la posición del bebé en cada visita (para obtener información completa de estas diferentes posiciones y las abreviaturas de tu historial, *véase* p.268-70).

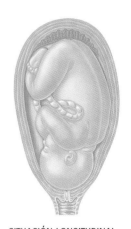

SITUACIÓN LONGITUDINAL *El bebé está vertical con la cabeza o las nalgas hacia abajo.*

Lo más probable es que la situación de tu bebé en esta etapa sea longitudinal (vertical), aunque podría ser transversa (acostado horizontalmente de lado a lado) u oblicua (en un ángulo). La presentación se refiere a la parte del feto que está más cerca de la pelvis y puede ser cefálica (con la cabeza hacia abajo) o podálica (con la cabeza hacia arriba). Si la situación de tu bebé es transversa, aún no se produce presentación de ningún tipo, aunque no hay razón para preocuparse por esto, ya que la situación y la presentación del bebé pueden cambiar muchas veces desde ahora hasta el comienzo del parto. Igualmente, no te preocupes si tu médico o partera no puede determinar la situación de tu bebé entre la semana 26 y la 30, pues en esta etapa a la mayoría de los médicos más cualificados les resulta imposible decidir si tu bebé tiene la cabeza hacia arriba o hacia abajo.

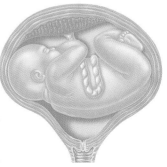

SITUACIÓN TRANSVERSA *El bebé está acostado horizontalmente.*

EL CONTROL DEL CRECIMIENTO DEL BEBÉ

EN CADA VISITA PRENATAL TU MÉDICO CONTROLARÁ EL CRECIMIENTO DEL BEBÉ PALPANDO TU ABDOMEN Y MIDIENDO LA ALTURA DEL FONDO UTERINO. SI SE NECESITASE UN CONTROL MÁS DETALLADO, LO HABITUAL SERÁ REALIZARLO CON UNA SERIE DE ECOGRAFÍAS.

LAS ECOGRAFÍAS DEL CRECIMIENTO

Las ecografías del crecimiento fetal son reveladoras porque en esta etapa del embarazo la mayoría de los problemas probablemente afectarán al ritmo de crecimiento de tu bebé. Se registrará el tamaño de su cabeza, los miembros y el contorno abdominal, así como la relación entre las distintas mediciones, cuidadosamente examinada.

LA IDENTIFICACIÓN DEL PROBLEMA

El crecimiento intrauterino retardado (C.I.R.) se manifiesta de diferentes maneras dependiendo de su causa (véase p.256-7 y p.428). Por ejemplo, si la placenta no funciona correctamente, el crecimiento de la cabeza del bebé se mantendrá normalmente a expensas del crecimiento de su abdomen. Esto ocurre porque el riego sanguíneo que transporta oxígeno y nutrientes desde la placenta puede haberse desviado hacia el cerebro del bebé, por lo que los órganos abdominales reciben menos. Para compensar esto, el hígado del feto comienza a utilizar las reservas de grasa,

con lo que el hígado (y el contorno abdominal) se hacen más pequeños. Este ritmo de crecimiento se conoce como "C.I.R. asimétrico". Un inteligente mecanismo de supervivencia que asegura que el cerebro fetal permanezca protegido de una situación potencialmente difícil.

LA COMPARACIÓN DE LAS MEDICIONES

Las mediciones de tu bebé se compararán con mediciones anteriores y futuras porque el ritmo de crecimiento con el paso del tiempo es lo que determina si se puede dejar al feto en el útero o si el bebé necesita nacer inmediatamente. Si tu bebé no está creciendo bien pero no sufre, se te realizará otra ecografía en unos 7 o 10 días. Quizá te parezca una espera eterna, pero en un intervalo de tiempo menor sería difícil interpretar cambios en las mediciones.

INTERPRETACIÓN DE LAS GRÁFICAS

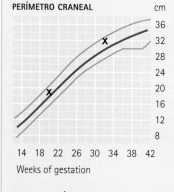

PERÍMETRO CRANEAL   cm

Weeks of gestation

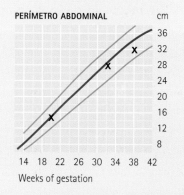

PERÍMETRO ABDOMINAL   cm

Weeks of gestation

EN CADA GRÁFICO *el percentil 50 (línea roja) es la media, y la línea del percentil 90 (línea superior) y la del percentil 10 (línea inferior) representan los límites superior e inferior de un crecimiento normal. En el gráfico del perímetro craneal, la cabeza del bebé crece continuamente. En el gráfico del perímetro abdominal, la velocidad de crecimiento del abdomen muestra un declive posiblemente porque la sangre y los nutrientes están siendo dirigidos hacia el corazón y el cerebro.*

PREOCUPACIONES MÁS FRECUENTES

ÉSTE ES UN APARTADO MUY IMPORTANTE QUE REFLEJA EL HECHO DE QUE LOS PROBLEMAS Y LAS IRRITACIONES RELACIONADOS CON EL EMBARAZO SON MÁS NUMEROSOS EN EL TERCER TRIMESTRE. POR SUERTE, EXISTEN REMEDIOS Y ESTRATEGIAS QUE TE AYUDARÁN A REDUCIR ALGUNOS DE SUS EFECTOS.

Una alta frecuencia de micción al día es habitual, un acto reflejo que comienza cuando la vejiga se llena antes porque el peso del bebé, que cada vez es mayor, la presiona desde arriba. Aunque no se puede hacer nada frente a este fallo mecánico en el diseño del embarazo, recuerda que si necesitas orinar con mucha frecuencia y sólo obtienes una cantidad muy pequeña cada vez, puedes haber desarrollado una infección urinaria, por lo que deberás asegurarte de que tu orina está correctamente analizada (*véase* p.192).

Posiblemente hayas empezado a perder pequeñas cantidades de orina al estornudar, toser o reír. Esto se denomina incontinencia por estrés y suele producirse al final del embarazo. Una atención renovada a los ejercicios de suelo pélvico puede reducir el problema, así como una disminución en la ingesta de té, café y alcohol, que tienen efecto diurético.

Las pautas de sueño en el tercer trimestre suelen alterarse, a lo que contribuirá significativamente tu vejiga al tener que levantarte varias veces por la noche para ir al baño. Algunas de mis pacientes creen que estas interrupciones nocturnas están diseñadas para ayudarte a adaptarte a la inevitable falta de sueño cuando nace el bebé. Quizá sea cierto, pero cuando yo estaba embarazada habría preferido dormir sin interrupción.

LAS INFECCIONES VAGINALES

Es normal que el flujo vaginal aumente desde el segundo trimestre de embarazo, sin embargo, siempre deberá tener un aspecto mucoso, inodoro o con un ligero olor similar al del flujo que puedas segregar antes de tener el período. Si el flujo se torna de un color amarillo verdoso, presenta un olor fuerte o tu vulva, la vagina y la región anal se enrojecen y te duelen en especial al orinar, indícaselo a tu médico, que realizará un frotis vaginal para comprobar una posible infección que si no se tratara podría aumentar el riesgo de tener un parto prematuro.

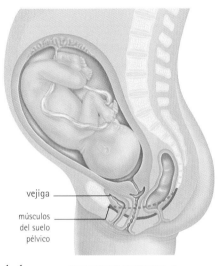

vejiga

músculos
del suelo
pélvico

PROBLEMAS DE VEJIGA *A causa de una tos o un estornudo podrías perder orina, un problema causado por el peso del bebé sobre tu vejiga y por unos músculos débiles del suelo pélvico, que puede verse más arriba como una línea gruesa (con una línea discontinua que muestra su posición en ausencia de embarazo).*

CÓMO TRATAR LOS HONGOS

Muchas mujeres embarazadas padecen hongos vaginales (candidiasis) en el embarazo. Los siguientes remedios pueden ayudar:

▶ **Las cremas y los supositorios** pueden adquirirse sin receta o con ella. Los supositorios, que se insertan en la vagina, son los más eficaces porque atacan la raíz de la infección aumentando la acidez de tus secreciones vaginales. No perjudican tu embarazo y uno solo puede solucionar el problema. Las cremas que se aplican en la vulva pueden reducir las molestias temporalmente, pero no solucionarán el problema subyacente.

▶ **La higiene personal** es importante. Asegúrate de limpiar siempre tu región anal de adelante hacia atrás tras defecar. Dúchate regularmente y mantén tu vulva limpia y seca. Evita los jabones muy perfumados y los baños de espuma, en especial si la piel de la vulva está enrojecida y te pica.

▶ **Añadir un par de gotas de vinagre** al agua del baño o lavar la zona genital con una solución suave de vinagre de sidra puede aliviar los síntomas. Otra opción es intentar que la bacteria viva del yogur equilibre las bacterias naturales del organismo y combata las infecciones por hongos. Puedes probar aplicarte yogur en la entrada de la vagina.

▶ **Utilizar ropa interior de algodón**, y evitar llevar medias o pantalones muy ajustados permitirá que la piel de la zona genital pueda respirar mejor.

▶ **Reducir la ingesta de azúcar y levadura** puede ser útil si tienes episodios repetidos de infección por hongos ya que ambos pueden agravar el problema.

La mayoría de las infecciones vaginales con picor se deben a los hongos (infección por cándida), que es un efecto secundario inofensivo, si bien incómodo, del embarazo. Verás que alrededor de tu vagina hay un flujo que causa picor y que está coagulado. Los hongos no causan un parto pretérmino, y la mayoría de las mujeres experimentan al menos un episodio de los mismos durante el embarazo. En gran medida se debe a que durante la gestación el entorno vaginal se vuelve menos ácido por los efectos de las hormonas del embarazo, lo que fomenta el crecimiento de hongos tipo levadura (Candida albicans), que normalmente se encuentra en pequeñas cantidades en la vagina y los intestinos. Otra causa habitual de los hongos, tanto en embarazadas como en mujeres no embarazadas, son los tratamientos antibióticos porque éstos matan algunas de las bacterias normales de los intestinos y la vagina.

DOLORES DE CABEZA

Es muy frecuente sufrir dolores de cabeza en el embarazo, pero no suelen ser motivo de preocupación. Sin embargo, algunas mujeres sufren ataques de migraña que pueden debilitar sus fuerzas. Si de repente sufres fuertes dolores de cabeza, indícaselo lo antes posible a tu médico y no esperes a la próxima consulta para hacerlo porque los dolores de cabeza intensos en esta etapa del embarazo pueden ser señal de que tu tensión es demasiado alta (véase p.425).

PICOR DE PIEL

Al final del embarazo tu piel se habrá estirado entre 77 y 155 centímetros cuadrados y puede quedar seca y picar al tensarse mucho sobre un vientre cada vez más grande. Además, las estrías, que suelen aparecer en esta etapa, pueden empeorar el problema. Existen cremas costosas, comercializadas especialmente para las mujeres embarazadas y diseñadas para prevenir o reducir las estrías, pero lo más probable es que tan sólo alivien el picor temporalmente. Puedo asegurarte que existen remedios más económicos, como sencillas cremas emolientes no perfumadas o aceites como el aceite para bebés o el aceite de oliva, que son igual de eficaces a la hora de suavizar e hidratar tu piel. Otra cosa que puedes hacer para reducir el picor es comenzar a llevar ropa de algodón.

HEMORROIDES

En esta etapa del embarazo muchas mujeres sufren de almorranas (hemorroides), que son venas dilatadas alrededor de la parte interna y externa del ano o recto causadas por la presión ejercida por el peso del bebé sobre tu pelvis. Las hemorroides suelen causar un dolor punzante y picor alrededor de la zona anal e incluso pueden sangrar. Quizá notes que sientes que una vena inflamada sobresale de tu ano o adviertes un ligero sangrado en el papel higiénico después de defecar. Si además sufres estreñimiento, serás más propensa hacer fuerza al intentar vaciar tu intestino, lo que puede hacer que las hemorroides se inflamen aún más, así que asegúrate de beber mucha agua a lo largo del día, aumentar la ingesta de fibra dietética y realizar ejercicio con regularidad. También levantar grandes pesos puede agravar el problema. Las cremas sin receta que contienen lubricante y una ligera anestesia local pueden ayudar a aliviar las molestias, así como las compresas de hielo.

CALAMBRES EN LAS PIERNAS

Muchas mujeres embarazadas sufren calambres en las piernas, en especial por la noche. Puede que te despiertes de repente, paralizada por espasmos dolorosos y violentos en una de las piernas o en los pies. Algunos médicos creen que la presión del útero sobre determinados nervios de la pelvis puede ser la causa, aunque otros sugieren que esto puede deberse al bajo nivel de calcio o sal, o a un exceso de fósforo. No obstante, no se ha confirmado ninguna de estas teorías.

"Si de repente sufres fuertes dolores de cabeza, indícaselo lo antes posible a tu médico".

CÓMO ALIVIAR EL DOLOR DE ESPALDA

ANTES SE SOLÍA DECIR A LAS MUJERES EMBARAZADAS QUE DEBÍAN SOPORTAR EL DOLOR DE ESPALDA PORQUE NO EXISTÍA SOLUCIÓN PARA ELLO. SIN EMBARGO, EXISTEN ALGUNAS MEDIDAS PRÁCTICAS QUE AYUDAN A ALIVIAR LOS SÍNTOMAS, Y ASÍ NO TENDRÁS QUE SOPORTAR ESE DOLOR.

La clase de tensión en la espalda que suele producirse en esta etapa del embarazo suele ser un dolor de espalda generalizado. Quizá más adelante pase a ser más específico, como ciática, disfunción de la sínfisis púbica o dolor de la articulación sacroilíaca, que se analizan con más detalle en las páginas 243-4.

En primer lugar, asegúrate de que tu médico identifica exactamente cuál es el problema, pues el dolor podría deberse a todo tipo de causas. Por supuesto, debes pensar en la posibilidad de consultar a un osteópata, pero asegúrate de elegir a un profesional cualificado (véase pp.436-8), pues un osteópata experto aliviará los síntomas del dolor de espalda (o de articulaciones) manipulando y masajeando la zona suavemente. Nunca debería proceder a la realineación de ninguna vértebra, en especial en la zona lumbar, recolocándola con un "chasquido" o con manipulaciones breves y bruscas.

Una vez que el médico ha efectuado un diagnóstico, los ejercicios de espalda diseñados para la gestación pueden ayudarte.

LA PROTECCIÓN DE TU ESPALDA

Debido a que ahora tu vientre pesa mucho, caminar incluso distancias cortas puede tensar tus ligamentos abdominales o provocarte dolor en la zona lumbar. En este momento tus ligamentos pélvicos se encuentran bajo más tensión que nunca y, aunque están más elásticos de lo habitual, es inevitable que protesten si se les hace trabajar demasiado. Consulta los consejos de la página 193 para recordar cómo puedes proteger tu espalda a la hora de levantar pesos y mientras duermes.

EL FORTALECIMIENTO DE LOS MÚSCULOS

Realizar ejercicio regularmente te ayudará a fortalecer los músculos de la espalda y mejorar la postura y, como resultado, sostener tu espina dorsal y la zona lumbar, así como ayudar a reducir, si no prevenir, el dolor de espalda. La actividad física también te permitirá dormir mejor, gracias a las endorfinas liberadas durante el ejercicio que tienen un efecto analgésico y mejoran el buen humor.

EL CINTURÓN ORTOPÉDICO

Otra manera práctica de reducir la

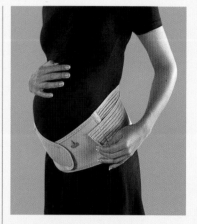

SUJECIÓN *Un cinturón puede aliviarte instantáneamente.*

tensión en la espalda es utilizar un cinturón ortopédico. El cinturón se pone justo por debajo del vientre y se ajusta alrededor de la pelvis con cierres de velcro. Utilízalo por el día y quítatelo por la noche. Recuerdo lo importante que fue para mí el cinturón en esta etapa del embarazo, pues estaba embarazada de gemelas y soy baja (alrededor de 1,5m), lo que significaba que en la semana 26 me sentía extremadamente insegura sobre mis pies y el dolor de espalda era terrible. Sin embargo, tan pronto como me puse el cinturón el alivio fue inmediato. Para mí es un misterio por qué estos cinturones no se recomiendan regularmente a las mujeres embarazadas.

EJERCICIOS PARA LA ESPALDA

Si tu espalda te da problemas, prueba a realizar algunos de los ejercicios que aparecen a continuación, pues te ayudarán a fortalecer los músculos que sujetan la espina dorsal y la pelvis y te mantendrán flexible, lo que te beneficiará durante el parto. Como siempre, detente cuando sientas alguna incomodidad y si no estás segura de un ejercicio específico, consulta a un fisioterapeuta especializado en obstetricia.

▶ **Abrazo de rodillas** Acuéstate sobre la espalda y rodea las rodillas con los brazos (dejando espacio para tu vientre) e inclínate suavemente de lado a lado para aliviar la tensión de la zona lumbar y la pelvis. Es un buen ejercicio para la zona lumbar.

▶ **Giro de columna** Acuéstate sobre la espalda con las rodillas flexionadas, los pies juntos y los brazos estirados a la altura de los hombros. Lentamente, deja caer tus rodillas hacia un lado mientras giras la cabeza al lado contrario y siente cómo tu espina dorsal se gira suavemente. Repite hacia el otro lado.

▶ **Relajación de columna** Acuéstate sobre la espalda con las rodillas flexionadas y separadas a la anchura de los hombros y los brazos a los lados. Haz fuerza con los pies de manera que tus muslos, pelvis y la espalda hasta los omoplatos se eleven del suelo. Baja la espalda lentamente.

▶ **Inclinación de pelvis** Acostada sobre la espalda con las rodillas flexionadas, tensa los músculos abdominales inferiores, las nalgas y presiona la curva de tu espalda contra el suelo. Mantenlo 10 segundos.

▶ **Presión de rodillas** Acuéstate sobre la espalda con las rodillas flexionadas y los pies juntos. Presiona entre las rodillas cualquier objeto del tamaño aproximado de tu puño (como una lata de maíz). Mantén la contracción durante 10 segundos y repítelo 10 veces, dos veces al día. Continúa con objetos del largo de tu brazo (como un rollo de papel de cocina) sólo cuando el ejercicio previo no te produzca absolutamente ningún dolor al realizar la contracción. Este ejercicio es especialmente bueno si sufres disfunción de la sínfisis púbica.

ESTIRAMIENTOS PARA LA ESPALDA

ESTIRAMIENTO ESPINAL *Sentada sobre las rodillas flexionadas y con las piernas ligeramente separadas para albergar tu vientre, estira los brazos al frente sobre el suelo. Siente el estiramiento a lo largo de la espalda*

LOMO DE GATO *De rodillas, con las manos apoyadas y todas las extremidades separadas a la anchura de los hombros, arquea la espalda apretando los músculos de las nalgas y la pelvis. Vuelve lentamente a la posición inicial.*

"desearás que no se te mire sólo como una futura madre, sino también como una mujer trabajadora y una colega."

Cuando tengas un calambre, simplemente flexiona la pierna, la pantorrilla o el pie en la dirección opuesta. Por ejemplo, si sufres un calambre en la pantorrilla, estírala enderezando la pierna y flexionando el pie hacia ti a la vez que masajeas la zona hasta que el dolor desaparezca. Aunque los calambres en las piernas son muy molestos, no son preocupantes porque son trastornos temporales que desaparecerán tras el nacimiento del bebé. No obstante, un dolor constante en la pierna debería analizarse por el mayor riesgo que existe en el embarazo de sufrir trombosis venosa profunda (TVP) (*véase* p.423).

SÍNDROME DEL TUNEL CARPIANO

Algunas de mis pacientes llegan alarmadas porque a veces tienen una sensación de hormigueo en sus dedos. En ocasiones también pueden tener una sensación de entumecimiento o debilidad, como si hubiesen perdido sensibilidad. Este trastorno tan habitual es causado por la retención de líquido, que inflama los tejidos de la muñeca (túnel carpiano) al presionar los nervios y ligamentos que están en él, antes de introducirse en la mano. Estos síntomas desaparecerán tras el nacimiento del bebé a medida que pierdes el exceso de agua que has acumulado. Mientras tanto, si te sientes demasiado incómoda, el médico te remitirá a un fisioterapeuta, que te pondrá una tablilla para sostener la muñeca. También puedes intentar dormir poniendo el brazo afectado en una almohada para ayudar a drenar el exceso de líquido en el brazo. Recuerda que los medicamentos diuréticos no deben tomarse en el embarazo.

ASPECTOS QUE CONSIDERAR

TU MÉDICO DE CABECERA TE PROPORCIONARÁ EL IMPRESO QUE DEBERÁS CUMPLIMENTAR PARA SOLICITAR LA LICENCIA POR MATERNIDAD, EN EL QUE SE CONFIRMARÁ LA FECHA PROBABLE DEL PARTO Y TE PERMITIRÁ OPTAR A LA PAGA POR MATERNIDAD Y LA LICENCIA (*VÉASE* P.58-63).

Como muchas mujeres, preferirás seguir trabajando todo lo que puedas para maximizar la licencia por maternidad pagada después de que haya nacido el bebé.

Si trabajas en una oficina donde no se permite llevar cierto estilo de ropa o ésta no es bien recibida, podría suponer un problema importante a medida que te acercas al final del embarazo. Aunque cualquiera que te vea probablemente se dará cuenta instantáneamente de que estás embarazada, desearás que no se te mire sólo como una futura madre, sino también como una mujer trabajadora y una colega. Si no se te permite utilizar mallas y camisetas amplias, deberás luchar con el traje o el atuendo formal que tendrás que llevar hasta el momento en que ya no te sea posible. Asegúrate de tomar prestadas o comprar nuevas prendas que cumplan los requisitos.

Si los últimos meses de tu embarazo transcurren en verano, te puede resultar difícil encontrar ropa con la que puedas ir fresca y decente, pues te sentirás como un horno durante gran parte del tiempo, y si estás en pleno verano o vives en un lugar de clima cálido, notarás un calor insoportable y te sentirás hinchada y sudorosa. Los sarpullidos por calor se manifiestan en cada rincón de tu cuerpo (como las axilas, bajo los senos e incluso entre las piernas). Además, si tienes los pies y las manos hinchados, los zapatos te empezarán a oprimir y los anillos te apretarán tanto y serán tan incómodos que te resultará imposible ponértelos. Sin embargo, no hay gran cosa que puedas hacer más que evitar situaciones en las que sientas un acaloramiento especial como los restaurantes abarrotados o cines sofocantes, y ponerte ropa amplia y ligera fabricada con fibras naturales como el algodón.

CLASES DE PREPARACIÓN AL PARTO

Probablemente ahora comiences las clases de preparación al parto, pues la mayoría de las clases que se imparten en los centros públicos comienzan cada cuatro semanas y se recomienda a las mujeres que las inicien entre las semanas 26 y 30. Las fechas de comienzo mensuales también son la norma para otros tipos de preparación al parto. Si puedes elegir la fecha en la que empezar, opta siempre por la más temprana porque nunca sabes lo que puede ocurrir. Además debes asegurarte de poder asistir a las sesiones más importantes como la del parto y el alivio de dolor antes de tener que averiguarlo todo de primera mano en la sala de partos. Esto es especialmente importante si es tu primer parto, si esperas gemelos (el 50 por ciento de los gemelos nacen antes de la semana 35) o si has tenido un parto prematuro anterior.

Es posible que tu pareja no quiera acudir a todas las clases, pero asegúrate de que al menos sabe cuándo se impartirá la clase especial para los padres y anímalo a asistir. Es mucho mejor que esté previamente advertido de la función que querrías que desempeñara durante el parto.

LA PREPARACIÓN AL PARTO
Las clases de respiración y relajación te ayudarán a centrar tu atención y a prepararte para la siguiente fase: el nacimiento de tu hijo.

TU VIDA SEXUAL

La vida sexual de una pareja suele revitalizarse en este período del embarazo porque la mayoría de las mujeres se sienten bien tanto física como emocionalmente. Puede que seas consciente de que el tiempo para que nazca el bebé se está agotando, con la inevitable alteración que esto va a aportar a tus noches de sueño y, como resultado, a tu vida sexual. Lo único que puede obstaculizar tu vida sexual en esta etapa son algunas dudas, así que déjame despejar algunas de ellas.

• Aunque rara vez se dice, el hecho de que puedas sentir al bebé moviéndose dentro de ti mientras haces el amor puede hacerte sentir inhibida o bien te puede hacer reír, pero aunque la sensación quizá sea molesta, sin duda no es señal de que tu bebé se sienta de algún modo molesto por tu actividad.

• Quizá te preocupe que realizar un acto con penetración pueda resultar dañino para tu bebé o que el sexo pueda provocar el parto de forma inesperada ya que el semen de tu pareja contiene prostaglandina (una hormona que se administra para inducir el parto). Además, el orgasmo hace que el útero se contraiga.

Lo cierto es que ninguna actividad sexual dañará a tu bebé o provocará el parto en un embarazo normal, así que puedes continuar teniendo una vida sexual activa a no ser que se te haya indicado lo contrario debido a un problema potencial o una complicación en la gestación, como por ejemplo un parto prematuro previo o un factor de riesgo para tener un parto prematuro, como un cuello uterino corto o ligeramente dilatado (véase p.188), una amenaza de parto prematuro (véase p.340), un sangrado reciente y/o placenta muy baja (véase placenta previa, p.240 y p.427) y ruptura de membranas.

SUEÑOS EXTRAÑOS

Cambiando de asunto completamente, muchas mujeres afirman experimentar sueños extraños durante la fase final de su embarazo. Así, pueden tener sueños sexualmente explícitos o sueños desagradables que incluyen la muerte o enfermedad de bebés y niños. Ambos tipos de sueño son habituales y pueden causar gran ansiedad ya que sin duda te preguntarás por su significado. Por ello es importante para mí tranquilizarte diciéndote que no son ningún presagio de que vayan a ocurrir cosas terribles. Al igual que todos nuestros sueños buenos o malos son un modo de hacer frente a nuestras preocupaciones y temores cotidianos, así que considéralos como una manera de examinar toda emoción negativa sin tener que pasar por ella en realidad. Una de las razones por las que estos sueños parecen ser más frecuentes durante el último trimestre es porque te despiertas con más frecuencia y por ello es más fácil recordarlos.

"... los sueños desagradables son un modo de hacer frente a nuestras emociones negativas sin tener que pasar por ellas en realidad".

DIETA Y EJERCICIO

COMER ALIMENTOS NUTRITIVOS Y MANTENERTE EN FORMA TIENE UN DOBLE PROPÓSITO, PUES AMBAS COSAS TE AYUDARÁN A REDUCIR LA FATIGA Y POTENCIAR TU BIENESTAR A MEDIDA QUE TE ADENTRAS EN EL ÚLTIMO TRAMO DEL EMBARAZO Y COMIENZAS A REUNIR FUERZAS PARA EL PARTO.

UNA BUENA ALIMENTACIÓN

Ahora tu dieta es menos importante que en el primer trimestre para el bienestar del bebé, y a no ser que estés sobreviviendo con patatas fritas y refrescos, lo más probable es que tu bebé reciba todo lo que necesita.

▶ **Tu aumento de peso debería ser de** unos 0,5-1kg por semana durante los últimos tres meses (véase p.42) aunque durante las últimas semanas podría ser mínimo.

▶ **Tu ingesta diaria de calorías** en el último trimestre podría aumentar en unas 300-500 calorías, lo que puede parecer mucho. Un tentempié sano extra cada día te proveerá de todo lo que necesitas.

▶ **Puede que necesites comer con más frecuencia** durante las últimas semanas. Probablemente tu cuerpo esté almacenando algunas reservas adicionales finales como preparación al parto, así que opta por alimentos nutritivos y que te aporten energía vital. Como nunca sabes cuándo va a desencadenarse el parto, cuanto mejor sea tu dieta en las semanas venideras, mejor será tu capacidad física para enfrentarte a las exigencias de ese día.

▶ **Mantén la ingesta de líquido** (al menos ocho vasos de agua al día) para asegurarte de que tu cuerpo está completamente hidratado.

▶ **Dos vasos de alcohol a la semana** puede considerarse dentro del límite de lo seguro pero una cantidad excesiva de alcohol seguirá siendo perjudicial (véase síndrome alcohólico fetal, p.434). Fumar priva a la placenta de oxígeno y a tu bebé también.

PREPARADA PARA EL PARTO

No hay razón por la que no debas seguir realizando ejercicio hasta el día del parto a no ser que el médico te lo haya indicado expresamente.

▶ **Determinadas actividades ahora te resultarán difíciles** o incómodas, así que lo más probable es que ya no practiques piragüismo en aguas rápidas, equitación o carreras intensas.

▶ **Si sueles realizar un deporte determinado,** quizá puedas seguir practicándolo durante un tiempo, aunque a un ritmo menor, siempre y cuando te sientas bien y tu médico te dé el visto bueno (aunque estoy segura de que tú misma sabrás cuándo está siendo demasiado).

▶ **Si no has probado la natación o el yoga para el embarazo** procura encontrar algo de tiempo para hacerlo pronto.

▶ **Sea cual sea el método de ejercicio que elijas,** asegúrate de que realizas los ejercicios de suelo pélvico regularmente (*véase* p.165) y que prestas atención a tu postura.

LAS COMPRAS PARA TU BEBÉ

No existen reglas establecidas sobre qué debes comprar para tu bebé, pero por mi propia experiencia y la de muchas otras mujeres con las que he hablado durante muchos años, hay determinados artículos que son más importantes que otros. En términos generales, hay dos áreas principales en las que pensar al elegir lo que necesitas para sus primeros meses: ropa y equipamiento.

LA ELECCIÓN DE LA ROPA

Los bebés recién nacidos no pueden regular bien su temperatura, así que durante las primeras semanas necesitan permanecer bien arropados, aunque no demasiado para no sobrecalentarse. Por regla general, durante los dos primeros meses los bebés necesitan una capa de ropa más que la que tú llevarías en un día determinado. Recuerda

LA TALLA CORRECTA *Los bebés crecen tan rápido que sólo utilizan ropa para recién nacidos durante unas semanas*

también que los bebés apenas tienen pelo, así que en los días fríos necesitarán llevar un gorro para salir a la calle (nunca dentro de casa) y, si hace sol, deberán llevar un gorro que proteja su cabeza, cuello y cara.

Los criterios principales a la hora de elegir la ropa del bebé son comodidad, practicidad y facilidad de lavado. Busca ropa que no limite sus movimientos, que puedas ponerle y quitarle fácilmente sin causarle molestias, que no tenga lazos o cintas molestos en los que puedan quedar atrapados sus deditos y que dejen que su piel respire. Los bebés crecen tan rápido que là ropa de recién nacido les servirá sólo un par de semanas, y si tú y tu pareja son más altos que el promedio, incluso pueden tener un bebé que desde el comienzo ya lleve ropa para niños mayores. Así que aparte de dos o tres mamelucos amplios para recién nacido, cuando le elijas la ropa compra directamente la talla siguiente. No te sientas mal por utilizar ropa de otros niños si te la ofrecen, pues se utilizan muy poco y podrás devolverla un mes después del nacimiento.

Asegúrate de que toda la ropa que compres esté elaborada con tejidos transpirables que puedan lavarse a máquina a una temperatura razonable (un mínimo de 40°C) y que pueda secarse en secadora si así lo prefieres. El algodón es el tejido que mejor transpira, el más cómodo y el más fácil de lavar; además, los tejidos fabricados sólo con fibras sintéticas son menos adecuados, en especial durante las primeras semanas. La lana es buena para el invierno, pero puede irritar la delicada piel del bebé. Asegúrate de que los mamelucos son fáciles de poner y quitar, pues durante los primeros meses cambiarás al menos 10 pañales en un período de 24 horas. Compra también los que tengan cierres automáticos entre las perneras para no tener que someter a tu bebé a todo tipo de contorsión innecesaria cada vez que tengas que cambiarle el pañal. Los mamelucos sin pies tienen la ventaja de que no oprimen los dedos del pie de tu bebé a medida que crece.

Si tu bebé nace en otoño o en invierno, también necesitará ropa de abrigo para salir a la calle. Los mamelucos con capucha y botas integradas son ideales, aunque debes prestar atención al tejido exterior e interior, pues unos son más calientes que otros. Tu bebé también necesitará un sombrero caliente (pues pierden la mayor parte del calor de su cuerpo con mucha rapidez al tener la cabeza descubierta) y algunos pares de manoplas y patucos para mantener sus manos y pies calientes, aunque los perderán continuamente al tirar de ellos o dar patadas. En las tiendas encontrarás innumerables variedades de zapatos para bebés, pero todos ellos serán innecesarios y potencialmente perjudiciales si oprimen sus dedos, pues sólo necesitará zapatos cuando comience a caminar en la calle.

Algo también muy importante es pensar en que recibirás mucha ropa de regalo, así que no compres demasiada. Tu recién nacido sólo utilizará unos pocos trajes al día.

FIBRAS NATURALES *La ropa confeccionada con algodón o lana permitirá que la piel del bebé pueda respirar.*

CANASTILLA ESENCIAL DEL BEBE

▸ Seis bodies de algodón con cuellos extensibles.

▸ Seis mamelucos.

▸ Dos abrigos (forrado en algodón o lana para el invierno, y de algodón para los días más cálidos).

▸ Dos pares de medias o patucos suaves de algodón.

▸ Un chal o una mantita de algodón.

▸ Un sombrero o una visera que proteja los ojos y el cuello.

▸ Un abrigo para salir que incluya capucha y botitas, o uno entero, dependiendo de la estación.

▸ Un par de manoplas, dependiendo de la estación.

ELEGIR UN COCHECITO

No voy a recomendar un cochecito o una silla de paseo determinada, pero sí te puedo señalar algunos aspectos que debes recordar al elegir el transporte para el recién nacido:

▸ Durante los primeros meses, la columna vertebral del bebé necesita permanecer bien sujeta y completamente horizontal, por lo que deberás rechazar cualquier sillita que no pueda abatirse en posición horizontal. Si compras un sistema modular, puedes utilizar la silla para el coche anclada a la silla de paseo.

▸ Piensa en el lugar donde vives. Algunas de las sillas tienen un chasis muy fuerte y grandes ruedas, ideales para los paseos por el campo, pero difíciles de manejar por las escaleras o en calles muy transitadas.

▸ Para los bebés que nacen en invierno, busca una sillita bien aislada y que ofrezca protección básica.

▸ Al margen de la época del año en que des a luz, necesitarás una capota para la lluvia pero, a no ser que tu bebé nazca en primavera o verano, no necesitarás una sombrilla.

▸ Asegúrate de que la sillita plegada cabe en el maletero y de que la silla de automóvil se adapta a los asientos. La mayoría de las tiendas y departamentos te dejarán probarlos antes de comprarlos.

LA COMPRA DEL EQUIPAMIENTO DEL BEBÉ
Cuando quedas embarazada por primera vez, descubres un mundo totalmente nuevo de productos dirigidos a las madres, los padres y los niños. Si hasta ahora no has tenido mucho contacto con los bebés, te dejará asombrada la variedad de la oferta, y aunque no sea tu primer hijo te sorprenderá ver en las tiendas artículos que no había hace tan sólo 18 meses. Sin duda alguna, muchos de estos llamados productos esenciales son concebidos por las prolíficas imaginaciones de quienes trabajan en las industrias de productos infantiles.

Acude a cualquier sección infantil de una tienda u ojea un catálogo de ropa para madres o bebés y te encontrarás de repente con una interminable variedad de cochecitos y sillitas (con unos precios terroríficos) y una cantidad de pequeños dispositivos que pueden ser útiles o no. Después de todo, te preguntarás ¿qué importancia tiene un calienta biberones para el auto? Aunque no niego que hay muchos productos genuinamente útiles que hacen nuestra vida más fácil, si eres madre primeriza puede ser muy difícil distinguir entre lo que es verdaderamente necesario y lo que es cómodo, pero completamente prescindible.

Los cochecitos y las sillas de paseo

El cochecito o la silla de paseo es probablemente el elemento más importante y caro. Técnicamente un cochecito es una cunita portátil sujeta a un chasis, que puede extraerse y utilizarse para que el bebé duerma por la noche ya que tiene suficiente profundidad como para introducir un colchón en ella. En cambio, una silla de paseo puede permitir que el bebé se acueste completamente horizontal, pero no puede utilizarse para que duerma por la noche porque no puede separarse del chasis y, sobre todo, porque no tiene profundidad como para introducir un colchón.

Al margen de que vayas a una tienda infantil especializada o a un gran almacén, el vendedor querrá impresionarte con datos científicos mientras te muestra el funcionamiento de los diferentes modelos. En un santiamén, al igual que un juguete transformable, los sistemas de viaje, los cochecitos y las sillas de paseo se montan y desmontan con un clic.

Al igual que con todos los aspectos que rodean la compra del equipamiento, habla con todas las personas que puedas que hayan tenido hijos recientemente porque su consejo será objetivo y te podrán explicar los pros y los contras antes de que comiences a mirar por las tiendas. Así tendrás una idea más clara de lo que buscas y cuáles son tus principales criterios.

Si los precios de los cochecitos te resultan alarmantes (suelen serlo), quizá los futuros abuelos quieran contribuir. También puedes considerar tomar uno prestado de una amiga o un familiar o comprarlo de segunda mano, pues debido al precio elevado y la constante renovación de existencias del equipamiento infantil, existe un enorme mercado de segunda mano de estos bienes.

Una canguro porta-bebés es un complemento útil y barato, pues te permite mantener al bebé cerca de ti (con la ventaja de que dormirá tranquilamente en cada paseo) y tú tendrás ambas manos libres. Además te ahorra la molestia de entrar y salir de las tiendas y de las casas con el cochecito. Existen desde las tradicionales hamacas en las que el bebé permanece acostado junto a tu cuerpo, hasta modelos deportivos de alta tecnología con bandas ajustables y soporte para la espalda. Elijas el que elijas, asegúrate de que sostiene la cabeza del recién nacido y pruébalo antes de comprarlo para asegurarte de que puedes introducir al bebé y sujetarlo tú misma.

Las sillas para el automóvil

Otro elemento esencial que necesitarás es una silla para el auto. De hecho, si das a luz en el hospital no podrás abandonarlo a no ser que ya tengas una adecuadamente instalada en tu auto. Muchas sillas

de automóvil para los recién nacidos están diseñadas para utilizarse sólo hasta los seis meses, por lo que sería conveniente que la tomaras prestada de una amiga si sabes cuál ha sido su uso. Si compras un asiento de segunda mano, comprueba que no ha estado involucrado en un accidente grave porque se corre el riesgo de que ya no sea tan seguro.

CANGUROS PORTA-BEBÉS *Los canguros más cómodos tienen bandas anchas que sostienen tu espalda y tus hombros, así como sujeción para la cabeza del bebé.*

Las cunas

¿Dónde va a dormir el bebé? Hay varias opciones, desde los moisés y las cunitas portátiles, hasta las cunas propiamente dichas. Básicamente, todas las opciones son adecuadas desde el principio. Lo importante es comprar un colchón nuevo. Hace algunos años había un índice de muerte súbita que relacionaba los colchones viejos con un riesgo

LA SEGURIDAD EN LA CUNA *Tu bebé estará más seguro con los pies cerca de la base de la cuna para que no pueda deslizarse bajo las mantas.*

mayor de Síndrome de la Muerte Súbita (muerte en la cuna). Esta teoría se ha desacreditado, pero aún existe una buena razón para comprar un colchón nuevo, y es que un colchón de segunda mano tendrá una hendidura del bebé anterior, lo que no será una buena sujeción para la espalda. Algunos padres dejan a sus bebés en un moisés durante el día y por la noche los llevan a una cuna con la intención de que el bebé reconozca poco a poco que la última se utiliza específicamente para el largo sueño nocturno. Sin duda merece la pena probarlo, aunque puede no dar ningún resultado antes de que el bebé cumpla tres meses, momento en el que de todas formas ya habrá crecido demasiado para los moisés. Desde el comienzo los bebés se pueden mover con más libertad y dormir mejor en una cuna, así que no es necesario gastar mucho dinero en las otras opciones ya que pronto prescindirás de ellas. En lo que a la ropa de cama se refiere, el algodón es la mejor opción, sobre todo porque es importante no dejar que tu bebé se sobrecaliente al acostarlo bajo capas de mantas de lana. Podrás saber si tu bebé tiene frío tocándole la nuca: si está caliente, el bebé estará bien. Para cada tipo de cama necesitarás dos mantas de tejido muy suelto, dos sábanas bajeras ajustables y dos sábanas encimeras. Los bebés no deben utilizar almohadas porque la cabeza necesita estar acostada en horizontal. Aunque en las tiendas podrás encontrar chichoneras, edredones y cobijas, no se recomiendan para los bebés pequeños porque pueden caer sobre su cabeza e impedir la respiración.

EQUIPAMIENTO PARA EL CAMBIO DE PAÑAL Y LA ALIMENTACIÓN

En cuanto a los artículos más pequeños del equipamiento del bebé necesitarás un cambiador plastificado y un cubo de plástico (con tapa) donde tirar los pañales o las toallitas. Existen contenedores sellados y perfumados donde guardar los pañales usados hasta que puedas tirarlos a la basura. Apenas se considera un elemento esencial, pero reduce la frecuencia con que debes vaciar el cubo y evita los olores desagradables. Una bañera para bebés puede hacer que la hora del baño no sea tan perjudicial para tu espalda y nervios mientras luchas contra un pequeño bebé resbaladizo.

Si vas a utilizar gasas, que son mucho más ecológicas, necesitarás comprar al menos 30 para poder realizar hasta 10 cambios de pañal al día, picos de plástico, imperdibles y pañales de algodón. Puede parecer que cuestan menos que las desechables, pero debes tener en cuenta que debes lavarlas tú (asegúrate de que tienes una buena lavadora y secadora) o en la lavandería (esta opción cuesta aproximadamente lo mismo que las toallitas desechables). Los pañales reutilizables modernos son completamente lavables y suelen ajustarse mejor que los de gasa porque vienen en diferentes tallas, aunque todos los tipos necesitan un pico (y unos calzones de plástico para evitar que la ropa se ensucie). En las páginas 224-7 encontrarás más información.

Equipamiento para la alimentación

Si pretendes alimentarlo desde el principio con leche artificial, necesitarás al menos seis biberones porque le darás de comer entre siete y ocho veces al día. De todos modos, si vas a amamantarlo también deberás comprar dos o tres biberones, y así estarás preparada para cuando decidas empezar a utilizarlos. Recuerda que los bebés pueden tomar tu leche extraída, así como la de fórmula, en un biberón. Compra tetinas de flujo reducido, pues sin ellas tu bebé deberá luchar para tragar lo suficientemente rápido.

Deberás esterilizar los biberones hasta que tu bebé lleve seis meses utilizando estos sistemas:

• Un tanque esterilizador que utiliza agua y un agente esterilizador en pastilla o líquido. Deberás sumergir los biberones y las tetinas durante horas.

• Los nuevos esterilizadores al vapor eléctricos o para microondas se valen del vapor para esterilizar los biberones y las tetinas en minutos.

Éstos son los artículos básicos que debes tener preparados antes del nacimiento de tu bebé, pero por favor sal a comprar todo lo que podría ser de utilidad para más adelante. En las primeras semanas y meses es primordial hacerte la vida más fácil.

EQUIPAMIENTO BÁSICO

▸ Un cochecito o una silla en la que el bebé vaya acostado

▸ Una capota para la lluvia

▸ Una cuna portátil o moisés, o bien una cuna con un colchón nuevo

▸ Ropa de cama de algodón, incluyendo:
  Dos sábanas bajeras ajustables
  Dos sábanas encimeras
  Dos mantas de tejido muy suelto

▸ Asiento para el automóvil que mire hacia atrás

▸ Un cambiador de plástico y un cubo de plástico

▸ Biberones y tetinas de flujo lento

▸ Equipo de esterilizador

▸ Un canguro porta-bebés con soporte para la cabeza

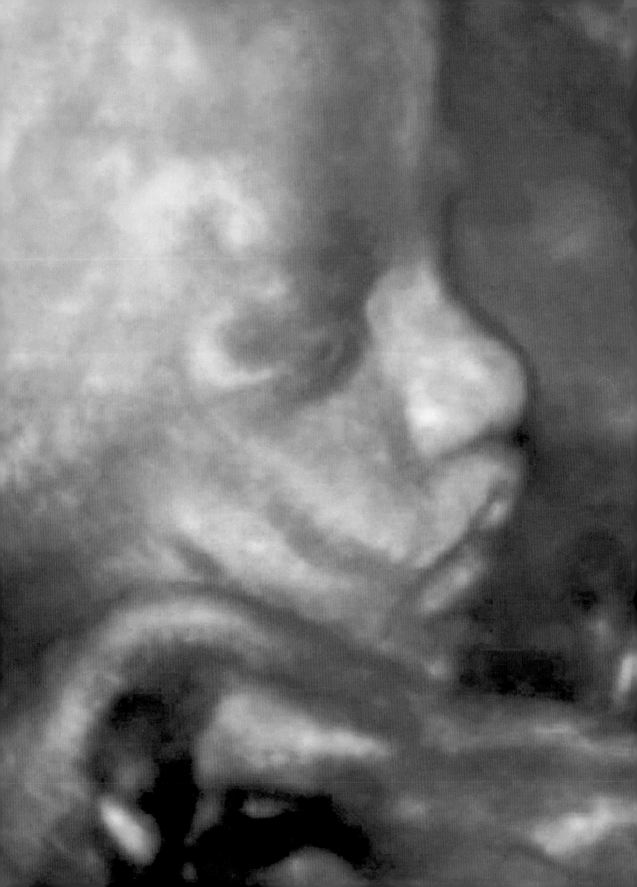

SEMANAS 30–35

EL DESARROLLO DEL BEBÉ

LA ESTATURA DE TU BEBÉ AUMENTA CONTINUAMENTE, PERO LA DIFERENCIA MÁS NOTABLE ESTÁ EN SU PESO. LA CAPA DE GRASA SUBCUTÁNEA AUMENTA Y SU PIEL AHORA ESTÁ SONROSADA Y MENOS ARRUGADA, ESPECIALMENTE EN LA CARA, CUYO ASPECTO ES SUAVE Y REGORDETE.

Desde las semanas 28 a la 32 el aumento semanal de peso será de hasta 500gr y continuará a un ritmo de unos 250gr por semana entre las semanas 32 y 35, lo que significa que el peso medio del bebé en la semana 35 es de 2,5kg. Un bebé nacido en este momento es más bien delgado, pero ya no tendrá el aspecto arrugado, colorado y demacrado de hace unas pocas semanas. La capa superficial de vernix blanco aún será muy gruesa, pero el lanugo desaparecerá pronto y probablemente sólo quedarán algunos parches en los hombros y la espalda. Si naciera ahora, tu bebé no estaría tan necesitado de estos mecanismos de protección para combatir el frío.

Los ojos ya se abren y se cierran, pestañean y aprenden a enfocar porque las pupilas pueden contraerse y dilatarse como respuesta a la luz que se filtra a través de la pared del útero. El cerebro y el sistema nervioso están completamente desarrollados, aunque si el bebé naciera ahora algunos de los reflejos y movimientos de los miembros aún estarían mal coordinados. Las uñas de las manos llegan al extremo de los dedos, pero las de los pies necesitarán algunas semanas más.

El reflejo de succión se establece adecuadamente en esta etapa y el bebé succionará repetidamente sus pulgares y el resto de los dedos. Sin embargo, la mayoría de los bebés nacidos antes de las semanas 35 o 36 aún necesitan un poco más de práctica, lo que puede significar que les resulte más difícil aprender a mamar. Ésta es una de las razones por las que la definición de bebé prematuro es, estrictamente hablando, un bebé nacido antes de la semana 37. Aunque la mayoría de los nacidos después de la semana 28 tienen una gran posibilidad de sobrevivir, gracias a los cuidados especiales que reciben tras el nacimiento, no existen avances técnicos que puedan hacer que un bebé prematuro succione con tanta efectividad como un bebé que ha llegado a término.

Los pulmones maduran tan rápido entre las semanas 30 y 35 que cada día que transcurre se reduce el tiempo de asistencia para respirar que tu bebé debería precisar. En otras palabras, un bebé nacido en la semana 36 casi siempre

◄ *En la semana 30 los ojos están abiertos y responden a los cambios de luz.*

SEMANAS

PRIMER TRIMESTRE

| 1
| 2
| 3
| 4
| 5
| 6
| 7
| 8
| 9
| 10
| 11
| 12
| 13

SEGUNDO TRIMESTRE

| 14
| 15
| 16
| 17
| 18
| 19
| 20
| 21
| 22
| 23
| 24
| 25
| 26

TERCER TRIMESTRE

| 27
| 28
| 29
▶ 30
▶ 31
▶ 32
▶ 33
▶ 34
▶ 35
| 36
| 37
| 38
| 39
| 40

tamaño no real

tamaño no real

En la semana 30 el feto mide unos 28cm de estatura y pesa alrededor de 1-1,5kg. En la semana 35 su peso ha aumentado a alrededor de 2,5kg y el feto mide 32cm desde la cabeza a las nalgas y 45cm desde la cabeza hasta los dedos de los pies.

será capaz de respirar sin ayuda. En estas próximas semanas tu bebé cruzará el límite y sus pulmones se someterán a los pasos finales de la maduración que les permitirán funcionar independientemente.

Las glándulas adrenales fetales, que se encuentran en la parte superior de los riñones, bombean cortisol para ayudar a la producción de surfactante en los pulmones. Éstas trabajan con tanta intensidad que tienen el mismo tamaño que las glándulas adrenales de un adolescente, y producen 10 veces la cantidad de cortisol que las de un adulto.

LAS HORMONAS SEXUALES

En los niños y las niñas, las glándulas adrenales fetales continúan produciendo grandes cantidades de una hormona parecida al andrógeno (DHEAS), que debe ser procesada por las enzimas del hígado fetal antes de pasar a la placenta, para convertirse finalmente en estrógeno. En los niños, los testículos fetales producen testosterona, y parte de ésta es transformada por unas células especiales de los órganos genitales en otra hormona masculina esencial para el desarrollo de los genitales externos. Es bastante frecuente que estos elevados niveles de hormonas den como resultado que los genitales externos tanto de los niños como de las niñas parezcan grandes e hinchados. En el caso de los niños, la piel escrotal que rodea los testículos puede estar pigmentada de un color oscuro. Todos estos cambios desaparecen en las siguientes semanas.

ECOGRAFÍA EN 3-D EN LAS SEMANAS 30-35

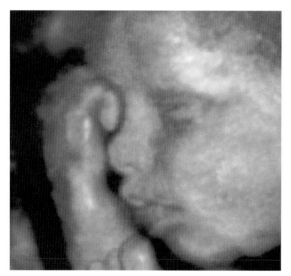

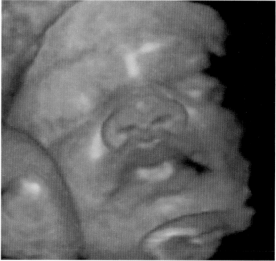

REFLEXIVO *Imagen de un rostro perfectamente formado.*

PERÍODOS DE SUEÑO *El movimiento se ve restringido por el espacio y el bebé duerme más.*

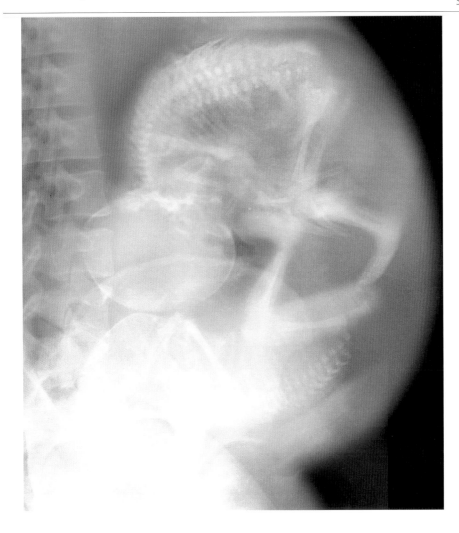

MOVIMIENTOS Y SITUACIÓN

Los movimientos de tu bebé serán fuertes, pero probablemente más lentos que antes por la sencilla razón de que el bebé ya no puede moverse con tanta libertad. Sin embargo, si el patrón de movimiento de tu bebé pasa de ser muy activo a quedarse muy quieto, o viceversa, acude a una consulta inmediatamente. Las futuras madres suelen ser las mejores a la hora de juzgar si van a producirse problemas en el útero.

En la semana 35 la situación de la mayoría de los bebés es longitudinal (vertical), pero puede estar en situación transversa (horizontal) u oblicua (diagonal). El riesgo de que se produzca una situación anormal aumenta cuando la cantidad de líquido amniótico es grande (*véase* polihidramnios, p.426), cuando la placenta se encuentra en la parte inferior del útero (*véase* placenta previa, p.240 y p.427), o cuando hay más de un bebé.

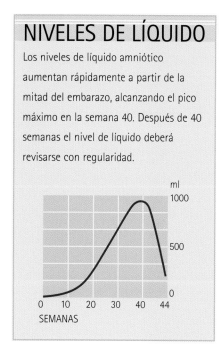

NIVELES DE LÍQUIDO

Los niveles de líquido amniótico aumentan rápidamente a partir de la mitad del embarazo, alcanzando el pico máximo en la semana 40. Después de 40 semanas el nivel de líquido deberá revisarse con regularidad.

La presentación del bebé está determinada por la parte de su cuerpo que se encuentre más próxima a tu pelvis: cuando es la cabeza, se denomina presentación cefálica, mientras que si son las nalgas se denomina presentación podálica (*véase* p.269). La presentación cefálica es la más habitual y es la que tiene un promedio del 95 por ciento de los niños. En la semana 32, hasta el 25 por ciento de los niños muestra una presentación podálica, pero este porcentaje se reduce a sólo el 4 por ciento en la semana 38. Tras las semanas 35-36 es mucho menos probable que el bebé cambie de postura.

EL LÍQUIDO AMNIÓTICO

Tu bebé excreta alrededor de medio litro de orina al día, y en la semana 35 el líquido amniótico alcanza un volumen máximo de 1 litro. Después, su volumen empieza a descender y puede ser sólo de 1-200ml en un embarazo post maduro (tardío). Un nivel bajo de líquido amniótico (véase oligohidramnios, p.426) puede ser señal de un bebé con crecimiento retardado o un bebé con problemas renales, mientras que un exceso de líquido amniótico o polihidramnios (véase p.426) puede observarse en embarazos gemelares y suele estar asociado a anomalías físicas en el bebé o diabetes en la madre.

LOS CAMBIOS EN TU CUERPO

AHORA Y DURANTE LAS PRÓXIMAS SEMANAS LA ALTURA DE TU FONDO UTERINO MEDIDO EN CENTÍMETROS SERÁ IGUAL AL NÚMERO DE SEMANAS DE GESTACIÓN, PERO ESTO CAMBIA LIGERAMENTE CUANDO LA CABEZA DEL BEBÉ DESCIENDE Y HACE QUE LA ALTURA DEL FONDO DECREZCA UN POCO.

Al margen de cuáles sean las medidas exactas en esta etapa, tu útero habrá expandido tanto tu abdomen que tu ombligo probablemente se habrá invertido y habrá adoptado un aspecto prominente.

El volumen de tu sangre probablemente alcanzará el punto máximo de 5 litros, aunque algunas mujeres aún experimentan otro aumento entre las semanas 35 y 40. La mayor parte de este aumento se debe al plasma o el contenido de líquido del torrente sanguíneo, pero la cantidad de glóbulos rojos, que transportan el oxígeno, no aumenta al mismo ritmo. Esta reducción de glóbulos rojos por el aumento del plasma es una causa habitual de la anemia al final del embarazo. Por supuesto que durante esta etapa del embarazo se estudiará tu hemograma. Sin embargo, sólo en raras ocasiones se produce un problema severo como resultado de la falta de glóbulos rojos porque la cantidad de hemoglobina es ahora mucho mayor que antes de que quedaras embarazada. No tienes por qué preocuparte, pues tu bebé está feliz absorbiendo todo el oxígeno y los nutrientes que necesita.

LAS VÁRICES

Si tienes probabilidad de sufrir la aparición de várices, ésta es la etapa del embarazo en la que es más probable que ocurra. Las várices son venas dilatadas justo bajo la superficie de la piel, la mayor parte de las cuales aparecen en las piernas y la región anal (véase hemorroides, p.217). Cuando aparecen en el embarazo, son consecuencia de un problema mecánico inevitable: el peso de tu útero, que es cada vez mayor, presiona las venas principales de tu pelvis. Estas venas devuelven la sangre a tu corazón y tus pulmones, pero ahora están muy dilatadas por el aumento del volumen sanguíneo. Cuando se encuentran con un gran obstáculo en su camino, como un útero engrandecido, la presión que se desarrolla obliga a la sangre a almacenarse en las venas secundarias (menores) de tus piernas, tu vulva y el margen anal. Los síntomas suelen mejorar tras el parto, pero para muchas mujeres las várices se convierten en un problema a largo plazo.

Las várices que aparecen en la zona vulvar no son tan frecuentes, pero suelen ser motivo de preocupación porque son antiestéticas y pueden volverse dolorosas y molestas. Los síntomas deben tratarse de la misma manera que las hemorroides. Aunque puede que las várices de la zona vulvar sangren en abundancia si quedan dañadas por el parto, éste es un problema muy poco frecuente. Es más, lo habitual es que desaparezcan tras el nacimiento.

HACER FRENTE A LAS VÁRICES

▶ **Compra unas buenas medias de compresión,** y para mayor alivio póntelas por la mañana antes de levantarte.

▶ **Descansa con los pies en una posición lo más elevada posible,** pues te ayudará a drenar la sangre de las venas.

▶ **Pasea enérgicamente,** para que los músculos de tus piernas trabajen y ayuden a que la sangre vuelva a tu corazón.

▶ **Si debes permanecer de pie** durante un tiempo, cambia el peso de tu cuerpo de una pierna a otra en lugar de distribuirlo igualmente entre las dos.

▶ **Controla el aumento de tu peso,** pues los kilos de más presionan aún más tus piernas.

TU POSIBLE ESTADO FÍSICO

ES MUY FRECUENTE QUE EN ESTA FASE DEL EMBARAZO LAS MUJERES SE SIENTAN GRANDES Y TORPES, EN ESPECIAL SI COINCIDE CON LOS MESES DE VERANO CUANDO EL CALOR AUMENTA EL RIESGO DE TENER LAS MANOS, LOS PIES Y LAS PIERNAS HINCHADOS.

Aunque no llegues a sentirte como una ballena encallada, es posible que te desenvuelvas con más lentitud y esfuerzo de lo normal. Las tareas cotidianas como salir del auto o ponerte un par de medias requieren un cambio radical en tu técnica habitual. Aunque a ninguno de nosotros nos gusta sentirnos físicamente limitados y dependientes de los demás, la mejor manera de hacer frente a estas situaciones es verles el lado divertido y recordarte a ti misma que es sólo algo temporal. Además, tomarte con calma la restricción de tus movimientos también te ayudará a prepararte para el hecho de que los niños pequeños supondrán inevitablemente una ralentización de tu vida. Tras el parto, ya no podrás salir como un rayo de tu casa en tres segundos a la vez que coges las llaves del auto y el bolso. No obstante, durante esta última etapa del embarazo intenta permanecer lo más activa posible, pues te ayudará a sentirte física y mentalmente preparada para los desafíos que te esperan, en especial el parto.

ENCONTRAR UNA POSTURA
Puede que te sientas más cómoda acostada sobre un lado con almohadas que sostengan tu vientre y la pierna.

DIFICULTAD PARA DORMIR

En estos momentos posiblemente no duermas bien, lo que puede afectar tu estado físico durante el día. Cada vez te resultará más difícil encontrar una postura cómoda por la noche. Debes evitar acostarte sobre la espalda porque el peso del útero presiona las venas principales que devuelven la sangre al corazón, lo que te hace sentir mareada y reduce el riego sanguíneo que llega al bebé. La posibilidad de acostarte boca abajo ya desapareció hace unas semanas, y es probable que la única opción práctica sea acostarte de lado con la pierna que queda elevada flexionada y adelantada, y sujeta con una almohada si es necesario. Sin embargo, no

MUÉVETE CON SEGURIDAD

Levantarte del suelo o de la cama tras un tiempo de relajación o tras realizar ejercicio puede causar tensión en tus músculos abdominales. Además, tu centro de gravedad alterado, también dificultará los grandes movimientos. La siguiente técnica te ayudará a levantarte sin problemas. Como con cualquier maniobra intensa en esta etapa del embarazo, muévete lentamente y no te olvides de respirar todo el tiempo.

1 *Con las rodillas flexionadas, gírate sobre tu costado derecho elevando la rodilla inferior hasta la cintura. Mantén la mano izquierda alineada con la otra rodilla.*

2 *Coloca la rodilla derecha bajo la cadera derecha y tu mano derecha bajo el hombro, y apóyate lentamente sobre las cuatro extremidades.*

puedes permanecer en la misma postura toda la noche. Además, tu vejiga dará la voz de aviso regularmente y tu bebé quizá no deje de dar patadas y revolverse.

Este descanso de poca calidad puede hacer que estés extremadamente cansada e irritable, razón por la que es importante que intentes buscar un tiempo para descansar a lo largo del día. Aunque trabajes a jornada completa, asegúrate de reservar media hora al día para sentarte con los pies en alto, y si estás en casa, duerme una siesta de una hora en la cama después de comer; sin duda te ayudará a recuperarte de la mala noche. Si durante este período prenatal estableces una rutina en la que desconectes de tus tareas con el fin de descansar, será más fácil continuar tras el parto cuando el cansancio y la falta de sueño sean inevitables. Vas a necesitar entrenarte para aprovechar los momentos en los que tu bebé esté dormido para recuperar un poco de descanso o sueño para ti, así como la energía y la cordura.

LAS CONTRACCIONES DE BRAXTON HICKS

Desde ahora hasta el final de la gestación el útero empieza a practicar las contracciones suavemente como preparación para el parto. Esta tensión indolora, llamada contracciones de Braxton Hicks, comienza en la parte superior del fondo uterino y se desplaza hacia el útero haciendo que éste se endurezca durante unos 30 segundos. El obstetra John Braxton Hicks, fue el primero en describirlas al darse cuenta de que esta actividad indolora que se

RESPIRAR *Practicar respiraciones profundas y lentas entre las contracciones puede ayudarte.*

EMPUJAR *Espirar con las rodillas separadas y la cabeza y codos apoyados puede ayudarte a prepararte para las contracciones.*

producía hacia el final del embarazo, se debía a que el útero necesitaba practicar para contraerse con la fuerza suficiente como para expulsar un bebé por medio del canal de parto hacia el mundo exterior. Las contracciones también ayudan a dirigir más sangre hacia la placenta durante las últimas semanas de embarazo.

Aunque algunas mujeres son completamente inconscientes de tener contracciones de Braxton Hicks, en el caso de otras pueden ser bastante fuertes y molestas hacia el final del embarazo. Si este es tu caso, prueba a cambiar de postura, levantarte y pasear, o bien tomar un baño caliente; todos estos remedios sencillos pueden ayudar a relajar los músculos uterinos. Además, practicar algunas de las técnicas de relajación y respiración que estás aprendiendo para el parto también será beneficioso, así como un masaje en la espalda.

Si éste es tu primer embarazo, puede que te resulte difícil saber si estás teniendo contracciones de Braxton Hicks fuertes o si son los primeros dolores del parto. Así que, por lo general, si no estás segura, es preciso que acudas al médico o al hospital más cercano. Igualmente, es básico informar inmediatamente sobre cualquier actividad uterina prolongada o dolorosa, en especial si viene acompañada por dolor en la zona lumbar, pues podría tratarse de una amenaza de parto prematuro. Otra causa posible del dolor uterino y en la zona lumbar es un desprendimiento de placenta (*véase* p.427), que deberá estudiarse urgentemente.

TU RESPUESTA EMOCIONAL

EL PRIMER PUESTO EN LA LISTA DE ANSIEDADES QUE LAS PACIENTES ME COMENTAN EN ESTA ETAPA ES EL TEMOR DE TENER UN PARTO DIFÍCIL, LLEGAR A MONTAR UN ESCÁNDALO DURANTE EL PARTO O QUE TODO SALGA DESASTROSAMENTE MAL (VÉASE PÁGINA SIGUIENTE).

Como siempre, es más difícil enfrentarse al temor de lo desconocido que a la realidad, así que, de nuevo, haz caso omiso de cualquier historia de terror de la que te hayan podido hacer partícipe y concéntrate en el hecho de que la mayoría de las mujeres embarazadas están completamente sanas y que sus bebés llegan a este mundo sin problemas.

Otro aspecto habitual al final del embarazo es que a las mujeres les cuesta concentrarse en tareas específicas. Muchas de mis pacientes me dicen que su mente divaga sobre aspectos relacionados con bebés, un hecho que para las que aún trabajan puede suponer un problema.

Las tareas que solían ser prioritarias puede que ya no parezcan importantes ni apremiantes. Creo que la mejor forma de afrontar esta situación es intentar identificar las tareas clave y asegurar que se terminan, así como aplazar las no esenciales y asegurarse de que no se acomete ninguna otra cosa nueva que pueda suponer un reto o que sea imposible de finalizar en un período breve. Así podrás abandonar tu trabajo tranquilamente.

Otro aspecto de este último trimestre es que las noticias tristes o malas tienden a afectarte más de lo habitual. No hay duda de que el embarazo desencadena respuestas emocionales intensas, en especial aquellas relacionadas con los niños. Por ejemplo, ver un programa sobre la pérdida de un hijo o incluso su muerte probablemente te haga llorar a moco tendido, aunque en el pasado fueras capaz de tomarte todas estas cosas con calma. El único consejo práctico que puedo ofrecerte es que intentes limitar tu exposición a situaciones que te puedan angustiar.

SITUACIONES EMBARAZOSAS

▸ **Odio perder el control. ¿Cómo puedo evitar montar un escándalo durante el parto?**

Nada de lo que hagas durante el parto se considerará escandaloso. Será uno de los pocos momentos de tu vida en los que no puedes tener un control completo de tu propio cuerpo, por lo que en lugar de sentirte avergonzada e inquieta, simplemente acéptalo. Y respecto a quienes estén presentes en la sala de partos que puedan sentirse horrorizados o indignados por tus quejidos, tus palabrotas o por que les grites, olvídalos; además las parteras y los médicos ya lo han visto y escuchado todo. Es más, no ejercerían el trabajo que han elegido si no comprendieran

lo que sucede cuando un bebé de 3,5kg sale por el canal de parto de una mujer.

▸ **¿Qué ocurrirá si rompo fuente en un lugar público?**

Es improbable que tu fuente rompa en pleno supermercado u otro lugar público, pero si lo hace, ¿qué tiene de malo? Nunca he oído a nadie quejarse por tener que ayudar a una mujer embarazada cuyas membranas se rompieran inesperadamente. Sin embargo, sí he oído a muchas personas decir lo felices que se sentían por haber podido ayudar cuando sucedió este acontecimiento completamente natural. Lo cierto es que es muy extraño que el líquido

amniótico salga a chorro, pues se trata más bien de un hilillo ya que la mayoría de los bebés están boca abajo presionando el cuello del útero.

▸ **Me preocupa que pueda tener una evacuación de vientre en el parto. ¿Debería realizarme un enema?**

Tener una evacuación de vientre en el parto puede suceder porque la cabeza del bebé desciende presionando el recto. Sin embargo, no es probable que haya muchas heces delante de la cabeza del bebé, así que cualquier problema será mínimo. Los enemas eran una práctica rutinaria antes del parto, pero las unidades de maternidad actuales los evitan.

EL CUIDADO PRENATAL

HACIA EL FINAL DEL EMBARAZO EL MÉDICO QUERRÁ CONTROLARTE MÁS DE CERCA, ASÍ QUE DESDE LA SEMANA 30 LAS CONSULTAS MÉDICAS SE REALIZARÁN CADA DOS SEMANAS.

Tus médicos estarán muy atentos a las señales de posibles complicaciones propias del final del embarazo, como la diabetes gestacional (véase p.426) o un crecimiento lento del bebé (*véase* crecimiento intrauterino retardado, p.428). También la preeclampsia (*véase* p.425) es más frecuente a partir de la semana 30 y aunque puede producirse sin mostrar síntomas, suele haber algunos indicadores. Cualquiera de los que aparecen a continuación deberán indicarse al médico urgentemente para analizar el nivel de proteínas en tu orina:

• De repente te aprietan demasiado los anillos y tus pies están muy hinchados.

• Tu cara se hincha.

• Los dolores de cabeza se vuelven constantes o insoportables, y además tienes haces de luz en los vértices de tu visión.

La altura de tu fondo de útero se medirá, y si es mayor o menor de lo que debería en esa fecha se te realizará una ecografía para comprobar el tamaño y el bienestar de tu bebé. Si mostrase que tu bebé es demasiado pequeño o grande para su tiempo, o que el volumen de líquido amniótico ha aumentado o decrecido, se realizarán más pruebas (*véase* p.256-9) e incluso podría ser necesario planificar la inducción del parto.

PLACENTA PREVIA

Si la placenta permanece en un lugar bajo en el útero causará problemas si está delante de la cabeza del bebé, cubriendo la zona interna del cuello uterino. El primer síntoma suele ser uno o más episodios de hemorragia indolora, a veces en la semana 30, que necesitará estudiarse inmediatamente. Si sólo el borde inferior de la placenta tapa el cuello uterino (parcial), la cabeza podría pasar por el cuello dilatado, por lo que sería posible un parto vaginal. En cambio si la placenta se encuentra en el centro, sobre el cuello uterino (total), existe el riesgo de que se produzca una hemorragia antes o durante el parto, y se necesitaría una cesárea (*véase* p.427).

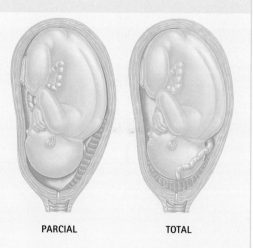

PARCIAL   TOTAL

La palpación de tu abdomen permitirá a tu médico determinar la posición en la que está acostado el bebé. Si está en situación podálica (con las nalgas hacia abajo) aún tiene tiempo para girarse y adoptar una posición cefálica (con la cabeza hacia abajo), que es la mejor posición para un parto vaginal normal. Sin embargo, si la posición podálica del feto persiste, se te aconsejará someterte a una versión cefálica externa, que es un procedimiento manual para girar al bebé y que suele realizarse tras la semana 35 (*véase* p.271).

Un hemograma completo suele realizarse en la semana 32 para comprobar si hay anemia (véase p.423), y se empleará la misma muestra de sangre para comprobar que no has desarrollado ningún anticuerpo inusual contra los glóbulos rojos que pudiera causar problemas si, por ejemplo, necesitaras una transfusión de sangre y sangraras mucho durante el parto (*véase* p.424). Si eres Rhesus negativa (*véase* p.128 y p.424) se te administrará una inyección anti-D.

Una ecografía más se realizará alrededor de la semana 32 si en algún momento anterior de tu embarazo se hubiese averiguado que tenías la placenta baja. Esto se hace para determinar si su posición ha cambiado. Aunque la ecografía muestre que tu placenta está baja, aún deberán pasar algunas semanas más durante las que el segmento inferior del útero continuará desarrollándose, de manera que las probabilidades de que una placenta baja cause problemas en el momento del parto se reducen a medida que el embarazo avanza. La incidencia de placenta previa es sólo de 1 entre 200 en los embarazos a término.

EMBARAZOS DIABÉTICOS

Todos los embarazos diabéticos permanecerán bajo una férrea vigilancia desde la semana 35 debido a posibles problemas al final del embarazo (*véase* p.408 y p.426). Los niveles de glucosa mal controlados pueden hacer que el bebé padezca sobrepeso (macrosomía), lo que aumentaría el riesgo de una distocia de hombro (*véase* p.429), lesiones perinatales y muerte del feto. En cambio, si tu diabetes permanece bien controlada y el crecimiento de tu bebé es normal, quizá puedas esperar hasta que comience el parto y tener un parto vaginal normal. En embarazos diabéticos sin complicaciones no hay datos que indiquen que una cesárea optativa mejore el resultado.

Sin embargo, muchas unidades de maternidad tienen una política de inducción (*véase* p.294-7) para las madres diabéticas en las semanas 38-39. Esto, porque después de la semana 38 los embarazos diabéticos tienen más riesgo de sufrir un trauma por el parto, la muerte del feto o complicaciones neonatales. Si se produce sufrimiento fetal o el parto no progresa bien, muchas veces se

"No obstante, debes recordar que incluso los médicos y parteras más cualificados podrían equivocarse al palpar la posición de tu bebé"

recurre a la cesárea de emergencia. Tras el parto, los bebés de madres diabéticas son minuciosamente examinados porque durante las primeras horas de vida podrían desarrollar hipoglucemia (nivel bajo de azúcar en sangre). También tienen un riesgo mayor de padecer el síndrome de distrés respiratorio (véase p.373), en especial si se ha tratado de un parto prematuro.

PREOCUPACIONES FRECUENTES

LA MAYORÍA DE LOS TRASTORNOS FÍSICOS QUE PROBABLEMENTE VAS A EXPERIMENTAR EN EL EMBARAZO ESTÁN RELACIONADOS CON EL AUMENTO DE TU TAMAÑO Y PROBABLEMENTE PERSISTIRÁN HASTA QUE EL BEBÉ NAZCA. NO OBSTANTE, COMO EN LAS ÚLTIMAS SEMANAS LA CABEZA DEL BEBÉ SE INTRODUCE EN LA PELVIS, PUEDES NOTAR UNA SENSACIÓN DE ALIVIO.

Si la falta de respiración realmente te supone un problema, intenta reducir los esfuerzos innecesarios a la vez que continúas razonablemente activa, pues permanecer acostada puede empeorar la falta de respiración, así que durante el último trimestre de embarazo probablemente debas descansar semi-recostada.

"Si has sentido dolor de espalda, éste podría empeorar a lo largo de las próximas semanas".

PALPITACIONES

La ausencia de algún latido, una pequeña serie de latidos rápidos o simplemente notar perfectamente el latido de tu corazón es habitual al final de embarazo. Normalmente no debe ser motivo de preocupación ya que es el simple resultado de cambios en tu circulación sanguínea junto con las desventajas mecánicas de albergar una gran masa dentro de tu cavidad abdominal. Sin embargo, si notas dolor en el pecho o la falta intensa de respiración con palpitaciones, o si se producen con más y más frecuencia, deberás consultarlo con el médico.

PICOR FUERTE

Al final del embarazo es frecuente tener parches de piel seca y descamada, pero algunas mujeres sufren un tipo de picor fuerte en su abdomen y en especial en las palmas de las manos y las plantas de los pies que no desaparece con las cremas hidratantes habituales. A veces es la primera señal de colestatis del embarazo (*véase* p.423), una extraña condición causada por la acumulación de sales biliares bajo la piel. Si es intenso, podría causar ictericia, fallos renales, parto prematuro o incluso muerte del feto, por lo que es importante informar con rapidez a tus médicos si se produce un picor persistente.

LA PÉRDIDA DE LÍQUIDO AMNIÓTICO

Si al realizar movimientos bruscos notas pequeñas pérdidas de líquido por la vagina, lo más probable es que padezcas incontinencia urinaria. Sin embargo, en esta etapa del embarazo también deberías tener en cuenta la posibilidad de que la membrana se haya roto (es decir, que hayas roto fuente) y que estés perdiendo líquido amniótico. Si no estás segura, introduce una muestra en un recipiente limpio y consulta a tu médico, que te examinará y analizará el fluido para determinar si se trata de líquido amniótico u orina. Si tu membrana se ha roto, tanto tú como tu bebé correrán el riesgo de sufrir una infección, así que si no hay señal de contracción uterina en 24 horas, la mayoría de los médicos recomendará que se te induzca el parto (*véase* p.294-7), siempre y cuando estés embarazada de al menos 34 semanas.

DOLOR DE ESPALDA LOCALIZADO

Si has tenido dolor de espalda, éste podría empeorar a lo largo de las próximas semanas. Aparte de las molestias generales que hayas podido padecer hasta ahora, es posible que sientas que ese ligero dolor generalizado de la zona lumbar se ha convertido en un dolor localizado determinado y claro debido a desórdenes específicos como la ciática, que suelen producirse al final del embarazo (véase a continuación). Aunque en el embarazo es frecuente tener dolor de espalda, es importante informar al médico sobre cualquier dolor fuerte en la zona lumbar.

La ciática se caracteriza por un dolor agudo, constante o intermitente en la zona lumbar o las nalgas que en ocasiones se extiende por la parte trasera de una o ambas piernas. El nervio ciático es el nervio más grande del cuerpo, que se extiende a lo largo de la médula espinal, las nalgas y la parte trasera de la pierna. Cuando se ve presionado o comprimido por la cabeza del bebé en cualquier punto de su recorrido, el dolor agudo que produce puede ir acompañado de adormecimiento, hormigueo, debilidad y a veces una sensación de ardor. Si el dolor o la debilidad se vuelve muy fuerte, deberás consultar a tu médico para descartar la posibilidad de que tengas una hernia de disco.

Realizar movimientos suaves para lograr que la cabeza del bebé cambie de postura y se alivie la presión ejercida sobre el nervio ciático puede ayudar. Mejorar la postura general y realizar ejercicios pélvicos regularmente puede aliviarte (*véase* p.219), así como ejercicios de yoga o estiramientos como acostarse en una colchoneta e intentar estirar la espina dorsal elevando la cabeza sobre almohadas o libros.

El dolor coccígeo es un dolor que se produce en la parte inferior de tu

LOCALIZACIÓN DEL DOLOR

Un dolor fuerte puede tener una causa determinada y necesitar tratamiento adecuado.

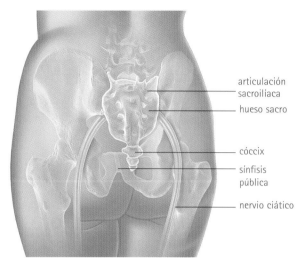

articulación
sacroilíaca

hueso sacro

cóccix

sínfisis
pública

nervio ciático

PUNTOS PROBLEMÁTICOS

*Los problemas de espalda
localizados suelen
deberse al debilitamiento
de los ligamentos que
sostienen la articulación
sacroilíaca, la
articulación de la sínfisis
púbica o el cóccix. El
dolor que se irradia a lo
largo de una pierna puede
deberse a que la cabeza
del bebé presiona el
nervio ciático.*

espina dorsal, cuando presionas la hendidura que hay entre tus nalgas. Unos músculos de sujeción laxos pueden hacer que al final del embarazo y durante el parto el cóccix se desplace desde el hueso sacro. Además, una lesión anterior por impacto como una caída suele agravar el problema. El dolor puede ser insoportable, especialmente al estar sentada, así que en este caso prueba a aplicar calor local con compresas o bolsas de agua caliente, o toma un baño caliente. También puedes tomar paracetamol, pero intenta limitarlo a los momentos en que ninguna otra cosa alivia el dolor.

El dolor sacroilíaco suele experimentarse como un dolor continuo en el medio de la zona lumbar. En el extremo inferior de la espina dorsal, el hueso sacro se conecta con los huesos ilíacos izquierdo y derecho de las articulaciones sacroilíacas (véase la ilustración) para ayudar a proporcionarte un cinturón pélvico estable con el que caminar y mantener una postura erguida. Hacia el final del embarazo, las hormonas relajan los ligamentos para prepararlos para el paso del bebé por el canal pélvico y esto, junto con el peso cada vez mayor de tu útero, puede hacer que las articulaciones sacroilíacas se desestabilicen. El resultado puede ser un dolor fuerte, especialmente al caminar, estar de pie o inclinarse, y quizá debas visitar al médico, el fisioterapeuta o el osteópata. Mientras tanto, utiliza unos zapatos cómodos con poco tacón y procura mantener una buena postura.

La disfunción de la sínfisis púbica es un dolor que afecta la sínfisis del pubis, el punto más estrecho de tu cinturón pélvico óseo situado justo enfrente de tu vejiga. Al igual que los ligamentos que rodean la articulación debilitada, los dos huesos púbicos pueden rozar entre sí de una forma molesta cuando caminas y en especial cuando tus piernas giran hacia el exterior o cuando tus rodillas se separan. Si sufres este tipo de dolor, evita los movimientos que impliquen abrir las piernas manteniendo las rodillas juntas y girando las piernas juntas alrededor de la cadera para salir del automóvil, del baño o al levantarte de la cama. Colocar bolsas de hielo sobre la zona adolorida bajo la ropa interior durante 10 minutos cada tres horas puede reducir la inflamación y el dolor. También te ayudará apretar las rodillas e inclinar la pelvis (véase p.219) si lo realizas con regularidad.

Si los dos huesos púbicos se separan entre sí el dolor puede ser muy fuerte, el reposo en la cama y un tratamiento local con calor pueden ayudar.

ASPECTOS QUE CONSIDERAR

EN ESTA ÉPOCA PROBABLEMENTE SIENTAS QUE HAS EMPEZADO A FORMAR TU PROPIA OPINIÓN SOBRE CÓMO SERÍA TU PARTO IDEAL. PUEDES HABLAR CON TU MÉDICO SOBRE TUS PREFERENCIAS O ESCRIBIR UN PLAN DE PREFERENCIA DE PARTO.

Para simplificar el proceso, he incluido un breve resumen de las principales filosofías sobre el parto, así como asesoramiento para elaborar tu propia lista de preferencias que puedes incorporar a tu documentación médica. Sin embargo, antes de tomar ninguna decisión sobre la forma en que te gustaría que fuera tu parto, te sugiero que leas la sección sobre el alivio del dolor, la monitorización y el parto para formarte una idea clara de lo que tienes a tu disposición y de qué puedes esperar.

Creo que es más útil pensar en este documento como una lista de preferencias. Para mí, un plan de nacimiento implica un enfoque rígido, como si fuera una serie de reglas y mandamientos que tú y tu médico deben acatar.

ASPECTOS PARA TU PLAN DE NACIMIENTO

Hoy en día la mayoría de las maternidades hacen grandes esfuerzos para ayudar a las mujeres a cumplir sus deseos durante el parto. Una buena comunicación con tus médicos les ayudará a luchar por tu petición siempre que sea posible y evitar decepciones.

ASPECTOS QUE CONSIDERAR

▶ ¿Quién te gustaría que estuviese contigo durante el parto, tu pareja, tu madre o una amiga?
▶ ¿Qué opinas de que te cuiden parteras y médicos practicantes?
▶ ¿Estás preparada para que se te provoque la ruptura de la membrana y para ser medicada para acelerar las contracciones (p.294-7)?
▶ ¿Cuál es tu opinión sobre la monitorización fetal (p.291-2)?
▶ ¿Qué grado de actividad te gustaría tener durante el parto?
▶ ¿Te gustaría que tu pareja estuviera contigo en un parto por cesárea (p.360-9)?
▶ ¿Qué opinas de la episiotomía y los rasgados perineales (p.330-1)?
▶ ¿Te gustaría alzar a tu hijo inmediatamente o después de los primeros reconocimientos?
▶ ¿Quién quieres que corte el cordón umbilical?
▶ ¿Quieres recibir una inyección de oxitocina para acelerar la expulsión de la placenta (p.333)?

PREGUNTAS QUE FORMULAR

▶ ¿Podré poder comer y beber normalmente al comienzo del parto?
▶ ¿Puedo llevar mi propia ropa?
▶ ¿Tendré acceso a un baño, una ducha o bañera para el parto?
▶ ¿Qué tipos de alivio del dolor ofrecen, y hay un servicio de epidural de 24 horas (p.311-5)?
▶ ¿Se me permitirá adoptar diferentes posturas durante el parto?
▶ ¿Hay un límite de tiempo para la segunda etapa del parto aunque se estén produciendo progresos?

Como todos sabemos, los planes más meditados pueden estropearse y el parto puede dar un giro impredecible, así que la mejor forma de evitar la angustia y las decepciones es ser lo más flexibles posible.

En mi hospital, ofrecemos a las mujeres una plantilla de dos caras con una selección de aspectos que les puede resultar útil considerar. Estos puntos se ordenan en cuadros con espacio para permitirles hacer anotaciones después de una reflexión. Entonces las animamos a estudiar sus ideas con su médico antes de elaborar una lista de preferencias que pueden incluir en su documentación. Este método tiene algunas ventajas:

• Tu lista envía al equipo que te asistirá en el parto el mensaje de que has pensado en tu parto y que quieres participar en la toma de decisiones.

• Elaborar tu lista de preferencias te ayudará a sentirte más tranquila porque dedicarás un tiempo a pensar en tu opinión sobre el parto. Además, si necesitaras más información sobre las distintas eventualidades que pudieran suceder, aún tendrías tiempo para buscar los aspectos que faltan.

• Planificar por adelantado también dará a tu pareja la oportunidad de comprender tus preferencias y saber qué esperas de él durante el parto.

EXTRACCIÓN DE CÉLULAS MADRE DEL CORDÓN UMBILICAL

La extracción de células madre es un nuevo servicio disponible para los padres que quiero mencionar para proporcionar información, más que por ser partidaria. Se ofrece a los padres la oportunidad de recolectar las células madre del cordón umbilical del bebé y almacenarlas como seguro frente a una posible enfermedad que pudiera surgir más adelante. Las células madre, que se encuentran tanto en el tejido embrionario como en la sangre del cordón umbilical, tienen el potencial de convertirse en diferentes tipos de células orgánicas. Aunque el tratamiento con células madre aún está en pañales, sus usos más prometedores se centran en la diabetes, los trastornos degenerativos como la enfermedad de Alzheimer y como sustituto de la médula ósea en enfermedades como la leucemia.

Podrás encontrar información sobre la toma de muestras del cordón umbilical en algunas unidades de maternidad y en Internet. Necesitarás unirte a un programa durante al menos ocho semanas antes del parto y asegurarte de que tu médico va a extraer una muestra de sangre del cordón de tu bebé.

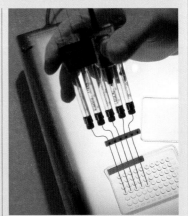

EL ANÁLISIS DE LAS CÉLULAS *Las células madre que se encuentran en la sangre del cordón umbilical pueden convertirse en células rojas y blancas, así como en plaquetas.*

Desventajas de los planes de nacimiento

La longitud del documento puede ser un problema, así que recuerda que tus médicos tendrán más dificultad para leer tres páginas a espacio mínimo que una página con puntos sucintos. Al elaborar la lista de deseos, intenta adoptar un enfoque positivo sobre lo que te gustaría que ocurriera en lugar de hacer una lista negativa de lo que no quieres que suceda. A algunos médicos les podría molestar una lista llena de "No hagas esto o aquello". Sin embargo, hay otras razones importantes por las que los planes de parto pueden llegar a ser contraproducentes:

• Hay tantas formas de experimentar el parto que ningún plan puede anticiparse a ellas. De hecho, creo que cuanto más detallado sea el plan de nacimiento, más probable será que las cosas se alejen mucho de las expectativas.

• Algunas mujeres que han dedicado mucho tiempo y esfuerzo a elaborar un plan de nacimiento "natural" se sienten desesperadamente agobiadas y decepcionadas si su parto toma un rumbo inesperado y precisa intervención médica urgente. Comprendo su desilusión, pero cuando me dicen que se sienten fracasadas como mujeres porque no fueron capaces de dar a luz a su bebé de forma natural, soy yo quien se siente abrumada. Ninguna persona que alberga a su hijo en su vientre durante casi un año y después lo trae sano y salvo al mundo exterior, por el medio que sea, puede ser considerada de otra forma que no sea extraordinariamente exitosa. Igualmente, cuando escucho comentarios como "los doctores no me prestaron atención, como si yo no importara", no me pongo a la defensiva ni me enfado. Mi preocupación inmediata es que esta mujer tiene más riesgo de sufrir una depresión posparto porque se siente muy negativa sobre su experiencia y considera que ha sido menospreciada.

• Toda persona implicada en el nacimiento de un bebé (incluida tú) tiene un objetivo común: el nacimiento seguro de un bebé sano de una madre sana. Tus médicos querrán que experimentes el parto de tus sueños, pero muchas veces tus deseos son incompatibles con la necesidad de proteger tu seguridad y la de tu bebé. En esta situación, es realmente importante que escuches el consejo que te ofrecen los expertos y comprendas por qué puede ser necesario hacer caso omiso de tu plan de nacimiento.

Mi opinión personal es que asegurar que tu equipo prenatal comprenda que te gustaría estar implicada de cerca en toda toma de decisiones es mucho más importante y valioso que cualquier declaración escrita que puedas hacer sobre tu parto. A cada minuto del día las mujeres tienen hijos sin planes de parto ni nada parecido; simplemente utilizan su voz para expresar sus preferencias, para preguntar y para asegurar que el equipo médico se comunica con ellas.

"A cada minuto del día las mujeres tienen hijos sin planes de parto ni nada parecido; simplemente utilizan su voz para expresar sus preferencias..."

DISTINTOS ENFOQUES SOBRE EL PARTO

ALGUNOS TEÓRICOS DEL NACIMIENTO HAN INFLUIDO SIGNIFICATIVAMENTE EN EL MODO EN QUE LAS MUJERES EMBARAZADAS Y SUS MÉDICOS ENFOCAN EL PARTO. A CONTINUACIÓN APARECE UN BREVE RESUMEN DE SUS IDEAS Y DE CÓMO SE HAN PUESTO EN PRÁCTICA.

En las décadas de 1950 y 1960 el parto en el mundo occidental se empezó a entender como una cuestión médica a gran escala, y la palabra de un obstetra era sagrada. Por ello, no resulta extraño que en las décadas siguientes los partidarios de un enfoque más natural pusieran en entredicho lo que se había convertido en la manera aceptada de dar a luz. De forma generalizada sus enseñanzas e ideas han alterado muchos aspectos del cuidado prenatal y postnatal, algunos de los cuales ahora se dan por hecho.

▶ **El doctor Grantley Dick-Read,** un obstetra estadounidense, reconoció durante la década de los cincuenta que el miedo al parto era uno de los aspectos que más contribuían al dolor durante el mismo e introdujo la idea de enseñar técnicas de respiración y relajación para ayudar a reducir el miedo y la tensión. También fue la primera persona que incluyó a los padres en el proceso de educación prenatal y que los animó a estar presentes en la sala de partos. Hoy en día la preparación se considera esencial.

▶ **El doctor Ferdinand Lamaze** desarrolló en Francia un enfoque similar mediante la enseñanza de técnicas de parto y de relajación para contrarrestar los dolores del parto. Lamaze afirmaba que las mujeres podrían estar condicionadas a enfrentarse al parto de forma positiva de la misma forma en que el científico ruso Pavlov había entrenado a su perro para responder a un estímulo aprendido. Tanto el método de Dick-Read como el de Lamaze han influido en gran medida

PARTO LEBOYER *El bebé nace y es alzado inmediatamente por su madre.*

en la forma en que las mujeres se preparan para el parto y se desenvuelven en él. Parece mentira que hace 50 años las mujeres se enfrentaran al parto con terror, mal informadas y dependiendo de datos anecdóticos.

▶ **El método de Frederick Leboyer** para dar a luz se basa en la teoría de que muchos problemas que surgen en la vida se deben a un trauma experimentado en el nacimiento. Leboyer afirma que los bebés necesitan nacer con calma en lugares agradables sin ruido ni movimientos bruscos. En un parto con el método Leboyer el bebé se coloca inmediatamente sobre la piel de la madre y el cordón umbilical no se corta hasta que ha dejado de palpitar. Además es partidario de introducir al bebé en una bañera de agua caliente inmediatamente después de nacer, una réplica relajante del mundo acuoso que acaba de abandonar.

La iluminación suave en la sala de partos y el hecho de dar a luz en el agua son las influencias de Leboyer, que son cada vez más habituales en muchas unidades de maternidad. Aunque no siempre dar a luz en semioscuridad con la única atención de una partera es lo más adecuado, gracias a Leboyer los recién nacidos ya no son suspendidos por los pies ni recibidos con un azote en la cola.

▶ **Sheila Kitzinger** surgió en la década de los sesenta como una de las figuras clave en el movimiento del parto natural. Kitzinger afirma que las mujeres deberían reclamar parte del control sobre la forma en que dan a luz y participar activamente en el proceso del nacimiento. No obstante, no es partidaria de las técnicas de parto natural en las que el bienestar de la madre o del bebé pueda correr peligro, aunque sí aboga por que se evite toda intervención obstétrica innecesaria. Cree que el parto puede ser una experiencia poderosa, positiva y personal para las madres aunque se complique, implique el uso de sustancias para aliviar el dolor y finalice con una cesárea. Como resultado de su trabajo, en lugares como el Reino Unido las mujeres ya no son rasuradas sistemáticamente o sometidas a enemas antes del parto, y las episiotomías (*véase* p.330-1) ya no se realizan de forma rutinaria, al menos no en el Reino Unido.

CLASES ACTIVAS DE PREPARACIÓN AL PARTO *Los ejercicios fortalecen las caderas, la pelvis y los muslos con vistas al parto.*

▶ **Michel Odent** es un cirujano francés que utiliza técnicas activas de parto en su unidad especializada en Pithiviers y que posee el índice más bajo de episiotomías, fórceps y cesáreas de Francia. Cree que las mujeres son confinadas a acostarse y que su parto es lento y doloroso porque deben luchar contra una postura elevada. Su opinión es que las mujeres deberían poder volver a la postura primitiva (bien de pie o sobre las cuatro extremidades), y que sus instintos y la pérdida de la inhibición ayudan a producir unas sustancias químicas en el cerebro que suelen eliminar la necesidad de medicación para aliviar el dolor.

▶ **Janet Balaskas** fundó el Active Birth Movement en 1981 y desde su Active Birth Centre de Londres organiza una red de clases privadas en las que se enseña a las mujeres yoga, masajes, técnicas de respiración y relajación para ayudarles a prepararse para el parto. El Active Birth Movement y también el National Childbirth Trust enfatizan la importancia de la asistencia posparto centrándose en la ayuda con la lactancia.

Por supuesto, lo cierto es que muchas mujeres adoptan alguna de estas filosofías, o todas, y extraen de ellas las partes que les resultan más útiles, pero no las siguen al pie de la letra. No hay nada que te impida por ejemplo aprender yoga, recibir masajes o técnicas de respiración o relajación y después optar por la anestesia epidural si fuera difícil soportar el dolor.

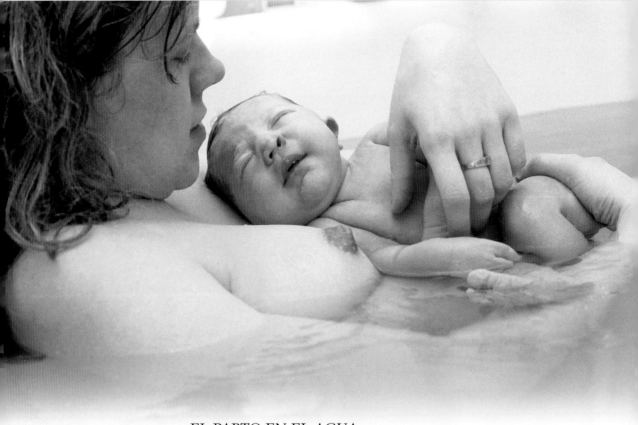

BAÑERAS PARA DAR A LUZ

Dar a luz en el agua es ahora una opción que ofrecen algunas maternidades, aunque puede que sólo dispongan de una bañera.

EL PARTO EN EL AGUA

Las bañeras especiales para partos y los partos asistidos en el agua han aumentado en popularidad a lo largo de los últimos 5 y 10 años en gran medida por el entusiasmo mostrado por el obstetra francés, el doctor Leboyer, y por sus ideas sobre los partos no traumáticos, pero también porque pueden ser efectivos como método para aliviar el dolor (*véase* p.319-20); tanto, que muchas unidades de maternidad han instalado bañeras para partos en las que puedes pasar una parte o todo el parto. Recientemente mi hospital superó los problemas con las tuberías propias de un antiguo edificio victoriano y en la zona de parteras y partos hemos instalado una bañera que goza de gran popularidad.

Si crees que te gustaría esta opción, comprueba antes qué hospital te la ofrece y qué probabilidades hay de que puedas utilizarla. Recuerda que una única bañera probablemente sea asignada por orden de llegada y que además es muy difícil predecir exactamente cuándo podría comenzar tu parto.

En algunos países, si la bañera para partos no está disponible se puede alquilar una y llevarla a la maternidad o a casa si es que se quiere dar a luz en el propio hogar, aunque en este caso lo primero que hay que determinar es si el suelo de la habitación que se va a emplear puede soportar el peso de una bañera para partos llena de agua. También será necesario instalarla cerca del lugar donde quieras dar a luz, y asegurarse de disponer de medios para llenarla y, lo que es más importante, para vaciarla después. En estos lugares existen empresas especializadas en el alquiler de bañeras de diferentes tamaños y a diferentes precios, aunque al calcular el coste del alquiler de una de estas bañeras es necesario sumar el coste del alquiler durante unos días antes y después de la fecha probable del parto, pues no puede estar segura de la fecha exacta del parto.

EL INSTINTO DEL NIDO

A medida que se acerca la fecha del parto puede surgirte la necesidad de preparar y limpiar toda la casa como preparación para el nacimiento de tu bebé. Aunque conservar tu energía para el parto sería lo más conveniente, recorrerás toda la casa intentando dejarla limpia y en orden. Esta extraña compulsión, conocida como el instinto del nido, les sucede a muchas mujeres cuando se acerca el final del embarazo, así que no te sorprendas si comienzas a limpiar las alfombras, los armarios de la cocina, el polvo hasta de las estanterías más altas, o si empiezas a pensar en volver a pintar el salón.

Sospecho que este instinto del nido es una de las formas que tenemos para ayudarnos a prepararnos psicológicamente para el nacimiento. Muchas mujeres me dicen que sólo consiguen relajarse adecuadamente cuando saben que la casa está completamente preparada para la llegada del nuevo bebé. Es tanto el alivio emocional y mental saber que las cosas están listas que muchas creen comenzar el parto tan pronto saben que su casa está en orden. Es interesante que a las mujeres que dan a luz de forma prematura a veces les resulte difícil adaptarse a la maternidad y probablemente sea porque no han tenido tiempo suficiente para prepararse para su bebé.

LOS VIAJES EN AVIÓN AL FINAL DEL EMBARAZO

Si pretendes viajar al extranjero en esta etapa del embarazo, puedes tener ciertas dudas sobre la seguridad en los viajes en avión y en qué etapa una compañía aérea puede negarse a llevarte. Por regla general, la mayoría de las compañías aéreas no aceptan a mujeres embarazadas de más de 34 semanas, pero esto puede variar. Aunque muchas personas piensan que se debe a que la presión reducida de la cabina de un avión puede provocar el parto o hacerle daño al bebé, no hay datos científicos que corroboren esta teoría. Creo que esta norma se basa en el hecho de que el 10 por ciento de las embarazadas dan a luz de forma prematura, y las compañías aéreas quieren reducir la posibilidad de que

"Esta extraña compulsión, conocida como el instinto del nido, les sucede a muchas mujeres cuando el final del embarazo se acerca".

una mujer entre en parto durante un vuelo. De hecho, probablemente es una experiencia en la que probablemente no quieras verte involucrada. Si comenzara tu parto, hay una pequeña posibilidad de que des a luz en el avión (en un vuelo de larga distancia) e incluso un riesgo mayor de que tengas que buscar la ayuda de médicos en un lugar extraño.

Si decides volar en el último trimestre, asegúrate de tomar la precaución de averiguar dónde hay unidades de maternidad en el lugar de destino y de que el avión no sólo te llevará en el viaje de ida sino también en el de vuelta.

PLANIFICACIÓN DEL CUIDADO DEL BEBÉ

Sin duda, unos de los desembolsos financieros mayores para los padres es el del cuidado de los hijos. Por desgracia, no en todas partes el cuidado de los niños es fácil en términos de disponibilidad o es de calidad. No hay disponibilidad de guarderías en todos los lugares y las buenas tienen largas listas de espera. Como resultado, muchas mujeres deben buscar una niñera o canguro que cuide a sus hijos, en especial si su vida profesional implica un horario que no se limite de las 9 a las 5. Por ello no es de extrañar que muchas mujeres se vean obligadas a decidir, tras calcular el coste de las niñeras, que financieramente no les merece la pena trabajar, pero esta situación debe cambiar.

Aunque puede parecer muy prematuro tratar el aspecto del cuidado del bebé antes de que haya nacido, puedo asegurarte que nunca es demasiado pronto para empezar a considerar este aspecto crucial. Si quieres volver a trabajar es especialmente importante que pienses ya en el tipo de cuidado que prefieres, con el fin de disponer de tiempo para informarte adecuadamente mientras disfrutas de la licencia de maternidad. Lo más probable es que cinsideres una de las siguientes opciones.

Las niñeras internas suelen contratarse para que vivan en tu casa después de que haya nacido el niño, pues te ayudarán con todo lo que necesite tu bebé durante 24 horas incluyendo la alimentación, el cambio de pañales, lavar su ropa y asegurar que tú tienes unos momentos de descanso y que duermes bien por la noche. Sin embargo, su función más importante es ayudarte a establecer una rutina para el cuidado del bebé. Algunas mujeres agradecerán la organización y la rutina que aporta una niñera interna, mientras que para otras será una intrusión y preferirán arreglárselas durante las primeras semanas aprendiendo por sí solas. Hay muchas agencias privadas que ofrecen niñeras internas, pero con una recomendación personal es mejor. Si decides contratar una, deberás determinar exactamente qué es lo que quieres que haga por ti y por tu familia. Además sus servicios son muy caros.

"Sin duda, unos de los desembolsos financieros mayores para los padres es el del cuidado de los hijos".

Las guarderías pueden ser privadas o públicas y sus horarios y flexibilidad varían considerablemente. Como ya he mencionado, es difícil conseguir una, en especial las buenas, así que tan pronto como puedas deberás averiguar de qué guarderías dispones en tu zona. Todas las guarderías cumplen una estricta normativa legal con respecto a la seguridad, el número de niños por cuidador, la comodidad de su ubicación, el espacio disponible y el equipamiento de que disponen. Todos los puntos anteriores deberán considerarse adecuadamente, pero las recomendaciones de las amigas también tienen mucho valor.

Las niñeras compartidas, muy de moda en algunos países, cuidan a los bebés en su propia casa y cobran por niño y por hora, así que aunque para un solo niño una niñera compartida suele ser más barata que una niñera, si se la deja al cargo de dos o más niños puede ser tan cara como una niñera que esté a tiempo completo. Las niñeras compartidas tienden a ser menos flexibles, pues tienen más niños a quienes cuidar incluyendo, aunque no siempre, los suyos propios, así que si algún niño se pone enfermo posiblemente no puedan cuidar de él, una situación también aplicable a las guarderías. Además, si trabajas con un horario irregular o a veces debes quedarte hasta tarde de forma inesperada, la niñera compartida posiblemente no pueda adaptarse a tus necesidades habituales, en cuyo caso deberás pagar una cuidadora adicional para cubrir estos huecos.

Una niñera cuidará de tu bebé en tu propia casa. La niñera puede bien vivir en tu casa o fuera, y trabaja sólo para ti o puedes compartirla con otra familia. Deberás determinar claramente las horas que trabajará durante el día y si deseas que realice otras tareas, que podrían incluir quedarse con el niño una o dos noches. Desde mi propia experiencia, lo más importante a la hora de contratar una niñera es asegurarte de tener completamente claro qué quieres que haga. Como en toda relación empleado/empresario, la confianza y la buena comunicación son esenciales. Nadie puede proteger a su familia por completo de una niñera desastrosa, pero puedes tomar ciertas medidas para asegurarte de que no suceda.

En términos generales, las niñeras internas ganan menos dinero que las externas porque les

DE VUELTA AL TRABAJO

Dejar a tu bebé por primera vez es un poco más fácil cuando te sientes completamente segura de su cuidado.

proporcionas alojamiento y manutención. Sin embargo, si añades los gastos adicionales de tener a otra persona adulta viviendo en tu casa, por no mencionar las facturas de teléfono, probablemente llegues a la conclusión de que el desembolso general por tener una niñera interna es mayor de lo que habías pensado en un principio. Para algunas parejas, la ventaja de tener una niñera interna es que tienen a alguien en su casa a quien llamar en caso de emergencia, mientras que para otras les supone una intrusión. Sea como sea, es importante recordar que si llegas tarde a casa del trabajo repetidamente y esperas que te ayude en el fin de semana o no le pagas las horas extra que trabaja, pronto notarás que tu niñera está descontenta y buscará otro trabajo.

Una niñera externa suele ser la opción más cara para el cuidado de los niños en términos del salario que pagas, pero al final del día ella se va a su casa y ustedes tienen la suya para ustedes. Cuando pienses en las consecuencias financieras de emplear a una niñera es importante que recuerdes que la mayoría de ellas esperarán que les pagues su afiliación a la Seguridad Social además de su sueldo.

Puedes comenzar poniendo un anuncio en el periódico, aunque es bueno seguir el consejo de todos los amigos y amistades posibles, incluso de quienes en la actualidad no recurren a ningún tipo de cuidador infantil. Sobre todo, procura tener unas ideas definidas sobre lo que buscas antes de publicar el anuncio y aunque decidas pagar a una agencia que encuentre una niñera adecuada para ti, debes asegurarte de entrevistarla y de ponerte en contacto personalmente con sus referencias antes de contratarla. Los anuncios solicitando una niñera y las entrevistas ocupan mucho tiempo, así que planifícalo con antelación para asegurarte de poder empezar a trabajar en la fecha que deseas. Y resiste la tentación de pedir a tu nueva niñera que reduzca el plazo de renuncia en su trabajo actual para empezar antes, pues si lo hace, será fácil que también lo haga contigo en el futuro.

Los chicos y chicas *au pair* son otra posible solución para el cuidado de los niños que suele ser menos cara. A cambio de habitación, alimentación y un poco de dinero de bolsillo, te ayudarán a cuidar de tu bebé o tus niños y realizarán pequeñas tareas de la casa. Sin embargo, como suelen ser jóvenes de otros países con limitaciones en el idioma y, muy posiblemente, sin experiencia en el cuidado

"... lo más importante a la hora de contratar una niñera es asegurarte de tener completamente claro qué quieres que haga"

de bebés o niños, creo que esa opción es mucho más adecuada para niños en edad escolar en lugar de para un niño recién nacido. Es fundamental que tengas plena confianza en la persona a quien confías a tu hijo o hijos y no es muy probable que un joven *au pair* satisfaga tus necesidades a este respecto.

Abuelos jóvenes con disponibilidad de tiempo estarán más que deseosos de cuidar de un bebé durante uno o dos días por semana, lo que puede ser una opción si tu intención es trabajar a media jornada. Esto ofrece muchas recompensas en términos de los lazos que crean con sus nietos, pero debes asegurarte de no estar pidiéndoles que hagan más de lo que pueden hacer. Recuerda también que los estilos del cuidado de los niños, en lo que respecta por ejemplo a la alimentación, el sueño, los llantos y los caprichos, pueden entrar en conflicto con los tuyos y suele ser más difícil solucionar un problema con un familiar que con un profesional. Muchas cosas han cambiado en los últimos años desde que tus propios padres o suegros criaban niños pequeños y probablemente necesiten un cursillo sobre el manejo de los complicados cochecitos y asientos para automóviles, así como sobre los aspectos importantes relativos a la seguridad, especialmente si su intención es tener a tu bebé en su propia casa.

Si lo único que necesitas son unas pocas horas para ti durante uno o dos días a la semana, organizarte con una amiga que tenga niños puede ser otra opción, aunque debes recordar que los días que te toque tendrás que cuidar de dos o más niños, no sólo del tuyo.

Al margen de la opción de cuidado que elijas, deberás invertir una gran cantidad de tiempo y esfuerzo en encontrar la mejor opción para ti y para tu familia. Empieza a pensar en las opciones ahora, ya que deberás tener muy claro lo que necesitas y el tiempo del que dispones para encontrarlas cuando empieces a buscarlas de forma activa. Esto suele hacerse dos o tres meses antes de volver al trabajo si optas por una niñera, pero podría ser bastante más si buscas cupo en una guardería.

AL CUIDADO DE LOS ABUELOS *Cuando funciona bien, el cuidado de los abuelos puede ser una experiencia reconfortante.*

LA MONITORIZACIÓN PRENATAL ESPECIALIZADA

Se supone que la mayoría de las mujeres y sus bebés están sanos y se encuentran bien al final del embarazo y que no necesitarán ningún tipo de monitorización especializada. Sin embargo, si tu embarazo es tardío, sufres o tienes riesgo de sufrir complicaciones, tus médicos te realizarán algunas pruebas especializadas.

El tipo de problemas que puede necesitar una monitorización especializada incluye hipertensión, un bebé con un crecimiento anómalo, la reducción de los movimientos fetales, diabetes gestacional mal controlada o un embarazo que ha traspasado la fecha de término (por mencionar unos pocos). Por supuesto, el análisis concreto que se te realizará dependerá de tu problema particular, pero en la mayoría de las ocasiones se llevará a cabo una ecografía para evaluar el crecimiento de tu bebé junto con una valoración general del bienestar del niño llamado perfil biofísico, lo que incluye un cardiotocograma (CTG) y la medición de la frecuencia cardiaca fetal. Muchas unidades también realizan ecografías Doppler del flujo sanguíneo del útero, la placenta y los vasos sanguíneos principales del bebé.

La mayoría de las unidades de maternidad cuentan con instalaciones que pueden realizar estas pruebas de monitorización detalladas.

CRECIMIENTO FETAL

Si se sospecha que pueda haber un problema con el crecimiento de tu hijo, se te realizarán ecografías a intervalos de 7-10 días para determinar su naturaleza exacta y su causa. Se medirá el perímetro craneal de tu bebé y la longitud del fémur, que es otro buen indicador del crecimiento.

Existen diferentes tipos de crecimiento intrauterino retardado (C.I.R., *véase* p.428), cada uno con una causa y efectos en el crecimiento fetal marcadamente diferentes.

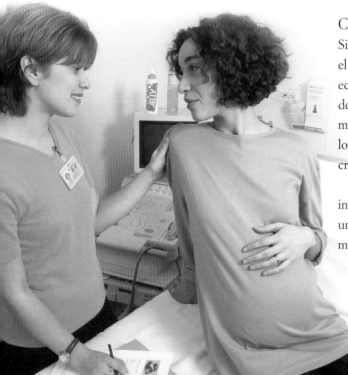

PRUEBAS ESPECIALES *Normalmente se realizan en una unidad diurna para evitar la necesidad de pasar un tiempo prolongado en el hospital antes de la fecha del parto.*

LAS ECOGRAFÍAS DOPPLER

Esta forma de ecografía extremadamente sensible se realiza para evaluar la cantidad de sangre que recorre los vasos sanguíneos del útero, la placenta, el cordón umbilical y la cabeza del bebé.

▶ **Cuando el flujo sanguíneo se desvía hacia el cerebro y el corazón** alejándose de órganos menos vitales, los vasos sanguíneos principales del cerebro se dilatan para adaptarse al aumento del volumen. Una ecografía puede detectar este cambio y dar un mensaje de que el bebé está expuesto a dificultades como por ejemplo bajos niveles de oxígeno (hipoxia), y que se necesita llevar a cabo alguna acción en un futuro cercano.

▶ **La reducción del flujo sanguíneo en la arteria umbilical** es un buen indicador de la posibilidad de que un bebé tenga un crecimiento lento. En una ecografía Doppler normal la presión sanguínea decae al final de cada ciclo cardiaco de bombeo. Sin embargo, si el flujo sanguíneo se ve interrumpido al final de cada ciclo, será señal de que el bebé sufre una falta de oxígeno.

presión elevada al comienzo de cada ciclo cardiaco de bombeo

presión baja al final de cada ciclo cardiaco de bombeo

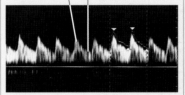

NORMAL *Aunque el flujo sanguíneo del bebé decrece al final de cada ciclo cardíaco de bombeo, no se detiene, de manera que el suministro es continuo.*

presión elevada al comienzo de cada ciclo cardiaco de bombeo

ausencia de flujo al final de cada ciclo cardiaco de bombeo

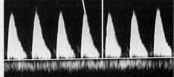

ANORMAL *Se producen pequeñas pausas entre los picos y los puntos bajos, lo que muestra una ausencia de flujo sanguíneo hacia el bebé al final de cada ciclo cardíaco.*

En el retraso simétrico del crecimiento, el crecimiento se restringe al comienzo del embarazo y tanto la cabeza como el cuerpo se ven igualmente afectados. Muchas anomalías congénitas, algunas infecciones como la rubeola o la sífilis (*véase* p.411-3) y las toxinas como el alcohol y el cigarrillo lo causan.

El retraso asimétrico del crecimiento se desarrolla cuando un problema materno o fetal afecta la función placentaria y el flujo de oxígeno se vuelve insuficiente para satisfacer las necesidades del bebé. Algunos ejemplos incluyen preeclampsia (*véase* p.425), los embarazos gemelares y algunas anomalías fetales (*véase* p.415-21). El bebé responde desviando la sangre al cerebro y el corazón con el fin de proteger el crecimiento de estos órganos vitales, y la cabeza se vuelve relativamente más grande que el abdomen porque las reservas de grasa del hígado y el abdomen se agotan. La grasa subcutánea también se absorbe y como resultado los miembros fetales pueden quedarse delgados.

Si se averigua que tu bebé está creciendo con demasiada lentitud, con un patrón de CIR asimétrico, se te ofrecerá una ecografía Doppler para evaluar la gravedad de la situación. Si no existe peligro inmediato, se te pedirá que vuelvas para realizarte más ecografías del crecimiento a intervalos de entre 7 y 10 días, pero si una ecografía posterior confirma que tu bebé está creciendo con mucha lentitud, probablemente se te inducirá el parto (véase p.294-7).

REGISTRO DEL LATIDO FETAL

Los cardiotocogramas (CTG) son impresiones pictóricas generadas por una máquina electrónica que evalúa el ritmo cardiaco del bebé, así como la actividad de los músculos de tu útero. Los CTG suelen utilizarse más durante el parto para evaluar cómo se enfrenta el bebé a las contracciones, pero también se emplean durante la gestación para controlar a un bebé sospechoso de padecer problemas potenciales .

Se ajustarán dos cinturones alrededor de tu abdomen. El registro combinado que genera la máquina muestra si el ritmo cardiaco del bebé es normal o no y si tu útero está activo (contracciones) o inactivo (sin contracciones).

Monitorización Fetal No Estresante

Este tipo de monitorización se utiliza como guía del estado de salud general del bebé y suele reservarse para realizar una monitorización especializada al final del embarazo. La monitorización fetal no estresante crea una lista de criterios que debe cumplir el latido fetal durante un intervalo de tiempo determinado, que podría incluir una línea de base mínima de latido fetal, episodios de alta y baja variabilidad, la presencia

LA INTERPRETACIÓN DE UN CTG

Los bebés en el útero suelen tener un latido fetal base de entre 120 y 160 latidos por minuto. Esto varía constantemente en 5-15 latidos, excepto durante períodos de sueño que duran unos 30 minutos. Esta variabilidad es un signo importante de bienestar, de manera que si se produce una ausencia de la variabilidad durante más de 30 minutos, se podría pensar que el bebé está sufriendo estrés.

Los bebés sanos también sufren frecuentes aceleraciones o aumentos de su ritmo cardiaco que suelen asociarse con movimientos fetales y a veces están provocados por estímulos externos como un empujón firme en el abdomen y las contracciones uterinas.

Las deceleraciones en el ritmo cardiaco son también muy habituales tras los movimientos fetales o las contracciones uterinas. Sin embargo, las deceleraciones reiteradas son otro signo de posible sufrimiento fetal, en especial si no han sido provocados por contracciones. A veces, se producen variaciones en la forma en que se interpretan los CTG, que es una de las razones por las que se han adoptado análisis computarizados de los registros.

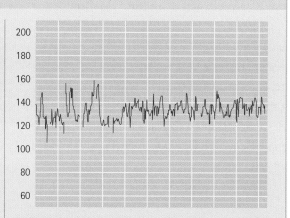

VARIABILIDAD BUENA *Los picos y puntos bajos de este CTG muestran un patrón sano de aceleraciones y deceleraciones en el latido fetal durante un período corto.*

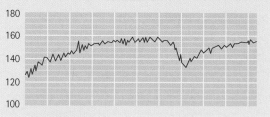

VARIABILIDAD POBRE *Un CTG que muestre poca variación en el latido fetal durante un período superior a 30 minutos sugiere que el feto puede estar sufriendo estrés.*

de aceleraciones, falta de fuertes deceleraciones y presencia de movimientos fetales. Cuando estos criterios se cumplen en cortos espacios de tiempo, es muy buena señal para todos los implicados. El tiempo máximo de registro es de 60 minutos, pero el computador empieza a analizar el CTG después de 10 minutos.

Si a los 10 minutos no se han cumplido los criterios, el computador seguirá analizando las señales cada dos minutos hasta que se cumplan. Si después de 60 minutos de registro esto no sucede, dará lugar a la preocupación por el bienestar del bebé. Dependiendo de las razones clínicas por las que se te aconsejó realizar este tipo de CTG, tus médicos decidirán si se repetirá la prueba y cuándo.

Rara vez se activa una señal de alarma como respuesta a haber encontrado un ritmo cardíaco base bajo. En esta rara situación, la máquina seguirá registrando e imprimirá mensajes repetidamente para que los profesionales comprueben que no sigue produciéndose el descenso del ritmo cardiaco fetal, que se producen movimientos fetales y que el ritmo cardiaco no ha tomado un patrón sinusoidal (subiendo y bajando con grandes curvas), sin duda signo de que el bebé corre un peligro inminente debido a un problema grave como un desprendimiento de la placenta (*véase* p.427).

Como todo tipo de prueba, el análisis computarizado puede producir un resultado positivo falso que sugiera que puede haber un problema cuando de hecho no existe ninguno. Aunque esto invariablemente produce alarma y angustia, considerados todos los factores creo que es más seguro utilizar un test que elimine el riesgo de que los médicos no logren identificar un bebé con sufrimiento y que necesite ayuda inmediata.

VOLUMEN DE LÍQUIDO AMNIÓTICO

El volumen de tu líquido amniótico suele calcularse midiendo la profundidad de las aguas que rodean al bebé mediante una ecografía. Cuando la profundidad máxima es menor de 2-3 cm, o la suma de las profundidades de las cuatro áreas separadas mide menos de 7,3cm, se requerirá intervención para que se produzca el parto con prontitud.

Exactamente por qué el volumen de líquido amniótico que rodea al bebé casi a término es tan importante para determinar el resultado del embarazo ha sido difícil de establecer científicamente. La explicación lógica es que un volumen de líquido mayor o menor es la indicación de que los riñones del feto y su metabolismo no funcionan correctamente, pero analizar estas importantes funciones cuando el bebé aún está en el útero es casi imposible. Sin embargo, mi experiencia personal es que la señal de un volumen reducido de líquido amniótico siempre debe tomarse con seriedad.

EL PERFIL BIOFÍSICO

Éste fue el primer test en reconocer la importancia del uso de una combinación de factores para calcular el bienestar del bebé. Utiliza un sistema de puntuación para evaluar los movimientos respiratorios fetales, sus movimientos corporales, el tono y la postura muscular, así como el volumen de líquido amniótico y los resultados de un CTG. Hoy en día un volumen reducido de líquido amniótico y un análisis CTG menos que óptimo se consideran como los indicadores más importantes de que un bebé puede encontrarse en una situación complicada y que requiere acción inmediata.

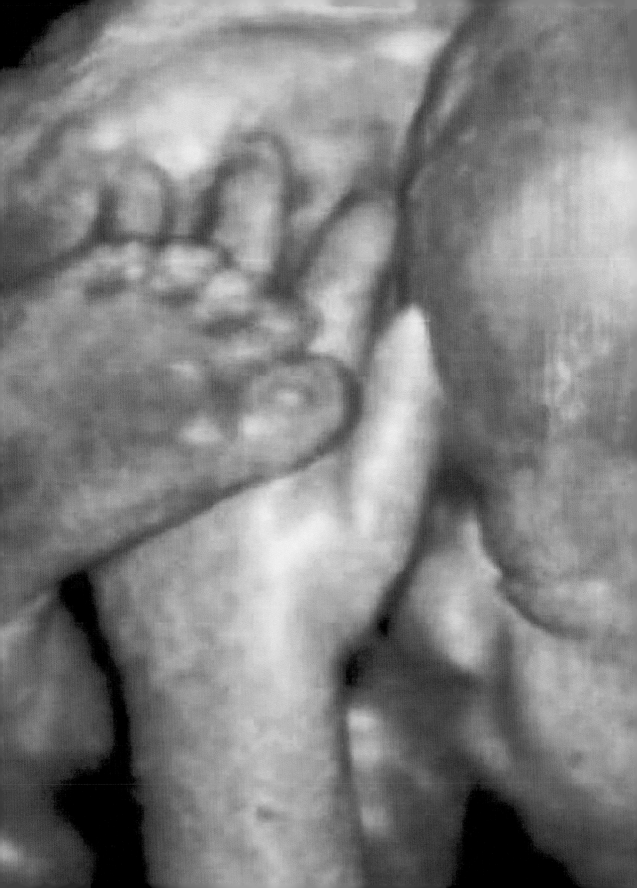

SEMANAS 35–40
EL DESARROLLO DEL BEBÉ

AHORA EL BEBÉ CABE MUY JUSTO EN EL ÚTERO Y SUELE PERMANECER HECHO UN OVILLO CON LA CABEZA HACIA ABAJO. SUS MOVIMIENTOS ESTÁN MÁS LIMITADOS, PERO TÚ PROBABLEMENTE NOTES CAMBIOS REGULARES EN EL CONTORNO DE TU VIENTRE A MEDIDA QUE EL BEBÉ CAMBIA DE POSTURA.

Durante esta última etapa del embarazo el bebé sigue ganando peso continuamente, lo que casi en su totalidad se debe a que se deposita más grasa bajo su piel, alrededor de los músculos y alrededor de algunos de los órganos abdominales. El bebé promedio a término tendrá un aspecto relleno y pesará entre 3 y 4kg, siendo más habitual que los niños pesen más que las niñas. Aunque tu bebé está demasiado atrapado como para moverse libremente, aún deberías notar sus movimientos y puede que notes algún dolor agudo cuando golpee la pared uterina. Recuerda que cualquier cambio en el patrón de movimientos de tu bebé debe ser estudiado con carácter de urgencia.

La mayor parte del lanugo ha desaparecido, aunque aún pueden quedar rastros de vernix resbaladizo para ayudar al paso del bebé por el canal de parto. Los bebés postmaduros suelen tener una piel agrietada y descamada porque han permanecido sin la capa protector de vernix durante un período de tiempo mayor y algunos incluso tienen arañazos en la cara que se producen con sus largas uñas. La cantidad de pelo que tienen los bebés al nacer es variable, desde los completamente calvos, a los que tienen mechones de pelo o los que tienen la cabellera completa.

PREPARADO PARA NACER

Los pulmones ya han madurado por completo y el bebé sigue produciendo grandes cantidades de cortisol para asegurar que se produce mucho surfactante en los pulmones y que la transición a respirar aire en el exterior no se produzca de forma brusca. El corazón ahora late a un ritmo de 110-150 latidos por minuto, aunque en el momento del parto cuando el bebé inhale aire por primera vez se producirán grandes cambios en el corazón y el sistema circulatorio (*véase* p.378-9).

El sistema digestivo ya está preparado para aceptar alimentos líquidos. Los intestinos se llenan de una sustancia pegajosa verde oscuro llamada meconio, formada por células muertas de la piel, remanentes de lanugo y secreciones de

◀ *Cerca del final, el bebé dispone de muy poco espacio.*

	SEMANAS
PRIMER TRIMESTRE	1
	2
	3
	4
	5
	6
	7
	8
	9
	10
	11
	12
	13
SEGUNDO TRIMESTRE	14
	15
	16
	17
	18
	19
	20
	21
	22
	23
	24
	25
	26
TERCER TRIMESTRE	27
	28
	29
	30
	31
	32
	33
	34
	▶ 35
	▶ 36
	▶ 37
	▶ 38
	▶ 39
	▶ 40

tamaño no real

tamaño no real

En las semanas 38 y 40 tu bebé pesará entre 3 y 4kg y medirá hasta 50cm desde la cabeza hasta los dedos de los pies.

los intestinos, el hígado y la vesícula biliar del feto. Este tapón de meconio normalmente se expulsa en los primeros días de vida, pero si tu bebé se encuentra en peligro o sufre antes del parto, podría tener una evacuación de vientre en el líquido amniótico. Si se detectase meconio en el líquido amniótico antes de la ruptura de las aguas, podría ser signo de sufrimiento fetal y se precisará una vigilancia con monitorización durante el parto (*véase* p.291-2). En los niños, en este período es cuando los testículos descienden hacia el escroto.

El sistema inmunológico de tu bebé ahora es capaz de defenderlo de una serie de infecciones, aunque esto en gran medida se debe a la transferencia de anticuerpos de tu propia sangre. Tras el nacimiento, los bebés seguirán recibiendo anticuerpos de la leche materna. Una de las razones por la que se pretende establecer la lactancia es que puedes continuar ofreciéndole esta protección en los primeros meses de vida, antes de que sea capaz de producir sus propios anticuerpos frente a la infección.

LA ADAPTACIÓN DE LA CABEZA

La cabeza de tu bebé es relativamente mucho menor a como era en etapas anteriores del embarazo, pero su perímetro sigue siendo tan grande como el abdomen. Al término del embarazo, la cabeza sigue siendo una de las partes más grandes del cuerpo del bebé, así que expulsarla con seguridad a través del canal de parto es un aspecto importante. Ésta es una de las razones por las que los huesos del cráneo fetal no se sueldan hasta mucho después durante la vida neonatal. Aunque el cerebro del bebé necesita estar protegido por los huesos, éstos son bastante blandos en comparación con el cráneo de un adulto y pueden superponerse entre sí, lo que permite que la cabeza se amolde a la forma de la pelvis de la madre facilitando en gran medida el paso por el canal de parto y la vagina.

En un embarazo normal, la cabeza fetal desciende hasta el borde de la pelvis donde permanece como preparación al comienzo del parto. En los primeros embarazos este descenso de la cabeza puede comenzar incluso en la semana 36.

LA PLACENTA A TÉRMINO

Tu placenta ahora tiene el aspecto de un disco y mide unos 20-25cm de diámetro y tiene unos 2-3cm de grosor, una gran superficie que permite la transferencia de oxígeno y nutrientes a tu bebé, y el paso de productos de desecho del bebé a la madre. Al término, la placenta pesará alrededor de 700gr, un poco menos de una sexta parte del peso del feto. El parto de alrededor del 45 por ciento de los embarazos no se produce hasta la semana 40.

En este punto probablemente se sugerirá la inducción del parto (*véase* p.294-7), porque el funcionamiento de la placenta ya no será tan efectivo pues sus reservas estarán casi agotadas, razón por la que el riesgo de que el bebé nazca muerto aumenta en los embarazos postmaduros. Tras la semana 42, tu bebé recibirá mejores cuidados en el exterior.

LOS CAMBIOS EN TU CUERPO

SI LA CABEZA DE TU BEBÉ HA EMPEZADO A ENCAJARSE O SE HA ASENTADO EN LA PELVIS, TU VIENTRE PARECERÁ HABER DESCENDIDO EN LA CAVIDAD ABDOMINAL. A VECES SE PRODUCE UN CAMBIO NOTABLE EN LA FORMA DE TU CUERPO Y QUIZÁ LOS DEMÁS TE DIGAN QUE "TIENES LA BARRIGA MÁS BAJA".

PREPARADO PARA EL NACIMIENTO

Una placa de rayos X coloreada muestra un bebé a término con la cabeza hacia abajo y encajado en la pelvis de la madre.

Esto no significa que vayas a entrar en parto y que tu bebé se vaya a salir, pues aún te podrían quedar semanas, sino que se trata de una mera indicación de que tanto el útero como el bebé se están preparando para el parto. Como ya he dicho, si es tu primer bebé, esto se producirá antes ya que los músculos de tu útero están tensos porque no se han estirado en un parto anterior, con lo que pueden ejercer una mayor presión en la cabeza del bebé. Además, la colocación de los huesos pélvicos se altera ligeramente tras un parto vaginal anterior, lo que puede hacer que la entrada en la pelvis se retrase.

Si la cabeza de tu bebé ha empezado a encajarse, te puede resultar más fácil respirar y además la reducción de la presión bajo el diafragma y las costillas puede hacer que ya sea posible tomar una comida completa. Ésa es la razón por la que a veces este momento se considera un alivio. Lo malo de ese cambio es que la cabeza del bebé presiona directamente tu vejiga, por lo que deberás expulsar pequeñas cantidades de orina con frecuencia, y de noche el volumen de tu barriga puede hacer que ir al baño sea una empresa difícil. Además se producirá un mayor debilitamiento de las articulaciones y los ligamentos pélvicos como preparación al parto, lo que puede provocar una serie de dolores en la zona pélvica.

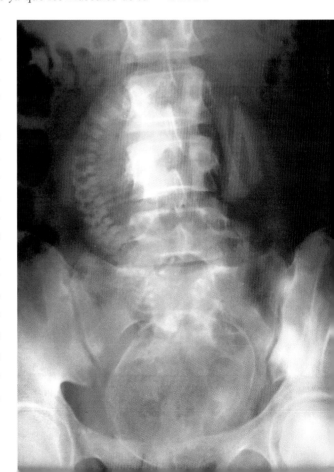

El problema se agrava porque tu postura vuelve a cambiar a medida que el bebé se introduce en tu pelvis. Tu propio aumento de peso suele ralentizarse e incluso podría detenerse durante las últimas semanas, aunque el bebé puede ganar hasta 1kg. No obstante, si te notas hinchada consulta con tu médico inmediatamente para comprobar que no estás desarrollando preeclampsia (*véase* p.425).

EFECTOS HORMONALES

Las hormonas del embarazo producidas por la placenta producirán más cambios en tu cuerpo. Tus senos crecerán aun más y quizá se llenen de leche que incluso puede salirse en pequeñas cantidades en momentos inesperados. Sin embargo, no todas las mujeres experimentan este síntoma. Muchas mujeres notan un aumento de su flujo vaginal que puede tener una coloración ligeramente marrón o rosa, en especial si has mantenido relaciones sexuales recientemente. Normalmente no es nada por lo que haya que preocuparse ya que se trata meramente de una señal de que el cuello uterino se ha ablandado por el aumento del riego sanguíneo que recibe y como resultado puede sangrar ligeramente, incluso al menor contacto. No obstante, todo sangrado vaginal de un rojo intenso, sobre todo si va acompañado de dolor, deberá consultarse con carácter de urgencia.

TU POSIBLE ESTADO FÍSICO

"... éste no es momento para preocuparse por volver a molestar al médico, a quien has llamado tres veces esta semana..."

EN ESTE MOMENTO YA HABRÁS ALCANZADO TU TAMAÑO MÁXIMO Y VERÁS QUE TE TROPIEZAS CON TODO Y QUE TE SIENTES BASTANTE TORPE. DEBERÁS TENER CUIDADO AL SUBIR Y BAJAR ESCALERAS PORQUE TU CENTRO DE GRAVEDAD HABRÁ CAMBIADO SIGNIFICATIVAMENTE Y QUIZÁ YA NO PUEDAS VERTE LOS PIES.

Durante estas últimas semanas de embarazo, las contracciones de Braxton Hicks (*véase* p.237-8) te recordarán constantemente el hecho de que el parto podría comenzar en cualquier momento. Sin embargo, las verdaderas contracciones de parto son mucho más fuertes y dolorosas, aunque si dudas de lo que puedas estar experimentando, busca consejo. Tu médico te indicará que acudas a la maternidad para que se te examine en lugar de quedarte en casa angustiada. Éste no es momento de hacer caso omiso de un dolor abdominal y esperar que se pase, ni tampoco para preocuparse por volver a molestar al médico, a quien has llamado tres veces esta semana por los mismos síntomas. No importa cuántas falsas alarmas se produzcan, pues lo esencial es que el dolor uterino se analice con prontitud y cuidado.

No importa lo mucho que intentes descansar en esta etapa porque probablemente sigas sintiéndote cansada al no lograr conciliar ese sueño continuo e ininterrumpido que necesitas para recuperar tu energía mental y física. El sueño de buena calidad implica ciclos de cuatro estados diferentes desde un sueño ligero hasta un sueño profundo seguido del sueño REM, que se produce cuando sueñas. Si te despiertas durante alguna de estas etapas, el ciclo de sueño vuelve a la primera, en la que te vuelves a dormir. Como resultado, pierdes todas esas importantes etapas de sueño profundo y sueño REM y te despiertas sin sentirte recuperada, y aunque logres echar algún sueñito y dormir durante buenos períodos de tiempo, la repetida falta de un descanso de buena calidad te hará sentir progresivamente más cansada y agotada.

IMPACIENCIA Y FRUSTRACIÓN

Las emociones más habituales que experimentan las mujeres en esta etapa avanzada del embarazo son la impaciencia y frustración. En este momento, muchas mujeres se sienten bastante desesperadas por que llegue el final de su embarazo al margen de lo mucho que lo hayan disfrutado.

Si es así como te sientes, recuérdate a ti misma que el final está cerca, y aunque pase de la fecha prevista, será sólo cuestión de días (véase más adelante). No obstante, una de las otras presiones con la que deberás enfrentarte en este momento es que cuanto más te acercas a la fecha probable del parto, más tendrás que sortear las preguntas sobre la fecha del mismo y llamadas de teléfono preguntando si ya has tenido a tu bebé. Tus amigos y tu familia obviamente tienen buena intención al mostrar tanto interés, pero muchas de ustedes se sentirán aun más enojadas por tener que recordar constantemente que el bebé que tanto esperan aún no ha llegado.

El parto representa un reto emocional y físico enorme, y sospecho que muchas de ustedes lo ven con una mezcla de emoción y aprensión ya que es imposible predecir exactamente cómo va a transcurrir y la manera en que el cuerpo va a responder. Como algunas mujeres me han comentado recientemente, es más fácil entrenarse para una maratón que para un parto. Si aún te sientes muy aprensiva, mantén una conversación con tus médicos.

MAGNÍFICO *Al final del embarazo, tu vientre puede provocarte una mezcla de diversión y completo asombro.*

EL CUIDADO PRENATAL

DURANTE LAS ÚLTIMAS SEMANAS DE EMBARAZO TENDRÁS RECONOCIMIENTOS MÉDICOS CADA DOS SEMANAS. ASEGÚRATE DE INDICAR AL MÉDICO CUALQUIER SÍNTOMA NUEVO O INUSUAL QUE TE PREOCUPE O TODO LO QUE NO PAREZCA QUE VAYA BIEN CON RESPECTO AL BEBÉ, AUNQUE NO PUEDAS PRECISAR EXACTAMENTE DE QUÉ PROBLEMA SE TRATA.

"... una cabeza profundamente encajada suele ser un buen indicativo de que el parto será rápido y sin complicaciones."

Se llevarán a cabo todas las pruebas prenatales habituales y quizá se te realice otro hemograma si te sientes cansada o has tomado un complemento de hierro para solucionar una anemia previamente diagnosticada. Tus médicos comprobarán signos obvios de retención grave de líquidos (edema) y si has notado alguna inflamación repentina en los dedos, los tobillos o la cara. Se te realizarán análisis de sangre y reconocimientos más frecuentes de tu presión sanguínea ante la sospecha de que puedas estar desarrollando preeclampsia. Las mujeres con complicaciones al final del embarazo suelen acudir a un área especial de la unidad donde se les realizará una monitorización más especializada (*véase* p.256-9).

En toda consulta prenatal tu médico te palpará cuidadosamente el abdomen y anotará los resultados en tu historial. En esta etapa del embarazo, es muy importante evaluar la situación y la presentación de tu bebé y si la parte que presenta ha comenzado a encajarse en la pelvis. Estas conclusiones influyen en los planes que se harán con vistas a tu parto, determinan el tipo de parto más apropiado para ti y para tu bebé.

¿ESTÁ ENCAJADA LA CABEZA?

Las mujeres embarazadas no suelen estar seguras de lo que significa el término encajamiento. En sentido estricto, la cabeza del bebé no está adecuadamente encajada hasta que más de la mitad de la misma (tres quintos de la cabeza) se han introducido por el borde pélvico en el abdomen de la madre. La mejor forma de evaluar el encajamiento es mediante una palpación abdominal.

• **Alta** – si tus médicos pueden sentir toda la cabeza en el abdomen de la madre, se anotará en tu historial que la cabeza del bebé está alta.

• **No encajada** – cuando pueden sentir más de la mitad (tres quintos o cuatro quintos) de la cabeza por encima del hueso púbico, escribirán en tu historial que el bebé no está encajado en la pelvis o bien indicarán exactamente qué proporción de la cabeza se puede palpar abdominalmente, por ejemplo 3/5 o 4/5.

• **Encajada** – cuando se puede sentir menos de la mitad de la cabeza por encima del hueso púbico, la cabeza del bebé está encajada. Si sólo se puede sentir un quinto o ninguno, en el historial se anotará que la cabeza está profundamente encajada.

La otra forma de valorar el encajamiento es realizar una exploración vaginal. Hoy en día rara vez se realiza en la consulta prenatal, aunque durante el parto se lleva a cabo regularmente para controlar el progreso de tu bebé en su descenso por la pelvis. Sin embargo, hay veces en que merece la pena efectuar una exploración vaginal. Por ejemplo, en mujeres con mucho sobrepeso y casi a término puede ser difícil valorar la altura de la cabeza palpando el abdomen. De forma similar, cuando la cabeza del bebé está muy encajada y el hombro está situado justo por encima del borde pélvico, puede ser muy difícil decidir qué parte del cuerpo del bebé se está palpando. La precisión es importante, porque si el parto comienza estando alta la cabeza del bebé, se puede producir todo tipo de complicación seria, como prolapso de cordón (véase p.429). Por otro lado, una cabeza profundamente encajada antes del parto suele ser un buen indicativo de que el parto será rápido y sin complicaciones.

Si eres madre primeriza y la cabeza de tu bebé aún no está encajada, probablemente se te efectúe una ecografía para comprobar que nada impide que la cabeza se encaje, y si la cabeza del bebé no puede sortear la obstrucción, el parto deberá realizarse por cesárea. A veces la cabeza elevada puede deberse a que tu pelvis es demasiado pequeña para permitir que la cabeza fetal se encaje, un problema que recibe el nombre médico de desproporción céfalo-pélvica (DCP), aunque siempre es un diagnóstico relativo porque una mujer con una

ENCAJAMIENTO

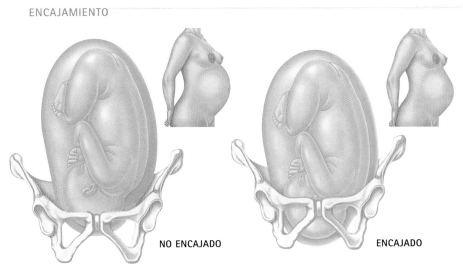

NO ENCAJADO

ENCAJADO

NO ENCAJADO *La cabeza del bebé aún se encuentra en el borde de la pelvis y el útero tiene una altura máxima.*

ENCAJADO *El bebé se ha introducido en la pelvis produciendo un cambio repentino en el contorno de tu vientre.*

pelvis de tamaño medio puede desarrollar desproporción céfalo-pélvica si su bebé es demasiado grande, pero tener un bebé más pequeño en su siguiente embarazo y no experimentar ninguna desproporción. La verdadera desproporción céfalo-pélvica, en la que la pelvis de la madre es demasiado estrecha como para permitir que se encaje incluso el bebé más pequeño es rara. Sin embargo, si se sospecha que pudiera suceder, probablemente se te aconsejará realizarte un examen interno y una imagen por resonancia magnética.

No obstante, las cabezas de gran tamaño pueden asentarse y encajarse en la pelvis en el último momento del embarazo, así que con respecto al encajamiento lo mejor es adoptar una política de espera.

PRESENTACIÓN Y SITUACIÓN

En el momento en que tu embarazo llegue a término tu historial prenatal probablemente contendrá entradas escritas por diferentes personas con su propia forma de describir la situación, la presentación y la posición de tu bebé, lo que podría confundirte. La siguiente información debería ayudarte a obtener una imagen más clara de la posición de tu bebé:

• Como ya he dicho, la situación de tu bebé es: longitudinal, lo que significa que su posición en el útero es vertical, transversa, en la que se encuentra horizontal, u oblicua, que es la posición diagonal.

• La parte que presenta tu bebé es la que se encuentra más cerca del cuello uterino y la que por lo tanto llegará antes al mundo. En una situación longitudinal, la presentación puede ser cefálica, que significa que la cabeza está hacia abajo, o podálica, que significa que las nalgas están hacia abajo. En la semana 35 la mayoría de los bebés muestra presentación cefálica, y a término el 95 por ciento de ellos tiene la cabeza hacia abajo, mientras que el cuatro por ciento muestra presentación podálica y en el uno por ciento ésta es transversa y oblicua.

• La posición del bebé se refiere a la relación entre la espina dorsal del bebé y la parte posterior de su cabeza (occipucio) y la pared interna de la cavidad uterina. Por lo tanto, la posición del bebé puede ser anterior (de frente), lateral (de lado), posterior (de espaldas) y mirando a derecha o izquierda (*véase* p.213). Una posición anterior o lateral al comienzo del parto se considera normal.

• La actitud del bebé describe la relación entre la cabeza y el resto de su cuerpo. La actitud normal es de flexión completa o con los miembros y la cabeza flexionados sobre el cuerpo. Si la cabeza y el cuello del bebé se encuentran hacia atrás, se tratará de una presentación de frente anómala (*véase* p.429).

"Cuando estaba haciendo mis prácticas me enseñaron a pensar en las posiciones posteriores como en algo similar a intentar poner un zapato del pie derecho en el pie izquierdo..."

Presentación posterior

Si el bebé adopta una posición posterior en la pelvis, lo que significa que el occipucio gira hacia la espina dorsal de la madre y el bebé efectivamente mira hacia delante, es probable que el parto vaya a ser más largo y difícil porque sencillamente en una posición posterior la cabeza del feto no se encaja tan bien en la pelvis. Cuando estaba haciendo mis prácticas me enseñaron a pensar en las posiciones posteriores como en algo similar a intentar poner un zapato del pie derecho en el pie izquierdo. Por suerte, sólo alrededor del 13 por ciento de los bebés (normalmente cuando es el primero) comienzan el parto en posición posterior y alrededor del 65 por ciento de éstos se gira durante el proceso y puede nacer con normalidad.

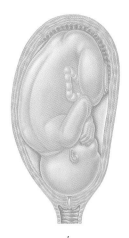

PRESENTACIÓN ANTERIOR

La presentación podálica

Si en la semana 35 tu bebé muestra una presentación podálica, aún es posible que se gire espontáneamente. Si ésta es su presentación a término, como sucede en alrededor del cuatro por ciento de los embarazos, un parto vaginal podría ser posible (*véase* p.357). Sin embargo, tus médicos podrían desaconsejar un parto en casa o en una unidad no especializada.

Durante la primera etapa del parto, un bebé con presentación podálica no dilatará el cuello uterino con la misma eficacia como uno con presentación cefálica, lo que puede hacer que el parto se prolongue más y el bebé sea más propenso a padecer sufrimiento o precisar intervenciones de urgencia. Si tu bolsa de agua se rompe y tu bebé aún se encuentra con presentación podálica correrás el riesgo de sufrir un prolapso de cordón y deberás acudir a la maternidad de inmediato porque un bebé con esta postura no se acopla a la pelvis con tanta perfección como la cabeza, de modo que el cordón umbilical podría deslizarse por las nalgas o las piernas del bebé y caer por el cuello, además antes de que las piernas y el tronco hayan salido no hay manera de saber si tu pelvis puede albergar la parte más grande del cuerpo de tu bebé.

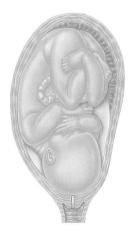

PRESENTACIÓN POSTERIOR

- **Presentación de nalgas francas,** cuando las piernas están flexionadas a la altura de la cadera y las rodillas están extendidas a lo largo del tronco.
- **Presentación de nalgas completas,** en la que las piernas están flexionadas delante del bebé. En este caso a veces podría ser posible un parto vaginal.
- **Presentación de nalgas incompletas,** , en la que las piernas están extendidas por debajo del bebé y lo primero que se presenta es uno o ambos pies.

En la actualidad, es improbable que esto se lleve a cabo a no ser que tú solicites específicamente un parto vaginal podálico. La principal razón para esto es que las investigaciones más recientes han demostrado inequívocamente que

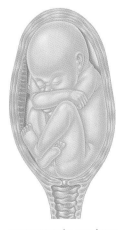

PRESENTACIÓN PODÁLICA

LA POSICIÓN DE TU BEBÉ

Las seis posiciones más comunes se muestran a continuación, junto con sus abreviaturas y los porcentajes que indican la frecuencia con la que se producen. Las posiciones directa anterior (D.A.) y directa posterior (D.P.) en las que el bebé mira directamente hacia tu espina dorsal o en sentido contrario, son raras. Las presentaciones podálicas vienen definidas por la posición de las nalgas del bebé (hueso sacro). La más habitual es la sacro ilíaca directa anterior (S.I.D.A.), en la que la espina dorsal del bebé mira al frente del útero.

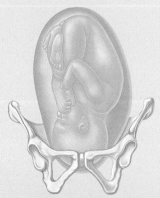

OLI: OCCIPITAL LATERAL IZQUIERDA

(40%) *La espalda y el occipucio están situados en el lado izquierdo del útero en ángulo recto con tu espina dorsal.*

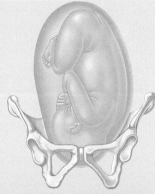

OAI: OCCIPITAL ANTERIOR IZQUIERDA

(12%) *La espalda y el occipucio del feto están más cerca de la parte frontal de tu útero a la izquierda.*

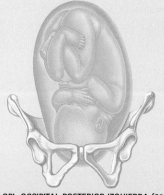

OPI: OCCIPITAL POSTERIOR IZQUIERDA (3%)

La espalda y el occipucio miran hacia tu espina dorsal en el lado izquierdo de tu útero.

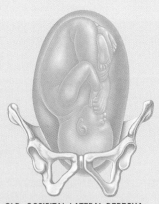

OLD: OCCIPITAL LATERAL DERECHA

(25%) *La espalda y el occipucio se encuentran en ángulo recto con tu espina dorsal en el lado derecho del útero.*

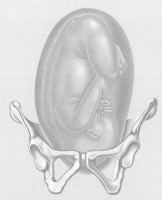

OAD: OCCIPITAL ANTERIOR DERECHA

(10%) *La espalda y el occipucio del bebé miran al frente de tu útero en el lado derecho.*

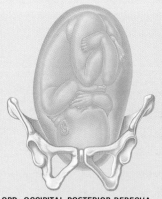

OPD: OCCIPITAL POSTERIOR DERECHA

(10%) *En esta posición, la espina dorsal y el occipucio del bebé miran hacia tu espina dorsal a la derecha del útero.*

un parto por cesárea es la forma de parto más segura para un niño con presentación podálica, en términos tanto de parto como de complicaciones en el mismo y en su futuro desarrollo neurológico. Si prefieres un parto vaginal, vale la pena que tu médico intente girar al bebé de forma manual, un procedimiento denominado versión cefálica externa. Este procedimiento no es recomendable en todos los casos y es contraindicado si has tenido complicaciones en este embarazo o en otro anterior.

La versión cefálica externa se realiza aproximadamente en la semana 37 y sólo lo podrá realizar un profesional especializado que además deberá tener acceso inmediato a un parto de emergencia si surgiera alguna complicación. Se realizará una ecografía y un CTG del corazón del bebé y deberás vaciar tu vejiga antes de que el obstetra intente girar a tu bebé dentro del útero manteniendo una suave presión y la cabeza del bebé bien girada. Elevar el extremo inferior de la camilla podría ayudar a desencajar las nalgas de la pelvis y además se te podrían administrar algunas bocanadas de un inhalador de salbutamol para relajar los músculos del útero. La ecografía y el CTG suelen repetirse tras el procedimiento. Alrededor del 60 por ciento de las versiones cefálicas externas se realizan con éxito y el bebé permanece cabeza abajo.

CUÁNDO DEBE NACER TU HIJO

SI LLEGA EL DÍA EN QUE SALES DE CUENTAS Y AÚN NO ESTÁS DE PARTO, TU EMBARAZO SE DENOMINARÁ POSTMADURO. ALREDEDOR DEL 45 POR CIENTO DE LAS MUJERES CONTINÚAN EMBARAZADAS EN LA SEMANA 40, PERO LA MAYORÍA DAN A LUZ LA SEMANA SIGUIENTE Y SÓLO UN 15 % SUPERA LA SEMANA 41.

Lo que sucede cuando tu bebé va a nacer después de término depende del tipo de parto que desees y de la política de inducción del parto (véase p.294-7) de tu maternidad. La siguiente secuencia muestra lo que se ofrece en mi hospital y los procedimientos básicos serán similares en todas las clínicas.

• Lo primero que hará tu médico será comprobar la precisión de tu fecha probable de parto combinando la fecha de la última regla (FUR) y las mediciones de las primeras ecografías, si están disponibles. En muchas maternidades se te permitirá continuar hasta la consulta de la semana 41, tras la cual se valorará la posición y el encajamiento de la cabeza del feto y se podría realizar una exploración interna para valorar la madurez del cuello uterino.

• Si la cabeza está bien encajada y el cuello uterino está lo suficientemente blando y dilatado, tus médicos te ofrecerán la posibilidad de "barrer" las

POST-MADURO *Tus médicos valorarán la posición y el encajamiento de la cabeza de tu bebé.*

membranas que rodean al bebé en la parte superior del cuello uterino para que se liberen unas sustancias químicas llamadas prostaglandinas, que pueden ayudar a que comiencen las contracciones uterinas. Si no existe esta opción, los médicos estudiarán los pros y los contras de la inducción frente a la posibilidad de esperar un poco más.

• Si decides esperar, probablemente debas acudir a realizarte un estudio posmadurez (*véase* abajo) a las 41 semanas y 3 días. Si la valoración es satisfactoria y no se encuentra ningún problema, posiblemente optes por continuar con la espera, en cuyo caso se volverá a examinar a tu bebé cada dos días hasta la semana 42, cuando se te recomendará la inducción del parto. Por mi experiencia, no es habitual que las mujeres opten por continuar cumplida la semana 42, pero en caso de que ocurriera se necesitaría realizar un CTG y un perfil biofísico con regularidad.

• Si en alguna etapa tu evaluación posmadurez demuestra cualquier anomalía, los médicos estudiarán la necesidad de inducir el parto. Aunque las investigaciones muestran que es probable que la inducción dé lugar a un parto más prolongado y a partos con instrumental, también los estudios concluyen que esto no aumenta el índice de cesáreas. Por otro lado, dejar que el embarazo llegue a la semana 42 puede aumentar el riesgo de sufrimiento fetal o incluso la muerte inexplicable del feto si la placenta deja de funcionar adecuadamente, y aunque funcione correctamente y el bebé siga creciendo tras la semana 41, también existe el riesgo de que se produzca un parto difícil u obstruido porque el bebé tendrá un tamaño grande si el embarazo prosigue demasiado tiempo.

• Si necesitas realizarte una valoración posmadurez, tus médicos empezarán examinando el tamaño exacto de tu bebé (*véase* p.256-7) y la cantidad de líquido amniótico del saco uterino (*véase* p.259). Los resultados podrían invitarlos a realizar un estudio Doppler detallado del riego sanguíneo (*véase* p.257). Las ecografías también elaborarán un perfil biofísico del bebé (*véase* p.259) para observar atentamente los movimientos de sus miembros, el tono muscular, los movimientos respiratorios y el ritmo cardiaco, y así poder valorar su bienestar general. La mayoría de las maternidades disponen de un CTG informatizado (*véase* p.258-9), para ver si en un determinado período de tiempo se cumplen los criterios de un bebé sano. Además se examinará la placenta y se calificará su apariencia y textura, lo que será una indicación general de su buen funcionamiento. Todos estas pruebas tienen un margen de error, así que deberían considerarse como indicadores, y no como diagnósticos definitivos.

"Las relaciones sexuales son otra opción que, teóricamente, debería favorecer que comenzara el parto..."

LAS DUDAS MÁS HABITUALES DEL FINAL DEL EMBARAZO

▶ **¿Cómo puedo prepararme para el dolor del parto?**

Si estás asustada por la inminencia del parto, explica detalladamente esta ansiedad a tu médico para que pueda entender exactamente cuáles son tus temores y responder a ellos de forma individual. Espero que ya hayas mantenido muchas conversaciones con tu partera o monitores de preparación a la maternidad sobre las distintas opciones disponibles para aliviar el dolor al comienzo del parto (véase p.308-23). Cuando éste empieza, muchas mujeres encuentran que las unidades TENS, los ejercicios de respiración, el masaje y sumergirse en un baño caliente son especialmente tranquilizantes.

▶ **Mi bebé parece estar menos activo que antes, ¿cómo puedo estar segura de que todo va bien?**

Muchos bebés se vuelven menos activos durante las últimas semanas de embarazo porque ya no tienen espacio. Si no has notado al bebé moverse durante las últimas horas, prueba a provocar una patada o sacudida presionando tu abdomen, tosiendo o cambiando de postura. Si esto no da resultado, deberás buscar asesoramiento inmediatamente. Lo más probable es que debas acudir a la maternidad a realizarte un cardiotocograma (CTG) (véase p.258-9) para asegurarte de que todo va bien. Quizá también se te proporcione una tabla de movimientos fetales que deberás completar durante los próximos dos días, pero como he explicado anteriormente no tengo una opinión clara sobre este aspecto, pues creo firmemente que al final del embarazo los bebés desarrollan su propio patrón individual de movimientos.

▶ **Mi embarazo ya ha durado lo suficiente, ¿cómo puedo ayudar a que se desencadene el parto?**

Aunque las siguientes ideas no han sido demostradas, merece la pena probar algunas. Tradicionalmente se ha creído que comer *curry* picante ayuda a provocar cierta acción supuestamente porque podría causar movimientos intestinales.

Si en las últimas semanas no has tenido ganas de moverte demasiado, realizar algo de ejercicio podría ayudarte a desplazar el bebé hacia el interior de tu pelvis. Cuanta más presión se ejerza en tu cuello uterino, más probabilidad habrá de que comience el parto.

Las relaciones sexuales son otra opción que, teóricamente, deberían favorecer que comenzara el parto porque el semen contiene prostaglandinas, unas sustancias químicas similares a las de los supositorios vaginales que se emplean para inducir el parto, así que si no estás demasiado cansada, ponte manos a la obra. La estimulación de los pezones suele incluirse como una forma de inducir el parto porque libera la hormona oxitocina, que estimula el útero. Sin embargo, para que esto tenga efecto tú o tu pareja deberían estimular tus pezones durante aproximadamente una hora tres veces al día.

▶ **¿Cómo puedo diferenciar un sangrado vaginal del desprendimiento del tapón?**

La respuesta es que no lo podrás saber hasta que se te examine, así que consulta a tu médico de inmediato. El tapón mucoso está mezclado con sangre fresca roja y sangre vieja marronácea, pero siempre es mejor asegurarse de que no es otra la causa de que aparezca sangre fresca y roja, en especial si viene acompañada por un dolor abdominal repentino. (*Véase* placenta previa, desprendimiento de placenta y hemorragia preparto, p.427).

LA PREPARACIÓN DEL PARTO EN CASA

SI QUIERES DAR A LUZ EN CASA, ASEGÚRATE DE NO DEJAR TODO PARA ÚLTIMA HORA, PUES NO QUERRÁS TENER QUE PONERTE A BUSCAR TOALLAS EN EL FONDO DEL CANASTO DE LA ROPA SUCIA EN MEDIO DE UNA CONTRACCIÓN.

La partera que atenderá tu parto aportará todo el equipamiento médico necesario con ella (véase lista a la derecha), pero asegúrate de concretar con ella varias semanas antes de la fecha prevista qué es exactamente lo que quiere que proporciones tú. Además te podrá dar algunos consejos útiles sobre aspectos adicionales no esenciales que te puedan resultar útiles durante el parto.

PREPARA LA MALETA PARA EL HOSPITAL

Quizá te parezca una idea extraña pero preparar una maleta para el hospital (véase p.277) es una buena forma de asegurarte de que todos tus objetos personales esenciales están reunidos en un lugar y preparados para cuando los necesites. También te resultará útil si por alguna razón tienes que ir al hospital.

ORGANIZA EL EQUIPAMIENTO DE TU BEBÉ

Preparar una maleta o destinar un cajón para todos los enseres básicos que necesitarás para el bebé es una buena idea. Vas a dar a luz en casa, pero pronto saldrás a la calle con él, así que no te olvides de organizar un moisés portátil o un cochecito y un asiento para el automóvil.

PLANIFICA DÓNDE QUIERES DAR A LUZ A TU HIJO

Los requisitos esenciales son la comodidad, lo acogedora que sea la habitación y la higiene. Asegúrate también de poner suficientes cobertores de plástico para proteger la ropa de cama, el colchón, las sillas y el suelo, así como grandes bolsas de basura para tirar los desperdicios. También necesitarás muchas toallas, gran cantidad de agua caliente, jabón, recipientes y esponjas. Si vas a utilizar tu cama, tu partera deberá tener buen acceso desde todos sus lados.

COMODIDAD EXTRA

Quizá durante el parto quieras disponer de un asiento o de grandes cojines rellenos de bolas de polietileno. Aunque quizá prefieras una iluminación tenue para relajarte durante el parto, tu partera necesitará una buena fuente luminosa para ver lo que está haciendo, especialmente tras el parto si necesitas puntos de sutura, así que ten a mano de una lámpara dirigible portátil.

LA MALETA DE LA PARTERA

ELEMENTOS BÁSICOS
▶ monitor de presión arterial
▶ termómetro
▶ estetoscopio de Pinard
▶ ecógrafo doppler
▶ guantes

ALIVIO DEL DOLOR
▶ gas y cilindro de aire
▶ medicación opiácea
▶ anestesia local

EQUIPO DE EMERGENCIA
▶ cilindro de oxígeno
▶ equipo de resucitación del bebé
▶ soluciones antisépticas
▶ gotero intravenoso
▶ tiras reactivas para análisis de orina
▶ tijeras
▶ equipamiento de sutura

ASPECTOS QUE CONSIDERAR

LA MAYORÍA DE LAS CONSIDERACIONES EN ESTA ETAPA DEL EMBARAZO TIENDEN A SER DE NATURALEZA PRÁCTICA, RELATIVAS A LA PREPARACIÓN AL PARTO Y AL PERÍODO QUE SIGUE. SIN EMBARGO, LA MAYOR PREOCUPACIÓN ES SABER CON SEGURIDAD CUÁNDO HA EMPEZADO EL PARTO.

Existen muchos indicadores, pero ninguna regla definitiva con la que interpretar exactamente qué te está ocurriendo cuando entras en parto, pues lo más probable es que la primera vez no sea fácil. He incluido las señales y los síntomas clave al comienzo del capítulo "Parto y nacimiento" (*véase* p.283-6), así que te aconsejo que lo leas ahora. Como siempre, busca consejo cuando te sientas insegura, pues nadie te acusará de perder el tiempo aunque los síntomas resulten ser una falsa alarma.

ROPA CÓMODA

En las últimas semanas del tercer trimestre te puede resultar útil comprar unos calzones de maternidad especiales que den cabida a tu gran abdomen. Es cierto que son prendas que nunca ganarán un concurso de moda, pero pueden resultarte tremendamente cómodos en especial si has estado soportando ropa interior que se cae continuamente o que adopta posturas incómodas. Algunas mujeres también creen que llevar una faja ligera debajo del vientre (sin comprimirlo) les ayuda a sujetarlo y reducir los síntomas de dolor de espalda y cansancio. Estos dos artículos pueden encontrarse en tiendas de ropa para embarazadas y catálogos especializados de venta por correo.

Si pretendes amamantar necesitarás un par de buenos sostenes de lactancia para estar cómoda tanto en el hospital como cuando vuelvas a casa. La talla deberá elegirse adecuadamente en una tienda especializada, donde el personal especializado sabrá cuánto espacio deberá quedar en previsión de que tus senos crezcan cuando tengas leche. También deberás comprar camisones o pijamas con la botonadura por delante para que puedas dar de mamar. Todo esto puede sonar muy quisquilloso, pero la lactancia realmente se convierte en una tarea más sencilla si te sientes cómoda y a gusto, porque si cada toma implica tener que quitarte y ponerte la ropa, cada vez estarás más irritada, especialmente cuando te embarques en la tercera toma de la noche a las cinco de la mañana.

Éste es un buen momento para elegir la ropa que llevarás al hospital, algo cómodo que no te importe manchar, como un vestido amplio o una camiseta suelta con pantalones elásticos. También necesitarás un camisón para ponerte tras el parto, una bata y unas zapatillas para el posparto.

> "... los calzones de maternidad nunca ganarán un concurso de moda, pero pueden resultarte tremendamente cómodos".

PREPARÁNDOTE PARA TU BEBÉ

Si vas a ir en auto desde el hospital hasta la casa, te recomiendo que tengas un asiento especial para bebés en el que llevarás a tu hijo. Tu pareja puede llevártelo cuando estés preparada para irte, junto con un gorrito, ropa para salir a la calle y un chal o una manta ligera para envolver al recién nacido. No necesitarás un moisés, un cochecito o la silla de paseo hasta que no estés instalada en casa.

Quizá ya hayas preparado el cuarto del bebé en tu casa u optes por que pase las primeras semanas en tu habitación, ya que necesitará alimentarse varias veces cada noche. Necesitarás un moisés o una cuna con un colchón plastificado, sábanas de algodón y también mantas de algodón. No le pongas almohada, y si quieres poner protectores alrededor de la cuna para evitar que se golpee, deberán carecer de cintas, borlas y lazos para que no exista el riesgo de que el bebé los meta en la boca o se enrede en ellos.

Si vas a darle de mamar, probablemente lo hagas en la cama durante la noche, así que asegúrate de tener a mano bastantes baberos para limpiar las inevitables regurgitaciones de leche. Si prevés trasladar al bebé a su propia habitación unas semanas después, asegúrate de que en ella dispones de una silla cómoda en la que sentarte para las tomas nocturnas. Si has decidido darle el biberón, cuando vuelvas a casa necesitarás un esterilizador y una buena cantidad de biberones y tetinas (véase p.229).

Al margen del tipo de pañal que hayas decidido comprar (véase p.229), asegúrate de tener una buena provisión de los mismos, así como algodón y toallitas para limpiar al bebé. La piel del bebé recién nacido es muy sensible, y la mejor manera de evitar la irritación por el pañal es utilizar al principio algodón y agua hervida esterilizada y enfriada. Las toallitas son útiles cuando viajas, pero debes comprar las más suaves (hipoalergénicas). Algunos productos infantiles son muy voluminosos para llevarlos a casa, así que te merecerá la pena averiguar de qué servicios a domicilio dispones, muchos de los cuales ofrecen una amplia gama de productos que envían directamente hasta tu casa.

Procura llenar los armarios de la cocina y el frigorífico de alimentos fáciles de preparar o precocinados para salir del paso los primeros días al volver a casa. Asegúrate también de tener suficiente café, infusiones, leche y galletas para las visitas.

"No te olvides de que los abuelos pueden ser una ayuda tremendamente valiosa los primeros días después del parto".

Si tienes más niños, debes prever cómo entretenerlos cuando vuelvas a casa con el nuevo bebé de manera que no se sientan desplazados. Comprobarás que otras madres con niños pequeños se mostrarán más que deseosas de cooperar e invitar a tu hijo a merendar, a pasar el día fuera o dormir en su casa, dependiendo de su edad, siempre que tú les hagas saber que agradeces sus ofrecimientos de ayuda. No te olvides de que los abuelos pueden ser una ayuda tremendamente valiosa los primeros días tras el parto, pues no hay nada que les guste más que pasar un tiempo ininterrumpido con tu hijo haciéndole sentirse especial.

TU MALETA PARA EL HOSPITAL

Evita preparar una maleta demasiado pesada. Recuerda que tu pareja, tu familia y tus amigos siempre te podrán traer lo que te haga falta. A no ser que des a luz en una situación de emergencia y no hayas tenido tiempo para preparar la maleta, casi todas las maternidades esperan que tú aportes la mayoría de las cosas que necesitarás durante el parto y en tu estancia tras el mismo.

ARTÍCULOS ESENCIALES

▶ Camisón o camiseta larga
▶ Maleta de aseo
▶ Toallas higiénicas
▶ Muda de ropa interior
▶ Cámara de fotos
▶ Dinero suelto o tarjeta telefónica
▶ Una lista con los números de teléfono de las personas a las que quieres llamar desde el hospital. Antes de utilizar un teléfono celular, comprueba que sí puedes hacerlo, pues éste puede interferir con el equipamiento de monitorización.

ARTÍCULOS OPTATIVOS

▶ Cámara de vídeo
▶ Spray facial, esponja, cacao de labios, aceite para masajes
▶ Radiocasete, música, revistas, libros
▶ Ropa para tu pareja
▶ Comida y bebida para tu pareja

LA MALETA DEL BEBÉ

▶ Un paquete de pañales
▶ Crema para la zona del pañal
▶ Bolas de algodón
▶ Dos pijamas
▶ Dos *bodies*

ROPA PARA DESPUÉS DEL PARTO

▶ Un camisón (con abertura frontal para la lactancia)
▶ Calzones desechables o algunos de tus calzones más antiguos
▶ Toallas higiénicas extra-absorbentes (incómodas, pero necesarias)
▶ Almohadillas de lactancia
▶ Artículos de aseo
▶ Toalla
▶ Zapatillas

▶ Albornoz
▶ Aperitivos favoritos, alimentos energéticos, bebidas
▶ Bolsa de hielo y/o caliente

ARTÍCULOS OPTATIVOS

▶ Tapones para los oídos y antifaz (para bloquear el ruido y la luz)
▶ un buen libro sobre el cuidado infantil
▶ Almohada (muchas maternidades no te darán más de una)

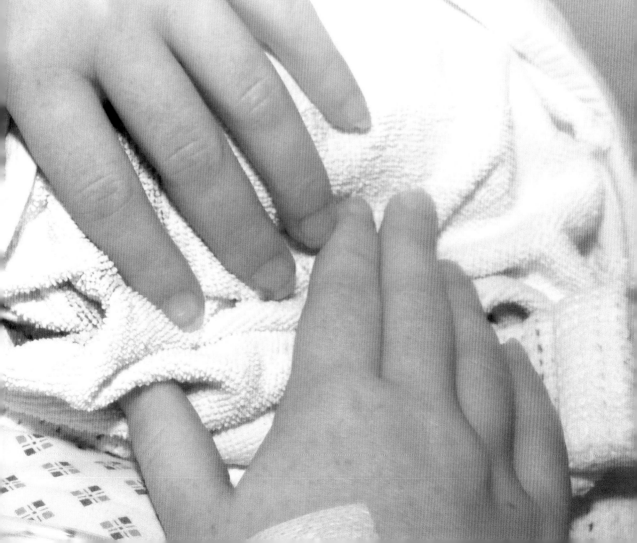

EL PARTO Y EL NACIMIENTO

LOS PERÍODOS DEL PARTO

Lo único predecible sobre el embarazo es que siempre llega a su fin. En la mayoría de los casos asistimos entonces al nacimiento de un bebé sano de una madre que se recupera sin grandes dificultades tras un parto vaginal normal. Siempre he pensado que éste es un logro extraordinario, ya que décadas de investigación no han conseguido determinar con exactitud qué es lo que desencadena el parto. Si comprendiéramos mejor este proceso, seríamos capaces de predecir cuándo va a ocurrir y podríamos dar los pasos oportunos para evitar que se produzca de forma prematura.

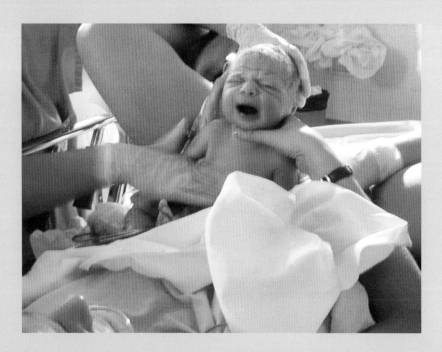

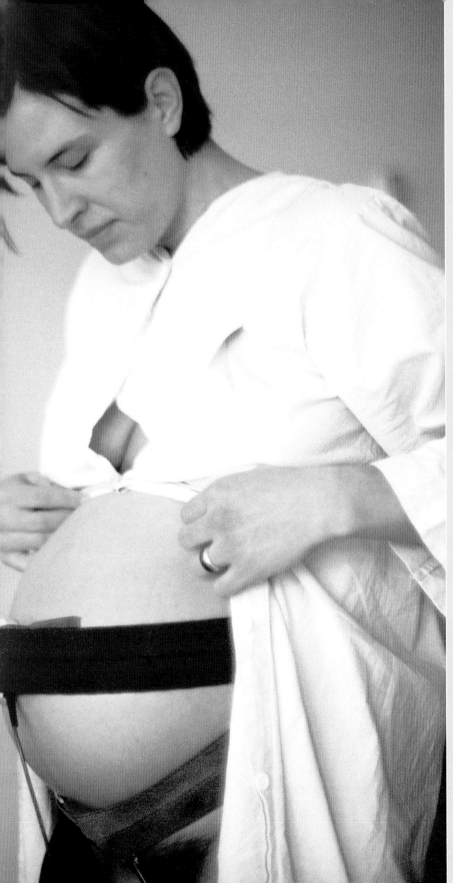

CONTENIDOS

EL PRIMER PERÍODO

EL SEGUNDO Y EL
TERCER PERÍODO

EL PRIMER PERÍODO

El comienzo del parto siempre es un momento emocionante ya que tu embarazo está a punto de finalizar. Al comienzo, tu útero se contraerá con frecuencia; esto hará que tu cuello uterino se dilate y se vuelva más corto y delgado, ya que cuando el bebé esté listo para nacer, su cabeza sólo podrá pasar por el canal de parto si el cuello se encuentra completamente dilatado.

No hay una manera más adecuada que otra para comenzar esta primera fase, pues todos los partos son diferentes. Curiosamente, hacia el final del embarazo las mujeres suelen estar más preocupadas por los síntomas y los signos que pueden experimentar antes y durante las primeras fases del parto que en el momento del parto propiamente dicho. No es fácil responder a estas preguntas porque la fase de pre-parto varía mucho de una mujer a otra es probable que llegues a tener una dilatación de 5cm sin darte cuenta.

LOS SÍNTOMAS Y LAS SEÑALES DEL COMIENZO

Hay varios signos y síntomas que indican que el final del embarazo y el comienzo del parto están cerca.

En el caso de las madres primerizas, una de las señales de que el parto está próximo a suceder es el momento en que la cabeza del bebé se encaja. Durante las últimas semanas de embarazo tu médico analizará la posición y el descenso de la cabeza del bebé en la pelvis. Cuando se encaje, (véase p.267 y p.302) probablemente notes que te resulta más fácil respirar y que la mala digestión y el ardor en el estómago mejoran, ya que la presión sobre el abdomen se alivia un poco; en su lugar, sentirás una nueva presión en la pelvis y seguramente necesitarás orinar con más frecuencia. Sin embargo, si éste no es tu primer bebé, puede ser que el encajamiento de la cabeza sólo se produzca un poco antes del parto o incluso sólo después de que éste haya comenzado.

Las contracciones previas –de Braxton Hicks– (*véase* p.237) probablemente se vuelvan más fuertes y frecuentes en la fase de pre-parto. Suelen ser indoloras, aunque a algunas mujeres les resultan molestas y es fácil confundirlas con las verdaderas contracciones de parto. Sin embargo, las contracciones de Braxton Hicks son irregulares, pocas veces se producen más de dos por hora y luego

"...todos los partos son diferentes".

EL COMIENZO DEL PARTO

Cuando el parto comience, es probable que el médico recomiende que te quedes en casa hasta que las contracciones sean regulares. Los baños calientes pueden ayudar a relajarte siempre y cuando no hayas roto fuente.

desparecen, mientras que los dolores de parto comienzan lentamente y su fuerza y su frecuencia aumentan gradualmente.

A lo largo del embarazo tu **canal cervical** ha albergado un tapón mucoso diseñado para impedir que las infecciones asciendan desde la vagina hasta tu útero, pero al dilatarse, el cuello uterino se vuelve más blando y corto, lo que a su vez hace que el tapón se desprenda y se produzca un flujo que suele estar salpicado de pequeñas cantidades de sangre. Esto generalmente se interpreta como una señal de que el parto es inminente, pero lo cierto es que puedes perder el tapón mucoso y seguir con el embarazo durante varios días. De todas maneras, la pérdida del tapón es una demostración de que tu cuello uterino está cambiando y de que el nacimiento está próximo.

Si el flujo vaginal se vuelve acuoso o notas una fuerte pérdida de un líquido claro, puede ser que hayas roto fuente (ruptura de la membrana) o que simplemente se trate de una pérdida de orina. Es importante averiguar qué ha sucedido; usa una toalla sanitaria para absorber todo el líquido y ponte en contacto con tu médico o tu partera para que determine si lo que estás perdiendo es orina o líquido amniótico (*véase* p.286).

Existe una gran variedad de síntomas emocionales pre-parto Algunas mujeres sienten la necesidad de preparar todo lo necesario para la llegada del bebé y se apresuran a hacer una infinidad de las tareas, mientras que otras evitan excederse en las labores domésticas y prefieren guardar reposo para prevenir cualquier complicación. Éste es sin duda es un período extraño e impredecible que puede precipitar sensaciones de emoción, impaciencia, ansiedad y miedo. La mayor preocupación suele centrarse en lo que pueda ocurrir en el momento del parto y, en especial, en la manera de enfrentar el dolor. Para ello quizá te resulte útil leer un poco sobre los métodos de aliviar del dolor, (*véase* pp.308-23) pues te ayudará a sentirte más relajada, confiada y segura.

RECONOCER EL VERDADERO COMIENZO DEL PARTO

Ésta es una de las principales preocupaciones durante la última etapa del embarazo. Sin duda, es decepcionante correr al hospital pensando que el parto ya ha comenzado y ver que al llegar allí te envían de vuelta a casa, pues sólo se ha tratado de una falsa alarma. Pero recuerda que los médicos se enfrentan a estas situaciones todos los días y que no importa el número de falsas alarmas que tengas, siempre y cuando tú y tu bebé estén bien. La mayoría de las mujeres experimentan síntomas y signos que parecen indicar que el parto ha comenzado y sienten que es el momento de buscar ayuda.

También es importante recordar que el comienzo del parto no siempre transcurre de una manera uniforme; puedes sentir uno o varios síntomas que luego desaparecen y horas más tarde comienzan de nuevo. Es común que las contracciones uterinas se hagan cada vez más fuertes y dolorosas, pero este aumento de su fuerza no se produce necesariamente de una forma regular, y es bastante común experimentar un período de contracciones dolorosas seguido de otra serie de contracciones de menor intensidad.

Casi siempre puede identificar claramente que el parto ha comenzado pues las contracciones empiezan a ser más regulares, sin embargo, cuando no se trata del primer hijo, el parto puede ser rápido, y algunas veces, si las contracciones no han sido muy dolorosas, la madre sólo se da cuenta de que está completamente dilatada cuando siente una necesidad impetuosa de pujar para expulsar al bebé. Pero lo cierto es que la mayoría suele llegar a tiempo al hospital y no es común que una mujer dé a luz en casa antes de recibir asistencia médica (*véase* p.289).

SEÑALES REALES DE PARTO

▶ Tus contracciones ocurren regularmente (cronométralas).

▶ Tus contracciones son más fuertes, más largas y más frecuentes.

▶ Caminar no hace que cesen.

▶ Sientes dolor en la zona lumbar y no en el bajo vientre.

▶ Sientes necesidad de defecar.

▶ Estás perdiendo líquido que no parece orina (*véase* p.286).

CONTACTAR AL MÉDICO O AL HOSPITAL

En el momento en que te sientas preocupada o insegura acude a tu obstetra o a la unidad de maternidad, pues ellos suelen estar disponibles 24 horas al día para aconsejarte y darte indicaciones prácticas. La probabilidad de que te recomienden permanecer o no en el hospital depende de muchos factores:

• si es el primero, el segundo o un parto subsiguiente.
• la fuerza y frecuencia de tus contracciones.
• la manera como las estás soportando en casa.
• si tienes algún tipo de sangrado vaginal.
• la distancia a la que vivas del hospital.
• si has roto fuente.
• si los movimientos del bebé han cambiado de manera significativa.

En términos generales, si no has tenido complicaciones durante el embarazo y éste es tu primer parto, probablemente te aconsejarán que permanezcas en casa hasta que las contracciones sean regulares. No hay reglas rígidas, pero si cada contracción dura un minuto (debes cronometrarlas), si el intervalo de tiempo entre una y otra es de 15 minutos, y si son tan molestas que te impiden realizar cualquier otra tarea, es señal de que debes ir al hospital. Si vives lejos de la unidad de maternidad o existe la posibilidad de que encuentres dificultades para llegar a ella, lo mejor es que acudas con bastante tiempo de anticipación.

Otro factor importante es la forma como estés soportando las contracciones y si crees que necesitas anestesia. Muchas mujeres se sienten física y emocionalmente aliviadas al saber que una vez lleguen al hospital tendrán a su disposición una serie de recursos para aliviar el dolor (*véase* p.308-23).

ROMPER FUENTE

"...si la fuente se rompe antes de que comiencen las contracciones, inevitablemente desencadenará el parto".

Si rompes fuente (ruptura de membranas) antes de comenzar a tener contracciones uterinas regulares o irregulares, lo más conveniente es acudir a la ayuda del médico. Si estás a término y tanto tú como tu médico saben que la cabeza del bebé está bien encajada, tal vez puedas esperar en casa algunas horas para ver qué ocurre, en lugar de ser examinada de inmediato. De todas maneras, ahora que el sello amniótico que rodea y protege a tu bebé se ha roto, no deberías acostarte en la bañera, en lugar de ello toma una ducha, y asegúrate de limpiarte cuidadosamente después de defecar, para reducir el riesgo de infección en el útero.

De otro lado, si rompes fuente antes de la semana 37 o si en lugar de tener un color amarillo claro, el líquido amniótico es negro o verdoso, debes ponerte en contacto con el hospital cuanto antes ya que esto significa que tu bebé ha excretado o está excretando meconio en el líquido amniótico, lo que indica que hay sufrimiento fetal y que el parto debe comenzar lo antes posible. El meconio es una sustancia pegajosa y densa que se encuentra en el sistema digestivo del bebé durante el embarazo. Si el bebé sufre, la respuesta de su sistema nervioso afecta al sistema digestivo lo que a su vez hace que expulse algo de meconio en el líquido amniótico.

En realidad, sólo en el 15 por ciento de los embarazos la fuente se rompe antes de que comiencen las contracciones, y cuando esto sucede, siempre desencadena el parto. Sin embargo, debes recordar que una vez se rompan las membranas habrá mayores probabilidades de que se produzca una infección que puede afectar al bebé en el útero. Como regla general, la mayor parte de los hospitales aconsejan que las mujeres que han llegado o han sobrepasado la semana 35 se sometan a una inducción del parto si las contracciones uterinas no comienzan durante las 24 horas posteriores a la ruptura de fuente (*véase* p.294-7).

Finalmente, si ves que en el líquido que estás perdiendo aparece mucha sangre, o si presentas un sangrado color rojo intenso que continúa después de que hayas roto fuente, deberás considerarlo como una emergencia potencial, así que llama al médico y acude con urgencia a la unidad de maternidad.

CAMINO AL HOSPITAL

LO PRIMERO QUE DEBES HACER UNA VEZ QUE TU MÉDICO TE HAYA ACONSEJADO ACUDIR AL HOSPITAL ES PREPARAR TU MALETA Y TUS DOCUMENTOS MÉDICOS. SIEMPRE ME SORPRENDE VER QUE A PESAR DE TODO LAS COSAS EN LAS QUE TIENEN QUE PENSAR, CASI NINGUNA MUJER OLVIDA LLEVAR SUS DOCUMENTOS A LA HORA DE SALIR PARA EL HOSPITAL.

En caso de que pienses ir al hospital en auto, asegúrate de que tanto tú como tu acompañante elijan con anticipación la ruta que usarán y que sepan cuánto tiempo puede tomarles el trayecto en cualquier momento del día. Sobra decir que no debes conducir hasta el hospital excepto en circunstancias muy excepcionales, pues las fuertes contracciones uterinas te distraerán y te impedirán tener la concentración que se requiere al tomar el volante.

También es recomendable comprobar las facilidades de estacionamiento en los alrededores del hospital. Si llegas con mucha prisa o en situación de emergencia, quizá no puedas estacionar tan cerca como pensabas, en cuyo caso el conductor que te acompañe deberá buscar a alguien que pueda cuidar el auto mientras ustedes entran al hospital.

"...sobra decir que no debes conducir hasta el hospital..."

Si necesitas llamar a un taxi o una ambulancia para que te lleve al hospital, asegúrate de dar instrucciones claras para que puedan llegar fácilmente a tu casa y no olvides darles tu número telefónico para evitar retrasos innecesarios. Por lo general, el personal de las ambulancias tiene experiencia en casos de parto e incluso podría asistirlo si éste llega a ser inminente.

Asegúrate de saber cuál es la entrada del hospital por la que debes ingresar y de conocer exactamente la entrada de urgencias ya que de noche muchos hospitales utilizan una puerta diferente a la de maternidad por razones de seguridad.

LA ADMISIÓN EN EL HOSPITAL

Procura avisar al hospital que estás en camino, para que puedan prepararse para tu llegada. Al entrar al hospital, lo más probable es que te reciba un miembro del equipo de enfermeras que, tras consultar tu historia médica, examinará tu temperatura, pulso, presión sanguínea y orina (en busca de proteínas y glucosa) y palpará tu abdomen para determinar la posición del bebé y escuchar el latido fetal. Además, evaluará tus contracciones y te hará algunas preguntas sobre el

LA LLEGADA AL HOSPITAL

Informa al hospital si crees que estás de parto y avisa que te encuentras en camino para que puedan prepararse para tu llegada

patrón de actividad del útero hasta ese momento, si has roto fuente y si necesitas algún analgésico. Las respuestas a estas preguntas y los resultados del examen abdominal podrán determinar si necesitas una examen vaginal para evaluar el estado del cuello uterino.

Todos los resultados deben quedar registrados en tu historial, y si has empezado a dilatar (más de 2-3cm) y tienes contracciones regulares, confirmarán que estás "de parto".

Lo que ocurra a partir de ese momento dependerá de la valoración del médico y de la manera como opere la unidad de maternidad; algunas tienen salas de dilatación donde debes permanecer hasta que te transfieran a la sala de partos, en la que te atenderán durante el proceso de parto y el nacimiento. Pase lo que pase, tu acompañante podrá permanecer siempre a tu lado, si así lo deseas.

Si aún no estás en trabajo de parto

Si tus contracciones son débiles e irregulares y tus membranas aún están intactas, quizá no sea necesario realizar un examen vaginal, a no ser que tú y tu médico consideren que éste puede ayudarles a decidir cuál debe ser el siguiente paso. Si llegan a la conclusión de que no estás de parto y el médico confirma que tanto tú como el bebé se encuentran bien, podrás elegir si quieres permanecer en el hospital bajo observación o si prefieres volver a casa y esperar a que el parto haya comenzado. Esta decisión dependerá de muchos factores, entre ellos la evolución de tu embarazo hasta ese momento, tu historial obstétrico, qué tan nerviosa te sientas y qué tan lejos vivas del hospital.

No tienes por qué sentirte avergonzada si a tu llegada al hospital descubren que se trata de una falsa alarma, pues esto es muy habitual, en especial con las madres primerizas. Nadie espera que tú sepas con certeza si el parto ha comenzado.

CÓMO AFRONTAR UN PARTO RÁPIDO

NO ES FRECUENTE QUE EL PARTO SE PRESENTE DE UNA MANERA TAN INESPERADA Y RÁPIDA QUE TENGAS QUE DAR A LUZ SOLA. SIN EMBARGO, EN CASO DE QUE LLEGUES A ENCONTRARTE EN ESTA SITUACIÓN, EXISTEN VARIOS CONSEJOS PRÁCTICOS.

Procura mantener la calma. Esto es siempre más fácil de decir que de hacer, pero caer presa del pánico sólo empeorará la situación. Es posible que alguien esté contigo, pero en caso de que te encuentres sola, procura llamar a un vecino o amigo que esté cerca y pueda proporcionarte ayuda inmediata.

Llama a los servicios de emergencia y pide una ambulancia. Explica lo que te está sucediendo y pídeles también que se pongan en contacto con tu obstetra. El personal que atiende estas llamadas suele estar entrenado para hablar con las mujeres que están de parto. No olvides tener siempre cerca el teléfono.

Si puedes, lávate las manos y la zona vaginal con agua y jabón. Hierve agua y trata de reunir varias toallas. Si tienes tiempo, cubre una cama o el suelo con cobertores de plástico, mantas, sábanas, periódicos o toallas limpias y ten a mano algún recipiente en el que puedas dejar caer la sangre y el líquido amniótico. Después, acuéstate en la cama o en el suelo.

Si sientes una necesidad impetuosa de pujar, acuéstate y jadea o respira a bocanadas cortas. Quizá lo hayas practicado en tus clases de preparación para el parto; esto te ayudará a evitar que la cabeza del bebé salga demasiado rápido.

Si la cabeza del bebé empieza a asomar antes de que llegue alguien que pueda ayudarte, coloca las manos en tu vulva, alrededor de su cabeza, y ejerce un poco de contrapresión para asegurarte de que la cabeza salga gradualmente y no de forma brusca. Cuando la cabeza del bebé haya salido, comprueba con tus dedos que no hay ninguna vuelta de cordón alrededor de su cuello y, de haberlas, tómalas en tus dedos y pásalas cuidadosamente por encima de la cabeza del bebé.

Presiona suavemente las fosas de la nariz del bebé hacia abajo y levanta su cuello y su barbilla para ayudarle a expulsar el moco y el líquido amniótico de la nariz y la boca.

Para este momento lo más probable es que la ayuda ya haya llegado. El equipo de la ambulancia o tu obstetra te ayudarán a sacar el cuerpo del bebé, pero si debes hacerlo sola, coloca las manos alrededor de su cabeza y presiona firmemente hacia abajo (nunca hales de él ni hagas movimientos bruscos) para ayudar a que salga el primer hombro. Después, levanta su cabeza y el primer hombro hacia tu hueso púbico; esto permitirá que salga el otro hombro y luego el resto del cuerpo ponlo sobre tu abdomen. Envuelve inmediatamente al bebé con toallas o mantas.

No hales del cordón umbilical, pero si la placenta sale de forma espontánea, levántala, de manera que siga drenando sangre al bebé. No hay necesidad de que cortes el cordón.

Ahora lo más importante es asegurarte de que tanto tú como tu bebé se mantengan calientes hasta que llegue la ayuda profesional.

"Procura mantener la calma. Caer presa del pánico sólo empeorará la situación".

LA SALA DE PARTOS

Éste es el equipo de instrumentos que encontrarás durante tu parto:

La mesa de partos es más alta que las camas normales por razones prácticas; puede elevarse y bajarse. El extremo inferior puede desmontarse, lo que permite que haya espacio suficiente para colocar los apoyos de las piernas en la posición de litotomía (véase más abajo).

El tensiómetro es un instrumento unido a una banda ancha de material inflable que colocarán en la parte superior de tu brazo para medir la presión sanguínea. Puede ser portátil o estar fijo a la pared; los más modernos consisten en máquinas automáticas transportadas sobre pequeños carritos.

Los conductos de salida de gas e intubación se encuentran sobre la pared detrás de la cama y cuentan con una mascarilla a través de la cual se administra una mezcla de gas y aire que tiene efecto anestésico para el dolor.

La mesa de reanimación neonatal es un carro móvil, elevado, con una superficie cubierta por un colchón sobre el que acostarán a tu hijo. La cuna está equipada con una fuente de calor que mantiene la temperatura del bebé; también tiene un cilindro de oxígeno, así como cajones con material pediátrico. Además de esto habrá una cuna para acostar al bebé después del parto.

Los apoyos para la posición de litotomía se ajustan en un orificio que se encuentra a cada lado de la cama de partos, de manera que tus piernas se

EQUIPO DE LA SALA DE PARTOS

El cardiotocógrafo (CTG) se emplea para monitorear al feto electrónicamente en caso de ser necesario..

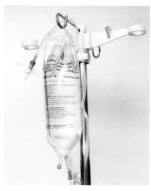

El equipo de venoclisis, puede estar acoplado a la mesa de partos o a la pared.

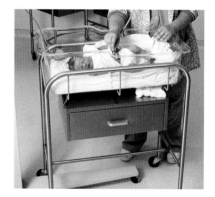

Todas las sala de partos deben contar con una cuna preparada para acostar al bebé tras el nacimiento.

mantengan sujetas y elevadas y puedan examinarte en caso de que sea necesario usar los fórceps o ventosa, o de que necesites puntos de sutura tras el nacimiento. Suelen guardarse bajo la cama.

El equipo de venoclisis está acoplado a la pared, a la cama, o bien se encuentra al lado de ésta sobre un soporte con ruedas. Resulta esencial en varias situaciones durante el parto, principalmente si:

• te aplican anestesia epidural (*véase* p.311-5).

• te inducen el parto (*véase* p.294-7).

• necesitan administrarte algún medicamento para provocar las contracciones (*véase* p.304)

• comienzas a sangrar y los médicos necesitan tener un acceso inmediato a tus venas para asegurarse de que pueden elevar tu presión sanguínea.

Los catéteres urinarios y las bandejas son necesarios cuando no eres capaz de llegar al baño.

EQUIPO DE MONITOREO FETAL

No es extraño que los médicos dediquen un tiempo considerable para monitorear el progreso del parto y la capacidad del bebé para enfrentarse a él.

El método más sencillo para hacer el seguimiento del feto durante el parto consiste en escucharlo mediante un estetoscopio de Pinard, el cual se coloca sobre el abdomen de la madre. Este instrumento metálico tiene una forma similar a la de una pequeña trompeta y solía ser el único método para escuchar los latidos del corazón del bebé. Hoy en día también puede utilizarse un ecógrafo Doppler manual a intervalos regulares.

El monitoreo electrónico fetal mide continuamente el ritmo cardiaco del bebé, así como la frecuencia y la fuerza de las contracciones uterinas, y registra esta información en cardiotocograma o CTG (*véase* p.258). Un bebé sano tiene un ritmo cardiaco de 120-160 pulsaciones por minuto, que oscilan continuamente entre 5 y 15 latidos; esto se considera "buena variabilidad". Las pulsaciones con disminuida variabilidad pueden ser señal de que el bebé no está soportando bien el parto. Tanto un ritmo cardiaco de 100 latidos por minuto o menos como uno que supere los 180 latidos por minuto indican que el bebé puede estar sufriendo. La función más importante del CTG consiste en mostrar la forma como el ritmo cardiaco del bebé responde al estrés producido por las contracciones uterinas.

Existen dos tipos de monitoreo electrónico fetal: el externo y el interno. El primero es una técnica no invasiva en la que se utilizan dos pequeños dispositivos que se fijan a tu abdomen mediante cinturones suaves. Uno de estos dispositivos mide los latidos del feto y el otro mide su intensidad y la duración de cada

"El equipo que encontrarás en la sala de partos es diverso y está diseñado para proporcionarles todos los cuidados necesarios a ti y a tu hijo".

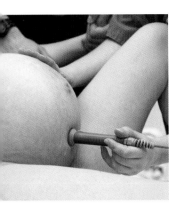

EL DOPPLER MANUAL *Este dispositivo, alimentado por baterías, se utiliza para escuchar los latidos del feto durante los partos normales, bien sea en el hospital o en casa.*

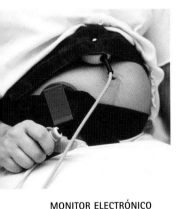

MONITOR ELECTRÓNICO FETAL EXTERNO *Este dispositivo no invasivo se utiliza para medir el ritmo cardiaco del feto y la intensidad de las contracciones uterinas.*

contracción. Están conectados por cables al cardiotocógrafo; sus resultados también aparecen en forma de números luminosos en la parte frontal de la máquina. En la mayoría de los partos sólo es necesario usar el monitoreo externo de forma intermitente y por lo tanto no hace falta mantener a la mujer sujeta a la cama. Algunos hospitales tienen incluso monitores portátiles que se sujetan a tu ropa.

El monitoreo electrónico fetal interno se emplea cuando resulta difícil encontrar la frecuencia del latido fetal o cuando el equipo médico identifica señales de sufrimiento fetal y necesita saber con precisión y controlar continuamente lo que está ocurriendo. El CTG ofrece un registro más exacto que el del monitor externo. Para usarlo, se adhiere un pequeño electrodo a la cabeza del bebé (o a las nalgas si está en posición podálica) y se conecta al cardiotocógrafo. Este dispositivo sólo puede colocarse si la dilatación del cuello uterino es de 2cm o más y ya has roto fuente, bien sea de manera natural o artificial. Para medir las contracciones uterinas se coloca un cinturón alrededor de tu abdomen que sostiene un transductor de presión, o bien se inserta un catéter lleno de líquido en tu útero.

Varios estudios recientes han mostrado que el monitoreo electrónico fetal eleva de forma significativa la incidencia de intervenciones innecesarias al identificar supuestas señales de que el bebé está sufriendo, y no le ofrece ninguna ventaja al bebé durante un parto normal, que transcurre sin complicaciones.

MUESTRAS DE SANGRE FETAL

Si el CTG o el monitoreo electrónico fetal muestran signos de sufrimiento fetal, es probable que tu médico considere conveniente tomar una muestra de sangre fetal; ésta se extrae del cuero cabelludo del bebé y se usa para medir el pH (acidez/alcalinidad). Cuanto más ácida sea la lectura, más probable es que el bebé carezca de oxígeno suficiente y sea necesario intervenir el parto. Para obtener la muestra de sangre, tendrás que permanecer con las piernas elevadas sobre los soportes, en posición de litotomía.

Si la muestra confirma que el bebé está sufriendo, el paso más conveniente a seguir dependerá de varias condiciones, entre ellas, qué tan avanzado esté tu parto. Obviamente, si tu dilatación apenas es de unos pocos centímetros, será necesario realizar un parto de emergencia por cesárea para evitar complicaciones más delicadas. Sin embargo, si tu dilatación es cercana a los 10 cm o si ya estás en la segunda etapa del parto, generalmente resulta mucho más rápido practicar un parto vaginal que un nacimiento abdominal, auque en algunos casos es necesaria la ayuda de fórceps o ventosa. Si el bebé no está sufriendo, es probable que tu parto progrese sin peligro.

LA FUNCIÓN DE TU ACOMPAÑANTE

No viene al caso afirmar de manera tajante si el padre debe o no estar presente en el parto, pues a muchas personas les resulta difícil tener que presenciar el dolor físico que éste implica, y algunos hombres prefieren no estar presentes, por más de que la madre quiera tenerlos a su lado. Sin embargo, no cabe duda de que el hombre que asiste al parto de su hijo será testigo de un acontecimiento extraordinario que recordará el resto de su vida. Además, podrá compartirlo con la futura mamá y esa experiencia común fortalecerá el lazo que los une. Deja que él elija lo que le parezca más conveniente.

La función más importante que debe cumplir el acompañante es preocuparse por saber lo que quiere la futura mamá y lo qué sucede durante el parto. Lo primero sólo se logra si ambos han discutido el tema minuciosamente y lo segundo puede entenderse mejor al acudir a las clases de preparación para el parto así como al leer el capítulo de este libro dedicado al parto.

Las mujeres pueden experimentar diferentes necesidades durante el parto; algunas prefieren consuelo físico y sienten alivio cuando les hacen masajes, las toman de la mano o les limpian el sudor de la frente, mientras que otras se tranquilizan con palabras que las animen y les den confianza. Tu acompañante deberá estar preparado para cualquier eventualidad y aceptar que en un momento quieras cercanía física y al siguiente la rechaces. También es importante que trate de no demostrar su miedo o su nerviosismo.

TU ACOMPAÑANTE *Lo más importante que puede hacer tu acompañante es estar bien informado antes del parto para que puedas apoyarte en él a medida que éste progresa.*

Reunir información

Una de las principales funciones de tu acompañante consiste en establecer una buena relación con el personal médico, pues habrá ocasiones en las que tú no entiendas bien lo que está sucediendo; es en esos momentos cuando tu acompañante puede ser especialmente útil, al solicitar una explicación para que tú comprendas las razones de un procedimiento particular. Por lo tanto, él debe estar preparado para formular las preguntas de forma que no resulten ofensivas y obtener la información necesaria.

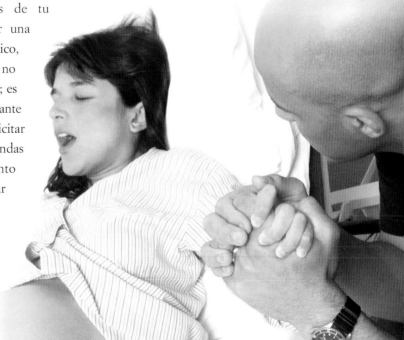

LA INDUCCIÓN DEL PARTO

LA INDUCCIÓN DEL PARTO CONSISTE EN ADELANTARLO ARTIFICIALMENTE EN LUGAR DE ESPERAR A QUE COMIENCE A SU PROPIO RITMO. SE RECURRE A ELLA CUANDO LA MADRE O EL BEBÉ NECESITAN QUE EL PARTO SE PRODUZCA MÁS RÁPIDO DE LO QUE SE CREE QUE PUEDA SUCEDER DE FORMA ESPONTÁNEA.

"...no hay ningún tipo de inducción modelo y suele ser difícil prever cómo sucederán las cosas".

La inducción puede practicarse cuando la mujer nunca ha mostrado ningún signo de comienzo del parto o cuando, a pesar de haber roto fuente, las contracciones no aparecen en un plazo de 24 horas. Es importante comprender que muchas veces la inducción del parto no significa someterse una única intervención en un momento dado, sino que generalmente es un proceso que puede implicar una compleja serie de intervenciones e interacciones cuya naturaleza exacta está determinada por lo que suceda durante el parto. Por lo tanto, no hay ningún tipo de inducción modelo y suele ser difícil prever cómo sucederán las cosas.

Los índices de partos inducidos varían considerablemente de un país a otro, de una unidad de maternidad a otra e incluso de un obstetra a otro dentro de la misma unidad, y dependen de muchos factores, en especial de la complejidad del embarazo y de la percepción personal del obstetra acerca de las circunstancias que ponen en peligro a la madre o al feto.

En general, entre el 70 y el 80 por ciento de los casos de inducción conducen a un parto vaginal, pero este procedimiento aumenta el riesgo de que sea necesario realizar un parto asistido ya sea por fórceps o por ventosa (*véase* p.352-5). La inducción tiene más probabilidades de ser exitosa cuando la madre ya ha tenido antes un parto vaginal, su cuello uterino está maduro, el bebé tiene un tamaño promedio y su cabeza está encajada en una pelvis de tamaño normal.

LAS SEÑALES PARA LA INDUCCIÓN

Las señales que indican de manera irrefutable que debe acudirse a esta forma de intervención se presentan cuando se llega a la conclusión de que el bebé recibiría mejores cuidados en el exterior o que la salud de la madre requiere que el parto finalice pronto. Cualquier otro indicio es relativo y será necesario tomar en consideración una serie de factores sobre la condición del feto y la madre.

• **Fetales:** cuando el monitoreo prenatal indica que el crecimiento del bebé se ha detenido o ha disminuido su ritmo, así como cuando aparecen signos de sufrimiento fetal en el útero. Estos pueden incluir una reducción de los movimientos fetales o del volumen del líquido amniótico y suelen producirse porque el funcionamiento de la placenta ya no es adecuado. Otras circunstancias en las que se considera la posibilidad de practicar un parto inducido se presentan cuando el bebé se ve afectado por una isoinmunización Rhesus materna (*véase* p.128 y p.424) o cuando la madre tiene diabetes mellitus (*véase* p.408). Si se sabe que el bebé sufre una anomalía que requerirá una intervención inmediata después del parto, suele ser más seguro que su nacimiento se produzca en un momento en el que todos los especialistas necesarios estén disponibles. La decisión de la inducción se tomará si el bebé corre menos riesgos si nace de forma prematura que si permanece en el útero. La destreza del personal médico hace posible que hoy la mayoría de los bebés prematuros sobrevivan sin sufrir problemas serios.

• **Maternas:** una preeclampsia, la diabetes, las anomalías en la autoinmunización o el haber sufrido de enfermedades renales, cardiacas o hepáticas.

• **Una combinación de factores fetales y maternos:** algunas de las señales fetales y maternas que acabamos de describir pueden llevar a tomar la decisión de la inducción. La preeclampsia y la diabetes de la madre son la combinación de factores más frecuentes, así como la ruptura prematura de las membranas.

• **Postmadurez:** la mayor parte de las unidades médicas inducirán el parto de aquellas mujeres cuyos embarazos hayan superado la semana 41, pues de esta manera se reduce el riesgo de que el bebé muera sin explicación y se disminuye la posibilidad de otras complicaciones al final del embarazo sin aumentar el índice de cesáreas.

EL TEST DE BISHOP

Al estudiar la posibilidad de inducir el parto, la mayoría de las unidades de maternidad realizan un test de Bishop, el cual ayuda a estimar con objetividad si la situación del cuello uterino es propicia para una inducción. Tu médico realizará un examen vaginal, analizará la dilatación del cuello uterino, su longitud, consistencia y posición y confirmará si la cabeza del feto ya ha llegado a la pelvis. A partir de todos estos factores (véase p.302) se obtiene una puntuación de 0 a 3.

PUNTAJE	ESTADO CERVICAL				
	Dilatación (cm)	Longitud (cm)	Consistencia	Posición	Cabeza
0	Cerrado	3	Firme	Posterior	-3
1	1 – 2	2	Media	Media	-2
2	3 – 4	1	Blanda	Anterior	-1
3	5+	0			0

MÉTODOS DE INDUCCIÓN

AL ELEGIR EL MÉTODO QUE SE UTILIZARÁ PARA INDUCIR EL PARTO SE TIENEN EN CUENTA LOS SIGUIENTES FACTORES: SI ÉSTE ES EL PRIMER PARTO, SI YA EXISTE UNA CICATRIZ UTERINA, SI LAS MEMBRANAS ESTÁN INTACTAS. TAMBIÉN SE TOMA EN CONSIDERACIÓN EL ESTADO DEL CUELLO UTERINO. ES MUY POCO PROBABLE QUE SE PROGRAME UNA INDUCCIÓN SI EL BEBÉ NO MUESTRA PRESENTACIÓN CEFÁLICA (VÉASE P.268) O SI LA CABEZA NO ESTÁ BIEN ENCAJADA.

El médico te examinará y verificará el latido cardiaco del bebé con un CTG para asegurarse de que no hay señales de sufrimiento fetal (*véase* p.291). El reconocimiento comenzará con la palpación de tu abdomen para confirmar la situación longitudinal y la presentación cefálica, así como para evaluar el grado de encajamiento de la cabeza (*véase* p.302). Entonces, el médico te realizará un examen vaginal y utilizará el método de puntuación de Bishop (*véase* p.295) para evaluar el estado del cuello uterino.
Para que el procedimiento tenga éxito es crucial que el cuello uterino sea propicio para la inducción.

GEL O COMPRIMIDOS DE PROSTAGLANDINA

La prostaglandina es una hormona que se produce de forma natural en el revestimiento del útero y se encarga de estimularlo para que empiece a contraerse. Si el estado de tu cuello uterino no es favorable para la intervención, el médico te sugerirá la posibilidad de recurrir a la prostaglandina sintética, ya sea en comprimidos o mediante un gel que se aplica en la vagina.

Aproximadamente seis horas después de la primera aplicación es probable que sea necesario suministrar una o más dosis vaginales de prostaglandina para que el cuello uterino alcance la maduración indicada. Desde un punto de vista práctico, es mejor realizar este procedimiento por la noche de manera que la mujer pueda descansar y al día siguiente esté preparada para el parto o, en caso de ser necesario, para someterse a la siguiente fase del proceso de inducción.

Después de cada inserción se hace un seguimiento del estado del bebé durante 30 minutos; si el CTG es normal se puede realizar un monitoreo intermitente con un estetoscopio de Pinard (*véase* p.291). Tan pronto como comiencen las contracciones, se recomendará realizar otro período de monitorización electrónica.

AMNIOTOMÍA

Generalmente cuando el cuello uterino alcanza 2-3 centímetros de dilatación es posible romper las membranas de forma artificial

LA RUPTURA DE LAS MEMBRANAS

Antes de elegir una fecha para la inducción del parto, tu médico puede intentar romper las membranas. Para ello, realizará un examen vaginal, insertará con cuidado uno o dos dedos por el cuello uterino y dará vuelta alrededor de él para tomar las membranas entre sus dedos. Esto suele ayudar a que comiencen las contracciones porque hace que el cuello libere prostaglandina. Puede ser un poco molesto ya que con frecuencia provoca un pequeño sangrado o "expulsión del tapón mucoso", pero se trata de un procedimiento completamente seguro y efectivo.

al introducir en la vagina y a través del cuello uterino una lanceta de plástico larga y delgada. Esto libera prostaglandinas, las cuales a su vez contribuyen a la producción de contracciones uterinas regulares. En ocasiones, después de realizar una amniotomía no se requieren más intervenciones porque las contracciones comienzan a producirse en forma adecuada en un período de tiempo relativamente breve. Sin embargo, si éste no es el caso, necesitarás pasar a la siguiente etapa del proceso de inducción mediante la aplicación de oxitocina.

OXITOCINA SINTÉTICA

La oxitocina es una hormona producida en el cerebro por la glándula pituitaria, y se encarga de hacer que el músculo uterino se contraiga. La oxitocina sintética se administra por vía intravenosa. La dosis inicial siempre es pequeña y se va incrementando gradualmente hasta que comienzan las primeras contracciones uterinas efectivas; por lo general se producen unas tres contracciones moderadas o fuertes cada 10 minutos. La cantidad de oxitocina sintética que será administrada se calcula mediante una máquina especial o bomba de infusión, unida al equipo de venoclisis, lo que permitirá ajustar la dosis, dependiendo del progreso del parto y, más importante aun, de la

manera como el bebé responda a las contracciones uterinas.

Debido a que las contracciones inducidas con oxitocina sintética pueden ser fuertes y en ocasiones comienzan bruscamente, antes de que el bebé haya sido expuesto a una actividad uterina más suave, existe un riesgo mayor de sufrimiento fetal. Evidentemente, este es un problema potencial que suele agravarse por las mismas razones que han llevado a la inducción. Por ejemplo, si el bebé necesita nacer debido a que presenta un crecimiento retardado, también es probable que sus reservas sean menores a las de un bebé con un crecimiento normal que nace por parto natural. Por esta razón, una vez que ha comenzado la infusión de oxitocina, deberán observarte continuamente con un monitor electrónico (*véase* p 291-2).

Tal vez en este punto te resulte útil leer la sección sobre la etapa latente de parto (*véase* p.298) en la que explico el largo período de actividad uterina que suele ser necesario antes de que las contracciones normales se vuelvan lo suficientemente fuertes para dilatar el cuello uterino de forma efectiva.

SYNTOCINON *La droga es administrada por vía intravenosa, en tu brazo o tu mano.*

Una vez comprendidos estos puntos, creo que resulta más fácil entender por qué una inducción que requiere oxitocina sintética suele parecer más prolongada y dolorosa. En realidad, el parto no más largo, pero sí debe recorrer con rapidez un largo camino para alcanzar el punto en el que el cuello uterino comienza a dilatarse. Es más, la inducción de las contracciones puede parecer más dolorosa debido a que no has experimentado el aumento gradual de la actividad uterina que se produce en la fase latente de un parto espontáneo. Ésta es una de las razones por las que la mayoría de las unidades de maternidad recomiendan administrar una anestesia epidural antes de la oxitocina para realizar la inducción.

"Es crucial que el cuello uterino sea propicio a la inducción para que el procedimiento tenga éxito".

CONSOLIDACIÓN DEL PRIMER PERÍODO

TEÓRICAMENTE, EL PRIMER PERÍODO DEL PARTO COMIENZA CUANDO SE PRODUCEN CONTRACCIONES UTERINAS REGULARES, Y FINALIZA CUANDO EL CUELLO UTERINO TIENE UNA DILATACIÓN DE 10CM. A SU VEZ, EL PRIMER PERÍODO PUEDE DIVIDIRSE EN TRES FASES: LATENTE, ACTIVA Y DE TRANSICIÓN.

LA FASE LATENTE

La fase latente del primer período del parto aparece cuando comienza la actividad uterina. En ese momento, las contracciones suelen ser suaves e irregulares. Esta actividad inicial es importante pues durante ella el cuello uterino pasa de tener una forma gruesa (similar a la de un tonel) y una longitud de unos 2cm, a adquirir una estructura mucho más delgada, blanda y corta.

Aunque quizá no seas consciente de ello, unas contracciones suaves que se dispersan en tu útero en dirección descendente se encargan de reducir el grosor de la parte inferior del útero y del cuello uterino, haciendo que se deslicen por encima de la cabeza del bebé como si se tratara de un guante. Este proceso se denomina borramiento cervical y debe producirse para que el cuello uterino pueda estirarse y abrirse, o dilatarse. La fase latente puede durar ocho horas, pero suele ser mucho más breve si has tenido otros hijos; de hecho es posible que ni siquiera te hayas dado cuenta de que la actividad ya ha comenzado.

Las hormonas secretadas durante las últimas semanas de embarazo pueden ayudar a suavizar el cuello uterino, como preparación al parto, pero la dilatación que se produce en el primer período sólo se puede lograr mediante contracciones uterinas cada vez más fuertes. Por lo tanto, en la fase latente las contracciones

---

FASES

A medida que transcurre el primer período del parto, el cuello uterino se borra y se dilata; de esta manera pasa de ser una estructura firmemente cerrada a tener una dilatación de 10 cm, lo que permite que la cabeza del bebé pase a través de él.

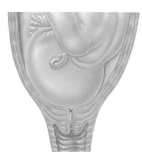

LA FASE LATENTE *El cuello uterino se vuelve más delgado y comienza a estirarse y abrirse*

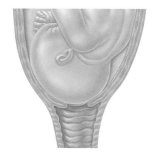

LA FASE ACTIVA *A medida que el cuello uterino se dilata, las contracciones se hacen más fuertes.*

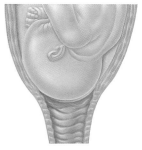

LA FASE DE TRANSICIÓN *El cuello uterino totalmente dilatado (10cm) y preparado para que el bebé descienda.*

leves suelen producirse cada 15 o 20 minutos y no duran más de 30 o 60 segundos. Si el dolor que estás experimentando en la fase latente es muy molesto, no te preocupes, pues te administrarán algún medicamento para aliviarlo. Sin embargo, puede ser que hasta que no haya comenzado el parto activo, tu médico sólo recomiende usar gas entonox o una inyección de petidina y considere que aún no es conveniente recurrir a la epidural (*véase* p.308-23) pues en lugar de obligarte a permanecer acostada querrá que estés sentada el mayor tiempo posible, de manera que la fuerza de gravedad pueda ayudarte a alcanzar la fase activa.

LA FASE ACTIVA

En términos estrictos, la fase activa comienza cuando el cuello uterino se ha dilatado alrededor de 3cm y las contracciones se han vuelto más regulares y rítmicas, pero en realidad serán estas últimas las que le permitirán a tu médico juzgar si has alcanzado esta fase.

A medida que el primer período progresa hacia la fase activa, notarás las contracciones en la zona central de tu estómago; éstas vendrán acompañadas de un endurecimiento y una rigidez de los músculos uterinos que podrás sentir con la mano. Las contracciones son dolorosas porque el útero es un órgano esencialmente muscular que requiere cantidades enormes de energía para trabajar de forma eficaz. Durante cada contracción, los vasos sanguíneos de las paredes del útero se comprimen y el músculo dispone de menos oxígeno, lo que a su vez produce la liberación de sustancias químicas dolorosas que se eliminan en el período de recuperación entre una contracción y otra.

"...el útero es un órgano esencialmente muscular que requiere cantidades enormes de energía para trabajar de forma eficaz".

Es importante recordar que las contracciones conllevan una leve reducción en el suministro de oxígeno al bebé porque los vasos sanguíneos del útero que alimentan a la placenta también se comprimen. Así pues, en el punto más intenso de una contracción, el ritmo cardiaco de tu bebé puede reducirse; estos cambios se siguen de cerca a medida que avanza el parto (*véase* p.291-2) para garantizar que no se presente sufrimiento fetal.

El cambio de contracciones

A medida que entras en la fase activa del parto, la naturaleza de las contracciones cambiará; se harán más fuertes y dolorosas, y en vez de concentrarse en la parte inferior del útero comenzarán en la zona superior y se desplazarán hacia abajo a lo largo de todo el útero. Esto hará que la cabeza del bebé (o la parte que presente) sea empujada hacia el cuello uterino, pues en este momento la prioridad consiste

> "...la cabeza y los hombros del bebé deben descender bastante en la cavidad pélvica antes de que comience el segundo período del parto".

en lograr que el cuello alcance una dilatación superior a los 10cm. Tus contracciones empezarán cada 10 o 15 minutos, después cada cinco y más tarde cada dos minutos; este intervalo de tiempo se calcula desde el inicio de una contracción hasta el comienzo de la siguiente.

Al final de la fase activa, cada contracción durará entre 60 y 90 segundos, de manera que tendrás menos tiempo para descansar entre una y otra. A medida que se vuelven más intensas, sentirás como si una banda firme te presionara el abdomen mientras los músculos se endurecen y tensan. Normalmente el dolor de cada contracción comienza despacio, llega a un punto máximo que dura cerca de 30 segundos y luego se desvanece.

El período más rápido de dilatación suele presentarse mientras el cuello uterino pasa de los 4 a los 9cm; posteriormente se produce un momento de deceleración o ralentización de la dilatación. La dilatación cervical no es el único factor que determina el progreso del parto, también es importante que la cabeza y los hombros del bebé desciendan bastante en la cavidad pélvica.

La duración total de la fase activa del primer período es variable. En un primer parto, quizá dilates 1cm por hora, pero si ya has tenido uno o más bebés es posible que la dilatación sea más rápida.

La ruptura de las membranas

En el 15 por ciento de los embarazos a término las membranas se rompen espontáneamente antes de que comience el parto, y en la mayoría de estos casos las contracciones y la dilatación cervical continúan a lo largo de 24 horas, lo cual significa que en el 85 por ciento de los embarazos el saco continúa intacto hasta que comienza el parto. Lo más común es que éste se rompa espontáneamente a medida que el parto avanza, pero algunas veces, principalmente cuando el parto es muy rápido o precipitado, el bebé alcanza a nacer cubierto por su saco amniótico.

Algunas unidades de obstetricia acostumbran romper artificialmente las membranas si las contracciones son fuertes y la dilatación cervical ha alcanzado 4 o 5cm, pues la amniotomía provoca la liberación de prostaglandinas, que ayudan a acelerar las contracciones uterinas, y retira el colchón líquido que rodea la cabeza del bebé, lo que permite ejercer una presión más efectiva sobre el cuello uterino, contribuyendo así al progreso del parto. No obstante, si todo progresa con normalidad, no habrá necesidad de practicar ninguna amniotomía si no lo deseas.

Si tu parto ha sido inducido (*véase* p.294-7) o si resulta necesario acelerarlo (*véase* p.304) podrían recomendar que te practiques una amniotomía principalmente para ayudar al progreso del parto, pero también porque en caso de que surja algún problema habrá que vigilar de cerca el parto para asegurarse de que no se produce sufrimiento fetal. Si el CTG muestra algún signo preocupante, el médico puede optar por romper el saco amniótico para adherir un electrodo cutáneo de monitoreo electrónico a la cabeza del bebé (*véase* p.292). También inspeccionará el líquido amniótico para asegurarse de que no contiene meconio, lo que indicaría que el bebé está sufriendo.

Si ya estás parcialmente dilatada, la ruptura artificial de membranas suele ser un procedimiento indoloro (*véase* p.296-7). Hay pocas situaciones en las que no resulta aconsejable practicar la ruptura de membranas, por ejemplo en un parto prematuro; en ese caso es mejor dejar las membranas intactas todo el tiempo posible ya que protegen y amortiguan al bebé, que es más frágil, durante el parto (*véase* p.341).

LA FASE DE TRANSICIÓN

Éste es el nombre con el que se designa un espacio de tiempo intermedio que en ocasiones se produce durante la etapa final del primer período del parto, después de que el cuello uterino está completamente dilatado y antes de que aparezca realmente el impulso de pujar, propio de la segunda fase del parto. La fase de transición puede durar unos pocos minutos o continuar durante una hora o más. Para algunas mujeres, puede ser la parte más difícil del parto porque ya están cansadas e incluso agotadas por todas las horas de contracciones por las que han pasado. Las contracciones serán intensas, se producirán cada 30 a 90 segundos y durarán entre 60 o 90 segundos. De hecho, el período entre una y otra suele ser muy breve y a muchas mujeres les asusta haber perdido el control de lo que está sucediendo, algo que de alguna manera es cierto ya que el parto ha tomado su propio curso y ya no se detendrá hasta que el bebé haya nacido. La buena noticia es que no falta mucho tiempo, así que piensa que la fase de transición es un signo muy positivo de que el final del parto ya está cerca.

"...piensa que la fase de transición es un signo muy positivo de que el final del parto ya está cerca".

El deseo de pujar

Durante la fase de transición algunas mujeres experimentan una intensa necesidad de pujar antes de estar completamente dilatadas. Sin embargo, si comienzas a hacerlo, el cuello uterino se convertirá en un aro grueso e inflamado alrededor de la parte superior de la cabeza del bebé; por el contrario, lo que en realidad necesitas es que el cuello se comporte como una membrana delgada y plegable, de modo que la cabeza del bebé pueda descender por él y atravesarlo con facilidad. El médico te enseñará a jadear o a respirar tomando pequeñas bocanadas de aire cuando tengas contracciones para evitar que respires con demasiada profundidad y precipites el nacimiento del niño. También puede aconsejarte que cambies de postura para que la cabeza del bebé no ejerza presión sobre tu cuello uterino, ya que si adoptas una posición vertical sentirás deseos de pujar. En caso de que tu parto sea atendido con anestesia epidural, éste puede ser un momento indicado para que te apliquen una nueva dosis, pues ella puede ayudar a que se produzca una dilatación completa y a que la cabeza continúe descendiendo antes de comenzar a pujar.

LOS EXÁMENES DURANTE EL PARTO

El inicio del parto depende del momento en que comience la dilatación de tu cuello uterino, pero para que el proceso avance, es necesario que se presente una dilatación continua del cuello y que el bebé descienda por el canal del parto. No hay un tamaño ideal del bebé o de la pelvis que puedan garantizar un progreso perfecto, y no existe un número mágico de contracciones intensas que puedan predecir que será breve y fácil. Por lo tanto, es muy importante que al evaluar el progreso del parto el médico realice una examen abdominal y vaginal/interno.

EL ENCAJAMIENTO Y LOS PLANOS

Ahora que ya estás de parto, es importante evaluar cuánto ha descendido el bebé en la pelvis. Por definición, el encajamiento significa que la parte más ancha de la cabeza del bebé ha entrado al borde de la pelvis; por lo tanto, al palpar el abdomen sólo ha de sentirse, como máximo, uno o dos quintos de la cabeza. Cuanto menos alcance a palparse al tocar el abdomen, mejor será el progreso del parto. El examen vaginal permite identificar el grado de dilatación de tu cuello uterino y el nivel de descenso que ha alcanzado la cabeza. Estos niveles se denominan planos y consisten en líneas horizontales imaginarias que atraviesan la pelvis a intervalos de un centímetro. Cuando la cabeza entra en el borde pélvico, se dice que está en un plano de −5, y cuando la parte superior de la cabeza alcanza la mitad de la cavidad pélvica se considera que está en un plano cero. Por último, cuando llega a la abertura vaginal se encuentra en un plano +5.

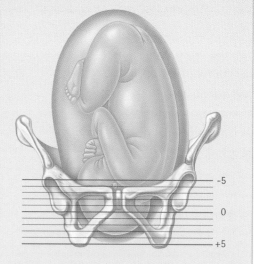

EL DESCENSO *La posición de la cabeza se describe en función de su posición con respecto a la espina esquiática (la parte más estrecha de la pelvis).*

PARTOGRAMAS

LA MEJOR FORMA DE HACER EL SEGUIMIENTO DEL PROGRESO DEL PARTO ES UTILIZAR UN PARTOGRAMA,

COMPUESTO POR UN GRÁFICO QUE SE DIVIDE EN DIFERENTES APARTADOS; EN CADA UNO DE ELLOS SE

REGISTRAN TODAS LAS OBSERVACIONES QUE SE HAYAN REALIZADO DURANTE EL PARTO.

En la parte superior del partograma se anotan todos tus datos personales así como algunas indicaciones especiales para los médicos. En la parte de abajo, aparecen varios gráficos que registran el latido fetal, el número de contracciones que tienes en cada intervalo de 10 minutos, tu temperatura, la presión sanguínea, el pulso y los resultados de todas las pruebas de orina. Si necesitas anestesia para el dolor, o en caso de que deban administrarte oxitocina sintética, las dosis y las horas en que deben darte estos medicamentos también se anotan en el gráfico.

La información más útil del partograma se refiere a la dilatación de tu cuello uterino y el nivel que ha alcanzado la cabeza fetal, pues estos dos aspectos muestran rápidamente cómo progresa el parto. Por ello, la mayoría de los partogramas tienen líneas en negrita en las que se muestra la curvatura anticipada de la dilatación cervical de 0 a 10cm. En el caso de las madres primerizas, lo ideal es que la curva ascienda gradualmente hacia la marca de 10cm mientras que la curva para las madres que ya han tenido un bebé es más corta y pronunciada. La curva modelo para el descenso de la cabeza del bebé atraviesa el gráfico a lo largo, en sentido descendente. No obstante, ningún parto seguirá estas directrices de forma exacta.

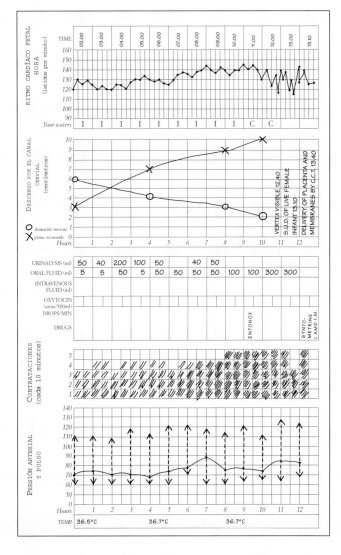

EL PROGRESO DURANTE EL PRIMER PERÍODO

El progreso del parto depende de la combinación de tres factores importantes "P":

▶ **la potencia** – contracciones fuertes que dilatan el cuello uterino de forma efectiva.

▶ **el pasajero** – un bebé que logra adaptarse a la pelvis y que se encuentra en una postura que facilita la salida.

▶ **los pasajes** – una pelvis suficientemente amplia, para permitir que el bebé pase por ella.

Cada factor P tiene que considerarse siempre con respecto a los otros dos. El progreso de tu parto dependerá de la manera como los tres factores interactúen entre sí.

"...En la mayoría de los embarazos, la situación del bebé es longitudinal y su presentación es cefálica..."

La frecuencia de estos exámenes durante el parto dependerá de diferentes factores, entre ellos su duración. En cada examen, el médico palpará tu abdomen y confirmará la situación y la presentación del bebé (*véase* p.268). En la mayoría de los embarazos, la posición del bebé será longitudinal su presentación será cefálica; por lo tanto, en lo que resta de esta apartado concentraremos la atención en estos dos casos. Si tu bebé se encuentra en presentación podálica o situación transversa u oblicua al comienzo del parto, podrás encontrar información sobre estos tipos de parto en las p.356-9 y p.429.

ACELERACIÓN DEL PARTO

Si después de comenzar de forma espontánea el parto se ralentiza, puede ser necesario acelerarlo. El mejor medio para tomar esta decisión es el partograma. Si las contracciones son satisfactorias pero las membranas continúan intactas, quizá sea suficiente con una ruptura artificial de las membranas (véase p.300) para acelerar el proceso. Cuando las membranas ya se han roto pero las contracciones son débiles, espaciadas o irregulares, suele administrarse una infusión de oxitocina sintética para fortalecerlas y regularizarlas. Al igual que con la inducción (*véase* p.294-7), se empezará con una dosis pequeña y se aumentará poco a poco hasta que se produzcan entre tres y cuatro contracciones moderadamente fuertes cada 10 minutos.

Sera necesario realizar un monitoreo continuo para asegurarse de que no se presente sufrimiento fetal y aproximadamente dos horas después de la aceleración se llevará a cabo otro examen que muestra que se ha producido algún progreso en la dilatación cervical o en el descenso de la cabeza del bebé, entonces se continuará con la infusión de oxitocina sintética hasta el siguiente examen. Todas las observaciones se anotarán en el partograma (*véase* p.303), y para este momento la curva de dilatación cervical deberá ser más normal.

UN PARTO PROLONGADO

EL PARTO PROLONGADO SE DEFINE COMO AQUÉL QUE DURA MÁS DE 12 HORAS DESPUÉS DE HABER DETERMINADO QUE LA MADRE ESTÁ DE PARTO. SE TRATA DE UNA COMPLICACIÓN QUE SE PRODUCE ENTRE EL 5 Y EL 8 POR CIENTO DE LOS PARTOS Y ES MÁS FRECUENTE EN LAS MADRES PRIMERIZAS.

El parto se prolonga cuando el cuello uterino no es capaz de dilatarse o el bebé no logra descender por el canal de parto o girarse para adoptar una posición que facilite el trabajo. En realidad, lo más frecuente es que se produzca una combinación de varios factores, ya que la dilatación, el descenso y la rotación son procesos interdependientes. La desproporción céfalopélvica, la obstrucción fetal o de la madre, una actividad uterina insuficiente y las presentaciones occipito-posteriores son las causas más habituales de un parto prolongado.

DESPROPORCIÓN CÉFALO-PÉLVICA

La desproporción céfalo-pélvica (DCP) significa que la cabeza del bebé es demasiado grande para la pelvis de la madre. Es un término relativo, pues un bebé con otro tamaño podría pasar por la misma pelvis con facilidad. En las madres primerizas, puede sospecharse que existe una DCP si al estar de parto, la cabeza no ha alcanzado el borde de la pelvis; también debe tenerse en cuenta la altura y la talla de pie de la madre, de manera que si mide menos de 150cm y calza 36 o menos, es probable que tenga una pelvis pequeña que dificulte o imposibilite el parto vaginal.

Si durante el período prenatal surge una fuerte sospecha de DCP, los médicos normalmente aconsejan la realización de una cesárea para evitar exponer el feto a un parto prolongado y difícil. Por otro lado, si la cabeza ya ha entrado al borde pélvico y la madre desea un parto vaginal, puede realizarse un intento de parto; en ese caso será preciso realizar un seguimiento exhaustivo mediante el partograma (véase p.303), y si éste indica que el progreso es insuficiente, se planificará un nacimiento abdominal.

Cuando la madre ya ha tenido otros hijos, la cabeza del feto no siempre se introduce en la pelvis, así que puede ser más difícil predecir una DCP, pero pueden obtenerse indicios útiles analizando los partos anteriores y el peso de los bebés. En la actualidad ya casi no se recurren a los rayos X o al TAC para evaluar la dimensión exacta de la pelvis de la madre, pues sin importar lo estrechas o amplias que sean las medidas óseas de tu cuerpo, la única forma de saber si la cabeza del bebé pasará por la pelvis consiste en realizar un seguimiento detallado del parto.

"La única forma de saber si la cabeza del bebé pasará por la pelvis consiste en realizar un seguimiento detallado del parto".

EL PARTO OBSTRUIDO

Éste suele ser el resultado final de un parto mal controlado en el que una DCP o una mala presentación (*véase* p.429) pasan inadvertidas. Otras causas pueden ser masas pélvicas en la madre o una anomalía congénita en la cabeza del bebé (como la hidrocefalia) (*véase* p.419). Por suerte, en la actualidad rara vez se produce un parto obstruido ya que todas las causas suelen identificarse con anticipación.

Cuando se trata del primer parto, el útero se contrae con fuerza, en un esfuerzo por superar la obstrucción, y luego queda inactivo. Sin embargo, si la obstrucción se produce en el segundo parto, el útero continúa contrayéndose con fuerza y crea un anillo de contracción del útero conocido como anillo de Bandl. En estos casos, la parte superior del útero se vuelve más gruesa y corta, mientras que la parte inferior se estrecha progresivamente Esta situación requiere una intervención urgente y el parto tiene que hacerse por cesárea para evitar que el útero se rompa (*véase* p.427).

CONTRACCIONES INSUFICIENTES

La insuficiencia de la actividad uterina puede ser hipoactiva o hiperactiva y se presenta en cerca del 5 por ciento de los partos de madres primerizas y en cerca del 1 por ciento de todos los partos. La hipoactividad, llamada inercia uterina, suele responder al estímulo con oxitocina sintética (*véase* p.297) a no ser que se produzca una desproporción u otro tipo de obstrucción. La hiperactividad, también llamada actividad uterina incoordinada, aparece cuando las diferentes partes del útero se contraen de forma independiente, y por consiguiente, las contracciones que no logran dilatar el cuello uterino de forma eficiente; suele ser muy dolorosa. Este tipo de actividad uterina puede ser el resultado de un uso inadecuado de la oxitocina sintética para acelerar el parto. Ahora que el uso de la anestesia epidural está tan extendido, la intensidad y la localización exacta del dolor de la madre en el parto puede se difícil de controlar. Es por ello que suele utilizarse un partograma para identificar los diferentes tipos de actividad uterina ineficiente. Si la dilatación pélvica continúa siendo lenta, el cuello uterino no logra dilatarse más de 2cm en un período de cuatro horas, y el descenso de la cabeza es insuficiente, deberá programarse una cesárea.

"El progreso del parto sólo será normal si las contracciones son eficientes y se desplazan por el útero, hacia abajo".

LA PRESENTACIÓN OCCIPITO-POSTERIOR

Es más probable que el parto sea fácil y esté exento de complicaciones si el bebé se encuentra en posición occipito-anterior (O.A., véase p.270), es decir, cuando la parte posterior de la cabeza del bebé (la corona) se encuentra hacia la parte frontal (o anterior) de la madre. Cuando el bebé se encuentra en presentación occipito-posterior (OP) su cara mira hacia delante, la parte posterior de su cabeza presiona la espalda de la madre (hueso sacro) y su columna vertebral se encuentra en la parte superior de la columna de la madre. En esta presentación, es más difícil que el bebé flexione su cuello y su barbilla porque la ósea coronilla queda presionada contra el hueso sacro de la madre, lo que significa que la presentación será la de una parte mayor que la proporción normal de la cabeza. Esto puede prolongar el parto y hacer que la mujer experimente más dolor, principalmente en la zona lumbar, razón por las que las presentaciones O.P. suelen denominarse partos con dolor de espalda.

Para aliviar la presión de tu zona lumbar, intenta apoyarte sobre tus manos y tus rodillas, o si lo prefieres, siéntate con las piernas cruzadas e inclínate hacia delante o balancea tu pelvis. Un masaje vigoroso en esa zona también puede aliviarte. Una de las mejores formas de estimular la rotación de la cabeza del bebé consiste en permanecer erguida y activa todo el tiempo posible. Si necesitas acostarte, adopta una postura que favorezca la rotación interna. Evita acostarte sobre la espalda porque en esta postura todo el peso del bebé presionará tu columna vertebral y tu zona lumbar.

La rotación del bebé

Poco más del 10 por ciento de los bebés se encuentran en posición posterior al comienzo del parto (véase p.270), así que se trata de un problema relativamente frecuente. En la mayoría de los casos, estos bebés tienden a girarse a una postura anterior antes del final de la primera fase, pero es inevitable que el comienzo del parto sea más lento y el progreso más doloroso y prolongado, lo que resulta agotador para la madre.

A menudo, cuando el bebé se encuentra en la posición O.P, es necesario administrar la anestesia epidural e intervenir para acelerar el parto. No es de extrañar que en este tipo de parto dos de las complicaciones más frecuentes sean el agotamiento de la madre y el sufrimiento fetal. Si al comienzo del segundo período el bebé no logra adoptar una posición anterior, el médico optará por aplicarte más anestesia epidural (para evitar que sientas la necesidad de pujar), cambiará tu postura para estimular la rotación y dejará que descanses durante una hora, aproximadamente. Si después de esto el bebé continúa en posición O.P. o lateral (véase p.270), quizá sea necesario girar al bebé con fórceps o ventosa hasta que adopte una presentación occipito-anterior y el parto pueda transcurrir con facilidad. Cuando esto no da resultado, la única solución es un parto de emergencia por cesárea.

OCCIPITO-POSTERIOR

En esta presentación la nuca de tu bebé se encuentra contra tu espalda y su columna vertebral presiona la tuya.

ALIVIO DEL DOLOR EN EL PARTO

En circunstancias normales nadie desea estar expuesto al dolor. Sin embargo, si bien existen formas eficaces de ayudarte a aliviar los dolores del parto, las contracciones, responsables de empujar a tu bebé a través del canal del parto, siempre serán dolorosas.

El tema del alivio del dolor en el parto es un asunto espinoso que ha sido objeto de fieras discusiones a lo largo de los años por parte de las mujeres embarazadas y los profesionales de la salud. Como en cualquier debate acalorado, suelen presentarse opiniones contrarias. Algunos piensan que el parto es un proceso completamente natural, por lo tanto consideran que el dolor es una parte integral del proceso y rechazan cualquier método de alivio, como los medicamentos. En el otro extremo se encuentran aquellas mujeres que quieren que les apliquen la anestesia epidural al primer signo de molestia y que incluso optan por una cesárea voluntaria con el fin de evitar todo el proceso del parto.

No tengo nada en contra de ninguna de estas dos actitudes siempre y cuando la mujer implicada haya obtenido una información adecuada sobre todas las opciones disponibles antes de tomar una decisión. No hay forma de que una madre primeriza pueda imaginar cómo la afectará el dolor del parto, pues probablemente ésta sea la primera vez en la vida que está expuesta a un dolor manifiesto. Las mujeres que ya han experimentado un parto pueden tener una mejor idea de su propio umbral del dolor pero, como cada parto es diferente, no pueden predecir exactamente cómo enfrentarán el dolor la próxima vez. No estoy de acuerdo con que una mujer que es capaz de dar a luz un bebé sano crea que ha fracasado por haber tenido que recurrir a algún tipo de alivio del dolor.

Personalmente considero que lo mejor que puedes hacer es adoptar una actitud abierta y esperar hasta saber qué es lo más adecuado para ti.

TRATAMIENTOS MÉDICOS

EXISTEN TRES GRANDES GRUPOS:

Analgésicos que alivian el dolor o la percepción del dolor:

▶ analgésicos por inhalación, como el entonox

▶ analgésicos sistémicos, como la petidina

Anestesias locales que causan un bloqueo localizado de la sensación de dolor (adormecimiento) que incluyen:

▶ epidurales

▶ bloqueo espinal

▶ bloqueo pudendo

▶ bloqueo cervical

Anestesias generales, que producen pérdida de la conciencia; por lo tanto, con ellas no se siente ningún dolor.

ANALGÉSICOS

Los analgésicos actúan sobre los receptores del cerebro, al bloquear los mensajes de dolor que reciben del sistema nervioso. El entonox y la petidina son los tipos de analgésico más utilizados en el parto.

ANESTESIA POR INHALACIÓN

El entonox (óxido nitroso) es un gas analgésico; al mezclarse con el aire en una proporción de 50:50, produce un efecto de adormecimiento en los receptores de dolor del cerebro y obstruye los mensajes transmitidos al cerebro sin ocasionar la pérdida de la conciencia y sin necesidad de producir una sedación significativa. Sin embargo, al tomarlos es normal que te sientas algo mareada y quizá tengas la sensación de estar flotando sobre todo lo que te rodea, lo que para la mayoría de las mujeres es un aspecto positivo.

En algunos países el uso del entonox se encuentra muy extendido entre un porcentaje significativo de las mujeres en proceso de parto. Su popularidad se debe en parte al hecho de que la madre puede controlar la cantidad de gas que recibe, no corre ningún riesgo de sobredosificación y el bebé no sufre efectos secundarios.

Cómo utilizar el gas y el aire

La manera más adecuada de utilizar el entonox consiste en esperar hasta el comienzo de una contracción para inhalar lenta y profundamente por la nariz (si utilizas una mascarilla), o por la boca (si usas una tetina). Después, debes exhalar despacio. Tras cinco o seis inspiraciones, el gas habrá alcanzado un efecto analgésico en tu cerebro y notarás el alivio del dolor; es probable que sientas estar flotando. Debes continuar inhalando y exhalando hasta que la contracción haya finalizado.

ENTONOX *Ésta es una forma de alivio del dolor bastante exitosa, en especial durante las primeras fases del parto. Tu acompañante puede indicarte cómo inhalar y exhalar el gas durante la contracción.*

Es importante dejar de inhalar el gas entre una contracción y otra, pues si se usa de manera continua, aumenta la posibilidad de que te sientas desorientada. A algunas mujeres el olor de la máscara de goma y/o el gas las hace sentir mareadas, y es por ello que creo que las tetinas son más útiles. Además tener algo en la boca que puedas morder con fuerza puede ser de gran ayuda en medio de una contracción fuerte.

Muchas mujeres aseguran que el entonox es la mejor opción en los primeros períodos del parto, y algunas sólo logran soportarlo gracias a la administración de este analgésico, mientras que otras necesitan un medicamento adicional para soportar las contracciones fuertes o el segundo período del parto. Aparte de su capacidad para aliviar el dolor, estoy segura de que una de las ventajas de utilizar gas y aire durante el primer período es que te obliga a concentrarte en una técnica de respiración, lo que a la vez te permite sentir que tienes un mayor control de la situación.

Aunque el entonox atraviesa la placenta, tu cuerpo y el del bebé lo eliminan rápidamente sin que se produzca ningún efecto secundario, así que no debes preocuparte por que tu bebé nazca adormecido o desorientado.

ANALGESIA SISTÉMICA

El alivio sistémico del dolor afecta todo el cuerpo. Los opiáceos, en especial la petidina, son muy utilizados durante el parto. Pertenecen a la familia de los narcóticos, lo cual significa que provocan somnolencia y calman el dolor. La petidina alivia el dolor mediante la estimulación de ciertos receptores del cerebro y la médula espinal, de

manera que los mensajes de dolor transmitidos al cerebro por el sistema nervioso se atenúan. Esto sucede porque las endorfinas (los analgésicos naturales de nuestro cuerpo) utilizan los mismos receptores.

La petidina se administra fácilmente mediante una inyección que suele aplicarse en un músculo del muslo o la nalga, y su efecto puede notarse en unos 15 o 20 minutos. El alivio del dolor desaparecerá tres o cuatro horas más tarde, momento en el que será necesario administrar otra inyección.

Problemas con la petidina

La petidina tiene un escaso historial como analgésico en partos ya que las dosis necesarias para un alivio del dolor eficaz pueden resultar en una sobresedación de la madre, lo que podría provocar dificultades respiratorias y un bajo nivel de oxígeno en la madre entre las contracciones. Además, la petidina puede tener efectos secundarios como náuseas, vómitos, indigestión y vaciamiento gástrico retardado, y muchas madres me dicen que les hace sentir que están al margen de lo que ocurre en su parto.

La otra desventaja de la petidina es que atraviesa rápidamente la placenta, llega al bebé, y puede producirle somnolencia. Al quedar sedado, suele presentarse una reducción de la variabilidad de la línea de base del CTG (*véase* p.291), lo que dificulta la interpretación del registro cardiaco. Como resultado de la disminución respiratoria, el bebé suele nacer con menores puntuaciones en el test de Apgar (*véase* p.375) y puede ser necesario aplicarle una inyección de naloxona que ayude a contrarrestar el efecto de la petidina.

ANESTESIA LOCAL

Existe una serie de anestesias locales para bloquear el dolor, especialmente durante el trabajo de parto y la finalización del segundo período. Todas actúan mediante el bloqueo de las fibras nerviosas en las que son inyectadas.

La elección del tipo de anestesia local que debe usarse depende del procedimiento. Por ejemplo, las epidurales pueden utilizarse en cualquier tipo y en cualquier momento del parto, mientras que los bloqueos espinales suelen reservarse para las cesáreas o la extracción manual de la placenta. De forma similar, si no se dispone de otra forma de alivio del dolor, el bloqueo pudendo o el cervical sólo proporcionarán analgesia suficiente para partos sencillos con fórceps o ventosa.

LAS ANESTESIAS EPIDURALES

Un buen bloqueo epidural anulará todas las sensaciones en tu abdomen y hará que dejes de sentir contracciones dolorosas. Este método implica recursos médicos especializados y sólo pueden ofrecerlo en hospitales que proporcionan cobertura anestésica las 24 horas en las salas de partos. En caso de que quieras que te apliquen esta inyección debes avisarle al médico para que él pueda informarle a los anestesistas.

Cómo funciona la epidural

Tu médula espinal está cubierta de una gruesa membrana llamada duramadre que se encuentra protegida por el hueso de la columna vertebral que la rodea (*véase* diagrama, p.313). El espacio epidural se ubica entre la columna vertebral y la médula espinal.

Las fibras nerviosas que controlan los dolores de las contracciones se distribuyen por la médula espinal, atraviesan la duramadre y el espacio epidural antes de pasar por las vértebras y llegar a tu abdomen. Al ser inyectadas en este espacio epidural, las sustancias anestésicas penetran en las fibras nerviosas y bloquean el dolor. Si la dosis de anestésico es elevada, algunas de las fibras nerviosas motoras que controlan tus piernas y tu vejiga también se bloquearán, y por lo tanto es posible que sientas las piernas pesadas y te resultará difícil moverte, además, no podrás reconocer el momento en que tu vejiga se haya llenado.

¿CUÁNDO SON ÚTILES LAS EPIDURALES?

▶ Cuando tú creas que la necesitas para soportar el dolor de las contracciones en la primera o segunda fase del parto.

▶ En los embarazos múltiples.

▶ En los partos prematuros.

▶ En un parto prolongado.

▶ Parto instrumentado con ventosa o fórceps.

▶ Presentación podálica.

▶ En los casos de cesárea, a no ser que existan contraindicaciones específicas (*véase* p.362).

▶ En los casos de cesárea de emergencia a no ser que existan contraindicaciones o no se disponga de tiempo suficiente.

▶ En las reparaciones perineales o episiotomías, en las que se requiere sutura extensiva.

EPIDURALES

P&R

▶ ¿El procedimiento es doloroso?

Como la piel de tu espalda está adormecida por una anestesia local aplicada antes de insertar la aguja epidural, por lo general sólo se siente una pequeña molestia.

▶ ¿Qué ocurre si la epidural no produce ningún efecto?

Quizá sientas que alguna zona de tu abdomen o de tu muslo no ha quedado anestesiada de forma efectiva. A veces el efecto sólo se produce a un lado del tu cuerpo. Sin embargo, los anestesistas pueden solucionar estos problemas fácilmente, al ajustar la posición del catéter y hacer que cambies de postura, de esta manera pueden asegurarse de que la solución llegue a todas las fibras nerviosas por igual. Los casos en los que la epidural no "agarra" son muy escasos y si llegas a encontrarte en esa situación probablemente tu anestesista decidirá reinsertarla por completo.

▶ Tengo una lesión dorsal. ¿Es posible que me administren la epidural?

Esto dependerá de la naturaleza y la gravedad de la lesión, pero en términos generales no es frecuente que una lesión en la espalda anterior

sea incompatible con la epidural. El médico te aconsejará qué es lo más adecuado en tu caso.

▶ ¿El catéter de la epidural puede causar algún daño en mi espina dorsal?

Las probabilidades de que el catéter se mueva dentro de tu espina dorsal son mínimas, pero si así fuera, los médicos se darían cuenta rápidamente, ya que el área adormecida subiría o bajaría de nivel, y procederían a solucionar el problema de inmediato. Es prácticamente imposible que una epidural ocasione alguna lesión en tu médula espinal o te paralice.

▶ ¿Estaré en capacidad de pujar para expulsar a mi bebé en el segundo período?

Sí, pero sin duda será más difícil porque no podrás sentir las contracciones y no experimentarás el impulso apremiante de pujar, por lo tanto no podrás juzgar fácilmente cuándo debes hacerlo. No obstante, el médico puede avisarte cuándo se producen las contracciones y entre los dos pueden encontrar una estrategia para que pujes de manera efectiva. La otra forma de hacer frente al segundo período es dejar

que el efecto de la epidural se atenúe ligeramente de manera que cuando comiences a pujar seas consciente de las contracciones y, más importante aun, tengas una idea más clara de la parte del perineo en la que debes concentrarte.

▶ ¿Es más probable que tenga un parto con operación?

Suele creerse que las epidurales aumentan la probabilidad de un parto con ventosa, fórceps o cesárea porque la capacidad de la mujer para pujar se ve reducida en el segundo período. En mi opinión, un médico experimentado que trabaje con una madre motivada que realmente quiera dar a luz por vía vaginal suele poder hacer frente a cualquier retraso sin que se presente ninguna complicación en el parto y lograr que se produzca un parto vaginal normal.

▶ ¿Mi bebé se verá afectado?

Ninguna sustancia analgésica de la epidural atravesará la placenta, así que tu bebé no se verá afectado por ellas. Sin embargo, la epidural puede provocar una caída de tu presión arterial, que si se produce de forma repentina o ininterrumpida puede ocasionar sufrimiento fetal.

La preparación para la epidural

Si optas por la epidural, el médico te explicará el procedimiento y el anestesista responderá las dudas que tengas; también deberás dar un consentimiento oral o escrito para autorizar el procedimiento.

Antes de aplicar la inyección te pedirán que te acuestes sobre el costado izquierdo con las piernas flexionadas, o bien que te sientes en la cama inclinada hacia delante y te sujetes apoyando las manos en una mesa. La primera postura te resultará más cómoda si ya tienes contracciones fuertes, mientras que la postura vertical puede ser una mejor opción si te vas a someter a una cesárea. Al acostarte sobre el costado izquierdo evitas que el peso de tu útero presione las venas principales de la pelvis; esto puede hacer que te sientas mareada y que se reduzca la irrigación sanguínea que llega al bebé durante los 20 o 40 minutos que demora la aplicación de la epidural.

Durante este tiempo deberás acostarte o permanecer sentada, sin moverte, pero el anestesista interrumpirá el procedimiento cada vez que tengas una contracción y esperará a que termine. Si hasta ahora no has necesitado suero intravenoso, te lo insertarán antes de que comience el procedimiento y te administrarán una solución, normalmente salina-dextrosa, para garantizar que tu presión sanguínea no decaiga de forma repentina cuando la epidural comience a hacer efecto (*véase* p.315).

Luego limpiarán la parte inferior de tu espalda con un antiséptico y cubrirán el resto de tu espalda y de tus piernas con un cobertor esterilizado para reducir el riesgo de infección. También aplicarán un poco de anestesia local en el lugar elegido para insertar la epidural con el fin de reducir las molestias.

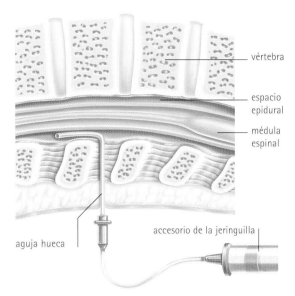

vértebra

espacio epidural

médula espinal

accesorio de la jeringuilla

aguja hueca

LA INSERCIÓN DE UNA EPIDURAL *Se inserta una aguja hueca en el espacio epidural sin tocar la médula espinal ni la duramadre.*

El procedimiento

El anestesista insertará con cuidado una fina aguja hueca entre dos vértebras en la zona lumbar de tu espalda y, desde ahí, la introducirá en el espacio epidural (véase arriba). Para comprobar que la aguja se encuentra en el lugar correcto, inyectará una pequeña cantidad de anestésico. Si éste adormece tu abdomen, ensartará un catéter de plástico hueco a través de la aguja hasta el espacio epidural. Luego retirará la aguja y colocará un filtro antibacteriano protector al final del catéter.

La parte del catéter que queda fuera de tu cuerpo permanecerá adherirá a tu piel con esparadrapo, lo que evitará que el catéter se salga y permitirá que recibas grandes dosis de anestesia durante el parto. La primera dosis de anestesia propiamente dicha será inyectada por medio del catéter y entonces sentirás como si un cubito de hielo recorriera la parte inferior de tu espalda a medida que los medicamentos llegan a su destino.

El anestesista y el obstetra revisarán inmediatamente tu presión arterial en intervalos regulares; al mismo tiempo se realizará también un seguimiento electrónico del corazón del bebé (CTG). En la mayoría de las unidades de maternidad se recomienda realizar un monitoreo fetal continuo después de insertar la epidural, aunque en un parto normal también puede hacerse de forma intermitente con un CTG. Pronto, tu abdomen se adormecerá, pero el efecto anestésico necesario para garantizar que un parto intervenido por cesárea o fórceps sea indoloro requerirá más tiempo, normalmente entre 20 y 30 minutos.

Las epidurales convencionales también bloquean las fibras nerviosas que controlan tu vejiga y, como resultado, te resultará difícil orinar por ti misma. Para solucionar esto, insertarán suavemente un catéter urinario en tu uretra, el cual drenará tu vejiga de forma continua. Sin embargo, si en la unidad de maternidad a la que acudiste administran epidurales móviles (*véase* a continuación) probablemente puedas orinar sin necesidad del catéter. Una vez que la anestesia haya hecho efecto, pueden aplicarse nuevas dosis, normalmente cada tres o cuatro horas, dependiendo de las necesidades particulares de cada parto.

Las epidurales móviles

Algunos hospitales han empezado a usar epidurales móviles; reciben este nombre pues se caracterizan por la administración de pequeñas dosis de medicamento para bloquear las fibras del dolor, lo que permite que las fibras motoras que controlan el movimiento de las piernas no resulten significativamente afectadas por el efecto de la anestesia. Gracias a ello, la mujer se sentirá menos adormecida desde las rodillas hasta los pies, tendrá más movilidad y podrá sacar mejor provecho del efecto de la fuerza de la gravedad durante el parto. Las epidurales móviles también reducen la necesidad de usar el catéter urinario para vaciar la vejiga. Adicionalmente, al administrarse dosis bajas cada hora, el analgésico puede medirse con mayor precisión para adaptarlo a cada fase del parto.

Cuándo la epidural no es viable

La epidural tiene pocas contraindicaciones, y éstas suelen restringirse a aquellos casos en los que exista la posibilidad de que la aguja provoque la formación de un coágulo de sangre o un absceso que presione la médula espinal. Se trata de complicaciones que pueden llegar a ser muy

PREPARACIÓN PARA LA EPIDURAL

El personal médico coloca un cobertor estéril sobre tu espalda y luego inyecta una anestesia local.

graves y producir una parálisis. En realidad son muy poco frecuentes, pero los trastornos sanguíneos hereditarios y adquiridos pueden situarte dentro del grupo de riesgo. De forma similar, la epidural no será recomendable si has tomado dosis altas de medicamentos anticoagulantes (por ejemplo si has sufrido una trombosis durante el embarazo, *véase* p.423).

Es muy raro que una mujer embarazada adquiera una infección en la parte inferior de su abdomen, pero esto puede ocurrir como resultado de una tuberculosis crónica u osteomielitis. En esas situaciones, no es posible aplicar la epidural ni la anestesia espinal, pues se corre el riesgo de provocar la aparición de un absceso en el espacio epidural o dural, y por consiguiente una infección.

COMPLICACIONES MÉDICAS DE LAS EPIDURALES

HIPOTENSIÓN Uno de los efectos secundarios más habituales de las epidurales es la caída de la presión sanguínea; ésta suele ser más intensa tras la primera dosis y se debe a que, además de bloquear las fibras del dolor, la sustancia anestésica también afecta algunas de las fibras nerviosas que controlan el tamaño de los vasos sanguíneos de la pelvis y las piernas.

▶ Como resultado, estos vasos sanguíneos se dilatan y la sangre tiende a acumularse en ellos, reduciendo el volumen de sangre que se dirige hacia tu corazón y tu cabeza.

▶ Esto puede causar una disminución del flujo sanguíneo que atraviesa la placenta, lo que a su vez reduce el aporte de oxígeno que llega a tu bebé.

▶ Por esto los anestesistas siempre toman la precaución de insertar suero intravenoso antes de insertar la epidural y comprobar tu presión sanguínea regularmente mientras que tu médico controla el estado del bebé mediante un CTG.

DOLORES DE CABEZA

Los dolores de cabeza son un efecto secundario que sólo afecta a un porcentaje muy pequeño de mujeres.

▶ Los dolores de cabeza intensos suelen ser el resultado de una punción accidental de la membrana que cubre la médula espinal al insertar la aguja en el espacio epidural.

▶ El dolor es causado por la pérdida de pequeñas cantidades de líquido espinal, lo que provoca la dilatación o el ensanchamiento de las membranas que rodean el cerebro; tiende a aliviarse si permaneces acostada.

▶ De forma similar, algunas madres aseguran que sienten un ligero hormigueo o adormecimiento de alguna de sus extremidades y que también sufren dolor de espalda.

▶ Todos estos efectos secundarios desaparecerán unas horas después del parto y algunos se desvanecerán unas semanas más tarde.

DOLOR DE ESPALDA

Algunos estudios aseguran que es así, mientras que otros concluyen que el dolor de espalda posterior al parto está más relacionado con un dolor preexistente que con el uso de anestesias epidurales durante el parto. Tanto en las últimas etapas del embarazo como durante el parto, la postura deficiente y la tensión de las articulaciones sacroilíacas resultan casi inevitables, pero muchas madres olvidan las molestias que sentían antes del parto y culpan a la epidural del dolor de espalda postnatal.

▶ Es interesante anotar que varios informes recientes indican que el uso de dosis bajas de epidurales móviles, las cuales hacen posible que la madre permanezca en una posición vertical durante el parto, puede reducir la probabilidad de que la madre se queje de dolor de espalda postnatal.

ANESTESIA ESPINAL

Gran parte de la información que he expuesto sobre los bloqueos epidurales también es cierta para las anestesias espinales locales. La diferencia con respecto a un bloqueo espinal es que en lugar de evitar la perforación de la duramadre (como en el caso de la epidural), el anestesista atraviesa intencionadamente la aguja a través del espacio epidural y punza la membrana para inyectar la sustancia anestésica en el fluido que rodea la médula espinal.

A lo largo de los últimos años, los bloqueos espinales se han hecho muy populares en los partos por cesárea y en los procedimientos obstétricos de urgencia debido a que su efecto es muy rápido. Sin embargo, el bloqueo espinal es una técnica de una única punción que dura cerca de una o dos horas, y por lo tanto no es un método útil para aliviar el dolor durante el parto. Muchos anestesistas son partidarios de una combinación del bloqueo espinal y epidural para los partos por cesárea ya que el primero ofrece un alivio instantáneo del dolor y la inserción del catéter epidural permite administrar dosis adicionales de analgésicos en el período postoperatorio.

ANESTESIA PUDENDA

Se trata de una inyección de anestesia local que se aplica en los tejidos vaginales alrededor de los nervios pudendos. Este tipo de bloqueo tiene la capacidad de eliminar notablemente el dolor en la vagina y el perineo durante la segunda fase del parto, pero no tiene ningún efecto sobre el dolor ocasionado por las contracciones uterinas. Por lo tanto, se reserva para partos con fórceps o ventosa sin complicaciones en los que no se ha suministrado a la madre ninguna otra clase de anestesia. El bloqueo pudendo dura lo suficiente como para que su efecto cubra el proceso hasta el nacimiento del bebé y el personal médico tenga tiempo para reparar cualquier episiotomía, desgarre vaginal o perineal que pueda haberse producido.

Como el área en la que debe aplicarse la inyección se encuentra en un punto muy elevado de la vagina, la aguja es bastante larga y gruesa. Sin embargo, el médico aplicará un anestésico frío en spray en el área donde entrará la inyección. La anestesia pudenda no tiene ningún efecto sobre el bebé y puede combinarse con petidina o entonox. Aunque suele ser administrada por un médico, no es necesario que haya un anestesista presente y por lo tanto los bloqueos pudendos suelen utilizarse con mayor frecuencia en las salas de partos de bajo riesgo que no disponen de un servicio de anestesia las 24 horas.

ANESTESIA PARACERVICAL

Esta inyección de anestesia local se introduce a los lados del cuello uterino hacia el final del primer período del parto con el objetivo de bloquear las fibras nerviosas para que dejen de transmitir el dolor de la dilatación uterina. En la actualidad es muy poco utilizada.

"A lo largo de los últimos años las anestesias espinales se han hecho muy populares en los partos por cesárea y los procedimientos obstétricos de urgencia debido a la rapidez de su efecto".

ANESTESIA GENERAL

A lo largo de los últimos 20 años las epidurales han alcanzado tal popularidad en los partos por cesárea que prácticamente han sustituido a la anestesia general. Sin embargo, ésta aún se emplea algunas veces para los nacimientos abdominales.

LA ANESTESIA GENERAL

Toda la preparación técnica previa para la aplicación de la anestesia se realizará mientras aún estás despierta, pero tu acompañante deberá abandonar la sala cuando estés a punto de perder el conocimiento. Entonces te pedirán que respires profundamente con una máscara de oxígeno durante varios minutos para aumentar tus niveles de oxígeno; luego tendrás que acostarte en la mesa de operaciones sobre tu costado izquierdo, lo que aumentará aún más la cantidad de oxígeno que llega a la placenta.

Sólo cuando todo esté completamente preparado el anestesista te pedirá que inhales la sustancia que te adormecerán; inmediatamente después procederá a insertar un tubo endotraqueal por la boca y la garganta para asegurarse de que el oxígeno llega a tus pulmones y evitar que regurgites alimento o líquido de tu estómago. Por vía intravenosa te administrarán un medicamento que relajará tus músculos abdominales, lo que permitirá extraer al bebé antes de que una cantidad significativa de anestésico logre atravesar la placenta.

En total, permanecerás dormida entre 45 y 60 minutos ya que se necesitará más tiempo para suturar todas las capas de tejido y garantizar que el sangrado está bajo control.

RAZONES PARA EL USO DE LA ANESTESIA GENERAL

PETICIÓN MATERNA

Algunas de las razones válidas son: sentir un miedo intenso a las agujas, al dolor de espalda, al procedimiento operatorio o haber tenido en el pasado un parto traumático.

INDICACIONES OBSTÉTRICAS

Una urgencia extrema, como un desprendimiento grave de la placenta o el prolapso de cordón, son situaciones en las que la vida del bebé corre riesgo a no ser que el parto se lleve a cabo de forma inmediata. Los casos de sangrado severo pueden hacer que el anestesista aplique una anestesia local o que incluso convierta tu anestesia local en una general porque así podrá estabilizar mejor tu sistema cardiovascular.

INDICACIONES DE LA MADRE

Las mujeres con enfermedades coronarias están en mejores condiciones de dar a dar a luz con una anestesia general. Igualmente, algunas mujeres embarazadas con graves anomalías de la espina dorsal también se benefician con este procedimiento ya que en sus casos resulta demasiado difícil insertar una anestesia local.

Los problemas de coagulación que sobrevienen a una infección, hemorragia o preeclamsia pueden hacer que no sea conveniente utilizar el bloqueo local ante el riesgo de que se presente algún sangrado en el espacio epidural o el espacio subaracnoideo (*véase* diagrama, p.313).

ALIVIO NO FARMACOLÓGICO DEL DOLOR

Aunque en muchos países no es posible disponer de este tipo de tratamientos en los sistemas nacionales de salud, aquí se presentan algunas formas para reducir el dolor sin emplear ningún medicamento.

En términos generales, estos métodos de alivio del dolor pueden dividirse en dos grupos principales:
• los métodos que implican el uso de equipos o expertos calificados, como el método TENS, la acupuntura, la hipnoterapia, la reflexología y los partos en el agua.
• los métodos naturales que utilizas tú misma o con tu acompañante, como la respiración y la relajación, los masajes, la aromaterapia y la homeopatía.

ESTIMULACIÓN ELÉCTRICA TRANSCUTÁNEA (TENS)

El aparato de TENS es un dispositivo alimentado por baterías que se conecta a pequeños electrodos a través de cables; los electrodos se adhieren con un esparadrapo a la parte inferior de tu espalda (véase a la derecha), desde donde empiezan a conducir una leve corriente eléctrica por la piel para estimular la producción de endorfinas (los analgésicos naturales del cuerpo) que ayudan a bloquear los impulsos dolorosos transmitidos al cerebro. Muchas mujeres optan por probar este método de alivio del dolor, en especial al comienzo del parto, ya que pueden caminar libremente, sin necesidad de llevar consigo la caja de control. La otra ventaja es que permite controlar la frecuencia y la fuerza de la corriente eléctrica, pues al pulsar un pequeño botón situado en el mando manual al comienzo de una contracción, se puede aumentar o reducir la cantidad de estímulo. Notarás la acción de la

TENS al sentir un hormigueo en la piel que bloquea el dolor de forma inmediata. Este método no afecta al bebé de ninguna manera.

El aparato de TENS no puede emplearse en el agua, así que deberás quitártelo si deseas tomar un baño relajante o si has decidido tener el parto en el agua.

Lo idóneo es alquilar el aparato alrededor de la semana 37 o 38 con el fin de disponer del tiempo suficiente para aprender a utilizarlo y practicar el método.

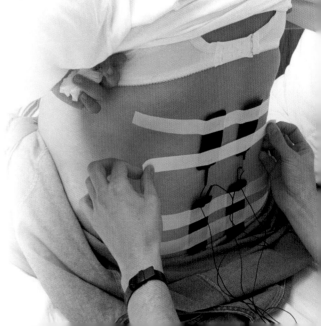

TENS *En algunos países constituye una opción bastante popular para el alivio del dolor al comienzo del parto ya que la madre puede caminar libremente con él y tiene pleno control de la intensidad del estímulo que recibe*

ACUPUNTURA

La acupuntura es otro método que estimula la producción de endorfinas, pero en lugar de corrientes eléctricas, será el acupunturista quien aplique una presión firme, bien sea con el dedo o bien sea mediante la inserción de finas agujas en puntos específicos del cuerpo.

La teoría que subyace a la acupuntura se basa en la antigua filosofía china, según la cual una fuerza vital llamada "chi" fluye por el cuerpo; dentro de este sistema de pensamiento, los trastornos médicos se producen cuando la fuerza vital se desequilibra. El equilibrio se restaura al desbloquear el "chi" mediante la inserción de agujas en áreas clave del cuerpo. A muchas mujeres la acupuntura les resulta de gran utilidad durante el embarazo para tratar síntomas como los mareos, los dolores de cabeza, la indigestión, el dolor de espalda y los trastornos emocionales, incluso la depresión. Puede ser un método eficaz de alivio del dolor antes y durante el parto.

Si quieres más información sobre esta opción, deberás acudir a un acupunturista que tenga experiencia en el tratamiento de mujeres embarazadas.

HIPNOTERAPIA

La hipnoterapia apela a la sugestión. En el caso del alivio del dolor, esto significa que deberás someterte a una terapia capaz de convencerte de que puedes controlar el dolor de las contracciones y, como resultado, sentir menos molestias. Hay varias formas de conseguir esto, pero todas requieren una cuidadosa preparación y mucha práctica antes de que comience el parto.

Puedes contratar a un hipnoterapeuta para que asista a tu parto o quizá prefieras que tu acompañante aprenda a hipnotizarte. La autohipnosis es otra posibilidad, pero creo que puede ser más difícil debido a todas las cosas a las que tendrás que atender durante el parto.

REFLEXOLOGÍA

En la reflexología se aplica una suave presión o un masaje en puntos específicos de los pies con el fin de estimular las terminaciones nerviosas, lo que ayuda a aliviar problemas en otras partes del cuerpo. Durante el embarazo, la reflexología puede utilizarse para calmar el dolor de espalda y los malestares generales; combinada con remedios médicos convencionales, ayuda a tratar problemas como la presión alta y la diabetes gestacional. Algunos terapeutas afirman que al asistir regularmente a sesiones de reflexología durante el embarazo puedes aprender a utilizarla como un método de alivio durante el parto. Además, se cree que puede contribuir al progreso del parto al hacer que el útero se contraiga de una manera más eficiente y que el cuello uterino se dilate con mayor rapidez. Si decides considerar esta opción, deberás pasar algún tiempo con un terapeuta durante el embarazo y asegurarte de que tanto tú como tu acompañante estén aprendiendo exactamente dónde y cómo masajear los puntos de activación de tus pies para aplicar la técnica durante el parto.

LOS PARTOS EN EL AGUA

No hay duda de que la inmersión en el agua puede aliviar el dolor, en especial en las primeras fases del parto. Su calidez ayuda a relajar los músculos mientras que la sustentación hidráulica sostiene tu cuerpo, mitigando parte de la presión que ejerce la cabeza del bebé al presionar tu pelvis. Siempre y cuando tus membranas no se hayan roto, puedes recurrir a un baño para relajarte.

Vale la pena mencionar que la mayoría de los partos en el agua en realidad no se producen bajo el agua de la bañera. Aunque pasas en el agua la mayor parte del tiempo de los dos primeros períodos del parto, la mayoría de los médicos prefieren que estés fuera de ella en el momento en que nazca el niño. La razón es bastante sencilla: quieren asegurarse de tener el máximo acceso a ti en las fases finales del parto.

En el pasado, muchas personas temían que, al nacer bajo el agua, el bebé tuviera problemas, pues se creía que podía respirar agua y que ésta llegaba a sus pulmones con la primera bocanada

EL PARTO EN EL AGUA *La inmersión en el agua es un valioso método de alivio del dolor, en especial durante las primeras fases del parto.*

de aire. Si el bebé se sube a la superficie rápidamente es bastante improbable que esto suceda, porque el cordón umbilical continúa proporcionando una buena cantidad de oxígeno durante algunos minutos después del parto siempre y cuando no haya sido cortado.

Otra preocupación común consiste en que la temperatura corporal de la madre aumente si permanece dentro del agua por un período prolongado, ya que esto aceleraría el ritmo cardiaco del bebé y haría que tuviera fiebre, lo que a su vez podría causar hipoxia. Ésta es la razón por la que el médico controlará tu temperatura regularmente y te aconsejará abandonar la bañera si tu temperatura aumenta más de 1°C durante el parto.

RESPIRACIÓN Y RELAJACIÓN

No hay duda de que todos sentimos el dolor con más intensidad cuando estamos tensos o asustados, por ello, si aprendes a relajarte y a respirar correctamente, te sentirás mucho más tranquila y estarás en mejores condiciones para soportar el parto. Si has asistido a clases de preparación para el parto, podrás utilizar las técnicas de respiración y relajación que te hayan enseñado durante las últimas semanas de embarazo, en especial cuando estés de parto. Procura dedicar todos los días algunos minutos a practicar; debes respirar profundo y exhalar lentamente. También es aconsejable contar con la ayuda de otra persona, así podrás tener a alguien que te recuerde estos sencillos e importantes principios cuando más los necesites.

En los primeros períodos del parto deberás concentrarte para inspirar y espirar lentamente al comienzo de cada contracción. El secreto está en cerrar los ojos y respirar con tranquilidad por la

HISTORIA DE UN NACIMIENTO

MURIEL, DE 31 AÑOS, TIENE UNA HIJA DE DOS AÑOS Y OCHO MESES

SU SEGUNDO HIJO KILLIAN, NACIDO EN LA SEMANA 39+5 DÍAS, PESÓ 3,100KG

DURACIÓN DEL PARTO PARTO CERCA DE 12 HORAS, DESDE LA PRIMERA CONTRACCIÓN

Mi primera hija, Maela *había nacido en casa mediante un parto normal. Para el segundo bebé planeamos una vez más el parto en casa, pero en esta ocasión quisimos usar la bañera para partos. Casi tres días antes de la fecha, empecé a sentir unas contracciones en la tarde. Eran bastante fuertes, pero no duraron mucho tiempo. Al día siguiente, al llevar a Maela a la guardería, les informé a sus profesoras que podía dar a luz esa misma noche. Tenía un fuerte presentimiento de que el parto empezaría ese día, y así fue.*

producirse cada cuatro minutos. Sentí la necesidad de concentrarme en la respiración y traté de relajarme. Mi marido, Steve, preparó la bañera de partos, pero decidimos esperar hasta que Margaret, mi partera, me indicara que podía entrar en el agua.

Eran casi las 11 pm, *cuando la llamé por teléfono para decirle que el parto había comenzado, entonces ella vino a ayudarnos. Me alegré al verla, pues quería entrar al agua; le pedí que me examinara, ella se dio cuenta de que mi cuello uterino ya se había*

trataba de aceptarla e incluso de recibirla de buena gana. Hacia las 3:30am me autoexaminé, ya que soy profesora de preparación prenatal. Me pareció que había alcanzado unos 4cm de dilatación, así que Steve llamó a Margaret, y ella llegó a las 4am. Esta vez, me permitió entrar a la bañera, y finalmente sentí que aquél era el lugar donde debía dar a luz.

Las contracciones *se sucedían con fuerza y rapidez. A las 7:00 am tuve la necesidad de pujar. Estaba en semi cuclillas, las contracciones habían cambiado y podía sentir la cabeza del bebé descendiendo. Margaret me pidió que la mirara y jadeara. El bebé estaba en camino.*

"Sujeté su cuerpecito, lo subí a la superficie y saqué su cabeza fuera del agua".

Sujeté su cuerpecito, *lo subí a la superficie y saqué su cabeza fuera del agua. Salimos del agua y sentí cómo salía la placenta. No quería que el cordón fuera pinzado, de manera que Margaret me pidió que yo misma lo cortara, y así lo hice. Cuando por fin tomé en brazos a mi recién nacido me sentí de maravilla.*

Desde el comienzo, *las contracciones fueron fuertes, pero soportables. Por la noche, le estaba dando pecho a Maela esperando que durmiera profundamente toda la noche; esto aumentó la fuerza de las contracciones, que comenzaron a*

borrado casi por completo pero aún no había dilatado. Margaret me acompañó un poco más y antes de irse a casa me indicó que no debía meterme a la bañera, así que me di un baño; eso me ayudó un poco, pues mientras lo hacía me concentraba en cada contracción,

MASAJE *Esta es una buena forma de involucrar físicamente a tu pareja en el trabajo de parto. Anímalo a ser un maestro del masaje durante tu embarazo.*

por la nariz, imaginando que cada respiración llena tu cuerpo. Concéntrate en relajar cada músculo. Después, espira lentamente por la boca, mientras imaginas que expulsas y exhalas el dolor.

Es posible que en tus clases te hayan enseñado técnicas de visualización, que consisten en centrarse en una imagen o visitar mentalmente algún lugar que resulte agradable y tranquilizador para liberar tu mente del dolor, es un tipo de hipnosis y a algunas mujeres les da mejores resultados que a otras.

A medida que las contracciones se hacen más intensas, es probable que necesites hacer inhalaciones más cortas en series de dos o tres, ya que las contracciones fuertes hacen difícil

mantener un ritmo lento de respiración. Debes recordar que la exhalación es la parte más importante, ya que si exhalas en forma adecuada la inhalación se producirá por sí sola. Lo mejor es que imagines que estás soplando aire entre los árboles, y que cada respiración debe alcanzar un punto ubicado a unos 30cm de distancia. A veces, cuando una paciente está teniendo un parto difícil, me siento junto a ella y le pido que trate de hacer que cada respiración llegue hasta mi nariz; la mayoría entiende rápidamente cuál es el ritmo al que debe respirar. Una vez logrado esto, es fácil que su acompañante asuma este papel y la anime a continuar respirando igual.

MASAJES

Un buen masaje tiene un efecto relajante, y cuando estás de parto ayuda a aliviar el dolor de espalda. Si el bebé se encuentra en posición occipito posterior con la espina dorsal muy cerca de la tuya y de tu hueso sacro, con seguridad te agradará que alguien te dé un masaje en la zona lumbar, con movimientos firmes y circulares, justo encima de la hendidura que hay entre tus glúteos.

Es un alivio físico y emocional. El hecho de que alguien esté contigo y te ayude a superar la molestia o el dolor contribuye a reducir la sensación de aislamiento y el temor que genera el tener que enfrentarse a una situación desconocida.

Pide que te hagan el masaje en los hombros, el cuello, la cara, la frente y las sienes, ello aliviará aún más la tensión y la ansiedad y hará que te sientas más relajada durante el parto. Asegúrate de que la persona que realiza el masaje se quite las joyas y se caliente las manos antes de comenzar. Los aceites aromáticos y las cremas ayudan a que las manos se deslicen fácilmente sobre tu piel.

AROMATERAPIA

La aromaterapia utiliza aceites esenciales para calmar y relajar el cuerpo, pues parte de la noción de que los aceites aromáticos activan el sistema nervioso, estimulando así la producción de endorfinas naturales que ayudan a reducir la tensión y aliviar parte del dolor.

Al comienzo del parto, alguien puede aplicarte el aceite diluido mediante un masaje o añadirlo al agua de la bañera de partos. También puedes inhalarlos por medio de un quemador o vaporizador, así se creará un ambiente relajante y aromatizado.

Si deseas utilizar la aromaterapia durante el parto, tendrás que llevar los aceites y el vaporizador. Comprueba que todos los aceites que quieres utilizar son adecuados para el embarazo.

HOMEOPATÍA

Existe una gran variedad de remedios homeopáticos o herbales que puedes utilizar durante el parto para aliviar el estrés y las molestias. Sin embargo, es importante que busques la asesoría de un especialista para que puedas asegurarte de estar usando las hierbas y las dosis adecuadas. Recuerda también que debes consultar con tu médico sobre la conveniencia de tomarlas cuando estés en labores de parto.

CONSEJOS PRÁCTICOS PARA ALIVIAR EL DOLOR

A continuación ofrezco una selección de consejos y consideraciones prácticas que pueden serte útiles cuando llegue el gran día. Los recibí de una buena amiga y desde entonces los he compartido con muchas de mis pacientes.

▶ El parto es como caminar sobre la cuerda floja; el objetivo es mantener el equilibrio.

▶ Por lo tanto, ve paso a paso, contracción por contracción.

▶ No pienses en lo que aún te queda por andar, pues nadie puede decirte cuánto tiempo falta para que des a luz.

▶ Concéntrate en superar la siguiente contracción con las técnicas de relajación.

▶ No pienses en el dolor que sentirás dentro de tres contracciones, sino en llegar al siguiente "paso" de la cuerda floja.

▶ Los niveles de dolor varían a lo largo de la cuerda floja y son impredecibles. Lo que estás atravesando ahora puede mejorar o empeorar dentro de media hora, así que no tiene sentido preocuparse por ello.

▶ Con cada contracción estás un paso más cerca del final de la cuerda (el nacimiento de tu bebé), así que existe una buena razón para seguir adelante.

▶ Si no te dicen lo contrario, apacigua tu sed cuando sea posible para mantener elevados tus niveles de energía.

▶ Intenta distraerte para no pensar en el dolor.

▶ Busca distintas posturas que te ayuden a aliviar el dolor.

▶ Sobre todo, procura poner todo de tu parte para mantenerte lo más relajada posible, pues la tensión hace que el dolor aumente.

▶ Si quieres que te apliquen anestesia, pídela desde el principio y no lo dudes tanto a la hora de pedir una dosis mayor o un refuerzo si sientes que los necesitas.

Quizá te resulte útil escribir una lista de aspectos o de consejos prácticos que quieres recordar; puedes incluirla en la maleta que llevarás al hospital, así podrás tenerla cerca cuando la necesites.

SEGUNDO Y TERCER PERÍODO

El segundo período comienza cuando tu cuello uterino está completamente dilatado y finaliza con el nacimiento de tu bebé; a continuación entrarás al tercer período, durante el cual expulsarás la placenta y las membranas. Probablemente al llegar a este punto te encuentres cansada, pero espero que el hecho de saber que el final está cerca te sirva de estímulo para atravesar estas etapas finales.

Durante el segundo período las contracciones uterinas se hacen más fuertes y frecuentes; se producen cada dos o cuatro minutos y duran entre 60 y 90 segundos. Esto obliga a tu bebé a pasar por el canal de parto. En este período es posible que sientas que te contraes continuamente y que el parto ha tomado su propia fuerza, de hecho así es, no hay ninguna forma de detener un parto normal hasta que el bebé haya salido del canal de parto. Cuando se trata del primer parto, el segundo período puede demorar hasta dos y tres horas, aunque el promedio es de una hora. Si la madre ya ha tenido uno o varios partos, el segundo período suele durar entre 15 y 20 minutos, aunque también puede ser más rápido y el bebé podría empezar a coronar incluso antes de que la madre y el médico se den cuenta de que se ha iniciado el segundo período.

El tercer período, la expulsión de la placenta, dura entre 10 y 20 minutos, pero puede durar más o menos dependiendo de si se trata de un parto intervenido o si se deja que la placenta se desprenda espontáneamente (*véase* p.333).

ALGUIEN EN QUIEN APOYARTE

Tu acompañante desempeña una función importante durante estos dos períodos del parto, ya que podrá sostenerte físicamente mientras tú pujas con fuerza para expulsar al bebé, y podrá decirte lo que ve a medida que sale la cabeza del bebé. Además, su ayuda resultará inestimable al darte ánimos y tranquilizarte mientras ambos asisten al nacimiento de tu hijo.

"...durante el segundo período es posible que sientas que te contraes continuamente y que el parto ha tomado su propia fuerza, de hecho así es".

EL SEGUNDO PERÍODO DEL PARTO

PARA LA MAYORÍA DE LAS MADRES, EL PRIMER INDICIO DE QUE HAN COMPLETADO LA FASE DE TRANSICIÓN Y HAN ENTRADO AL SEGUNDO PERÍODO DEL PARTO APARECE CUANDO SIENTEN UNA FUERTE NECESIDAD DE PUJAR O DE AGACHARSE. EVITA PUJAR ANTES DE QUE EL MÉDICO CONFIRME QUE ESTÁS COMPLETAMENTE DILATADA.

"Cuando llegue el momento de empezar a pujar, es fundamental que trabajes en equipo con tu médico".

Cuando el médico confirme que estás completamente dilatada y que ha llegado el momento de empezar a pujar, es fundamental que ambos trabajen en equipo. Las contracciones uterinas van a continuar produciéndose de forma involuntaria; lo que necesitas es añadir a ellas la fuerza de tus pujos voluntarios para ayudar a que el bebé salga. A medida que avanzan, escucha atentamente lo que te indique el doctor.

La idea es que pujes todo lo que puedas durante el pico de cada contracción y que descanses entre una y otra. Al comienzo de cada contracción debes tomar mucho aire, cerrar la garganta, sujetar tus piernas y empujar hacia abajo para obligar al bebé a entrar en la pelvis. Es importante que contraigas tu diafragma y los músculos abdominales para poder pujar hacia la pelvis, no hacia el estómago, pues esto no contribuirá en absoluto al descenso del bebé. Visualiza lo que está sucediendo y hacia dónde estás pujando. El esfuerzo debe dirigirse específicamente hacia la vagina y el recto. Lo ideal es no contener la respiración durante mucho tiempo, ya que esto te privará de oxígeno y te hará sentirte mareada. Durante algunas contracciones, probablemente te pidan que respires tres veces y realices tres buenos pujes.

Cuándo pujar

Si tienes la epidural, es deseable que hayan temporalizado los refuerzos de la anestesia; si éste fuera el caso, los efectos de la epidural comenzarán a desaparecer levemente al inicio del segundo período, serás consciente de las contracciones, pero no del dolor. Si la anestesia te ha dejado adormecida, el médico te indicará el comienzo de cada contracción, aunque es probable que aprendas a reconocerlas, ya que al colocar la mano sobre el abdomen sentirás que tu útero se contrae. Tú y tu acompañante podrán ver en el monitor del CTG cuándo comienzan y cuándo finalizan las contracciones. Es mejor que te concentres en respirar y en pujar, y dejes que alguien más se encargue de indicarte cuándo debes comenzar a hacer fuerza y cuándo debes parar. Al final de cada contracción, procura relajarte lentamente, pues si lo haces demasiado rápido no contribuirás al descenso del bebé.

HACER FRENTE AL SEGUNDO PERÍODO

TRATA DE ENCONTRAR UNA POSTURA CÓMODA EN LA QUE PERMANEZCAS RELATIVAMENTE VERTICAL. EN ESTA ETAPA DEL PARTO LA MAYORÍA DE LAS MUJERES PREFIEREN APOYARSE EN LA CAMA, AUNQUE OTRAS OPTAN POR PONERSE EN CUCLILLAS O UTILIZAR UNA SILLA DE PARTOS. CUANTO MÁS VERTICAL SEA TU POSTURA, MAYOR MEJOR PODRÁS APROVECHAR EL EFECTO DE LA FUERZA DE GRAVEDAD Y MÁS RÁPIDO NACERÁ TU HIJO.

A las mujeres les preocupa que las reacciones que produce el segundo período las hagan verse ridículas, pero éste no es momento para pensar en guardar la compostura sino de hacer lo que te resulte más natural y cómodo, y si esto significa que tienes que gruñir y hacer ruido mientras pujas, no importa. Tampoco tiene sentido atormentarse por que puedas orinar al final de este período, pues es algo muy habitual; recuerda que tu médico ya ha visto todo esto antes.

Curiosamente, una vez que han llegado a esta etapa, casi todas las mujeres pierden muchas de sus inhibiciones y dejan de ser conscientes de sí mismas, pues la combinación de la concentración y el instinto toma el control y no hay tiempo para pensar en otra cosa que no sea en hacer todo lo necesario para que salga el bebé.

El otro aspecto que sorprende a muchas mujeres durante el parto es que, en comparación con algunas de las contracciones del final del primer período, las del segundo parecen más soportables. Creo que esto se debe a que ahora la madre participa activamente en el parto, y eso ayuda a disipar la tensión causada por el dolor de las contracciones. Aunque pujar es un trabajo duro, también produce una sensación de satisfacción, pues con cada pujo te acercas más a tu bebé; saber que el final se aproxima poco a poco te dará fuerzas para seguir adelante.

POSTURAS PARA EL SEGUNDO PERÍODO

SENTADA *Apóyate sobre almohadas y relaja tu espalda entre contracciones.*

DE RODILLAS *Con la ayuda de dos personas, o quizá te resulte más cómodo en cuatro.*

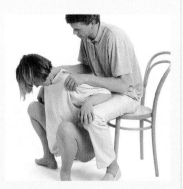

EN CUCLILLAS *La postura abre la pelvis y aprovecha el efecto de la fuerza de gravedad para expulsar al bebé.*

EL DESCENSO Y EL EXPULSIVO

A medida que la cabeza de tu bebé es empujada hacia la pelvis, serás cada vez más consciente de la presión que recae sobre tu recto, y podrías sentir dolores que se irradian hacia tus piernas como resultado de la presión ejercida sobre los nervios del área del hueso sacro. Esta etapa puede ser extremadamente dolorosa porque el ano comienza a protruir y la vagina y el perineo se estiran por la salida de la cabeza. Durante el pico de algunas contracciones podrá verse la corona de la cabeza del bebé, aunque al comienzo volverá a introducirse en el canal de parto cuando no estés pujando. Poco a poco, la cabeza permanece quieta y comienza a coronar. Es frecuente experimentar cierto ardor o una sensación punzante porque la vagina está estirada al máximo y la cabeza está a punto de salir. En este momento es muy importante que sigas las instrucciones del médico, en especial cuando te indique que dejes de hacer fuerza y que en lugar de ello, empieces a jadear, pues así evitarás que la cabeza salga de repente, lo que podría ser peligroso para el bebé y desgarrar tu vagina y los tejidos del perineo.

Una vez que la cabeza empieza a coronar, sólo suelen ser necesarias un par de contracciones más para que salga. Tu doctor juzgará si hace falta una episiotomía o si eres capaz de expulsar la cabeza por tu cuenta: Durante las contracciones, presionará contra el perineo para intentar reducir aún más su grosor y evitar que la cabeza del bebé salga súbitamente y desgarre tus tejidos. Una vez que la cabeza ha salido, el médico la sujetará y palpará su cuello para verificar que el cordón

EL EXPULSIVO DE TU BEBÉ

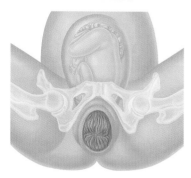

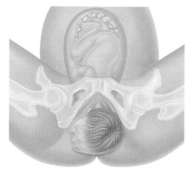

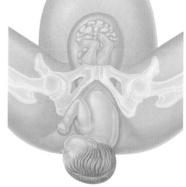

UNA VEZ QUE LA CABEZA EMPIEZA A CORONAR *sólo suelen ser necesarias un par de contracciones más para que salga. La mayoría de los bebés están en posición anterior, de manera que la cabeza saldrá con la nariz señalando hacia abajo.*

TAN PRONTO COMO LA CABEZA HAYA SALIDO *del perineo, el cuello se estirará y el bebé girará automáticamente para mirar a la derecha o la izquierda, de manera que los hombros encontrarán la mejor postura para salir con suavidad.*

EL PRIMER HOMBRO (ANTERIOR) *avanzará por debajo del hueso púbico, seguido del hombro posterior. El resto del cuerpo se deslizará; normalmente el bebé será colocado sobre el abdomen de su madre.*

umbilical no esté enroscado alrededor. En caso de que así fuera, lo pasará suavemente por encima de la cabeza del bebé y al mismo tiempo limpiará su nariz y su boca de la sangre y el moco.

Durante la siguiente contracción saldrá el primer hombro, casi siempre con la ayuda del médico, que aplicará una presión leve hacia atrás, sobre los lados de la cabeza del bebé. Cuando el primer hombro salga por debajo del hueso púbico, tu doctor levantará suavemente la cabeza y el hombro del bebé, de manera que el segundo hombro tenga más espacio para salir durante las siguientes contracciones. Una vez que hayan salido los dos hombros, el resto del cuerpo se deslizará hacia fuera, seguido de una gran cantidad de líquido amniótico. El médico esperará para tomar en sus manos esta masa resbaladiza cubierta de sangre, líquido amniótico y vernix, y colocará al bebé sobre tu abdomen o tu pecho, cubierto o envuelto en toallas para evitar que se enfríe. Si quieres amamantarlo, debes ponerlo en tu pecho inmediatamente.

AL MOMENTO DE NACER

Tu bebé será una masa resbaladiza cubierta de sangre, líquido amniótico y vérnix.

CÓMO MANEJAR EL SEGUNDO PERÍODO

Suponiendo que no se produzca ningún retraso y no tengas ninguna complicación, el segundo período se completará en dos o tres horas, si es el primer hijo, y en 15 o 20 minutos, si se trata del segundo parto u otro subsiguiente. En esta etapa, el médico vigilará atentamente el ritmo cardiaco del bebé tras cada contracción y cada pujo, bien sea con un estetoscopio de Pinard o con un monitor externo o interno, dependiendo de lo que haya ocurrido durante el primer período. Además, observará la fuerza y la regularidad de tus contracciones uterinas, que en ocasiones pueden comenzar a apagarse. Si ese fuera el caso, te informará que debe administrarte una infusión de oxitocina sintética en una dosis baja para restablecer las contracciones y la capacidad de pujar, con el fin de expulsar al bebé rápidamente.

Cada hospital tiene una política diferente sobre el tiempo máximo que una mujer puede pujar en forma activa, pero debido al riesgo de sufrimiento fetal y de fatiga de la madre, la mayoría de las unidades evitarán que hagas fuerza por más de 1 hora y 30 minutos y te indicarán que ha llegado el momento de asistir el parto con ventosa o con fórceps.

EPISIOTOMÍAS Y DESGARRES

LO IDEAL SERÍA QUE DIERAS A LUZ SIN NECESIDAD DE RECURRIR A LA EPISIOTOMÍA Y SIN SUFRIR NINGÚN DESGARRE PERINEAL. SIN EMBARGO, SI EN EL MOMENTO DEL PARTO SE PRESENTARA ALGUNA DE ESTAS DOS SITUACIONES, EL MÉDICO CONSIDERARÁ DETENIDAMENTE CUÁL ES LA MEJOR OPCIÓN EN TU CASO. CADA UNO TIENE SUS VENTAJAS Y SUS INCONVENIENTES, ASÍ QUE DURANTE EL PERÍODO PRENATAL AVERIGUA TODO LO QUE PUEDAS SOBRE LA POLÍTICA DE TU HOSPITAL RESPECTO A ESTAS INTERVENCIONES.

LAS EPISIOTOMÍAS

Durante la episiotomía se realiza una incisión en el tenso perineo y la vagina para evitar un desgarro incontrolado de los tejidos de la madre a medida que expulsa la cabeza del bebé. Antes se creía que además de evitar desgarros extensivos del perineo, también prevenía el desarrollo de prolapso vaginal, por ello solía practicarse de forma rutinaria.

En años recientes se ha cuestionado su capacidad para prevenir la aparición del prolapso. De todas maneras, hay situaciones en las que se aconseja la episiotomía:

▶ un perineo tenso en el primer parto o posteriores

▶ un bebé grande

▶ sufrimiento fetal que requiera un parto inmediato

▶ un parto con fórceps o ventosa

▶ para proteger la cabeza de un bebé prematuro

▶ para proteger la cabeza en un parto vaginal podálico (aunque en la actualidad casi todos los bebés con presentación podálica nacen por cesárea).

Si tienes una postura firme a favor o en contra de la episiotomía, debes indicárselo al médico desde el comienzo del parto.

EL PROCEDIMIENTO

Si tu médico considera que necesitas una episiotomía, solicitará tu autorización para practicarla. Entonces, procederá a limpiar la zona con una solución antiséptica y aplicará una anestesia local en el perineo, incluso si ya te han puesto la epidural.

Existen dos formas de realizar el procedimiento: mediante una incisión medio-lateral en forma de J con un ángulo alejado de la vagina y del recto, o mediante un corte mediano entre la parte inferior de la vagina y el recto. Ambos tipos de incisión se hacen con tijera pues el perineo está muy tenso, casi tan fino como una hoja, así que en el momento de realizar el corte, el sangrado será mínimo. La ventaja de la episiotomía medio-lateral consiste en que la incisión se mantiene bastante alejada del área rectal, algo especialmente importante en los casos de parto con fórceps que puedan extender el corte. La episiotomía mediana evita algunos vasos sanguíneos y el cierre suele ser más fácil, pero si se extiende durante el parto es más probable que se desgarre hacia el recto.

Una vez expulsados el bebé y la placenta, el médico suturará la episiotomía con puntos; probablemente te pida que coloques las piernas en los apoyos, ya que esto facilita el procedimiento. Te aplicarán otra inyección de anestesia para asegurarse de que no sientas dolor durante la intervención.

La episiotomía se sutura por capas, para cuidar que todos los tejidos queden unidos adecuadamente. Los puntos de sutura pueden ser interrumpidos o continuos y a veces son externos mientras que en otras ocasiones quedan ocultos bajo la piel. Independientemente de esto, todos se disuelven y no es necesario quitarlos.

PREOCUPACIONES HABITUALES

Las episotomías son dolorosas, en especial el segundo y tercer día después del parto, ya que los puntos suelen estar tensos y resultan molestos. Esto se debe a que el mecanismo de curación natural del cuerpo hace que los tejidos traumatizados se hinchen.

El dolor puede aliviarse bastante al colocar bolsas de hielo y sentarse sobre un flotador inflable. Sin embargo, la vagina tiene un excelente flujo sanguíneo y la mayoría de los cortes se curan en una o dos semanas, siempre que la zona se mantenga lo más limpia y seca posible. Los baños regulares con agua tibia también ayudan.

No es necesario aplicar soluciones desinfectantes y es importante evitar el uso de jabones y aceites muy perfumados, ya que pueden irritar la herida.

La mayoría de las mujeres no tienen problemas con la cicatriz, aunque algunas pueden continuar experimentando dolor continuo en el perineo, lo cual puede ser molesto, en especial si afecta las relaciones sexuales. Realizar un masaje en la cicatriz, con cremas emolientes o de estrógenos, puede ayudar a suavizar los tejidos; los ejercicios de suelo pélvico también suelen ayudar. Si las molestias persisten, consulta con tu médico.

DESGARROS PERINEALES

Existen cuatro grados:

▶ **Primer grado:** son desgarros menores de la piel vaginal que rodea la entrada de la vagina. La mayoría se curan bien sin ninguna sutura.

▶ **Segundo grado:** la pared vaginal posterior y los músculos perineales se desgarran, pero los músculos del esfínter anal permanecen intactos. La mayoría requieren varios puntos para restaurar la anatomía de los músculos y de los tejidos más superficiales.

▶ **Tercer grado:** los músculos del esfínter anal se desgarran pero el revestimiento mucoso del recto permanece intacto. Estos desgarros deben ser reparados cuidadosamente para asegurar la realineación de las capas de músculo.

▶ **Cuatro grado:** los músculos del esfínter anal se desgarran al punto que la mucosa rectal se abre. En estos casos, es preciso recurrir a un especialista altamente calificado pues es esencial que el vértice del desgarro quede muy bien sujetado, para evitar que se produzca una fístula rectovaginal. Estos desgarros no son habituales y sólo aparecen en el 1 por ciento de los nacimientos, generalmente tras el uso de fórceps o ventosa durante el primer parto, las posiciones occipito posteriores persistentes o el parto de un bebé mayor de 4kg.

> "...si tienes una postura firme o en contra de la episotomía, debes indicárselo al médico"

EPISIOTOMÍAS

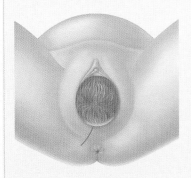

MEDIO LATERAL *El corte forma un ángulo descendente en el músculo, lejos de la vagina y el perineo.*

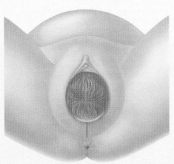

MEDIA *El corte se realiza en línea recta hacia el perineo entre la vagina y el ano.*

EL TERCER PERÍODO DEL PARTO

EL TERCER PERÍODO DEL PARTO CONSISTE EN LA EXPULSIÓN DE LA PLACENTA Y LAS MEMBRANAS. LOS MINUTOS QUE SIGUEN AL NACIMIENTO SIEMPRE SON UN MOMENTO EMOTIVO Y ES PROBABLE QUE EN LO ÚNICO EN LO QUE PUEDAS PENSAR ES EN TENER A TU HIJO FINALMENTE EN TUS EN BRAZOS.

EL CORTE DEL CORDÓN

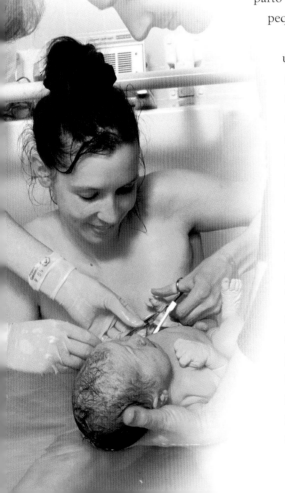

EL CORTE DEL CORDÓN *Es un procedimiento sencillo. Debes avisarle al médico con anterioridad si tu acompañante desea realizar el procedimiento.*

Muchas mujeres piden que acuesten al bebé sobre su abdomen inmediatamente después del parto para comenzar el proceso de vinculación. El cordón aún estará unido y continuará latiendo por uno y tres minutos más. No hay prisa por pinzar y cortar el cordón, a no ser que el bebé haya sufrido durante el parto y necesite atención pediátrica inmediata. De hecho, es conveniente esperar algunos minutos ya que una gran cantidad de sangre pasará de la placenta al bebé, especialmente durante los primeros 30 segundos posteriores al parto (los bebés tienen un volumen de sangre relativamente pequeño).

El médico pondrá dos pinzas en el punto medio del cordón umbilical, a 3 o 5cm de distancia entre sí, para evitar el sangrado del bebé y el de la placenta. Entonces, él o tu acompañante cortarán el cordón por el espacio que queda entre las dos pinzas. Luego, el cordón se cortará más cerca del ombligo del niño y se amarrará. En los próximos días el pedacito de cordón restante se secará, dejando al bebé con un pequeño nudo de tejido en el ombligo que se hundirá rápidamente.

LA EXPULSIÓN DE LA PLACENTA

Una vez cortado el cordón, el doctor examinará al bebé y se asegurará de que la placenta salga rápido y en forma correcta. Tras el nacimiento del bebé, las siguientes contracciones uterinas y el encogimiento o retractación del útero reducen considerablemente el tamaño del lecho placentario. La placenta se comba hacia el interior rompiendo los vasos sanguíneos y las adherencias a la pared uterina, lo que produce una pequeña hemorragia en la parte posterior de la placenta que la ayuda a desprenderse aún más. El proceso comienza inmediatamente después de que nace el bebé y tarda cerca de cinco minutos en terminar. Sin embargo, la placenta suele permanecer más tiempo en el útero porque las membranas demoran más para desprenderse de la pared uterina. Una vez que se ha producido la separación de la placenta, la pared muscular uterina oprime los vasos sanguíneos del lecho placentario y provoca la formación de coágulos en las terminaciones desgarradas, impidiendo que se produzcan más pérdidas de sangre.

El manejo expectante

El manejo expectante es aquél en el que se deja que la placenta y las membranas se separen por sí mismas y no se hace ningún intento por extraerlas antes de advertir un signo claro de desprendimiento. Estos signos son la expulsión de sangre (hemorragia retroplacentaria) seguida de contracciones que hacen que el fondo del útero se eleve en el abdomen. También se produce un alargamiento del cordón umbilical que puede verse desde fuera de la vagina, y sentirás una fuerte necesidad de pujar; ésta es la mejor indicación de que la placenta se ha separado y que el útero está intentando expulsarla hacia la vagina. Cuando todo este proceso haya terminado (suele durar 20 minutos) el médico colocará su mano sobre tu hueso púbico para mantener el útero en su lugar, y después

"...puedes acelerar el proceso natural e intentar evitar un fuerte sangrado al poner al bebé en tu pecho..."

te pedirá que pujes un poco mientras él tira suavemente del cordón umbilical y ayuda a que la placenta, que ya está separada, salga de la vagina, seguida de las membranas y del coágulo de sangre retroplacentario. Entonces realizará un masaje firme en el útero para "disipar" cualquier contracción y evitar que se produzca otro sangrado. Quizá sea necesario realizar más masajes a intervalos regulares durante la primera hora tras el parto para mantenerlo firmemente contraído.

Si no deseas que te practiquen ninguna intervención médica en el tercer período, puedes acelerar el proceso natural e intentar evitar un fuerte sangrado al poner al bebé en tu pecho y estimularlo para que succione lo más rápido posible tras el parto, pues la succión estimula la liberación de oxitocina, que hace que el útero se contraiga y la placenta se separe de la pared uterina. Asegurarse de que la vejiga esté vacía también ayudará a expulsar la placenta rápidamente.

El manejo activo

Muchas unidades de maternidad recomiendan el manejo activo en el tercer período, porque el sangrado que se produce tras la expulsión del bebé y la placenta puede ser torrencial. De hecho, la hemorragia postparto (*véase* p.335) sigue siendo una de las causas de muerte materna más frecuentes en todo el mundo. Durante el período prenatal, el médico seguramente te habrá hablado sobre el manejo activo. Mediante este procedimiento se aplica una inyección de sintometrina en el muslo tan pronto la cabeza del bebé y el primer hombro han salido. La inyección es una combinación de oxitocina sintética y ergometrina: la oxitocina hace que el útero se contraiga rápidamente y la ergometrina asegura que la contracción sea prolongada o sostenida, aunque tarda bastante más en hacer efecto que la primera. La combinación de ambas sustancias ayuda a que el útero se contraiga firmemente, se separe, comience a expulsar la placenta y las membranas y mantenga la contracción uterina sin ninguna relajación durante 45 minutos. Después de esperar a que tu útero se contraiga con firmeza, el médico colocará una mano por encima de tu hueso púbico, para evitar tirar del útero al halar suavemente del cordón umbilical. Esto se denomina tracción controlada del cordón (TCC) y suele asegurar la expulsión rápida de la placenta y las membranas. Una tracción indebida puede provocar una inversión uterina, es decir, que el útero literalmente se da la vuelta.

TU RESPUESTA FÍSICA

Después de la expulsión de la placenta es normal que las madres experimenten reacciones extrañas. Es posible que comiences a temblar de forma incontrolada y que tus dientes chasqueen con fuerza. Esto suele estar acompañado de fuertes náuseas, que muchas veces se deben al efecto de la sintometrina, que incluso puede hacerte vomitar. Como es probable que tengas el estómago vacío, en realidad no se tratará más que de un esfuerzo por expulsar algo de bilis y líquido. No te alarmes, estas reacciones son completamente normales, tu médico no se sorprenderá en absoluto y, por el contrario, te animará a enfrentarlas con naturalidad.

EXAMEN DE LA PLACENTA Y LAS MEMBRANAS

Tan pronto como la placenta y las membranas sean expulsadas, las examinarán para asegurarse de que estén completas. Al momento de la expulsión, una placenta sana pesa alrededor de 500gr, mide entre 20 y 25cm de diámetro y tiene un aspecto de disco esponjoso. Aunque por lo general la placenta suele ser normal, en caso de notar algo inusual, el médico la enviará al laboratorio patológico para que la analicen. Después de pesarla y realizar todas las anotaciones en tu historial, el hospital la desechará. Quizá quieras ver este extraordinario sustento de vida antes de que esto ocurra.

SUPERFICIE FETAL *Esta cara de la placenta muestra vasos sanguíneos que se irradian desde el cordón umbilical.*

CUANDO SURGEN LOS PROBLEMAS

En ocasiones se presentan complicaciones durante esta etapa del parto.

La placenta retenida permanece en el útero durante más de una hora después del parto. Cerca del 1% de los partos enfrentan problemas por este motivo y la probabilidad de que esto suceda aumenta en los casos muy prematuros porque el cordón umbilical es más fino y puede romperse con mayor facilidad durante la tracción. La placenta retenida casi siempre está relacionada con la hemorragia postparto, por lo tanto será necesario extraerla rápidamente; esto suele hacerse mediante un procedimiento manual en la sala de partos.

La hemorragia postparto (HPP) se define como la pérdida de 500ml de sangre del útero o la vagina durante las 24 horas posteriores al parto. La incidencia de la HPP se ha reducido durante los últimos 50 años gracias al avance científico, que ha permitido tener un mejor conocimiento de las situaciones que tienden a ocasionarla, así como a los trabajos preventivos y a la acción inmediata del personal médico cuando se presenta la hemorragia. El manejo activo del tercer período es quizá el mayor responsable de esta reducción. Sin embargo, el diagnóstico prenatal de la placenta previa (*véase* p.427) y el avance en las técnicas de anestesia también han contribuido a esta disminución, así como el reconocimiento de que los partos prolongados o difíciles hacen más probable que se presente una HPP.

"El manejo activo del tercer período es quizá el mayor responsable de esta reducción".

El número de muertes se ha reducido en gran medida gracias a varios factores, como el seguimiento de protocolos estrictos en la sala de partos, la intervención de obstetras y anestesistas expertos, el perfeccionamiento de los cuidados intensivos, la disponibilidad inmediata de transfusiones de sangre, el desarrollo de antibióticos más efectivos y una reducción considerable en el número de mujeres que padecen de anemia grave durante el embarazo.

La hemorragia postparto secundaria es una pérdida repentina de sangre del útero o la vagina, de cualquier volumen, entre las 24 horas y las seis primeras semanas posteriores al parto. La HPP secundaria se produce en uno de cada 50-200 nacimientos, y suele deberse a fragmentos de placenta o de membrana retenidos en el útero, que muchas veces se infectan cuando quedan en la cavidad uterina. La inflamación que acompaña a la infección contribuye a aumentar el sangrado. Normalmente la madre percibe que se encuentra mal, suele sentir dolor en la parte inferior del abdomen, fiebre, y su flujo vaginal tiene un olor más fuerte de lo normal. Este problema debe identificarse rápido y tratarse con antibióticos; casi siempre es necesario eliminar los tejidos retenidos bajo anestesia general.

CUANDO SE NECESITA AYUDA

Aunque todas las mujeres y sus médicos esperan que
el parto transcurra sin complicaciones, cuando éstas
se presentan es necesario recurrir a una asistencia
adicional con el fin de garantizar la seguridad tanto de
la madre como del bebé. En caso de que esto llegara a
suceder, te resultará útil saber lo que puede ocurrir
durante el parto y la fase expulsiva, pues así podrás
tomar mejor tus decisiones a lo largo del proceso.

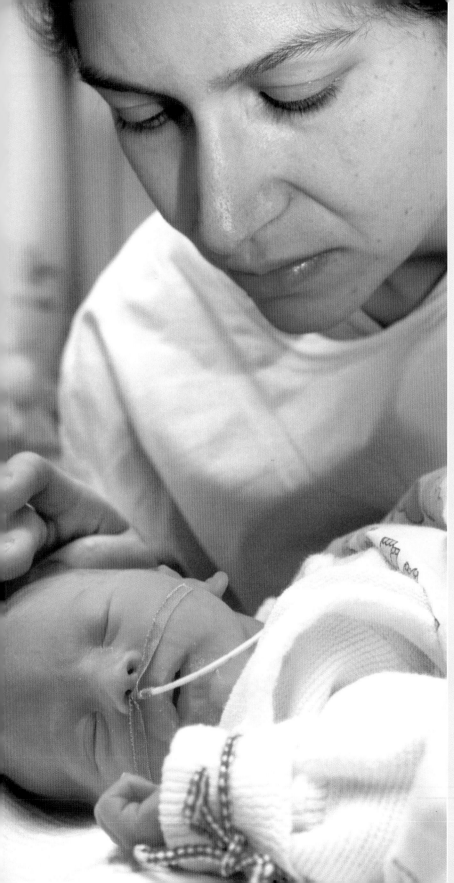

CONTENIDOS

EL PARTO PREMATURO

Se catalogan como prematuros aquellos partos que se producen antes de la semana 37. Sin embargo, gracias a los enormes avances que se han producido en el cuidado neonatal durante los últimos 10 años, es poco probable que los bebés nacidos después de la semana 30 experimenten problemas importantes en su desarrollo posterior, a no ser que hayan sufrido demasiadas complicaciones en el útero.

Es importante recordar que cuanto más tiempo permanezca un bebé sano en el útero y cuanto mayor sea su peso al nacer, menor será la probabilidad de que experimente problemas posparto y menor será la cantidad de tiempo que él o su madre deban pasar en la unidad de cuidados intensivos. La probabilidad de que un bebé nacido en la semana 23 sobreviva sin ninguna lesión, será sólo del 1 por ciento, pero con cada semana que transcurre aumenta significativamente la posibilidad de supervivencia, de manera que para la semana 26, casi un cuarta parte de los recién nacidos resultan ilesos, y en la semana 30 el riesgo de padecer algún problema es muy pequeña. Ésta es la razón por la que deberá hacerse el mejor esfuerzo por mantener al bebé en el útero el mayor tiempo posible, siempre y cuando no haya problemas que indiquen que recibiría mejores cuidados en el mundo exterior. También es importante anotar que sólo un 1,5 por ciento de los partos prematuros se produce antes de la semana 32, y la cifra de aquéllos que ocurren antes de la semana 28 no alcanza el 0,5-1 por ciento.

Gran parte de la consulta prenatal se dedica a identificar si la mujer corre un riesgo mayor de tener un parto prematuro. En diferentes puntos del apartado sobre "La aventura del embarazo" menciono los síntomas que pueden ayudarte a ti y a tu médico a reconocer si corres el riesgo de dar a luz a al bebé antes de tiempo.

LAS CAUSAS DE UN PARTO PREMATURO

Existen muchas razones por las que los bebés nacen de forma prematura, pero a pesar de todas las investigaciones que se han realizado para intentar predecir si una mujer puede tener un parto prematuro o si es probable que sus membranas se rompan antes de la fecha esperada, aún no estamos en capacidad de prever la gran mayoría de los partos pretérmino. De hecho, desconocemos qué es exactamente lo que provoca el parto, por no hablar de los mecanismos precisos que hacen que se

"...deberá hacerse el mejor esfuerzo por mantener al bebé en el útero el mayor tiempo posible..."

produzca con demasiada antelación. Existe una teoría que enfatiza la función de las hormonas segregadas por el bebé, la madre o la placenta, mientras que otra afirma que el nivel de una proteína específica que se encuentra en la vagina y el cuello uterino aumenta considerablemente cuando una mujer está a punto de entrar en parto. Al parecer, entre un 20 y un 40 por ciento de todos los partos prematuros han sido afectados por alguna infección. De otro lado, en términos estadísticos, el hecho de haber tenido un hijo prematuro aumenta la probabilidad de tener otro parto pretérmino.

INDICIOS DE UN PARTO PREMATURO

Si rompes fuente antes de la semana 37 o sientes dolor abdominal, sangrado vaginal o comienzas a tener contracciones uterinas, debes ponerte en contacto con el personal médico y hacerte examinar lo antes posible, para que verifiquen si tu útero se está contrayendo, así como para que revisen la posición del bebé y realicen una exploración interna para evaluar el cuello uterino, determinen la parte que se presenta y comprueben que no hay prolapso de cordón (véase p.429). Además, ahora que ya has perdido las membranas protectoras debe buscarse cualquier signo de infección. Si hubiera un riesgo significativo de infección, quizá opten por inducir o acelerar las contracciones uterinas con oxitocina (véase p.297) para que el bebé nazca lo antes posible. Algunas veces será necesario un parto por cesárea, en especial si tú o tu bebé presentan signos de sufrimiento, si la presentación y la situación del bebé no son favorables o si el cuello uterino está muy inmaduro.

"Si tus membranas están intactas y las contracciones son suaves, el reposo absoluto puede detener el comienzo del parto..."

También deberás llamar de inmediato al médico si no has roto fuente pero crees que tienes contracciones o has perdido el tapón mucoso. Lo más seguro es que te dirá que acudas al hospital, donde te observarán y te ordenarán guardar reposo absoluto. También es muy probable que te administren ritodrina por vía intravenosa, una sustancia (cuyo funcionamiento es muy similar al de algunos inhaladores empleados por personas asmáticas) que relaja el útero y ayuda a detener las contracciones. Otra sustancia más reciente es el atosiban; se trata de un medicamento igualmente eficaz, pero a diferencia de la ritodrina tiene menos efectos secundarios y es más costoso. Si tus membranas están intactas y las contracciones son suaves, el reposo absoluto, con o sin medicación, puede detener el comienzo del parto, aunque el cuello uterino haya empezado a dilatarse. Podrás volver a casa tan pronto finalicen las contracciones, pero deberás llevar una rutina tranquila durante el resto del embarazo y evitar las relaciones sexuales.

Sin embargo, si las contracciones son estables, es difícil retrasar el parto por más de 48 horas, aun con el uso de medicamentos. Este tiempo puede ser decisivo para tu bebé, pues te permite llegar a un hospital que disponga de una unidad de cuidados intensivos para neonatos, donde puedan aplicarte una inyección de esteroides prenatales, que contribuye a la maduración de los pulmones del bebé (*véase* p.342). Antes de la semana 34, las ventajas de que el bebé permanezca en el útero suelen ser mayores que las de que nazca, y es por ello que tal vez te administren estas sustancias con el fin de detener o reducir las contracciones uterinas. Sin embargo, ninguno de los fármacos tocolíticos disponibles en la actualidad es lo suficientemente confiable como para garantizar que pueda detener la actividad uterina una vez que ésta ha comenzado.

DAR A LUZ A UN BEBÉ PREMATURO

Si los médicos no pueden detenerlo, tendrás un parto normal siempre y cuando el bebé no muestre signos de sufrimiento, en cuyo caso procederán a practicar una cesárea de inmediato. La buena noticia es que tu parto puede ser un poco más breve que el de un bebé a término. La cabeza tendrá un tamaño un poco menor, y esto puede marcar la diferencia entre la necesidad de practicar una episiotomía, experimentar un leve desgarro o no sufrir ningún problema. Pero a pesar de ello, los médicos pueden decidir utilizar fórceps (y por lo tanto una episiotomía) para proteger la cabeza del bebé a medida que desciende por el canal de parto ya que

"...un parto prematuro puede ser un poco más breve que el de un bebé a término y con un peso promedio..."

los huesos de su cráneo serán más blandos que los de un bebé a término. Quizá se deba evitar la petidina como método de alivio del dolor ya que esta sustancia puede ralentizar el movimiento del bebé en su intento por descender a través del canal de parto; la petidina también puede causar problemas después del parto al afectar el sistema respiratorio.

Es poco probable que tengas un parto vaginal si el bebé muestra presentación podálica, incluso si ya estás de parto, pues se considera demasiado arriesgado (*véase* p.356). Por consiguiente, te practicarán una cesárea. Igualmente, si presentas alguna condición médica, como un desprendimiento o un sangrado de placenta o preeclampsia, el parto vaginal será demasiado peligroso para el bebé prematuro; en estos casos también te recomendarán un parto por cesárea.

Si el bebé prematuro nace por vía vaginal, deberás ser atendida por un pediatra y un obstetra. Tan pronto nazca el bebé, lo evaluarán y, de ser necesario, le suministrarán ayuda respiratoria. Dependiendo del grado de premadurez, podrás abrazar al bebé antes de que lo trasladen a una unidad especial para neonatos. Si el hospital no cuenta con una unidad especializada, es posible que te lleven a otro hospital, antes del parto o que trasladen a tu bebé en una ambulancia.

PROBLEMAS QUE PUEDE ENFRENTAR TU BEBÉ

La mayoría de los bebés sanos nacidos antes o durante la semana 35 necesitarán la ayuda de una unidad de cuidados intensivos de neonatos (UCIN) pues es probable que tengan dificultades respiratorias y precisen de ayuda con su alimentación. Los problemas respiratorios se deben a que sus pulmones aún no se han desarrollado lo suficiente y no cuentan con la elasticidad necesaria para respirar por su cuenta.

Tal como vimos en el capítulo dedicado a "La aventura del embarazo" (*véase* p.10), bien entrado el tercer trimestre de gestación los pulmones fetales aún están desarrollando pequeñas vías de aire y alvéolos, y sólo hacia la semana 26 comienzan a producir surfactante. Esta sustancia, parecida al detergente, cubre los alvéolos en desarrollo, y permite que estén abiertos y sean capaces de participar en el intercambio de oxígeno tras el nacimiento. Cuando la cantidad de surfactante es reducida, los pulmones del bebé permanecen rígidos y pueden fallar con facilidad, lo cual dificulta la respiración. Por eso muchas veces se recurre a un ventilador mecánico para introducir y extraer el aire de los pulmones inmaduros; los médicos también pueden optar por administrar un poco de surfactante artificial en los pulmones del bebé. Tras la semana 35, el bebé suele tener suficiente surfactante como para que la ventilación completa no sea necesaria, aunque tu bebé podría necesitar que le coloquen unos pequeños tubos en la nariz por algún tiempo para asegurarse de que dispone de suficiente oxígeno.

Si tienes que dar a luz antes de la semana 35, te aplicarán una inyección de esteroides (betametasona o dexametasona) para acelerar el proceso de

EN BUENAS MANOS *No te asustes al ver el equipo de la unidad de cuidados intensivos, pues las máquinas y las sondas sirven para controlar a tu bebé prematuro y ayudarle a respirar y alimentarse hasta que sea capaz de hacerlo por sí solo.*

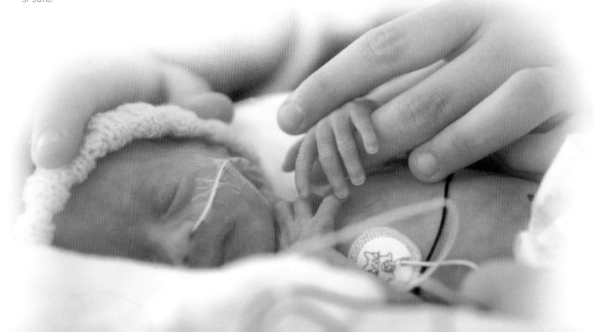

producción de surfactante en los pulmones del bebé. Es necesario esperar entre 24 y 48 horas para que el efecto de los esteroides sea completo. En consecuencia, si existe el riesgo de parto prematuro los médicos siempre intentarán retrasar el tiempo necesario para que los esteroides actúen adecuadamente. De otro lado, antes de la semana 35 el reflejo de succión no se ha terminado de desarrollar (*véase* p.231) y su sistema digestivo es demasiado inmaduro como para soportar grandes cantidades de líquido. Por eso los bebés prematuros necesitan tomar pequeñas cantidades de leche por una sonda (preferiblemente leche materna extraída) a intervalos regulares; pronto se habituarán a comidas mayores. Suelo decirles a las madres angustiadas, que cuando su bebé sea capaz de tomar 60ml con la sonda cada tres o cuatro horas, ya es muy probable que sea dado de alta de la UCIN en poco tiempo, pues ello constituye una clara señal de que puede succionar del pecho de su madre o de un biberón con leche maternizada.

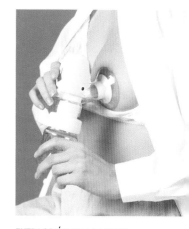

EXTRACCIÓN DE LA LECHE

Una buena forma de participar en el cuidado de tu bebé prematuro consiste en extraerte la leche; así le proporcionarás a tu bebé la mejor nutrición que pueda recibir.

DESPUÉS DEL PARTO

Debes estar tranquila pues, aunque inevitablemente el nacimiento de un bebé prematuro está marcado por la administración de medicamentos, tanto las máquinas, como el equipamiento y el personal del hospital son fundamentales para garantizar que tu bebé recibe el mejor cuidado posible. El personal médico que atiende el parto es consciente de lo angustiosa que es toda esta situación para los padres, en especial para aquéllos que no tienen experiencia previa, y harán todo lo que esté en sus manos para facilitarles las cosas. Ellos te dedicarán todo el tiempo que necesites para responder a tus preguntas tanto durante el parto como después, y harán todo lo posible por tranquilizarte y explicarte la situación con claridad.

En las páginas 404 y 405 encontrarás información más detallada sobre el cuidado de bebés prematuros, en especial durante su permanencia en cuidados intensivos. Recuerda que sin importar cuán angustiantes puedan ser los primeros días y semanas, la gran mayoría de los bebés prematuros salen adelante y se convierten en niños tan sanos como los otros.

Mis hijas nacieron de emergencia por cesárea después de que el parto se adelantara en la semana 33. Ambas tenían un tamaño razonable para ser bebés gemelas y para su edad gestacional y no habían experimentado ningún problema prenatal. Sin embargo, fue necesario suministrarles asistencia respiratoria y alimentaria y permanecieron en cuidados intensivos cuatro semanas, durante las cuales los pediatras se aseguraron de realizarles numerosas pruebas antes de permitirme llevarlas a casa. Sólo necesitaron un mes o dos para recuperar el crecimiento que les hacía falta. Si pudieras verlas ahora te convencerías de que los gemelos prematuros pueden convertirse en personas excepcionales.

LOS PARTOS MÚLTIPLES

La cantidad de embarazos de gemelos y trillizos ha aumentado a lo largo de los últimos 10 o 20 años y actualmente en algunos países llega a comprender cerca del treinta por ciento de todos los partos. Este aumento se debe, sobre todo, a la disponibilidad de los tratamientos de fertilidad asistida, que incrementan la probabilidad de que se fertilice más de un óvulo en el momento de la concepción. Otro factor importante es que cada vez más mujeres quedan embarazadas a una edad más avanzada y, al aumentar la edad, aumenta también la incidencia de embarazos de gemelos no idénticos (dizigóticos).

Los embarazos múltiples tienen más riesgo de sufrir complicaciones, en especial parto prematuro, crecimiento intrauterino retardado, preeclampsia, anemia, placenta previa (*véase* pp.423-8) y síndrome de transfusión gemelo-gemelo (*véase* p.346). Además, la incidencia de parálisis cerebral es mucho mayor. Como resultado, el cuidado prenatal se sigue con más atención y el parto suele programarse en un hospital que cuente con servicios de emergencia.

Aunque el embarazo no haya sufrido complicaciones, el 50 por ciento de los gemelos nacerán de forma prematura antes de la semana 37 y tendrán una mayor probabilidad de ser ingresados a cuidados intensivos. Esto se debe a que tienden a ser más pequeños que los bebés únicos e, independientemente de cuánto pesen, sus órganos se comportarán de una forma menos madura; por ello, suelen precisar asistencia respiratoria y alimentaria durante sus primeros días y semanas de vida.

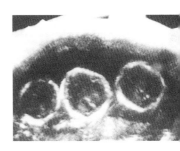

TRILLIZOS *Los tres bebés que aparecen en esta ecografía nacerán en un hospital con servicios de emergencia.*

EL PARTO GEMELAR

La principal preocupación que genera un parto gemelar vaginal es la expulsión del segundo gemelo, pues aunque el primer bebé esté cabeza abajo y el parto comience de manera espontánea y progrese adecuadamente, no hay forma de saber si el segundo bebé soportará el descenso por el canal de parto hasta que haya nacido el primer gemelo. Ninguna mujer desea dar a luz a su primer gemelo por vía vaginal y tener que someterse después a una cesárea de emergencia. Como resultado, cada vez más embarazos múltiples se realizan por una cesárea, ya sea de emergencia, si el parto es muy prematuro o si presenta indicios de tener complicaciones, o por elección, cuando se considere que los riesgos de un parto vaginal son demasiado elevados. Si no hay motivos para realizar antes una cesárea electiva, el parto debe esperar hasta las semanas 37-38 para evitar problemas respiratorios neonatales. Se programará un parto gemelar por cesárea cuando:

- la madre lo solicite en lugar de un parto vaginal
- el primer gemelo no presente la cabeza
- se diagnostique placenta previa en una ecografía
- se identifique un crecimiento intrauterino retardado (*véase* p.428)
- se estime que el peso al nacer del segundo gemelo puede ser de unos 500gr más que el del primer gemelo
- uno o ambos gemelos tengan una anomalía física
- se produzca el síndrome de transfusión gemelo-gemelo. Este trastorno en el riego sanguíneo de los gemelos idénticos sólo afecta a los embarazos monocoriónicos y tiene graves consecuencias porque los vasos sanguíneos de la placenta compartida favorecen a un gemelo por encima del otro, por lo que suele ser necesario adelantar el parto para salvar la vida del gemelo más pequeño.
- los bebés sean siameses. Después del parto puede intentarse una intervención quirúrgica para separarlos, dependiendo de los órganos que compartan.

La inducción del parto de los embarazos gemelares en los que el primer gemelo tiene presentación cefálica puede realizarse en la semana 37-38, ya que a muchas mujeres les cuesta soportar las molestias del final. Además, pasada esta fecha es más probable que surjan complicaciones. Estudios recientes han demostrado que el hecho de inducir el parto en la semana 37 no representa un aumento significativo en el índice de cesáreas de emergencia o en la reducción de la probabilidad de que los bebés nazcan sanos.

EL PARTO VAGINAL DE GEMELOS

Si quieres dar a luz por vía vaginal, te vigilarán minuciosamente durante las primeras etapas del parto, para asegurarse de que no ha sucedido nada extraño desde la última consulta. El personal médico hará un seguimiento de ambos bebés y realizará una ecografía para comprobar sus tamaños y posiciones. Si tienes alguna cicatriz en el útero de una cesárea o una operación anterior, se podrá llevar a cabo un parto vaginal si la presentación del primer gemelo es cefálica.

Como un parto de gemelos requiere la ayuda de numerosas personas (algunas veces uno o más obstetras, un anestesista y dos pediatras), lo más probable es que te atiendan en una sala de partos más grande, que cuente con los equipos necesarios para llevar a cabo procedimientos de emergencia. Tal vez te recomienden una anestesia epidural para que la cesárea de emergencia no se prolongue demasiado. Su uso es especialmente importante durante el segundo período, pues podría ser necesario recurrir a una manipulación externa o interna para girar al segundo bebé y colocarlo en posición cefálica; esta anestesia también resulta de gran ayuda en el caso de una extracción podálica.

Durante el parto, es recomendable realizar un monitoreo electrónico fetal continuo (*véase* p.292). Al adherir un electrodo cutáneo a la cabeza del primer gemelo el personal médico puede asegurarse de que los registros del monitor abdominal del segundo gemelo podrán leerse sin problemas. El primer período suele ser un poco más breve que en los casos de un bebé único. Un progreso lento suele interpretarse como un signo inquietante, por lo que se procederá a un parto por cesárea y son muy pocos los casos en que se prefiera acudir a la oxitocina para acelerar el parto. El segundo período, antes de la expulsión del primer gemelo, es básicamente igual a la de un bebé único; sin embargo, en ella suelen estar presentes un anestesista, un obstetra, y un pediatra. Inmediatamente después del parto del primer gemelo, el cordón umbilical se pinza en dos lugares (cerca del bebé y al final del cordón que llega a la placenta) para evitar que se produzca una transfusión de sangre placentaria hacia el segundo gemelo; este último podría permanecer en el útero más tiempo.

El expulsivo del segundo gemelo

El obstetra palpará tu abdomen para determinar la situación del segundo gemelo. Si es transversa, aplicará una suave presión externa para que adopte una situación longitudinal mientras que otro médico mantiene la postura al ejercer una suave presión manual.

En caso de que no esté claro si la presentación es cefálica o podálica, puede realizarse una ecografía. No es habitual realizar una rotación cefálica externa (*véase* p.271) cuando el segundo gemelo está en presentación podálica pues suele desencadenar otras complicaciones que pueden llevar a hacer necesaria una cesárea. En estos casos es preferible que el parto sea asistido, aunque la intervención sea mínima (*véase* p.356-9).

No existen reglas sobre el tiempo que debe demorar el segundo período del segundo gemelo, pero si el parto no se produce en 30 minutos es muy probable que se precise una cesárea de emergencia. Debido a que las contracciones uterinas suelen disminuir tras el parto del primer bebé, la mayoría de los obstetras ya habrán inyectado una infusión de oxitocina; entonces, el proceso comenzará cuando se confirme que el bebé está en situación longitudinal, y los médicos ayudarán a dirigir la parte que se presenta hacia tu pelvis.

"...el primer período del parto puede ser un poco más breve que para un bebé único".

Lo ideal es que las membranas que rodean al segundo bebé permanezcan intactas hasta que éste haya descendido un poco más, esto ayuda a evitar que el cuello se cierre. Si las membranas se rompen y el parto se prolonga, el obstetra introducirá una mano en tu vagina hasta el útero para guiar la cabeza hacia abajo (en dirección a los fórceps o la ventosa) o bien para asir firmemente las nalgas o las piernas del bebé y ayudar a que se produzca el parto vaginal. En ocasiones, será preferible realizar una rotación externa o manipulación de la cavidad uterina girando la presentación podálica 180 grados, aunque lo más frecuente es que el parto prosiga como un parto posterior asistido (*véase* p.357-9). Debido a que la experiencia de los obstetras con respecto a este tipo de partos aún es limitada, la incidencia de las cesáreas es mayor en los gemelos.

El tercer período de un parto gemelar

La asistencia activa resulta (*véase* p.333) importante en esta etapa del parto ya que se corre un mayor riesgo de una hemorragia postparto. Cuando haya nacido el segundo gemelo, los médicos incrementarán la dosis de oxitocina y aplicarán una inyección intramuscular de sintometrina; podría ser necesario prolongar la administración de esta infusión hasta después del parto, para garantizar que tu útero permanezca bien contraído.

Los nacimientos gemelares son especiales. Como el parto no siempre se produce sin alteraciones y suele implicar que los bebés nazcan prematuros, los pediatras suelen vigilarlos y no dudarán en ingresarlos a cuidados intensivos. Esto suele alarmar a los padres, pero recuerda que en la mayoría de los casos es una visita breve. Conserva la calma, los médicos te mantendrán informada y desearán que te reúnas con ellos lo antes posible.

Es importante que los padres de embarazos múltiples cuenten con apoyo, y lo más conveniente es que reciban información y ayuda que les permita estar preparados. Tras el parto, pueden buscar una asociación de padres de partos múltiples, en la que podrán entrar en contacto con padres experimentados; ellos son las mejores fuentes de para quienes se encuentran en la misma situación (*véase* p.438).

NACIMIENTO DE GEMELOS
Puede ser más complicado que el nacimiento de un solo niño, pero se trata de un acontecimiento muy especial, ya que el resultado final siempre ha de ser el nacimiento de dos bebés perfectos.

HISTORIA DE UN NACIMIENTO

DEBORAH, 32 AÑOS, PRIMER EMBARAZO

NICHOLAS Y PATRICK, NACIDOS EN LA SEMANA 37+5 DÍAS,

NICHOLAS PESO 2.250KG, PATRICK PESO 3.150 KG

Descubrí *que estaba embarazada de gemelos idénticos en la ecografía de la semana 12 y, tras recuperarme del susto, el embarazo progresó bien. A partir de la semana 28 mi médico me examinaba regularmente y todos me decían que no había razón para no intentar un parto vaginal.*

La ecografía de la semana 36 *mostró que el crecimiento de los bebés era bueno, pero la siguiente ecografía, en la semana 37 + 4 días, mostró que uno de ellos había dejado de crecer debido a que los bebés compartían la placenta, pero tenían bolsas amnióticas diferentes. Eran gemelos monocoriónicos y diamnióticos. La ecografía se realizó a las cuatro de la tarde e inmediatamente fui citada para la realización de una cesárea en la mañana. No había posibilidad de inducir un parto vaginal, sobre todo porque el médico vio en una ecografía que uno de los bebés estaba en situación transversa. Era imposible saber lo que podría suceder en el parto. Mi mayor*

temor era dar a luz a un bebé por vía vaginal y tener que finalizar con una cesárea. Lo único que yo quería era que ambos bebés estuvieran a salvo, y no me importaba la forma en que nacieran. Había estado presente en el parto vaginal de mi prima y no podía comprender qué tenía de atractivo tanto dolor. Por eso, me sentí muy feliz ante la perspectiva de una cesárea.

El parto *fue fácil y tranquilo. Mi marido estuvo en la sala de*

partos y ambos bebés nacieron sin problemas. El pequeño Nicholas nació primero y resultó que estaba en posición cefálica y preparado para salir, pero era el que había dejado de crecer. Patrick se encontraba en situación transversa, con una mano tras la oreja con aire indiferente, y nació cinco minutos

después. Pedí ver la placenta; el lado de Nicholas era crujiente y seco, mientras que el de Patrick estaba limpio y sano. Estaba claro lo que había ocurrido y me sentí muy agradecida por que los médicos hubieran descubierto el problema y actuaran de inmediato.

Todo el personal *fue fantástico, aunque casi me expulsan del hospital cuatro días después por falta de camas. Dos meses después he aprendido a*

organizarme muy bien. Les di de mamar durante un mes, pero fue muy difícil, de manera que ahora les doy el biberón, y ellos duermen casi toda la noche. El peso de Nicholas está alcanzando el de su hermano, que es menor y más fuerte, y yo me siento dichosa porque ambos tienen tan buena salud.

> "Lo único que yo quería era que ambos bebés estuvieran a salvo, y no me importaba la forma en que nacieran".

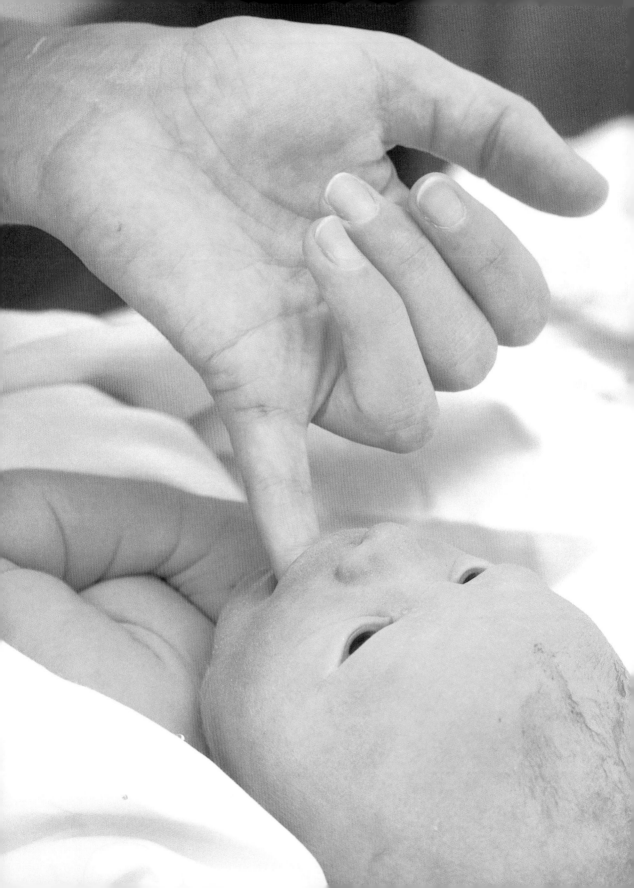

LOS PARTOS ASISTIDOS

El término parto asistido o parto instrumental puede sonar bastante aterrador, pero quisiera recordarte que la gran mayoría de los bebés nacen por vía vaginal sin necesidad de ayuda o intervención médica. Sin embargo, si el parto ha sido prolongado o la segunda fase no progresa adecuadamente, podría ser necesaria la asistencia con el uso de instrumentos como fórceps o ventosa obstétrica.

El objetivo de un parto asistido es guiar al bebé por el canal de parto con la ayuda de las contracciones uterinas, es decir, los fórceps o la ventosa no están diseñados para tirar del bebé. La mayoría de los partos se realizan con un médico obstetra especializado, pero en algunas unidades las parteras han recibido una formación especial y son capaces de asistir partos con ventosa y partos bajos con fórceps por elevación. Ya sea para un parto con fórceps o con ventosa, el médico te pedirá que te acuestes en posición de litotomía, con las piernas apoyadas sobre los soportes para tener máxima visibilidad y acceso al bebé durante el parto. El hecho de que necesites o no una episiotomía dependerá de circunstancias y consideraciones individuales (*véase* p.330-1). Por lo general, la mayoría de los partos con fórceps precisarán una episiotomía, pero si tu parto se realiza con ventosa podrías no necesitarla.

LOS EFECTOS DE LOS PARTOS INSTRUMENTALES

Los bebés nacidos en partos vaginales asistidos a menudo presentan las marcas de los instrumentos tras el parto, pero no te preocupes, suelen desaparecer unos días después. En el caso de la ventosa, siempre se produce la inflamación de la zona del cuero cabelludo donde se produjo la succión, lo que puede causar fuertes hematomas e incluso provocar que el bebé tenga ictericia. Con los fórceps, el cráneo o la cara pueden quedar marcados y parecer un poco deformes en los lados donde se colocaron las cucharas. Sin embargo, es importante recordar que el cráneo de un bebé está diseñado para soportar presión o quedar comprimido de alguna manera durante el parto, por lo que es muy improbable que estos instrumentos supongan una seria amenaza para el futuro bienestar de tu bebé.

"... el cráneo de un bebé está diseñado para soportar presión durante el parto..."

LA EXPULSIÓN CON VENTOSA

EL USO DE LA VENTOSA SE HA HECHO MÁS POPULAR EN LOS ÚLTIMOS AÑOS Y EN MUCHAS UNIDADES DE OBSTETRICIA SE HA CONVERTIDO EN EL INSTRUMENTO MÁS UTILIZADO EN LA ASISTENCIA DE PARTOS VAGINALES REEMPLAZANDO PRÁCTICAMENTE AL USO DE LOS FÓRCEPS.

CÓMO ACTÚA LA VENTOSA

La ventosa consiste en una copa fabricada con metal o plástico provista de una cadena o un asa y que se adhiere a un tubo que está conectado con el aparato de succión. La copa se coloca sobre la corona (occipucio) de la cabeza del bebé y se sostiene firmemente contra el cuero cabelludo mientras que se crea el vacío suavemente utilizando una bomba manual o eléctrica. La bomba succiona parte del tejido del cuero cabelludo y el moño o la inflamación que se produce en la cabeza del bebé asegura una adherencia firme.

> "... la ventosa suele ser el instrumento más utilizado en la asistencia de partos vaginales..."

Cuando se crea el vacío, se comprueban los bordes de la copa de succión para asegurar que no ha quedado atrapado ningún tejido maternal. Entonces, mientras la madre empuja durante una contracción se ejerce la tracción tirando de la cadena o el mando de plástico adherido a la copa. Una vez que la cabeza ha coronado, se libera el vacío y se quita la copa. Tras dejar un tiempo para que la cabeza del bebé gire externamente, la salida de los hombros y del cuerpo es normal. El principio de la expulsión al vacío es que la línea de tracción debe seguir la curva pélvica de la madre, ya que es el camino que ofrece menos resistencia a la cabeza del bebé mientras desciende por el canal de parto.

VENTAJAS Y DESVENTAJAS

La mayor ventaja de la ventosa es que si la cabeza del bebé no está directamente en la posición occipito anterior, todavía puede rotar automáticamente mientras desciende por la pelvis de la madre. Por lo tanto, es más fácil que los diámetros de la cabeza de adapten a los diferentes diámetros de la pelvis de la madre (*véase* p.328). Otras ventajas importantes de la ventosa son que no aumenta el diámetro de la cabeza fetal y, por lo tanto, existe menos riesgo de que se produzca daño en la vagina y el perineo en comparación con un parto con fórceps; además, algunas mujeres ni siquiera precisan episiotomía. También los requisitos para aliviar el dolor suelen ser menores, aunque lo ideal sería que se realizara un bloqueo regional antes de proceder a un parto instrumental.

La desventaja de la ventosa es que el parto suele ser más lento ya que se necesita un tiempo para preparar el equipo y lograr un buen vacío, también porque la copa puede soltarse. Sin embargo, unas manos expertas pueden lograr un buen vacío y un buen moño en alrededor de dos minutos, aproximadamente el tiempo entre contracciones de la segunda fase.

Si la cabeza del bebé no se ha expulsado después de tres o cuatro buenas contracciones, o después de que la copa ha permanecido colocada durante 15 minutos, se deberá considerar otro medio de expulsión.

POSIBLES COMPLICACIONES

Aunque las complicaciones para la madre tras un parto con ventosa no son frecuentes, las complicaciones para el feto, incluyendo lesiones superficiales en el cuero cabelludo, heridas y sangrado en el interior de la cabeza, pueden producirse incluso tras un procedimiento aparentemente sencillo, pero es más frecuente que suceda si se desprende la copa o si el parto es prolongado. Siempre se produce un moño o una inflamación del cuero cabelludo tras una extracción con ventosa, y suele ser mayor si se emplea una copa de metal, pero en todo caso desaparece en unos pocos días sin causar otros efectos perjudiciales.

Las lesiones superficiales en el cuero cabelludo se producen en alrededor del 12 por ciento de los partos con ventosa y, una vez más, es raro que produzcan alguna complicación posterior. Sin embargo, los cefalohematomas (una acumulación de sangre bajo la capa superior de los huesos del cráneo) se producen en alrededor del seis por ciento de los partos con ventosa. Los hematomas suelen desaparecer por sí solos en un par de semanas pero si son grandes pueden causar ictericia en el bebé y, es de suponerse, ¡un dolor de cabeza terrible!

El sangrado en la cabeza (hemorragia intracraneal) no sucede con frecuencia (aproximadamente en 1 de cada 300-400 casos), pero potencialmente es muy peligroso. Sin embargo, estudios recientes han mostrado que esta cifra no es mayor que la que presentan los bebés nacidos con fórceps o una cesárea de emergencia durante el parto, lo que sugiere que la causa del problema es más el parto anormal que la aplicación misma de la ventosa.

VENTOSA *La copa se adhiere a la cabeza del bebé y se hace el vacío. Entonces, en sincronía con las contracciones de la madre, el bebé es ayudado a descender por el canal de parto.*

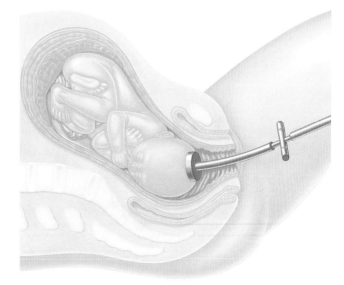

EL PARTO CON FÓRCEPS

LOS OBSTETRAS HAN EMPLEADO LOS FÓRCEPS DURANTE CASI 400 AÑOS. HASTA LA ÚLTIMA MITAD DEL SIGLO XX LA CESÁREA ERA UNA OPERACIÓN PELIGROSA, Y LOS FÓRCEPS EVITABAN QUE MUCHAS MADRES Y BEBÉS SUCUMBIERAN A PARTOS EN LOS QUE SU VIDA CORRÍA PELIGRO.

Hoy en día, gracias a los enormes avances médicos, la cesárea es un procedimiento relativamente seguro y, como resultado, las complicaciones potenciales de un parto difícil con fórceps se consideran una amenaza mayor para la madre que para el bebé.

Hay tres tipos de fórceps: por elevación, por tracción directa y por rotación. Los partos por fórceps pueden clasificarse como alto, medio, bajo y por canal vaginal, dependiendo de cómo esté posicionada la cabeza del bebé en la cavidad pélvica. Los partos con fórceps altos ya no se realizan debido al riesgo significativo de causar daños a la madre y al feto.

Fórceps por elevación se utilizan para elevar la cabeza del bebé cuando puede verse el cuero cabelludo en la vulva de la madre, lo que significa que toda la cabeza del bebé ya ha alcanzado el suelo pélvico y está dilatando la vagina, pero los músculos perineales la retienen. Sólo son adecuados si la cabeza del bebé está situada directamente en posición occipital anterior (*véase* p.270) o ligeramente girada a la izquierda o la derecha. Para un parto con fórceps por elevación quizá todo lo que se necesite sea una inyección de anestesia local en el tejido perineal o el nervio pudendo (*véase* p.316) y no siempre se necesita realizar una episiotomía.

Fórceps por tracción directa son más largos y se emplean para partos bajos y medios, cuando la cabeza del bebé está encajada y ha descendido hasta más de 2cm por debajo de la espina isquiática (bajo) o justo por encima de este grado (medio). (*Véase* p.302 para acceder a diagramas de los grados y el descenso de la cabeza.) Los fórceps se cierran fácilmente para formar una abrazadera protectora alrededor de la cabeza del bebé. En el pico de una contracción, el médico aplica una suave tracción hacia abajo y la cabeza

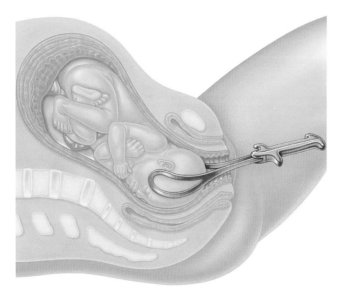

PARTO CON FÓRCEPS *Las palas curvas del fórceps, son introducidas una por una y acunadas alrededor de la cabeza del bebé. Luego se usan al tiempo que tus contracciones para extraer al bebé.*

desciende con cada pujo. El parto suele finalizar con tres buenas contracciones y una tracción moderada, pero si no se produce un descenso obvio de la cabeza esto sugerirá que puede haber un cierto grado de desproporción y se deberá revisar la decisión de continuar con el parto vaginal. Debido a que las cucharas de los fórceps ocupan espacio en la vagina, suele ser necesario realizar una episiotomía para evitar un desgarro perineal descontrolado a medida que la cabeza del bebé ensancha el perineo. Para este tipo de parto con fórceps debería utilizarse un bloqueo epidural o espinal con el fin de asegurar que la madre no experimente dolor o molestias cuando se insertan las cucharas así como durante la tracción, la expulsión y la consiguiente reparación del perineo.

"... los fórceps han evitado que muchas madres y bebés sucumbieran a partos en los que su vida corría peligro..."

Fórceps por rotación se utilizan para girar la cabeza del bebé en la cavidad media y que pase de una posición occipital posterior a una occipital anterior directa, tras lo cual se aplica una tracción hacia abajo en los mangos de los fórceps para permitir el suave descenso de la cabeza del bebé y que el parto finalice al igual que con los fórceps por tracción directa. El uso de los fórceps por rotación es un tipo de parto que probablemente se lleve a cabo en un quirófano, con lo que si surgiera alguna dificultad, se podría realizar una cesárea inmediatamente. Es esencial aplicar a la madre una epidural o bloqueo espinal no sólo para el parto, sino también después del mismo de manera que la vagina y el cuello del útero puedan ser examinados a conciencia en busca de posibles daños que los fórceps por rotación hayan podido causar.

¿FÓRCEPS O VENTOSA?

A pesar de la actual tendencia que favorece el uso de la ventosa por encima del de los fórceps, aún persiste la polémica sobre cuál es el mejor modo de parto instrumental. Se suele pensar que el uso de la ventosa es menos perjudicial para la vagina de la madre y el perineo, pero por otro lado el vacío puede ser más traumático para los bebés en comparación con un suave parto con fórceps, porque en el lugar de la cabeza del bebé donde se pone la copa queda una inflamación.

Existen argumentos a favor y en contra de cada tipo de instrumento, pero creo que es más útil considerar los dos métodos como complementarios, diseñados para circunstancias diferentes, en lugar de como rivales. La opción final vendrá determinada por las circunstancias que han causado la necesidad de un parto vaginal instrumental y la experiencia y destreza de la persona que asiste el parto.

LOS PARTOS PODÁLICOS

EL NÚMERO DE BEBÉS CON PRESENTACIÓN PODÁLICA (LAS NALGAS APARECEN EN PRIMER LUGAR) ESTÁ ESTRECHAMENTE RELACIONADO CON LA EDAD GESTACIONAL. LA MAYORÍA DE LOS BEBÉS SE GIRAN POR SÍ MISMOS DURANTE EL TERCER TRIMESTRE PARA COLOCARSE EN PRESENTACIÓN CEFÁLICA.

Menos del cuatro por ciento de los bebés a término muestran presentación podálica. Si es el caso de tu bebé, estará en una de estas tres posiciones: nalgas puras, nalgas completas, o nalgas incompletas (*véase* imagen).

Los partos vaginales con presentación podálica corren más riesgos y complicaciones; el más importante es que el diámetro mayor del bebé (la cabeza) es lo último en salir. Es más, las nalgas no se adaptan a la pelvis de la madre tan bien como la cabeza, de modo que existe el riesgo de que el cordón sufra un prolapso o que salga por el cuello del útero junto con las nalgas o las piernas (*véase* p.429). Invariablemente, un prolapso de cordón da lugar a un fuerte sufrimiento fetal porque cuando el cordón umbilical queda expuesto al aire, se constriñe o cierra, cortando el suministro de oxígeno al bebé.

PRESENTACIONES DE NALGAS

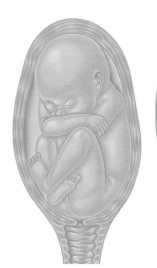

NALGAS COMPLETAS *Las nalgas se presentan en primer lugar, pero los muslos están extendidos y las rodillas están flexionadas.*

NALGAS PURAS *Las nalgas se presentan en primer lugar y las piernas están extendidas hacia arriba contra el cuerpo del bebé.*

NALGAS INCOMPLETAS *Las piernas se presentan en primer lugar debajo de las nalgas del bebé y caen cuando se rompen las membranas.*

NALGAS COMPLETAS   NALGAS PURAS   NALGAS INCOMPLETAS

UN INTENTO DE PARTO

Debería considerarse el nacimiento vaginal de nalgas si tu bebé se encuentra en posición de nalgas puras con la parte trasera de sus nalgas colocada en situación anterior en el canal de parto. Siempre se considerará un intento de parto y se permitirá que continúe sólo en el caso de que no surjan problemas. El médico preferirá monitorearte continuamente, ya sea por medio de un monitor externo o con un electrodo de monitoreo interno adherido a las nalgas del bebé (*véase* p.292). También recomendarán el uso de la anestesia epidural al comienzo del intento de parto para que toda intervención necesaria pueda realizarse convenientemente.

Los partos de nalgas suelen ser más lentos que los partos cefálicos porque la parte que se presenta, las nalgas del bebé, es más blanda y no ejerce la misma presión sobre el cuello del útero. La primera fase del parto puede ser más larga y agotadora, y como la mayoría de los obstetras no quieren acelerarlo con oxitocina sintética cuando el progreso es lento, es bastante posible que durante la segunda fase se te recomiende someterte a una cesárea.

LA SEGUNDA FASE

Suponiendo que todo ha salido bien y que ya estás completamente dilatada, debemos considerar el mecanismo de la segunda fase del parto podálico como la inversa de un parto cefálico. En primer lugar las nalgas y las piernas deben atravesar la pelvis, seguidas del tronco y los hombros. La segunda fase de un parto podálico siempre estará asistida por un obstetra y una partera, que colocarán tus piernas sobre los soportes para asegurar un buen acceso al bebé. Además querrán que se te administre la epidural para poder girar al bebé, aplicar los fórceps en la "tardía" cabeza del bebé, o recurrir a una cesárea si el parto se hace difícil.

En primer lugar saldrán las nalgas con la ayuda de tus contracciones y los pujos. Entonces el obstetra guiará suavemente la expulsión de ambas piernas, lo que suele implicar la rotación de las nalgas del bebé a la izquierda o la derecha para permitir que el médico inserte un dedo en la vagina alrededor de la primera pierna y después de la segunda para ayudarles a llegar suavemente al mundo.

Cuando las nalgas y las piernas han sido expulsadas, la espalda y el tronco lo harán a su propio ritmo, hasta los hombros, que suelen necesitar una rotación a un lado y al otro de manera que el obstetra pueda volver a insertar un dedo en la vagina para asir los miembros superiores y extraer los brazos. La clave de un parto vaginal podálico exitoso es no acelerarlo ni tirar o ejercer tracción del bebé, sino simplemente guiarlo y rotarlo suavemente a medida que el bebé va saliendo.

"... la primera fase del parto puede ser más larga y agotadora para la madre..."

HISTORIA DE UN NACIMIENTO

NATALIE, 34 AÑOS, TIENE UNA HIJA DE CUATRO AÑOS

SU SEGUNDO HIJO ENZO, NACIDO EN LA SEMANA 40+4 DÍAS, PESÓ 3,800KG

LA DURACIÓN DEL PARTO DESDE EL COMIENZO DE LAS CONTRACCIONES FUE DE 21 HORAS

En la ecografía de la semana 34 *pudo verse que el bebé estaba transversal, pero en exploraciones subsiguientes me dijeron que se había girado y que la situación era cefálica, aunque su cabeza nunca llegó a encajarse. Recuerdo que el día anterior al comienzo del parto un médico residente notó que las nalgas del bebé estaban en la parte superior de mi abdomen.*

El parto comenzó *alrededor de la 1:00* A.M. *con calambres periódicos, perfectamente soportables en general, tanto que pude quedarme dormida. A medio día los calambres cesaron y no comenzaron de nuevo sino hasta las 3:00* P.M. *Entonces decidí salir con mi marido a comprar algunos alimentos aunque las contracciones ahora se producían cada 10 minutos. A las 5:00* P.M. *expulsé el tapón mucoso, de manera que llamé al hospital, pero me ordenaron que esperara hasta que las contracciones fueran más largas y menos espaciadas. A las 5:30 rompí fuente y las contracciones, que se producían cada cinco minutos, eran más dolorosas, así que partimos hacia el hospital.*

A mi llegada, me examinó una partera *y, al palpar mi abdomen, notó la dureza de la zona donde debían estar las nalgas del bebé, así que fui trasladada a la sala de partos y esperé mientras la situación progresaba. A las 7:00* P.M. *llegó un médico y realizó una ecografía que reveló que el bebé estaba de nalgas. Nos explicó lo que implicaba un parto vaginal de nalgas, nos informó cuáles eran los riesgos y nos dejó solos para que digiriésemos la información.*

En ese momento las contracciones eran muy fuertes y aún sólo se me administraban gas y aire.

A las 8:00 P.M. **llegó otro médico,** *que realizó una exploración interna y nos informó que había que tomar una decisión, ya que tenía 3cm de dilatación, y me recomendó que me sometiera a una cesárea ya que el bebé era grande. Pronto nos decidimos por un parto por cesárea simplemente porque yo no quería poner en riesgo la salud de mi bebé a causa de una duda y una terquedad poco acertadas.*

Enzo nació a las 10:00, *y aunque el parto en sí salió bien, se me administró morfina durante los dos primeros días. Me sentía frustrada por no haber sido capaz de cuidarlo adecuadamente debido al dolor que me causaba la incisión. Además estaba agotada en parte por el inevitable ruido del hospital. Tres días después me recuperé al saber que descansaría más.*

"... el médico nos explicó con todo detalle lo que implicaba un parto vaginal de nalgas y nos informó cuáles eran los riesgos..."

La expulsión de la cabeza

Si todo está yendo bien, el peso del cuerpo del bebé ayudará con el resto de la expulsión favoreciendo que el cuello se flexione adecuadamente, con lo que la cabeza estará mejor colocada para nacer suavemente y sin peligro. Si el cuello del bebé permanece extendido con la cara hacia arriba mirando a la cavidad uterina (se dice que mira a las estrellas) es muy probable que surjan problemas en la expulsión de la cabeza "postrera". La cabeza del bebé es la parte más grande de su cuerpo y cuando el cuello está extendido se presenta un diámetro aún mayor en el cuello del útero, que podría no estar aún completamente dilatado por la expulsión de las nalgas, el tronco y los hombros. En esta situación, una cesárea resulta traumática para todos los implicados, razón por la que todos habrán estado atentos a cualquier señal temprana de que el parto vaginal no progrese adecuadamente y recomendarán cambiar a un parto abdominal si se cree que la cabeza "postrera" corre peligro de quedar atascada en el último momento.

Un aspecto algo más positivo, si todo marcha correctamente, es que el obstetra elevará suavemente el cuerpo del bebé por encima de tu hueso púbico y quizá le inserte un dedo en la boca y empuje hacia abajo suavemente, flexionando aún más la cabeza y ayudándola a salir. Llegado este punto, es mejor utilizar un par de fórceps por elevación colocándolos en las nalgas del bebé para ayudarle a salir de manera controlada mientras sortea las constricciones de la parte inferior del canal de parto. Como ahora advertirás, se necesitan varios pares de manos para extraer a un bebé de nalgas por vía vaginal, y suele realizarse una episiotomía.

PARTO DE NALGAS VAGINAL O POR CESÁREA

A lo largo de los últimos años se han publicado diversos estudios que han cambiado la opinión de muchos obstetras sobre la mejor forma de nacimiento de un bebé con presentación podálica. En ellos se concluye que una cesárea es la forma óptima en las madres primerizas si el intento de girar al bebé (véase rotación cefálica externa, p.271) ha fracasado. Sin embargo, alrededor del 10 por ciento de las mujeres con una presentación podálica a las que se programa una cesárea dará a luz de forma vaginal porque el parto comienza antes de lo esperado y ya está bien avanzado cuando llegan al hospital. Además, un pequeño número de mujeres se encontrará en un estado avanzado de parto antes de darse cuenta de que el bebé está de nalgas: lo que se denomina una presentación de nalgas no diagnosticada.

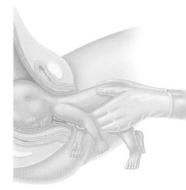

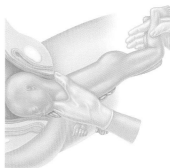

DURANTE UN PARTO DE NALGAS *Las nalgas del bebé salen primero, seguidas de las piernas. Entonces el bebé gira para expulsar los hombros. El peso del bebé tira de la cabeza y las piernas son elevadas para que la cabeza salga exenta de riesgos.*

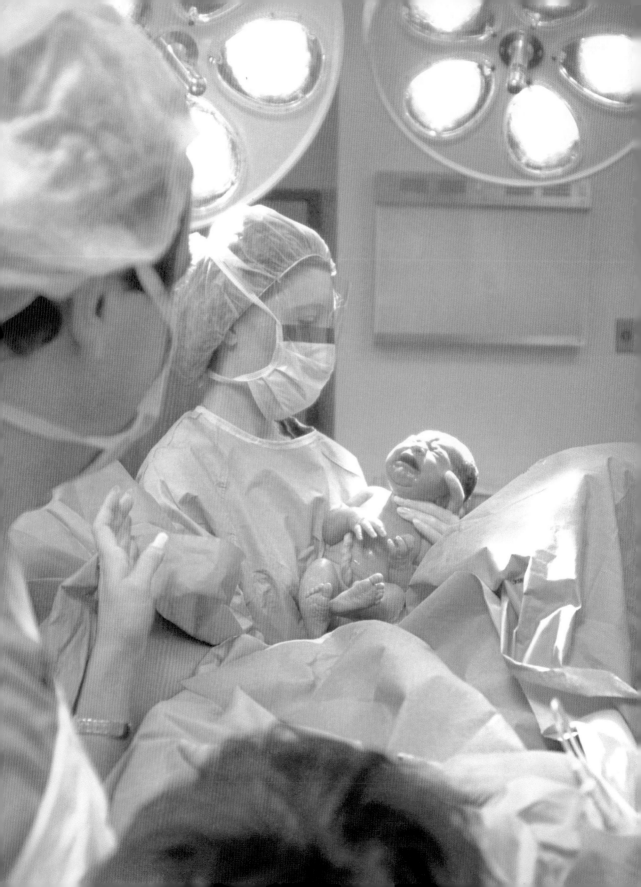

EL PARTO POR CESÁREA

Soy plenamente consciente del hecho de que la mayoría de las clases de preparación para el parto, los libros sobre el embarazo y los medios de comunicación centran gran parte de su atención en cómo será el parto. Sin embargo, la realidad es que en la actualidad un porcentaje considerable de mujeres da a luz por cesárea. Ésta es la razón por la que he incluido una explicación detallada de lo que puedes esperar si resultas ser una de ellas.

A pesar del marcado aumento en el número de bebés nacidos por cesárea, hay muchas personas que siguen considerando este tipo de parto como el pariente pobre de los nacimientos. De hecho, algunas personas parecen pensar que este método se utiliza como último recurso. Por supuesto, están en su derecho de tener este punto de vista, pero mi opinión es que con demasiada frecuencia esto hace que las mujeres que han necesitado un parto por cesárea sientan que en cierto modo han fallado o no han puesto de su parte para tener un parto natural.

Estoy convencida de que las mujeres embarazadas no deberían estar sometidas a presión o desaprobación por la manera como nace su hijo, pues no hay forma en que ni siquiera la partera o el médico más experimentado pueda predecir con precisión qué le sucederá a una mujer en el parto, así que sugerir que "si todo lo demás falla tendrás que someterte a una cesárea" es, en mi opinión, desconsiderado y desagradable. Cada parto es diferente y es imposible considerar que has fallado cuando has sustentado a un bebé en tu útero durante nueve meses y has traído un bebé sano al mundo. Si este tipo de parto ofrece a más mujeres la garantía de tener bebés sanos, entonces las cesáreas tienen que ser algo bueno. Realmente creo que la forma en que das a luz a tu bebé es de una importancia secundaria siempre y cuando los dos estén a salvo.

Una cesárea puede realizarse de forma electiva, decidida antes de que comenzara el parto, o puede ser un procedimiento de emergencia llevado a cabo después de que éste se haya iniciado. Por supuesto, la operación es exactamente la misma, ya sea que se realice de forma electiva o de emergencia, pero las razones subyacentes pueden ser distintas.

"... las mujeres embarazadas no deberían estar sometidas a presión o desaprobación por la manera como nace su hijo".

OPERACIONES ELECTIVAS O DE EMERGENCIA

EXISTE UNA GRAN VARIEDAD DE RAZONES POR LAS QUE PUEDEN RECOMENDARTE LA REALIZACIÓN DE UNA CESÁREA. ES IMPORTANTE RECORDAR QUE SÓLO ALGUNAS DE LAS SIGUIENTES SON INDICACIONES ABSOLUTAS, PUES LA MAYORÍA SON RELATIVAS Y DEPENDEN DE CADA PARTO Y SUS CIRCUNSTANCIAS.

"... las cesáreas 'electivas' se realizan cuando un parto vaginal es potencialmente arriesgado..."

La mayoría de las cesáreas "electivas" se realizan cuando hay razones médicas que indican que un parto vaginal es potencialmente arriesgado para la madre y/o el bebé. Esto no quiere decir que no deba intentarse un parto vaginal, pero la opinión de la madre y de sus médicos prenatales es que la cesárea es una opción más segura. Esto es lo que puede ocurrir cuando el bebé tiene una presentación podálica u otra posición que pueda dificultar un parto vaginal; si tienes placenta previa, si esperas gemelos o más niños, si sufres una enfermedad renal, pulmonar, coronaria o diabetes, o si has desarrollado preeclampsia o una fuerte hipertensión en el embarazo.

El término cesárea "de emergencia" puede dar la impresión de que el bebé necesita nacer en cuestión de minutos, si no segundos, para evitar una catástrofe, pero es muy raro que esto suceda, y casi siempre significa que todos los implicados opinan que se deberá realizar una cesárea en una hora o dos.

Las indicaciones para una cesárea de emergencia dependen de muchos factores complejos que incluyen acontecimientos impredecibles que se producen en el parto como un prolapso de cordón umbilical o síntomas de sufrimiento fetal, la impresión de la madre o de los médicos sobre el progreso del parto, y consideraciones prácticas como el personal y la experiencia para lograr el nacimiento seguro de un bebé sano.

LA SEGURIDAD EN LOS PARTOS CON OPERACIÓN

En la actualidad, la cesárea se considera un procedimiento relativamente seguro, pues cuando surgen complicaciones casi siempre se deben al hecho de que la cesárea se realiza bajo circunstancias de emergencia o porque existe un problema subyacente de la madre o el feto. Gracias a los avances médicos en los anestésicos, los antibióticos, las transfusiones de sangre y las instalaciones de cuidados intensivos para adultos y bebés, en la mayoría de los casos los riesgos para la madre han pasado a ser una consideración de segundo rango y el riesgo de daño físico al bebé durante el parto es pequeño.

Sin embargo, todo procedimiento quirúrgico se relaciona con cierto grado de riesgo y existen factores que aumentan significativamente el riesgo asociado con la cesárea. Por ejemplo, cuando la mujer embarazada tiene un serio sobrepeso,

EL AUMENTO EN EL ÍNDICE DE CESÁREAS

EL NÚMERO DE CESÁREAS HA AUMENTADO DRÁSTICAMENTE EN LOS ÚLTIMOS 10 A 15 AÑOS, Y CREO QUE EL MODO MÁS ÚTIL DE COMPRENDER ÉSTE CAMBIO ES CONSIDERAR TODOS LOS FACTORES QUE HAN CONTRIBUIDO AL MISMO.

ADELANTOS EN EL CUIDADO SANITARIO GENERAL

Algunas mujeres con problemas médicos que creían que les imposibilitarían tener hijos ahora están quedando embarazadas y, con ayuda especializada, permanecen con plena salud durante todo el embarazo. Sin embargo, el trastorno médico subyacente puede significar que una cesárea programada sea la opción más segura para dar a luz tanto para la madre como para el bebé. Igualmente, las futuras madres que padecen una diabetes severa o preeclampsia pueden precisar un parto por cesárea.

ADELANTOS EN LA ATENCIÓN OBSTÉTRICA

El cuidado prenatal y perinatal se ha vuelto más y más sofisticado. La disponibilidad de realización de ecografías de manera rutinaria ha significado que seamos capaces de identificar a muchas madres y bebés con probabilidades de sufrir problemas en el parto antes de quedar expuestos a serias complicaciones. Debo hacer una mención especial a la introducción generalizada de la anestesia local (véase p.311-6) para los partos por cesárea, ya que permite que la madre permanezca consciente durante toda la operación y evita el riesgo de la anestesia general. Existen otras tres razones obstétricas que han contribuido al aumento de la cesárea: en primer lugar, la cantidad de bebés nacidos prematuramente ha aumentado considerablemente durante la última década; en segundo lugar, el aumento en el número de mujeres con edad avanzada, ya que éstas sufren más complicaciones durante el parto; y en tercer lugar, el uso de fórceps en un parto alto prácticamente ha desaparecido en los últimos 10 años y en su lugar suele realizarse una cesárea de emergencia.

CAMBIOS SOCIALES, PUNTOS DE VISTA Y PERCEPCIONES

Muchas de las mujeres que he conocido en las clínicas prenatales ya tienen una decisión tomada sobre el modo de parto que prefieren, y mientras que unas están convencidas de querer lograr un parto vaginal, otras quieren dar a luz mediante cesárea. Más recientemente, la tendencia de las madres famosas a optar por una cesárea (invariablemente en el sector privado) porque quieren adaptar el nacimiento de su bebé a su plan de trabajo ha hecho que este procedimiento se considere una opción de moda.

CONSIDERACIONES MÉDICO-LEGALES

En algunas ocasiones, cuando los partos vaginales han provocado daños cerebrales u otras lesiones físicas en los bebés, a esto han seguido largos y costosos procesos legales. Inevitablemente, esto deja a los médicos en una situación en la que pecar de prudente es la mejor opción a la hora de decidir si realizar una cesárea o un parto vaginal complicado.

es fumadora, tiene antecedentes familiares de trombosis, padece un problema relacionado con el embarazo como preeclampsia, o no es posible (por cualquier razón) aplicarle una anestesia epidural, el riesgo de que sufra complicaciones por haber sido sometida a cirugía pélvica es considerablemente mayor.

EL PARTO VAGINAL FRENTE AL PARTO POR CESÁREA

Es difícil realizar comparaciones directas de las posibles complicaciones posparto experimentadas por mujeres que han dado a luz por vía vaginal y abdominal, pero cifras recientes muestran que, en general, el aumento de riesgos asociados a las cesáreas electivas es insignificante. El riesgo de hemorragia posparto es sólo ligeramente mayor, así como el riesgo de una infección de endometrio o urinaria. Tras un parto vaginal suele ser más fácil comenzar con la lactancia, pero no existe diferencia en el riesgo de que la madre sufra depresión posparto o dolor en las relaciones sexuales tres meses después. Tras un parto por cesárea necesitarás permanecer ingresada más tiempo y la recuperación de una intervención quirúrgica importante requerirá más tiempo que la recuperación de un parto vaginal. Además, tras una cesárea existe un riesgo ligeramente mayor de quedar ingresada en una unidad de cuidados intensivos y de necesitar otra operación como una histerectomía. Por otro lado, la incidencia de la incontinencia urinaria es bastante mayor tras un parto vaginal, así como la incidencia de un prolapso úterovaginal más adelante. Por todo ello, ambos tipos de parto ofrecen ventajas y desventajas.

¿DESPUÉS DE UNA CESÁREA, SIEMPRE UNA CESÁREA?

En el pasado, la mayoría de las cesáreas se realizaban efectuando una incisión vertical en el útero, lo que debilitaba el músculo en toda su longitud. Por esta razón, los médicos evitaban intentar realizar un parto vaginal posterior. Sin embargo, hoy en día la mayoría de las cesáreas se llevan a cabo realizando una incisión transversal u horizontal en la parte más baja del útero, que es mucho más fina, suele curarse con más rapidez y es menos probable que se rompa durante un parto posterior. No obstante, el riesgo de rotura uterina es mayor en el parto vaginal tras una cesárea y significativamente más elevado si el parto es inducido. En términos generales, si una mujer desea hacer un intento de parto tras haber sido sometida anteriormente a una cesárea por una causa no recurrente, puede estar segura de tener más de un 70 por ciento de probabilidades de lograr un parto vaginal exitoso.

Por otra parte, aunque el útero inevitablemente queda debilitado por el tejido cicatrizado, teóricamente no hay límite en el número de embarazos que una mujer puede dar a luz mediante cesárea, siempre que se valore cada caso individualmente.

"Hoy en día la mayoría de las cesáreas se llevan a cabo realizando una incisión transversal u horizontal..."

QUÉ DEBES ESPERAR EN EL QUIRÓFANO

UNA VEZ TOMADA LA DECISIÓN DE DAR A LUZ POR CESÁREA, TU MÉDICO TE AYUDARÁ A PREPARARTE PARA EL QUIRÓFANO. SI AÚN NO TE HAS PUESTO EL CAMISÓN DEL HOSPITAL, SE TE PEDIRÁ QUE TE PONGAS UNO.

Además deberás desprenderte de todas las joyas excepto de los anillos que no puedas quitarte con facilidad, que se cortarán o cubrirán con esparadrapo para asegurar que no actúen como conductores del calor. Esto se hace porque durante la operación el cirujano probablemente utilizará diatermia (un instrumento eléctrico que cauteriza el sangrado de los vasos sanguíneos) y las piezas de metal no protegidas que lleves pegadas a la piel podrían hacer que notaras una quemadura superficial o que sufrieras ampollas en la piel. Además probablemente se te pida que te desmaquilles y te quites el esmalte de uñas, porque en el improbable caso de que algo salga mal durante la operación, inmediatamente el anestesista evaluará tu estado mediante el color de tu piel. Si tu pareja quiere estar contigo, se le dará una bata de hospital, una gorra desechable y un cubre-zapatos.

QUIÉN ESTARÁ DURANTE EL PARTO

Sé que muchas mujeres se sorprenden y quedan estupefactas al ver todas las personas que estarán presentes en el quirófano para la realización de la cesárea. Sin embargo, todas ellas tiene un cometido específico: garantizar la seguridad en el parto para ti y tu bebé. Éstas son las personas que suelen estar presentes, aunque podría aumentar si das a luz a gemelos o trillizos:

▶ Ginecólogo
▶ Partera
▶ Auxiliar
▶ Anestesista
▶ Neonatólogo
▶ Enfermera pediátrica
▶ Camillero
▶ Estudiantes de medicina y enfermería (Puedes pedir que no asistan, pero recuerda que la única manera que ellos tienen de entrenar es a través de la experiencia práctica.)

Tu pareja podrá estar a tu lado y tomarte de la mano para darte ánimo y seguridad durante todo el procedimiento. El único caso en el que se le pedirá que no asista es si debes ser sometida a una anestesia general. En este caso, tú estarás inconsciente y él no podrá comunicarse contigo, lo que implica que será una persona de sobra en un espacio lleno de gente, además de que puede sentirse angustiado al no poder contribuir con el procedimiento. Es importante que entiendas que si se le pide que no esté presente en el quirófano no es porque les estén ocultando nada, y los dos deben comprender y estar de acuerdo con esto.

Si se trata de una cesárea electiva probablemente entrarás caminando a las instalaciones quirúrgicas y te acostarás en la mesa de operaciones preparada para la anestesia epidural/espinal (*véase* p.313). Si ya estás de parto, se te transportará en silla de ruedas al quirófano y una vez allí serás transferida a la mesa de operaciones. Si miras a tu alrededor, podrás ver gran cantidad de utensilios de equipamiento, muchos de ellos sobre carritos móviles de acero inoxidable. En la cabeza de la mesa de operaciones sobre la que estás acostada habrá una máquina de anestesia cubierta de instrumentos, monitores, esferas, cilindros de diferentes tipos de gas y cajones llenos de artículos y piezas útiles.

> "...el anestesista hará todo lo posible para hacerte sentir cómoda y explicarte lo que sucede para que te sientas relajada".

Habrá también una cuna térmica equipada con un calefactor para mantener caliente al bebé, un conducto de oxígeno y muchos cajones con equipamiento que el pediatra pueda precisar. Mientras permaneces acostada, la enfermera de quirófano abrirá envases con instrumental esterilizado y los pondrá en varios carritos que se colocarán al lado de la mesa de operaciones cuando se necesiten. Las paredes del quirófano tendrán estanterías con envases esterilizados con instrumentos, guantes, batas, jeringuillas, agujas, algodones e hilo de sutura.

LA ANESTESIA EN UNA CESÁREA

Una vez en el quirófano, el anestesista introducirá un gotero intravenoso en tu brazo para que puedas recibir fluidos durante la operación y comenzará a aplicar la epidural o el bloqueo espinal. Es habitual que en este momento las mujeres se pongan nerviosas por la situación y algunas empiezan a hiperventilar y sentirse mareadas o con ganas de vomitar. Otras tiemblan por los nervios, no necesariamente por la operación, sino más bien ante la perspectiva de que se introduzca una aguja en su espina dorsal. Además les preocupa que la anestesia no funcione adecuadamente y sientan dolor a mitad de la operación. Pero déjame tranquilizarte en todos los sentidos diciéndote que el anestesista estará acostumbrado a los síntomas físicos de ansiedad, y si le informas que te sientes mareada, te administrará oxígeno con una mascarilla. Todo anestesista obstétrico tendrá mucha experiencia en la inserción de la aguja con o sin temblor de la madre. De hecho, hará todo lo posible para hacerte sentir cómoda y explicarte lo que sucede para que te sientas relajada durante todo el proceso. Si se te realiza una cesárea electiva, la anestesia surtirá efecto en unos pocos minutos, pero la colocación de un catéter epidural adicional (para administrarte anestesia tras la operación) requerirá más tiempo, alrededor de 20 minutos. Si tu cesárea es de emergencia, quizá ya se te haya aplicado la epidural, en cuyo caso sólo se aplicará una dosis de anestesia de relleno que normalmente sólo tardará unos minutos en hacer efecto. Con respecto a la idea de que el bloqueo epidural o espinal no surta efecto, el anestesista se asegurará de que el éxito es de un 100 por ciento realizando algunas comprobaciones: impregnará tu cuerpo con un aerosol por encima y por debajo de la línea de piel donde se ha introducido la anestesia y sólo se quedará conforme si estás adecuadamente anestesiada al confirmar que no puedes sentir el frío del aerosol.

PREPARACIONES FINALES

Cuando el anestesista esté conforme con tu anestesia, se colocará un catéter urinario en tu vejiga con un doble propósito. En primer lugar, esto asegura que tu vejiga permanecerá vacía durante la operación y no interferirá en la expulsión de tu bebé. En segundo lugar, porque permanecerá 24 horas, de manera que tras la operación eliminará tu necesidad de salir de la cama y conseguir llegar al baño durante estas primeras incómodas horas tras la operación.

Lo siguiente es que se te afeitará el vello púbico en la zona donde se prevé realizar la incisión. Se limpiará meticulosamente tu abdomen con una solución antiséptica y gasas esterilizadas y se te cubrirá la parte superior del abdomen y las piernas con una sábana esterilizada dejando al descubierto sólo el lugar donde se va a realizar la incisión. La parte superior de la sábana esterilizada se sujetará formando una pantalla para que no puedas ver lo que está sucediendo, a no ser que indiques al médico que deseas verlo.

PARTO POR CESÁREA

Una vez que todo está preparado, el médico realizará una incisión en la piel de la parte inferior de tu abdomen, por encima de donde solía estar el vello púbico, de manera que la cicatriz quede prácticamente oculta una vez que el vello haya vuelto a crecer. Las incisiones varían mucho en términos de forma y longitud, pero en general miden unos 20cm y son rectas o ligeramente curvas, como una sonrisa. El cirujano se abrirá camino cortando varias capas de grasa, tejido fibroso y muscular antes de realizar la incisión en la parte inferior del útero.

Una vez que el útero está abierto, se romperán las membranas (si es que aún no lo han hecho) y se extraerá el líquido amniótico. Por razones prácticas, se succionará la mayor parte del fluido antes de extraer al bebé para que las sábanas esterilizadas, por no mencionar la ropa del cirujano, no queden empapadas de líquido. Entonces el cirujano comprobará la posición exacta de la cabeza del bebé e introducirá una mano en el útero, alrededor de la parte

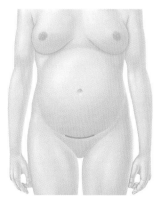

INCISIÓN EN UNA CESÁREA
El corte se realizará justo por encima de la línea de vello púbico (línea del bikini) Cuando la incisión se cura, la cicatriz es muy discreta

superior de la cabeza, desencajándola suavemente del borde pélvico con el fin de extraerla por la incisión uterina. A menudo puede estar firmemente encajada por lo que otro cirujano podría tener que aplicar cierta presión en la parte superior del útero para ayudar a la expulsión. Algunas veces también pueden precisarse unos pequeños fórceps, en especial si la cabeza del bebé se encuentra en una posición extraña.

Si se trata de una cesárea de emergencia realizada durante la segunda fase del parto, incluso podría ser necesario que otro médico te examine vaginalmente y empuje la cabeza hacia atrás por el canal de parto para extraer la cabeza suavemente por la incisión. A los padres esto quizá pueda parecerles un poco alarmante, pero te aseguro que no es peligroso para el bebé. Cuando la cabeza del bebé sale suavemente del útero, se succionan inmediatamente su boca y nariz para limpiar todo el moco y líquido amniótico; y luego se extraen rápidamente los hombros seguidos del resto del tronco.

DESPUÉS DEL NACIMIENTO

La mayoría de los bebés comienzan a llorar y protestar antes de que sus piernas abandonen la cavidad uterina. De hecho, el bebé literalmente irrumpe en el mundo durante una cesárea. Se pinza y corta el cordón, y el bebé queda libre para que sus expectantes padres puedan verlo y darle su primer beso, y entonces se le envuelve rápidamente en toallas para secar todo el líquido amniótico y evitar que se enfríe. Es muy probable que el pediatra opte por trasladar al bebé a la cuna térmica durante unos instantes con el fin de comprobar su respiración y ritmo cardiaco, limpiar el vernix de su cara y su cuerpo y realizar la prueba de Apgar (véase pp.375-6). Entonces te devolverán al bebé envuelto para que tú y tu pareja lo puedan acunar, a no ser por supuesto que surja un problema y el bebé deba ser trasladado inmediatamente a la unidad de cuidados intensivos. No obstante, si esto fuera necesario, antes se te mostrará a tu hijo. Muchos padres optan por pasar a la parte detrás de la pantalla y fotografiar el nacimiento, mientras que otros prefieren permanecer alejados de la visión de la operación y el parto. Para la madre, el parto por cesárea

EL PRIMER ABRAZO *Se te entregará a tu bebé recién nacido para que puedas abrazarlo mientras los médicos suturan todas las capas de tejido que se cortaron para llegar al útero.*

será una experiencia extraña y a veces incluso bastante curiosa, ya que habrá muy pocas ocasiones en tu vida en las que no tendrás sensación de dolor, pero serás consciente del hecho de que alguien está hurgando en tu barriga.

Tan pronto como el bebé sea extraído, el anestesista aplicará a la madre una inyección de sintometrina para contraer el útero y ayudar a la expulsión de la placenta. Al igual que en el parto vaginal, la asistencia activa en la tercera fase del parto ayuda a reducir el sangrado del útero o del lecho placentario (*véase* p.333). La placenta será analizada minuciosamente para asegurar que está completa y mientras tanto el cirujano limpiará la cavidad uterina antes de comenzar a reparar la incisión con una o dos capas de puntos de sutura. Entonces comenzarán a coser todas las capas de tejido que se cortaron para llegar al útero utilizando unos puntos solubles y finalizando con grapas. El material de sutura se eliminará a lo largo de los siguientes tres o cinco días.

"... el procedimiento requerirá alrededor de una hora, de la cual la expulsión real de tu bebé sólo ocupa cinco minutos".

Desde el momento en que se administra la anestesia hasta el momento en que se finaliza la sutura, habrá transcurrido una hora de cesárea, de la cual la expulsión real de tu bebé sólo ocupó cinco minutos. El resto del tiempo se dedica a la anestesia y a los puntos de sutura.

CESÁREAS CLÁSICAS

La cesárea clásica, en la que la incisión se realiza verticalmente en la parte superior del útero, se practica muy poco en la actualidad porque se prefieren las incisiones horizontales realizadas en la parte inferior, ya que el músculo uterino y la incisión en la piel se curan mejor y la cicatriz es menos apreciable. Sin embargo, en ocasiones hay razones para realizar una incisión clásica, en la mayoría de los casos con bebés prematuros de menos de 30 semanas, cuando el segmento inferior puede ser tan estrecho y estar tan poco desarrollado que intentar el parto de un bebé tan frágil por esta pequeña apertura sin duda le causará un trauma físico.

Cuando un bebé se encuentra en situación transversa y las membranas se han roto puede ser imposible que el cirujano lo manipule para poder ser extraído por una incisión realizada en el segmento inferior sin poner al útero o al bebé en riesgo de sufrir un trauma. Igualmente, cuando no se puede llegar fácilmente al segmento inferior debido a grandes fibromas uterinos o densas adherencias de una operación anterior, puede que sea necesario realizar una incisión uterina clásica. Debido a que los riesgos de ruptura uterina en un parto posterior son elevados, quienes han sido sometidas a una cesárea clásica no deberán intentar un parto vaginal en embarazos posteriores.

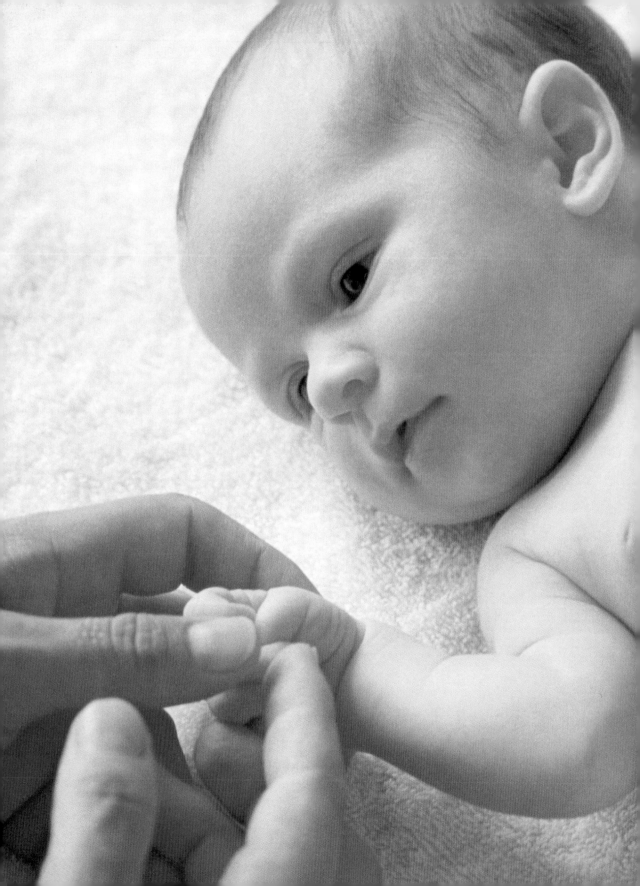

LA VIDA DESPUÉS DEL PARTO

TU BEBÉ RECIÉN NACIDO

Las ajetreadas horas que pasas de parto y dando a luz suelen ir seguidas de un breve período de calma y reflexión. El personal sanitario que ha estado implicado en este proceso desaparece, y tú y tu pareja se quedan solos para saborear y maravillarse con la llegada de un hermoso bebé. Son unos momentos emocionantes ya que, tras nueve meses de espera, al fin pueden conocer a la personita que han creado juntos.

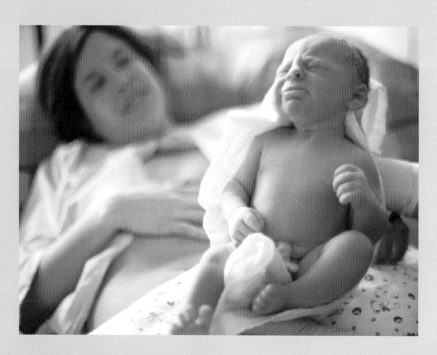

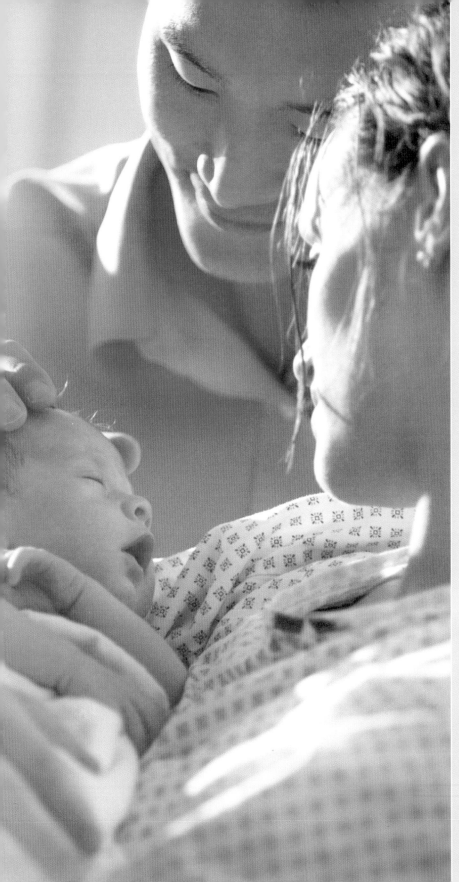

CONTENIDOS

LAS PRIMERAS HORAS DESPUÉS DEL NACIMIENTO

LAS PRIMERAS SEIS SEMANAS

LAS PRIMERAS HORAS DESPUÉS DEL NACIMIENTO

La mayoría de los bebés a término respiran por primera vez entre 30 y 60 segundos después de que la cabeza sale por el canal de parto y antes de que se corte el cordón umbilical. Este grito ahogado recibe el estímulo de la luz y la temperatura de la sala de partos, que es más fría que la del útero. Esta primera respiración suele ser lo suficientemente fuerte como para comenzar a hinchar los pulmones.

Cuando tu bebé respira por primera vez, el médico se asegurará de que sus vías respiratorias superiores estén limpias succionando el moco y el líquido amniótico de la boca y la nariz. Una vez que se ha cortado el cordón umbilical, el hecho de que ya no se produzca ningún aporte de oxígeno desde la madre es otro estímulo para que comience a producirse la respiración.

El llenado exitoso de los pulmones del bebé se logra por la presencia de surfactante en los alvéolos pues éste determina la estabilidad de los pulmones tras el parto, permitiendo así un intercambio eficiente de gas. Sin la cantidad suficiente de surfactante, los alvéolos se quedan sin aire al final de cada respiración y el bebé debe luchar contra una elevada tensión superficial continua para realizar la siguiente respiración. Poco después del nacimiento, el ritmo respiratorio del bebé aumenta, las fosas nasales se ensanchan, se advierte un rugido expiratorio y el tejido que se encuentra entre las costillas se ve empujado a cada respiración. Éste es el síndrome de distrés respiratorio que, aunque no suele ser grave, se produce en 1 de cada 100-200 partos. Los bebés prematuros suelen necesitar ayuda porque a menudo carecen de surfactante suficiente en los alvéolos de sus pulmones y puede que lo necesiten para reducir la tensión superficial (véase p.342).

LOS ÍNDICES DE APGAR

El médico, la partera o la enfermera pediátrica examinará la condición general de tu bebé después del parto por un período de observación de cinco minutos empleando los índices de Apgar. Estos se tratan de una herramienta altamente eficaz desarrollada por una médico estadounidense llamada Virginia Apgar, de

"...se examinará la condición general de tu bebé empleando la prueba de Apgar."

SISTEMA DE ÍNDICES DE APGAR

Índices de Apgar	2	1	0
Color de la piel	Rosado por completo	Cuerpo rosado; extremidades azuladas	Pálido/azulado por completo
Respiración	Llanto fuerte y regular	Llanto irregular y débil	Ausente
Ritmo cardiaco/pulso	Mayor de 100 lpm	Menos de 100 lpm	Ausente
Movimientos/tono muscular	Activo	Menos de 100 lpm	Dificultoso
Reflejos ante determinados estímulos	Llanto o muecas pronunciadas	Reacción o muecas moderadas	Sin respuesta

quien recibe el nombre. El índice más alto es de 10, asignando dos puntos a cada uno de los signos evaluados: color de la piel, respiración, ritmo cardiaco, tono muscular y reflejos (véase tabla, p.376). En los bebés de raza negra o asiática se comprueba el color de la boca, las palmas de las manos y las plantas de los pies. Un índice de 7 o más en el primer minuto indica la buena condición del bebé; un índice de entre 4 y 6 suele indicar que el bebé necesita ayuda para respirar; un primer índice menor de 4 significa que se necesitan procedimientos de reanimación para salvarle la vida. Tras la valoración que se realiza a los cinco minutos, un índice de 7 o más indica un buen pronóstico y uno menor indica que el bebé debe ser monitoreado de forma intensiva.

Los índices de Apgar ofrecen un diagnóstico excelente a corto plazo sobre el bienestar del bebé inmediatamente tras el nacimiento. Sin embargo, no sirven de gran ayuda a la hora de evaluar su desarrollo a largo plazo.

MEDICIONES E IDENTIFICACIÓN

Mientras se realiza la prueba de Apgar, la partera o la enfermera estará ocupada limpiando toda la sangre y el líquido amniótico de la piel del bebé. La temperatura corporal de los recién nacidos se reduce en 1-1,5°C inmediatamente después del parto porque pierden rápidamente el calor de su piel mojada y también porque su superficie es relativamente grande para su peso. Por esta razón es tan importante secar a los bebés lo antes posible tras el parto y asegurarse de que estén envueltos y arropados.

A continuación, la partera pesará al bebé, lo medirá y le pondrá una pulsera de plástico con tu nombre, el número de orden y la fecha de nacimiento. Es esencial que tu bebé esté claramente identificado antes de abandonar la sala de partos para evitar confusiones.

EXÁMENES FÍSICOS

El médico realizará un examen preliminar para asegurarse de que el bebé no tiene ninguna anomalía física obvia, de manera que observará su rostro y su abdomen, escuchará su corazón y sus pulmones con un estetoscopio, observará su espalda, pasará los dedos por su espina dorsal, comprobará si su ano está abierto, si ha orinado o no y contará el número de dedos. Más tarde, un pediatra volverá a examinarlo y realizará una exploración física más exhaustiva antes de que lo lleves a casa (*véase* p.387). Es una práctica habitual avisar que todos los recién nacidos reciben unas pocas gotas antibióticas en los ojos para asegurarse de que no se produzca una inflamación o infección de los ojos (conjuntivitis) después de su largo viaje por el canal de parto. Después de todas estas comprobaciones, se te entregará a tu bebé para que puedas empezar a conocerlo.

VITAMINA K

Poco después del parto, tu médico te preguntará si te gustaría que el bebé reciba un complemento de vitamina K y si deseas que se le administre por vía oral o mediante una inyección. La vitamina K, que está presente en los alimentos, en especial el hígado y algunos vegetales, es esencial porque ayuda a nuestra sangre a coagularse y evita las hemorragias internas. Sin embargo, los recién nacidos reciben muy poca vitamina K porque están alimentados únicamente con leche. Además, su hígado, responsable de producir otras sustancias coagulantes de la sangre, es relativamente inmaduro y, como resultado, corren un pequeño riesgo de sufrir un sangrado por deficiencia de vitamina K o enfermedad hemorrágica del recién nacido. Hay dos métodos para administrar la vitamina K a tu bebé:

• Mediante una inyección: una dosis intramuscular evita el sangrado por deficiencia de vitamina K en prácticamente todos los bebés. Poco después de nacer el médico le administrará una única dosis.

• Por vía oral: la vitamina K oral es tan efectiva como las inyecciones, pero sólo si se administran varias dosis. Durante la primera semana de vida se administran dos dosis a todos los bebés al margen de si son amamantados o alimentados con biberón. Se recomienda que los bebés alimentados con leche materna reciban una tercera dosis al mes de vida.

La leche de fórmula está reforzada con vitamina K, por ello los bebés alimentados con ella corren un riesgo incluso menor de sufrir un sangrado por deficiencia de vitamina K. Sin embargo, las ventajas de la leche materna superan el aumento marginal del riesgo.

"...el médico comprobará que tu bebé no tiene ninguna anomalía física obvia."

ADAPTACIONES AL NACIMIENTO

DURANTE LA GESTACIÓN, TU BEBÉ RECIBE UN APORTE CONTINUO DE OXÍGENO Y NUTRIENTES DE LA PLACENTA, QUE A LA VEZ ELIMINA TODOS SUS PRODUCTOS DE DESECHO. A LOS POCOS MINUTOS DEL PARTO, EL RECIÉN NACIDO DEBE PASAR DE DEPENDER POR COMPLETO DE LA PLACENTA A TOMAR EL CONTROL INDEPENDIENTE DE TODO SU METABOLISMO.

Los pulmones del bebé necesitan recibir sangre para oxigenarse y que ésta pase a la parte izquierda de su corazón para bombearla a todos los órganos del cuerpo. En el útero, el 90% del aporte sanguíneo era desviado de los pulmones de tu bebé porque no había necesidad de oxigenarlo y, por lo tanto, la parte derecha del corazón y los vasos pulmonares sufrían mayor presión que la parte izquierda. Esto aseguraba que la sangre que volvía al corazón o bien era enviada directamente desde la parte derecha a la parte izquierda a través de una abertura (el agujero oval) entre las dos cavidades superiores (aurículas), o pasaba por la cavidad inferior derecha del corazón (ventrículo) hasta la arteria pulmonar. Debido a la elevada presión en los pulmones, la mayor parte de esta sangre se veía obligada a introducirse en un conducto, el conducto arterioso, que desvía la sangre a la aorta para llegar al resto del cuerpo del bebé.

LA CIRCULACIÓN ANTES Y DESPUÉS DEL NACIMIENTO

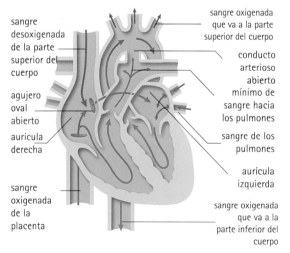

sangre desoxigenada de la parte superior del cuerpo

agujero oval abierto

aurícula derecha

sangre oxigenada de la placenta

sangre oxigenada que va a la parte superior del cuerpo

conducto arterioso abierto mínimo de sangre hacia los pulmones

sangre de los pulmones

aurícula izquierda

sangre oxigenada que va a la parte inferior del cuerpo

ANTES DEL NACIMIENTO *el flujo sanguíneo es enviado desde la parte derecha a la parte izquierda del corazón por medio del agujero oval.*

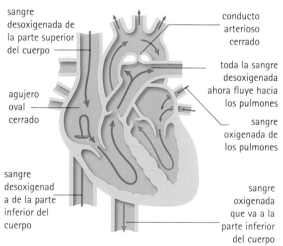

sangre desoxigenada de la parte superior del cuerpo

agujero oval cerrado

sangre desoxigenada de la parte inferior del cuerpo

conducto arterioso cerrado

toda la sangre desoxigenada ahora fluye hacia los pulmones

sangre oxigenada de los pulmones

sangre oxigenada que va a la parte inferior del cuerpo

DESPUÉS DEL NACIMIENTO *el flujo sanguíneo pasa por los pulmones y comienza a circular por todo el cuerpo.*

Cuando tu bebé respira por primera vez y llena sus pulmones de aire, la presión de los vasos sanguíneos pulmonares decrece y el conducto arterioso se cierra, lo que provoca que toda la sangre del ventrículo derecho se introduzca en los pulmones para recibir oxígeno. Desde los pulmones, este aumento masivo del flujo sanguíneo pasa a la parte izquierda del corazón, preparado para ser bombeado a todo el organismo. Al mismo tiempo, el flujo sanguíneo que va a la parte derecha del corazón se reduce a medida que los vasos del cordón umbilical comienzan a constreñirse. Mientras aumenta la presión de la parte izquierda del corazón y se reduce la presión de la parte derecha, ya no es posible enviar sangre por medio del agujero oval, que se cierra como una tapa. Ahora el bebé tiene una circulación sanguínea "adulta" (*véase* diagrama).

Después de producirse todos estos cambios, el hígado de tu hijo recibe cantidades mucho mayores de sangre. Como resultado, puede comenzar a metabolizar el alimento que ha acumulado a lo largo de las últimas ocho semanas de vida intrauterina para satisfacer las necesidades energéticas de sus primeros días de vida.

Los bebés a término también han almacenado una grasa marrón que ahora pueden utilizar para la producción de calor sin necesidad de tiritar.

EL ASPECTO DEL RECIÉN NACIDO

A MUCHAS PAREJAS LES SORPRENDE EL ASPECTO DE SU HIJO RECIÉN NACIDO, YA QUE PUEDE TENER MUY POCO QUE VER CON EL BEBÉ ANGELICAL QUE APARECE EN LAS REVISTAS. SIN EMBARGO, SÓLO DEBERÁN PASAR UNOS DÍAS PARA QUE LAS MANCHAS Y LOS TRAUMAS VISIBLES DEL PARTO DESAPAREZCAN.

La primera visión de tu bebé provocará toda clase de emociones dispares, no todas necesariamente positivas.

Todos los bebés nacen con los ojos azules pero el color definitivo podría no ser evidente hasta los seis meses de edad o más. Los párpados probablemente estén hinchados, otra consecuencia de la presión del parto. Además podría tener estrabismo o bizquear durante varios meses después del parto, pero rara vez es algo por lo que haya que preocuparse. La agudeza visual de tu bebé es deficiente al nacer, pero cuando lo sujetas y acercas a unos 20cm de tu cara podrá verte y comenzar a memorizar los detalles de tu rostro.

La cabeza a veces está abombada o tiene forma de cono tras un parto vaginal, en especial si éste fue prolongado, porque los huesos del cráneo se amoldan para permitir que la cabeza se vea sometida a presión y avance suavemente durante su descenso por el canal de parto. En una semana la cabeza

"Todos los bebés nacen con los ojos azules, pero el color definitivo podría no ser evidente hasta los seis meses de edad..."

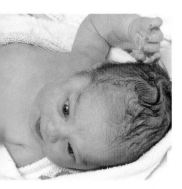

LA CABEZA DE TU BEBÉ
Puede tener forma cónica puntiaguda durante unos días tras un parto vaginal.

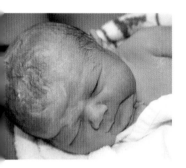

AL NACER *Tu bebé puede estar cubierto por una gruesa capa de vernix graso que ha protegido su piel del entorno acuoso del útero.*

de tu bebé habrá recobrado su forma normal. A veces la presión también causa una inflamación en los lados de la cara y si se necesitó emplear fórceps o ventosa, puede producirse una pequeña lesión en la cara o el cuero cabelludo. Notarás un área rectangular más suave en la parte superior de la cabeza donde los huesos del cráneo del bebé no se han soldado, y no se cerrará por completo hasta los 18 meses de edad.

Algunos bebés nacen con una gruesa capa de vernix caseosa blanca y grasa que ha protegido su piel del entorno acuoso del útero, mientras que otros carecen de él o sólo presentan algunos parches residuales. Algunos médicos lo retirarán de la piel del bebé poco después del parto, mientras que otros dejarán que se desprenda solo durante los siguientes días. La mayoría de los recién nacidos tienen la piel bastante manchada no sólo por la dureza del parto sino también porque se necesita algún tiempo para que se establezca la circulación en brazos y piernas. Las zonas secas y descamadas de la piel en brazos y piernas son frecuentes. En el útero, tu bebé estaba cubierto de un fino y suave vello llamado lanugo. Al nacer, algunos bebés tienen mucho en el cuero cabelludo y los hombros, mientras que otros no tienen nada. En todo caso, desaparecerá en una semana o dos. También pequeñas manchas blancas en la cara llamadas milium son frecuentes y están causadas por el bloqueo de glándulas sebáceas diseñadas para lubricar la piel. Desaparecerán pronto tras el parto. El color del pelo de la cabeza del bebé podría cambiar durante los siguientes meses.

Algunos bebés nacen con las uñas de las manos largas, y el problema surge porque tienden a arañarse la cara u otra parte de su cuerpo al comenzar a explorarlo. Evita cortárselas con tijeras porque podrías dañar el lecho de la uña. Más bien opta por morderlas suavemente y sin hacerle daño. Colocar unos guantes de algodón protectores en las manos de tu bebé te ayudará a evitar futuros arañazos.

Las manchas de nacimiento son imperfecciones de la piel causadas por pequeños vasos sanguíneos que se amontonan bajo la superficie de la piel del bebé, pero no suelen precisar ningún tratamiento. Los bebés de raza caucásica suelen nacer con manchas rosáceas en la piel, y la mayor parte de ellas desaparecen en un año. Los angiomas fresa comienzan como pequeños puntos rojos en la piel cuyo tamaño puede seguir creciendo durante un año tras el nacimiento, aunque la mayoría habrá desaparecido a la edad de cinco años. La mayoría de los bebés con un tono de piel oscuro tienen una mancha de nacimiento llamada la mancha mongólica, unos parches azul-grisáceos que son completamente inofensivos y suelen desaparecer en los primeros dos años. Las manchas "vino de Oporto" son de color rojo-amoratado y suelen encontrarse en la cara y el cuello del bebé. Como son marcas permanentes, quizá quieras consultar a un dermatólogo especializado.

Los bebés de ambos sexos suelen tener los pechos hinchados tras el parto e incluso pueden segregar algo de leche, un hecho completamente normal y que es el resultado de las hormonas del embarazo de la madre que tardan un tiempo en desaparecer del cuerpo del bebé. También tanto los niños como las niñas muchas veces tienen los órganos genitales hinchados al nacer, igualmente porque las hormonas maternales inflaman los tejidos, pero pronto adoptarán su tamaño. En las niñas, los niveles elevados de estrógeno producidos por la placenta también pueden hacer que el revestimiento del útero se ensanche mientras aún se encuentran en el útero. Si éste es tu caso, notarás que tu hija experimenta cierto sangrado vaginal tras el parto (como un leve período) ya que el revestimiento adicional del útero se descompone, pero sólo durará un día o dos y no es motivo de preocupación. Los testículos de un niño aún pueden encontrarse en la ingle al nacer, pero suelen descender sin complicaciones más adelante.

PONER AL BEBÉ EN EL SENO

Al sostener al bebé en brazos es buena idea intentar acercarlo al seno porque las hormonas oxitocina y prolactina se producen cuando se estimula el pezón. La oxitocina ayuda a que el útero se contraiga, de manera que aunque preveas alimentar a tu bebé con leche artificial, es bueno que pongas a tu hijo en el seno tras el parto. La prolactina hace que tengas leche y, aunque durante los primeros días sólo producirás calostro, cuanto antes tengas leche o estimules el reflejo de "bajada de la leche", mejor. Lo ideal inmediatamente después del parto es que acostumbres al bebé al seno. La mayoría de los niños al nacer tienen el reflejo de succión o búsqueda (*véase* p.387), que significa que si tocas las comisuras de su boca con un dedo o con el pezón, girarán hacia el estímulo e intentarán succionar.

Los bebés a término poseen reservas de alimento por lo que tras el parto suelen estar más interesados en dormir. Sin embargo, en el caso de los bebés prematuros es necesario ofrecerles un biberón de leche materna extraída o leche artificial durante las primeras 24 o 48 horas de vida, pues poseen menos reservas y antes de la semana 35 de gestación rara vez se desarrolla el reflejo de succión.

LAS PRIMERAS TOMAS

Esto suele ayudar al bebé a acostumbrarse a la lactancia, así como a estimular la liberación de hormonas que hacen que el útero se contraiga.

LAS PRIMERAS SEIS SEMANAS

Tras nueve meses de espera, emoción y probablemente algo de aprensión, tú y tu pareja pueden empezar a pasar a la siguiente etapa de esta aventura para descubrir y explorar su función como padres. Este capítulo te guiará a lo largo de las primeras seis semanas de tu vida tras el nacimiento de tu hijo.

Durante este período de grandes cambios, inevitablemente experimentarás una gran cantidad de emociones, ya que te sentirás maravillada e impresionada y quedarás fascinada a medida que vayas conociendo las pequeñas peculiaridades de su personalidad. Te sentirás abrumada por su vulnerabilidad y completa dependencia de ti.

Además, estarás en plena recuperación y ajustando tu relación con tu pareja mientras aprendes a adaptar a tu vida. Enfrentarte a los aspectos prácticos del cuidado de tu bebé puede suponer un reto, en especial si también debes dedicarte a las labores cotidianas del hogar.

LA ADAPTACIÓN AL CAMBIO

Hay veces en las que puede parecerte que tienes que hacer malabarismos, y la presión que hoy en día se ejerce sobre la mujer para que no deje caer ninguno probablemente sea mayor que nunca, un aspecto que en mi opinión empeora por la cobertura que hacen los medios de comunicación de las madres famosas que a los 10 minutos de haber tenido a sus bebés vuelven a ponerse sus pantalones talla ocho, protagonizan su siguiente éxito de taquilla y al mismo tiempo parecen tener la capacidad de ser la madre perfecta. Al enfrentarnos a estas imágenes, muchas mujeres "normales" no se atreven a confesar que están pasando por una época difícil.

Convertirse en padre o madre es un momento de enorme gozo tanto para ti como para tu pareja, pero es también un período en el que la curva de aprendizaje de la paternidad es escarpada. Espero que al ser sincera contigo sobre cómo puede ser la vida tras el parto te des cuenta de que todos los cambios físicos y emocionales que estás experimentando son normales y que al margen de lo que hagas o no hagas con tu bebé, sin duda vas a ser una buena madre.

"... muchas mujeres no se atreven a confesar que están pasando por una época difícil durante estas primeras semanas."

TU RECUPERACIÓN FÍSICA

EL PERÍODO DE POSPARTO ABARCA LAS SEIS SEMANAS QUE SIGUEN AL NACIMIENTO DE TU BEBÉ. TU RECUPERACIÓN FÍSICA DEPENDERÁ DE UNA SERIE DE FACTORES, INCLUYENDO EL TIPO DE PARTO QUE HAYAS TENIDO, TU ESTADO GENERAL DE SALUD, LA AYUDA DOMÉSTICA Y TUS CIRCUNSTANCIAS SOCIALES.

"Los entuertos son contracciones uterinas causadas por la hormona oxitocina..."

A continuación abordaré los efectos secundarios físicos más habituales del parto y algunos de los problemas que pueden surgir.

Cuando tu útero comienza a volver a su estado pre-embarazo en los primeros días tras el parto, experimentarás un fuerte sangrado vaginal llamado loquios, formado por restos de sangre, moco y tejido que el útero debe expulsar. Por ello, durante los primeros días necesitarás utilizar toallas higiénicas y calzones desechables, ya que probablemente la pérdida sea grande, si bien el flujo suele reducirse tras la primera semana y el aspecto de la sangre cambia gradualmente de rojo intenso a un tono marronáceo.

Los entuertos son los dolores similares a los del período que muchas mujeres padecen tras el parto, en especial si están amamantando. Se trata de contracciones uterinas causadas por la hormona oxitocina, que ayuda a que el útero recupere su estado normal con más rapidez. Como la oxitocina se libera cuando el bebé succiona, es normal que las mujeres noten entuertos o pierdan pequeños coágulos de sangre mientras dan de mamar. Los entuertos sólo deberían durar unos días, pero si te molestan mucho puedes pedir al médico o a la partera que te indique una forma adecuada de alivio del dolor que, dependiendo del tipo de parto que hayas tenido y el grado de molestia, pueden ser inyecciones, comprimidos o supositorios rectales.

Cierto crecimiento del pecho resulta inevitable cuando tus senos comienzan a producir leche. Los senos se hinchan, endurecen y duelen, una inflamación normal que suele elevar ligeramente tu temperatura. El problema suele solucionarse espontáneamente (*véase* p.398).

Si tienes puntos de sutura se tensarán a medida que la piel que los rodea se inflama y la herida empieza a curarse, puede que sentarte sea doloroso, hacerlo sobre un asiento rígido te ayudará durante los primeros días. Igualmente, aplicar bolsas de hielo o cremas y aerosoles anestésicos locales en el perineo te aliviará. También al orinar sentirás una sensación de quemazón o punción porque la orina fluye directamente sobre la herida. Intenta mantenerte de pie sobre el inodoro o ponerte en cuclillas sobre él con las piernas lo más separadas posible para ayudar a dirigir la orina directamente al mismo. Una vez hayas terminado, lava suavemente la zona con una esponja o manopla de baño fresca y sécate dándote pequeñas palmaditas. Muchas mujeres me han indicado que utilizar un secador en posición de aire frío para secar el perineo les sirve. Los bidets son realmente una gran ayuda porque puedes lavarte el perineo con agua templada.

La vejiga queda expuesta a una época de verdadera tensión durante el parto, lo que puede dificultar la micción. Si esto te sucede, quizá necesites que te pongan un catéter en la vejiga para que los músculos descansen y recuperen su tono habitual. El trauma físico del parto también puede fomentar el desarrollo de una infección de vejiga, pero un tratamiento inmediato con antibióticos y beber mucha agua suele solucionar el problema.

Muchas mujeres temen que defecar por primera vez pueda ser una experiencia dolorosa, pero no temas porque es improbable que tus puntos se abran aunque creas que durante la defecación se están tensando. Para ayudar a evitar el estreñimiento comienza bebiendo muchos líquidos (agua sería lo más indicado) y toma muchos alimentos ricos en fibra como cereales, fruta fresca y frutos secos. Además realizar ejercicio suave es una ayuda enorme.

EJERCICIOS POSPARTO

Tras un parto vaginal es importante realizar ejercicios del suelo pélvico (*véase* p.165), si has tenido un parto prolongado que habrá estirado los músculos considerablemente. Realiza estos ejercicios durante unos instantes regularmente y proponte hacerlos, por ejemplo, todos los días antes de almorzar, que es mucho mejor que hacer muchos de golpe una vez por semana. Puedes empezar realizando algunas tensiones pélvicas el día que das a luz y poco a poco aumentar el programa regular de ejercicio.

Después de dar a luz, también puedes utilizar la respiración profunda para tonificar la zona lumbar y los músculos abdominales.

EJERCICIO DE SUELO PÉLVICO *Tensa los músculos del suelo pélvico como si estuvieses reteniendo la orina, mantenlos así durante unos segundos y después relájalos lentamente. Repítelo 10 veces.*

ESTIRAMIENTO ABDOMINAL *Acuéstate sobre la espalda sujetando con las manos las rodillas flexionadas. Introduce los músculos abdominales mientras inspiras profundamente y empújalos hacia fuera al espirar.*

Reducir el tamaño del abdomen lo antes posible es probablemente una preocupación principal. Si tu parto ha sido vaginal, puedes intentar realizar suaves ejercicios abdominales durante las primeras semanas, pero si se te ha practicado una cesárea deberás esperar a la revisión de los cuarenta días. Puedes intentar realizar algunos ejercicios suaves tras un parto por cesárea siempre y cuando no notes molestias.

DESPUÉS DE UNA CESÁREA

"La mayoría de las mujeres necesitan analgésicos fuertes durante las primeras 48 horas después de la cesárea".

Los loquios suelen ser menos abundantes después de una cesárea porque el cirujano limpia la cavidad uterina, eliminando así los coágulos de sangre, restos de membranas, placenta y otros residuos. No obstante, expulsarás loquios durante varias semanas y quizá expulses pequeños coágulos de sangre o experimentes cierto dolor después de amamantar.

La mayoría de las mujeres necesitan analgésicos fuertes y eficaces durante las primeras 48 horas después de la operación. Algunos hospitales ofrecen analgesia controlada por el paciente (PCA), que son unas bombas manuales que te permiten auto-administrarte pequeñas dosis de morfina intravenosa. El alivio del parto puede llevarse a cabo también en forma de inyecciones intramusculares de morfina, supositorios rectales o comprimidos, cuyo efecto es el más tardío y suelen ser más aconsejables después de los dos primeros días.

Cualquiera que haya sido sometido a una operación abdominal y posteriormente necesite guardar reposo en cama corre el riesgo de sufrir una trombosis (*véase* p.423). Las mujeres embarazadas tienen factores de riesgo adicionales por su estado hormonal y por el hecho de haber portado un gran peso sobre sus venas pélvicas y las venas inferiores de las piernas. Ésta es la razón por la que los médicos te indicarán que te levantes y camines lo antes posible. Si en tu primer intento por incorporarte y caminar te sientes mareada, recuerda que en unas pocas horas estarás mucho más fuerte. Cuanto más activa te mantengas las primeras horas, más breve será el tiempo de tu recuperación.

La herida de tu abdomen se cubrirá con gasas esterilizadas que suelen permanecer durante 48 horas. Quizá desconozcas qué tipo de puntos o grapas se utilizaron para unir la piel hasta que el médico levante el vendaje para inspeccionar la herida. Las grapas suelen retirarse al séptimo día, mientras que los puntos de sutura individuales o continuos suelen dejarse hasta, al menos, el décimo día. No es frecuente que el hecho de retirar los puntos de sutura cause algo más que una pequeña molestia, pero si se previera algún problema se te administrará por adelantado un analgésico.

LOS PRIMEROS EXÁMENES POSPARTO

ANTES DE SER DADOS DE ALTA, TANTO TÚ COMO TU BEBÉ SERÁN SOMETIDOS A UN EXAMEN POSPARTO. MUCHOS HOSPITALES PREFIEREN QUE SEA UN PEDIATRA QUIEN LO EXAMINE, PERO EN ALGUNAS UNIDADES HAY PARETERAS ESPECIALMENTE FORMADAS PARA REALIZAR ESTA TAREA.

La partera querrá conocer la abundancia de tus loquios, si estás teniendo problemas al orinar o defecar y cómo te sientes emocionalmente. Te tomará la temperatura, el pulso y la presión sanguínea, examinará tus senos, comprobará que tu útero está bien contraído, inspeccionará tu perineo y se asegurará que tus pantorrillas no están hinchadas. Se medirá tu nivel de hemoglobina y recibirás comprimidos de hierro si es bajo. También deberás ser vacunada contra la rubéola, si no eres inmune. La partera también se asegurará de que dispones de suficientes analgésicos y te preguntará por el tipo de método anticonceptivo que vas a emplear, ya que la mayoría de las mujeres ovulan a la sexta u octava semana tras dar a luz aunque aún estén dando de mamar.

Se estudiará la condición física de tu bebé examinando su cabeza, ojos, piel, miembros, mamas y órganos genitales. Se utilizará un estetoscopio para escuchar el corazón y los pulmones. También se comprobará que no hay signo de luxación congénita de cadera

doblando las piernas sobre los muslos y el abdomen y separando las rodillas. Se palpará suavemente el abdomen para descartar el aumento del tamaño del hígado o el bazo y se confirmará que no falta ninguna vértebra. La partera también buscará

aspectos más generalizados: signos de infección, ictericia (*véase* p.388) o niveles bajos de azúcar, y tomará la temperatura del bebé, estudiará el color de su piel, el tono muscular y buscará cualquier indicio de letargo o irritabilidad.

LOS REFLEJOS DE TU BEBÉ

Los recién nacidos tienen reflejos importantes que se estudian en este examen:

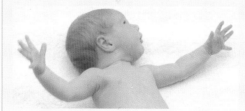

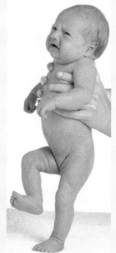

REFLEJO DE MORO *Los brazos y piernas del bebé se extenderán hacia fuera cuando su cabeza se inclina*

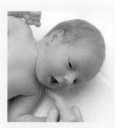

REFLEJO DE BÚSQUEDA *Su cabeza girará hacia un dedo que toque su cara, con la boca abierta para succionar.*

REFLEJO DE PRENSIÓN *Tu bebé podrá sujetar fuertemente tu dedo con los dedos de las manos y de los pies.*

REFLEJO DE LA MARCHA *Cuando se le sostiene por debajo de las axilas el bebé hace un claro ademán de caminar.*

Tu cicatriz tendrá un aspecto rojizo e inflamado y también te dolerá al tocarla, quizá quieras cubrirla con una suave gasa al vestirte. No es necesario que la herida permanezca cubierta todo el tiempo, ya que la exposición al aire ayudará a que se cure antes. Puedes tomar todos los baños que quieras por largos que sean, ya que el calor del agua puede ser muy calmante, aunque debes secar siempre la herida suavemente con una toalla limpia. Quizá te parezca que la piel que rodea la cicatriz se seca y te pica. Aplícate una crema hidratante suavemente y te sentirás aliviada. La piel que rodea la herida puede quedar bastante adormecida porque los nervios que enervan la piel han sido cortados. Se trata de un adormecimiento superficial normal que tiende a persistir unos meses mientras los nervios vuelven a crecer. Otra causa de preocupación es que la parte superior de la cicatriz tenderá a estar bastante inflamada y a veces se superpone sobre la parte inferior al estar de pie, pero es normal y simplemente refleja el hecho de que el cirujano cortó varias capas de músculo que necesitan tiempo para volver a unirse y proporcionar una pared muscular lisa.

LA ICTERICIA NEONATAL

La ictericia es frecuente en los recién nacidos, se produce un pigmento amarillo llamado bilirrubina, que debe ser procesado por el hígado antes de ser excretado, pero cuando los niveles de bilirrubina son elevados el pigmento queda depositado en la piel y la parte inferior de los ojos, que se tornan amarillos.

La ictericia fisiológica es muy común y se produce hasta en el 60% de los recién nacidos, en especial en los prematuros. La decoloración amarilla afecta toda la piel y puede apreciarse 24 horas después del nacimiento. La ictericia suele alcanzar su pico más elevado alrededor del cuarto día y desaparece sin tratamiento en 10 días. Sin embargo, si sus niveles se elevan

demasiado, existe el riesgo de que el pigmento se deposite en el cerebro causando un daño permanente. Para evitarlo, se toma una muestra de sangre realizando una punción en el talón para controlar los niveles de bilirrubina de la sangre de tu bebé, que si alcanzan cierto nivel deben tratarse con luz ultravioleta o fototerapia durante unas pocas horas al día, pudiendo ser excretada por la orina sin necesidad de que el hígado la procese. Podrás seguir alimentándolo regularmente ya que la ingesta de calorías y líquido también ayudarán a resolver este problema. En cuanto los niveles de bilirrubina desciendan por debajo de los niveles máximos se detendrá el tratamiento con fototerapia.

La ictericia por la leche materna afecta a alrededor del 5% de los bebés alimentados con leche de su madre que contraen una suave ictericia durante un máximo de 10 semanas, probablemente porque las hormonas de la leche materna interfieren en la capacidad del hígado para descomponer la bilirrubina. La ictericia no es perjudicial y desaparece si se comienza a alimentar al bebé con leche artificial, aunque no hay necesidad de interrumpir la lactancia si tu bebé está bien. Dos o tres semanas después se te recomendará realizar unos análisis de sangre al bebé para confirmar que su hígado y tiroides funcionan con normalidad. (Para acceder a información sobre la ictericia patológica, *véase* p.434.)

LA SALIDA DEL HOSPITAL

La duración de tu estancia en la unidad de maternidad dependerá en gran medida del tipo de parto que hayas tenido, cuya duración puede ser de unas horas (seis horas después del parto suele ser el mínimo, o de más de una semana si has sufrido alguna complicación. La estancia media en el hospital es de uno o dos días después de un parto normal y de cinco días tras una cesárea.

La duración del ingreso en el hospital es una decisión individual. Es importante recordar que el propósito de que te encuentres en la maternidad es recibir consejos y asegurar que te recuperes rápidamente del parto. Si optas por ir a casa lo antes, asegúrate de saber cómo cambiar el pañal al bebé y bañarlo y de haber hablado con las parteras y las enfermeras sobre la forma de encontrar ayuda práctica con su alimentación.

El hospital comunicará a tu médico que vas a ser dada de alta de la maternidad con tu bebé y proporcionará detalles del progreso posparto, así como sobre cualquier preocupación o problema que haya surgido o que precise una atención especial durante las próximas semanas. En algunos lugares se realiza a tu bebé un test de Guthrie a la semana o a los 10 días del nacimiento para descartar fenilcetonuria y problemas de tiroides, para lo cual se extraerá una pequeña muestra de sangre punzando el talón de tu bebé.

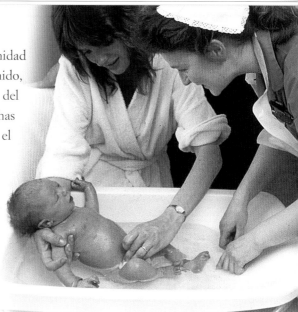

TÉCNICAS DE BAÑO

Aprender a bañar al bebé durante tu estancia en el hospital te será muy útil cuando vuelvas a casa.

De viaje

Si vuelves a casa en automóvil, la ley exige que el bebé viaje en una silla especial orientado hacia la parte trasera. Además si el asiento del copiloto está provisto de air-bag, tu bebé deberá viajar en el asiento trasero. Envuélvelo con ropa cálida, ya que los bebés recién nacidos no pueden mantener o controlar bien su temperatura corporal. Como regla general, deberían llevar puesta una capa de ropa más que tú, además de un gorro y guantes en invierno, y un sombrero en verano.

Si se te ha practicado una cesárea, no deberías conducir durante seis semanas porque tu compañía aseguradora seguramente considerará que, debido a tu herida abdominal, tienes menos capacidad de realizar una parada de emergencia y, como resultado, es más probable que causes un accidente o hagas daño a otra persona.

TU RECUPERACIÓN EMOCIONAL

LOS FUERTES CAMBIOS EN LOS NIVELES HORMONALES QUE SE PRODUCEN INMEDIATAMENTE TRAS EL PARTO SUELEN PROVOCAR AUGES Y DEPRESIONES EMOCIONALES, ASÍ QUE NO TE SORPRENDAS SI DURANTE LOS PRIMEROS DÍAS O SEMANAS ROMPES A LLORAR SIN RAZÓN APARENTE.

Dar a luz es un esfuerzo enorme, por lo que muchas mujeres se sentirán físicamente y emocionalmente exhaustas. Además, en lugar de poder recuperar con paz y tranquilidad ese sueño tan necesitado, deberás permanecer de guardia día y noche. De repente, te das cuenta de que eres completamente responsable de este nuevo ser humano indefenso. Son unas emociones muy fuertes y difíciles a las que hacer frente, en especial para las madres primerizas, y no es de extrañar que te sientas vulnerable y llorosa, pero deja que te diga que esos sentimientos y esas reacciones son completamente normales y también temporales, ya que comenzarán a desaparecer en los próximos días o semanas a medida que tus niveles hormonales se estabilicen y te adaptes a tus nuevas exigencias.

EL VÍNCULO

Muchas madres me indican su preocupación sobre si estarán creando un vínculo adecuado con su bebé. Creo firmemente que no hay una forma más o menos adecuada de llegar a conocer y aprender a querer a tu bebé. Algunas mujeres se quedan prendadas inmediata e incondicionalmente por su recién nacido, mientras que otras estarán tan impresionadas por el parto que necesitan un tiempo para adaptarse. Sin embargo, sólo porque el llamado proceso de apego comience un poco más despacio, no significa que vayan a ser malas madres o que su bebé vaya a sufrir en el futuro, así que por favor no caigas en la trampa de sentirte culpable o incompetente. El vínculo con tu bebé surgirá a su debido tiempo y si recuerdas ésto evitarás mucha ansiedad y angustia innecesarias.

Otro problema habitual que surge al comienzo del período posparto es que muchas mujeres se esfuerzan por conseguir una "perfección imaginaria" en cuanto vuelven a casa y al comprobar que es prácticamente imposible de conseguir se sienten angustiadas y frustradas. La realidad es que tu nuevo estilo de vida es impredecible. Los bebés rara vez comprenden cómo adaptarse a tu percepción de rutina diaria ideal y llevará un tiempo y mucha paciencia alcanzar cierto grado de compromiso aceptable para los dos.

LA TRISTEZA PUERPERAL

Las exigencias de un bebé son infinitas y normalmente tediosas, y muchas mujeres, en especial cuando tienen su primer hijos, de repente sienten que se quedan solas, con el bebé en brazos. En el pasado las mujeres estaban rodeadas de familiares también mujeres que ayudaban cuando llegaba un bebé, pero en la actualidad las mujeres están más aisladas y, usualmente deben hacer frente a todo esto solas.

La gran mayoría de las mujeres experimentan cierto grado de "tristeza puerperal" durante la siguiente semana al nacimiento de su bebé. La tristeza puerperal suele comenzar en el cuarto o quinto día, justo cuando empiezas a tener leche, y te sientes especialmente incómoda desde el punto de vista físico. Sin embargo, por muy preparada que sientas que estás para el período posparto y al margen de la cantidad de personas que te hayan advertido que esto ocurriría, la tristeza puerperal te tomará por sorpresa. Tú esperarás seguir sintiéndote eufórica y alegre por haber dado a luz a un bebé sano, pero de repente e inexplicablemente te encontrarás llorando descontrolada. Creo que el aspecto más inquietante para la mayoría de las mujeres es que no pueden hacer nada por estas extraordinarias oleadas de emoción.

El período de tristeza puerperal suele desaparecer en un par de semanas, ya que comenzarás a recuperarte físicamente, tus niveles hormonales se asentarán, aprenderás a cuidar a tu bebé y encontrarás la manera de asegurarte de no tener que hacer frente a todo sola. En el caso de algunas madres estos sentimientos de leve depresión no mejoran y pueden experimentar una depresión posparto.

LA DEPRESIÓN POSPARTO

Siempre ha sido difícil determinar con exactitud cuántas mujeres sufren depresión posparto, y dependiendo de a quién preguntes, la respuesta podría variar entre el 5 y el 20 por ciento de todas las mujeres durante el primer año de vida de su bebé. Estoy segura de que esta incertidumbre se debe a que muchas mujeres se avergüenzan de su sensación de angustia y son reticentes a descubrir su problema y pedir ayuda, y también a que sus familias, amigos y médicos no son capaces de reconocer que la tristeza puerperal se ha convertido en un problema más serio. La depresión es una

SIGNOS DE DEPRESIÓN

Si experimentas algunos de los siguientes sentimientos puede que padezcas una depresión posparto:

▶ cansancio abrumador, sueño alterado y despertar muy temprano

▶ ansiedad persistente y baja autoestima

▶ falta de concentración

▶ ganas de llorar

▶ boca seca, falta de apetito o estreñimiento

▶ pérdida de libido

▶ rechazo hacia tu pareja

"...síntomas de la depresión posparto pueden no hacerse patentes hasta la revisión de los cuarenta días".

enfermedad y cuando no estás bien es difícil ser objetiva. Como resultado puede que incluso no seas consciente de que la tienes.

Los síntomas de la depresión posparto (*véase* p.391) pueden no hacerse patentes hasta la revisión de los cuarenta días y pueden surgir en cualquier momento a lo largo del primer año tras el parto. La depresión posparto puede durar sólo unas semanas, pero si no se diagnostica o no se trata, puede persistir durante bastante tiempo y afectar gravemente. Las madres que han tenido partos complicados son más propensas a tener depresión posparto. Y en el caso de las madres de gemelos o trillizos el diagnóstico suele retrasarse porque se supone que los síntomas de la mujer reflejan el hecho de que tiene más razones para sentirse cansada, agobiada o experimentar dificultades para hacer frente a la vida.

Para los casos más leves, el tratamiento puede ser simplemente cuestión de asegurarse de que la mujer recibe suficiente apoyo tanto emocional como práctico. Sin embargo, los casos graves podrían tener que recibir tratamiento con antidepresivos (no están contraindicados para la lactancia). El asesoramiento y la psicoterapia con o sin medicación también desempeñan un papel importante.

Nadie sabe qué causa exactamente la depresión posparto. Puede ser que el brusco cambio en el equilibrio hormonal tras el parto sea importante, pero el hecho de que esto afecte a unas mujeres más que a otras sugiere que hay otros detonantes como factores genéticos o ambientales. Quienes ya han sufrido depresión en el pasado tienen más probabilidad de sufrir depresión posparto. Es más, de entre las mujeres que han tenido depresión posparto tras un embarazo previo, una de cada cuatro reincidirá en cada embarazo. Aunque no está directamente relacionado, es importante recordar que en la época posparto los trastornos de tiroides son muy frecuentes y que éstos pueden originar síntomas muy similares a los de la depresión posparto, por lo que en el caso de mujeres que se vuelven especialmente aletargadas o hiperactivas es conveniente realizar un examen de tiroides.

PSICOSIS PUERPERAL

Se trata de una seria enfermedad psicótica que se diferencia de la depresión posparto severa porque suele aparecer a lo largo de las dos semanas después del parto e implica síntomas esquizofrénicos o maníaco depresivos. Se cree que la psicosis puerperal afecta a una de cada 500 mujeres, aunque si ya se ha producido un episodio anterior, el riesgo de reincidencia puede ser hasta de un 25-50%. A veces la madre corre el riesgo de intentar suicidarse o hacer daño a su bebé y deberá permanecer bajo vigilancia en una unidad de seguridad para madres e hijos.

ESTRATEGIAS PARA SUPERAR LA DEPRESIÓN POSPARTO

EN PRIMER LUGAR Y ANTES DE NADA, CADA MADRE DEBE RECORDARSE A SÍ MISMA QUE ESTÁ HACIÉNDOLO LO MEJOR POSIBLE Y QUE, POR SUERTE, NO EXISTE LA MADRE PERFECTA, POR MUCHO QUE COMENTEN LOS EXPERTOS EN CUIDADO INFANTIL Y QUIENES LA RODEAN.

Si caes en una depresión hay varias cosas que puedes hacer para que la enfermedad dure lo menos posible. Recuerda que la madre perfecta no existe y si estás haciendo tu mejor esfuerzo, eso es todo lo que cualquier persona puede esperar de ti en esta difícil etapa.

Las expectativas puestas en las madres recientes suelen ser tan excesivas como irrealistas, cuando la mujer parece no conseguir llegar a ser la madre ideal, se le suele hacer sentir culpable, incompetente y desconcertada. Por lo tanto, no es difícil ver lo sencillo que puede ser que todo esto haga que una mujer experimente algunos o todos los síntomas de la depresión posparto.

Lo siguiente que deberías recordar es que necesitas reservar algún tiempo para ti pues todo el mundo se centra tanto en el bebé que la salud emocional y física de la madre a veces suelen pasarse por alto. A continuación aparecen algunos consejos que te ayudarán a enfrentarte desde el punto de vista físico y emocional a la tarea de ser una nueva madre.

▸ **Evita permanecer aislada** y procura salir de casa al menos una vez al día.

▸ **Busca otras madres primerizas** pues muchas de ellas estarán experimentando las mismas emociones que tú y pueden suponer una red de apoyo.

▸ **Asegúrate de recibir toda la ayuda doméstica que puedas.** Si es necesario, paga por ello.

▸ **No sufras en silencio.** Habla con tu pareja, tus amigos y tu familia, y asegúrate de que comprenden tus sentimientos y te ayudan práctica y emocionalmente.

▸ **Busca ayuda médica** No dudes en hablar con tu médico si te sientes desanimada. Te podrá recetar un breve tratamiento con antidepresivos (que no interfieran en la lactancia) y/o recomendarte acudir a la consulta de un terapeuta.

▸ **Realizar ejercicio con regularidad** y respirar aire fresco harán maravillas con tu sensación de bienestar.

▸ **Procura asegurarte de comer con regularidad y sensatez.** Algo especialmente importante para que la lactancia sea óptima.

▸ **Las mujeres, y las madres en especial, se sienten culpables con facilidad.** No lo hagas. Tienes derecho a protestar y sentirte infeliz por tu situación.

▸ **Concédete caprichos** o cosas que te apetezca hacer. Acepta ofertas de familiares o amigos para cuidar al bebé y date algún tiempo para ti misma.

▸ **Ponte en contacto con organizaciones y grupos de apoyo** que traten la depresión posparto.

"... no olvides reservar un tiempo para ti misma durante el período posparto".

LOS PRIMEROS DÍAS Y SEMANAS EN CASA

AHORA QUE YA ESTÁS EN CASA CON TU PEQUEÑO BEBÉ, EMPEZARÁ A SURGIR TODO TIPO DE ANSIEDAD, PERO RECUERDA QUE LOS BEBÉS SON MÁS FUERTES DE LO QUE PARECE, ASÍ QUE AL MARGEN DE QUE PUEDA CAERSE POR ACCIDENTE, NO HAY NADA QUE PUEDAS HACER QUE PUDIERA HACER DAÑO A TU BEBÉ.

LA FUNCIÓN DE LOS ABUELOS

Acepta todas las ofertas que te propongan. Los abuelos en especial te apoyarán con entusiasmo mientras tú te adaptas a tu nueva vida.

Durante las primeras semanas, procura encontrar a alguien que realice las tareas del hogar, en especial las que impliquen elevar pesos o inclinarse ya que debes guardar toda tu energía para tu bebé. Cuanta más ayuda tengas, más rápido te recuperarás. También debes asegurarte de que la vuelta a casa no haga que ésta se convierta en un hotel o una cafetería. Por supuesto que la familia y los amigos querrán ver al nuevo bebé, pero asegúrate de que te echan una mano mientras dura su visita.

Los primeros días tras el parto deberás visitar al médico, que te examinará y comprobará los progresos del bebé. Además te ayudará con los problemas de lactancia que puedas tener. Más adelante, acudirás a la revisión de los 40 días, donde se te volverá a examinar para comprobar que tu cuerpo ha vuelto sin problemas a su condición original. También deberás acudir con el bebé a las consultas pediátricas necesarias que te indicará un especialista antes de abandonar el hospital.

Paso a paso

Muchas mujeres sienten que una vez de vuelta a casa no les dan ganas de salir a la calle durante unos días. De hecho, para algunas el cuidado de un bebé recién nacido ocupa todo su tiempo y horas de insomnio, por lo que lo último que quieren hacer es exponerse al rápido ritmo de la vida de puertas afuera. Es una reacción completamente normal y te aconsejo que hagas sólo lo que te apetece hacer para que puedas recuperarte del parto y puedas conocer a tu hijo a tu ritmo. Durante los próximos meses tu sueño se verá muy alterado y probablemente estarás muy cansada al dispensar cuidados a tu bebé durante las 24 horas del día, así que ve paso a paso desde el principio y en lugar de intentar hacer todas las tareas de la casa mientras el bebé duerme (dormirá una media de 16 horas al día) utilízalas para recuperar descanso y sueño tú también.

PREOCUPACIONES MÁS FRECUENTES SOBRE EL BEBÉ

EL CORDÓN UMBILICAL

Los restos suelen permanecer durante unos 10 días tras el parto, un tiempo en el que deberás lavarlo y secarlo cuidadosamente y a diario para evitar una infección. Tu médico o la farmacia podrá procurarte polvos y gasas especiales para acelerar este proceso, que ayudará a que el cordón simplemente se caiga y quede tan sólo el ombligo.

VÓMITOS

Los bebés suelen vomitar parte de su alimento en especial cuando intentan eructar. No debes preocuparte a no ser que el vómito se produzca con fuerza y después de cada toma (*véase* estenosis pilórica p.434), en cuyo caso deberás acudir al pediatra.

CÓLICOS

Los cólicos dan lugar a calambres y dolor abdominal y no es extraño que el bebé llore y sea difícil calmarlo después de comer. Si medidas sencillas como poner al bebé sobre tu pecho y masajearle la espalda para ayudarle a expulsar el aire no dan resultado, consulta a tu pediatra.

DIARREA

Durante los primeros días tu bebé excretará meconio, y después sus deposiciones se tornarán de un color entre amarillo y marrón. Los bebés que se alimentan de leche materna suelen hacer unas deposiciones menos densas que los alimentados con leche artificial, pero si tu bebé comienza a expulsar heces de tono verdoso es probable que sufra diarrea. Los bebés muy pequeños pueden deshidratarse con facilidad, lo que debe tratarse con urgencia. Dale un poco de agua hervida y fría; si la diarrea es constante, tiene la boca seca y la fontanela anterior está hundida, ponte en contacto con el médico de inmediato.

DERMATITIS DEL PAÑAL

El amoniaco de la orina irrita la delicada piel del bebé, por lo que no es de extrañar que la mayoría de los bebés experimenten dermatitis del pañal en cierta medida aunque se les cambie de pañal con frecuencia. Esta afección puede empeorar si se utilizan productos, cremas y toallitas perfumadas que no sean hipoalergénicas. Es mejor lavarle la cola con agua y jabón para bebés no perfumado y secarlo suavemente dando unas ligeras palmaditas. Aplicar suavemente cremas con barrera de zinc y sulfuro en la zona enrojecida puede ayudar a curar la piel y protegerla de irritaciones posteriores.

SECRECIÓN OCULAR

Suele deberse a una leve infección ocular llamada conjuntivitis que se produce inmediatamente tras el parto cuando la sangre u otros fluidos pueden entrar en contacto con el ojo. Limpiar suavemente cada ojo con un algodón empapado de agua hervida suele resolver el problema, pero si éste persiste, tu pediatra te recetará un antibiótico.

MANCHAS FACIALES

Los pequeños granitos blancos (milium) con los que nacen muchos bebés suelen desaparecer a las pocas semanas sin ningún tratamiento. Si se infectan y enrojecen, lávalos con agua hervida antes de aplicar ninguna crema antiséptica.

Ponte en contacto inmediato con tu médico si tu bebé:

▶ vomita continuamente

▶ expulsa heces verdosas y líquidas

▶ está aletargado

▶ es irritable y come mal

▶ comienza a respirar emitiendo un silbido o tiene catarro

▶ respira con mucha rapidez, lentitud o irregularidad

▶ presenta fiebre

▶ muestra síntomas de una infección o erupción cutánea

LA ALIMENTACIÓN DE TU BEBÉ

LA MAYORÍA DE LAS MUJERES YA TIENEN UNA IDEA FORMADA SOBRE SI QUIEREN AMAMANTAR O NO. ES UNA DECISIÓN PERSONAL Y CREO QUE NO SE DEBE HACER SENTIR MAL A LAS MUJERES INNECESARIAMENTE SI, POR CUALQUIER RAZÓN, DECIDEN ALIMENTAR CON LECHE ARTIFICIAL DESDE EL COMIENZO.

Es importante ser consciente de que con la lactancia puedes ofrecer a tu bebé importantes beneficios a largo plazo, aunque sólo sea durante unas semanas. Los bebés amamantados tienen menos probabilidad de sufrir infecciones y alergias. Amamantar durante un mínimo de dos meses reduce el riesgo de que la madre desarrolle un cáncer de mama. Desde el punto de vista práctico, la lactancia no requiere biberones o esterilizador y puede realizarse en cualquier momento y en cualquier lugar.

LA LACTANCIA

Cuando un bebé succiona un pezón y la areola suceden dos cosas. En primer lugar, se estimula la glándula pituitaria de la madre para que libere la hormona prolactina, que produce leche. En segundo lugar, la glándula pituitaria también libera oxitocina, que estimula la contracción de los alvéolos y obliga a que la leche penetre en los conductos galactóforos y llegue al pezón. Este proceso se denomina reflejo de bajada de la leche.

PRODUCCIÓN DE LECHE

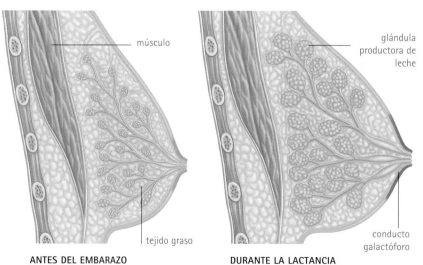

músculo

glándula productora de leche

tejido graso

conducto galactóforo

ANTES DEL EMBARAZO

DURANTE LA LACTANCIA

ESTRUCTURA DE LAS MAMAS *Tu pecho está formado por una combinación de tejido adiposo y tejido secretor. Cada pecho contiene entre 15 y 25 lóbulos que están drenados por un conducto galactóforo que llega al pezón. Los lóbulos están formados por un alvéolo individual que se hincha y contiene la leche.*

Durante los primeros días después del parto tus senos producirán sólo pequeñas cantidades de calostro (entre 3 y 4 cucharaditas al día). Es una secreción concentrada de color amarillo claro que le proporciona al bebé el agua, las proteínas y los minerales que precisa hasta que produzcas leche. El calostro también contiene dosis elevadas de anticuerpos maternos y una sustancia con actividad antibiótica natural llamada lactoferrina, que ayuda a combatir las infecciones. Si por cualquier razón tu bebé no permanece contigo los días inmediatos al parto, intenta extraerte el calostro y pide que se lo den al bebé.

Tus senos comienzan a producir leche blanca en cantidades cada vez mayores a partir del tercer día. La leche materna contiene grasa, hidratos de carbono, proteínas y otros nutrientes en las proporciones adecuadas para asegurar el crecimiento sano del bebé. Cuando produzcas leche verás que amamantarás hasta una docena de veces en el ciclo de 24 horas, y pronto lo harás durante unos 20 minutos en cada toma cada dos o cuatro horas.

UNA LACTANCIA CORRECTA

Tu bebé debería tener todo el pezón y gran parte de la areola en su boca, realizando una firme adherencia. A medida que presiona el pezón contra su paladar, extraerá la leche.

CÓMO DAR DE MAMAR

Toda la areola debería estar introducida en la boca del bebé para que pueda "aferrarse". Si se adhiere al seno correctamente, tendrá la boca bien abierta y tú deberás notar un efecto de succión en toda el área. Su labio superior queda elevado y curvado hacia arriba; podrás ver cómo sus orejas y la mandíbula se mueven rítmicamente mientras succiona. Si no lo hace correctamente, comienza de nuevo. No dejes que succione sólo el pezón porque te dolerá y se agrietará. El bebé deberá vaciar un seno en cada toma para asegurar que toma tanto la leche del comienzo, como la leche posterior, que es más densa y nutritiva.

Es esencial que tú te estés cómoda al dar de mamar, así que apoya la espalda adecuadamente y coloca un cojín bajo el bebé para que no tengas que inclinarte. El bebé deberá estar mirando hacia ti en lugar de tener simplemente la cabeza girada hacia tu pecho. También puedes intentar acostarte con el bebé a tu lado.

LA EXTRACCIÓN DE LA LECHE

Puedes extraerte la leche a mano o con un sacaleches, aunque a mano puede ser más demorado. Los sacaleches están provistos de un embudo que se coloca sobre la areola y que forma una cámara de vacío. El bombeo puede ser manual o eléctrico. Antes de extraerte la leche necesitarás esterilizar los recipientes para almacenarla. Podrás guardarla en la nevera hasta 24 horas o congelarla en una bolsa de congelación esterilizada hasta seis meses.

LA LACTANCIA

P&R

▶ **Mis senos han crecido mucho y me duelen. ¿Qué debo hacer?**

Es habitual que los senos se hinchen y crezcan debido a una sobreproducción. Tener unos senos febriles, hinchados y duros puede ser muy doloroso, pero es normal y suele aliviarse en unas 24 horas. A medida que el bebé comienza a alimentarse con regularidad tu cuerpo se adaptará a producir la cantidad correcta de leche necesaria para alimentarlo.

Cuando notes que el seno se hincha intenta extraer la leche con regularidad para evitar que la leche se filtre por el tejido mamario circundante, lo que puede producir una mastitis (*véase* infección mamaria, p.432-3). Hay varias cosas que puedes hacer para vaciar los senos hinchados y evitar una inflamación:

• Alimentar a tu bebé un poco y con frecuencia.

• Extraer un poco de leche antes de comenzar a dar de mamar, lo que ablandará el pezón y ayudará a que el bebé pueda atraparlo.

• Aunque tengas el pezón agrietado, debes intentar vaciar el seno utilizando una pezonera o extrayendo la leche con regularidad.

• Si el bebé no come bien, extrae la leche y guárdala o deséchala. La producción de leche se rige por la ley de la oferta y la demanda, de modo que si no vacías un seno lleno con frecuencia, la producción posterior será menor.

▶ **¿Cómo puedo curar la obstrucción mamaria?**

Si notas enrojecimiento y dolor en el seno, tienes una obstrucción mamaria. Se trata de algo muy habitual, pero para evitar que evolucione en una mastitis:

• Comienza a amamantar siempre con ese seno, la succión es más fuerte al comienzo de la toma.

• Coloca una gasa de algodón caliente o una hoja de col fría dentro de tu sujetador sobre la zona enrojecida.

• Alimenta a tu bebé colocándote sobre las cuatro extremidades de manera que tus senos cuelguen lo que les permitirá vaciarse con mucha más rapidez.

• Extrae la leche de ese seno para ayudar a eliminar el bloqueo.

▶ **Mi pezón está agrietado y es realmente doloroso. ¿Qué debo hacer?**

Oblígate a seguir amamantando con ese seno para evitar que se inflame. Si fuera necesario, extráele la leche hasta que el pezón se recupere y mientras tanto alimenta a tu bebé con el otro seno. Tras la toma, aplícate un poco de tu leche o saliva en el pezón y deja que se seque al aire. Expón tus pezones al aire todo lo posible y cámbiate las almohadillas absorbentes tras cada toma para ayudarles a curarse.

▶ **Creo que mi bebé no está engordando todo lo que debería. ¿Qué puedo hacer?**

Los bebés que son amamantados suelen engordar más despacio que los bebés alimentados con leche de fórmula, pero el gráfico de crecimiento que podrás ver en el centro de salud ofrece un amplio espectro del peso considerado "normal". Si tu pediatra está preocupado por la ganancia de peso de tu bebé, formúlate las siguientes preguntas:

• ¿Comes lo suficiente? Una lactancia exitosa requiere una ingesta adicional diaria de 500 calorías, y de 1.000 si se trata de gemelos, para que tu cuerpo produzca suficiente leche.

• ¿Bebes lo suficiente? Se necesita una gran cantidad de líquido para ayudar a la producción de leche. Procura beber un litro de agua al día aparte de tu ingesta diaria. .

• ¿Descansas lo suficiente? Si estás cansada tu producción de leche se reducirá.

LA ALIMENTACIÓN ARTIFICIAL

Esto ofrece algunas ventajas, una de ellas es que tu pareja puede ayudarte a alimentar al bebé. La leche de fórmula está elaborada con leche de vaca (también hay variedades de soya si tiene alergia a la leche de vaca) y está enriquecida con vitaminas y minerales esenciales.

Si, como muchas mujeres, comienzas amamantando y después pretendes cambiar a la leche de fórmula, el cambio debe ser gradual, comenzando con un biberón al día de manera que el bebé pueda acostumbrarse a la tetina y al sabor de la leche de fórmula. De esta manera, evitarás también que tus senos se inflamen. Si al amamantar has logrado extraerte leche, el cambio a la alimentación con biberón debería ser más sencillo. A veces conviene que otra persona le dé el biberón.

Si lo has alimentado con biberón desde el principio, probablemente verás que tu leche no surge con demasiada fuerza y que poco a poco desaparece. Los bebés alimentados con leche artificial necesitan menos tomas al día y se despiertan menos por la noche porque la leche de vaca forma una cuajada mucho más sólida que se tarda más en digerir, de ahí la fuerte tendencia de los bebés alimentados así a hacer tomas más espaciadas.

La higiene y la organización son muy importantes. Lávalos a conciencia antes de esterilizarlos y utiliza agua esterilizada enfriada para prepararlos. Puedes hacer los biberones para las tomas de 24 horas y almacenarlos en la nevera. Los bebés alimentados con biberón también necesitan beber agua. El agua hervida y enfriada es la mejor opción.

La temperatura de la leche maternizada es costumbre, ya que a algunos bebés les gusta tomarla fría. Si la calientas, comprueba siempre la temperatura en la parte interior de tu muñeca y si la calientas en el microondas, agita el biberón para dispersar el calor antes de comprobarla.

LA EXPULSIÓN DEL AIRE

Los bebés alimentados con leche de fórmula tienden a tragar más aire, ya que su boca forma una cámara de vacío más débil alrededor de la tetina, de manera que necesitan eructar. Las dos posturas principales para que tu bebé eructe son colocándolo sobre tu hombro o sentado en tu regazo. Si lo sientas en tu regazo, asegúrate de que la cabeza no se le inclina hacia abajo. El esófago (tubo de alimentación) debe permanecer relativamente derecho para que el aire pueda salir con facilidad. Acaricia o aplica suaves palmadas sobre su espalda y coloca un babero bajo su barbilla para atrapar la leche que pueda expulsar con el eructo. Algunos bebés eructan más que otros, pero con el tiempo averiguarás la manera más eficaz de solucionarlo.

LA EXPULSIÓN DEL AIRE

Siéntalo en tu regazo utilizando una mano para sostener su cuello y evitar que se le ladee la cabeza mientras que con la otra acaricias firmemente su espalda.

LA ADAPTACIÓN DE LA FAMILIA

POR MUCHO QUE PREGONARAS QUE TU BEBÉ NO TE CAMBIARÍA LA VIDA, LA REALIDAD PUEDE SER MUY DIFERENTE. TENER UN BEBÉ CAUSARÁ UN ENORME CAMBIO EMOCIONAL, PRÁCTICO Y FINANCIERO EN TU VIDA.

TU PAREJA

SER PAPÁ Deja que tu pareja se implique todo lo posible en el cuidado del bebé, aunque su manera de hacer las cosas sea algo diferente a la tuya.

Los padres suelen quedar al margen durante el período de adaptación tras el nacimiento porque la madre y el bebé suelen recibir toda la atención. Sin embargo, es fácil que tu pareja también se sienta cansado físicamente, aunque se espera que te apoye y comprenda y se muestre bien con las exigencias que un nuevo bebé ha impuesto en su estilo de vida. Estoy segura de que la clave reside en una comunicación clara sobre las necesidades de cada uno.

Intenta que tu pareja se implique en el cuidado del recién nacido, pues esto le ayudará a comprender algunas de las dificultades que puedes estar experimentando, y evita que se sienta excluido, para lo cual probablemente debas quitarte de en medio en cierto modo y permitirle hacer las cosas a su manera. Resiste la tentación de juzgar continuamente su manera de cambiarle los pañales o su técnica para vestirlo. Los bebés se adaptan muy bien y lo último que querrás es minar la capacidad de tu pareja de ayudarte a cuidarlo.

Quizá adviertas que tu pareja termina sintiéndose físicamente alejado de ti durante estas primeras semanas, en especial si estás amamantando al bebé, y no es difícil comprender cómo esto puede convertirse en otra fuente de resentimiento. Estás atrapada en un fuerte vínculo que se ha creado con tu bebé y pareces tener infinidad de caricias y besos para él, pero no suficiente energía para nadie más por lo que puede que tu pareja se sienta rechazado. Con el tiempo esta situación cambiará, pero reconocer que él pueda necesitar cierto grado de confirmación de que no va a quedar fuera permanentemente es una consideración importante que deberás hacerle saber.

LA REANUDACIÓN DE TU VIDA SEXUAL

EL SEXO ES OTRO DE LOS ASPECTOS QUE RARA VEZ LOS NUEVOS PADRES TRATAN ABIERTAMENTE ENTRE SÍ O CON LOS MÉDICOS. SIN EMBARGO, SE CALCULA QUE UN AÑO DESPUÉS DEL NACIMIENTO DE SU PRIMER HIJO MÁS DEL 50 POR CIENTO DE LAS PAREJAS NO HA RECUPERADO LA ACTIVIDAD SEXUAL DE QUE GOZABAN ANTES DEL EMBARAZO

Esta cifra sugiere que en esta época es habitual que las parejas experimenten un cambio significativo en el deseo, la frecuencia y la calidad de sus relaciones sexuales. Existen muchos factores que pueden justificar este hecho, pero una apreciación de las razones más probables puede ayudarles a analizar y mejorar la situación.

▶ **Muchas madres están tan agotadas** por el parto y las continuas exigencias de su bebé, que la único que quieren hacer en la cama es dormir hasta la siguiente vez que su bebé las despierte para comer.

▶ **La cicatriz de la episiotomía** puede hacer que la penetración sea dolorosa durante unas semanas.

▶ **La sequedad vaginal** es una consecuencia de la lactancia (niveles hormonales irregulares) y puede hacer que las relaciones sexuales sean dolorosas.

▶ **Algunas mujeres sienten que han dejado de ser atractivas** para su pareja porque han ganado peso durante el embarazo, porque sus senos expulsan leche al tacto, o porque después de una cesárea tienen una enorme cicatriz abdominal.

▶ **Las mujeres suelen sentir falta de apoyo**, soledad, preocupación o indiferencia tras dar a luz, lo que puede causar la pérdida de la libido. La depresión posparto es mucho más habitual de lo que se suele pensar (véase p.391) y las madres pueden experimentar sus síntomas hasta un año después de haber dado a luz.

▶ **Los hombres también sufren una pérdida temporal del deseo** simplemente debido al cansancio o al hecho de estar adaptándose a su nueva función como padres, pero podría tener una causa mucho más profunda. Por ejemplo, algunos hombres ahora ven a su pareja más como una madre que como amante, o les angustia el hecho de haber sido testigos del difícil parto vaginal de su pareja y el dolor que sufrió. Es importante comprender que no es raro ni eres la única a quien su deseo sexual la ha abandonado durante las semanas o meses tras el parto. También es importante que hables con tu pareja sobre los problemas físicos o emocionales que estás experimentando. Ambos necesitarán ser francos con el otro para evitar que el resentimiento y la ira compliquen una situación delicada y potencialmente explosiva. La mayoría de las parejas opinan que les resulta mucho más fácil afrontar la situación si reciben confirmaciones regulares de que aún se les ama y valora. Mantener un contacto físico regular, aunque sólo sean abrazos o besos, durante los primeros meses después del parto puede ayudar a reforzar el hecho de que ésta no es una situación permanente.

Con el tiempo, reanudarán su vida sexual, pero llevará tiempo y puede que no sea con la misma frecuencia. Sin embargo, muchas parejas descubren que el cambio en su relación y estilo de vida ha dado como resultado a la larga una intimidad sexual de mucho mayor nivel.

LOS HERMANOS

La llegada de un nuevo bebé a la casa puede ser un golpe desagradable para tus otros hijos pequeños, a los que les podría resultar difícil aceptar esta nueva situación. Quizá los ayude una preparación psicológica e intentar implicarlos en la preparación práctica de la llegada del bebé. También los amigos y familiares pueden facilitar la situación llevando un pequeño regalo para los celosos hermanos así como para el recién nacido, jugando con ellos o llevándolos a pasear.

Durante las semanas siguientes al parto procura preservar la continuidad de la vida de los demás hermanos para que no sientan que su vida familiar se altera por completo a causa del nuevo bebé, de manera que sigue llevándolos a la guardería y a las actividades extraescolares, invita a sus amigos a jugar y, en especial, mantén la rutina de la hora de acostarse siempre que sea posible.

EL RECIÉN LLEGADO

Durante las semanas siguientes a la llegada del nuevo miembro de la familia, intenta implicar a sus hermanos mayores todo lo que puedas.

Cómo hacer frente a los celos

Muchos niños buscan llamar la atención comportándose de una forma más fastidiosa, quejándose o siendo más traviesos durante las primeras semanas. No hay duda de que la llegada de un nuevo bebé a la familia suele provocar los celos de los demás hermanos, pero es algo a lo que debe hacerse frente en lugar de esconder la cabeza como un avestruz. En el caso de niños más mayores, animarlos a expresar sus sentimientos y decirles que los quieres tanto como antes te ayudará a tranquilizarlos. Sin embargo, con niños más pequeños es probable que también sea necesario mucha más afectividad y que pasen algún tiempo solos contigo cada día. Tu pareja y familiares cercanos pueden ayudarte cuidando al bebé durante unos instantes mientras tú les das a tus otros hijos esa atención individual tan necesitada.

No te sorprendas si tu hijo te pide que tires al bebé a la basura o lo devuelvas al hospital o a tu barriga. También debes ser consciente del hecho de que es fácil que tus hijos menores intenten hacer daño "accidentalmente" al recién nacido, pegándole cuando creen que no los ves. Son respuestas normales y totalmente predecibles, y puedo asegurarte que con el tiempo querrán a su nuevo hermano. No obstante, nunca debes dejar desatendido al bebé con otro niño pequeño en la misma habitación.

LA REVISIÓN DE LOS CUARENTA DÍAS

TU OBSTETRA TE EXAMINARÁ ALREDEDOR DE SEIS SEMANAS DESPUÉS DEL PARTO, LO QUE SUPONDRÁ UNA IMPORTANTE OPORTUNIDAD PARA HABLAR DE TODO LO QUE TE PREOCUPE. EN ALGUNOS PAÍSES TAMBIÉN SE EXAMINA AL BEBÉ EN ESTA CONSULTA

El examen de tu bebé comprenderá un examen físico completo y una valoración del progreso de su desarrollo desde el nacimiento, incluyendo:
• el crecimiento: tamaño, longitud y peso, que serán reflejados en un gráfico
• el perímetro craneal y una valoración de las fontanelas anterior y posterior
• los ojos, los oídos y la boca
• corazón, pecho y respiración
• órganos abdominales y genitales
• alineación de la cadera y estabilidad
• reflejos: grado de control de la cabeza, reflejo de prensión y tono muscular

Además de formularte preguntas sobre el bienestar general del bebé, su alimentación y hábitos higiénicos, el personal sanitario te informará sobre las fechas en que tendrán lugar las vacunaciones. Si tienes alguna duda, habla con tu médico o solicita más información en el Ministerio de Salud. Aunque la mayoría de las historias terribles que circulan sobre las vacunas se han refutado, y los nuevos programas de vacunación auguran una seguridad mucho mayor, aún hay bebés que corren riesgos como resultado de que sus madres deciden no administrarles algunas vacunas.

Tu examen asegurará que te has recuperado por completo del parto.
• Se medirá tu presión arterial.
• Se analizará tu orina para asegurar que no contiene proteína o sangre.
• Se te pesará y recomendará seguir una dieta si fuera necesario.
• Se examinarán tus senos y pezones.
• Se examinará tu abdomen para comprobar que el útero está bien contraído y, si se te ha practicado una cesárea, se examinará la cicatriz.
• Se realizará una exploración pélvica, si se te practicó una episiotomía o sufriste un desgarro perineal, para comprobar que la vagina se ha curado por completo y que no padeces dolor o molestias. Después de una cesárea o un parto vaginal complicado se llevará a cabo una exploración interna para comprobar que el útero está bien contraído, que no te duele y que no sufres ningún sangrado o pérdida por vía vaginal.

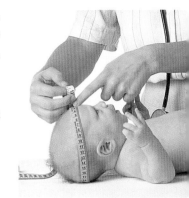

EL PERÍMETRO CRANEAL *de tu bebé será anotado.*

EL RITMO CARDÍACO DE TU BEBÉ *así como su respiración, se monitorizarán.*

SU GRADO DE CONTROL DE LA CABEZA *se comprobará.*

EL CUIDADO DE UN BEBÉ PREMATURO

ALREDEDOR DEL 10 POR CIENTO DE LOS BEBÉS NACEN ANTES DE LA SEMANA 37 Y SE CONSIDERAN PREMATUROS. MUCHOS DE ESTOS BEBÉS, AUNQUE SON MÁS PEQUEÑOS, PUEDEN RECIBIR LOS MISMOS CUIDADOS QUE UN BEBÉ NORMAL Y NO NECESITAN ATENCIÓN ESPECIALIZADA. TAMBIÉN ALREDEDOR DEL DOS O TRES POR CIENTO DE LOS BEBÉS NACIDOS A TÉRMINO NACEN CON UN PESO BAJO PARA SU EDAD GESTACIONAL, POR LO QUE NECESITAN CUIDADOS ESPECALES.

En términos generales, cualquier bebé cuyo peso sea menor de 2kg, será ingresado en la Unidad de Cuidados Intensivos de Neonatos (UCIN). Otros bebés prematuros pueden superar este peso, pero presentar otros problemas. Lo normal es que necesiten más tiempo para que sus pulmones crezcan y maduren y que así puedan respirar sin ayuda.

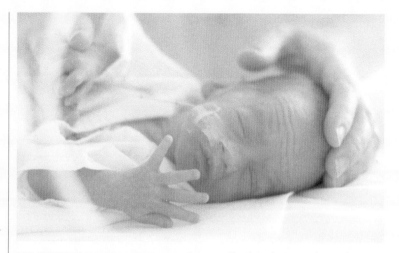

LAS CARICIAS SON MUY IMPORTANTES *Los estudios han demostrado que los abrazos y las caricias pueden ayudar a los bebés prematuros a crecer.*

LA UNIDAD DE CUIDADOS INTENSIVOS DE NEONATOS

Esta unidad especializada cuida de los bebés vulnerables en el entorno más favorable posible. La unidad protege a tu bebé de las infecciones limitando el acceso a todas las personas menos a las indispensables: el personal sanitario, los padres y los familiares más directos del bebé.

También hay un elevado número de personal sanitario al cargo de los bebés, y mientras están en la unidad los bebés permanecen monitorizados continuamente para asegurar la asistencia inmediata de cualquier problema. El personal suele animar a los padres a participar en el cuidado de su bebé y se preocupa por explicarles lo que sucede, de manera que comprendan y se sientan implicados.

Si tu bebé debe ingresar en una UCIN, será introducido en una incubadora y conectado a varios monitores y cables. Además podría necesitar ventilación para respirar. La primera visita a la UCIN siempre supone una experiencia muy impresionante para los padres. El personal médico permanecerá siempre cerca para tranquilizarte y responder a todas tus preguntas.

También te enseñarán a extraerte la leche y alimentar a tu bebé, a acariciarlo dentro de la incubadora y hablar con él. Además, incluso el bebé más pequeño suele poderse abrazar, así que te ayudarán a sacarlo de la incubadora. Poco a poco, aprenderás a cuidar de él, incluyendo el cambio de pañal, el baño y su alimentación. Cuando ya esté más fuerte y no precise ventilación, ambos podrán pasar más tiempo con su hijo, dependiendo del horario de visitas del hospital.

HACERLE FRENTE DESDE EL PUNTO DE VISTA EMOCIONAL

Uno de los mayores obstáculos que hay que superar cuando tu bebé pasa más de unos pocos días en una unidad especial es comprender el hecho de que vas a volver a casa sin él. Éste puede ser un golpe duro. Sin embargo, es esencial no sentirse culpable, aunque soy consciente de que del dicho al hecho hay mucho trecho. Es improbable que cualquier cosa que hayas hecho pueda haber contribuido activamente al nacimiento prematuro y puedes estar tranquila porque tu bebé ahora recibe el mejor cuidado posible para permitirle salir adelante e irse a casa lo antes posible.

Al volver a casa aprovecha esta oportunidad para recuperar las fuerzas y hacer toda adaptación emocional y práctica al hecho de tener un bebé.

Es más, no tienes que permanecer en el hospital a todas horas, en especial si tienes más hijos, ya que esto podría hacer que se resintieran cuando el bebé vuelva a casa. La época que tu bebé permanezca en el hospital puede ser un valioso tiempo de adaptación para los demás hijos, y

aunque no pases más que unas pocas horas al día con tu bebé en la UCIN, no hay la más mínima prueba que sugiera que esto vaya a causar un impacto negativo en tu capacidad para querer a tu hijo.

LA LLEGADA A CASA

En términos generales, un bebé volverá a casa cuando pueda ser alimentado sin problemas, cuando pese al menos 2kg, cuando tenga más de 34 semanas de gestación, esté ganando peso y pueda mantener su temperatura corporal.

Cuando el momento de ir a casa sea inminente, en muchas unidades optan por que la madre permanezca al menos una noche (tienen habitaciones especiales para este propósito), lo que le confiere la seguridad de poder cuidar a su hijo

por completo una vez que ambos estén en casa.

Los bebés prematuros suelen irse a casa dos o tres semanas después de la fecha en que se esperaba que nacieran, momento en el que, a no ser que exista un problema de salud subyacente, el bebé deberá ser tratado como cualquier recién nacido a término. Deberá recibir mucho cariño para que se sienta seguro y es improbable que muestre ninguna diferencia de comportamiento con respecto a un bebé a término.

Las etapas de desarrollo y de ganancia de peso de un bebé prematuro se calculan a partir de la fecha en que el bebé debía nacer y cuando cumpla dos años ya habrá alcanzado el mismo desarrollo que los niños a término.

LA ATENCIÓN DE UN NIÑO EN CUIDADOS INTENSIVOS

EL CUIDADO DEL BEBÉ *Se te animará a cuidar a tu bebé prematuro, incluyendo el cambio de pañales.*

EL CONTACTO *Hay muchas maneras de interactuar con tu bebé mientras está en la incubadora.*

PROBLEMAS Y COMPLICACIONES

CONDICIONES MÉDICAS PREEXISTENTES

Este capítulo incluye la mayoría de los trastornos con los que me suelo encontrar y sobre los que se me pregunta continuamente. Si eres consciente de padecer una condición médica preexistente o se te diagnostica una durante el embarazo, es importante que recibas ayuda médica especializada.

Epilepsia

Si sufres de epilepsia, es especialmente importante que se te mantenga bajo vigilancia médica intensiva mientras intentes quedar embarazada y durante el embarazo mismo. Algunos medicamentos para la epilepsia (en especial el valproato sódico y la carbamazepina) pueden causar anomalías en el bebé como defectos en el corazón y los miembros, retraso mental, LABIO LEPORINO y FISURA DEL PALADAR, por lo que es mejor cambiarlos por otras sustancias. Tu médico te recomendará la mejor medicación que debes tomar y, una vez embarazada, te citará para realizarte una ecografía especializada y así detectar las posibles anomalías fetales. El embarazo puede cambiar la forma en que el cuerpo metaboliza los medicamentos antiepilépticos y quizá necesites dosis mayores con el fin de no sufrir ningún ataque. Alguna medicación antiepiléptica puede reducir tus niveles de ácido fólico y, por lo tanto, necesitarás tomar dosis elevadas de suplementos de este ácido antes de quedar embarazada y durante las primeras 12 semanas de embarazo para minimizar el riesgo de tener un bebé con defectos en el tubo neural como la ESPINA BÍFIDA. Cualquier ataque sufrido por una mujer embarazada o en el período de posparto deberá estudiarse cuidadosamente.

Diabetes

En el embarazo se producen dos tipos de diabetes: diabetes mellitus preexistente y la DIABETES GESTACIONAL. La diabetes mellitus afecta al 3 por ciento de la población y como el embarazo suele exacerbar esta enfermedad, se necesitan cuidados prenatales especializados para minimizar las complicaciones maternales y fetales relacionadas con un embarazo diabético. Las mujeres con diabetes mellitus preexistente deberían procurar controlar adecuadamente sus niveles de azúcar en la sangre antes de quedar embarazadas, ya que la hiperglucemia en la concepción y durante el período de embriogénesis aumenta el riesgo de aborto y puede causar anomalías fetales graves.

A lo largo del embarazo se deberá continuar realizando un control riguroso de los niveles de azúcar en la sangre de la madre porque la glucosa materna, si bien no la insulina, atraviesa la placenta. Si tu diabetes suele estar controlada por medicamentos orales hipoglucémicos probablemente debas cambiar a inyecciones de insulina, pues las exigencias adicionales del embarazo dificultarán el control adecuado de tus niveles de azúcar en la sangre sólo con medicación, ya que ésta actúa más a largo plazo y de una forma menos predecible que la insulina y además atraviesa la placenta. La hiperglucemia maternal hace que el páncreas del feto segregue insulina adicional, lo que causa macrosomia (bebés grandes), policitemia (demasiados glóbulos rojos), falta de maduración pulmonar y problemas para el recién nacido como hipoglucemia, síndrome de distrés respiratorio agudo, ictericia y falta de control de la temperatura. Los bebés expuestos a niveles tanto elevados como bajos de azúcar en el útero tienen riesgo de sufrir la muerte en el útero y en el nacimiento. El crecimiento fetal y su bienestar se controlarán con regularidad. Es importante recordar que los bebés de algunas madres diabéticas sufren restricción en el crecimiento.

Las mujeres con diabetes son más propensas a desarrollar

hipertensión provocada por el embarazo, preeclampsia, polihidramnios, infecciones del tracto urinario y candidiasis. Al final de la gestación suele ser necesaria una combinación de medidas dietéticas cuidadosas y ajustes regulares en la dosis de insulina de la madre para mantener la estabilidad de los niveles de azúcar. Se te mostrará cómo comprobar tus propios niveles de azúcar en la sangre y a analizar tu orina en busca de cuerpos cetónicos. La previsión de la fecha del parto, que debería producirse en una unidad con una unidad de cuidados para neonatos, será dictada por la presencia o ausencia de complicaciones fetales o maternales.

Asma

Alrededor del 3 por ciento de las mujeres embarazadas presenta síntomas de asma que pueden pasar inadvertidos porque la mayoría tienen dificultad para respirar. El asma suele estar provocado por alergias a alimentos, productos químicos, polvo, polen y humo, o puede surgir después de una infección viral del tracto respiratorio. El asma suele intensificarse en el embarazo gracias al aumento en la producción de cortisona maternal. La inhalación de sustancias esteroides y broncodilatadoras no tiene ningún efecto en el feto, pero las mujeres que precisan esteroides por vía oral durante el embarazo tienen más riesgo de padecer PREECLAMPSIA y de tener un bebé con C.I.R. Durante el parto, que necesita ser

asistido con esteroides IV, la epidural y el entonox son las mejores opciones para aliviar el dolor. También debe fomentarse la lactancia.

Colitis ulcerosa

La inflamación del intestino delgado suele causar una fuerte diarrea con heces manchadas de sangre y mucosidad y estar acompañada por intensos dolores abdominales. Estos síntomas pueden intensificarse durante el embarazo como resultado del aumento en los niveles de la hormona esteroide de la madre. Se te recomendará no quedar embarazada hasta que los síntomas estén bajo control. Será preferible un parto vaginal ya que las mujeres con esta enfermedad tienen más riesgos de sufrir complicaciones postoperatorias.

Cardiopatías

No es frecuente que la madre sufra una cardiopatía durante el embarazo, pero se trata de algo potencialmente grave que siempre debería recibir atención en unidades con personal especializado. La causa más común de cardiopatía en mujeres embarazadas solía ser la cardiopatía reumática. Sin embargo, ahora hay un número significativo de mujeres que de niñas fueron sometidas a cirugía por una cardiopatía. La tremenda mejora en la esperanza de vida de estas mujeres ha supuesto que muchas de ellas ahora estén reclamando ayuda para lograr un embarazo exitoso. Los detalles sobre los

procedimientos están por fuera del ámbito de este libro, pero entre los más importantes se encuentran la prevención de una hemorragia repentina, asegurar que la segunda fase del parto sea breve y que el parto cuenta con la administración de antibióticos.

Hipertensión esencial

La hipertensión preexistente deberá controlarse de cerca si deseas quedar embarazada, ya que el riesgo de padecer PREECLAMPSIA (toxemia) y otros problemas graves como lesiones renales es mayor al comienzo del embarazo. Durante el mismo no se recomienda el uso de algunos medicamentos antihipertensivos, así que asegúrate de comentar previamente a tu médico tu deseo de quedar embarazada o tan pronto como el resultado del test de embarazo sea positivo.

Enfermedad renal

En ocasiones, una enfermedad renal aparece por primera vez durante el embarazo causada por un aumento en la carga de filtración que realizan los riñones y problemas adicionales de HIPERTENSIÓN ARTERIAL y PREECLAMPSIA. Las mujeres con enfermedades renales preexistentes necesitan comprender que el embarazo puede causar un notable deterioro en su función renal y adelantar la necesidad de diálisis. Si la enfermedad es progresiva es preferible embarcarse en un embarazo cuanto antes. El asesoramiento prenatal debería incluir consejos sobre los riesgos de las diferentes medicaciones para el feto y la fertilidad de la mujer, la necesidad de una cita previa y un posible cambio en la medicación, un control estricto de la presión sanguínea y detalles de los problemas obstétricos que pueden surgir.

Las mujeres con un transplante de hígado con buen funcionamiento suelen lograr tener un embarazo exitoso con ayuda especializada. Los medicamentos inmunodepresivos no aumentan significativamente el riesgo de anomalías fetales, pero suele producirse un parto prematuro por cesárea. Las mujeres que han sufrido un transplante deberían saber que corren un riesgo elevado de rechazo tras el embarazo.

Problemas de autoinmunidad

El lupus eritematoso sistémico es una enfermedad con afectación multiorgánica que puede afectar a los riñones, la piel, las articulaciones, el sistema nervioso, la sangre, el corazón y los pulmones. Los síntomas que presenta la madre pueden empeorar durante el embarazo y el posparto y si la madre tiene anticuerpos anti-Ro y anti-La, el feto correrá el riesgo de sufrir un bloqueo cardiaco y lupus neonatal. En el síndrome antifosfolípido la presencia de anticuerpos anti-cardiolipina o anticoagulante de lupus produce ABORTOS RECURRENTES, complicaciones al final del embarazo y un aumento del riesgo

de que la madre padezca TROMBOSIS. El tratamiento con aspirina y heparina mejora significativamente el resultado del embarazo. Las mujeres con esclerosis sistémica corren el riesgo de sufrir serias complicaciones en el embarazo si el corazón, los pulmones o los riñones están implicados. La artritis reumatoide suele mejorar durante el embarazo, pero suele producirse una recaída en el período de posparto. Los embarazos complicados por una enfermedad en el tejido conectivo requieren cuidados prenatales especializados por parte de un equipo multidisciplinar ya que los riesgos de PREECLAMPSIA, C.I.R., DESPRENDIMIENTO DE PLACENTA y premadurez son elevados y pueden agravarse por la medicación a base de esteroides.

Enfermedad de tiroides

Si tienes una tiroides hipo o hiperactiva es improbable que quedes embarazada hasta que tu función tiroidea no esté bajo control. Las mujeres con enfermedades de tiroides necesitan una cuidadosa supervisión durante el embarazo porque las alteraciones en su función tiroidea pueden quedar enmascaradas por los síntomas del embarazo. Si estás bajo medicación por tu tiroides, tu médico te recomendará si debes cambiar a otro tipo de medicación cuando quedes embarazada, y las dosis podrían tener que alterarse a medida que el embarazo progresa. El hipotiroidismo en el bebé causa cretinismo.

Acné

Aunque el acné no es grave, es importante recordar que algunos tratamientos farmacológicos pueden causar graves anomalías en el feto y que su administración debería ser suspendida antes de intentar la concepción. Si averiguas de forma inesperada que estás embarazada, no te alarmes; simplemente interrumpe el tratamiento.

Trastornos psiquiátricos

La esquizofrenia afecta a una de cada 1.000 personas y supone un problema para las mujeres embarazadas porque suelen ser solteras, estar socialmente aisladas y propensas a ser grandes fumadoras, bebedoras y consumidoras de drogas. El efecto de la medicación antipsicótica en el feto, la capacidad de la mujer de dar consentimiento informado para los procedimientos y la probabilidad de que sufra una recaída en el posparto tienen graves implicaciones para la seguridad de la madre y del bebé, unos problemas que están aumentando porque la medicación antipsicótica actual ya no reduce la fertilidad. Las mujeres con graves enfermedades depresivas suelen experimentar un empeoramiento durante el embarazo y el período posparto, que se agrava si se retira la medicación o se reduce de manera repentina. La depresión posparto se comprende mejor en la actualidad (véase p.391).

INFECCIONES Y ENFERMEDADES

Las mujeres embarazadas suelen preguntarme acerca de los efectos que puede tener una enfermedad infecciosa en su salud y la de su bebé. No es muy probable que las infecciones habituales, como los resfriados y la gripe, causen alguna lesión (*véase* p.32-3), sin embargo, hay otras que sí pueden tener efectos perjudiciales.

Varicela

Una persona con varicela contagia la enfermedad desde las 48 horas previas a la aparición de las ampollas hasta que aparecen las costras. Es tan contagiosa que el 90 por ciento de los niños la adquieren antes de la adolescencia, por lo tanto no es frecuente infectarse por primera vez durante el embarazo (3 de cada 1.000 casos).

Si te contagias de varicela por primera entre las semanas 0 y 8 de embarazo es muy poco probable que sufras un aborto, pero si la adquieres entre la semana 8 y la 20, tu bebé puede contraer el síndrome de varicela congénita con produce anomalías que afectan a los miembros, los ojos, la piel, los intestinos, la vejiga y el cerebro y problemas de crecimiento al final del embarazo, si bien el riesgo es bajo (1-2 por ciento). Entre las semanas, 20 y 36 el feto no se verá afectado, pero el virus permanecerá en su cuerpo y el bebé puede sufrir de herpes durante los primeros años de vida. Esta podría convertirse en una infección grave para el bebé (varicela neonatal) si comienza entre los primeros cinco días después del parto o dentro de las tres siguientes semanas, porque el sistema inmuno-lógico del recién nacido no es lo suficientemente maduro como para hacer frente al virus. Estas complicaciones pueden evitarse si se identifica el problema y se le administra al bebé una inyección especial de anticuerpos (denominada inmuno-globulina de Varicela-Zoster, IgVZ) antes de que aparezcan los síntomas, pues de esta manera se reduce la gravedad del ataque. El medicamento antiviral aciclovir puede reducir los síntomas si se comienza a tomar durante las 24 horas previas a la aparición de la erupción.

Si crees que has estado expuesta a la varicela, el médico te mandará un examen de sangre para determinar tu inmunidad; en caso de haber alguna duda, el bebé recibirá una inyección de IgVZ en el momento del nacimiento.

Rubeola

90 por ciento de las mujeres son inmunes a la rubeola bien porque ya se han contagiado de esta infección antes o porque fueron vacunadas de niñas. Del 10 por ciento restantes, sólo unas pocas contraen la infección por primera vez durante el embarazo, pero de ser así esto podría tener graves consecuencias para el feto, que podría desarrollar el síndrome congénito de rubeola. La infección se contrae por la inhalación de partículas de aire infectadas y los síntomas de la madre se presentan dos o tres semanas después de haber estado expuesta a ella. Suele aparecer una erupción, o unas manchas rosadas, en la cara y las orejas, que luego se extienden por el tronco; algunos síntomas asociados a la rubéola son dolor e inflamación de las articulaciones, fiebre e inflamación de las glándulas linfáticas. Las personas infectadas pueden contagiar a otras durante la semana anterior a la manifestación de los síntomas así como unos días después de que estos hayan desaparecido.

Si en algún momento del embarazo tienes una erupción, el médico te extraerá una muestra de sangre para determinar si se trata de rubeola, y repetirá la prueba dos semanas después para ver si has desarrollado alguna respuesta a los anticuerpos. Si antes de la semana 12 se confirma que tienes rubeola, tu bebé corre un riesgo del 80 por ciento de sufrir anomalías congénitas.

Parvovirosis

Los síntomas de la infección por parvovirus B19 son similares a los de la rubeola, pero pueden ser tan leves que pasan inadvertidos con facilidad. El parvovirus se propaga por medio de partículas y por contacto con objetos como la ropa de cama, la ropa y las alfombras. No causa anomalías congénitas y la mayor parte de las infecciones que se desarrollan durante el embarazo son seguidas por nacimientos de niños vivos sanos. No es habitual sufrirla durante el embarazo, pero puede causar un aborto tardío y la muerte intrauterina.

Citomegalovirus (CMV)

El CMV es uno de los virus del herpes y es tan común entre los niños pequeños, que el 50 por ciento de los adultos ya han sido infectados por él antes de la edad de 30 años. A menudo la infección pasa desapercibida, pero puede causar síntomas leves, parecida a los de la gripe, como dolor de garganta, fiebre no muy alta, dolor en las extremidades y cansancio. Suele adquirirse por contacto físico o por medio de la sangre, la orina, la saliva, el moco o la leche materna infectada.

Sólo pocas mujeres experimentan una infección por CMV durante el embarazo y, entre ellas, la posibilidad de transmisión del virus al bebé se encuentra alrededor del 40 por ciento. Estos bebés corren el riesgo de padecer CMV congénito, que puede causar retraso mental y problemas de audición, vista y dificultades en el desarrollo, pero la cantidad de niños infectados es pequeña. No existe ningún tratamiento para detener o invertir los efectos del CMV congénito, pero actualmente se están investigando nuevas medicaciones antivirales.

Toxoplasmosis

La mayor parte de la población es inmune a la toxoplasmosis debido a una infección previa cuyos síntomas suelen ser tan leves que fácilmente pasan inadvertidos. No es frecuente que la infección se produzca por primera vez durante el embarazo (1 de cada 2.000), pero en caso de hacerlo, puede causar serios problemas al bebé. Durante los tres primeros meses de embarazo el riesgo de que el bebé se infecte es bajo, mientras que las probabilidades de que sufra lesiones son elevadas e incluyen el aborto, bien sea temprano o tardío, o el nacimiento de bebés vivos con graves problemas neurológicos. En el período más cercano al parto, el bebé corre un peligro mayor de ser infectado, pero es menos probable que la infección congénita por toxoplasma cause lesiones.

En varios países se les realiza una análisis rutinario de la toxoplasmosis a todas las mujeres embarazadas y si el examen de sangre indica que la mujer está infectada, debe recibir un tratamiento antibiótico para reducir el riesgo de transmisión al bebé.

Tuberculosis

Los casos de infección por TB durante el embarazo solían ser escasos. Sin embargo, el aumento en la movilidad poblacional ha dado lugar a un importante número de mujeres embarazadas con TB pulmonar. Es más, las personas infectadas con VIH son más sensibles a contraer TB debido a alteraciones en su respuesta inmunológica. En la primera mitad del embarazo, la TB activa suele tratarse con antibiótico isoniacida, pero tras la semana 20 es preferible utilizar rifampicina. Si la tuberculosis de la madre está inactiva en el momento del parto, el bebé deberá ser vacunado con BCG, no necesitará permanecer aislado y podrá ser amamantado.

Listeria

La listeria es una bacteria que se desarrolla en los alimentos. No es frecuente experimentar la infección durante el embarazo, pero en tal caso podría tener graves consecuencias para el bebé, incluyendo el aborto tardío y la muerte intrauterina. Durante el embarazo, las mujeres presentan menor resistencia a la bacteria, que se multiplica rápidamente en la placenta. Por lo general, la madre experimenta síntomas similares a los de una gripe, como malestar, náuseas, diarrea y dolor abdominal.

Infección por estreptococo B

Entre el 5 y el 30 por ciento de las mujeres trasportan esta bacteria intestinal en la parte superior de su vagina. Aunque la mayor parte de ellas no presenta síntomas, la bacteria puede provocar cierto flujo o una infección del tracto urinario. Si en el momento del parto la infección está presente, el bebé puede verse afectado. Sólo el 1 por ciento de los bebés en riesgo desarrollan una infección por estreptococo B al tragar o inhalar secreciones vaginales, pero cuando esto ocurre puede ser fatal. Generalmente, un par de días después de nacer, el bebé presenta síntomas de septicemia y meningitis. Los bebés prematuros corren más riesgo de infección, en especial si las membranas de la madre se han roto. El diagnóstico del estreptococo B mediante ecografía no ofrece una seguridad del 100 por cien por lo que debe realizarse un exudado vaginal y rectal en el tercer trimestre.

Enfermedades de transmisión sexual

HERPES

Hay dos tipos de infección por herpes. El tipo 1 (HSV1) causa heridas en la boca o en los labios, y el tipo 2 (HSV2), conocido como herpes genital, causa úlceras dolorosas en la vulva, la vagina y el cuello uterino. Si la madre desarrolla su primera infección de herpes genital cerca al momento del parto, existe un riesgo del 10 por

ciento de que el bebé se infecte durante la fase de expulsión. Las consecuencias pueden ser graves, entre ellas, la encefalitis o meningitis por herpes y es por esta razón que después del nacimiento se recomienda practicar una cesárea y administrar al bebé medicamentos antivirales. Tras una primera infección la madre produce anticuerpos que protegerán a los fetos que vengan después, pero no evitarán que ella sufra otros ataques.

GONORREA

La gonorrea es una infección bacteriana altamente contagiosa que suele afectar al cuello uterino; también puede desarrollarse en la uretra, el recto o la garganta. Muchas veces está acompañada por una infección de CLAMIDA, TRICOMAS y SÍFILIS. En el 90 por ciento de los casos la infección se adquiere al mantener relaciones sexuales sin protección con una persona infectada. La gonorrea puede ser asintomática o producir una secreción vaginal, dolor y molestias al orinar. Además, es una importante causa de inflamación pélvica, que daña las trompas de Falopio, lo que a su vez conlleva EMBARAZOS ECTÓPICOS e infertilidad. La infección se asocia con la ruptura prematura de las membranas y con un parto pretérmino, y con ella aumenta el riesgo de una enfermedad pélvica inflamatoria postparto y la propagación sistémica (dolor de articulaciones y erupción cutánea). El mejor método de diagnóstico es la citología y los antibióticos a base de penicilina

ofrecen un tratamiento efectivo. El bebé no corre riesgo de infección durante el embarazo.

CLAMIDIA

En algunos países, la bacteria Chlamydia trachomatis es la responsable de la mayor cantidad de casos de enfermedad de transmisión sexual. Alrededor del 40 por ciento de los hombres infectados tienen síntomas como pérdida de fluido, inflamación testicular y molestias al orinar, mientras que sólo el 15 por ciento de las mujeres infectadas presenta síntomas, entre ellos, secreciones vaginales, dolor pélvico o problemas urinarios. Aunque no se manifieste ningún síntoma, la infección puede producirse en la vagina, el cuello uterino, el útero, el ano, la uretra o los ojos y puede tener graves consecuencias. Adicionalmente, puede afectar las trompas de Falopio, aumentando el riesgo de embarazo ectópico y producir infertilidad. Si en el momento del parto la madré padece de clamidia, existe un 40 por ciento de probabilidad de que el bebé adquiera la infección.

SÍFILIS

Esta infección se transmite por la bacteria Treponema pallidum; a pesar de ser poco frecuente en mujeres embarazadas, la incidencia de la infección ha aumentando recientemente en ciertas regiones del mundo. Si se trata con penicilina durante una etapa temprana, pueden evitarse las lesiones en el feto. Ésta es la razón por la que, dentro de su calendario de consultas, todas las mujeres embarazadas deben someterse a un *screening* para buscar una posible infección por sífilis. En la etapa primaria de la infección aparece una úlcera, similar al herpes, pero menos doloroso, que dura entre tres y seis semanas. Si no se trata, la infección progresa en pocos meses hasta convertirse en una sífilis secundaria, con fiebre, sarpullido con rasquiña, inflamación de las glándulas, pérdida de peso y cansancio. Años más tarde puede desarrollarse la sífilis terciaria; ésta produce lesiones en el cerebro, los nervios y varios órganos. Después de la semana 15 del embarazo, la bacteria es capaz de atravesar la placenta y afectar al bebé. El setenta por ciento de las mujeres infectadas transmiten la infección al feto, y si éste sobrevive a la infección inicial, al nacer se encontrará en la segunda etapa de la enfermedad. En 30 por ciento de los casos esto provocará el nacimiento de un bebé muerto y en otro 30 por ciento el niño nacerá con sífilis congénita y sufrirá ataques, retraso en el desarrollo, llagas cutáneas y bucales, infección en los huesos, ictericia, anemia y microcefalia. Una única dosis de penicilina suele curar la infección de la madre y evitar la infección del feto, pero el bebé también podría recibir más antibióticos al nacer, de ser necesarios. El diagnóstico de la sífilis debería ser seguido de otra serie de exámenes, pues la persona infectada también puede tener clamidia, gonorrea, VIH e infecciones por hepatitis B y C.

INFECCIÓN POR VIH

La infección del VIH se transmite principalmente por medio del contacto sexual, el uso de jeringuillas contaminadas, sangre o productos sanguíneos infectados. En los países occidentales la mayoría de los casos de infección por VIH se producen entre los hombres homosexuales/bisexuales y entre consumidores de drogas. En algunos países, el índice de infección por VIH entre las mujeres embarazadas es bastante reducido, pero en varios países africanos la incidencia prenatal es superior al 40 por ciento.

Aunque el embarazo no parece afectar la salud de una mujer infectada por VIH, este último sí causa serias complicaciones en el bebé. Aproximadamente el 20 por ciento de los bebés recién nacidos infectados por VIH desarrollan SIDA a lo largo del primer año de vida y mueren antes de los cuatro años de edad; del 80 por ciento restante, una proporción bastante alta desarrolla el síndrome antes de los seis años. El *screening* prenatal y el tratamiento de las mujeres embarazadas con VIH positivo puede reducir de manera considerable el riesgo de transmisión al bebé y el desarrollo pleno del SIDA en la madre, mejorando así las probabilidades de supervivencia del bebé a largo plazo. La transmisión del VIH al bebé puede reducirse de un 20 a un 2 por ciento al administrarse a la madre una combinación de medicamentos antirretrovirales durante los últimos meses de embarazo, dando a luz mediante una cesárea electiva, evitando la lactancia y proporcionando tratamiento al recién nacido.

TRICOMONIASIS

La tricomoniasis puede ser asintomática o causar un leve flujo vaginal espumoso, de color amarillo-verdoso y con un olor parecido al del pescado; a la vez, puede producir inflamación y dolor en la vagina y la uretra. Durante el embarazo, suele provocar neumonía en el recién nacido. El diagnóstico puede realizarse mediante una citología o frotis vaginal y el tratamiento puede hacerse mediante metronidazol, un antibiótico que puede utilizarse sin problemas al final del embarazo y durante la lactancia.

VAGINOSIS BACTERIANA

Se trata de una causa habitual de flujo vaginal que afecta al 10-20 por ciento de las mujeres. Puede ser asintomática o producir un flujo escaso, de color grisáceo, que emite un olor fuerte, similar al del pescado. Se diagnostica mediante una citología. En el embarazo, el entorno hormonal alterado de la vagina es menos ácido, lo que favorece el crecimiento de muchos organismos presentes en la vaginosis bacteriana.

La infección por VB está muy relacionada con los abortos tardíos y los partos prematuros. Aunque el tratamiento con antibióticos de clindamicina o metronidazol elimina la infección en pocos días, puede que se produzca una recaída.

ANOMALÍAS FETALES

Las anomalías congénitas ya se encuentran presentes en el momento del nacimiento. En muchos casos se deben a causas genéticas, mientras que en otras ocasiones se producen como resultado de factores medioambientales durante el embarazo y se originan sin ninguna razón aparente. Encontrarás más información sobre el desarrollo de estas anomalías en el capítulo dedicado a las pruebas prenatales (véase p.134-43).

ANOMALÍAS CROMOSÓMICAS

Estas anomalías bien pueden deberse a irregularidades en el número de pares de cromosomas del bebé o bien a un cromosoma que presenta alguna anomalía. El trastorno cromosómico más habitual, el síndrome de Down, se analiza detalladamente en la página 147.

Trisomías

SÍNDROME DE PATAU (TRISOMÍA 13)

En el síndrome de Patau, presente en 1 de cada 10.000 nacimientos vivos, hay tres copias del cromosoma 13. La mayoría de los embarazos afectados finalizan en un aborto temprano, y del 20 por ciento de los bebés que nacen vivos la mayoría mueren a los pocos días del parto; aquéllos que sobreviven tienen graves dificultades de aprendizaje. Algunas características de este síndrome pueden identificarse mediante una ecografía.

SÍNDROME DE EDWARD (TRISOMÍA 18)

En el síndrome de Edward se presentan tres copias del cromosoma 18. Esto se produce en 1 de cada 7.000 nacimientos vivos y las malformaciones físicas incluyen C.I.R., QUISTE DE PLEXO, COROIDEO, DEFECTOS CARDÍACOS y RENALES, HERNIA DE DIAFRAGMA, EXONFALOS, mandíbula pequeña hundida hacia atrás, implantación baja de las orejas, puños cerrados y pies con arco plantar; todos estos pueden verse al realizar una ecografía en la semana 20.

Triploidía (69XXY o XYY)

La presencia de un juego adicional de 23 cromosomas se denomina triploidía y puede resultar como consecuencia de un óvulo fertilizado por más de un espermatozoide o de un óvulo fertilizado que no logra dividirse. La triploidía se produce en cerca del 2 por ciento de las concepciones, pero estos embarazos no suelen llegar a término (el 20 por ciento de todos los abortos cromosómicos son triploidías). Cuando el par adicional de cromosomas proviene del padre, el embrión no se desarrolla, el tejido placentario crece rápidamente de forma descontrolada y el embarazo no suele superar las 20 semanas (véase MOLAS HIDATIDIFORMES p.422). Cuando el par adicional de cromosomas proviene de la madre, el embarazo puede llegar al tercer trimestre.

Traslocación

La traslocación se produce cuando un fragmento de un cromosoma aparece adherido al extremo de otro cromosoma. En aquellas personas que tienen una traslocación equilibrada el cromosoma normal contrarresta el efecto del cromosoma anómalo. Sin embargo, si un hombre o una mujer con este tipo de traslocación tiene un hijo, hay tres resultados posibles: el bebé puede tener cromosomas completamente normales, puede heredar la traslocación equilibrada o puede heredar una traslocación desequilibrada, que inevitablemente resultará en un aborto o en una anomalía grave. Las traslocaciones pueden ser recíprocas o Robertsonianas y pueden ser causa de ABORTO RECURRENTE.

Anomalías en los cromosomas sexuales

EL SÍNDROME DE TURNER (45X)

Se produce en 1 de cada 2.500 nacimientos vivos y consiste en la ausencia total de uno de los dos cromosomas X. Estas niñas no tienen ningún problema de aprendizaje, pero su crecimiento se ve seriamente afectado, carecen de períodos menstruales y por lo tanto son estériles. Otras características físicas son cuello alado y cúbito valgo. Casi ningún embarazo con un único cromosoma X llega a término. Las anomalías que pueden detectarse en una ecografía incluyen higroma quístico, PROBLEMAS CARDÍACOS, en especial, coartación de la aorta, HIDROPESÍA FETAL y riñones en herradura. El síndrome de Turner también puede producirse en mosaico, lo que significa que la niña tiene dos líneas celulares diferentes: 46XX y 45X. Si sus células ováricas contienen un grupo normal de cromosomas, no será necesariamente estéril.

SÍNDROME DE KLINEFELTER (47XXY)

Cuando los niños tienen un cromosoma sexual X adicional, se habla de síndrome de Klinefelter. Éste se produce en 1 de cada 1.000 nacimientos vivos. En su vida adulta, los hombres que con 47XXY tenderán a ser altos, a tener un perímetro craneal reducido y serios problemas de aprendizaje; además, son estériles y más propensos a desarrollar enfermedades autoinmunes.

SÍNDROME TRIPLE X (47XXX)

Las mujeres con un cromosoma sexual X adicional presentan una fertilidad normal y su capacidad mental puede ser muy diversa, de manera que la inteligencia de algunas puede ser menor de lo normal, pero rara vez sufren retraso mental.

SÍNDROME DEL SUPERHOMBRE (47XYY)

Algunos niños tienen un cromosoma Y adicional. Su aspecto, desarrollo mental y fertilidad son normales, pero en su vida adulta se produce una mayor incidencia de dificultades en el lenguaje y la lectura, hiperactividad, y comportamiento impulsivo y agresivo. Se produce en 1 de cada 1.000 nacimientos vivos.

Trastornos genéticos dominantes

HIPERCOLESTEROLEMIA FAMILIAR

Esta enfermedad genética es relativamente frecuente y tiende a afectar más a los hombres que a las mujeres. Se caracteriza por colesterol alto y por el estrechamiento de los vasos sanguíneos principales, lo que da lugar a infartos en edades tempranas y a la formación de depósitos de grasa en la piel y alrededor de los párpados. Si los padres tienen antecedentes de enfermedades cardiovasculares en edades tempranas, se puede analizar la sangre del cordón umbilical del bebé en el momento del nacimiento para analizar sus niveles de colesterol.

ENFERMEDAD DE HUNTINGTON

Esta enfermedad dominante afecta a 1 de cada 20.000 personas y aparece de forma insidiosa a una edad mediana; comienza con cambios de personalidad, que luego dan paso a movimientos incontrolados, comportamiento sexual agresivo y demencia. La enfermedad de Huntington pasa completamente, por lo que los niños con un padre afectado tienen un 50 por ciento de probabilidades de padecerla, y nunca se salta una generación. Las personas afectadas y sus familiares intentan ocultar la temprana manifestación de los síntomas; por desgracia, quien padece la enfermedad es consciente de los problemas que se avecinan.

Trastornos genéticos recesivos

ENFERMEDAD DE TAY-SACHS

Se trata de un desorden recesivo fatal común entre las familias judías Ashkenazi y los franco-canadienses; es causado por una deficiencia en la enzima hexosaminidasa A, cuyo resultado es la acumulación de una materia grasa en las células nerviosas del cerebro. Al nacer, los bebés que sufren esta enfermedad tienen un aspecto normal, pero seis meses más tarde empiezan a presentar debilidad motora y discapacidad mental. Además padecen de ceguera, sordera, incapacidad para tragar y sufren ataques cada vez más fuertes antes de morir, entre los tres y los cinco años de edad. Los portadores de TAY-SACHS pueden identificarse con un sencillo análisis de sangre, o durante el embarazo. Si ambos padres son portadores, en cada embarazo existirá una probabilidad del 25 por ciento de dar a luz a un bebé afectado. El diagnóstico se confirmará mediante una amniocentesis o una biopsia de corión.

FIBROSIS QUÍSTICA

Es la enfermedad genética recesiva más habitual en la raza caucásica, afecta a 1 de cada 2.500 nacimientos vivos. Se debe a una anomalía en el trasporte de sodio, que hace que las secreciones de los pulmones, el sistema digestivo y las glándulas sudoríparas sean demasiado densas y pegajosas. Como resultado, la mucosidad se acumula en los pulmones, produciendo graves infecciones respiratorias; de manera similar, el flujo de enzimas digestivas en los intestinos puede presentar irregularidades debido a que el páncreas y el hígado también se ven afectados. Es imperativo consumir suplementos enzimáticos a diario durante toda la vida, para evitar la malnutrición. La gravedad de la enfermedad varía desde la muerte a lo largo del primer año a padecer mala salud al llegar a mediana edad. Recibir fisioterapia con regularidad puede ayudar. Los hombres con fibrosis quística son estériles debido al bloqueo de los conductos encargados de trasportar el semen.

Una de cada 22 personas caucásicas son portadoras de esta mutación responsable de la FQ (AF508), que se encuentra en el cromosoma 7;

esto hace posible realizar un screening a los futuros padres y llevar a cabo un diagnóstico prenatal a partir de muestras de ADN del feto en riesgo. Existen muchas mutaciones diferentes y las técnicas actuales de *screening* sólo pueden identificar al 85 por ciento de los portadores.

Las personas con antecedentes de FQ pueden someterse a un análisis para averiguar si son portadoras, así como las parejas de los portadores identificados, los donantes de semen y los padres de un feto cuyo intestino presente contenido ecogénico. Es importante que las parejas que se someten a un *screening* reciban asesoría genética y sean conscientes de las limitaciones de la prueba.

FENILCETONURIA (PKU)

Es causada por un gen que produce deficiencia de la enzima encargada de convertir el aminoácido esencial fenilalanina en tirosina. La concentración de niveles elevados de fenilalanina en el torrente sanguíneo resulta tóxico para el cerebro en desarrollo. Si desde las primeras semanas de vida se inicia una dieta especial baja en fenilalanina podrán evitarse daños irreversibles en el cerebro y en las dificultades de aprendizaje. A todos los bebés se les realiza un análisis de fenilcetonuria aproximadamente seis días después del nacimiento (*véase* p.389).

ANEMIA DREPANOCÍTICA Y TALASEMIA

Si eres de origen mediterráneo o

africano, te realizará un análisis de electroforesis para determinar si tienes anemia drepanocítica o indicios de talasemia (*véase* p.424). Si eres portadora de la anemia drepanocítica es importante determinar el estado de tu pareja con respecto a esta enfermedad al comienzo del embarazo, ya que existe la posibilidad de que tu hijo herede el rasgo de los dos y desarrolle anemia drepanocítica, lo que podría provocar una grave anemia, infecciones, dolor y posteriormente deficiencia cardiaca y renal.

Trastornos genéticos relacionados con el sexo

DISTROFIA MUSCULAR DE DUCHENNE (DMD)

Es el trastorno ligado al sexo más habitual y afecta a 1 de cada 4.000 varones; el aspecto físico puede ser normal durante la infancia, pero entre los 4 y 10 años pierden la capacidad de caminar, debido a una debilidad muscular. Poco después suelen quedar confinados a una silla de ruedas. El gen de DMD ya ha sido identificado y se sabe que aproximadamente en dos tercios de las familias, se produce una deleción en el brazo corto del cromosoma X. La mayor parte de las portadoras pueden ser identificadas antes de quedar embarazadas. El diagnóstico prenatal también puede realizarse a partir de muestras de ADN fetal durante el embarazo.

HEMOFILIA

Esta anomalía recesiva, relacionada con el cromosoma X afecta a 1 de cada 10.000 varones, es el resultado de una deficiencia en la coagulación de la sangre que hace que ésta se coagule muy lento. Hay dos tipos de hemofilia: la más común es la hemofilia A, en la que se produce un déficit del factor VIII. Por su parte, la hemofilia B conlleva una deficiencia del factor IX. En ambos casos, el síntoma consiste en un sangrado prolongado de las heridas que se dirige hacia las articulaciones, los músculos y otros tejidos, antecedido por un pequeño trauma. La gravedad de la enfermedad depende de qué tan reducido sea el factor de coagulación de la sangre.

Hoy las hemofilias de tipo A y B pueden ser tratadas mediante inyecciones o transfusiones de plasma que contiene los factores de coagulación ausentes y, con ayuda médica, quienes las padecen pueden albergar la esperanza de llevar una vida normal. Es crucial determinar el tipo de hemofilia que padece la persona. Como las mujeres portadoras pueden tener niveles normales o bajos de los factores de coagulación, antes de que se pudiera analizar el ADN, el diagnóstico era poco confiable. En familias con antecedentes de hemofilia, es posible poder identificar a las mujeres portadoras con precisión antes del embarazo; igualmente, el análisis de ADN fetal puede determinar la condición del bebé varón.

SÍNDROME X FRÁGIL

Este trastorno, relacionado con el cromosoma X, es la forma más habitual de retraso mental heredado (1 de cada 1.500 varones y 1 de cada 2.500 mujeres). La discapacidad mental puede variar entre las mujeres portadoras, pero en la actualidad, gracias a un análisis de ADN se puede confirmar la sospecha del X frágil o el estado de su portador. Todas las mujeres con antecedentes de retraso mental en sus familias deberán recibir asesoramiento genético, ya que hasta 1 de cada 200 mujeres son portadoras de la mutación genética.

OTRAS ANOMALÍAS CONGÉNITAS

Este apartado se refiere a aquellas anomalías fetales para las que no hay causa genética específica conocida; sin embargo algunas, como los defectos en el tubo neural, tienden a tener un factor hereditario. Esta lista incluye la mayoría de las anomalías que algunas veces pueden observarse en una ecografía.

Defectos en el tubo neural (DTN)

Es una de las anomalías congénitas más frecuentes y serias. Cuando se presenta el tubo neural embrionario no logra cerrarse adecuadamente durante las cuatro primeras semanas de embarazo, lo que produce un desarrollo incompleto del cerebro y de la médula espinal así como diversos grados de lesión neurológica permanente. De éstos, los más graves son la anencefalia. Estos bebés rara vez consiguen nacer vivos. En el caso de la espina bífida la médula espinal carece de la protección de los huesos de la columna vertebral y puede estar cerrada (cubierta por membranas protectoras) o abierta (sin membranas). El grado de parálisis, debilidad y pérdida sensorial es variable y puede ir desde la necesidad de permanecer en silla de ruedas o la ausencia total de las funciones del intestino o la vejiga hasta ligeras dificultades para caminar. Los bebés que nacen con la espina bífida abierta suelen tener discapacidades serias y requieren someterse a procedimientos quirúrgicos frecuentes y a hospitalizaciones prolongadas. La mayoría de los casos graves desarrollan HIDROCEFALIA, la cual produce retraso mental y dificultades de aprendizaje. La forma más leve de DTN es la espina bífida oculta, una lesión situada en la parte inferior del hueso sacro que suele pasar desapercibida y que se produce en el 5% de los bebés sanos. El *screening* prenatal para diagnosticar la espina bífida abierta ha mejorado mucho. La mayoría de los bebés con mielomeningocele tienen agrandamiento de los huesos frontales del cráneo y un cerebelo con un aspecto diferente al habitual. La espina bífida cerrada tiene mejor pronóstico, pues este defecto resulta más fácil de tratar quirúrgicamente tras el parto; sin embargo, es más difícil detectarlo antes del nacimiento.

La espina bífida puede ser hereditaria, pero el 95 por ciento de estos bebés nacen de mujeres sin antecedentes familiares. Está relacionado con una dieta deficiente y el riesgo de repetición es de 1 entre 20. Tomar un suplemento de ácido fólico tres meses antes del embarazo y durante el primer trimestre evita el 75 por ciento de las probabilidades. Las mujeres con un caso previo de DTN o bajo medicación antiepiléptica deberían tomar dosis elevadas de ácido fólico antes de concebir un bebé (véase p.51).

Hidrocefalia

Esta condición (a veces descrita como agua en el cerebro) es el resultado de un exceso de fluido cerebroespinal. Su causa suele ser un bloqueo en la circulación del fluido, un exceso de producción o una absorción reducida del mismo. La hidrocefalia suele estar asociada con la ESPINA BÍFIDA o bien, seguir a una hemorragia cerebral en un bebé prematuro. Si el problema se produce antes del nacimiento podrá observarse en una ecografía. A medida que la cabeza se inflama, el tejido cerebral queda comprimido, el grosor de los huesos del cráneo se reduce, las estructuras de la cabeza se ensanchan y las fontanelas se abomban. Si la hidrocefalia se debe a un bloqueo, es posible insertar un tubo para drenar el líquido de los ventrículos del cerebro en la cavidad abdominal o el corazón después del parto.

Microcefalia

El tamaño del cráneo y del cerebro es menor que el promedio. Los niños con microcefalia casi siempre se ven gravemente impedidos desde el punto de vista intelectual. Algunas de las causas reconocidas son la infección de la rubeola durante el primer trimestre, las infecciones por CITOMEGALOVIRUS, TOXOPLASMOSIS, SÍFILS y la exposición a una irradiación fuerte así como la adicción de la madre a la heroína y el alcohol.

Quiste del plexo coroideo

Estos quistes de los ventrículos del cerebro del bebé suelen ser bilaterales y pueden observarse hasta en un 1% de las ecografías realizadas durante la semana 20. La mayoría de los quistes de plexo coroideo se consideran estructuras benignas, pues suelen desaparecer en 24 semanas. Sin embargo, al estar relacionadas con la TRISOMÍA 18, es necesario acudir a un especialista que le ayude a decidir a los padres si quieren exponer su embarazo a una prueba invasiva de diagnóstico.

Anomalías intestinales

ATRESIA DUODENAL

La porción del intestino delgado que se encuentra entre el estómago y el íleon está ausente. La artresia duodenal suele diagnosticarse por el signo de la doble burbuja en una ecografía. El bloqueo puede resolverse mediante una cirugía inmediatamente después del parto, pero en un tercio de los casos la anomalía está relacionada con el síndrome de Down.

ATRESIA ESOFÁGICA

El conducto que se encuentra entre la garganta y el estómago está interrumpido, lo que produce vómitos y exceso de babeo inmediatamente después del parto. Suele estar asociada con una fístula entre el esófago y la tráquea. Por lo tanto, es posible que en la ecografía el POLIHIDRAMNIOS y el signo de la doble burbuja podrían no resulten evidentes. En caso de que exista una fístula se corre riesgo de que el alimento llegue a los pulmones y el bebé se asfixie. La atresia esofágica requiere una cirugía inmediata y, en ocasiones varias operaciones posteriores, si se trata de un problema aislado, la artresia responde bien a la corrección quirúrgica.

INTESTINO FETAL HIPERECOGÉNICO

Si en una ecografía prenatal se advierte que el intestino es demasiado ecogénico, esto puede estar asociado a una anomalía cromosómica principal, como una FIBROSIS QUÍSITCA, una obstrucción intestinal, una infección fetal o un CRECIMIENTO RETARDADO. También puede producirse en fetos completamente normales.

Hernia diafragmática

Esta grave anomalía congénita afecta a 1 de cada 3.000 bebés y puede diagnosticarse en la ecografía de la semana 20. El diafragma muscular separa los órganos del pecho del abdomen. Si se produce un defecto en el desarrollo del diafragma, diferentes partes de estos órganos abdominales podrían presentar una hernia en dirección a la cavidad abdominal. Cerca del 50% de los casos están asociados a anomalías cromosómicas, síndromes genéticos y otras anomalías estructurales. Al nacer, el bebé necesitará ventilación y cuidados intensivos inmediatos, antes de ser sometido a múltiples operaciones quirúrgicas. En centros especializados puede intentarse practicar la cirugía en el útero con el fin de darle al pulmón afectado una mayor oportunidad de desarrollarse con normalidad.

Defectos en la pared abdominal

ONFALOCELE

Se presenta en 1 de cada 5.000 bebés y es el resultado de un defecto en la pared abdominal que se encuentra bajo el ombligo. Por la pared sobresalen diferentes partes del intestino delgado y el hígado cubiertas por el peritoneo. La mayoría de los casos son identificados por medio de una ecografía y alrededor del 50% se relacionan con anomalías cromosómicas, cardiacas o de la vejiga. Si se trata de un defecto aislado, la corrección quirúrgica después del nacimiento tiene un pronóstico favorable, pero aún así precisará múltiples operaciones.

GASTROSQUISIS

En este caso, las vísceras abdominales que no están cubiertas por el peritoneo sobresalen por un defecto en la pared abdominal. En la mayoría de los casos esta anomalía se produce de forma aislada y no hay mayor incidencia de anomalías cromosómicas. El defecto en la pared abdominal suele ser pequeño y fácil de reparar.

Anomalías cardiacas

Los problemas cardiacos estructurales representan las anomalías congénitas más frecuentes en los bebés recién nacidos, pues afectan a 8 de cada 1.000 nacimientos vivos y son una importante causa de muerte perinatal e infantil. La incidencia de anomalías cardiacas aumenta en los bebés prematuros, en aquéllos que padecen síndrome de Down, han sido infectados con el virus de la RUBÉOLA o nacen de una madre con CARDIOPATÍA congénita, DIABETES, EPELIPSIA o de familias con antecedentes de anomalías cardiacas. 30% de los bebés con un defecto cardiaco presentan otra anomalía estructural y 20% tienen un desorden cromosómico.

En la ecografía de la semana 20 se busca obtener una imagen de las cuatro cavidades del corazón. Si existe la sospecha de una anomalía, se realizarán más ecografías y se informará a los padres sobre la posibilidad de realizar un cariotipo fetal ya que los resultados pueden influir en el protocolo que se siga en el momento del nacimiento.

Algunas lesiones cardiacas pueden precisar corrección quirúrgica inmediata, otras pueden esperar.

DEFECTOS SEPTALES

Estos "orificios en el corazón" representan el 50% de todos los problemas cardiacos congénitos. Se trata de un orificio en el septo que divide las dos cavidades superiores y las dos inferiores del corazón; como consecuencia, la sangre oxigenada y desoxigenada se mezcla en lugar de separarse. Los defectos en el septo ventricular originan un murmullo alto del corazón, que debe bombear con más fuerza, agrandándose. Si no se atiende, este problema puede llegar a ser muy serio, en especial si se presenta una complicación por CIANOSIS.

DEFECTOS CIANÓTICOS (BEBÉ AZUL)

Estos desórdenes constituyen el 25% de todas las enfermedades cardiovasculares congénitas y requieren atención médica y quirúrgica especializada. Las perspectivas para el bebé no suelen ser buenas, aunque dependen de la gravedad de la lesión. Por ejemplo, en la Tetralogía de Fallot (una de los tipos más complejos de problema cardiaco congénito) se produce un gran defecto septal. Cuando la aorta y la arteria pulmonar están conectadas de forma errónea, la mayor parte de la sangre no recibe oxígeno de los pulmones y toda la sangre oxigenada es reenviada, en lugar de ser bombeada al resto del cuerpo.

DUCTUS ARTERIOSUS PATENTE

Un 10% de los casos de enfermedad cardiaca congénita se deben a que el conducto que se encuentra entre el corazón y los pulmones no logra cerrarse después del nacimiento.. El conducto suele cerrarse por sí mismo a su tiempo, pero puede precisar un tratamiento con indometacina y en ocasiones cirugía. Esta anomalía es más frecuente en los bebés prematuros.

CORAZÓN IZQUIERDO HIPOPLÁSTICO

Se produce en el 10% de los bebés con enfermedades cardiacas congénitas. La parte izquierda del corazón presenta un desarrollo muy escaso, entonces, cuando el conducto se cierra al nacer, el bebé no puede recibir sangre oxigenada. Esta condición suele ser fatal.

Hidropsia fetal

Se diagnostica mediante una ecografía prenatal cuando la extensa acumulación de fluido del cuerpo provoca un edema en la piel así como efusiones alrededor del corazón, los pulmones y los órganos abdominales. El hydrops inmune se produce en la SENSIBILIZACIÓN RHESUS severa (véase p.128). El hydrops no inmune puede encontrarse acompañado por desórdenes cromosómicos fetales, cardiacos, pulmonares, sanguíneos y metabólicos, algunas infecciones congénitas y malformaciones de la placenta o del cordón umbilical.

Anomalías renales

Los riñones y la vejiga del feto pueden observarse en la ecografía de la semana 20. Los problemas renales graves suelen estar acompañados por OLIGOHIDRAMNIOS o escasez de líquido amniótico, pues la producción de orina es limitada.

SÍNDROME DE POTTER

Los riñones fetales (agenesia) están ausentes o poco formados y los pulmones no se desarrollan lo suficiente. El bebé suele presentar anomalías faciales como ojos ampliamente separados, puente nasal ensanchado, implantación baja de las orejas y mentón pequeño. Al nacer, se presenta la imposibilidad de orinar y el bebé muere unas pocas horas después por una falla respiratoria.

HIDRONEFROSIS

El agrandamiento de los riñones se identifica por medio de una ecografía en el 2% de los fetos durante el segundo trimestre y suele deberse al estrechamiento u obstrucción de uno o ambos uréteres. Puede estar relacionado con anomalías cromosómicas, en especial con el síndrome de Down. Una hidronefrosis severa puede causar daños en los riñones debido a la presión de la orina.

RIÑONES POLIQUÍSTICOS

Se trata de un desorden genético recesivo de expresión variable. Así, es posible que algunos fetos tengan un aspecto normal, mientras que en otros casos se logra descubrir la anomalía en la semana 20.

CIRUGÍA FETAL

Algunas anomalías fetales son susceptibles de tratamiento correctivo antes del nacimiento; estos procedimientos sólo se llevan a cabo en unidades especializadas Las técnicas más exitosas son aquéllas que se realizan mediante la inserción de agujas o finos tubos por el abdomen de la madre hasta llegar a la cavidad uterina o al feto, guiándose por un ultrasonido. Las transfusiones de sangre intrauterinas pueden ser necesarias en el caso de incompatibilidad Rhesus severa. También puede inyectarse medicación directamente en el feto para corregir irregularidades en el latido fetal así como destruir tumores malignos. En ocasiones, pueden tomarse muestras de tejido fetal para diagnosticar un desorden genético extraño. Otros ejemplos de cirugía fetal guiada por control ecográfico son la inserción de tubos de drenaje en casos graves de HIDROCEFALIA O HIDRONEFROSIS.

La cirugía fetal abierta es aún experimental y normalmente sólo se considera cuando no hay nada que perder. Primero, se abre el abdomen de la madre y se realiza una incisión en el útero para luego tener acceso al feto y realizar la operación. Se debe tener mucho cuidado para mantener al feto caliente, reponer el líquido amniótico y evitar daños en la placenta. Aunque la cirugía resulte exitosa, el bebé correrá el riesgo de nacer de forma prematura, sufrir una infección o perder líquido amniótico

PROBLEMAS DURANTE EL EMBARAZO Y EL PARTO

Aunque la mayoría de los embarazos y nacimientos se producen sin complicaciones, es inevitable que en algunos casos las cosas no sigan el rumbo esperado. A continuación encontrarás un resumen de algunos de los problemas que pueden presentarse durante el embarazo y el parto, así como información sobre métodos actualizados para afrontarlos y tratarlos.

Embarazo ectópico

Se produce fuera de la cavidad uterina. Aunque algunos ectópicos no llegan a término, existe el riesgo de que el embarazo pueda continuar y se produzca una ruptura de las paredes de la trompa de Falopio. La mayoría de los embarazos ectópicos se producen en las trompas de Falopio, pero también pueden ocurrir en el ovario o en la cavidad abdominal.

Los síntomas generales son los mismos que los que se presentan al comienzo de cualquier embarazo, incluyendo un resultado positivo en la prueba de embarazo y un dolor abdominal que suele comenzar antes de que se produzca sangrado vaginal. Si sospechan que tu embarazo puede ser ectópico, te realizarán una ecografía que mostrará que aunque el revestimiento del útero pueda estar más grueso de lo normal, no hay saco gestacional en la cavidad uterina. Puede ponerse fin a un embarazo ectópico mediante cirugía, aunque cada vez más hospitales se están especializando en realizarlo mediante una laparoscopia. Si no se ha producido la ruptura del embarazo ectópico y los niveles de hormona hCG son bajos, podría realizarse un tratamiento con metotrexate.

Mola hidatidiforme

Son la forma más común de tumor del lecho placentario. Hay molas completas y molas parciales; las primeras no son comunes en las mujeres caucásicas (1 de cada 1.200-2.000 embarazos), pero son bastante frecuentes en las mujeres del sureste asiático.

Las molas proceden enteramente de las células del padre. En el saco gestacional no hay ningún embrión, pero los tejidos placentarios se desarrollan rápidamente de forma descontrolada, y al realizar una ecografía presentan un aspecto similar al de un racimo de uvas. Un sangrado persistente y fuertes náuseas suelen estar asociadas a la presencia de estas molas. Por lo general, el tamaño del útero es mayor de lo esperado para la fecha menstrual. En un porcentaje reducido, las molas pueden progresar y convertirse en un cáncer invasivo, en cuyo caso será necesario un tratamiento especializado.

Las molas parciales son habituales y suelen tener un aspecto similar al de un aborto inevitable o incompleto. La mola parcial contiene un feto/embrión con tres grupos de cromosomas en lugar de dos (TRIPLOIDÍA). Las células placentarias se inflaman y proliferan, pero no en el mismo grado en que lo hacen en una mola completa. Una mola parcial sólo puede distinguirse de un aborto si el patólogo examina el tejido extraído del útero.

Fibromas

Son crecimientos benignos de la pared muscular del útero, cuyo tamaño puede variar. Aún se desconoce qué provoca su desarrollo, pero tienden a ser hereditarios y son más frecuentes entre las mujeres afrocaribeñas. La mayoría de las mujeres embarazadas no tendrán problemas pero si el embrión se implanta sobre un fibroma que sobresalga hacia la cavidad uterina el riesgo de aborto temprano aumenta.

El tamaño de los fibromas suele aumentar durante el embarazo. Si se produce una degeneración roja, podría producirse un aborto tardío o un parto prematuro. Los grandes fibromas que deforman la cavidad uterina pueden provocar presentaciones y posiciones anómalas. Además a veces obstruyen el canal de parto evitando un parto vaginal, pero su tamaño suele disminuir después del parto.

Cuello uterino incompetente

Un cuello uterino incompetente comienza a acortarse y abrirse durante el cuarto o quinto mes de embarazo, exponiendo a que las membranas se rompan y se produzca un aborto. Esta condición no es frecuente y puede ser originada por una lesión producida durante un parto anterior, una operación cervical o la finalización intencionada de un embarazo. Si se te diagnostica esto, en tu siguiente embarazo se te recomendará realizarte un cerclaje cervical o sutura. El hilo de sutura suele cortarse unas pocas semanas antes del parto para permitir que se produzca un parto vaginal normal.

Tromboembolismo venoso

Las mujeres son más propensas a desarrollar un coágulo o trombosis en una vena de la pelvis o la pierna durante el embarazo y el período posparto, debido a unos niveles mayores de factores coagulantes y a la reducción de los niveles de factores anticoagulantes que la protegen de un sangrado uterino descontrolado y después del parto. El tromboembolismo venoso (TEV) se produce en menos de 1 entre 1.000 nacimientos, pero hay diversos factores de riesgo importantes que aumentan la probabilidad de que se produzca en el embarazo, incluyendo una edad superior a 35 años, el sedentarismo, ser fumadora, la obesidad, un parto mediante operación, TEV previo, antecedentes familiares de TEV, várices graves, PREECLAMPSIA,

deshidratación, ANEMIA DREPANOCÍTICA y enfermedad o infección de la madre.

La trombosis suele comenzar en las venas profundas de la parte inferior de la pierna, pero puede extenderse hasta las venas femorales o pélvicas antes de que se detecte. El peligro reside en que parte del coágulo de sangre puede romperse y ser arrastrado hacia los pulmones, donde bloquearía uno de los vasos sanguíneos principales, lo que recibe el nombre de embolia pulmonar (EP). Aunque la incidencia es de sólo 1 entre cada 6.000 nacimientos, es muy grave, por lo que toda mujer embarazada con signos de TEV o EP deberá comenzar un tratamiento anticoagulante con carácter de urgencia incluso antes de que se haya confirmado el diagnóstico.

Los síntomas del TEV son dolor e inflamación de los músculos de la pantorrilla o el muslo, con enrojecimiento localizado y sensibilización de la pierna.

Los síntomas de una embolia pulmonar son: falta de respiración, dolor de pecho, expectoración de sangre, desfallecimiento y colapso, junto con los síntomas del TEV. Después del parto, las mujeres con EP demostrada recibirán un tratamiento con warfarina durante un plazo de entre tres o seis meses.

Colestasis gravídica

Se trata de una dolencia extraña que puede complicarse al final del embarazo, incluyendo el nacimiento de un bebé muerto. El síntoma

principal es un intenso picor sin erupción, que suele ser más fuerte en las palmas de las manos y los pies debido a que las sales biliares se depositan bajo la piel. Un pequeño porcentaje de mujeres contrae ictericia. Los niveles bajos de bilis causan la reducción de la absorción de vitamina K, que aumenta la probabilidad de sangrado de la madre o el bebé.

El tratamiento con ácido ursodeoxicólico ayuda a reducir el picor y las anomalías en el funcionamiento del hígado, y los comprimidos de vitamina K mejoran la coagulación de la sangre. Además se te recomendará la inducción del parto entre las semanas 37 y 38 para reducir los riesgos de sufrir complicaciones posteriores en la gestación.

Anemia

Durante el embarazo es frecuente que las embarazadas padezcan una ligera anemia porque los niveles de hemoglobina caen. Tu hemoglobina se mide varias veces durante el período prenatal y si el nivel es bajo (menos de 10g/dl) tu aspecto será pálido, te sentirás cansada, sin aliento o te desmayarás y necesitarás un suplemento de hierro y ácido fólico. Una anemia leve por falta de hierro en el embarazo no es perjudicial para el bebé. Si los niveles de hemoglobina no mejoran después de tres o cuatro semanas de tratamiento, se te realizarán más análisis de sangre en busca de otras causas menos frecuentes. En ocasiones puede ser necesario administrar inyecciones de hierro o incluso una transfusión de sangre.

ANEMIA DREPANOCÍTICA

La anemia drepanocítica (*véase* p.417) es una anomalía hereditaria en la producción de las cadenas proteínicas que conforman la hemoglobina. Esto da como resultado un cambio en la forma de los glóbulos rojos producidos, lo que les dificulta el movimiento libre por los vasos sanguíneos. Como resultado, éstos sufren daños con facilidad. La descomposición de las células dañadas produce anemia hemolítica. Los restos de células obturan los vasos sanguíneos provocando derrames cerebrales, infección y dolor en los huesos, los miembros, el pecho o el abdomen. Las mujeres embarazadas con anemia drepanocítica corren el riesgo constante de sufrir una crisis drepanocítica, que podría poner en peligro su vida, el funcionamiento de la placenta y el crecimiento fetal, por lo que deben recibir atención médica en centros especializados.

TALASEMIA

Las talasemias (*véase* p.417) son otro grupo hereditario de anomalías en la hemoglobina. Las portadoras de este rasgo suelen desarrollar una anemia más severa durante el embarazo. La beta-talasemia mayor produce una grave anemia y problemas de por vida al intentar eliminar el exceso de hierro de la circulación. Ésta es la razón por la que no se debe recetar suplementos de hierro a los enfermos de talasemia.

Incompatibilidad ABO

Puede producirse en bebés con sangre de tipo A, B o AB nacidos de madres con sangre de tipo O, que suelen tener anticuerpos frente a la sangre de tipo A y B, pero que son demasiado grandes para atravesar la placenta. Durante el embarazo algunos glóbulos rojos fetales penetrarán en la circulación sanguínea de la madre y estimularán la formación de un anticuerpo anti A o B de menor tamaño que puede introducirse en el riego sanguíneo del bebé y atacar a sus glóbulos rojos. Si se destruyen muchos de ellos, tras el nacimiento podría sufrir ictericia, que posiblemente necesite tratamiento con fototerapia o exanguino-transfusión.

Anticuerpos maternos anti glóbulos rojos

En las consultas médicas prenatales se analizará tu grupo sanguíneo y se anotará la presencia de cualquier anticuerpo atípico a tus glóbulos rojos, tras lo cual recibirás una tarjeta especial en la que se describen detalladamente y que debe ser vista por tus médicos. Los anticuerpos suelen producirse como resultado de una transfusión de sangre o un embarazo anterior, pero también pueden surgir de forma natural. No están relacionados con ninguna enfermedad o infección y no son perjudiciales para tu salud. Sin embargo, es importante tener conocimiento de estos anticuerpos durante el embarazo, porque si necesitaras una transfusión de sangre, durante la prueba cruzada deberán tenerse en cuenta otros grupos sanguíneos, así como el grupo ABO y el factor rhesus. Además, los anticuerpos anti glóbulos rojos pueden atacar a los glóbulos rojos del bebé produciendo ictericia (véase incompatibilidad ABO).

Enfermedad Rhesus

El factor rhesus se encuentra en la superficie de los glóbulos rojos y está compuesto por tres partes emparejadas (C, D y E) de las cuales D es la más importante porque puede producir la isoinmunización rhesus (véase p.128). Alrededor del 85 por ciento de las personas caucásicas son portadoras del antígeno D y se conocen como rhesus D positivas, mientras que el 15 por ciento que carece de él son rhesus negativas. Si eres Rh negativa, podrían surgir problemas si estuvieras embarazada de un bebé Rh positivo porque existe el riesgo de que pudieras generar anticuerpos que atravesaran la placenta y atacaran y destruyeran los glóbulos rojos del bebé. Aunque este problema no es frecuente en un primer embarazo, puedes generar anticuerpos como resultado de la exposición a la sangre Rh positiva de tu bebé durante el parto, lo que podría causar problemas en un embarazo posterior.

La enfermedad Rhesus puede evitarse en gran medida administrando inyecciones de anti-D a mujeres Rh negativas durante el embarazo y después del parto (véase p.128) para eliminar toda célula de sangre fetal Rh-positiva que haya podido introducirse en tu

PROBLEMAS DE TENSIÓN ARTERIAL

La hipertensión arterial no controlada durante el embarazo puede ser causa de graves problemas tanto para la madre como para el bebé.

PREECLAMPSIA

La preeclampsia o hipertensión inducida por el embarazo es la causa de la complicación de entre el 5 y el 8 por ciento de los embarazos. La mayoría de los casos son leves, suelen ocurrir en madres primerizas durante la segunda mitad del embarazo y suelen resolverse poco después del nacimiento. Los casos más graves pueden presentarse al comienzo del embarazo y otros pueden no manifestarse hasta que ha comenzado el parto o aparecen tras él casi sin previo aviso.

Los síntomas clásicos son hipertensión sanguínea, edema periférico (inflamación de manos, pies y piernas) y la presencia de proteínas en la orina. La única cura para la preeclampsia es el nacimiento del bebé. Sin embargo, si el bebé está muy inmaduro, podría ser posible administrar un tratamiento a la madre.

Una preeclampsia leve podría no tener un efecto significativo en el crecimiento y el bienestar del bebé, pero cuando el flujo sanguíneo de la placenta y la función de la misma se reducen siempre existe el riesgo de que el niño sufra C.I.R. y falta de oxígeno (hipoxia). En madres con una grave hipertensión inducida por el embarazo el bebé también corre el riesgo de nacer de forma prematura, de que se produzca un desprendimiento de placenta o la muerte intrauterina.

La presión arterial normal en una mujer no embarazada es menor de 140/90mm de mercurio. Sin embargo, las mediciones de la presión arterial en el embarazo varían en función de las personas y de la etapa del embarazo en la que se encuentren.

Hipertensión inducida por el embarazo leve - la presión sanguínea se eleva a 140/100 con un pequeño edema y orina clara. La mujer suele sentirse bien, pero puede precisar un tratamiento oral anti-hipertensión si la presión arterial aumenta de forma constante.

Hipertensión inducida por el embarazo moderada – la presión sanguínea excede de 140/100 y está acompañada por proteinuria y un edema destacado. La mayoría de las mujeres serán ingresadas en el hospital hasta que la hipertensión quede bajo control y se haya evaluado el bienestar del bebé.

Hipertensión inducida por el embarazo grave - la presión sanguínea excede de 160/110 y se produce una gran proteinuria. Además podría producirse una repentina inflamación de la cara y los miembros con un notable aumento de peso. Se necesitará un tratamiento inmediato para reducir la presión sanguínea y evitar que se produzcan convulsiones, lo que suele implicar medicación intravenosa antihipertensiva y sedante, seguida de un parto de emergencia normalmente mediante cesárea.

Las causas de la preeclampsia aún no se comprenden con exactitud, pero no hay duda de que existe un componente genético ya que el problema suele ser hereditario. La preeclampsia es más habitual en las madres primerizas, en los embarazos gemelares y los embarazos diabéticos, así como en mujeres con hipertensión anterior o una enfermedad renal. Además, parece estar relacionada con una dieta deficitaria de la madre y la carencia de vitaminas.

HIPERTENSIÓN ESENCIAL

La hipertensión esencial es la causa de la complicación del 1-3 por ciento de los embarazos y es más frecuente en mujeres de más de 35 años de edad. Se define como la presión sanguínea continuamente superior a 140/90 antes de la semana 20 y puede diagnosticarse antes del embarazo o en la primera consulta prenatal. La mayoría de estas mujeres ya estarán bajo medicación antihipertensiva y deberán ser examinadas por un médico para modificar las dosis durante el embarazo.

ECLAMPSIA Los síntomas de la eclampsia son el coma y convulsiones y suele producirse en la etapa final de una hipertensión inducida por el embarazo no tratada o por una hipertensión esencial con superposición de hipertensión inducida por el embarazo. En la actualidad la eclampsia es rara en el mundo desarrollado, aunque potencialmente sigue considerándose un asunto obstétrico de emergencia que amenaza la vida de la madre y el bebé ya que todos los vasos sanguíneos de la madre sufren un espasmo que causa la disfunción del riñón, el hígado y el cerebro junto con una reducción drástica del flujo sanguíneo y el oxígeno que llegan al feto. Se necesitarán medidas inmediatas para sedar el sensible cerebro de la madre, estabilizar su presión sanguínea y extraer al bebé, lo que tendrá que llevarse a cabo mediante una cesárea.

circulación y detener así el desarrollo de los anticuerpos maternales destructivos. Sin embargo, si en un embarazo posterior se detectan anticuerpos en tus análisis de sangre, necesitarás atención especializada durante el mismo. Además, cada cuatro semanas se te realizarán análisis de sangre y se monitorizará a tu bebé en busca de signos de anemia o fallo cardiaco. Algunos bebés seriamente afectados necesitarán múltiples transfusiones de sangre en el útero para permitir que el embarazo prosiga hasta que el parto se pueda realizar con seguridad. Al nacer, al bebé se le realizarán análisis de hemoglobina, de grupo ABO y grupo Rhesus, de los niveles de bilirrubina y un test de Coombs. La ictericia suele desarrollarse durante las primeras 48 horas de vida y precisará tratamiento inmediato.

Problemas en el líquido amniótico

POLIHIDRAMNIOS
Este exceso de líquido amniótico suele hacerse patente cuando el volumen es mayor de dos litros. Sentirás tensión abdominal y te resultará difícil notar claramente las partes del feto. Además, en los casos más graves, cuando su aparición es repentina, se produce acidez de estómago, falta de respiración o molestia abdominal notables. La afección de polihidramnios puede estar causada por un aumento de la producción de líquido amniótico debido a una superficie placentaria grande (gemelos) o porque aumenta la producción de orina fetal (diabetes mal controlada). También puede ser el resultado de una malformación fetal que impide que el feto trague o absorba el líquido. La afección de polihidramnios casi siempre se produce en embarazos afectados de HYDROPS porque el feto sufre un fallo cardiaco o anemia grave, pero en muchos casos no se identifica una causa específica. Además, aumenta el riesgo de parto prematuro, PROLAPSO DE CORDÓN y PRESENTACIONES ANÓMALAS, pero puede aliviarse drenando parte del líquido mediante una amniocentesis.

OLIGOHIDRAMNIOS
Lo más probable es que una cantidad reducida de líquido amniótico se deba a un crecimiento intrauterino retardado o a la ruptura de las membranas, pero también puede suceder en embarazos sanos postmaturos. La cantidad de líquido amniótico al final del embarazo es una buena medición del bienestar fetal, razón por la que las mediciones por ecografía que muestran una cantidad escasa de líquido amniótico a término suelen provocar la decisión de inducir el parto.

Diabetes gestacional

Entre el 1 y el 3 por ciento de las mujeres embarazadas desarrolla diabetes gestacional (intolerancia a la glucosa), un riesgo que aumenta en las mujeres obesas, mayores de 30 años, que tengan antecedentes de diabetes gestacional, bebés grandes, muerte intrauterina o en el nacimiento, o antecedentes familiares de diabetes. Durante el embarazo, la placenta produce hormonas que bloquean el efecto de la insulina. Esta resistencia a la insulina suele comenzar en las semanas 20-24 y aumenta hasta el parto. Si tu páncreas no puede producir suficiente insulina para contrarrestar este efecto, desarrollarás hiperglucemia (niveles elevados de azúcar) y se te diagnosticará diabetes gestacional. Si además tienes factores de riesgo, o en más de una ocasión has sufrido glucosuria, entre la semana 24 y 28 se te realizará una prueba de tolerancia a la glucosa (véase p.212). La mayoría de las mujeres diagnosticadas con diabetes gestacional pueden ser controladas tan sólo tomando medidas alimentarias, pero el 10 por ciento también precisará un tratamiento con insulina antes del final del embarazo. Una monitorización cuidadosa realizada por un equipo multidisciplinar (dietista, partera especializada, obstetra y endocrino) mejora el resultado tanto para la madre como para el bebé.

La diabetes gestacional no se asocia con un riesgo mayor de aborto o anomalía congénita porque la intolerancia a la glucosa se produce cuando el embarazo ya está avanzado. Sin embargo, es frecuente que surjan complicaciones posteriores en el embarazo porque el páncreas fetal produce más insulina para soportar los elevados niveles de azúcar de la madre que atraviesan la placenta, lo que puede causar presentaciones anómalas, macrosomia (bebé grueso) y POLIHIDRAMNIOS.

Hemorragia preparto

La definición más óptima de hemorragia durante el embarazo es un sangrado vaginal significativo tras la semana 24 de gestación. Antes de esta fecha, el sangrado se denomina amenaza de aborto. Tras la semana 24 el bebé ya tiene posibilidad de sobrevivir, de manera que es especialmente importante diagnosticar o excluir el sangrado de la placenta (debido a PLACENTA PREVIA o DESPRENDIMIENTO DE PLACENTA), que puede precisar un parto inmediato para proteger a la madre y al bebé. Si durante el embarazo sufres un sangrado, tú y tu bebé deberán ser atendidos en el hospital de inmediato.

Desprendimiento de placenta

En esta condición la placenta comienza a separarse de la pared del útero. La causa subyacente no suele ser clara, pero es más habitual en las multíparas, fumadoras, consumidoras de cocaína y crack y mujeres con malnutrición, hipertensión o trombofilia (tendencia a la formación de coágulos de sangre). El sangrado resultante puede "revelarse" si parte de la sangre logra salir del útero hacia la vagina u "ocultarse" cuando la sangre queda atrapada entre la pared del útero y la placenta.

El desprendimiento de placenta es invariablemente doloroso porque la sangre se adentra en los músculos del útero causando irritación y contracciones. Si sufres un pequeño desprendimiento, el bebé no sufrirá

y tu estado será estable, pudiendo volver a casa después de pasar unos días bajo observación en el hospital. Sin embargo, si el sangrado es severo, la acumulación de sangre tras la placenta provocará un fuerte dolor y un desprendimiento aún mayor de la placenta. Si en una exploración el útero parece endurecido y duele al tocarlo, deberá realizarse un parto de emergencia.

Placenta previa

Uno de cada 200 embarazos a término se complica por placenta previa, en la que la placenta queda implantada en el segmento inferior del útero y se sitúa antes (previa) que la parte que presenta el bebé. Si la placenta cubre por completo la parte interna del cuello uterino o canal cervical (placenta previa total) la única opción disponible es el parto por cesárea. En grados más leves de placenta previa, en la que la cabeza del bebé puede pasar al lado del segmento más inferior de la placenta, podría ser posible un parto vaginal.

Es frecuente que en la ecografía de la semana 20 la placenta aparezca en una posición baja, pero alrededor de la semana 32 la parte inferior del útero comienza a extenderse hacia abajo y las placentas previamente bajas se colocan en un lugar más elevado en el útero. La placenta previa es responsable del 20 por ciento de los casos de hemorragia preparto y es más frecuente en mujeres multíparas.

Placenta anómalamente adherida

La placenta suele separarse de la pared uterina algunos minutos después del parto, pero a veces lo invade demasiado y penetra el revestimiento del endometrio y el músculo uterino (placenta accreta, en 1 de cada 1.500 nacimientos) o penetra la pared uterina hasta extenderse por fuera del útero (placenta percreta, 1 de cada 2.500 nacimientos). En esos casos no puede separarse de forma manual y puede causar una hemorragia posparto (véase p.335) e incluso RUPTURA UTERINA. La placenta accreta o percreta es más frecuente en mujeres con placenta implantada en la parte inferior del útero o que tienen una cicatriz en el útero.

Ruptura uterina

Suele producirse tras un parto obstruido, el uso inapropiado de la oxitocina y la ruptura de la cicatriz de una cesárea previa o miomectomía (fribroma), pero a veces se produce antes del parto en mujeres con cicatriz uterina. Es mucho más fácil que la cicatriz de una cesárea clásica se rompa durante el parto que una cicatriz en el segmento inferior, por lo que en estos casos se recomienda una cesárea electiva antes de que el embarazo llegue a término. La ruptura puede ser silenciosa e indolora, o bien producirse con un fuerte dolor y trauma debido a un sangrado intraabdominal junto con un notable sufrimiento fetal. Se precisa una histerectomía de emergencia.

EL CRECIMIENTO FETAL DURANTE EL EMBARAZO

CRECIMIENTO INTRAUTERINO RETARDADO (C.I.R.)

En aproximadamente el 3-5% de los embarazos el bebé sufre restricción en el crecimiento, que también se conoce como retraso del crecimiento fetal, bebé pequeño para la edad, pequeño para la edad gestacional o insuficiencia placentaria. La mejor definición de C.I.R. es la de un bebé cuyo peso al nacer se encuentra por debajo del percentil 50 para el crecimiento en esa edad gestacional. El C.I.R. es la tercera causa más importante de mortalidad perinatal, razón por la que la detección de bebés con riesgo de C.I.R. forma parte del protocolo prenatal.

CAUSAS DEL C.I.R.

• Los factores generales incluyen variedades raciales, estatus socioeconómico bajo, elevada paridad, educación prenatal deficitaria y un bebé anterior con C.I.R. sin explicación

• Aspectos relacionados con la salud maternal, incluyendo el bajo peso de la madre antes del embarazo, un aumento de peso menor de 10 kg durante la gestación y malnutrición. Además el C.I.R. suele correr el riesgo de repetirse, lo que sugiere que pudiera haber un factor hereditario.

• Alrededor del 5 por ciento de los bebés con C.I.R. sufre una anomalía cromosómica como síndrome de Down o una anomalía estructural congénita cardiaca, renal o del esqueleto. El crecimiento simétrico del C.I.R. siempre debería despertar la sospecha de una infección fetal como RUBÉOLA, CITOMEGALOVIRUS, SÍFILIS o TOXOPLASMOSIS.

• Todo desorden que reduzca el funcionamiento de la placenta o el flujo sanguíneo hacia ésta producirá C.I.R. porque el aporte de oxígeno y nutrientes al feto se ve mermado. Esto puede deberse a anomalías en el desarrollo temprano de la placenta o porque al final del embarazo disminuye la eficiencia de la placenta tras un sangrado o un desprendimiento placentario. El C.I.R. se produce en el 20% de los embarazos gemelares, pero es más probable en los embarazos de gemelos idénticos, en los que hay más riesgo de que un bebé reciba una parte menor del riego sanguíneo placentario (véase síndrome de transfusión gemelo-gemelo, p.346).

SCREENING DEL C.I.R.

El conocimiento de las causas del C.I.R. y de aquellas madres que sufren más riesgo es un factor importante del screening del C.I.R. Las exploraciones abdominales no detectarán alrededor del 30 por ciento de los bebés con C.I.R., y las fechas menstruales serán erróneas en al menos 1 de cada 4 embarazos. Ésta es la razón por la que una ecografía planificada en el primer trimestre de embarazo es una útil medición de base, en especial en embarazos que puedan complicarse. Las ecografías secuenciales durante el segundo y el tercer trimestre de gestación (véase p.214 y 257) son la mejor manera de identificar los problemas de crecimiento fetal y distinguirán el C.I.R. simétrico del asimétrico.

Si se sospecha de la existencia de una anomalía o infección cromosómica, se recomendará que la madre se someta a una amniocentesis o screening de detección de infecciones para confirmar el diagnóstico. La inclusión de la medición Doppler del flujo sanguíneo de los vasos sanguíneos cerebrales, umbilicales y uterinos del feto puede ayudar a evaluar la gravedad del C.I.R.

CÓMO TRATAR UN EMBARAZO CON C.I.R.

Si las repetidas ecografías muestran que el crecimiento de tu bebé ha permanecido estático o que el volumen de líquido amniótico o el flujo sanguíneo que llega al bebé son reducidos, podría ser necesario tener que considerar el adelanto del parto. Por supuesto, esto será sólo una opción si tu bebé ha alcanzado una edad viable y si los médicos creen que el bebé recibirá mejores cuidados en el mundo exterior que en el útero.

Los bebés con C.I.R. son más propensos al sufrimiento fetal y asfixia durante el parto y a nacer con índices bajos en la prueba de Apgar. En los casos graves, el método de parto elegido será la cesárea electiva. Los bebés con C.I.R. moderado pueden precisar la inducción del parto, en especial si el volumen de líquido amniótico es reducido. Si se realiza con cuidado, los bebés con C.I.R. leve suelen nacer de forma natural.

Los bebés con C.I.R. son más propensos a experimentar complicaciones posparto, por lo que en el momento del parto habrá un pediatra que se encargará de evaluar la gravedad del C.I.R. y la ayuda que el recién nacido puede precisar. Los bebés con C.I.R. suelen mostrar una buena recuperación del crecimiento tras el parto a no ser que el C.I.R. se deba a una anomalía congénita o fuera grave en las primeras etapas del embarazo.

Problemas del cordón umbilical

PROLAPSO DE CORDÓN

Si el cordón umbilical se encuentra debajo del bebé y las membranas se rompen, el cordón podría deslizarse o descender por el cuello del útero. Esto se produce en 1 de cada 300 embarazos y es más frecuente en bebés prematuros, bebés con presentación podálica o situación transversal u oblicua y cuando se produce OLIGOHIDRAMNIOS. El prolapso de cordón es una emergencia obstétrica porque una vez expuesto al aire frío, los vasos sanguíneos sufrirán espasmos y cortarán el aporte de oxígeno al bebé, por lo que será preciso el parto inmediato.

COMPRESIÓN DE CORDÓN

En alrededor del 10 por ciento de los partos se produce una compresión suave e intermitente de cordón que puede mostrar signos de leve sufrimiento fetal, pero normalmente el feto cuenta con las reservas de energía suficientes como para recuperarse rápidamente de la falta temporal de oxígeno. La compresión del cordón suele observarse en la segunda fase del parto, en especial cuando el cordón es corto o está enroscado alrededor del cuello del bebé.

ARTERIA UMBILICAL ÚNICA

El cordón suele tener tres vasos sanguíneos: dos arterias y una vena. Sin embargo, en alrededor del 5 por ciento de los bebés sólo hay una vena y una arteria, que pueden diagnosticarse en una ecografía. En el 15% de los bebés afectados la anomalía se asocia con otras anomalías congénitas y C.I.R., que es la razón por la que se harán otras investigaciones.

INSERCIÓN VELAMENTOSA DEL CORDÓN UMBILICAL

Cuando el cordón atraviesa las membranas antes de introducirse en la placenta (vasa praevia) existe el riesgo de que los vasos sufran daños una vez se rompan las membranas, produciendo un sangrado fetal. Esta condición se produce en el 1 por ciento de los embarazos a término y es más habitual en gemelos.

Situación y presentación fetal anómalas

Una presentación transversal, oblicua o de hombro es más habitual en mujeres que ya han tenido un bebé porque el útero está más laxo. Estas presentaciones anómalas también se asocian a la falta de madurez, los embarazos múltiples, los FIBROMAS, las malformaciones uterinas, POLIHIDRAMNIOS y PLACENTA PREVIA. Podría ser posible realizar una suave versión cefálica (una vez descartada la placenta previa), aunque el bebé a menudo retoma la presentación anterior. Al final del embarazo el riesgo de prolapso de cordón puede precisar el ingreso en el hospital para esperar a que se desencadene el parto, que podría tener que realizarse mediante cesárea.

Las presentaciones de cara se producen en 1 de cada 500 partos, normalmente por azar, pero a veces porque el bebé es anencefálico o tiene una inflamación en el cuello o los músculos del cuello cortos. No tiene mucho sentido intentar diagnosticar este problema antes del parto o al comienzo del mismo porque la presentación de cara puede resolverse espontáneamente a medida que atraviesa la pelvis. El parto suele ser prolongado y la inflamación facial severa, y precisará varios días para desaparecer.

Distocia de hombro

Se trata de una emergencia obstétrica porque la cabeza ya ha sido expulsada, pero no los hombros, que se encuentran encajados en la pelvis, ante lo que se necesita acción inmediata para evitar que el bebé sufra asfixia. Una opción es colocar las piernas de la madre en los soportes y que el médico aplique una firme tracción en sentido descendente en la cabeza y el cuello del bebé para ayudar a que el hombro anterior pase por debajo de la sínfisis púbica. Una episiotomía extensiva y ejercer presión por encima del hueso púbico ayudarán a que se produzca el parto. La distocia de hombro es más frecuente en mujeres obesas y diabéticas, en fetos con más de 4kg de peso y tras un parto prolongado con buenas contracciones uterinas. Si existen antecedentes de distocia de hombro, en el siguiente parto siempre deberá estar presente un obstetra experimentado.

Aboto

El aborto, que es la pérdida espontánea de un embarazo antes de que el feto sea capaz de sobrevivir fuera del útero de la madre, es la complicación más habitual del embarazo. Se produce en el 15 por ciento de los embarazos reconocidos, aunque ahora sabemos que alrededor del 50 por ciento de los óvulos fertilizados se pierden, muchos de los cuales nunca llegan a la etapa en la que ya pueden verse en una ecografía. La gran mayoría de los abortos se producen al comienzo del embarazo y se deben a anomalías cromosómicas fetales incompatibles con el desarrollo. El aborto que se produce tras la semana 12 de gestación es poco habitual y sólo afecta al 1-2 por ciento de los embarazos.

El aborto es un proceso, no un suceso aislado, así que si experimentas un sangrado vaginal o dolor en el embarazo, hay varias soluciones posibles. En una amenaza de aborto no se advierte un problema obvio en la ecografía y el sangrado cesará tras unos días o volverá a producirse, pero el cuello del útero permanecerá cerrado. Sin embargo, si el proceso continúa y el cuello del útero comienza a abrirse, normalmente acompañado de calambres y dolor abdominal, el aborto será inevitable, pudiendo producirse de forma íntegra, en cuyo caso el útero se vacía por completo, o de forma incompleta si algunos tejidos permanecen. La eliminación de los tejidos restantes con medicación o cirugía para vaciar el útero suele ser lo recomendado con el fin de evitar una hemorragia o una infección. A veces el embarazo deja de progresar, pero no hay signos obvios de un problema (aborto retenido) hasta que una ecografía demuestra que el feto ha muerto (aborto embrionario) o no hay signos de polo fetal en el joven saco embrionario (embarazo anembrionario).

El riesgo de aborto aumenta con la edad de la madre y también si ésta ha sufrido abortos anteriormente. El aborto recurrente (que suele definirse como tres o más pérdidas de embarazo consecutivas) es poco frecuente y afecta sólo al 1 por ciento de las parejas. La mayoría de las parejas que experimentan este angustioso problema suelen desear someterse a más pruebas lo antes posible para averiguar si existe una causa subyacente para sus repetidos abortos, pero en la mayoría de los casos no se encuentra ninguna causa, de manera que deberán pensar que el pronóstico para un embarazo siguiente exitoso es excelente. No obstante, acudir a una unidad especializada en abortos suele ser muy útil ya que se les ofrecerán las investigaciones más innovadoras y oportunidades para participar en el ensayo de nuevos tratamientos, por no mencionar los beneficios psicológicos de saber que han hecho todo lo posible para evitar que los abortos se repitan.

RECUPERACIÓN Y ASESORAMIENTO

La pérdida de un bebé en cualquier etapa del embarazo puede ser una experiencia devastadora. Todos reaccionamos al dolor de diferentes formas, pero cuando se trata de la pérdida de un embarazo, las etapas de la tristeza, el duelo y la recuperación pueden ser procesos lentos para los que no existe atajo. La primera etapa incluye invariablemente un shock, incredulidad, aturdimiento, confusión y en ocasiones negación. A continuación llega la etapa de la ira, a veces complicada con la culpa, desesperación, depresión y síntomas físicos de ansiedad como insomnio, sueño de mala calidad y pérdida de apetito.

Más adelante, esta honda lástima da lugar a una profunda tristeza que más tarde será sustituida por sentimientos de duelo, remordimiento y anhelo del bebé perdido. Con el tiempo te resignarás y aceptarás lo que ha sucedido, si bien esto nunca elimina por completo el dolor emocional, aunque serás capaz de soportarlo de forma más controlada. Durante la época de recuperación necesitarás apoyo, que puede provenir de diferentes fuentes: familia, amigos, el equipo médico del hospital, tu médico de cabecera, otros padres que han pasado por experiencias similares o grupos de apoyo a escala local o nacional.

Nacimiento de un niño muerto y muerte neonatal

El nacimiento de un niño muerto sigue a la muerte de un bebé en el útero tras la semana 20 de gestación y puede preverse mediante el diagnóstico de una anomalía congénita severa durante el embarazo, aunque el 50 por ciento de los nacimientos de niños muertos se produce sin previo aviso.

Este diagnóstico podría sospecharse si la madre indica la falta de movimientos fetales, lo que podría confirmarse mediante una ecografía que avale la falta de latido fetal. El parto suele comenzar de forma espontánea unos días después de la muerte del bebé, pero quizá prefieras que se induzca el parto a la menor oportunidad, y muchas mujeres optan por dar a luz al bebé mediante cesárea. Si el parto no se ha producido en un plazo de siete días, se te recomendará someterte a la inducción del mismo porque después de esta fecha existe el riesgo de que sufras una grave anomalía de coagulación ya que los tejidos fetales permanecen en el útero.

El riesgo de que el bebé nazca muerto aumenta en los embarazos de alto riesgo. Sin embargo, su índice ha disminuido drásticamente como resultado de la mejora de la salud maternal, la nutrición y la monitorización prenatal para diagnosticar problemas como la hipertensión, la diabetes, el crecimiento retardado, la colestasis y la enfermedad rhesus.

La muerte del feto en el parto es en la actualidad infrecuente debido a la mejora de la monitorización intra-parto, aunque en ocasiones sigue sucediendo tras un desprendimiento masivo de placenta.

La muerte neonatal es la pérdida de un bebé durante las cuatro semanas siguientes al parto, la mayoría de los cuales muere durante la primera semana de vida. En el 25 por ciento de los casos de muerte neonatal el bebé sufre una grave anomalía genética o cromosómica, o bien un problema estructural que casi siempre afecta al corazón. La muerte neonatal también está relacionada con el parto prematuro y a veces tras una infección durante el embarazo, sufrimiento fetal o asfixia durante el parto.

El síndrome de la muerte súbita infantil (SMSI), es rara aunque es más frecuente entre los bebés prematuros, con un crecimiento retardado severo, los varones y los partos múltiples.

Interrupción del embarazo (temprana y tardía)

La decisión de someterse a la interrupción del embarazo por una anomalía fetal nunca es fácil (véase p.138). Si te encuentras en esta angustiosa situación necesitarás información sobre las opciones y lo que probablemente va a suceder, un aspecto que según mis pacientes la mayoría de los libros sobre el embarazo no incluyen. Antes de la semana 12 de gestación se puede llevar a cabo una interrupción quirúrgica o química del embarazo, pero tras la semana 12 es más

seguro inducir el parto utilizando medicación y expulsar el feto por vía vaginal. El procedimiento quirúrgico implica la limpieza del útero mediante succión bajo anestesia general, que tiene la ventaja de ser rápida y físicamente indolora ya que la madre se encuentra inconsciente. Durante la semana posterior a la intervención será normal experimentar un sangrado vaginal y probablemente debas tomar antibióticos para evitar la infección.

El procedimiento químico incluye la combinación de dos sustancias: la primera es una única dosis de un producto antagonista de la progesterona (un comprimido antihormonal), y la segunda es la prostaglandina, que suele administrarse en forma de supositorio vaginal 48 horas después. La prostaglandina también puede administrarse de forma oral, pero este método se relaciona con náuseas y molestias estomacales. Los supositorios vaginales se insertan a intervalos regulares hasta que la interrupción se ha completado, estando el número de dosis necesarias relacionado con lo avanzada que esté la gestación. Sin embargo, el sangrado vaginal y el dolor abdominal suele comenzar antes o justo después de la inserción del primer supositorio, y en la mayoría de los casos el feto se expulsa en un plazo de 24 horas. Además se te administrarán analgésicos para ayudarte a aliviar toda molestia y experimentarás un ligero sangrado vaginal hasta una semana después de la interrupción.

COMPLICACIONES DESPUÉS DEL NACIMIENTO

Los días y semanas posteriores al nacimiento suelen venir acompañados de problemas de poca importancia. En el capítulo "La vida después del parto" (véase p.370-405) incluí consejos generales sobre muchos de ellos, por lo que a continuación me centraré en las complicaciones con que puede encontrarse la madre, así como problemas de los recién nacidos.

PROBLEMAS PARA LA MADRE

Es importante buscar atención inmediata si notas síntomas de cualquiera de las siguientes condiciones que a veces se producen en los días y semanas posteriores al nacimiento. La mayoría son temporales pero algunos pueden precisar ayuda especializada.

Fiebre puerperal

La fiebre puerperal o posparto se define como el aumento de la temperatura corporal maternal a 38°C o más, desde el primer al décimo día después del parto, normalmente provocado por una infección. Gracias a la mejora de la higiene, el cuidado obstétrico y el control de las infecciones en los hospitales, la incidencia de las infecciones posparto ha caído a alrededor del 3 por ciento y rara vez supone una amenaza para la vida. El lugar que con más probabilidad sufrirá una infección es la cavidad uterina (endometritis) o el perineo, aunque también es habitual en el tracto urinario y en los senos. El TROMBOEMBOLISMO también puede causar fiebre posparto y es más probable que se produzca tras una cesárea, al igual que las infecciones pulmonares o de heridas.

INFECCIÓN UTERINA

En la mayoría de los casos es causada por la ascensión de infecciones desde el cuello uterino o la vagina, de manera que los organismos infectan el lecho placentario y todo resto de placenta y membrana que haya quedado retenido en la cavidad endometrial. Si los loquios comienzan a emitir un olor desagradable o empiezas a notar dolor o sensibilidad abdominal, es probable que padezcas endometritis, cuyo diagnóstico rápido es importante para evitar complicaciones como daños en las trompas de Falopio, lo que podría dificultar un embarazo futuro.

Tu medico te realizará una exploración interna y tomará algunas muestras vaginales que se analizarán. Si la exploración sugiere que han quedado restos de tejido en la cavidad uterina (el cuello del útero parcialmente abierto y el útero más grande, sensible y blando), comenzarás a tomar un tratamiento antibiótico y se te recomendará someterte a una evacuación uterina para eliminar los tejidos. Como nadie quiere administrar una anestesia general a una mujer que acaba de dar a luz a no ser que sea absolutamente necesario, se realizará una ecografía para confirmar los hallazgos de la exploración.

INFECCIÓN URINARIA

Las infecciones urinarias son especialmente frecuentes en mujeres que han sido cateterizadas en el parto o que han tenido un parto difícil. Ante cualquier aumento de temperatura tras el parto, el médico debería enviar una muestra de orina al laboratorio para ser analizada y normalmente se te administrarán antibióticos de forma inmediata. Es importante comprobar que la infección de orina se ha tratado de forma efectiva analizando otra muestra de orina tras completar el tratamiento.

MASTITIS

Casi todas las madres desarrollan cierto grado de aumento de pecho a medida que la leche comienza a aparecer en sus mamas. Los senos se inflaman, endurecen y se muestran dolorosos, lo que habitualmente aumenta ligeramente la temperatura de la madre. Por suerte, el problema suele solucionarse espontáneamente en uno o dos días a medida que comienza la lactancia. Sin embargo, si tienes fiebre y comienzas a sentirte mal, tus senos deberán ser examinados en busca de zonas enrojecidas localizadas o endurecimientos. Esto se denomina mastitis y puede ser sumamente doloroso porque uno de los conductos galactóforos se bloquea y la acumulación de leche que se produce en el mismo puede infectarse rápidamente. Si la mastitis no se diagnostica y trata rápidamente, puede convertirse en un absceso mamario a gran escala.

Problemas perineales

Aproximadamente el 50 por ciento de las mujeres que dan a luz de forma vaginal requiere cierto grado de puntos de sutura. Si en alguna etapa en las siguientes semanas después del parto comienzas a sentir punzadas en el perineo, éste se inflama o presentas cualquier tipo de secreción, consulta a tu médico, pues quizá se te haya infectado la herida, algo que suele tratarse de forma sencilla y eficaz con antibióticos. Algunas veces se considera más adecuado retirar uno de los puntos para aliviar la tensión de la zona inflamada y facilitar el acceso a la herida con el fin de limpiarla a conciencia.

A veces, tras un parto vaginal traumático, se puede producir un hematoma o acumulación de sangre en las paredes de la vagina, lo que deberá eliminarse quirúrgicamente para aliviar el dolor, cerrar el punto de sangrado y evitar que se produzca una infección.

Algunas mujeres siguen experimentando problemas con su episiotomía o heridas perineales durante varias semanas, pero no es necesario sufrir en silencio, pues tu médico de cabecera podrá examinarte y asegurarse de que no hay señal de infección. Además te podrían aconsejar seguir algún tipo de fisioterapia especializada utilizando ultrasonidos para aliviar las molestias. También tu unidad de maternidad te podrá remitir a los fisioterapeutas obstétricos, que son expertos en ayudar a mujeres con problemas posparto que implican el perineo, los intestinos, la vejiga y la vagina.

Incontinencia de estrés

Las mujeres sometidas a un parto vaginal suelen sufrir una leve incontinencia urinaria temporal porque el cuello de la vejiga se ha dilatado y ha sido estirado en dirección descendente por la presión que la cabeza del bebé ha ejercido al pasar por el canal de parto. Normalmente esto se manifiesta como incontinencia de estrés, en la que se producen pérdidas de orina al reír, toser, estornudar o realizar movimientos rápidos.

Los ejercicios de suelo pélvico mejorarán tu capacidad para retomar el control de la vejiga, y cuanto antes comiences a ejercitarlos, más rápido notarás los beneficios. Sin embargo, a pesar de realizar estos ejercicios, aún sufrirás incontinencia urinaria o una incontinencia apremiante que alterará tu estilo de vida, por lo que necesitarás ver a tu médico de cabecera y concertar una ayuda más especializada.

Incontinencia fecal

Tras un parto vaginal, en especial aquellos con una segunda etapa prolongada y una episiotomía o desgarro extensivo, algunas mujeres pierden cierto grado de control sobre sus intestinos. Esto suele solucionarse pronto después de dar a luz con la ayuda de algunos ejercicios de suelo pélvico. Sin embargo, cuando una mujer sufre incontinencia fecal y es simplemente incapaz de controlar su tránsito intestinal, necesitará ayuda especializada ya que esto significa que su esfínter anal y su piel rectal se han desgarrado.

Anemia

La anemia sintomática tras el nacimiento puede deberse a una pérdida aguda de sangre o porque las reservas de hierro de la madre se han agotado durante la gestación a causa de una mala nutrición, dificultades para absorber el hierro, embarazos gemelares o varios embarazos seguidos. La transfusión de sangre puede ser lo más recomendable en los casos más graves, pero la sustitución del hierro y el ácido fólico suele ser suficiente. No obstante, el tratamiento deberá iniciarse con prontitud.

PROBLEMAS PARA EL BEBÉ

La mayoría de estos problemas no se detectan sino hasta después del nacimiento, normalmente durante los análisis que se realizan al bebé en el hospital. Sin embargo, el labio leporino y el paladar hendido a veces pueden diagnosticarse mediante una ecografía, y pueden surgir sospechas del síndrome alcohólico fetal si tu bebé sufre problemas de crecimiento durante el embarazo.

Parálisis cerebral

La parálisis cerebral (PC) describe una serie de anomalías en el movimiento, el tono muscular, la postura, el habla, la visión y la audición en niños pequeños, causadas por lesiones en una o más áreas del cerebro. La PC afecta a 1 de cada 400 niños y es más frecuente en embarazos complicados por un parto prematuro, C.I.R. e infección. Hay tres tipos de PC dependiendo del área del cerebro afectado, y los niños perjudicados suelen tener una combinación de dos o más tipos. No existe ninguna prueba prenatal que pueda detectar la parálisis cerebral.

Síndrome alcohólico fetal

El consumo regular de alcohol durante el embarazo puede producir un daño teratogénico (temprano) y tóxico (más tardío) en el feto en función de la cantidad de alcohol que se consuma. Los principales rasgos del síndrome alcohólico fetal (SAF) son C.I.R., imposibilidad de supervivencia tras el parto, daños en el sistema nervioso y crecimiento deficiente en la infancia. También pueden hacerse gradualmente evidentes un trastorno de déficit de atención,

retraso en el lenguaje y un retraso mental entre leve y moderado. Las características de la apariencia facial incluyen microcefalia, puente nasal bajo, subdesarrollo de la mitad del rostro, nariz corta y respingada y labio superior fino.

Ictericia patológica

En ocasiones, la ictericia neonatal (véase p.388) puede ser señal de una condición subyacente más grave como la anemia causada por incompatibilidad del grupo sanguíneo, una enfermedad de hígado o tiroides, o un trastorno enzimático heredado que debilita los glóbulos rojos haciendo que se descompongan con más facilidad. Se trata de una forma más infrecuente de ictericia, denominada ictericia patológica, y suele precisar tratamiento con fototerapia e incluso a veces una transfusión de sangre. En los casos más graves, o cuando el bebé es muy prematuro, se necesita medicación para estimular el hígado y que éste elimine el exceso de bilirrubina.

Labio leporino y paladar hendido

El desarrollo del labio superior y el paladar (cielo de la boca) en el feto

necesita de la unión de tejidos en la línea media de la cara, pero cuando este proceso no se completa, como sucede en 1 de cada 750 niños, se produce una escisión en el labio (labio leporino) y/o el paladar. Este defecto puede observarse en ecografías prenatales. Los bebés con paladar hendido tienen dificultades para alimentarse y corren el riesgo de atragantarse debido a que la ausencia de un techo óseo en la boca interfiere con los actos de succionar y de tragar, por lo que tras el parto deberá realizarse una cirugía correctiva. El labio leporino suele cerrarse alrededor de los tres meses de edad, pero la cirugía necesaria para cerrar el paladar debe retrasarse al menos hasta los 12 meses para asegurar que se ha desarrollado por completo.

Estenosis pilórica

Afecta a 1 de cada 500 recién nacidos y es más frecuente en los varones. Es causada por el engrosamiento del píloro, un músculo que se encuentra entre la parte inferior del estómago y el intestino delgado. A medida que el alimento se acumula, el estómago se contrae firmemente para intentar trasportar la comida al intestino. Este problema surge poco después de nacer y se manifiesta por medio de vómitos intensos durante una toma o después de ésta. Como resultado, el bebé tiene hambre y está irritable, además de poder quedar deshidratado y perder peso. La estenosis pilórica se diagnostica palpando el músculo contraído mediante una exploración abdominal y se confirma con una ecografía o radiografía tras ingerir papilla de bario. Una operación realizada sin demora para aflojar el músculo ofrece una cura completa.

Hernia umbilical

Está causada por la debilidad de los músculos de la pared abdominal en el punto en que el cordón umbilical se introduce en el abdomen del bebé. Lo habitual es que alrededor del ombligo del bebé se forme un pequeño bulto que contiene una porción de intestino, y se produce en alrededor del 10 por ciento de los bebés, con mayor incidencia en los niños afrocaribeños. Suele cerrarse espontáneamente con el tiempo.

Hernia inguinal

Esta debilitación de la pared abdominal inferior a la altura de la ingle es causada por la imposibilidad de que el conducto inguinal se cierre tras el nacimiento. Se produce en alrededor del 3 por ciento de los recién nacidos y suele ser bilateral. Durante el embarazo los testículos del bebé atraviesan el conducto inguinal para llegar al escroto. Aunque las niñas no tienen testículos, tienen un conducto inguinal y también pueden sufrir hernias.

Las hernias son más frecuentes en los bebés prematuros, los bebés con FIBROSIS QUÍSTICA y los varones con TESTÍCULOS NO DESCENDIDOS. Siempre y cuando el contenido de la hernia pueda devolverse al interior de la cavidad abdominal no hay razón de preocupación. Sin embargo, a veces una parte del intestino queda atrapado en la hernia, obstruyendo el intestino. Estas hernias estranguladas deben intervenirse de urgencia y con prontitud para salvar el intestino y reparar el defecto de la pared abdominal.

Hipospadias

Esta frecuente anomalía se produce en 1 de cada 500 bebés varones. La apertura externa de la uretra se encuentra en la parte inferior del pene, en lugar de al extremo del mismo. El pene puede estar curvado hacia abajo y el prepucio estar cubierto. Algunas veces la apertura de la uretra se encuentra en el escroto o en la parte superior del pene (epispadias). Se llevará a cabo cirugía curativa al año de edad.

Testículos no descendidos

Esta condición se produce en 1 de cada 125 niños varones recién nacidos y en el 15 por ciento ambos testículos no han descendido. La mayoría de ellos lo han hecho espontáneamente a los nueve meses de edad, pero si después de este tiempo el problema persiste se recomendará la cirugía pediátrica, ya que si permanecen sin descender podría originarse un cáncer de testículos, una producción anormal de esperma e infertilidad.

Ano imperforado

El ano está cerrado, bien porque está sellado por una fina membrana de piel sobre la apertura externa o porque el conducto que se encuentra entre el recto y el canal anal no se ha desarrollado (atresia anal). El intestino delgado del bebé se destensa e inflama al final de la gestación, algo que puede observarse en una ecografía. Todos los bebés son examinados al nacer y sometidos a cirugía correctiva si fuera necesario.

Luxación congénita de cadera

Esta anomalía congénita se identifica hasta en 1 de cada 200 bebés en el examen rutinario posparto (véase p.387). Es más habitual en las niñas, en la cadera izquierda, en los embarazos múltiples y en los bebés que nacen de nalgas o sufren otra anomalía como el síndrome de Down o un DEFECTO EN EL TUBO NEURAL.

Si la cadera está luxada, la cabeza del fémur está inestable y produce un chasquido al doblar las rodillas y separar los muslos.

Pie zambo

Se trata de una condición en la que los pies del bebé están girados hacia el interior de manera que las plantas de los pies miran la una a la otra. Aún menos frecuente es que los pies estén girados hacia arriba. El pie zambo puede diagnosticarse mediante una ecografía durante el embarazo y suele repetirse en la misma familia.

ÍNDICE

D

E

AGRADECIMIENTOS

Agradecimientos de la autora

Escribir este libro ha supuesto un emocionante y gratificante reto, con un prolongado periodo de gestación durante el cual he tenido el placer de trabajar con algunas personas muy preparadas, cuya contribución quisiera reconocer, así como agradecerles su pericia, consejo, ánimo y apoyo práctico. Son demasiados para incluirlos nombre por nombre, pero algunos merecen una mención especial: Maggie Pearlstine, que me persuadió para que me embarcara en este proyecto y me convenció de que podía, debía y sería escrito; Debbie Beckerman, escritora y madre de dos niños pequeños, que ha dedicado horas interminables para asegurar que habíamos incluido todos los aspectos a los que los demás libros sobre el embarazo no hacían referencia. El hecho de que hoy en día sea una buena amiga íntima ha sido un regalo añadido; Esther Ripley, que ha contribuido con algo más que sus destrezas editoriales al proyecto, pues su entusiasmo por el tema principal se ve sólo superado por su capacidad para mantener la calma, ser paciente y animarme cada vez que no lograba cumplir una fecha de entrega. Gracias también a Angela Baynham, Liz Coghill y el equipo creativo de Dorling Kinderseley. También quisiera expresar mi agradecimiento a mi colega May Backos, que leyó todo el manuscrito, a mis colegas médicos y matronas del St Mary's por su ayuda y sus consejos, y a todos los pacientes que tan generosamente compartieron conmigo sus sentimientos, opiniones, miedos, temores y logros a lo largo de estos años. Espero haber hecho justicia con sus peticiones de una nueva Biblia sobre el embarazo.

Sin el apoyo de mi familia los cimientos de este libro jamás habrían sido creados, por no decir que nunca habría sido finalizado. Mi marido John merece un reconocimiento especial, ya que me considero muy afortunada por poder apoyarme en el hecho de que siempre me alienta, y de que se muestra crítico y tolerante con una postura constructiva aunque la cena vuelva a no estar preparada. Asimismo quisiera agradecer enormemente a mis dos hijas que hayan conservado su buen humor y comprensión de una forma tan extraordinaria, a pesar de mis preocupaciones. Clare y Jenny son una fuente diaria de gozo y magia para mí, que sin duda son la inspiración y la verdadera razón de haber escrito este libro.

Imágenes

La mayoría de las imágenes de este libro pertenecen a embriones y fetos que se encuentran en el útero y que han sido fotografiados utilizando tecnología endoscópica y ecográfica. Cuando esto no ha sido posible, las imágenes han sido tomadas por reconocidos profesionales médicos como parte de su investigación o por motivos educativos.

Dorling Kindersley agradece a quienes otorgaron su autorización para reproducir sus fotografías: (convenciones: t=arriba, b=abajo, r=derecha, l=izquierda, c=centro) **1: Prof. J.E. Jirasek MD, DSc.**/CRC Press/Parthenon; **2–3: Corbis**/Ariel Skelley; **5: Corbis**/LWA-Dann Tardif (br); **LOGIQlibrary** (tl), (tc), (tr); **6: Professor Lesley Regan** (tl) **7: Photonica**/Henrik Sorensen (br); **8: Science Photo Library**/Edelmann (tl); **9: Corbis**/Susan Solie Patterson (tr); **10–11: Getty Images**/David Oliver; **12: Mother & Baby Picture Library**/Ian Hooton (b); **13: Getty Images**/Bill Ling; **14: Science Photo Library**/D. Phillips (crb), Prof. P. Motta/Dept. Of Anatomy/University "La Sapienza", Rome (cla), VVG (clb); **15: Science Photo Library**/Edelmann (c), Prof. P. Motta/Dept. Of Anatomy/University "La Sapienza", Rome (cra); **The Wellcome Institute Library, London**: Yorgos Nikas (cfr); **16: Science Photo Library**/Richard Rawlins/Custom Medical Stock Photo; **18: Science Photo Library**/Prof. P. Motta/Dept. Of Anatomy/University "La Sapienza", Rome (br); Professors P.M. Motta & J. Van Blerkom (bl); **19: Science Photo Library**/D. Phillips (br); Dr Yorgos Nikas (bl); **20: Science Photo Library**/Edelmann (tl), (cla), (clb), (cfl); **24: Mother & Baby Picture Library**/Ruth Jenkinson (tl); **26: Alamy Images**/Camera Press Ltd; **30: Getty Images**/Gibson (c); **31: Mother & Baby Picture Library**/Ian Hooton (br); **33: Science Photo Library**/CNRI (tr), Dr Gopal Murti (cfr), Moredun Scientific Ltd (crb); **36: Bubbles**/Lucy Tizard (bl); **37: Mother & Baby Picture Library**/Ian Hooton (tr); **38: Mother & Baby Picture Library**/Ian Hooton; **44: Getty Images**/Tom Mareschal (bl); **46: Getty Images**/Chris Everard (bl); **Prof. J.E. Jirasek MD, DSc.**/CRC Press/Parthenon (br); **47: Alamy Images**/foodfolio (bl); **Science Photo Library**/Ian Hooton (tl), Tissuepix (br); **51: Getty Images**:/Anthony Johnson (br); **56: Mother & Baby Picture Library**/Ruth Jenkinson (tl); **57: Mother & Baby Picture Library**/Ruth Jenkinson (br); **58: Mother & Baby Picture Library**/Ian Hooton; **60: Getty Images**/Garry Wade (cla); **62: Mother & Baby Picture Library**/Ian Hooton (tl); **65: Getty Images**/Chronoscope; **66–71: Prof. J.E. Jirasek MD, DSc.**/CRC Press/Parthenon; **74: Science Photo Library**/Zephyr (bl); **75: Getty Images**/Peter Correz (tr); **76: Corbis**/Ariel Skelley (bl); **80: Professor Lesley Regan**; **83: Mother & Baby Picture Library**/Ian Hooton (cfr); **84: MIDIRS**: (bl); **88: Mother & Baby Picture Library**/Ruth Jenkinson (bl); **89: The Wellcome Institute Library, London**/Anthea Sieveking (tr); **90: Mother & Baby Picture Library**/Ian Hooton (bl); **92: Prof. J.E. Jirasek MD, DSc./CRC Press**/Parthenon; **94: Life Issues Institute** (bl); **Science Photo Library**/Edelmann (bc), (br); **Prof.**

J.E. Jirasek MD, DSc./CRC Press/Parthenon (tl); **96: Bubbles**/Jennie Woodcock (cfl); **96: Mediscan**/Medical-On-Line (clb;) **99: Getty Images**/Ericka McConnell (tr); **100: Mother & Baby Picture Library**/Ian Hooton (tl); **105: Mother & Baby Picture Library** (tr); **106: Science Photo Library**/Edelmann; **107: Science Photo Library**/Edelmann (cra); **108: LOGIQlibrary** (tl); **109: Science Photo Library**/Edelmann (tr); **GE Medical Systems** (b); **110: LOGIQlibrary**; **111: Science Photo Library**/BSIP (cla); **115: Getty Images**/Daniel Bosler (t); **118: Mother & Baby Picture Library**/Ian Hooton (b); **121: Mother & Baby Picture Library**/Ian Hooton (br); **123: Mother & Baby Picture Library**/Eddie Lawrence; **124: LOGIQlibrary**; **125: LOGIQlibrary**; **126: Mother & Baby Picture Library**/Ian Hooton; **137: Professor Lesley Regan** (c), (cfr); **141: Professor Lesley Regan** (cfr); **149: Mother & Baby Picture Library**/Ian Hooton; **150: Getty Images**/Steve Allen (l); **Prof. J.E. Jirasek MD, DSc.**/CRC Press/Parthenon (b); **150–151: Getty Images**/Ranald Mackechnie; **151: Prof. J.E. Jirasek MD, DSc.**/CRC Press/Parthenon (br); **Life Issues Institute** (tr); **152: Getty Images**/Steve Allen; **153: Getty Images**/Steve Allen (cr); **154: Science Photo Library**/Professor P.M. Motta & E. Vizza (cfl), VVG (tl); **155: Science Photo Library**/GE Medical Systems (b); **Getty Images**/Steve Allen (tr); **158: Science Photo Library**/CNRI (bc); Edelmann (bl); **159: Alamy Images**/Janine Wiedel (bc); **Photonica**/Henrik Sorensen (bl); **162: Bubbles**/Angela Hampton; **163: Alamy Images**/Camera Press Ltd; **166: Science Photo Library**/Neil Bromhall; **167: Science Photo Library**/Neil Bromhall (cfr); **168: Oxford Scientific Films** (bl); **Science Photo Library**/Neil Bromhall/Genesisi Films (br); **169: Science Photo Library**/Neil Bromhall (tr); **171: Science Photo Library**/DR P. Marazzi (cfr); **The Wellcome Institute Library**, London (br) **172: Mother & Baby Picture Library**/Ruth Jenkinson (b); **175: LOGIQlibrary** (tl), (l); **Professor Lesley Regan** (c), (cfr); **176: Mother & Baby Picture Library**/Ian Hooton (t); **177: Alamy Images**/Camera Press Ltd (br); **179: Getty Images**/Juan Silva; **180–183: Prof. J.E. Jirasek MD, DSc.**/CRC Press/Parthenon (tr); **185: Mother & Baby Picture Library**/Ruth Jenkinson; **187: Corbis**/Cameron; **189: LOGIQlibrary** (tr); **190: Mother & Baby Picture Library** (b); **193: Alamy Images**/Bill Bachmann; **195: Powerstock**/Super Stock (b); **196: Mother & Baby Picture Library**/Dave J. Anthony (b); **197: Alamy Images**/Dan Atkin (t); **199: Corbis**/Jim Craigmyle; **200: LOGIQlibrary**: (c), (l); **Science Photo Library**/Dr Najeeb Layyous (b); **200–201: Getty Images**/Jim Craigmyle; **201 LOGIQlibrary** (tr), (br); **202: Life Issues Institute**; **203: Life Issues Institute** (crb); **204: Science Photo Library**/BSIP, MARIGAUX (tl); **205: Life Issues Institute** (tr); **205: Professor Lesley Regan** (bl); **211: Mother & Baby Picture Library**/Ian Hooton (tr); **218: Oppo**; **221: Mother & Baby Picture Library**/Ian Hooton; **223: Mother & Baby Picture Library**/Ian Hooton; **225: Alamy Images**/Camera Press Ltd (t); **227: Corbis**/Roy McMahon; **228: Getty Images**/Ross Whitaker; **230: Science Photo Library**/GE Medical Systems; **231: Science Photo Library**/GE Medical Systems; **232: LOGIQlibrary** (br);

Science Photo Library/GE Medical Systems (bl); **233: Alamy Images**/Nick Veasey X-ray (t); **236: Mother & Baby Picture Library**/Ian Hooton; **243: Alamy Images**/Stock Image; **246: Science Photo Library**/Colin Cuthbert; **248: Science Photo Library**/Mark Clarke; **249: Bubbles**/Moose Azim; **253: Alamy Images**/David Young-Wolff; **255: Powerstock**/Jesus Coll; **256: Mother & Baby Picture Library**/Caroline Molloy; **257: Professor Lesley Regan** (ca), (cra); **260: Science Photo Library**/GE Medical Systems; **261: Science Photo Library**/GE Medical Systems (b); **262: Science Photo Library**/GE Medical Systems (tl); **263: Science Photo Library**/Mehau Kulyk (b); **265: Mother & Baby Picture Library**/Ian Hooton (t); **271: Mother & Baby Picture Library**/Ian Hooton (t); **277: Bubbles**/Loisjoy Thurstun; **278–279: Alamy Images**/SHOUT; **280: Corbis**/Jules Perrier; **281: Alamy Images**/plainpicture/Kirch, S; **282: Mother & Baby Picture Library**/Ian Hooton; **284: Corbis**/Anne W. Krause; **288: Mother & Baby Picture Library**/Ruth Jenkinson; **290: Mother & Baby Picture Library**/Moose Azim (bl), (bc); **Getty Images**/Photodisc Green (br); **293: Mother & Baby Picture Library**/Ruth Jenkinson (br); **297: Mother & Baby Picture Library**/James Fletcher (tr); **309: Mother & Baby Picture Library**/Moose Azim (r); **314: Alamy Images**/Janine Wiedel (bl); **318: Mother & Baby Picture Library**/Ruth Jenkinson (br); **322: The Wellcome Institute Library, London**/Anthea Sieveking; **324: Angela Hampton**/Family Life Picture Library; **329: The Wellcome Institute Library, London**/Anthea Sieveking (tr); **332: Mother & Baby Picture Library**/Moose Azim (bl); **334: Science Photo Library**/CNRI (ccb); **336: Corbis**/Annie Griffiths Belt; **337: Alamy Images**/Peter Usbeck; **342: Corbis**/Tom Stewart (b); **343: Mother & Baby Picture Library** (tr); **344: Corbis**/ER Productions; **345: Professor Lesley Regan** (r); **348: Mother & Baby Picture Library**/Indira Flack (bl); **360: Alamy Images**/Yoav Levy; **368: Alamy Images**/Janine Wiedel (bl); **370–371: Getty Images**/Kaz Mori; **382: Powerstock**/Super Stock; **372: Alamy Images**/plainpicture/Kirch, S (b); **373: Getty Images**/Rubberball Productions; **374: Mother & Baby Picture Library**/Moose Azim; **380: Alamy Images**/Shout (cfl); **Mother & Baby Picture Library**/Ruth Jenkinson (tl); **381: Mother & Baby Picture Library**/Ruth Jenkinson (br); **389: The Wellcome Institute Library, London**/Anthea Sieveking; **390: Bubbles**; **394: Corbis**/Don Mason; **397: Getty Images**/Roger Charity; **399: Bubbles**/Loisjoy Thurstun; **402: Mother & Baby Picture Library**/Ian Hooton; **404: Alamy Images**/Janine Wiedel; **405: Alamy Images**/Peter Usbeck (cbr); **Science Photo Library**/Joseph Nettis (crb); **406–407: Corbis**/Norbert Schaefer.

Todas las otras imagenes © Dorling Kindersley
Para más información vea: www.dkimages.com

Valeria   Adrian
Valentina   Eduardo. -
Sofia
Camilla